ZURÜCK ZU LENIN
Eine posttextologische Lektüre der
‚Philosophischen Hefte'

Zhang Yibing

übersetzt von Harald Etzbach & Dennis Simon
lektoriert von Deniz Kizilcec & Dennis Simon

CANUT INTERNATIONAL VERLAG

Berlin - London - Istanbul - Santiago

Diese Auflage wurde mit Unterstützung vom 中华社会科学基金资助 (Chinese Fund for Humanities and Social Sciences) verwirklicht.

Diese Ausgabe ist eine anerkannte Übersetzung aus der 1. chinesichen Auflage in 2008, publiziert in Zusammenarbeit mit dem China Renmin University Press, Beijing, VR China.

Zurück zu Lenin. Eine posttextologische Lektüre der ‚Philosophischen Hefte'

回到列宁：关于"哲学笔记"的一种后文本学解读, Zhang Yibing

© 2008, Zhang Yibing

© 2020 Canut International Verlag

ALLE RECHTE VORBEHALTEN

übersetzt von Harald Etzbach & Dennis Simon

Canut International Verlag

Canut Intl. England, 12a Guernsay Road, London E11 4BJ, England

Canut Intl. Deutschland, Heerstr. 266, D-47053, Duisburg, Deutschland

Canut Intl. Turkei, Karanfil Sk. No.10/5. Pendik, Istanbul, Türkei

Dieses Werk einschließlich aller seiner Teile ist urheberrechtlich geschützt. Jede Verwertung außerhalb der engen Grenzen des Urheberrechtsgesetzes ist ohne Zustimmung des Verlages unzulässig und strafbar. Das gilt insbesondere für Vervielfältigungen, Übersetzungen, Mikroverfilmungen und die Einspeicherung und Verarbeitung in elektronischen Systemen.

ISBN: 978-605-7693-26-6

Über den Verfasser

Zhang Yibin, Pseudonym Zhang Yibing, geboren 1956 in Nanjing, Jiangsu Provinz, absolvierte im August 1981 das Institut für Philosophie der Universität Nanjing. Er ist derzeit Vizekanzler der Universität Nanjing, Senior- und renommierter Professor und Doktorvater für Philosophie, Dekan des Marxismus-Instituts und Leiter des Forschungszentrums für marxistische Gesellschaftstheorien an der Universität Nanjing. Sein akademischer Schwerpunkt liegt im Studium der westlichen marxistischen Philosophie und in der Textanalyse, und er interessiert sich stark für den Bereich der Geisteswissenschaften. Seine Artikel begannen 1982 veröffentlicht zu werden und setzten sich fortan unaufhörlich fort. Seine Hauptwerke umfassen:

Zurück zu Heidegger—Ereignis und Situierung (Bd. 1, The Commercial Press China, 2012), *The Subjective Dimension of Marxist Historical Dialectics* (Canut Intl. Publishers, 2011, Englische Auflage), *A Marxist Reading of Young Baudrillard. Throughout His Ordered Masks* (Canut Intl. Publishers, 2009, Englische Auflage), *Back to Lenin: A Post-textological Reading on Philosophical Notes* (Canut Intl. Publishers, 2012, Englische Auflage), *Zurück zu Lenin: Eine Posttextologische Lektüre der 'Philosophischen Hefte'* (deutsche Auflage in 2019), *The Impossible Truth of Being: Imago of Lacanian Philosophy* (The Commercial Press China, 2006), *A Deep Plough: Unscrambling Major Post-Marxist Texts from Adorno to Zizek* (Canut Intl. Publishers, 2011, Englische Auflage), *Spurensuche: Von Adorno bis Žižek – Analysen der postmarxistischen Theorie* (deutsche Auflage in 2019), *Althusser Revisited. Problematic, Symptomatic Reading, ISA and History of Marxism*, (Canut Intl. Publishers, 2014, Englische Auflage), *Atonale Dialektische Illusion: Die Textologische Lektüre von Adornos Negative Dialektik*: Sanlian Bookstore Press, Beijing, 2001).

Prof. Dr. Zhang Yibing, Nanjing University, 22 Hankou Road, Nanjing Jiangsu 210093

E-mail: yibing@nju.edu.cn

http://www.ptext.cn/zzjg/dep.htm

Rezensionen

Zhang Yibings Buch *Zurück zu Lenin* ist ein herausragendes Werk, das erstens einen tiefen Einblick in die Möglichkeiten der schöpferischen Verbindung des Denkens von Lenin mit den produktivsten Traditionen des chinesischen, sowjetischen und westlichen Marxismus sowie der poststrukturalistischen Denker wie Barthes, Lacan oder Foucault gibt. Zweitens wird gezeigt, wie sich Lenins Verhältnis zur Philosophie am Vorabend und Beginn des Ersten Weltkrieges ändert. Zhang Yibing zeigt überzeugend, wie Lenin seine eigenen strategischen Ansätze der zurückliegenden 25 Jahre verarbeitet und eine radikale Philosophie eingreifender Praxis entwickelt. Drittens erlaubt das Buch ein tieferes Verständnis der aktuellen geistigen Entwicklung in der VR China am Beispiel eines der bedeutendsten Philosophen Chinas der Gegenwart. Es werden die Möglichkeiten sichtbar, einen produktiven globalen Dialog der pluralen Linken zu führen. Es gibt kein Zurück zu Lenin. Aber es gibt kein Vorwärts in dieser Zeit ohne das Wissen um Lenins großen Leistungen wie um seine Engführungen des linken Denkens. Beides hat das 20. Jahrhundert geprägt.

— Michael Brie
Vorsitzender des Wissenschaftlichen Beirats
der Rosa-Luxemburg-Stiftung

In Prof. Zhang Yibings *Zurück zu Lenin* finden wir Treue zum Marxismus sowie gründliche Gewissheit über die ganze Tradition des westlichen Marxismus sowie über psychoanalytischen Theorien und textanalytischen Theorien—eine solche Kombination ist heutzutage äußerst selten. Zhang Yibings Deutung der *Philosophischen Hefte* erschließt eine gewiss unzweifelhafte, aber lange Zeit ignorierte textuelle Tatsache, dass die *Philosophischen Hefte* kein Buch sind, sondern eine zufällige Ansammlung von Notizen und Abrissen, die nach dem Tod des Verfassers zusammengestellt wurden.

Aus diesem Grund sollten Lenins *Philosophische Hefte* als eine Reihe von Dokumenten interpretiert werden, die die theoretischen und politischen Konflikte der Zeit widerspiegeln (darin fehlt es an Schwankungen und Rückschritten nicht) und um eine Reihe von Eingriffen in die spezifischen sozialen und politischen Situationen der Zeit (wie etwa der Zusammenbruch der Europäischen Sozialdemokratischen Partei im Jahr 1914). Dieses Deutungspfad stellt uns ein echtes Wunder vor: vor uns erscheint mit einer beispiellosen Lebendigkeit ein Lenin, der die Existenzprüfung besteht und mit den neuesten Errungenschaften und Experimenten des modernen Denkens gelesen wird, ein Lenin als Zeitgenosse von Adorno, Foucault und Lacan. Er lädt uns ein und weist uns den Weg, sein kritisches Denken fortzusetzen. Die Worte „Zurück zu Lenin" bedeuten für uns heute: Vorwärts *mit* Lenin!

Das neue Buch von Prof. Zhang Yibing ist nicht nur ein chinesisches Ereignis, es ist von großer Bedeutung für alle, die die Sache des Kommunismus in einer philosophischen Tiefe wiederbeleben wollen!

— Slavoj Žižek

Ebenso wie seine klassische Forschung in *Zurück zu Marx* ist Professor Zhang Yibing stets bemüht, die Forschung zur marxistischen Philosophie unter dem Gesichtspunkt einer sorgfältigen Textinterpretation voranzutreiben. Diese Methode, die den westlichen Gelehrten gut bekannt ist, bedeutet, dass Zhang Yibing den historischen Entstehungsprozess der marxistischen Philosophie ausgehend vom Kontext der damaligen politischen und akademischen Debatten erforscht. Darüber hinaus unterstellt er am Anfang der theoretischen Forschung nicht die Notwendigkeit einer dogmatischen Orthodoxie oder Wissenschaft wie bei vielen traditionellen marxistischen Theoretikern im Osten und Westen. Ausgehend von einem breiten globalen akademischen Sichtfeld enthüllt Zhang Yibing in seinem neuen Buch *Zurück zu Lenin*, dass Lenins *Philosophische Hefte* doch ein von Redaktion und Bearbeitung durchzogenes akademisches „Mischprodukt" ist und macht eine sorgfältige Differenzierung der jeweils darin enthaltenen Komponenten aus dem Blickwinkel der Einheit der expliziten Textform und der antizipierten Intention des Herausgebers. Dies leistet zweifellos einen direkten Beitrag zum Vorantreiben der hermeneutischen Theorie. Zhang Yibing nennt diese Methode „Feldarbeit" und er selbst hat viel davon profitiert. Zhang Yibing demonstriert durch das Heranziehen der Ansichten von Roland Barthes wieder einmal, dass Textdeutung nicht nur eine schlichte buchgläubige „Rückkehr" zum „Autor selbst" ist, sondern eine gemeinsame kreative und produktive Ideenerfahrung des Forschers und Lesers.

— Terrell Carver
Professor für Politische Theorie an der Fakultät für Soziologie, Politik und Internationale Beziehungen der Universität Bristol

Prof. Zhang Yibings wichtige Deutung der Leninschen Ideen aus einer nagelneuen Perspektive setzt die folgende Ansicht theoretisch voraus: zu jener Zeit, als der erste Weltkrieg ausbrach, studierte Lenin 1914 auf systematische Weise Hegels *Wissenschaft der Logik*, während die sowjetische Marxismus-Forschung die Wendung, die die Ideen Lenins in dieser Periode durchmachten, sowie ihre weitreichende Bedeutung ausgemerzt hat. Indem er sich aus dem dogmatischen Sichtfeld der traditionellen Lenin-, Marx- und Dialektik-Deutung herauszog und von der Perspektive der zeitgenössischen französischen Textkritik ausging, hat Zhang Yibing eine hervorragende Deutung von Lenins philosophischen Notizen zu Hegel vollzogen.

— Kevin B. Anderson
Purdue University, Verfasser von *Lenin, Hegel, and Western Marxism*

Ich widme dieses Buch meiner Alma Mater

– der Nanjing Universität

Für den Philosophen verdient alles Unstrittige
angezweifelt zu werden.

Jeder Vorgang der Wahrheit ist ein Bruch mit dem axiomatischen
Prinzip, welches die Umwelt kontrolliert und wiederholte
Abfolgen organisiert. Ein Vorgang der Wahrheit stört die
Wiederholung und kann darum die abstrakte und ewige
Unterstützung der numerischen Einheit selbst nicht erhalten.

— *Alain Badiou*

Inhalt

Vorwort 1
Einleitung 25

Teil I
Lenin besteigt den Tempel der Philosophie

1. Der junge Lenin in der revolutionären Praxis und die Subjekt- und Objektdimension der geschichtlichen Wirklichkeit 119

   1. Der junge Lenin und Objektdimension der historischen Dialektik 120
   2. Der junge Lenin und sein Philosophielehrer Plechanow 135
   3. Der junge Lenin liest *Die Heilige Familie* 148
   4. Subjektdimension: Anfänglicher Wandel in den Gedanken des jungen Lenin 157
   5. Klassenbewusstsein und die Aktivität der Revolution 167

2. Lenin, Plechanow und der philosophische Materialismus 175

   1. Der Hintergrund der ersten systematische Studie zu philosophischen Theorien durch Lenin 176
   2. Ab-Text: Lektüreanmerkungen und Methode ihrer Lektüre 187
   3. Anmerkungen zu Plechanows *Die Grundprobleme des Marxismus* 190

Anhang 1: Ding, Verhältnis, Fetisch:
Ein vergessenes Gefecht von Gedanken
– Zum philosophischen Streit zwischen Plechanow und Bogdanow 201

3. Lektüre von Dietzgens philosophischem Materialismus   223

1. Lenins Lektüre des philosophischen Materialismus von Dietzgen   224
2. Dietzgen und der „Genosse" von Marx und Engels   230
3. Zum „dialektischen Materialismus" und zur Erkenntnistheorie   235

4. Lenins vorläufiges Verständnis der modernen westlichen Philosophie   243

1. Seltsame Anomalie in der Lektüre Lenins   244
2. Anmerkungen zu Reys *Die moderne Philosophie*   253
3. Weites Sichtfeld der philosophischen Forschung: Notizen der Forschung zur westlichen Philosophie und Wissenschaft   262

5. Lenins Exzerpthefte zur Feuerbachschen Philosophie   267

1. Natur und Religion   268
2. Materialismus oder Materialismus   274
3. „Keim des historischen Materialismus"   279

6. Russische Denker: Noch Materialismus   285

1. Ontologie der materiellen Substanz: Anmerkungen zu Deborins *Dialektischer Materialismus*   285
2. Tschernyschewski Verstehen   292

7. Allseitiges Begreifen und Propagieren des Marxismus   301

1. Marxismus ist Anleitung zum Handeln   301
2. Die philosophischen Ansichten in „Karl Marx"   307
3. Anhaltspunkte der Ideengeschichte des Marxismus   314

8. Lenins *Konspekt zum „Briefwechsel zwischen Karl Marx und Friedrich Engels"*   321

  1. Dialektik: Warum Hegel?   322
  2. Es ist ein Fehler, Hegels Dialektik nicht zu verstehen   330
  3. Dialektik: Seele der materialistischen Philosophie   337

Teil II
Berner Hefte: Lenin auf den Schultern
von Giganten der Philosophie

9. Lenins Ausgangshorizont bei der Lektüre der Hegelschen Philosophie   349

  1. Warum will Lenin Hegel lesen?   349
  2. Drei Stützen des anfänglichen Lektüregerüsts Lenins   355
  3. War Lenin wirklich in der Lage, Hegel leicht zu lesen?   367
  4. Von „Unklar" zum Aufblitzen von Gedankenfunken   375

10. Auftauchen eines nagelneuen Lektüregerüsts und Entwendung der theoretischen Logik   387

  1. Kritik und Bejahung im Unklaren Logische Widersprüche im Laufe des Lektüre   388
  2. Revolutionärer Sprung im Gedankengang der forschenden Lektüre   392
  3. Drei „Aphorismen" in der bahnbrechenden Erkenntnis   403

11. Die wesentlich praktische materialistische Dialektik   413

  1. Die frühen Fäden des Begreifens des dialektischen Denkens in der Lektüre Lenins   414
  2. Praktische Dialektik: Lenins neue Erkenntnis der materialistischen Dialektik   421
  3. Praxis: Sich ein objektives Weltbild machen   432

Anhang 2: Die Existenz eines durchgestrichenen Textes:
Geschichtsbegriff im Kontext der Philosophie Marxens
– Eine Lektüre von Deborins *Marxismus und Geschichte*   445

12. Einheit der Logik der Identität, Erkenntnistheorie und
der subjektiven Dialektik in der objektiven praktischen Dialektik 469

1. „Dreifache Identität" und Gedankengang
der Hegelschen Philosophie   470

2. Entdeckung der „zweifachen Identität" von
Erkenntnistheorie und Logik   477

3. Praktische Dialektik:
Der einzige Grundpunkt der „dreifachen Identität"   482

13. Entzauberung: Lenins „Sechzehn Elemente" der Dialektik 491

1. Logische Analyse der Textstruktur   491

2. Ideen der Dialektik und Erkenntnistheorie in
„Sechzehn Elemente"   500

3. Eine Rezension   516

14. Zusammenfassung von Lenins Studien
zur Hegelschen Philosophie   521

1. Bestätigung der praktischen Dialektik in der
Philosophiegeschichte   521

2. Wichtige Zusammenfassung und Einsicht in der Lektüre   531

3. „Zur Frage der Dialektik": Haupternte in
Lenins Forschung zur Dialektik   540

Literaturverzeichnis   551

Vorwort

In der heutigen chinesischen Forschung zur marxistischen Philosophie sind die philosophischen Ideen von Marx in einer Textforschung, die auf eine Feinlektüre der Schriften aus erster Hand Wert legt, sowie in einem völlig neuen Denkkontext aufgelebt und aufgehellt worden. Das war meine Sehnsucht für die Zukunft, als ich vor zehn Jahren *Zurück zu Marx* vorlegte. Dass die philosophischen Ideen von Marx, das dogmatische Gerüst einmal losgeworden, auf eine offenkundig akademische Weise unter dem philosophischen Rampenlicht der chinesischen Akademie noch einmal wiedererscheinen, ist ein wichtiges Ereignis für die ganze Welt.[1] Allerdings entdeckte ich damals, dass es jenseits dieser Lichtung ein Vergessen existiert, das nicht geschehen sollte: man hat Lenin als wichtigen marxistischen Philosophen vergessen. Meiner Ansicht nach macht Lenin in der Ideengeschichte der marxistischen Philosophie ein historisches Glied aus, über das man nicht hinwegsehen darf; ohne Lenin hätte es die Oktoberrevolution nie und nimmer gegeben, noch hätte es gewiss den gegenwärtigen Marxismus im heutigen China gegeben. Das Bedauerliche ist aber, dass nach den drastischen Ereignissen in der Sowjetunion und im Ostblock die russische Akademie sowie die damit verwandten akademischen Kreise der Gemeinschaft Unabhängiger Staaten, vom unakademischen Rückschlag der bürgerlichen Ideologie sowie den schwachen traditionellen Verteidigungen einmal abgesehen, jene Teile der Geschichte der Entstehung und Entwicklung der philosophischen Ideen der russischen Kommunisten und der ganzen Sowjetunion, für die es keine wissenschaftliche Erklärung gab, sei es bewusst

---

1   Bei meinem jüngsten Gespräch über diese Entwicklungen und Fortschritte in der chinesischen Akademie mit den englischen Professoren Carver, Jessop und Callinicos, den amerikanischen Professoren Anderson, Kellner, Dirlik, Brenner und dem slowenischen Professor Žižek schienen dies ihre gemeinsame Einstellung zu sein.

oder unbewusst, durchzustreichen scheinen.² Was die logischen Strahlen der Ideengeschichte angeht, ist das offenbar eine unmögliche nihilistische Fantasie. Ich finde, dass in unserem Land, in dem der Marxismus nach wie vor die Ideologie des Nationalstaats ist, es nun uns zufällt, diese historische Aufgabe anzupacken und zu vollbringen.³

Lasst uns **zurück zu Lenin** gehen ! Lasst uns für die Geschichte der philosophischen Ideen Lenins erneut eine Forschungsplattform festlegen und freilegen, um die Gegenwart besser zu beschreiben. Dies ist bereits eine historische Verantwortung, der wir uns heute stellen müssen. Tatsächlich ist *Zurück zu Lenin*, wie mein vor zehn Jahren vorgelegtes *Zurück zu Marx*, kaum das lächerliche oberflächliche Verstandesurteil, von heute in die Vergangenheit zurückzukehren, vom wirklichen Leben zu den staubigen alten Büchern;⁴ das Ausgehen von der Situierung meiner eigenen ursprünglichen Idee ist nichts anderes als eine Metonymie der logischen Methode des Husserl-Heideggerschen „zurück zu den Sachen selbst" im phänomenologischen Sinne. Mir geht es in der Hauptsache darum, jene ideologische Verbrämung und die scheingelehrte Situierung zu dekonstruieren, welche nach der Zweiten Internationale, zumal durch die Akademie der ehemaligen

2   Im Mai 2008 leitete ich eine Delegation von Vertretern des Zentrums für marxistische Gesellschaftstheorie (CSMST) der Nanjing-Universität nach Russland. Das war mein zweiter Russland-Besuch. Während dieser Reise las und kopierte ich eine große Menge an wichtiger akademischer Literatur, Fotografien und audiovisuellem Material aus dem ehemaligen Haus Lenins, dem russischen Staatsarchiv und dem Staatsmuseum für Gesellschaftsgeschichte. In Moskau nahmen wir an einem Symposium teil, das von der Universität-Moskau und der Russischen Akademie der Wissenschaften organisiert worden war, und wir hatten einen intensiven Austausch mit russischen Marxismus-Experten wie Georg Bagaturija. Während dieses wichtigen akademischen Besuchs haben wir diesen historischen akademischen Bruch unmittelbar gespürt.
3   Während des chinesisch-russischen Fachkonferenz für Philosophie, die im Mai 2007 im chinesischen Suzhou stattfand, habe ich diesen Gedanken vor einer Delegation russischer Wissenschaftler freimütig angesprochen, was für sie augenfällig ein großer Schock war.
4   Ich bin von der Tatsache verblüfft, dass über die ungelehrte Frage nach der Verwendung von „zurück zu" [Marx] gegenüber der Verwendung von [Marx] „entwickeln" oder „überschreiten" Beiträge geschrieben werden.

Sowjetunion und des Ostblocks auf die klassischen Texte aufgezwungen wurde. Nichts anderes.

Der Prozess meiner eigenen gelehrten Ideen von *Zurück zu Marx zu Zurück zu Lenin* war kein zufälliger. Es sollte ein organischer Hauptbestandteil des großen Forschungsprojektes unserer Akademie der marxistischen Philosophie sein, sich den klassischen Texten der marxistischen Philosophie mit einer unabhängigen Forschungshaltung und einem unabhängigen Forschungsstandpunkt sowie einem ganz neuen Lektüremodell aufrichtig zu stellen, nachdem wir uns vom ideologischen dogmatischen Gerüst der ehemaligen Sowjetunion losgelöst hatten.[5] Natürlich besteht das theoretische Hauptinteresse von *Zurück zu Lenin* darin, mit einer neuen, im Vergleich zur textologischen Lektüre in *Zurück zu Marx* redlicheren Weise – mit der **Ideensituierung** – das historische Urbild der philosophischen Ideen Lenins **nachzustellen** und es aus dem dichten ideologischen Nebel der ehemaligen Sowjetunion, zumal aus der dogmatischen Forschungsschablone erneut hervorbrechen zu lassen. Der Grund für diese abnormale Lektüremethode liegt

---

5 Eine Sache, die ich hier ansprechen möchte, ist, dass wir nicht unbedingt die ganze Zeit bei leeren und abgedroschenen Diskussionen und Debatten über Losungen und Makro-Fragen wie etwa „Textologie", „Zurück zu Marx" und „historische Verhältnisse" stehenbleiben müssen: Wenn wir die Zeit für sorgfältige Lektüren der Texte nutzen könnten, hätten wir in nicht allzu ferner Zukunft laufende Veröffentlichungen einer größeren Anzahl von originellen, gegenüber den klassischen Texten des Marxismus von chinesischen Wissenschaftlern selbst verfassten Ergebnissen; sie wären die wahren akademischen Früchte und die wahren Ehren, die wir als chinesische marxistische Philosophen ernten sollten. Nach meinem Verständnis haben eine Gruppe von jungen Philosophen wie Dr. Han Lixin von der Tsinghua-Universität, Dr. Wei Xiaoping vom Fachbereich Philosophie der chinesischen Akademie der Sozialwissenschaften und Dr. Xia Fan von der Nanjing-Universität eine auf der deutschen Originalausgabe basierte ernsthafte und aufrichtige wissenschaftliche Forschung zur klassischen Literatur von Marx in Angriff genommen. Diese Wissenschaftler stellen unsere Hoffnung für die Zukunft dar. Ich glaube, dass diese Forschungen viel bedeutender sind als die sogenannte „Textologie", bzw. Scheinliteraturforschung, die sich unkritisch an den bibliografischen Leistungen anderer vergreift, während sie vor der westlichen Marx-Forschung, westlichen Lenin-Forschung und westlichen Mao-Zedong-Forschung duckmäusert, ohne das textuelle Original zu verstehen.

in den Hauptgegenständen von *Zurück zu Lenin* – größtenteils Lektürehefte und annotative **Ab-Texte**[6], **Subtexte** oder **generative Texte** –, und insbesondere darin, dass der zentrale Deutungsgegenstand des Buches die *Berner Hefte* sind, die für die spätere Entwicklung der philosophischen Ideen Lenins am wichtigsten sind.[7] Meines Erachtens wurden diese Texte in jenem subjektiv erzwungenen Lektürediskurs und theoretischen Scheinsituation in der traditionellen Forschung der Akademie der ehemaligen Sowjetunion und des Ostblocks nicht wahrhaftig aufgeschlagen.

Natürlich habe ich nicht erst neulich begonnen, Lenins *Philosophische Hefte* zu erforschen. Dies ist tatsächlich das vierte Mal, dass ich diese wichtige klassische Textgruppe studiert und gelesen habe. Ich erinnere mich daran, dass ich bei verschiedenen Gelegenheiten meine ungefähren Erfahrungen bei den bis dahin wenigen Forschungen zu diesen Texten in einer thematischen Einleitung zu meiner „persönlichen Anthologie"[8] diskutiert habe. Meine erste Berührung mit Lenins *Philosophischen Heften* fand in den späten 1970er Jahren statt, als ich noch Student im zweiten Studienjahr im Fachbereich Philosophie der Nanjing-Universität war. Ich kann mich immer noch dunkel daran erinnern, dass Prof. Hu Fuming die Hauptpassagen des „Konspekts zu Hegels *Wissenschaft der Logik*", eines Dokuments in den Heften, Seite für Seite, Zeile für Zeile vorlas und interpretierte. Damals waren wir, die da unten saßen und die Vorlesung hörten, unter dem Beschuss der obskursten Worte und der unergründlichen Ansichten im Innersten von der Ehrfurcht des Tempels der Philosophie ergriffen. Eines Tages, nach dem Ende des Seminars, teilte uns ein junger Seminarteilnehmer, der sehr mysteriös und selbstverliebt klang, mit, dass es uns ein ganzes Leben kosten würde, Hegels Ausspruch „je abstrakt eine Sache ist, umso konkret wird sie"

---

6   Der Autor gebraucht es im Sinne von Abbild, Ebenbild. A.d.Ü.
7   *Berner Hefte* ist eine Neubenennung einer Gruppe von philosophischen Heften, die Lenin zwischen 1914 und 1915 in der Schweizer Stadt Bern schrieb. Der Kernteil dieser exzerpierten Notizen, die aus acht Heften bestehen, sind Notizen und Eindrücke, als Lenin sich mit der Hegelschen Philosophie vertraut machte und sie studierte; sie waren nicht, wie meine Vorgänger behauptet haben, ein unabgeschlossenes Manuskript für eine Monografie zur materialistischen Dialektik.
8   *Selbstausgewählte Werke* von Zhang Yibing, Guanxi Normal University Press 1999.

zu verstehen. Später sollte diese „Lehrmeinung" zusammen mit der nur halb scherzhaft gemeinten Bemerkung eines Lehrers, dass Studenten „mit einer Schale Nudeln reinkommen und mit einem Wirrwarr rausgehen", zu einem berühmten Kernspruch der älteren Philosophiestudenten werden. Ehrlich gesagt habe ich, als ich die *Philosophischen Hefte* zum ersten Mal las, nichts verstanden, außer einige mir fremde und entschieden seltsame Nomen zu notieren. Obwohl ich oft das Band 38 der *Lenin Werke* mit mir herumtrug, fühlte sich mein Herz leer an. Es gab sogar eine Nacht, in der ich so von Verzweiflung ergriffen war, dass ich glaubte, ich würde Lenin nie und nimmer verstehen. Ehrlich gesagt habe ich von den vielen Ausführungen Lenins in den *Philosophischen Heften* Einiges doch verstanden, als Hegel mich später in der dritten Klasse um den Verstand brachte.

Das zweite Mal, dass ich die *Philosophischen Hefte* systematisch studierte, war während meines letzten Jahres als Doktorand, um 1981 herum. Für meine Doktorarbeit hatte ich eine Aufgabe der „Grundsätze der Philosophie" ausgewählt, worüber nicht jedermann gern schreibt: „Negation der Negation". Allerdings wurde meine mühsam vollendete erste Fassung von ungefähr 200.000 Zeichen „abgeschossen"; Prof. Sun Bokui, der die Doktoranden betreute, war von meiner langen und grauen „logischen Konstruktion" nicht angetan und forderte ein, dass er von mir lieber etwas Konkretes zur Geschichte der dialektischen Lehre lesen würde. Auf diese Weise wurde mein Riese über die logische Struktur der Dialektik schmerzlich gestrichen und überarbeitet in einen Zwerg mit weniger als 100.000 Schriftzeichen, und am Schlussteil meines letzten Kapitels (über den Entwicklungsfaden der Dialektik in der Geschichte der marxistischen Philosophie) gab es eine indexartige Lektüre von Schriften wie Lenins *Materialismus und Empiriokritizismus* und den *Philosophischen Heften*. In dieser selektiven thematischen Forschungslektüre wollte ich ursprünglich Lenins Ausführungen über die Negation der Negation konkret untersuchen, denn unter dem Einfluss von Professor Sun Bokuis Ideen über die der Forschungsmethode der marxistischen Philosophiegeschichte **zugrundeliegende historische Logik** achtete ich bewusst darauf, ob sich in Lenins philosophischen Ideen **etwas geändert hat**. Erstaunlicherweise stellte sich meine Schlussfolgerung als positiv heraus. Tatsächlich hatte mich dieser wichtige Anfang bereits losgetrennt vom dogmatischen Erkenntnismodell der „leninistischen Philosophie" in der ehemaligen Sowjetunion und im Ostblock—eine statische und ahistorische Theorie der absoluten Wahrheit. Obwohl dies keine umfassende oder tiefgehende Untersuchung von Lenins *Philosophischen Heften* war, hatte ich während des Durchblätterns und Einordnens des Materials ganz zufällig entdeckt, dass es tatsächlich einen Prozess der **Änderung** und **Entwicklung** in Lenins Ideen zur Dialektik gab. Obwohl Lenins philosophische Ideen nicht die Art von stürmischer revolutionärer totaler Umwandlung erfuhr, wie es beim jungen Marx und Engels geschah, drängte seine philosophische Erkenntnis stets vorwärts, was sich vorwiegend darin manifestierte, dass Lenins philosophische Ideen zwischen der Abfassung von „Was sind die Volksfreunde?" und *Materialismus und Empiriokritizismus* sowie sein Verständnis der Dialektik vor und nach der Lektüre der Schriften der Hegelschen Philosophie am Vorabend der Oktoberrevolution nicht völlig **homogen** sind. Ich fand auch sehr erstaunt heraus, dass kein einziger Wissenschaftler in der ehemaligen Sowjetunion und im Ostblock diesen Punkt auch nur erwähnt hatte! Am Schluss meiner Dissertation bot ich eine schlichte Erläuterung dieser Idee an. Allerdings wies ich darin lediglich auf die Unterschiede in Lenins Ideen zur Dialektik in unterschiedlichen Perioden hin; ich habe den darin enthaltenen Faden der theoretischen Logik nicht wahrhaft freigelegt. Trotzdem wusste ich immer, dass ich auf dieses Thema zu einem späteren Zeitpunkt zurückkehren würde.

1990 kam ich auf Lenins *Philosophischen Heften* wieder zurück, mit dem Ziel, den darin wichtigsten „Konspekt zu Hegels *Wissenschaft der Logik*" zu entschlüsseln. Ausgerüstet mit der neu herausgegebenen chinesischen Übersetzung der *Philosophischen Hefte* war ich diesmal auf eine fachliche und gezielte, sorgfältige Forschungslektüre vorbereitet. Zugleich hatte ich kurz davor frisch an einer textuellen Auslegung der neuen Übersetzung des Manuskripts der *Deutschen Ideologie* (Ausgabe von 1988) geschnuppert. Obwohl ich meine eigene Lektüreweise noch nicht etabliert hatte, war ich sehr ehrgeizig. Daher stellte ich vorerst den traditionellen Gedankengang in der Forschung zu den *Philosophischen Heften*, zumal zu den *Berner Heften* (namentlich die Anmerkung der klassischen Texte mit dem System der

Lehrbücher für Philosophie) zurück und verwies unmittelbar auf Hegels Werke wie *Wissenschaft der Logik*, ,*Kleine Logik*' und *Vorlesungen über die Geschichte der Philosophie*; ich bewegte mich Lenins Hefte Seite für Seite folgend vorwärts, während ich zugleich jedem Diskursfragment, das in Lenins Lektüre erscheint, sehr sorgfältige Beachtung schenkte; so hatte ich das Gefühl, dass ich zum ersten Mal **auf reduktive Weise** die echte Situation erfuhr, als Lenin die Bücher las (diese Methode war die Verfahrensweise, als ich später Marxens exzerpierten Texte wie die *Pariser Hefte* in *Zurück zu Marx* entschlüsselte. Mir wurde aber nun bewusst, dass dies eine Fantasie der **modernen** Textologie ist.). Danach kam ich wieder mit Materialien in Berührung, die diesbezüglich zahlreiche unterstützenden Hintergründe besaßen. Schließlich blätterte ich durch die Sekundärliteratur durch. Nachdem ich diesen Prozess mehrmals wiederholt hatte, hatte ich ein neues Herangehen des thematischen Denkens und schrieb den ersten Stapel von chinesischen Aufsätzen, die im Hinblick auf Lenins *Berner Hefte* in der logischen Produktionsweise heterogen zum theoretischen Gerüst der Akademie der ehemaligen Sowjetunion und des Ostblocks war.[9] Damals hob ich in einem von mir veröffentlichten Aufsatz die Leitfrage „Untersuchung" hervor und wollte in der Hauptsache demonstrieren, dass ich nicht davon überzeugt war, dass mein dieser Gedankengang im Begreifen von Lenins *Philosophischen Heften* absolut wahr ist. Durch die spezifische Abfassung dieser Aufsätze wollte ich für die Forschung zur klassischen marxistischen Literatur bloß eine neue Logik bieten: **echte Untersuchung der Texte der Klassiker unter dem marxistischen Gesichtspunkt der Geschichte**. Zu diesem Zeitpunkt hatte ich bereits erkannt, dass Lenin schon vom frühen Alter an damit begann, in eine anfängliche Berührung mit dem Marxismus zu kommen (hierin unterschied er sich von Marx und Engels), anschließend einige der wichtigsten grundlegenden theoretischen Bestimmungen der marxistischen

---

9   Zhang Yibing, "The True Logic of Lenin's Deepening of the Materialist Dialectics", in: *Philosophical Studies*, 1992(5); "A New Investigation of Lenin's 'Sixteen Essential Elements'", in: *Investigation*, 1992(3); "The Ultimate Formation of Lenin's Thought of Practical Dialectics", in: *Nanjing Social Science*, 1993(2), "The Unity of Identical Epistemology, Logic and Dialectics in Practical Dialectics", in: *Journal of Nanjing University*, 1993(2).

Philosophie allmählich begriff und erst dann in der revolutionären Praxis und in der theoretischen Forschung den wichtigen Inhalt dieser wissenschaftlichen Lehre gründlicher erfasst hat. Das ist eigentlich ein ganz normaler Denkprozess. Unser traditioneller philosophischer Deutungsrahmen beharrte jedoch steif darauf, diesen Prozess auf ahistorische Weise zwanghaft zu vereinheitlichen, als sei Lenin von Anfang an ein großer marxistischer Denker gewesen, als sei jeder Satz, den er anfangs schrieb, gewiss korrekt und stimme gewiss mit jedem Satz überein, den er später schrieb. Obwohl dies die Überlegenheit und Vollständigkeit der klassischen Autoren zu schützen scheint, lässt dieser Lektürerahmen die klassischen Texte tatsächlich bloß eine unwissenschaftliche Färbung annehmen. Ich glaube fest daran, dass diese aus der sowjetischen theoretischen Forschung geerbte alte Logik zerschlagen werden sollte (im Hinblick auf die Forschung zu Lenins *Philosophischen Heften* ist die Theorie der „geplanten Konzeption" des sowjetischen Forschers Kedrow die Repräsentativste unter diesen alten Theorien und auch das Lektüremodell, dessen Zurückweisung und Widerlegung der Schwerpunkt dieses Buches ist). Die *Philosophischen Hefte* sind wirklich eine ganz bedeutende Sammlung der philosophische Literatur Lenins, vorwiegend aber eine Originalliteratur, die die neuen Ideensprünge sowie den Entwicklungsprozess echt aufzeichnen, welche sich durch Lenins Lernen und Studium des philosophischen Materialismus, der Hegelschen Philosophie und anschließendem eingehenden Verständnis des Wesens der Marxschen Dialektik der Praxis fortwährend ausbilden. Deshalb besteht der bedeutendste Aspekt beim Lernen und Studium dieser Literatursammlung m.E. nach nicht darin, jeden Satz in Lenins Heften zu etwas unvergleichlich Weisem zu machen, sondern darin, wahrhaft zu verstehen, wie Lenin den Standpunkt des philosophischen Materialismus begreift, anschließend mit großen Schwierigkeiten und allmählich ins Hegelsche Gebäude eintritt, danach auch auf dem Gipfel der Hegelschen Logik Kopf an Kopf mit Marx steht und sich schließlich den totalen logischen Gedankengang der wahren Bedeutung der **Dialektik der Praxis** aneignet. Ich finde, dass wir von unseren großen Meistern auf keinen Fall äußerliche Phrasen zu lernen haben, sondern lebendige atmende Standpunkte, Gesichtspunkte und Methoden! Ich sollte erläutern, dass ich in dieser Forschung einen Fehler begangen habe, welcher in der traditionellen Forschung zu Lenins *Philosophischen Heften* geläufig ist, dass ich mich nämlich lediglich schlicht mit den *Berner Hefte* beschäftigt habe, anstatt Lenins Lernen und Studium und den gesamten historischen Prozess in einen innerlich zusammenhängenden logischen Gedankengang stellend zu begreifen, was die *Berner Hefte* immer noch zu einem isoliertem Gegenstand der Lektüre macht. Ich habe diesen Mangel erst im Laufe meiner jüngsten Forschung allmählich überwunden.

Etwa zehn Jahre später, im Jahr 2004, erhielt ich ein nationales staatliches Forschungsprojekt für Sozialwissenschaften, um Lenins philosophische Ideen zu erforschen. Bald darauf wurde dieses Thema vom Erziehungsministerium als Hauptforschungsprojekt festgelegt. Als Themengruppen zugeteilt wurden, erforschte ich hauptsächlich Lenins *Philosophische Hefte*. So begann meine vierte Forschung zu den *Philosophischen Heften*.[10] Dies war meine erste gründlichste Forschung zu Lenins *Philosophischen Heften* auf eine systematische Weise. Nachdem ich 2005 das Schreiben meiner Forschung zu Lacan und den zweiten Band von *Spurensuche: Von Adorno bis Žižek. Analysen der postmarxistischen Theorie* (Canut Intl. Verlag 2019) abgeschlossen hatte, begann ich offiziell, meine eigenen Materialien vorzubereiten und meine Ideen zu organisieren. In dieser Forschung habe ich meine wichtigen Erkenntnisse zu Lenins philosophischen Ideen von vor 15 Jahren systematisch neu überdacht. Ich wandelte meine bisherige punktuelle Forschung, die sich auf eine isolierte Weise mit den *Berner Heften* beschäftigte, in ein panoramisches Sichtfeld der Erfassung der philosophischen Ideen Lenins durch Originalliteratur um. Daher konnte ich nicht umhin, *Lenin Werke* noch einmal neu zu lesen. Natürlich standen vorwiegend die Dokumente, die Lenin vor 1915 hinterlassen hatte, im Mittelpunkt und ich habe mir dadurch die zahlreichen Gedankenfäden aus erster Hand und die logischen Denkpunkte in der Entwicklung von Lenins philosophischen Ideen vor den *Berner Heften* angeeignet. In meiner Forschung grenzte ich mich diesmal bewusst von der Ansicht der westlichen

---

10 Wir teilten dieses Thema in drei Unterthemen auf: 1) Forschungen zu Lenins *Materialismus und Empiriokritizismus* unter der Leitung von Prof. Liu Huaiyu; 2) Forschungen zu Lenins *Philosophischen Heften* unter meiner Leitung; und 3) Forschungen zur westlichen „Lenin-Forschung" unter der Leitung von Prof. Zhang Chuanping.

Lenin-Forschung – der schlichten Gegenüberstellung des jungen Lenin (insbesondere *Materialismus und Empiriokritizismus*) und den späteren *Berner Heften* – ab. Vielmehr untersuchte ich konkret die eher mikroskopischen und tiefschürfenden Glieder der Ideengeschichte wie den Bezug Lenins auf die Theorie und Praxis Plechanows, den gelehrten Zusammenhang Lenins mit dem philosophischen Materialismus sowie das Denkverhältnis Lenins mit der Lektüre des Textes *Briefwechsel zwischen Marx und Engels*, was mir echt viele neue Erkenntnisse bescherte und darum auch äußerst wichtige unterstützende Hintergründe für die richtige logische Positionierung meiner vorigen Forschung zu den *Berner Heften* bereitstellte. Im Vergleich zu meiner eigenen Forschung in den frühen neunziger Jahren war meine vierte Forschung zu den *Philosophischen Heften* und insbesondere zu den *Berner Heften* ein Fortschritt hinsichtlich Forschungsmethode, Tiefe des Denkens und Feinlektüre und -analyse des Textes. Besonders wichtig ist, dass ich durch diese systematische Forschung in meiner Gesamterkenntnis der Forschungsmethodik und der philosophischen Ideen Lenins einige außerordentlich wichtige neue Ernten erlangte.

Der erste Aspekt besteht darin, dass ich zum ersten Mal bemerkt habe, dass alle Forscher der ehemaligen sowjetischen und westlichen Lenin-Forschung, sei es bewusst oder unbewusst, die *Philosophischen Hefte* in ihrem Forschungsprozess als **ein Buch** betrachten. Allerdings existieren die **Philosophischen Hefte** als solch ein Buch im Grunde nicht; es existiert nur eine Dokumentensammlung von verschiedenen Exzerptnotizen, Notizen, Eindrücken und Lektüreanmerkungen im Lernen und Studium der Philosophie Lenins in dem sich über 20 Jahre erstreckenden Intervall **mit offensichtlichen Differenzen theoretischer Qualität**. Die Bedeutung dieser neuen Erkenntnis liegt darin:

Erstens, vom Grad der Tiefe der theoretischen Ideen her gesehen sind die theoretischen Qualitäten dieser Dokumente Lenins nicht homogen. Wichtig ist, dass Lenin im Unterschied zum jungen Marx und zum jungen Engels keine **nichtmarxistische** Ideenperiode hatte; seitdem er die theoretische Bühne betrat, war er ein Marxist. Werden daher die Dokumente in der Art von Lektüreanmerkungen wie Hefte und Eindrücke, die Lenin in verschiedenen historischen Perioden niedergeschrieben hat, auf eine undifferenzierte Weise zusammengeworfen, so wird man sich dessen nicht bewusst werden, dass es in seinen philosophischen Notizen, die gleichfalls zum **Marxismus** gehören, auch Sachverhalte eingeschlossen sein könnten, die nicht gründlich genug, genau genug sind; man wird dann übersehen, dass es in Lenins philosophischen Ideen einen Entwicklungsfortschritt von der Fläche zur Tiefe, von richtigen Ideen überhaupt zur konkreten wissenschaftlichen Erkenntnis des Wesens geben könnte. Das heißt, schert man Lenins philosophische Schriften aus unterschiedlichen Perioden auf eine schlichte und ahistorische Weise nach den Themen der philosophischen Prinzipien über einen Kamm, ist es möglich, dass eine unwissenschaftliche **Vergewaltigung der homogenen Logik** eintritt. Zweitens, die bibliografische Anordnung der diversen Ausgaben von *Lenin Heften* wurde künstlich in eine **hierarchische** Struktur gesetzt und die nicht-exzerptiven Notizen und insbesondere Lektüreanmerkungen wurden in die Stellung von zweitrangiger Literatur verbannt, sodass diesen wichtigen Lektüreanmerkungen lange Zeit die gebührende Beachtung und Forschung nicht zukam und ein logischer blinder Fleck und ein literarischer Bruch in der Forschung zu Lenins *Philosophischen Heften* verursacht wurde. Das führte auch dazu, dass man in der Auseinandersetzung mit den *Philosophischen Heften die Berner Hefte*, die Lenin sich 1914 beim Studium der Hegelschen Philosophie anlegte, unbewusst schlicht mit den *Philosophischen Heften* gleichgesetzt hat, während anderen notizenhaften Dokumenten sehr selten oder nie tiefe Beachtung geschenkt wurde.[11] Aufgrund der Rückbesinnung auf die obigen Probleme wurden Lenins *Philosophische Hefte* in dieser vierten Forschung zum ersten Mal auf die konkreten historischen Situationen im Gesamtprozesses der Entwicklung von Lenins Ideen „reduziert" und die historische Bedeutung und der Tiefengrad jedes Dokuments, zumal die **relativ-komparativen Qualitäten** in einem bestimmten Ideenkontext fein mit Satzzeichen versehen. Außerdem habe ich auch den inneren Zusammenhang von der **Situierung** von Lenins Ideen und seiner praktischen Konstruktion wahrhaft bestimmt. Man kann sagen, dass diese Forschung sowohl in China wie auch

---

11   Im Oktober 2007 war ich an einem Gespräch über dieses Thema mit dem bekannten amerikanischen Lenin-Forscher Kevin Anderson beteiligt. Auch er stimmte zu, dass dies ein Thema ist, dem im Westen keine ausreichende Bedeutung beigemessen wurde.

im Ausland die soweit umfassendste „Feldarbeit" über Lenins *Philosophische Hefte* und der einschlägigen Literatur ist.

Der zweite Aspekt besteht darin, dass wir infolge einer historischen Durchsiebung der Ad hoc-Denkkontexte und der komplexen Hintergründe der Literatur, welche sich bei Lenin in verschiedenen Perioden und gegenüber verschiedenen wirklichen und theoretischen Fragen ausbildeten, den grundlegenden logischen Faden und den Raum der theoretischen Situierung der Veränderung, Entwicklung und sogar der schwerwiegenden Erkenntnissprünge, die in Lenins philosophischen Ideen binnen zwanzig Jahren echt existieren, „zum ersten Mal" unschwer **sehen**. Das ist die Sache, die mich am meisten maßlos aufregt. Ich habe entdeckt, dass der Punkt, auf den der junge Lenin als ein revolutionärer Praktiker des Marxismus gegen Ende des 19. Jahrhunderts in seinem Kampf gegen das Volkstümlertum (Narodniki) sein theoretisches Augenmerk richtete, offensichtlich die **Objekt-Dimension** der historischen Dialektik war und er, wie Plechanow u.a., die Notwendigkeit der Entstehung und Entwicklung des Kapitalismus in Russland betonte, während die Vergegenständlichung dieser praktischen Intention in der philosophischen Logik herausstellt, dass die gesellschaftlich-geschichtliche Entwicklung ein „naturgeschichtlicher Prozess" ist. In dem Moment aber, als zu Beginn des 20. Jahrhunderts zwischen der bolschewistischen Partei mit Lenin als sein Kern und den Menschewiki in der Frage nach den Aussichten der russischen Revolution die große Debatte losbrach, schlug Lenin ausdrücklich vor, die revolutionäre und tätige Rolle des Proletariats und der revolutionären Partei ins Spiel zu bringen, und lenkte die Aufmerksamkeit von der Objekt-Dimension in Richtung der bestimmte objektiv-wirkliche Bedingungen voraussetzenden **Subjekt-Dimension**. Lenin fand jedoch damals für diese neue praktische Intention keinen Bleibepunkt in der Philosophie. Obwohl Lenin 1908 in der Debatte gegen den russischen Machismus zurecht an der Seite Plechanows stand und mit dem wichtigen gelehrten Text *Materialismus und Empiriokritizismus* die theoretische Grundlage der marxistischen Philosophie verteidigte, war der philosophische Materialismus nicht in der Lage, Lenins damalige revolutionäre praktische Kreativität tiefgehender zu unterstützen. Offensichtlich brauchte Lenin die wahrhaft revolutionäre Anleitung der Dialektik der Geschichte. Dies war 1914, mitten im Ersten Weltkrieg, einer der wichtigsten Gründe für seinen Entschluss, Hegelsche Philosophie zu studieren und sich die Lehre der Dialektik zu erarbeiten. Ich habe entdeckt, dass Lenin erst im Laufe seines Studiums der Hegelschen Philosophie, vermittelst des lesenden Verstehens von Hegels *Wissenschaft der Logik* Marxens Idee der Dialektik der Praxis von der Veränderung der Wirklichkeit und der „Aufhebung des Seins" allmählich tiefgreifend begriff und letztendlich die philosophische und theoretische Waffe erwarb, um die russische Oktoberrevolution zum Sieg zu führen. Dies ist ein sehr komplexer Umwandlungsprozess des Denkens.

Der dritte Aspekt besteht darin, dass ich zum ersten Mal die Frage nach der Benennung von Lenins *Berner Hefte* ausdrücklich gestellt habe. *Berner Hefte* scheinen nach etwas Neuem zu klingen, handelt es sich dabei jedoch eigentlich um eine Gruppe von Lektüreheften, die Lenin zwischen 1914 und 1915 im schweizerischen Bern über die Hegelsche Philosophie verfasste. Diese Literaturgruppe, die in Vergangenheit im Mittelpunkt des Forschungsfokus stand, ist in der Hauptsache Lenins „Konspekt zu Hegels *Wissenschaft der Logik*". In der Tat umfassen die *Berner Hefte* den ersten Stapel von wichtigen Lektüreheften, alles in allem acht Hefte, die sich um die Hegelsche Philosophie, insbesondere um die Frage der Dialektik (Erkenntnistheorie) drehen. In dieser Forschung zu *Berner Heften* wurden die von mir zuvor bereits entdeckten wichtigen Änderungen in den Ideen, die sich in Lenins Lern- und Studienprozess der Hegelschen Philosophie ereigneten, mit größerer Sorgfalt entschlüsselt, erwogen und in konkreter Weise neusituiert. Insbesondere in den Aspekten der komparativen Analyse des Urkontexts der Hegelschen Philosophie, der mikroskopischen Textkritik der Ideenwendungen Lenins im Laufe seiner Lektüren sowie der Zusammenfassung und Erwägung seiner letzten Ideen gibt es ziemlich viele neue tiefgreifende Fortschritte und Entwicklungen.

Der vierte Aspekt bezieht sich auf die Forschungsmethode dieses Buchs, welche hier einer spezifischen Erklärung bedarf. Sie gilt als eine innovative Probe einer neuen Methodik, die sich auf der Grundlage meines eigenen unabhängigen philosophischen Denkens formierte: die Lektüremethode der textuellen **Situierung** (auch Theorie der Ideensituierung bzw. Situierung der theoretischen Logik genannt). Man kann sagen, dass sie auch ein Überstieg über die textologische Lektüremethode ist, die ich in meinem Buch *Zurück zu Marx* selber gegründet habe. Diesmal bleibe ich nicht länger bloß beim Erörterungsbereich der **modernen** Textologie, namentlich bei dem **Vermeinen, sich dem textuellen Urkontext** im Sinne von philosophischer Hermeneutik **anzunähern**, stehen; mit anderen Worten, ich erkenne in einem gewissen Sinn den legitimen Platz der **postmodernen** Textologie an, zumal Barthes' Idee, dass „die Lektüre von Texten im Wesentlichen keine Reduktion, sondern eine kreative Produktion" ist. Ich könnte noch ein paar Worte mehr zu dieser neuen Methode sagen.

Erstens, der wichtigste Grund, warum so eine Veränderung eintrat, ist meine allmähliche Erkenntnis, dass wir in vergangenen Forschungen zu viel von unserem eigenen Verständnis in den historischen Text auferlegt haben. Als wir mit allen Mitteln darauf bestanden, zu sagen „Marx glaubt", „Leninsche Dialektik" oder „Heidegger plädiert dafür" und um die hegemoniale Stellung der Wahrheit des eigenen Verständnisses und Erkenntnisses stritten, bis wir vor Wut erröteten, merkten wir gar nicht, dass diese Ideen statt echter Ekstasen des **gegenständlichen textuellen Kontexts** nichts anderes als Resultate davon sind, dass wir den Text jeweilig und **jemeinig** reden ließen.[12] Daher habe ich in dieser Forschung zu Lenins *Philosophischen Heften* zunächst bewusst die Illusion aufgegeben, meine eigene subjektive Erkenntnis mit Lenins Urideen **unmittelbar gleichzusetzen**. Von Anfang an ist es als Prämisse festgelegt, dass der Autor des Textes **nicht anwesend**

---

12 Am herzzerreißendsten ist das Phänomen, das in einigen unserer Grundfächern zum Marxismus-Leninismus geschah, nämlich dass Lehrer, die niemals ernsthaft die klassische Literatur von Marx, Lenin oder Mao Zedong studiert haben, bloß aus einigen sekundären Lehrbüchern kopierte dogmatische Begriffe mit ihren eigenen borniertten oberflächlichen Erkenntnissen vermischen und es unmittelbar mit der steifen absoluten Wahrheit gleichsetzen (wenn Schüler auch nur eine Zeile falsch auswendig gelernt haben, werden ihnen unerbittlich Punkte abgezogen.). Die hegemoniale Logik hier ist: „Mein Gedanke entspricht Marx", „Was ich sage entspricht der Wahrheit". Überall, wo Wissenschaft propagiert und verbreitet wird, wird der Marxismus schlichtweg ruiniert. Eine solche Lehre mindert die Wahrheit auf das Irrtum, das Wesen auf die Erscheinung herab. Ich finde, die im wirklichen Leben anwesenden jungen Studenten sollten selbstverständlich nicht dafür getadelt werden, dass sie an diesen sogenannten „Marxismus" nicht glauben.

ist, womit ich auch die **Unmöglichkeit** der absoluten Reduktion eines solchen Einsichtstextes auf den Urkontext anerkenne. So bin ich nur in der Lage, auf dem Grunde des bereits Geschichte gewordenen und nicht länger jeweilig sprechenden Textes sowie all seinen symptomatischen Details einen Spiegel von Lenins Ideen, **wie ich sie verstehe**, zu rekonstruieren.

Zweitens, ich habe mich entschieden, diese neue Methode in diesem Buch zu bezeichnen, weil das, worauf ich mich diesmal angesichts der philosophischen Ideen Lenins stütze, nicht länger **abgeschlossene Texte** sind (das, was ich in *Zurück zu Marx* die dritte Art von Texten oder veröffentlichte Werke nenne) und selbst **generative Texte** (die ich die zweite Art von Texten oder unabgeschlossene Manuskripte und Briefe nenne) sind sehr wenig; es handelt sich hauptsächlich um **Subtexte** (die ich die erste Art von Texten oder Lektürenotizen, Inhaltsangaben, Notizen und Einsichten nenne) und **Ab-Texte**.[13] Die sogenannten Ab-Texte beziehen sich auch auf **Lektüreanmerkungen**, die in Lenins *Philosophische Hefte* massiv eingegangen sind (es sind gerade diese Anmerkungen, die von früheren Forschern ignoriert wurden).[14] Im Unterschied zu selbständigen Lektürenotizen wurden diese Anmerkungen unmittelbar auf die gelesene Literatur geschrieben, gewöhnlich als Anstreichungen und einer kleinen Anzahl von Bemerkungen.[15] Die Tatsache, dass solche Ab-Texte aufgezeichnet und selek-

---

13 Vgl. *Zurück zu Marx*, S. 13-20.
14 Es sollte angemerkt werden, dass auch Marx und Engels einen großen Korpus von Lektüreanmerkungen mit einer großen Zeitspanne und reichem Inhalt hinterlassen haben, was den Inhalt des letzten Teils der vierten Abteilung der *MEGA²* bildet; im ursprünglichen sowjetischen Publikationsplan der *MEGA²*-Arbeitsgruppe sollte es 30-40 Bände geben. Bedauerlicherweise wurde dieser Plan aufgrund besonderer historischer Ereignisse unterbrochen, sodass diese Anmerkungen bisher noch nicht in Gänze veröffentlicht wurden. Wir wissen auch, dass auch Mao Zedong inhaltlich sehr reiche philosophische, historische und literarische Lektüreanmerkungen hinterlassen hat. Das Studium dieser Ab-Texte wird ein sehr wichtiges, aber notwendigerweise anspruchsvolles und komplexes Projekt in unserer künftigen Forschung zu den Texten des Marxismus werden. Ich hoffe, dass meine Benennung und mein vorläufiges Studium dieser Ab-Texte meinen Nachfolgern die nötige wissenschaftliche Erfahrung vermitteln wird, um darauf aufzubauen.
15 Auch das trifft nicht absolut zu; einige Anmerkungen beinhalten eine große Menge Text. Als wir Doktoranden waren, erzählte uns Prof. Sun

tiv in einen Text gesetzt und abgedruckt werden, stellt bereits eine **künstliche** Neukonstruktion des Texts dar. Ich empfinde, dass diese vierte Art von „Texten" in einigen Aspekten das grundlegende Lektüregerüst und das tatsächliche akademische Niveau des Urlesers wahrhaftig widerspiegeln kann. Gerade weil die Anstreichungen und Kommentare in diesen Anmerkungen jedoch nicht allesamt explizite Absichten und Werturteile sind, wird dies notwendig dazu führen, dass es, wenn wir mit diesen Ab-Texte konfrontiert sind, weniger darum geht, unmittelbare und explizite Textbelege zu identifizieren, und vielmehr darum, die Lektüre selbst neu zu lesen und neu zu entschlüsseln und in der Situierung einer jeweiligen Idee persönliche **Vermutungen, Schlussfolgerungen** und **subjektive Überzeugungen** des Neulesers (Zweitlesers) zum Vorschein kommen. Diese rekonstruierten Vermutungen und Überzeugungen basieren vorwiegend auf den **sichtbaren** und **unsichtbaren** logischen Symptomen, die durch den Anmerker zum Ausdruck gebracht werden, wenn er sich dem Diskurs des Lektüretexts stellt. Zudem erscheinen diese Überzeugungen vorwiegend nicht in den markierten Details und mikroskopischen Worten wieder, sondern sie sind eine vollständige neue **Ideensituierung**, namentlich die neu-simulierte Wiedererscheinung der Denktätigkeit des bereits abwesenden Lesers. Das ist offensichtlich der Aspekt, welchen die besagten vergangenen Methoden der Textlektüre im Grunde nicht direkt erreichen konnten. Daher kam ich nicht umhin, eine neue Theorie der Situierung vorzuschlagen. Im Unterschied zu meiner ursprünglichen textologischen Lektüre schlage ich nicht länger unablässig vor, **was** die Logik von Lenins philosophischen Ideen ist; vielmehr identifiziere ich vorsichtig die heute von mir selbst produzierte **ihrem Wesen nach simulierte Ideensituierung**. Daher habe ich es auch geschafft, innerlich gewissenhaft und fachlich standhaft zu sein; meins ist meins, ich bestehe nicht steif darauf, dass es jemand anderem gehört.

Bokui über Marx' Frühwerke, dass in den *Ökonomisch-philosophischen Manuskripten aus dem Jahre 1844*, die er in der Hand hatte, der alle leeren Stellen mit Anmerkungen vollgeschrieben waren. Er teilte uns zudem mit, dass dies bereits das -zigste Manuskript sei, das er gelesen hat; die wenigen Bücher davor habe er alle gelesen, bis sie auseinanderfielen. Jedes Mal, wenn die Hausarbeiten, die wir bei ihm einreichten, ausgehändigt wurden, war beinahe jeder Milimeter Leerraum vollgeschrieben mit Meinungen und Kommentaren zur Verbesserung.

Schließlich ist die Formierung dieser neuen Denkweise das Ergebnis von zwei Aspekten der Kritik und In-Frage-Stellung: erstens, die Kritik einiger meiner Lehrer, insbesondere Professor Sun Bokuis persönliche Kritik an mir, der mich fragte, warum er, der sein ganzes Leben lang Marx studiert hatte, die Dinge nicht sieht, von denen ich behaupte, dass sie im Marx-Text drin seien. Zweitens, zwei Fragen, die meine Studenten in vielen Seminardiskussionen immer stellen: „Warum sehen wir die Dinge nicht, auf die Sie im selben Text verweisen?" „Sind die Dinge, die in Ihrem Buch geschrieben sind, schließlich die Ideen des Urverfassers oder Ihre eigenen Ideen?". In der Vergangenheit bin ich diesen Fragen immer ausgewichen, weil ich damals die Unterstellung befürchtete, Heiligensprüche gefälscht zu haben. Tatsächlich sprechen viele chinesische Philosophieschaffende recht lange Zeit im Namen anderer (Heiligensprüche, in der Vergangenheit hatten wir die „Sechs Klassiker", und jetzt haben wir Marx und Lenin).[16] Denn, in unseren theoretischen Diskussionen ist der Marxismus das Synonym für „Wahrheit" und im Unterbewusstsein scheint man sich politisch versichert zu haben, solange man die eigene Meinung so sagt, dass es im Sinne von Marx wird. Dies sind die akademischen Folgeschäden, die die vergangenen Zeiten hinterlassen haben. Tatsächlich ist diese Haltung nicht die wissenschaftliche Haltung des Marxismus. Unser Erbe und unsere Entwicklung des Marxismus dürfen keinesfalls durch Schmuggelei und vorsätzliche Verwechslung in der theoretischen Logik verwirklicht werden.

16 Es gibt ein weiteres bedeutendes Phänomen, namentlich das Problem des unbewussten Innewohnens der grammatikalischen Struktur des Stalinschen Dogmatismus: In anderen Disziplinen (außer Marxismus-Forschung) halten einige Theoretiker ihre Forschungsgegenstände (seien es moderne westliche Philosophen oder Kunstexperten) auf eine kritiklose Weise für Verehrungsgegenstände und denken nie darüber nach, ob es darin etwas Mangelhaftes oder Unüberlegtes gibt. Obwohl sie nicht Marxismus studieren, ist ihre grammatikalische Struktur in den Tiefen ihrer Herzen immer noch eine Stalinsche, weshalb sie auch über die Frage nie nachgedacht haben, was ihre selbständige und originelle Idee ist, nachdem sie einen Ideentext oder einen Gegenstand sorgfältig widergegeben und rezensiert haben! Ein anderer Typus dieses Stalinschen Dogmatismus ist der theoretische Neofaschismus: die Erscheinungsform dieses Überbleibsels aus der „Kulturrevolution" besteht oft darin, schlicht zu verkünden, etwas Orientalisches oder Westliches sei ausgestorben, und dann mit einer noch schrecklicheren Logik der pseudo-großen Erzählung daherkommen und behaupten, dieser pseudo-große „Andere" sei die Wahrheit.

Über diese sogenannte Theorie der Ideensituierung werde ich in der Einleitung dieses Buches gewisse Erklärungen abgeben. Darüber hinaus bin ich an dieser Stelle nur in der Lage, sehr skizzenhaft eine einführende Erörterung dazu zu machen. Die Theorie der Situierung ist meine **orientalische** Gesamtsichtweise der Seinslehre über den **Menschen**, welche sich auf die Frage des letzten Ursprungs der traditionellen Fundamentalontologie nicht bezieht, sondern nur die höchste Ebene der Konstitution und die höchste Erlebtheit des geschichtlichen Seins des Menschen erörtert.[17] Ich unterscheide zwischen der **dinglichen Ordnungsstruktur** im gesellschaftlichen Lebensraum und den verschiedenen Existenzebenen des Menschen, insbesondere den verschiedenen Lebenssituationen, die von verschiedenen Existenzzuständen und Bewusstseinserfahrungen erreicht werden können. Ich definiere die höchste Ebene des Subjekt-Seins als **freie Seinssituierung**. In der metaphysischen Introspektion und Angst des gegenwärtigen Denkens durchkreuzen die Menschen wegen der Sorge darum, dass das Sein zum versteinerten Seienden und der Begriff zum toten Wesen des Logos werden, die Worte Sein und Begriff auf künstliche Weise (Heideggers „Durchstreichen" und Derridas „sous rature"). Das Sein einer Situierung ist aber eine jeweilig wesensgleich geschehende Konstruktion und Destruktion. Ihre Situation bleibt nicht bestehen, sie wird oft mühselig rekonstruiert. In der wirklichen geschichtlichen Tatsache existiert die Situierung gewöhnlich im wesensgleichen Mitsein mit dem **Spiegelbild des Anderen**[18] und mit der **Scheinsituierung**[19] (Trugbild). Über diese Theorie

---

17   Auf einem Symposium über akademische Paradigmen und die Integration der Disziplinen im November 2007 in Taipeh fehlbezeichnete mich ein älterer Herr am Lehrstuhl für Historik der Zentraluniversität Taiwans in einer Befragung als „Idealist", als ich das Verhältnis zwischen meiner Theorie der Situierung und dem Studium der Geschichtswissenschaft erwähnte.

18   Das theoretische Spiegelbild des Anderen: das „Andere" ist die beherrschende Verkennung im Lacanschen Sinne und meint vorwiegend die strukturierte Denkweise, die sich ausbildet, wenn ein Denksubjekt an den Ideen des Anderen haftet.

19   Über die Frage der Scheinsituierung gibt es in Lacans Theorie des großen und des kleinen Anderen, Althussers Theorie der Ideologie und Baudrillards Theorie der Simulation sehr tiefgehende Diskussionen. Die Idee der Scheinsituierung, die ich denen analog entliehen und neu konstruiert habe, bezieht sich neben dem gegenbezüglichen

werde ich in der kommenden Forschung durch spezifische Schriften nach und nach umfassende Ausführungen machen. In diesem Buch verwende ich die Lektüremethode der **Ideensituierung** zum ersten Mal nur im Diskussionsbereich der Textforschung. Sie lässt sich zufällig mit der Methode der textologischen Lektüre, die ich bereits in meiner Textforschung zuvor vorgelegt habe, zusammenfügen. Im Gegensatz dazu geht das Denken der Situierungstheorie etwas tiefer.

Im Unterschied zur Logik des modernen Strukturalismus bleibt die von mir aufgestellte Theorie der Situierung nicht länger beim Umgriff des linearen Verhältnissystems, des beherrschenden Gerüst der prärationalen Idee stehen. Ideensituierung ist nämlich das **Auftauchen** eines völlig bewussten Phänomens; sie demonstriert die komplexen Modi und das konstruktive Wesen der historischen Entstehung einer Person und einer Denkströmung.[20]

20 Verhältnis der ideologischen Anrufung im Sinne Lacans, Althussers und Baudrillards auch noch auf ein geschichtliches Glied der Ideengeschichte, namentlich auf etwas, das von Menschen in einer bestimmten Zeitperiode als der wahre Sinn des Seins und als Wahrheit unterstellt und auf neuer Ebene des Seins und neuer Stufe der Erkenntnis als Phänomen der Scheinsituierung wiedererkannt wird. Dies ist ein sehr komplexes theoretisches Problem.

20 Die typische Verkörperung der Lehre des Gebots des prärationalen Gerüsts ist die Theorie einer kognitiven Struktur, die sich in den 1950er und 1960er Jahren unter dem potenziellen Einfluss des Neukantianismus Schritt für Schritt ausbildete. Sie besteht aus mehreren logischen Fäden in verschiedenen theoretischen Gebieten: Erstens, der durchbrechende Charakter in der gegenwärtigen Methodenforschung zur Geschichte der Naturwissenschaften, welcher von der von Popper initiierten Schule der Wissenschaftsgeschichte und der neo-epistemologischen Wissenschaftsauffassung Bachelards – mit verschiedenen Methoden beim selben Resultat angelangt – eingesehen wurde; Letztere wurde von Kuhn als Paradigmenlehre abstrahiert, um die Struktur-„Revolution" in der Entwicklung der Wissenschaften zu beschreiben. Letztere wurde von Bachelards Theorie des „epistemologischen Bruchs" als heterogene geschichtliche Progression von Allgmeinwissen und Wissenschaft zusammengefasst. Diese Ansicht wurde später durch die Theorie der „Episteme" des jungen Foucault und durch Althussers Theorie der Problematik gemeinsam identifiziert. Zweitens, der logische Faden der strukturalistischen Strömung, welcher vom von Saussure initiierten linguistischen Strukturalismus und vom von Piaget repräsentierten wissenschaftlichen Strukturalismus herausgestellt wurde. Ersterer betonte die synchrone Herrschaftsstruktur des differenzialen Verhältnissystems der linguistischen Zeichen selbst, während Letzterer

Das Gestell des rationalen Gerüsts des ursprünglich Kantischen wissenschaftlichen Strukturalismus und die Codierung des Saussureischen linguistischen Zeichensystems sind lediglich schlichte Darstellungen von Ideensituierungen, denn im selben rationalen Gerüst und Zeichensystem kann die Entstehung der Bewusstseinssituation von verschiedenen individuellen Subjekten und Gruppen völlig verschieden sein. Freilich ist die wichtigste wirkliche Grundlage der Verwirklichung des Bewusstseins und der Ideensituierung das historisch-gesellschaftliche Leben; die **Ordnung des praktischen Seins** ist die wahre ontologische Stütze für sämtliche geistige Phänomene, wohingegen die Verwirklichung der theoretischen Logik *einer* Idee als Erkenntnis und Bewusstsein unter spezifischen Bedingungen viel komplexer ist. Glauben, Gefühle, Wertmaßstäbe wie auch verborgene psychologische Komplexe von Individuen und Gruppen können sporadische **Leitelemente** der Situierung sein. Bewusstsein und Situierung sind ein **panoramisches Auftauchen** des geistigen Lebens; die Menschen können ihre ausdrückbaren rationalen Strukturen, logischen Intentionen und

---

für die funktionelle kognitiv-psychologische Anpassungsstruktur plädiert, die vom Erkenntnissubjekt ständig generiert und konstruiert wird. In Bezug zur strukturalistischen Strömung stehen auch Simons Produktionsweise der Codes und Chomskys Umwandlungssystem der Tiefensprache. Drittens, die komplexe Wissenschaft in der gegenwärtigen naturwissenschaftlichen Methodik. Auf der Grundlage von Systemik, Synergetik und Katastrophik leitet die Theorie der dissipativen Struktur eine funktionelle dynamisch-konstruierte Struktur von Existenzmodi und Systemen an; sie war auch die früheste Auflösung der Auffassung der Herrschaft des rationalen Gerüsts in der gegenwärtigen naturwissenschaftlichen Methodik. Nach Mitte der 1960er Jahre stieß die Lehre des prärationalen Gerüsts in allen Gebieten auf Dekonstruktionen; Kuhns Paradigmenlehre ging durch Lakatos' weiche Ad-hoc-Erklärung und starb schließlich an Feyerabends erkenntnistheoretischen Anarchismus des „anything goes"; Foucaults Episteme wurden durch die „Handgranaten" in seiner eigenen neuen Logik der Anordnung von Diskursen gesprengt; Saussures linguistische Struktur löste sich in der Dekonstruktionstheorie Derridas, der Auffassung der Intertextualität des späten Barthes-Kristevas und der Theorie des großen Anderen und der zynischen Ideologie von Lacan-Žižek auf. Der heutige epistemologische Theoriebereich kann daher als „post-paradigmatische Zeit" identifiziert werden. Als ich die „post-paradigmatische Zeit" auf dem oben erwähnten „Paradigmenwechsel"-Seminar erwähnte, sahen die meisten der anwesenden Literaturhistoriker sehr schockiert und erstaunt aus. Das war merkwürdig.

emotionalen Impulse nur im Schreiben, Sprechen-Sagen und in der angedeuteten Stimmung in Erscheinung bringen. In diesem Sinne kann die Situierung oftmals **unbewusst** geschehen. Dabei kommt den **logischen Strahlen**, die nicht klar gesagt werden können, in der Situierung eine Schlüsselrolle zu.

In diesem Buch kann ich meine Theorie der Situierung nicht ganz erschöpfend erörtern, sondern diesen neuen Gedanken im Kontext der textologischen Lektüre nur stellen. Dies kann daher auch als eine kleine Probe meiner eigenen philosophischen Innovation gelten. Natürlich beweist die gesamte gesellschaftsgeschichtliche Entwicklung, dass Erneuerung in irgendeinem Sinne nicht immer erfolgreich ist, zumal auf der Plattform der Ideengeschichte. Trotzdem bin ich bereit, in einer Epoche, die Kreativität fördert, diesen Schritt als Erster zu tun.

Die Grundstruktur dieses Buchs ist folgende: Ich beginne mit einer Einleitung und gliedere das Buch in zwei Teile. In der Einleitung stelle ich hauptsächlich die bibliografische Lage der *Philosophischen Hefte* Lenins vor und kommentiere die bisherigen Arbeiten und Probleme, die es in der traditionellen Forschung dazu gibt. Dabei liegt der Schwerpunkt auf der Erklärung meiner Theorie der Ideensituierung, die ich in diesem Buch stelle, insbesondere der mit ihr gleichstrukturellen Methode der Lektüre der Ab-Texte und der Konfiguration der Ideengeschichte. Der erste Teil ist vorwiegend ein Umriss der frühen Gedankenfäden des jungen Lenin in der Erkenntnis der philosophischen Theorien, jenes Veränderungsprozesses der philosophischen Ideen beginnend mit dem ersten philosophischen Aufsatz „Was sind die Volksfreunde?", welchen er 1894 verfasste, unmittelbar bis vor und nach dem Verfassen von *Materialismus und Empiriokritizismus*. Freilich gliedert sich der erste Teil in zwei Hauptteile: erstens, die Lektüre der diversen historischen Dokumente, die sich im frühen politisch-praktischen Kampf des jungen Lenin vor 1908 formten; zweitens, die Lektüre der großen Anzahl von Lektürekommentaren und der kleinen Anzahl von Notizen, die Lenin während des Lernens und Studiums der Philosophie von 1908 bis 1913 hinterließ. Die neue Erkenntnis hier besteht in der Verknüpfung des **theoretischen Spiegelbilds des Anderen** des philosophischen Materialismus des jungen Lenin im Kontext der marxistischen Philosophie mit seinem politisch-praktischen Standpunkt sowie der Entkoppelung beider. Der zweite Teil konzentriert sich auf die exzerpierten Notizen und eine Handvoll Eindrücke, die Lenin niederschrieb, als er von 1914 bis 1915 die Hegelsche Philosophie lernte und studierte. Das kann als eine thematische Forschung zu *Berner Heften* gelten. Die zentrale Idee im zweiten Teil insgesamt besteht darin, nach dem Umstürzen des A-priori-Gerüsts der „geplanten Konzeption" der Akademie der ehemaligen Sowjetunion und des Ostblocks die einschneidende Ideenwendung Lenins, namentlich der Wechsel vom theoretischen Gerüst des Anderen zum Situierungsraum der **selbständigen Lektüre**, welche im Erkenntnisprozess in der Annäherung an die Hegelsche Philosophie geschah, zu entdecken. Die Analyse und Erörterung dieses Wandels ist der wichtigste Fortschritt des Buchs bezüglich Lenins philosophischen Ideen. Es hat die traditionellen Ideen, die in der Forschung der ehemaligen Sowjetunion und des Ostblocks zu den Leninschen Ideen seit langem bestanden, durchgreifend verändert. Zudem zeigen die neuesten Ergebnisse meiner Forschung, dass Lenins Verständnis selbst im letzten revolutionären Denkkontext der *Berner Hefte* weit davon entfernt war, die gedankliche Tiefe der Marxschen Dialektik der **Geschichte** zu übertreffen.

Es ist selbstverständlich, dass die Hauptidee dieses Buchs, wie *Zurück zu Marx*, subversiver Natur sind.

Es lässt mich ein wenig seufzen, wenn ich heute zurückblicke und darüber nachdenke, dass sich die Zeitspanne, in der ich über Lenins *Philosophische Hefte* forsche, über 25 Jahre erstreckt. In dieser Zeitspanne, die beinahe meine gesamte Laufbahn durchzieht, scheint der Abstand zwischen meinen und Lenins Ideen um Einiges kleiner geworden zu sein. Allerdings ist es ein Rückzug von vermeintlicher Wahrheit zur Lehre subjektiven Situierung.

Im Spätherbst von 2002 schwebten bereits die kühlen Schneeflocken über dem Roten Platz in Moskau. Als ich wirklich vor jener großen Person stand, der im Lenin-Mausoleum nur in einem Tiefschlaf zu sein schien, und jenes durchdringliche göttliche Gesicht lange Zeit sorgfältig anschaute, fragte ich mich, wurden die so vielen radikalen Diskurse, die die rückständigen Teile und die unterdrückten Völker auf der Welt unendlich ermutigten, gegen die Hegemonie des Kapitals aufzustehen, wirklich in diesem Kopf ausgetüftelt ? Wurden so viele Texte, die die Linken der orientalischen Welt der Neuzeit ermutigten, wirklich unter der Kontrolle dieses Kopfes geschrieben?

Wurden die komplexen und wechselvollen philosophischen Logiken und Diskurse, mit deren Situation ich mich Tag und Nacht herumschlug, wirklich in diesem Kopf erzeugt? Ja, während all dieser Jahre des Denkens und Schreibens über das historische Fortschreiten von Lenins philosophischen Ideen tauchte in meinem Kopf ständig diese Szene voller historischer Bilder vom Gefechtsfeuer, vom Rauch des Schießpulvers und der euphorischen revolutionären Passion, doch der Lenin, von dem ich geträumt hatte zu sehen, schläft nicht – er spricht, liest, schreibt und kämpft überall und ewig mit voller Tatkraft.

Ein Besucher, der neben mir stand, vielleicht ebenso aufgeregt wie ich, murmelt leise vor sich hin. In dem Augenblick legt ein russischer Soldat mit Knabengesicht, der wie eine Statue geräuschlos neben uns stand, seinen Zeigefinger an die Lippen und zischt leise, als ob er fürchte, wir könnten den großen Mann aus seinem tiefen Schlaf wecken.

Ja, ruhe sanft Lenin! Selbst wenn Einige Dein dingliches Sein begraben haben, sind Deine Ideen wieder von der Welt neuerkannt worden;[21] der Weg zur Befreiung, den du gebahnt hast, ließ die standhaften Schritte des Giganten auf dem Stück gelber Erde im Orient noch einmal erschallen.

Zurück zu Lenin heißt auf die Zukunft hin!

Zhang Yibing
Viertes Manuskript, überarbeitet in Taipeh, Oktober 2007

---

21 Professor Žižek hat vor kurzem einen Aufsatz mit dem Titel „Repeating Lenin" geschrieben. Im Juni 2007 habe ich Professor Žižek eingeladen, an der Nanjing-Universität eine Vorlesung zu halten, und wir hatten die Gelegenheit, über diese Frage persönlich zu diskutieren. Der Lenin, auf den er gern zurückkommen möchte, ist, anders als meine Forschung, Lenin als radikaler Revolutionär, der nie Kompromisse macht. Als ich es ihm sagte, war er ganz aus dem Häuschen, denn nicht jeder hatte seinen Standpunkt verstanden. Er teilte mir mit, dass sein alter Freund Laclau ihm sogar deshalb ein langes Gesicht machte.

Einleitung

Lenins *Philosophische Hefte* sind eine äußerst wichtige Ansammlung von unabgeschlossenen Manuskripten in der Entwicklungsgeschichte der marxistischen Philosophie. Seit mehr als einem Jahrhundert, zumal nach den 1960er Jahren führten marxistische Wissenschaftler eifrige und eingehende Studien über diese Dokumentengruppe, die als Lenins philosophisches „Ideenlabor" gilt, und legten damals zahlreiche und recht hochrangige Leistungen an den Tag.[1] Andererseits haben auch einige westliche „Lenin-Forscher" und Wissenschaftler des westlichen Marxismus ein starkes Interesse für diese Textgruppe gezeigt. Obwohl es ihnen in Sachen Recherchieren von Dokumenten recht ansehnliche Fortschritte gelang, verfolgte ein Teil von ihnen die Forschung mit dem Ziel, nach Gründen zu suchen, die im Fortschreiten der philosophischen Ideen Lenins **Selbstbrüche** hervorgerufen hätten—ein Ziel, mit dem ich nicht übereinstimmen kann.[2] Darum ist heute die ernsthafte Forschung zur

---

1 Vgl. B.M. Kedrow (1959): *Eine Forschung zu Lenins „Philosophischen Heften"*; Huang Nansen (1984): *„Philosophische Hefte" und Dialektik*; Wang Dong (1989): *‚Lenin-Konzeption' des wissenschaftlichen Systems der Dialektik*.

2 Die prinzipiellen Differenzen jeweils zwischen Marxismus und westlichen Marx-, westlichen Lenin- und westlichen Mao Zedong-Forschung sind von Leuten, die den Marxismus im Grunde nicht verstehen, kürzlich wieder verwischt worden. Es ist lächerlich, dass die nicht-marxistische „Marx-Forschung" doch zu unserer neuen Orientierung in der Konstruktion von Marxens Philosophie wird. Zur Erörterung dieser Frage siehe den Aufsatz von Prof. Yao Shunliang und anderen Wissenschaftlern (*Nanjing Social Sciences*, 2007(10)). Vor kurzem habe ich zusammen mit Prof. Zhang Chuanping von der Universität Nanjing begonnen, eine kleine Übersetzungsreihe bezüglich der westlichen Lenin-Forschung zu organisieren, und wir haben heute bereits die Verlagsrechte von einigen relevanten Werken erworben. Darunter ist Kevin Andersons *Lenin, Hegel, and Western Marxism* bereits fertig übersetzt und wird bald in der Reihe „Übersetzungen des gegenwärtigen akademischen Prismas"

wahren logischen Gedankenführung der *Philosophischen Hefte* Lenins, insbesondere zu den darin wichtigsten *Berner Heften* in unserem theoretischen Konstruktionsprojekt des Marxismus und im gegenwärtigen ideologisch-gedanklichen Kampf äußerst wichtig geworden. *Die neue chinesische Ausgabe von Lenins <u>Gesammelten Werken</u> (zweite chinesische Auflage, 60 Bände) bietet eine recht kritische textuelle Grundlage für diese Forschung.* Darin werde ich mich darum bemühen, jene Vorgehensweise in der bisherigen Forschung, die Rückanmerkung der Leninschen Ideen mit dem traditionellen philosophischen Interpretationsrahmen bzw. die Vorgehensweise **des Zusammenreimens der Leninschen Texte mit der logischen Methode der subjektiven Strukturanalyse a priori** zu verändern, und wahrhaft und aufrichtig von der Nachstellung der Gedankenführung der Lektüre Lenins ausgehen, um die zugrundeliegende Bedeutung der wichtigen logischen Wendungen und sprunghaften Erkenntnissen Lenins in seinem Verständnis- und Entwicklungsprozess der materialistischen Dialektik zu untersuchen. Diese Forschung basiert vorwiegend auf einer neuen Lektüremethode, die ich Theorie der **Ideensituierung** nenne. Dies ist eine Probe und ein weiterer Durchbruch in Sachen Lektüremodell.

1. Nichthomogenität der philosophischen Ideen Lenins

Ein Punkt, der zuallererst deutlich zu machen ist, ist, dass Lenins *Philosophische Hefte* kein vorhandenes philosophisches Werk sind; sie sind lediglich eine Aufzeichnung von vielfältigen Sub- und Ab-Texten **verschiedener Qualität** und Form in Lenins Lernen und Forschung der Philosophie über mehr als 20 Jahre vom Ende des 19. Jahrhunderts bis zum Beginn des 20. Jahrhunderts. Sie reflektieren unmittelbar, dass Lenins eigener **Lern-** und Forschungsprozess der Philosophie ein komplexer Denk- und Erkenntnisprozess war, der über das Jahrhundert hinausging. *Ich kennzeichne die Qualität eigens als „Lernen" der Philosophie, um die ideologische Ausschmückung jener historischen Tatsache zu enthüllen, dass der*

---

unter meiner Chefredaktion publiziert. Prof. Anderson selbst konnte Oktober 2007 den Fachbereich Marxistische Philosophie der Nanjing-Universität besuchen und ein thematisches Referat über seine Lenin-Studien halten; während dieses Besuchs hatten wir die Gelegenheit zu einem tiefen Ideenaustausch.

junge Lenin „nicht gut in Philosophie" war. Ich möchte insbesondere darauf hinweisen, dass Lenin von vornherein ein standhafter Marxist war; der junge Lenin hatte eine solide Akkumulation von Wissen und eine konkrete Forschung in der Ökonomie und in der politischen Theorie. Wenn ich sage, dass Lenin von Anfang an ein Marxist war, so meine ich den Punkt, wo er anfing, die russische gesellschaftlich-geschichtlichen Bühne mit revolutionären Schriften zu betreten. In der Tat hatte er auch natürlich eine nichtmarxistische Jugend und junge Zeit; obwohl er Brüder hatte, die unmittelbar an der demokratischen revolutionären Kampfbewegung beteiligt waren, war er am stärksten von den Ideen der Gruppe Narodnaja Volja (Volkswillen) beeinflusst. Das Quellenmaterial erweist, dass Lenin im Herbst 1888 in Kasan begann, Marxens *Kapital* zu lesen, ein Studium, das ein Jahr dauern sollte. Obwohl Lenins ganze Familie nach Samara zog und er sich derweil auf sein Staatsexamen in Jura vorbereitete, wurde sein Studium des *Kapital* nicht unterbrochen.[3] Seine Forschungsgegenstände zu jener Zeit umfassten *Das Kommunistische Manifest, Die Lage der arbeitenden Klasse in England, Das Elend der Philosophie, Der Bürgerkrieg in Frankreich, Kritik des Gothaer Programms, Klassenkämpfe in Frankreich* und *Anti-Dühring*.[4] Trotzdem war Lenins beinahe über 20 Jahre während gedankliche Entwicklung in Sachen Erkenntnis und Verständnis von philosophischen Ideen kein **absolut homogener** fließender Wandlungsprozess.

Ich werfe solche Fragen deshalb auf, weil es in der traditionellen Forschung der Akademie der ehemaligen Sowjetunion und des Ostblocks in den Theorien über die Entwicklung der philosophischen Ideen Lenins einen Mangel an echter historischer **Chronologie** gibt. Um Lenins Bild in der Geschichte der marxistischen Philosophie als immer richtig und absolut richtig zu konstruieren und aufrechtzuerhalten, wurde die **konkrete theoretische Qualität** des gedanklichen Prozesses Lenin ausgemerzt und es wurde mit einem **glatten,**

---

3   Fischer ist mit dieser Sichtweise nicht einverstanden und glaubt, dass Lenin in Samara begann, *Das Kapital* zu lesen. Vgl. L. Fischer (1964): *The Life of Lenin*, S. 20. Er glaubt zudem auch, dass es in den Leninschen Ideen immer noch Einflüsse von Narodnaja Volja (Volkswille) gab, als er in Samara war.
4   Laut Adoratskij habe Lenin auch Hefte zum *Anti-Dühring* geschrieben, die später verloren gingen. Vgl. Adoratskij, „Wie Lenin Marx studiert", in: *Ausgewählte Werke von Adoratskij*, 1964, S. 501-504.

homogenen, kontinuierlichen logischen Ganzen ein trügerisches Spiegelbild der Idee konstruiert und die philosophischen Ideen Lenins wurden auf eine ahistorische Weise davon usurpiert und ihre Logik damit ersetzt. *Später in diesem Buch werden wir die Gründe für dieses historische Phänomen diskutieren.* Daher sehen wir in den Rezensionen der sowjetischen Akademie zur Entwicklung der Leninschen Ideen nicht die konkreten Veränderungen in Lenins Denkprozess im Laufe von über zwanzig Jahren, die Differenzen zwischen den unterschiedlichen Texten und seine konkreten Fortschritte in der philosophischen Erkenntnis. Ich glaube, dass dies eine konkrete Verkörperung des Gerüsts der „glorreichen Geschichte" in der Forschung zur Leninschen Philosophie ist, deren Prämisse in einer subjektiven idealistischen Logik besteht.[5] *Ein Punkt, der nachdrücklich betont werden sollte, ist, dass ein solcher Fall auch in der Forschung zu den philosophischen Ideen Lenins außerhalb Chinas auftauchte, zum Beispiel betrachtete Balibar (ein Schüler Althussers) Lenins Philosophie als homogene Einheit der Ideen und nannte sie „zwischen einem historistischen Marxismus (Labriola) und einem deterministischen Marxismus, ähnlich dem ‚Sozialdarwinismus' (Kautsky)".*[6]

Hier schlage ich vor, dass die philosophischen Ideen Lenins ein periodisches Erkennen ist, das **diskontinuierliche** Etappen enthält. Nach meiner Meinung liegt der Anfangspunkt der Entwicklung der philosophischen Ideen Lenins ungefähr gegen Ende des 19. Jahrhunderts. Dieser Prozess, welcher einen innerlich logischen Zusammenhang besitzt, kann in drei Zeitabschnitte gegliedert werden:

Der erste ist die Entwicklungsphase der philosophischen Ideen Lenins im **Frühstadium**, welche mit „Was sind die Volksfreunde und wie kämpfen sie gegen die Sozialdemokraten" (nachstehend abgekürzt als „Was sind die Volksfreunde") beginnen und bis 1906 dauern dürfte.[7] In dieser

---

5 Vgl. meinen Aufsatz in der Ausgabe vom Oktober 2005 in *Scholar's Monthly*: "How Should We Truthfully Review the History of Marxist Philosophy?".
6 Vgl. É. Balibar (2013): *Marx' Philosophie*, S. 3.
7 Lenins ursprünglicher Name lautet Wladimir Iljitsch Uljanow. Er wurde im April 1870 in der Stadt Simbirsk in einer Intellektuellenfamilie geboren. Seine Großmutter mütterlicherseits war Deutsche. Lenin schrieb sich im Fach Jura an der Kasaner Universität ein. Im Dezember des gleichen Jahres wurde er verhaftet, als er an einer Studentenbewegung

Periode stellen sich die philosophischen Ideen nicht als Forschung und Fortentwicklung in Sachen theoretischer Gelehrsamkeit dar, sondern es war ein Prozess, in dem er als Praktiker des Marxismus in der wirklichen revolutionären Praxis die marxistische Philosophie geschickt anwandte. *Der junge Lukács hatte gesagt, dass die Aktualität der Revolution die Kernidee Lenins und zugleich der Punkt war, der ihn entscheidend mit Marx verbindet. (Vgl. Lenin. Studie über den Zusammenhang seiner Gedanken, Wien 1924.)* Diese Beurteilung ist richtig. Ich bin der Meinung, dass dies sich hauptsächlich darin verkörpert, dass Lenin, abgezielt auf die aktuellen Bedürfnisse der russischen Revolution zu verschiedenen Perioden, die objektiven Voraussetzungen der gesellschaftlich-historischen Entwicklung und die tätige Rolle des revolutionären historischen Subjekts unterschiedlich betont. *Der Autor des fünften Bandes der* Geschichte der Philosophie *der ehemaligen Sowjetunion glaubt, dass die erste Periode in der Geschichte der leninistischen Etappe der marxistischen Philosophie zwischen 1894 und 1907 liegt. Diese Periode sei angeblich „die Periode der Erschließung des dialektischen Materialismus und des historischen Materialismus in der leninistischen Etappe"*[8]. *Zudem habe Lenin im Hinblick auf den dialektischen Materialismus gegen den Neukantianismus, gegen das Volkstümlertum und gegen die subjektive Soziologie gekämpft, während er im Hinblick auf den historischen Materialismus die Frage der Rolle des subjektiven Faktors im gesellschaftlichen Leben ausgearbeitet habe.* Ich denke, dass diese totale Schlussfolgerung zu abstrakt ist, denn Lenin betonte in der Analyse zu

---

      teilnahm und von der Universität verwiesen. Damals hatte Lenin bereits begonnen, mit marxistischen Ideen in Berührung zu kommen, und übersetzte wichtige Schriften wie *Das Kommunistische Manifest* und Teile aus dem *Kapital* aus dem deutschen Original. 1889 zog Lenins Familie im Landgut in Alakajewka in der Provinz Samara ein, wo er den gesamten Lehrplan des Jurastudiums als Autodidakt abschloss. 1891 legte er das Juraexamen an der Universität von St. Petersburg ab, das er mit hervorragenden Leistungen bestand, und erhielt ein Diplom. 1892 wurde Lenin Assistent eines Rechtsanwalts, bevor er im März des gleichen Jahres Verteidiger am Gericht in Samara wurde. Lenin schrieb 1893 „Neue wirtschaftliche Vorgänge im bäuerlichen Leben". Im selben Jahr zog der 23-jährige junge Lenin nach St. Petersburg und schloss sich dem politischen Kampf an, und von dort betrat er die Bühne der russischen Geschichte.

8   M.A. Dynnik (1976): *Geschichte der Philosophie*, S. 34 (*ch.*).

verschiedenen Zeiten und von verschiedenen aktuellen Problemen in diesen mehr als zehn Jahren der revolutionären Praxis verschiedene Fragen. Meine qualitative Beurteilung dieser Periode unterscheidet sich von den Ansichten, die von traditionellen marxistischen Philosophiehistorikern vertreten werden; ich habe entdeckt, dass der junge Lenin in dieser Periode seinem Lehrer Plechanow und den Theoretikern der Zweiten Internationalen **anhing**. Adoratskij[9] sagt, dass Lenin zu dieser Zeit bereits mit sämtlichen Werken Plechanows vertraut war.[10] Deborin wies ebenfalls darauf hin, dass „Lenin in Sachen Philosophie Schüler Plechanows war, was Lenin selbst mehr als einmal gesagt hat"[11]. *Zudem waren gewisse Ansichten des jungen Lenin in Sachen Verständnis der philosophischen Theorie des Marxismus sicher nicht völlig präzise; seine eigenen unabhängigen philosophischen Kontexte und theoretischen Schleifen hatten sich damals nicht ausgebildet. Der sowjetische Wissenschaftler Adoratskij sagt, dass Lenin zu dieser Zeit bereits einen „glänzenden Kommentar" zum dialektischen Marxismus gemacht hatte, was beweise, dass Lenin bereits seit seiner Jugend alle wichtigen Werke von Marx und Engels gelesen, studiert und auch begriffen habe.[12] Eine solche Einschätzung ist offensichtlich überhöht und überladen und bildet den Öffnungspunkt der ideologischen Scheinsituierung in der*

---

9   Wladimir Wiktorowitsch Adoratskij (1878-1945): berühmter sowjetischer Forscher der marxistischen Literatur. Adoratskij wurde 1878 in den russischen Kasan-Bergen geboren und starb 1945. 1897 schrieb er sich an der Kasaner Universität ein und studierte Jura; dort war er ein Alumnus von Lenin im selben Hauptfach. 1900 begann er sich an revolutionären Aktivitäten zu beteiligen und schloss sich 1904 den Bolschewiki an. Er nahm am Generalstreik von 1905 teil und musste infolgedessen ins Exil gehen. Im gleichen Jahr traf er Lenin in der Schweiz. Ab 1905 beauftragte Lenin ihn mit bedeutenden Forschungen über die Schriften von Marx. Adoratskij arbeitete als Leiter des Zentralen Staatlichen Archivs der UdSSR wie auch als stellvertretender Leiter der Zentralen Archiv-Behörde.

10 Vgl. W.W. Adoratskij, „Über Lenins Forschung zur Philosophie", in: *Ausgewählte Werke von Adoratskij*, Peking Sanlian Buchladen, 1964, S. 432.

11 Vgl. den Anhang zu Deborins *Philosophie und Politik*, 1965, S. 817. Natürlich wurde Deborin von Stalin dafür kritisiert, diese historische Wahrheit gesagt zu haben und gezwungen, sie aus späteren Ausgaben von Philosophie und Politik zu streichen.

12 Vgl. Adoratskij, a.a.O., S. 425.

sowjetischen Forschung zur Geschichte der Leninschen Ideen. Er glaubte auch, dass Lenin Hefte zu philosophischen Werken wie <u>Anti-Dühring</u> verfasst habe, dass diese jedoch verlorengegangen seien.

Im Herbst 1893 zog Lenin von Samara nach St. Petersburg, wo er seine berühmte Schrift „Was sind die Volksfreunde" abschloss. Der zentrale Faden des Artikels ist die Opposition gegen Narodnismus. Wie Plechanow betonte Lenin zu dieser Zeit die objektive Notwendigkeit der Entstehung des Kapitalismus in Russland. Im Dezember 1895 wurde Lenin verhaftet und inhaftiert und nach vierzehn Monaten Haft 1897 nach Sibirien ins Exil geschickt. Er lebte bis 1900 im Dorf Schuschenskoje im Distrikt Minussinsk, Gouvernement Jenissei. *Der Autor des fünften Bandes der <u>Geschichte der Philosophie</u> der ehemaligen Sowjetunion behauptet, der junge Lenin habe während des Exils die philosophischen Werke Kants, Hegels und der französischen Materialisten eingehend studiert und zudem mit F.W. Lengnik zahlreiche Korrespondenzen über philosophische Fragen geführt.[13] Laut Wetter befanden sich unter den Büchern, die Lenin an seine Mutter schickte, Werke von Spinoza, Helvetius, Kant, Fichte, Schelling, Feuerbach, Lange, Plechanow.[14] Darüber gibt es aber keine direkten Belege aus erster Hand. Es kann mit Belegen nachgewiesen werden, dass Lenin zwischen 1894 und 1895 Engels' <u>Ursprung der Familie, des Privateigentums und des Staates</u> und <u>Zur Wohnungsfrage</u> studierte wie auch den dritten Band des <u>Kapital</u>. Im Hinblick auf Philosophie las und studierte er 1895 eifrig <u>Die heilige Familie</u> von Marx und Engels und las die von Mehring redigierten und publizierten <u>Ausgewählten Werke von Marx, Engels und Lasalle</u> vor Plechanow, wobei er ihm die Doktorarbeit des jungen Marx besonders erwähnte.[15]* Zwischen 1900 und 1903 lebte der junge Lenin mit seinem Lehrer Plechanow und den anderen Mitgliedern der Gruppe Befreiung der Arbeit (Oswoboschdenije truda) wie Axelrod und Sassulitsch im Ausland (Schweiz, Frankreich und England). Es war auch die Periode, wo er eine enge Beziehung zu Plechanow hatte. Es ist dokumentarisch belegt, dass sich Lenin 1903 herum in Genf auch

---

13   Vgl. Dynnik, a.a.O., S. 34. Nadja Krupskaja vertrat ebenfalls ähnliche Ansichten. Vgl. Krupskaja (1972): *Remembering Lenin*, S. 28.
14   Wetter (1960): *Der dialektische Materialismus. Seine Geschichte und sein System in der Sowjetunion*, S. 127.
15   Vgl. Plechanows *Brief an Lenin* vom 21. September 1901.

an einem unsystematischen vorläufigen Lernen und Studium der westlichen Philosophiegeschichte und Einführungen in die Philosophie versuchte, es aber nicht vollbrachte, eine logische Plattform der Philosophiegeschichte zu errichten.[16] Deshalb waren die Ideenwendungen, die sich in seiner philosophischen Erkenntnis damals ereigneten, mit Ausnahme von den Bedürfnisses des aktuellen Kampfs eher Plechanow und den anderen Denkern der Zweiten Internationale gefügig. Damals verfügte Lenin über sehr wenig eigenes unabhängiges philosophisches Denken; die philosophischen Ideen der klassischen Autoren wie Engels und Leuten wie Plechanow waren nämlich sein **selbstreferenzielles Spiegelbild des Anderen**. *Meine Verwendung dieses Begriffs ist Lacans Ansichten entlehnt. In der Lacanschen Theorie des Spiegelbilds besteht die Ausbildung des psychologischen Ichs eines Menschen anfangs darin, dass mithilfe einer Rückverweisrelation auf einen äußeren Spiegel Selbstbestätigung erlangt wird.* Was ich an dieser Stelle erklären möchte, ist, dass die anfänglichen philosophischen Ansichten des jungen Lenin vorwiegend durch die äußerliche maßgebliche theoretische Logik von Plechanow u.a. **rückverwiesen** und **identifiziert** wurden.

Die zweite Periode war zwischen 1906 und 1913. Ich denke, dass dies die wichtige Zeit war, wo Lenin die Theorien des **philosophischen Materialismus studierte und beherrschte**. *Im Oktober 1907 verließ Lenin Russland und verbrachte über neun Jahre im Ausland. Er kehrte erst im April 1917 nach Russland zurück. Anfang Januar 1908 ließ er sich in Genf nieder, nachdem er eine Zeitlang in Stockholm und Berlin gelebt hatte. In dieser Zeit reiste er ausgiebig zwischen vielen Städten überall in Europa.* In dieser historischen Periode hatte Lenin neben von Tag zu Tag komplizierter und heftiger werdenden politischen Kämpfen begonnen, philosophische Theorie systematisch zu lernen und zu studieren. Er machte große Fortschritte im Verständnis der grundlegenden Theorien des Materialismus und der Erkenntnistheorie der marxistischen Philosophie. *Der Autor des fünften Bandes der <u>Geschichte der Philosophie</u> der ehemaligen Sowjetunion glaubt, dass sich die zweite leninistische Etappe in der Geschichte der*

---

16 Adoratskij schrieb einmal, dass Lenin während seines Exils die vormarxistische Philosophiegeschichte inklusive Spinoza, Hume, Kant, Fichte, Schelling, Hegel und Feuerbach studierte. Vgl. Adoratskij, a.a.O., S. 432.

marxistischen Philosophie zwischen 1908 und 1917 war. Diese Periode sei angeblich „eine schöpferische Entwicklungsperiode für den dialektischen und den historischen Materialismus gewesen".¹⁷ Die Verwechslung der logischen Qualität, die ich oben erwähnt habe, tritt in dieser Periodisierung ein. Der Grund dafür ist, dass <u>Materialismus und Empiriokritizismus</u> aus dem Jahre 1908 und die <u>Berner Hefte</u> von 1914-15 eigenmächtig als homogenes logisches Kontinuum angenommen wurden. Die Grenzlinie, auf die wir hier achten sollten, besteht sowohl darin, dem logischen Bruch zwischen Lenins <u>Materialismus und Empiriokritizismus</u> und den <u>Berner Heften</u>, welcher von der westlichen Lenin-Forschung künstlich hergestellt wurde, zu widersprechen, als auch darin, den inneren Zusammenhang und die wichtigen Unterschiede zwischen Lenins Ideen in diesen beiden Schlüsseltexten sorgfältig abzugrenzen. Im Jahr 1906 schrieb Lenin als Erwiderung auf abwegige machistische Ansichten Bogdanows in seinem *Empiriomonismus* einen langen Aufsatz mit dem Titel „Philosophische Notizen eines einfachen Marxisten", der drei Hefte umfasste. Es ist schade, dass diese Hefte später verlorengingen. Anfang 1908 studierte Lenin zweimal systematisch eine große Menge wichtiger philosophischer Texte ein und erforschte sie, um dem Machismus und seinen russischen Anhängern zu widersprechen; neben dem Einstudieren der philosophischen Ideen von Marx, Engels und seinem Lehrer Plechanow waren darin sogar nicht wenige Schriften der westlichen Philosophieschichte und Strömungen zeitgenössischer Philosophie eingeschlossen. Natürlich waren die bedeutendsten, auf die er sich am stärksten konzentrierte, die Abhandlungen der materialistischen Philosophen Feuerbach und Dietzgen wie auch die Forschungswerke des russischen materialistischen Philosophen Tschernyschewski. Durch gelehrtes Studium und logische Identifikation der Logik des philosophischen Materialismus wurde Lenin zum ersten Mal zu einem marxistischen Denker mit **fundierten philosophischen Kompetenzen**. Lenins *Materialismus und Empiriokritizismus*, das in dieser Periode geschrieben wurde, war das glänzende Werk des streitbaren philosophischen Materialismus. Gegenüber den neuesten Entwicklungen in der Naturwissenschaft verteidigte er mutig die materialistische Prämisse des Marxismus an der Frontlinie der komplexen

---

17 Vgl. Dynnik, a.a.O., S. 37.

philosophischen Debatten. Seinem Denken fehlte zu dieser Zeit jedoch immer noch ein tieferes Verständnis von Marxens Theorie der **auf der Praxis beruhenden** Lehre der Dialektik der Geschichte, sodass es in seinem Gefecht, wo er Mach und anderen idealistischen philosophischen Ideen kritisiert, nicht wenige Stellen gibt, die **weiter vertieft** werden könnten. *Zumal die vorsätzliche Verwechslung des philosophischen Materialismus mit dem von Marx kritisierten bürgerlichen ökonomischen Fetischismus durch den russischen Marxisten und Bolschewisten Bogdanow u.a. führte dazu, dass Lenins theoretische Kritik und sein theoretischer Kampf weitaus schwieriger und komplexer wurden. In diesem Punkt fehlte es seinen Kritikern an Plechanow, Deborin und anderen an wahrhafter theoretischer Durchschlagskraft. Für die konkreten Umstände verweise ich auf den Anhang zum zweiten Kapitel.* Wichtiger ist, dass es Lenin nicht gelang, den Standpunkt des philosophischen Materialismus und die praktisch-revolutionären Absichten der bolschewistischen Partei miteinander zu verketten.

Der dritte Abschnitt ist die 1914 beginnende Periode, deren Hauptsäule Lenins thematische Forschung jeweils zur Hegelschen Dialektik und Erkenntnistheorie zwischen 1914 und 1916, nämlich die ständig wandelnden sprunghaften Erwägungen von Lenin in den *Berner Heften* ist. Lenin kam am 5. September 1914 in Bern an. Dies ist auch seine dritte systematische Einarbeitung in und Forschung zur Philosophie in einer relativ kurzen Zeitspanne. Lenins systematische Einarbeitung in und Forschung zur Hegelschen Philosophie ist abkünftig, erstens, von seiner Lektüre der Briefwechsel zwischen Marx und Engels im Jahre 1913, wo er entdeckt hatte, dass wann auch immer Marx und Engels die Frage der Dialektik diskutierten, sie zugleich auf Hegel verwiesen, und zweitens, von den praktischen Erfordernissen des aktuellen revolutionären Kampfes. Lenin hat meines Erachtens durch diese dritte philosophische Forschung und Erwägung in diesem Zeitabschnitt das philosophische Spiegelbild des Anderen im Diskurs der Auslegung von Plechanow u.a. zerbrochen und das **revolutionäre Wesen der Dialektik der Praxis** der marxistischen Philosophie in einem selbstständigen Raum der Ideensituierung tiefer begriffen und erfasst und wurde zu einem wahrhaft marxistischen großen Philosophen. *Es ist jedoch dennoch zu betonen, dass es trotzdem noch einen bestimmten theoretischen*

Abstand zwischen dem Kontext von Lenins Verständnis von Marxens Logik der Dialektik der Praxis in den <u>Berner Heften</u> und Marxens Logik des historischen Materialismus und der Dialektik der Geschichte gibt. Wir dürfen an Lenins philosophisch-theoretischen Ideen keine ahistorische überhöhte theoretische Positionierung vollziehen. Das ist auch eine wichtige logische Ebene, worauf dieses Buch achtet. Es ist in diesem wichtigen Fortschritt der philosophischen Ideen, dass Lenin durch ein tieferes Verständnis der Marxschen Dialektik der Praxis die wissenschaftlich-methodische Anleitung für die revolutionäre Praxis der russischen Gesellschaft wahrhaft entdeckte. In der anschließenden revolutionären Praxis des Proletariats in Russland ließen Lenins tiefes Verständnis und Ausarbeitung der materialistischen Dialektik die wissenschaftliche Methodologie des Marxismus wahrhaft zu einer mächtigen geistigen Waffe für die proletarische Revolution und für den Kampf und die Befreiung der unterdrückten Völker des Ostens werden. Nach dem Sieg der Oktoberrevolution kümmerte sich Lenin immer noch sehr um philosophische Forschung.[18] Er schlug sogar unmittelbar vor, „das systematische Studium der Dialektik Hegels vom materialistischen Standpunkt aus [zu] organisieren, d. h. jener Dialektik, die Marx sowohl in seinem *Kapital* wie auch in seinen historischen und politischen Schriften praktisch angewandt hat."[19] Lenin hatte offenkundig vor, seine eigenen wichtigen theoretischen Erwägungen in den *Berner Heften* fortzuführen, aber die Geschichte hat diese schöne Vision unerbittlich unterbrochen.

In diesen drei Abschnitten der Entwicklung der Ideen sind die Texte, die wir sehen, nicht dieselben. Um diesen zwanzig Jahre lang andauernden Prozess der Ausbildung der Leninschen Ideen vollständig zu erforschen, beschränkt sich meine Forschung natürlich nicht bloß auf Lenins *Philosophische Hefte* als Hauptforschungsgegenstand; der Gegenstand der Lektüre erstreckt sich auf andere Werke und Dokumente, die Lenin in

---

18   Laut Adoratskij erwarb Lenin *Über den Historischen Materialismus* und *Über die Philosophie*, zwei Bücher des italienischen Philosophen Labriola. Im Juni 1921 studierte Lenin erneut Hegels *Phänomenologie des Geistes* und die *Wissenschaft der Logik* wie auch Iwan A. Iljin, *Die Philosophie Hegels als kontemplative Gotteslehre*. Vgl. Adoratskij, a.a.O., S. 427.
19   W.I. Lenin, „Über die Bedeutung des streitbaren Materialismus", in: *LW*, Bd. 33, S. 219.

dieser Periode geschrieben hat. Neben dem berühmten Buch *Materialismus und Empiriokritizismus* sind dabei das soeben erwähnte „Was sind die Volksfreunde" und Einiges aus dem Briefwechsel zwischen Lenin und Gorki und „Konspekt zum *Briefwechsel zwischen Karl Marx und Friedrich Engels*" und „Karl Marx" usw. ziemlich wichtig. Die umfassende historische Lektüre dieser Textgruppe wird eine Neusituierung der Entwicklung der philosophischen Ideen Lenins im Laufe seiner frühen und mittleren Periode sein.

Im Folgenden werden wir die Grundumstände von Lenins *Philosophischen Heften* untersuchen.

2. Was für ein „Buch" sind Lenins *Philosophische Hefte*?

Es ist mir plötzlich bewusst geworden, dass Lenins *Philosophische Hefte* im Gegensatz zu den Ansichten der vorherigen Forscher tatsächlich weder in Buch sind, eine Abhandlung, die er bewusst geschrieben hat, noch ein gelehrter Text im vollen Sinne. Um genau zu sein, sind sie eine posthum zusammengestellte, organisierte, redigierte und herausgegebene Ansammlung von allerlei Lektürenotizen, lehrreichen Eindrücken und Lektüreanmerkungen verschiedener Qualität, die Lenin über einen Zeitraum von über zwanzig Jahren (von 1895 bis 1916) sukzessive geschrieben hat. Wir identifizierten oben, dass dies eine Dokumentengruppe ist, die eine **vielfache Heterogenität** enthält. Jedes Dokumentstück reflektiert verschiedene Niveaus der philosophischen Forschung Lenins zu **verschiedenen Perioden**; hier gibt es keineswegs eine Homogenität von Ideen. Jene **homogene** philosophische Idee Lenins, wie es sich in der traditionellen Forschung aus heterogenen Texten verschiedener Perioden eingebildet wurde, ist darum eine im Hinblick auf methodologische Prämisse illegale, im Hinblick auf textuelle Lektüremethode unwissenschaftliche, im Hinblick auf Erkenntnisleistung notwendig gewaltsame subjektive Illusion. Ich glaube, dass die Sichtweise, die versucht, in den über 20-jährigen philosophischen Heften eine Art einheitliches logisches System der Dialektik oder der Erkenntnistheorie zu begründen, von vornherein ein ahistorisches ideologisches Trugbild und eine scheingelehrte Situierung ist.

Zugleich wurde es mir bewusst, dass Lenin sich diese Hefte ganz und gar für sein eigenes philosophisches Lernen und seine eigene philosophische Forschung angelegt hat, und es darin im Grunde genommen keine **äußerlichen ideologischen Diskursschranken und linguistisch-dekorative Einflüsse** gibt. Der darin abgespiegelte Lenin ist darum echter. Eine meiner wichtigen Ansichten besteht darin, dass sich nicht alle von Lenins Ideen in diesen Dokumenten als absolut richtig und fehlerfrei zeigen; insbesondere im Laufe der Lektüren in seinem Frühstadium gibt es, sei es im Verständnis von Marx und Engels oder von Schriften anderer Philosophen, in verschiedenem Maße verkannte Fragen. Um es noch direkter zu sagen, die Ideen und Ansichten, die Lenin in diesen Heften und Anmerkungen zum Ausdruck brachte, sind nicht alle Wahres. Dazu bedarf es unserer aufrichtigen differenzierte Identifikation, und es ist auch hier, dass ich mich in der **grundlegenden Konstatierungsweise** von der traditionellen Forschung zu Lenins Philosophie unterschiede. Predrag Vranicki, ein neomarxistischer Philosoph aus dem ehemaligen Jugoslawien, hat in seiner *Geschichte des Marxismus* etwas außergewöhnlich Tiefsinniges gesagt. Er weist darauf hin, dass „in der späteren Entwicklung des Marxismus jede Ansicht von Lenin (sowie jede Ansicht von Marx und Engels) vergötzt wurde", sodass einige Schwachstellen der klassischen Autoren zu Stärken erklärt, wodurch sie „heilig und unantastbar" wurden.[20] Das ist im Hinblick auf die Forschungsmethoden der Ideengeschichte ein Tragödie.

Im Band 38 der *Lenin Werke* sind eine umfangreiche Ansammlung von Konspekten, Aufsätzen, Lektürenotizen und -marginalien aufgenommen, die Lenin beim Lernen und Studium der Philosophie zwischen 1895 und 1916 anfertigte. Das ist das, was normalerweise als *Philosophische Hefte* bezeichnet wird. Diese Dokumente wurden nicht zu Lenins Lebzeiten herausgegeben und auch nicht auf einmal veröffentlicht.

Die logische Konstruktion der Dokumente und die Umstände ihrer Publikation, wie ich sie soweit verstanden habe, sind wie folgt: Die allerersten Dokumente, die ins Gesichtsfeld gerieten, waren die exzerpierten Notizen, die Lenin über Hegel, Feuerbach und andere schrieb, während er in Bern, in der Schweiz Philosophie studierte; es sind allesamt acht

---

20   Vranicki (1983): *Geschichte des Marxismus*, S. 25.

ziemlich vollständige Hefte, die ich als *Berner Hefte* bezeichne. Diese Hefte waren später der Hauptgegenstand der traditionellen Studien zu Lenins *Philosophischen Heften*. Diese Dokumente wurden 1925 zuerst in der berühmten sowjetischen Zeitschrift *Unter dem Banner des Marxismus*, Heft 1-2 teilweise veröffentlicht (Deborin war zu jener Zeit der Chefredakteur). Im gleichen Jahr veröffentlichte die sowjetischen Zeitschrift *Bolschewik*, Heft 5-6, einen Teil der Notizen, darunter Lenins wichtige „Zur Frage der Dialektik". Im Grunde der gesamte Text dieser Hefte wurde im Band 9 der russischen Ausgabe von Lenins *Gesammelten Werken*[21] (die ersten drei Hefte) und dann im zwölften Band (die letzten fünf Hefte) veröffentlicht[22], damals unter dem Titel „Philosophische Hefte: Hegel, Feuerbach und andere". Im Band 12 wurden zu ersten Mal auch Lenins Konspekt zur *Heiligen Familie* und ein Bündel anderer philosophischer Hefte veröffentlicht. Darunter waren auch drei Notizen von Lenin und Bucharin über V. Nevskijs Artikel „Der dialektische Materialismus und die Philosophie der toten Reaktion"[23]

21 Ich habe das Buch im russischen Staatsarchiv durchgelesen; sein Erscheinungsdatum ist 1929: Es ist eine schmale Luxusausgabe mit einem roten festen Einband, und es enthält die ersten drei Hefte der *Berner Hefte*. Auf dem Einband des Buchs befindet sich ein Bild Lenins aus dem Jahr 1914, und das Inhaltsverzeichnis befindet sich am Ende des Buchs. Das Buch beginnt mit einer Einleitung von Deborin, die fünf Abschnitte und 21 Seiten umfasst. Danach kommt eine erklärende Notiz des Herausgebers. Lenins Hefte beginnen auf Seite 24.
22 Dieses Buch ist ebenfalls eine luxuriöse Ausgabe mit einem hellblauen festen Einband. Das Datum der Veröffentlichung ist 1930, und es enthält die späteren fünf Hefte der *Berner Hefte* wie auch Lenins Exzerpthefte aus der *Heiligen Familie* von 1895 und andere Hefte. Die Einleitung zu diesem Buch wurde von Adoratskij geschrieben, sie ist in vier Abschnitte unterteilt und umfasst 20 Seiten, auf die eine erklärende Notiz des Herausgebers an den Leser folgt. Auf den Seiten 26 und 27 gibt es ein Faksimile von zwei Seiten aus Lenins Notizen zur *Heiligen Familie*. Der Haupttext beginnt auf Seite 28. Zwischen den Seiten 288 und 289 gibt es ein Faksimile von Lenins *„Konspekt zu Hegels Dialektik"*.
23 Diese „Notizen", die mal in Band 12 von *Lenin-Manuskripte* aufgenommen wurden, wurde 1920 erstveröffentlicht. Es ist wahrscheinlich, dass Lenin und Bucharin auf einer Sitzung Notizen auf dem gleichen Loseblattpapier austauschten. Der Inhalt dieser Notizen ist eine Aufrollung der 1912 von Bogdanow veröffentlichten *Allgemeine Organisationslehre: Tektologie*, ein Buch, das Bucharins *Theorie des historischen Materialismus* stark beeinflusste. In diesen Notizen scheint Bucharin aber bereits verstanden zu haben,

wie auch Hefte und Exzerpte, die Lenin zu Clausewitz' *Theorie des Krieges* verfasste. Diese letzten beiden Dokumente wurden in die *Philosophischen Hefte* später nicht wieder aufgenommen. 1933 wurden diese philosophischen Hefte aus unterschiedlichen Perioden redigiert und unter dem Titel *Philosophischen Hefte* eigens als Buch veröffentlicht. **Die Herausgeber waren damals W. W. Adoratskij und W. G. Sorin.** Zwischen 1934 und 1958 wurden dann fortlaufend sechs Ausgaben dieses Buchs veröffentlicht. Danach wurden nacheinander einige von Lenins anderen Lektüreheften und damit verbundene Dokumente veröffentlicht. Es ist merkwürdig, dass diese wichtige Dokumentensammlung zu Stalins Lebzeiten in Lenins *Gesammelte Werke* nicht aufgenommen wurde, aus dem ganz einfachen Grund: um die bereits gewonnene **ideologische theoretische Autorität** von Lenins Buch *Materialismus und Empiriokritizismus*, das von Stalin angeordnet wurde, zu schützen. *Es ist auch in diesem Sinne, dass Stalin Lenins <u>Philosophische Hefte</u> als unreife „Gedankenexperimente" identifiziert hat.* Nach Stalins Tod arrangierte der Herausgeber der vierten Auflage der russischen Ausgabe der *Gesammelten Werke* diese Hefte von Lenin neu und ergänzte sie, wodurch sie erstmals in Band 38 herausgegeben wurden.[24] Der Herausgeber der fünften Auflage der russischen Ausgabe der *Gesammelten Werke* arrangierte die Hefte nochmals und fügte die außerordentlich wichtigen Anmerkungen Lenins zu Dietzgens *Kleinere philosophische Schriften* und zu Steklows *Tschernyschewski, sein Leben und Wirken* hinzu, die in Band 29 herausgegeben wurden.[25] Ich habe bemerkt, dass das Werk des chinesischen Professors

---

      dass Bogdanows „Tektologie" nichts anderes war als eine Spielart von „Empiriomonismus". Lenins Antwort war, Bucharin im sarkastischen Tone als „betrogen" zu bezeichnen, obwohl Bucharin diese Tatsache abstritt. Vgl. Band 12 der *Lenin-Manuskripte*, Staatspresse der Sowjetunion, 1930, S. 384-5.

24   Ich habe dieses Buch in den 1980er Jahren in einem Antiquariat erworben. Der Aufbau und der Inhalt der Dokumente in diesem Buch sind beinahe identisch mit Band 38 der chinesischen Übersetzung von Lenins *Gesammelten Werken*, bis hin zu dem braunen luxuriösen festen Einband.

25   Ich fand dieses Buch im russischen Staatsarchiv. Sein Aufbau und Inhalt sind identisch mit der zweiten chinesischen Auflage von Band 55 der *Gesammelten Werke* Lenins, obwohl die Farbe des Umschlags eine andere ist.

Wang Dong im Hinblick auf die Zusammenfassung der Textkritik der Ausgaben der *Philosophischen Hefte* in den 1980ern und der einschlägigen sowjetischen Forschung außerordentlich systematisch und vollständig ist.[26]

Die früheste chinesische Übersetzung von Lenins *Philosophischen Heften* erschien in den 1930er Jahren. Im März 1935 gab es in der *Kritik der Hegelschen Philosophie*, zusammengestellt und übersetzt von Liu Ruoshi und herausgegeben vom Shanghai Xinken Buchladen, unter dem Titel „Übersicht über Hegels Vorlesungen zur Geschichtsğphilosophie", drei Dokumente aus Lenins *Berner Heften*: „Konspekt zu Hegels *Vorlesungen über die Geschichte der Philosophie*", „Konspekt zu Noëls Buch *Die Logik Hegels*" und „Plan der Dialektik (Logik) Hegels [Inhaltsanzeige der kleinen Logik (Enzyklopädie)]" (nämlich „Konspekts zu Hegels *Wissenschaft der Logik*"). Im Januar 1939 veröffentlichte die Yan'an'er Zeitschrift „Befreiung" (Jahrgänge 60-61) „Lenins Hefte zur Dialektik", zusammengestellt und übersetzt von Ai Siqi, in die drei Dokumente in Lenins *Berner Heften* aufgenommen wurden, nämlich „Zur Frage der Dialektik", der dritte Teil des „Konspekts zu Hegels *Wissenschaft der Logik*", „absolute Idee", sowie „Plan der Dialektik (Logik) Hegels [Inhaltsanzeige der kleinen Logik (Enzyklopädie)]". Im August 1949 veröffentlichte der Verlag-Befreiung Lenins „Konspekt zu Hegels *Wissenschaft der Logik*", übersetzt von Cao Baohua und lektoriert von Bo Gu. Diese Ausgabe enthielt die chinesische Übersetzung des gesamten Vorworts, das Adoratskij für den Band 12 von Lenins *Gesammelten Werken* geschrieben hatte. Im Jahr 1956 veröffentliche das Zentrale Zusammenstellungs- und Übersetzungsbüro der Kommunistischen Partei Chinas zum ersten Mal einen Sonderdruck der *Philosophischen Hefte*, welcher auf dem russischen Sonderdruck von 1947 basierte.[27] 1959 veröffentliche das Zentrale Zusammenstellungs- und Übersetzungsbüro der KPCh die *Philosophischen Hefte* als Band 38, abgedruckt in den *Gesammelten Werken* (erste chinesische Auflage)[28], deren Hauptdokumente und Struktur der Anordnung aus Band 38 der russischen Auflage der *Gesammelten Werke* übersetzt wurde. 1962 wurde noch ein Sonderdruck, im Grunde im selben Format und

---

26 Vgl. Wang Dong, a.a.O., S. 1-33.
27 W.I. Lenin, *Philosophische Hefte*, Peking Volksverlag (1956) (ch.).
28 A.a.O.

mit dem selben Inhalt wie Band 38 der *Gesammelten Werke* veröffentlicht. Die neue Ausgabe der *Philosophischen Hefte* in dem Sonderband und den 1990 gleichzeitig veröffentlichten *Gesammelten Werken* (zweite chinesische Auflage) wurden hingegen hauptsächlich aus Band 29 der fünften russischen Auflage der *Gesammelten Werke* übersetzt. Es gibt darin recht bedeutende Veränderungen in Bezug auf Inhalt und Struktur im Vergleich zur ersten chinesischen Auflage der *Gesammelten Werke*. Zusätzlich erschienen ab den 1970er Jahren einige Ausgaben von Lenins *Philosophischen Heften* in den Sprachen der nationalen Minderheiten.[29] Ich möchte nun hauptsächlich die grundlegenden Umstände dieser unterschiedlichen Ausgaben betrachten.

Die chinesische Sonderdruck der *Philosophischen Hefte* von 1956 enthielt 27 Dokumente, die geringste Zahl in einer chinesischen Ausgabe. Hier wurde eine Notiz, die Lenin auf die Rückseite des „Konspekts zur *Metaphysik* des Aristoteles" beifügte, nämlich ein Absatz Text über F. Fischer, als ein unabhängiges Dokument in dieser Auflage übernommen. Die beiden späteren Ausgaben kombinierten diese Notiz mit dem „Konspekt zur *Metaphysik* des Aristoteles". Die Dokumente sind hier in zwei Ränge aufgeteilt: zunächst die exzerpierten Notizen und Eindrücke in zehn Heften, insgesamt 12 Blätter, und zweitens eine zweitrangige Dokumentengruppe, darunter Notizen und Anmerkungen, die 15 Blätter ausmachen. *Die Notizen von Lenin und Bucharin über V. Nevskijs Artikel „Der dialektische Materialismus und die Philosophie der toten Reaktion", die in den Band 12 der* <u>Lenin-Manuskripte</u> *einst aufgenommen worden waren, wurden in späteren Ausgaben der* <u>Philosophischen Hefte</u> *herausgelassen. Dies geschah vorwiegend aus dem einfachen Grund, dass Bucharin später zur Zielscheibe der Revolution wurde. Eine andere Möglichkeit ist, dass unter den drei Zetteln, die zwischen den beiden Männern ausgetauscht wurden, Bucharin die erste und dritte schrieb, während die Antwort von Lenin der eine einfache Satz in der zweiten Notiz war.* Ich denke, dass dies ein redaktioneller Gedankengang ist, dem es an Struktur fehlt, was dazu führt, dass die Organisation des Textes ein wenig grob wirkt. Das wird jedoch nicht im Zentrum unserer Diskussion stehen.

29 Im Juli 1976 wurde Lenins „Zur Frage der Dialektik" als Sonderband vom Xinjiang-Volksverlag ins Mongolische übersetzt; im November 1979 wurde Lenins „Konspekt zu Hegels *Wissenschaft der Logik*" ins Mongolische übersetzt und veröffentlicht.

Der Gedankengang bei der Redaktion des Hauptteils von Band 38 der ersten chinesischen Auflage von Lenins *Gesammelten Werken* (Band 38 der vierten russischen Auflage) ist im Grunde genommen das Gerüst der **historischen Logik**. *Ich werde die Tatsache, dass dies der einzige korrekte Weg der Redaktion ist, später diskutieren. In dieser Auflage waren 46 Dokumente enthalten. Das war die Auflage von Lenins* Philosophischen Heften, *die die meisten Texte enthielt.* Im tatsächlichen Herausgabeprozess wurde die Struktur der Texte jedoch extrem kompliziert. In dieser Ausgabe wurden die Dokumente nach unterschiedlicher Wichtigkeit in drei **differenziale Ränge** unterteilt: Erstens, exzerpierte Notizen, Eindrücke aus Buchlektüren sowie einige Lektürenotizen; der Hauptteil dieser Dokumente hier besteht aus Lenins 10 unabhängigen Heften, hinzu kommen drei Notizen, die zwischen 1903 und 1904 geschrieben wurden, wie auch ein 1909 geschriebenes Bücherverzeichnis. In diesem Teil befinden sich insgesamt 27 Dokumente, die vollständig chronologisch angeordnet sind. Die nicht datierten exzerpierte Notizen zu „Feuerbachs *Darstellung, Entwicklung und Kritik der Leibnizschen Philosophie*" sind am Ende der zehn Hefte angeordnet. *Ich stimme im Wesentlichen damit überein, wie die Texte angeordnet sind.* Das ist der erste wichtige Rang der Dokumente. Wir finden jedoch nach diesem ersten Rang von chronologisch geordneten Texten einen zweiten Teil von voneinander unabhängigen Dokumenten, nämlich einige Lektürenotizen, die Lenin zwischen 1913 und 1916 aufzeichnete, insgesamt 14 Seiten. Diese sind wiederum künstlich in zwei Teile aufgeteilt: Bücherverzeichnisse und sehr kurze Kommentare, die Lenin zwischen 1912 und 1916 schrieb, gefolgt von vier Notizen, niedergeschrieben zwischen 1913 und 1916. *Fünf Dokumente aus dem ersten Teil wurden aus Band 55 der zweiten chinesischen Auflage von Lenins Gesammelten Werken herausgenommen. Das letzte Dokument im zweiten Teil, „Notizen zu Hilferdings Finanzkapital", wurde ebenfalls aus der zweiten chinesischen Auflage herausgenommen.* Das ist der zweite Rang von Dokumenten. Der dritte Teil von Dokumenten besteht aus fünf Marginalien in den gelesenen Büchern, die Lenin zwischen 1908 und 1911 niederschrieb. Die Anordnung dieser Texte berücksichtigt die Chronologie auch nicht. Es ist offensichtlich, dass dies der letzte Rang unter den Dokumenten ist. Diese drei Abschnitte erhielten keine Überschriften. In dieser Auflage gibt es fünf Seiten mit Faksimiles von Lenins Originalmanuskripten (es gibt auch drei weitere Fotos, ein Porträt Lenins, eins vom Deckblatt von Lenins „Konspekt zu Hegels *Wissenschaft der Logik*" und eines von der Bibliothek in Bern). Diese Ausgabe hat eine logische Struktur, die weder Fisch noch Fleisch ist: **ungründlicher historischer Faden mit Hierarchie.**

Band 55 der zweiten chinesischen Auflage von Lenins *Gesammelten Werke* (Band 29 der fünften russischen Auflage) gab die chronologische Anordnung vollständig auf, die in Band 38 der ersten Auflage zur Anwendung kam, und verstärkte stattdessen die **ahistorische Rangstruktur** der Texte. Im Hinblick auf die Auswahl der Texte wurden sechs Dokumente aus der zweiten Auflage gestrichen, die in der ersten enthalten gewesen waren[30], und fünf Dokumente von Lektürenotizen wurden zu zweien zusammengefasst. Weiterhin wurden auch zwei größere Dokumente von Lektürenotizen hinzugeführt. Das führte dazu, dass die Zahl der Texte von 46 Einzeldokumenten auf 39 fiel, obwohl der Inhalt tatsächlich zunahm. Ich glaube, dass die Textstruktur hier ein typisches Beispiel für die Logik des **künstlichen Verständnisses** ist; die drei **Ränge** von Dokumenten, die ursprünglich nicht allzu klar waren, wurden nun deutlicher gemacht. Die erste Gruppe bestand aus exzerpierten Forschungsnotizen und Eindrücken, die Lenin informell verfasste; das war der Hauptinhalt von Lenins zehn Heften. Diese Gruppe enthielt exzerpierte Dokumente unter dem Titel „Exzerpte und Aufsätze". Hier platzierte der Herausgeber, um die beiden Abschnitte exzerpierten Notizen über Feuerbach in Beziehung zueinander zu setzen, den „Konspekt zu Feuerbachs *Darstellung, Entwicklung und Kritik der Leibnizschen Philosophie*" *vor die acht Berner Hefte. Diese Modifikation lässt Spielraum für Diskussion. Der Grund hierfür ist, dass dieses Heft im Hinblick auf seinen gedanklichen Inhalt logischerweise nach dem Abschluss von Lenins grundlegender Untersuchung der Hegelschen Philosophie kommen sollte.* Diese Gruppe war dazu bestimmt, die erste Textebene zu sein. Es ist interessant zu bemerken, dass diese Dokumente, die in Lenins acht

---

30 Professor Wang Dong glaubt fälschlicherweise, dass die „sieben Blätter, die mit den „Heften zum Imperialismus" vermischt wurden", gestrichen wurden, obwohl es in Wahrheit sechs Blätter waren. Vgl. Wang Dong, a.a.O., S. 32.

Heften über Hegels Philosophie (*Philosophisches Heft* genannt) in zwei Teile geteilt waren. Drei Dokumente mit Exzerpten und zwei Dokumente mit Gedanken wurden in den **erste Rang von Dokumenten** aufgenommen, während der Rest dem **zweiten Rang** zugewiesen wurde. *Das bedeutet, dass die Notizen und Gedanken, die Lenin im gleichen Notizbuch niederschrieb, durch die Forscher künstlich zerrissen wurden.* Die zweite Textebene hatte den Titel „Lektürenotizen zu Büchern, Essays und Buchbesprechungen" und enthielt 21 Dokumente. Vor allem wurden die vier zwischen 1903 und 1909 geschriebenen Dokumente von Lektürenotizen, die in die chronologische Abteilung der ersten Auflage übernommen worden waren, in diesen Rang der Dokumente platziert, ein Schicksal, das von den elf Dokumenten des Lesetexts aus den *Philosophischen Heften* geteilt wurde, die wir gerade diskutiert haben. Es wurde sogar der Name eines dieser Dokumente geändert. Die fünf ursprünglichen Dokumente mit Lektürenotizen wurden in zwei zusammengefasst, und zwei wurden entfernt. *Dies geschah möglicherweise, weil sie unmittelbar Lenins „Hefte zum Imperialismus" enthielten.*[31] Die Abfolge des Textes wurde ebenfalls verändert. Der letzte Rang der Dokumente enthielt wie in der ersten Auflage Lektürekommentare; die Herausgeber der zweiten Auflage nannten diesen Abschnitt „Anmerkungen". Im Hinblick auf den Inhalt wurden dieser Abteilung zwei neue Abschnitte hinzugefügt, was die Anzahl der Dokumente von fünf auf sieben vergrößert. Zusätzlich wurden den ursprünglichen fünf Seiten sieben Seiten mit Fotografien hinzugefügt (Das Leninporträt wurde herausgenommen). *In der chinesischen Übersetzung trat bei einigen Schlüsselwörtern eine Veränderung ein. Diese konkreten Inhalte werde ich später im Einzelnen identifizieren.*

Es ist meine Meinung, dass keine dieser Ausgaben in Hinblick auf Aufbau und Struktur ideal ist, da es in beiden zu viele Faktoren künstlicher Eingriffe gibt. Sie sind der exzessive Ausdruck der **subjektiven Intention und des ideologischen Gerüsts** der Textexperten der ehemaligen Sowjetunion und des Ostblocks. Denn, es ist in diesem Gestell der ahistorischen Modell der Textinterpretation, dass in diesem Hervorhebung der „wichtigen Texte" und Verbannung der „unwichtigen Text", dass der **ideologische Zwang** von außerhalb des Textes erst anwesend sein kann. Ich wende mich gegen diese

---

31   Lenin, *Gesammelte Werke* (ch. Ausgabe), Bd. 54.

theoretische Vergewaltigung von außerhalb des Textes. Eigentlich ist es die natürlichste Weise, zu erlauben, dass „das Ding dingt" (Heidegger) und den Text in seiner authentischen Zeit fließen zu lassen. Die einzige unkontroverse Weise, diese zwanzig Jahre der philosophischen Notizen zu ordnen, besteht darin, der chronologischen Abfolge streng zu folgen, die Hierarchie der Texte zu zerbrechen und es dem, was Lenin in jedem Jahr schrieb, zu erlauben, auf natürliche Weise an die Oberfläche zu kommen. So würde sich die echteste Seinsweise des Textes den Menschen ganz leicht vorführen, statt wegen des Todes eines Literaturexperten und des Spiegelbildes seines Verständnisses die Nachwelt die Lächerlichkeit des historischen Trugbilds verspüren zu lassen, mit dem er den Text in einem Gestell zurichtet.

Daher befürworte ich den fließenden Veränderungsprozess in den philosophischen Ideen Lenins mit einem **totalen chronologischen Faden der Texte** zu entschlüsseln und zu untersuchen. *Das ist der historische Forschungsfaden, auf dem dieses Buch basiert.* Ich habe entdeckt, dass der sowjetische Wissenschaftler Wolodin einen neuen Editionsplan vorgeschlagen hat; er glaubt, dass „die Exzerpte, Zusammenfassungen, Notizen und anderen Materialien im jetzigen Band 29 zerlegt und diese Inhalte nach der chronologischen Folge ihrer Abfassung in den entsprechenden Bänden von Lenins *Gesammelten Werken* zusammengestellt werden sollten"[32], da Lenins *Philosophische Hefte* kein „Buch" sind. Obwohl ich die Richtung der Grundüberlegungen Wolodins richtig finde, kann ich keinem Plan zustimmen, sämtliche Hefte von Lenin zu zerstreuen und sie in anderen Texten zu ertränken; dies zu tun, würde die generative Textgruppe des historischen Fadens der philosophischen Studien Lenins auslöschen. Es ist meine Auffassung, dass wir die konzentrierte Weise der Publikation und Anordnung der sämtlichen Textsammlung der philosophische Hefte Lenins noch behalten, dass wir sie jedoch streng entsprechend der chronologischen Folge anordnen sollten; jene Texte, die nicht datiert sind, können als Anhänge aufgenommen werden. Manchmal ist die einfachste Methode die wahrste. Natürlich ist das nur eine Empfehlung eines Philosophieforschers, nichts eines Literaturexperten.

---

32   Vgl. Wolodin (1991): "Lenin and Philosophy Should We Not Pose This Problem Anew?", in: *Russian Studies in Philosophy* 30(1): S. 70-87.

3. Grundabriss des Textes *Philosophische Hefte*

Es gibt 48 Dokumente der *Philosophischen Hefte*, die uns vorliegen (39 Dokumente aus Band 55 der zweiten chinesischen Auflage von Lenins *Gesammelten Werken* und 46 aus Band 38 der ersten Auflage). Aufgrund der Forschung von Wissenschaftlern aus der ehemaligen Sowjetunion[33] haben wir folgende Information über diese Dokumente[34]:

Das erste Dokument ist der „Konspekt zu Marx' und Engels' Werk *Die heilige Familie*"[35], den der junge Lenin im Jahr 1895 schrieb. Das ist das früheste „philosophische Heft", das uns Lenin hinterlassen hat. Die Ausgabe der *Heiligen Familie*, die Lenin las, wurde 1845 von der Literarischen Anstalt in Frankfurt am Main veröffentlicht. Die Herausgeber zogen den Schluss, dass Lenin diese Hefte während seiner ersten Reise ins Ausland nach Deutschland anfertigte, als er versuchte, Verbindungen zur Gruppe „Befreiung der Arbeit" herzustellen. Lenin versah diesen Text nicht mit einem bestimmten Datum, aber es ist wahrscheinlich, dass er geschrieben wurde, während Lenin im August 1895 in der Königlichen Bibliothek zu Berlin arbeitete. Diese Exzerpte wurden in einem separaten Heft niedergeschrieben; das Manuskript umfasste 45 Seiten. Lenin vollendete die Exzerpte in Deutsch. Dieses Dokument wurde erstmals 1930 im zwölften Band der russischen Auflage von Lenins *Gesammelten Werken* veröffentlicht. Ich werde im ersten Kapitel dieses Buchs tiefer in die Analyse dieses Textes eindringen.

Das zweite und dritte Dokument sind Lenins Notizen zu F. Ueberwegs *Grundriss der Geschichte der Philosophie* (erschienen in Leipzig zwischen 1876 und 1880)[36] und Notizen zu F. Paulsens *Einleitung in die Philosophie*

---

33 Da alle Dokumente in der chinesischen Ausgabe der *Philosophischen Hefte* und der *Gesammelten Werke* Lenins aus den entsprechenden russischen Texten übersetzt wurden, meine ich, wenn ich in diesem Buch von „Herausgebern" spreche, die Textexperten und ursprünglichen Herausgeber aus der ehemaligen Sowjetunion und aus dem Ostblock.
34 Meine Forschung basiert auf der zweiten chinesischen Auflage von Lenins *Gesammelten Werken* und anderen veröffentlichten Materialien in chinesischer Sprache.
35 *LW*, Bd 38., S. 3-37.
36 A.a.O., S. 359.

(erschienen in Moskau 1899)[37]. Diese beiden Dokumente wurden von Lenin vollendet, als er 1903 in Genf lebte. Diese Notizen wurden in einem einzelnen Heft niedergeschrieben, wobei beiden ökonomische Hefte vorangehen und folgen. Beide wurden erstmals 1930 in Band 12 der russischen Auflage der *Gesammelten Werke* Lenins veröffentlicht.

Das vierte Dokument wurde 1904 vom jungen Lenin verfasst: „Notiz zu einer Rezension über E. Haeckels *Lebenswunder und Welträtsel*".[38] Die Rezension war in der Ausgabe vom 15. November der *Frankfurter Zeitung* erschienen. Diese Notizen wurden von Lenin auf einem separaten Blatt Papier geschrieben. Auf diesem Blatt sind hauptsächlich Verzeichnisse zu zahlreichen fremdsprachigen Büchern zur Landfrage notiert. Dieses Dokument wurde zu ersten Mal 1958 in Band 38 der vierten Auflage der russischen Auflage der *Gesammelten Werke* Lenins veröffentlicht.

Diese vier Dokumente stellen einige der Notizen dar, die der junge Lenin niederschrieb, als er Philosophie lernte und studierte. Diese können als die erste Textgruppe gesehen werden. An diesem Punkt können wir nicht sagen, dass Lenin **systematisch** Philosophie studiert habe. Lenins erstes systematisches Studium der Philosophie begann 1908 mit der theoretischen Vorbereitung, die er als Gegner des Machismus unternahm. Die Dokumente fünf bis siebzehn reflektieren diesen Prozess, und diese dreizehn Dokumente bilden die zweite Textgruppe.

Das fünfte Dokument ist die von Lenin im Mai 1908 geschriebene Anmerkungen zu Plechanows *Grundprobleme des Marxismus* (St. Petersburg 1908).[39] Sie dokumentiert in der Tat Lenins eigene Verständnis der theoretischen Hauptstandpunkte seines Philosophielehrers Plechanow, als er begann, *Materialismus und Empiriokritizismus* zu schreiben. Teile dieses Dokuments wurden zuerst in Band 25 der russischen Auflage der *Gesammelten Werke* Lenins veröffentlicht, und der gesamte Text wurde 1958 in Band 38 der vierten Auflage von Lenins *Gesammelten Werken* publiziert. Ich glaube, dass dies ein bedeutender anleitender Text in Lenins systematischem philosophischem Studium war; der Platz von Feuerbach,

---

37 A.a.O., S. 359-361.
38 A.a.O., S. 362.
39 A.a.O., S. 489-492.

Dietzgen und anderen Philosophen wurde hier begründet. Wir werden dieses Dokument weiter im zweiten Kapitel diskutieren.

Das sechste Dokument sind die Anmerkungen, die Lenin zu Joseph Dietzgens *Kleineren philosophischen Schriften* (1903 in Stuttgart veröffentlicht) hinterließ.[40] Dieses Dokument wurde zuerst in Band 55 der zweiten chinesischen Auflage von Lenins *Gesammelten Werken* veröffentlicht. Lenins Anmerkungen zu dieser Buchlekütre wurden nicht auf einmal abgeschlossen, und seine Bemerkungen und Anstreichungen wurden mit vier Stiften unterschiedlicher Farbe vorgenommen. Die meisten dieser Anmerkungen wurden verfasst, als er dabei war, *Materialismus und Empiriokritizismus* zu schreiben. Daher lag der Zeitraum, in der diese Anmerkungen geschrieben wurden, möglicherweise zwischen Februar und Oktober 1908. 1913 las Lenin dieses Buch noch einmal, als er einen Artikel zu Dietzgens fünfundzwanzigstem Todestag schrieb. Ich sollte deutlich machen, dass dies zwei unterschiedliche Gruppen von Anmerkungen aus unterschiedlichen Zeitabschnitten waren, die **miteinander kombiniert** wurden; glücklicherweise gab es bei Lenin 1913 noch keine große philosophische Veränderung. Deshalb waren die zusammengesetzten Ab-Texte, die eine zeitliche Differenz aufweisen, **homogen**. Dieses Dokument wurde zuerst 1963 in Band 29 der fünften russischen Auflage von Lenins *Gesammelten Werken* veröffentlicht. Dieser Ab-Text hat eine große Bedeutung im Hinblick auf die Ausbildung des Spiegelbilds des Anderen des philosophischen Materialismus von Lenin. Wir werden dieses wichtige Dokument weiter im dritten Kapitel dieses Buchs diskutieren. Dies ist das erste Mal, dass ein chinesischer Wissenschaftler diesen Text interpretiert hat.

Das siebte Dokument besteht aus Kommentaren, die Lenin im Oktober 1908 zu Schuljatikows *Die Rechtfertigung des Kapitalismus in der westeuropäischen Philosophie* verfasste (veröffentlicht 1908 in Moskau).[41] Das waren Lektürenotizen und Anmerkungen, die Lenin abschloss, als er *Materialismus und Empiriokritizismus* beendete. Dieses Dokument wurde zuerst 1937 in der sowjetischen Zeitschrift *Proletarskaja Revoljutsia* veröffentlicht.

---

40   A.a.O., S. 389-488.
41   A.a.O., S. 493-511.

Das achte Dokument besteht aus Anmerkungen, die Lenin 1909 über Abel Reys *Die moderne Philosophie* (veröffentlicht 1908 in Paris) schrieb.[42] Dies war die Fortsetzung von Lenins Kritik an einem anderen Buch von Rey – *La théorie de la physique chez les physiciens contemporains* (1907) – in Lenins *Materialismus und Empiriokritizismus*. Dieses Dokument wurde 1933 unabhängig in der russischen Ausgabe der *Philosophischen Hefte* veröffentlicht. Wir werden das siebte und achte Dokument eingehender im vierten Kapitel diskutieren.

Das neunte Dokument besteht aus einer Notiz von Bücherverzeichnissen zu neuen Büchern über Naturwissenschaft und Philosophie an der Bibliothek der Sorbonne, die Lenin in der zweiten Hälfte des Jahres 1909 anfertigte. Dies war hauptsächlich ein Überblick über vor kurzem erschienene Bücher und Zeitschriften zwischen 1908 und 1909.[43] Lenin erwähnt sechs Bücher über Physik, zwei Zeitschriften (mit Seitenzahlen), die er gelesen hat, und ein Bücherverzeichnis zur modernen europäischen Philosophie und Wissenschaft, die zwischen 1908 und 1909 veröffentlicht wurden. Hierbei werden die Seitenzahlen des entsprechenden Materials verschiedener Bücher dokumentiert.[44] Dieses Dokument wurde teilweise in Band 25 der russischen Ausgabe von Lenins *Gesammelten Werken* von 1933 veröffentlicht.

Das zehnte Dokument ist eine Sammlung von wichtigen exzerpierten Notizen. Wir können annehmen, dass dies Lenins „Konspekt zu Feuerbachs *Vorlesungen über das Wesen der Religion*" ist, den er etwa zur gleichen Zeit wie *Materialismus und Empiriokritizismus* schrieb.[45] Wir können das nur annehmen, weil dieses Dokument nicht spezifisch datiert ist und es zwei mögliche Zeitrahmen gibt, in denen es geschrieben worden sein kann. Die erste Möglichkeit ist, dass es zwischen 1909 und 1912 geschrieben wurde, genauer gesagt, als Lenin zwischen Januar und Juni 1909 in der Pariser

---

42 A.a.O., S. 512-571.
43 A.a.O., S. 363-365.
44 Band 38 der ersten Auflage der *Gesammelten Werke* Lenins beinhaltet den Namen, den Autor und die originalen russischen Notizen, die Lenin über diesen Text schreibt; Band 55 der zweiten Auflage streicht diese Information.
45 *LW*, Bd. 38, S. 39-62.

Nationalbibliothek forschte, obwohl er bis 1912 in Paris blieb. Die zweite Möglichkeit ist, dass er es während seines letzten Besuchs in Paris im Januar 1914 schrieb. Daher versah der Herausgeber dieses Dokument mit der Anmerkung „nicht vor 1909". Die Ergebnisse meiner Textuntersuchung zeigen, dass ich dazu neige, an die erste Möglichkeit zu glauben, dass dieser Text zwischen Januar und Juni 1909 geschrieben wurde. Der Grund dafür ist, dass Lenins Fokus hier immer noch auf dem **philosophischen Materialismus** lag. Das ist der Beginn von Lenins zweiter systematischer Philosophieforschung. Diese Notizen wurden nicht in einem separaten Heft niedergeschrieben, sondern vielmehr auf freien Papierblättern.[46] Natürlich wissen wir, dass Lenin um 1914 herum wieder in diese Notizen schaute, denn auf die erste Seite schrieb er „Feuerbach, Band 8", wobei er den blauen Stift benutzte, der in den *Berner Heften* berühmt wurde. Dieses Dokument wurde zum ersten Mal in Band 12 der russischen *Gesammelten Werke* Lenins veröffentlicht. Wir werden es ausführlicher im fünften Kapitel dieses Buchs analysieren.

Das elfte Dokument besteht aus Anmerkungen Lenins zu Deborins *Dialektischem Materialismus*, der 1909 in der Sammlung Na Rubezhe in Sankt Petersburg veröffentlicht wurde.[47] Der vollständige Text dieses Dokuments wurde zum ersten Mal in Band 38 der vierten Auflage der russischen *Gesammelten Werke* Lenins veröffentlicht.

Das zwölfte Dokument besteht aus Anmerkungen Lenins zwischen Oktober 1909 und April 1911 zu Plechanows Buch über N.G. Tschernyschewski (St. Petersburg 1910)[48]. Der vollständige Text dieses Dokuments wurde in Band 38 der vierten russischen Auflage von Lenins *Gesammelten Werken* veröffentlicht.

Das dreizehnte Dokument besteht aus Anmerkungen zu Juri Steklows N.G. *Tschernyschewski, sein Leben und Wirken* (1828-1889) (veröffentlicht 1909 in St. Petersburg).[49] Das ist ein Dokument, das in der neuesten

---

46   Professor Wang nennt dies ein *„separates Heft"* ohne Deckblatt. Vgl. Wang Dong, a.a.O., S. 28.
47   *LW*, Bd. 38, S. 572-581.
48   Plechanows Werk wurde zuerst 1892 als Essay veröffentlicht; 1894 publizierte er eine deutsche Sonderausgabe, und nach Korrekturen durch Plechanow selbst im Jahr 1909 wurde es 1910 als Buch in St. Petersburg veröffentlicht. Vgl. *LW*, Bd. 38, S. 582-625.
49   *LW*, Bd. 38, S. 626-682.

Auflage hinzugefügt wurde und zuerst 1959 in der Zeitschrift *Literarisches Vermächtnis* veröffentlicht wurde. Wir werden die Dokumente elf bis dreizehn im sechsten Kapitel diskutieren.

Die Dokumente vierzehn bis siebzehn bestehen aus Lektürenotizen, die Lenin 1913 verfasste. Diese Notizen wurden unzusammenhängend in einem Heft über „'Österreichische landwirtschaftliche Statistik' u.a." niedergeschrieben. Das ist offensichtlich nicht Lenins Philosophie und Forschung, sondern vielmehr eine Fortsetzung seiner Gedanken in seinen beiden Vorstößen in die Erforschung der Philosophie. Das vierzehnte Dokument enthält zwei bibliographische Artikel über philosophische und naturwissenschaftliche Werke , das fünfzehnte enthält eine Buchbesprechung und Lektürenotizen zu „Dr. Johann Plenge Marx und Hegel", das sechzehnte enthält eine Besprechung von Perrys Philosophische Tendenzen der Gegenwart, das siebzehnte beinhaltet Lektürenotizen zu Aliottas Die idealistische Reaktion gegen die Wissenschaft. Diese Dokumente wurden zuerst 1938 in Band 31 der russischen Auflage der Gesammelten Werke Lenins veröffentlicht. Diese Dokumente enthalten keinen qualitativ bedeutenden Ideeninhalt.

4. Textstruktur der *Berner Hefte*

Beginnend mit dem achtzehnten Dokument gelangen wir zur dritten Periode in Lenins philosophischer Entwicklung, die zugleich sein drittes systematisches Studium der Philosophie und insbesondere der Hegelschen Philosophie war. Während dieser Periode war der Brennpunkt des Denkens Lenins die Idee der **Dialektik**. Eine Sache, die ich erläutern möchte, ist, dass diese Gruppe von Buchleseheften keine Hefte, die Lenin für beim Verfassen einer bereits „konzipierten" philosophischen Abhandlung über Dialektik als **thematisches Forschungsmaterial** dienten, sondern nur Lektürenotizen schlechthin waren, als er versuchte, sich Hegels Philosophie zu erarbeiten und so Marxens Idee der materialistischen Dialektik tiefschürfend zu verstehen. Das ist die dritte Gruppe von Dokumenten. Diese Gruppe umfasst die Dokumente achtzehn bis achtundzwanzig; sie umspannt die Jahre 1914 und 1915 und beinhaltet die wichtigen exzerpierten Notizen und Gedanken, die Lenin niederschrieb, als er in Bern in der Schweiz lebte und Hegels Philosophie studierte. Natürlich ist das der Fokus der Diskussion im zweiten Teil (sechs Kapitel) dieses Buchs. Ich glaube, dass man diese Dokumente Lenins *Berner Hefte* nennen kann. *Dies ist auch das, womit wir in der Vergangenheit unter dem Namen Forschung zu den Philosophische Heften hauptsächlich konfrontiert waren.* Bekanntlich begann Lenin ungefähr im September 1914, Hegelsche Philosophie zu lesen, als er von Poronin in Österreich nach Bern zog. Von den Seitenzahlen, die Lenin auf den Manuskripten hinterließ und den später herausgefundenen Aufzeichnungen der Bibliothekkarte her gesehen konnten wir uns auch bereits bejahen, dass Lenin sämtliche Lese- und Forschungshefte in der Berner Bibliothek vollendete.

Wir sehen in Lenins *Berner Heften* insgesamt acht Hefte. Beginnend mit dem ersten Heft legt Lenin einen Rahmen dar, von dem aus er beabsichtigt, Hegels Philosophie umfassend und systematisch zu studieren. Natürlich behandelt Lenin zuerst Hegels *Wissenschaft der Logik*, wobei er das wichtigste und wertvollste Dokument der *Berner Hefte* hervorbrachte. Die Version von Hegels *Wissenschaft der Logik*, die Lenin las, bestand aus den Bänden drei bis sechs der deutschen *Gesammeltem Werke* Hegels, hierbei befand sich die Logik in den Bänden 3-5 und die *Kleine Logik* in Band 6. *Lenins Mutter stammte aus Deutschland, weshalb Lenin Deutsch beherrschte; er konnte ebenfalls Englisch und Französisch lesen.* Das achtzehnte Dokument, das die Mehrheit der exzerpierten Notizen zur Wissenschaft der Logik enthält, wurde laut Lenins eigener Aufzeichnung am 17. Dezember 1914 abgeschlossen.[50] Lenins exzerpierten Notizen wurden in drei Heften vervollständigt.[51] Nach Lenins eigener Paginierung wurden 48 Seiten im ersten Heft verwendet. Es beinhaltete den exzerpierten Inhalt des Vorworts zur ersten und zweiten Auflage der *Wissenschaft der Logik*, der Einleitung, der „Lehre vom Sein" und des ersten Teils der „Lehre vom Wesen".

38 Seiten des zweiten Heftes wurden von Lenin als Teil der *Berner Hefte* verwendet (Seite 49 bis 88). Exzerpiertes Material in diesem Teil stammte aus dem zweiten Teil der „Lehre vom Wesen" wie auch aus der „Lehre vom Begriff". 26 Seiten des dritten Hefts wurden von Lenin verwendet

---

50 A.a.O., S. 226. Trotzdem las Lenin danach auch den Schlussteil der *Kurzen Logik* in Band 6 von Hegels *Gesammelten Werken*.
51 A.a.O., S. 77-229.

(Seite 89 bis 115), sie beinhalten den Haupttext der „Lehre vom Begriff". Zusätzlich sind Exzerpte aus Hegels *Kleiner Logik* über das zweite und dritte Heft verstreut. Der zweite Teil des dritten Hefts beinhaltet auch zwei andere Dokumente von Lektürenotizen. Das erste ist das neunzehnte Dokument „Zur neuesten Literatur über Hegel"[52], während das zweite das zwanzigste Dokument ist, ein Exzerpt aus Perrins *Lehrbuch der physikalischen Chemie. Die Prinzipien.*[53] Teile dieser Dokumente wurden in der ersten und zweiten Auflage der Zeitschrift *Unter dem Banner des Marxismus* veröffentlicht, und ihr gesamter Text wurde in Band 9 der russischen Auflage der *Gesammelten Werke* Lenins veröffentlicht.

In einem neuen Heft beschriftet mit „(Verschiedenes)+Hegel" schrieb Lenin zuerst drei Blätter Lektürenotizen, darunter das einundzwanzigste Dokument (Lektürenotizen zu Peter Genoffs *Feuerbachs Erkenntnistheorie und Metaphysik*)[54], das zweiundzwanzigste Dokument (Lektürenotizen zu Paul Volkmanns *Erkenntnistheoretische Grundzüge der Naturwissenschaften*)[55] und das dreiundzwanzigste Dokument (Lektürenotizen zu Max Verworns *Die Biogenhypothese*)[56]. Anschließend fügt Lenin Exzerpte aus Hegels *Vorlesungen über die Philosophie der Geschichte* hinzu; dieses vierundzwanzigste Dokument wurde in zwei separaten Heften geschrieben.[57] Danach begann Lenin ein neues Heft, dem er den Titel „Hegel" gab. Dieses Heft enthält primär Exzerpte aus Hegels *Vorlesungen über die Philosophie der Geschichte*[58], und ist das fünfundzwanzigste Dokument. In dieses Heft nahm Lenin auch Exzerpte aus „Hegel über die Dialoge Platos" auf; dies sind die letzten ergänzenden Notizen im zweiten Band von Hegels *Vorlesungen über die Philosophie der Geschichte* (Band 14 der *Gesammelten Werke* Hegels). Daher handelt es sich nicht um ein unabhängiges Dokument.[59] Alle diese Dokumente wurden 1930 zum ersten Mal in Band 12 der russischen Auflage der *Gesammelten Werke* veröffentlicht.

52 A.a.O., S. 370.
53 A.a.O., S. 373.
54 A.a.O., S. 374.
55 A.a.O., S. 375.
56 A.a.O., S. 376.
57 A.a.O., S. 231-294.
58 A.a.O., S. 295-306.
59 A.a.O., S. 294.

Das letzte Heft war eine Aufzeichnung der abschließenden Lektüre und der Gedankenexperimente, die Lenin im Zusammenhang mit Hegel ausführte. Lenin gab ihm den Titel „Philosophie". Hier gibt es 10 separate Dokumente. Wir finden Exzerpte von Lenins fortgesetztem Studium von naturwissenschaftlichen Werken wie auch von Büchern zur Erforschung der antiken griechischen Philosophie und des dialektischen Denkens, inklusive Aristoteles' *Metaphysik*, Lassalles *Die Philosophie Herakleitos des Dunklen von Ephesos* und Noëls *Die Logik Hegels*. Es gibt auch zwei kurze eigene Zusammenfassungen, die Lenin über seine Untersuchung von Hegels Philosophie schreibt. In der Reihenfolge sind es folgende Dokumente: das sechsundzwanzigste Dokument (Lektürenotizen zu Dannemanns *Wie unser Weltbild entstand*)[60], das siebenundzwanzigste Dokument (Lektürenotizen zu Darmstaedters *Handbuch zur Geschichte der Naturwissenschaften und der Technik*)[61], das achtundzwanzigste Dokument (Lektürenotizen zu Napoleons *Gedanken*)[62], das neunundzwanzigste Dokument (Lektürenotizen zu Noëls *Die Logik Hegels*)[63], das dreißigste Dokument („Plan der Dialektik [Logik] Hegels")[64], das einunddreißigste Dokument (Lektürenotizen zu Haas' *Der Geist den Hellenentums in der modernen Physik*)[65], das einunddreißigste Dokument (Lektürenotizen zu Lipps' *Naturwissenschaft und Weltanschauung*)[66], das dreiunddreißigste Dokument(Lektürenotizen zu Lassalles *Die Philosophie Herakleitos des Dunklen von Ephesos*)[67], das vierunddreißigste Dokument („Zur Frage der Dialektik")[68] und das fünfunddreißigste Dokument („Konspekt zur *Metaphysik* des Aristoteles")[69]. Neben „Zur Frage der Dialektik", veröffentlicht 1925 in der sowjetischen Zeitschrift Bolschewik, wurde der Rest der Dokumente hier zum ersten Mal in Band 12 der russischen Auflage der *Gesammelten Werke* Lenins veröffentlicht.

60 A.a.O., S. 377.
61 A.a.O., S. 379.
62 A.a.O., S. 379.
63 A.a.O., S. 307-313.
64 A.a.O., S. 314-319.
65 A.a.O., S. 380.
66 A.a.O.
67 A.a.O., S. 321-337.
68 A.a.O., S. 345-355.
69 A.a.O., S. 345-355.

Am Ende der Berner Notizen finden wir noch ein Exzerpt, welches Lenin zu Feuerbach schrieb, nämlich die Notiz „Feuerbachs *Darstellung, Entwicklung und Kritik der Leibnizschen Philosophie*". Ich habe Grund zu der Annahme, dass Lenins erster Eindruck dieses Buchs entstand, als er 1909 Feuerbachs *Vorlesungen über das Wesen der Religion* las, da Feuerbach dieses Buch am Ende von seiner Vorlesung erwähnt. Weiterhin könnte dieses Stück eine Nebenwirkung der Veränderung seiner Ideen sein, die entstand, als er Ende 1913 den *Briefwechsel zwischen Karl Marx und Friedrich Engels* las, weil er dort in einem Brief von Marx vom 11. Januar 1868 las, dass Feuerbach die Dialektik nicht verstand; Lenin sah außerdem die Stelle, wo Marx seiner „Bewunderung für Leibniz" aussprach. Diese Faktoren trugen zu Lenins Entscheidung bei, dieses Buch von Feuerbach zu lesen, nachdem er Hegel studiert hatte. Natürlich kann ich hier nur hypostasieren. Außerdem könnten die Ideen und Ansichten, die Lenin in diesen Kommentaren zum Ausdruck bringt, vom konkreten Inhalt dieser Notizen her gesehen, keine Ideen vor dem Studium der *Wissenschaft der Logik* sein. Das sechsunddreißigste Dokument wurde in einem separaten Heft mit dem Titel „Feuerbach" geschrieben. Lenin gab nicht das Datum an, an dem diese Schrift verfasst wurde. Dieses Dokument wurde zuerst 1930 in Band 12 der russischen Auflage der *Gesammelten Werke* Lenins veröffentlicht.

Schließlich enthielten beide chinesischen Auflagen Teile von Lenins „Heften zum Imperialismus", die er zwischen 1915 und 1916 schrieb. Band 38 der ersten Auflage enthält sieben Dokumente (Dokumente 37 bis 48). Zunächst wurden die neun Blätter mit einem Bücherverzeichnis und einige Kommentaren veröffentlicht, im Grunde im gleichen Format wie das Original.[70] Zweitens wurden einige von Lenins Kommentaren über Hilferdings *Finanzkapital* aufgenommen, die sich primär auf Hilferdings Diskussion des *Machismus* bezogen.[71] Schließlich sind im zweiten Buch der „Hefte zum Imperialismus" Lenins halb eigenständige Anmerkungen zu „Dr. Johann Plenge *Marx und Hegel*" aufgenommen, ein Dokument, das Lenin in der Vergangenheit gelesen hatte.[72] Auf der anderen Seite strich Band

---

70 Lenins *Gesammelte Werke* (1. ch. Auflage), Bd. 38, S. 445-448.
71 A.a.O., S. 454.
72 A.a.O., S. 440-443; Lenins *Gesammelte Werke*, Bd. 55, S. 353-356.

55 der zweiten chinesischen Auflage vieles von den Bücherverzeichnis wie auch Lenins Kommentare zu Hilferdings *Finanzkapital*, wodurch nur zwei Kopien von den Bücherverzeichnissen und Kommentaren [73] sowie die Hefte „Dr. Johann Plenge *Marx und Hegel*"[74] übrigblieben. Diese Dokumente wurden 1922 und 1936 in den Bänden 22, 27 und 29 der russischen Auflage der *Gesammelten Werke* Lenins veröffentlicht.

In den Notizentexten kennzeichnete Lenin die Bedeutungen durch Unterstreichungen. Darin gibt es einfache Unterstreichungen für die Betonung und doppelte oder mehr Linien, um auf größere Bedeutung oder besonders beachtlich Stellen hinzuweisen. *In der chinesischen Übersetzung wird Lenins einfache Unterstreichung durch fett geschrieben Buchstaben ausgedrückt, während seine doppelten Unterstreichungen durch fett geschriebene Buchstaben und Betonungszeichen ausgedrückt werden.* Im Allgemeinen benutzte Lenin oftmals große oder kleine Quadrate, um seine wichtigeren eigenständigen Ideen zusammenzufassen. Es gibt grob 170 solche Quadrate in den *Heften. Einige sowjetische Wissenschaftler glauben, dass der Text in den Quadraten Lenins „reife Standpunkte", seine „letzten Schlussfolgerungen" repräsentiert.*[75] *Das ist nicht richtig.* Weiterhin gibt es viele andere Markierungen in den Heften, die zumeist in Beziehung zu Lenins spezifischer Verwendung in anderen Diskursen stehen und die keine festgelegte Bedeutung haben. Ich finde, dass wir bei unserer Bestätigung dieser Übereinstimmungen nicht so steif sein dürfen. Ich werde diesen Punkt ausführlicher erläutern, wenn wir zur konkreten Textanalyse kommen.

5. Überblick über die traditionelle Forschung zu Lenins *Philosophischen Heften*

In der traditionellen Forschung zu den *Philosophischen Hefte* die von sowjetischen und westlichen Lenin-Forschern durchgeführt wurde, sind Lenins Hefte und Notizen, die er niederschrieb, als er zwischen 1895 und 1913 Philosophie lernte und studierte – und insbesondere die vielen Lesemarginalien, die bereits veröffentlicht wurden –, generell

---

73 A.a.O., S. 351-352.
74 A.a.O., S. 353-356.
75 Vgl. Kisseljow, *Über Lenins „Philosophische Hefte"*, S. 4; 6 (ch).

ignoriert worden. Im Rahmen dieser Forschung werden diese Marginalien als Sekundärquelle außerhalb der **exzerpierten** Notizen gesehen; abgesehen von einer allgemeinen Erwähnung in einigen wissenschaftlichen Werken sind diese Dokumente nicht zum Gegenstand einer tiefgehenden Untersuchung geworden. Zudem haben die Forscher nicht erkannt, dass diese Hefte uns mit einen wichtigen logischen Faden geben, einen, der die gesamte Entwicklung der philosophischen Ideen Lenins zusammenführt. Der wesentliche Fokus der Forschung zu Lenins *Philosophischen Heften* liegt beinahe ausnahmslos auf seinen *Berner Heften*, wobei sogar auf unwissenschaftliche Weise der Titel *Philosophische Hefte* in Bezug auf die *Berner Hefte* verwendet wird. Das ist eine wirklich seltsame logische Ersetzung, bei der ein einzelner Punkt benutzt wird, um die Fläche mit Punkten abzudecken.

Wir dürfen sagen, dass im Hinblick auf die Forschung zu den *Philosophischen Heften* bisher weiterhin das falsche Spiegelbild vorherrscht: Die *Philosophischen Hefte* (mit *Berner Heften* gleichgesetzt) seien Lenins unvollendetes Werk der schöpferischen Konstruktion eines **Systems der materialistischen Dialektik** während seiner Umgestaltung der Hegelschen Philosophie. *Das gilt natürlich nicht für die Meinungen des westlichen Marxismus und der westlichen Lenin-Forschung, laut welchen Lenins* <u>Philosophische Hefte</u> *(mit* <u>Berner Heften</u> *gleichgesetzt* [76]*) ein Bekenntnis der Konversion zum Hegelschen Idealismus seien und darüber hinaus das in* <u>Materialismus und Empiriokritizismus</u> *bestehende Ideengerüst des Materialismus beseitigt hätten. Das ist der von der westlichen Lenin-Forschung hergestellte Mythos von „zwei Lenins" (Lenin, der Alt-Materialist, zur Zeit von* <u>Materialismus und Empiriokritizismus</u> *und Lenin, der hegelianische Idealist, zur Zeit von* <u>Philosophischen Heften</u>*) im Anschluss an die „zwei Marx" (der junge Marx, der Humanist, und der alte Marx, der wissenschaftliche Sozialist) und von der „Entgegenstellung Marx versus Engels". Ich bin entschieden gegen solche Theorien.* Bei diesen Beurteilungen werden Lenins *Philosophische Hefte* als ein **homogener**

---

76 Sowohl die französische wie auch die englische Übersetzung von Lenins *Philosophischen Heften* beinhalteten nur jene Studien, die Lenin bei seiner Untersuchung von Hegels Philosophie zwischen 1914 und 1915 unternahm. Daher bestanden die *Philosophischen Hefte* für sie in dem, was ich die *Berner Hefte* nenne.

wichtiger wissenschaftlicher Text der marxistischen Philosophie bestimmt. Angesichts der *Philosophischen Hefte* hat man einen **absoluten Reifegrad** dieses „Werks" von Lenin nachgestellt; es gibt beinahe keine Forscher, die die absolute Richtigkeit der *Philosophischen Hefte* anzweifelten. *Um es mit der Formulierung von Service zu sagen: „Lenin würde nie und nimmer einen Fehler machen."*[77] Dies war sowohl ein ideologisches Vermächtnis, das der Zusammenbruch der marxistischen Akademie der ehemaligen Sowjetunion hinterließ, wie auch ein „Gemeinplatz", der sich über viele Jahre in der chinesischen Akademie der Forschung zur marxistischen Ideengeschichte ausgeprägt hatte. Ich kann nicht umhin zu sagen, dass es sich um ein gefälschtes gelehrtes Spiegelbild und ein **logisches Schielen** handelt.[78]

Ich muss deutlich darauf hinweisen, dass die Ergebnisse meiner bisherigen Forschungen zu Lenins *Philosophischen Heften* diese ideologisch gefärbten theoretischen Vorsehungen unmittelbar verleugnen. Um diese abgestandene Geschichtsanschauung außer Kraft zu setzen und um den Situierungsraum der Entwicklung der philosophischen Ideen „zurück zu" Lenin zu rekonstruieren, wollen wir hier zunächst in eine Diskussion der **Genealogie der Ideen**[79] oder **Archäologie der gelehrten Logik** eintreten und uns im Folgenden den historischen Entstehungsprozess der traditionellen Forschungsmodelle ansehen.

---

77 Service, R.: Lenin Riddle, in: *Soviet Union and Eastern Europe*, 1993 (2).
78 Hier verwende ich logisches „Schielen", was eine qualitative Identifikation für eine Sache oder einen Gegenstand zu sein scheint; tatsächlich meine ich etwas jenseits dessen. Das Wort „Schielen", abgeleitet vom französischen „louche" bedeutet „all the meanings it can take on were completely independent or the basic meaning". (Bourdieu (1977): The Economics of Linguistic Exchanges, *Social Science of Information* (17), S. 647.). Ich übernehme diesen Begriff von Bourdieu.
79 Moderne akademische genealogische Studien stammen aus Nietzsches Analysen zum impliziten logischen Gerüst der christlichen Kultur ab (*Zur Genealogie der Moral*); die sogenannte genealogische Forschung meint die eingehende Untersuchung des Prozesses der Entstehung, Entwicklung und des Niedergangs eines logischen Fadens, welcher einer kulturellen Philosophie oder einem gelehrten Diskurs zugrundeliegt, durch literaturgeschichtliche Materialien und Phänomene.

Nach dem Sieg der Oktoberrevolution wies Lenin, obwohl die rote Macht einige bürgerliche Intellektuelle vertrieb[80], menschewistische Gelehrte wie Deborin wegen früheren politischen Differenzen nicht völlig von sich; es war Deborin, der die allererste Forschungsarbeit über Lenins *Philosophische Hefte* schrieb. *Außerdem gingen Wissenschaftler wie Bogdanow und Lunatscharski, die mangelhafte machistische Ansichten vertraten, immer noch ihrer regulären Tätigkeit nach und betrieben wissenschaftliche Forschung. Lunatscharski bekleidete sogar leitende Ämter wie das Kommissariat für Volksaufklärung (Bildungsminister).* In Band 9 der *Lenin-Manuskripte*, veröffentlicht 1929, schrieb Deborin ein wissenschaftlich solides Vorwort zu den ersten drei Heften der *Berner Hefte* (Konspekt zu Hegels *Wissenschaft der Logik*). Er erwähnte, vom Umstand einer Vielzahl von Heften her gesehen „begann Wladimir Iljitsch 1914, Hegel sehr ernsthaft zu studieren, als ob er eine fachliche Monografie über materialistische Dialektik vorbereiten würde". Er fuhr fort:

„Ich habe keinen Zweifel daran, dass Lenin, *wenn* er seine Forschung bis zum Schluss fortgesetzt hätte, er für die Entwicklung des dialektischen Materialismus einen ungeheuren Vorstoß geleistet hätte, was ihn auf eine höhere Stufe gefördert hätte. Wenn man nach *Unterschieden* in Ähnlichkeiten suchte, so fände man ganz leicht, dass Lenins Verständnis der materialistischen Dialektik eine *neue Etappe* in der Entwicklung des dialektischen Materialismus eröffnet hat. Es gibt Unterschiede zwischen Plechanow und Lenin, Unterschiede, die die Charakterzüge der verschiedenen historischen Etappen in der Entwicklung des proletarischen Kampfes und der revolutionären Tätigkeit reflektieren."[81]

80 Aufzeichnungen zeigen, dass die sowjetische Regierung im August 1922 über 100 bürgerliche Intellektuelle verhaftete und sie im Laufe der nächsten Monate ins Exil schickte. Unter jenen gab es berühmte Denker wie Bulgakow, Berdjajew, Frank, Karsawin, Losski, Lapschin und Iljin; die Legende sagt, dass Lenin, nachdem er Iljins *Die Philosophie Hegels als kontemplative Gotteslehre* gelesen hatte, Iljin freilassen ließ, er jedoch später ins Exil geschickt wurde.
81 Deborin, A. (1929): Einleitung zu Band 9 der *Lenin-Manuskripte*, Staatspresse der Sowjetunion, 1930, S. 3 (ch.). Vgl. Anhang 2 zu diesem Buch.

In diesem Kommentar von Deborin verwendet er das Wort „wenn" bewusst zweimal, was auch besagt, dass in den bestehenden Studien von Lenin diese „neue Etappe" nicht verwirklicht war. Überdies korrespondiert er die Unterschiede der Leninschen Ideen und Plechanow bewusst mit den verschiedenen Etappen der Revolutionsgeschichte, um seinen eigenen Lehrer schützen und nur kein Wort von Lenins Überstieg über und Kritik an Plechanow in den *Berner Heften* zu verlauten. Ich glaube, dass man diese „Einleitung" von Deborin allein im Hinblick auf den Blickwinkel der Forschung zu Lenins *Philosophischen Heften* wahrscheinlich die wichtigste Forschungsleistung in der sowjetischen wissenschaftlichen Welt vor den 1960er Jahren nennen könnte. Obwohl es in Deborins Forschung auch diverse Probleme gab, z.B. eine schwache **homogene** Logik der Situierung[82] und eine **isolierte** Methode des textuellen Nachweises (zum Beispiel betonte er übermäßig die Konsistenz von Lenins und Hegels Ideen, indem er Lenins Kritik an Hegels idealistischem Standpunkt die ganze Zeit herunterspielte), behielt sie, da Deborin damals noch nicht ins ideologische Gerüst von Stalin hineingezwungen worden war, einige ihrer wertvollen originellen Züge dennoch mehr oder weniger bei. Darin ist es im Hinblick auf die Situierungslogik der methodologischen Lektüre entscheidend, dass sich der Hauptinhalt in Deborins Lektüre im Grunde an die exzerpierten Notizen Lenins zu Hegels *Wissenschaft der Logik* anlehnt und mit dem **historisch chronologischen Faden** vorwärtsbewegt. *In unserer Diskussion der Berner Hefte im zweiten Teil des Buchs werden wir den ausführlichen Inhalt und den akademischen Wert von Deborins Einleitung zu Lenins Berner Heften konkret erörtern und bewerten.* Es ist offensichtlich, dass die gelehrten Bewertungen

---

82 In der „Einleitung" Deborins können wir sehen, dass in seinen Zitaten aus dem dritten Abschnitt aus Lenins Heften plötzlich ungeordnete Sprünge auftreten; zum Beispiel fügt er den Inhalt ursprünglich als Lenin abschließende Zusammenfassung seines Lernens in die logische Antezedenz der Situierung des Denkens ein. Ich denke, dass Deborin in der derzeitigen ungezwungenen Situierung der Lektüre offenbar immer noch unbewusst von der Hypothese der Homogenität und Äquivalenz der Leninschen Ideen in den *Berner Heften* ausging. Natürlich entwickelte er seine Hauptanalyse dennoch gemäß Lenins Leseprozess. Trotzdem sehen wir bei Deborin keine Ausführungen über die Vertiefung der philosophischen Erkenntnisse von Lenin und Reorganisation seiner theoretischen Ideensituierung. Vgl. Anhang.

Deborins damals noch ziemlich glatt waren, sodass sich hieraus keine feste Vorstellung von den philosophischen Ideen Lenins ausbildete. *In den 1930er Jahren, als Deborin und seine Anhänger unter die Repression seitens Stalin gerieten, wurde seine Bewertung von Lenin in Abrede gestellt.*[83] *Aus diesem Grund konnte Deborin nicht umhin, öffentlich seine „Fehler" einzugestehen, einzuräumen, dass seine Einschätzung Lenins als Theoretiker zu gering war und dass die philosophischen Ideen Lenins bereits eine „neue Etappe" in der Entwicklung der marxistischen Philosophie war.*[84] Obwohl er sich nicht irrte und wusste, dass er sich nicht irrte, entschuldigte er

83 Zwischen 1929 und 1930 ereignete sich zwischen Deborin und seinen Anhängern und jungen Philosophen wie Mitin, Judin vom Institut der Roten Professur (Leiter der Parteigruppe) und Ralzewitsch eine Kontroverse, deren Kernfrage das Verhältnis von Philosophie und Realität war. Deborin und andere, die sich für einen Philosophen der ersten Stunde hielt, verleugnete ein unmittelbares Verhältnis zwischen Akademie und dem wirklichen Leben und betonte, dass es die Hauptaufgabe der theoretischen Arbeit ist, Forschung zu betreiben. Im August und Oktober 1930 fasste die Parteizelle des Instituts der Roten Professur für Philosophie und Naturwissenschaften der KPdSU zwei Beschlüsse, die Deborin-Schule für ihre Tendenz kritisierten, Theorie von der Realität zu scheiden. Im zweiten Beschluss wies es unmittelbar darauf hin, dass Deborin die Rolle der philosophischen Ideen Lenins nicht ausreichend schätzte und dass er nicht verstanden habe, dass Lenins Werk eine „höhere Etappe" des dialektischen Materialismus ist. Zugleich kritisierte es Deborins Haltung gegenüber Hegel und Feuerbach. Als die Debatte der beiden Parteien ihren Höhepunkt erreichte, hielt Stalin am 9. Dezember 1930 an die Mitglieder der Parteizelle Institut eine Rede, in der er unmittelbar seine Haltung in der Debatte ausdrückte. Er beurteilte Deborins Standpunkt als eine menschewistische Ansicht und kritisierte seine Haltung zu Lenins Philosophie. Anschließend berief die Parteizelle des Instituts am 29. Dezember eine Generalversammlung aller Parteimitglieder ein und fasste einen dritten Beschluss, welcher die falschen Ansichten der Deborin-Schule als „anti-leninistisch", „gegen den dialektischen Materialismus" und „antimarxistisch" definierte. Am 25. Februar 1931 fasste das ZK der KPdSU(B) den Beschluss „Über die Zeitschrift *Unter dem Banner des Marxismus*", veranlasste die Umorganisierung der Organe und Führungsstruktur der Zeitschrift; Deborin wurde von seinem Posten als Chefredakteur entlassen und Mitin und Judin betraten die Redaktionsleitung ein; Mitin wurde zum praktischen Hauptverantwortlichen. Vgl. Deborin (1982): *Ausgewählte Werke* der Deborin-Schule, S. 94-96; S. 105-116.
84 Vgl. Deborin, „Brief an den Herausgeber", in: *Prawda*, 18. Dezember 1931.

sich in der grausamen Anrufung des ideologischen großen Anderen auf eine verzerrte Art und Weise. *Dies war der „Weg zum Überleben" für unzählige Wissenschaftler und Denker unter der Herrschaft des Stalinschen Dogmatismus, darunter auch solcher bekannter Wissenschaftler wie Lukács und Bloch. Wir werden uns mit Deborin und seinen Ideen im zweiten Teil des Buchs konkreter beschäftigen.*

Ich habe herausgefunden, dass der erste Wissenschaftler, der die philosophischen Ideen Lenins theoretisch zusammenfasste, Adoratskij war, ein sowjetischer marxistischer Philosoph der älteren Generation, der mit Lenin zusammengearbeitet hatte. Wie Lenin graduierte er an der Kasaner Universität mit einem Abschluss in Jura. *Lenin schrieb, dass Adoratskij „verlässlich" und ein „Marxist von guter Ausbildung" war.*[85] Nach Adoratskijs eigener Erinnerungen begann er 1904, Lenin regelmäßig zu sehen, und die beiden Männer unterhielten eine enge Beziehung. *Er war einer der Experten, die nach der Oktoberevolution von Lenin beauftragt wurde, die Marx-Engels-Literatur zu sortieren.*[86] In den 1930er Jahren veröffentliche Adoratskij den ersten Stapel Forschungsliteratur zur *Philosophischen Hefte.*[87] Sein wichtigster Beitrag zu dieser Forschung war das Vorwort, das er zum Band 12 der *Lenin-Manuskripte* schrieb (1930), was später zu einer Sonderausgabe mit dem Titel „Über Lenins Studium der Philosophie" wurde. In diesem Aufsatz machte Adoratskij eine ziemlich umfassende Darlegung über den historischen Entwicklungsprozess und den Grundinhalt der philosophischen Ideen Lenins. Ich habe bemerkt, dass Adoratskijs Bewertung von Lenins philosophischer Forschung im Grunde auch ziemlich objektiv ist. Denn die Inhalte der Argumente für Lenin blieben damals bei solchen Fragen wie „Begann Lenin vor 1908 an, sich mit Philosophie zu befassen?" und „War Lenin um 1906 nur ein gewöhnlicher Marxist, der philosophischen Meinungen zum Ausdruck brachte?" stehen. *Ich denke, dass dies für jene Zeit echte Fragen waren.* Adoratskij glaubte, dass Lenin von 1894 bis 1905 bereits ein „hervorragender dialektischer Materialist" war. Ja, bei Adoratskij wurde Lenin zu diesem Zeitpunkt noch nicht in einen **Philosophen** aufgeputzt. Zumal

---

85 Adoratskij (1964): *Ausgewählte Werke* von Adoratskij, S. 559.
86 A.a.O., S. 548-549.
87 A.a.O.

in seiner Erkenntnis der *Berner Hefte* glaubte Adoratskij, dass Lenin stets an der marxistischen Dialektik festhielt; es war wegen den Bedürfnissen des aktuellen Kampfes, dass „der geniale Führer des Proletariats und Theoretiker Lenin fortfuhr, am Vorabend der sozialistischen Revolution seine theoretische Untersuchung dieser revolutionären Methode zu vertiefen." Natürlich schrieb Adoratskij, ganz nahe bei der Aussage Deborins, nur: „**wenn** Lenin vorhätte, ein Buch über Dialektik zu schreiben, so hatte er für diese Aufgabe bereits allzu ausgiebige und unter einzelnen Aspekten (insbesondere zur Frage der Hegelschen Dialektik) schlechthin erschöpfende Materialien angehäuft."[88] Der Gebrauch des Worts „wenn" hier ist sehr wichtig; zumindest bejaht Adoratskij nicht direkt, dass es das Ziel von Lenins Forschung gewesen sei, ein theoretisches Werk über Dialektik zu schreiben. Vielmehr weist Adoratskij deutlich darauf hin, dass Lenin, so wie Marx, „keine Zeit hatte, ein Buch über die Dialektik zu schreiben."[89] Außerdem kann Adoratskijs Analyse und Diskussion der philosophischen Ideen Lenins dennoch nicht als fachgerechte Forschung gelten, weshalb wir darüber ohne allzu viele Gedanken hinweggehen dürfen. Ich kann nicht umhin darauf hinzuweisen, dass Adoratskijs Forschungsmethoden über die philosophischen Ideen Lenins in den 1930er Jahren einen Präzedenzfall der Ahistorisierung schufen; in seinen vielen Aufsätzen über die philosophischen Ideen Lenins sehen wir, dass er Lenins Werke aus **unterschiedlichen Perioden** (wie *Materialismus und Empiriokritizismus* und *Berner Hefte*) nimmt und sie auf **eine zeitlose Weise** vermengt und vereinheitlicht und auf eine thematische Weise ihre **Homogenität und absolute Wahrheit** befestigt. *Ein typisches Beispiel dafür ist Adoratskijs Aufsatz „Die philosophische Bedeutung von Lenins Werken"*, das 1930 geschrieben wurde.[90] Dies ebnete einen Weg für das ganz üble logische Schielen. Diese theoretische Tendenz wurde später von der neuen Generation der Stalinisten wie Judin und Mitin zu einer sogar noch absoluteren Vorgehensweise erhoben: homogenisierende Konstruktion der philosophischen Ideen als „die leninistische Etappe in der marxistischen Philosophiegeschichte". *1936 veröffentlichte*

88   A.a.O., S. 439; meine Hervorhebung.
89   A.a.O.
90   A.a.O., S. 446-466.

Mitin den langen Aufsatz „Resümee und Aufgaben der philosophischen Front" und nannte Lenins <u>Philosophische Hefte</u> *erstmals „wohl die philosophische Einleitung zur großen proletarischen Revolution"⁹¹. Er erläuterte nicht konkret, ob er mit dieser fixierten Schlussfolgerung sämtliche komplexe Hefte im philosophischen Lernen und Forschen Lenins über zwanzig Jahre des meinte.*

Es sollte besonders erwähnt werden, dass Stalin infolge der Forderung nach einer einheitlichen Erkenntnis von Ideen in den 1930er Jahren durch *Geschichte der KPdSU(B)-Kurzer Lehrgang* auf dogmatische Weise ein zwanghaftes ideologisches Diskurssystem errichtete; in diesem Buch ordnete der berühmte zweite Abschnitt des vierten Kapitels, „Über Dialektischer und Historischer Materialismus", jenen späteren traditionellen Deutungsrahmen der Philosophie an.⁹² Ich denke, dass jene Vorgehensweise in dieser spezifischen historischen Periode eine bedeutende historische Rationalität hatte. Als jedoch „alle Prinzipien in diesem Werk als anleitendes Leuchtfeuer der Fachwerke"⁹³ verstanden wurden, konnte sich eine dogmatische ideologische **Diskurshegemonie** ausbilden. Danach war in der ganzen ehemaligen

---

91 Vgl. Deborin (1982), a.a.O., S. 117 (ch.).
92 *Geschichte der KPdSU(B)-Kurzer Lehrgang* wurde 1938 herausgegeben. Auf dem allgemeinen Buchumschlag sind vermerkt: „Unter Redaktion einer Kommission des Zentralkomitees der KPdSU(B)" und „Chefredakteur: Stalin", aber auf der italienischen Ausgabe von 1944 stehen die konkreten Namen der Verfasser: Stalin, Kalinin, Molotow, Woroschilow, Kaganowitsch, Mikojan, Schdanow und Berija. Ab 1948 hingegen wurde im Buch nur Stalin als Einzelautor aufgeführt. Laut Verlautbarungen in Pankratovas Aufsatz „25 Jahre Sowjetische Geschichtswissenschaft" war der eigentliche Verfasser des Buchs der sowjetische Historiker Jaroslawski. Vgl. Pankratovas „25 Jahre Sowjetische Geschichtswissenschaft", Moskau, 1942, S. 35.
93 Im Februar 5, 1941 berief die Redaktion von *Unter dem Banner des Marxismus* und das Institut für Philosophie der sowjetischen Akademie der Wissenschaften in Moskau eine Sitzung ein, um dem 10. Jahrestag des Beschlusses „Über die Zeitschrift *Unter dem Banner des Marxismus*" des ZK der KPdSU zu gedenken. Am Ende der Sitzung wurde das berühmte „Huldigungsschreiben an den Genossen Stalin" veröffentlicht. Vgl. *Unter dem Banner des Marxismus*, 1941(2), Kommentar zum „Zum Gedenken an den 10. Jahrestag des Beschlusses „Über die Zeitschrift *Unter dem Banner des Marxismus*" des ZK der KPdSU; vgl. auch *Ausgewählte Werke der Deborin-Schule*. Jilin-Volksverlag, 1982, S. 173 (ch.).

Sowjetunion (sogar Sowjetunion und Ostblock) nur die Person Stalin in der Lage, kreative Ideen zu haben. Auch wegen des Anspruchs auf die **homogene Vereinheitlichung** der Ideen bekräftigte Stalin unter Lenins philosophische Literatur mit verschiedenen Qualitäten und verschiedenen Ideenebenen *Materialismus und Empiriokritizismus*, dessen Ansichten richtig, einfach, leicht zu propagieren und leicht zu popularisieren sind, als Grundansichten der philosophischen Ideen Lenins und bejahte unmittelbar die Aussage, dass Lenin den dialektischen Materialismus auf eine neue Etappe gehoben habe.[94] Zudem identifizierte Stalin 1946 Lenins *Philosophische Hefte*, insbesondere *Berner Hefte* unmittelbar nur als unreifes „Gedankenlabor"; darum erreichten die Forschungen zu *Philosophischen Heften* in der Akademie der ehemaligen Sowjetunion die Talsohle. Wie sich herausstellte, wurden in die ersten drei Auflagen von Lenins *Gesammelten Werken* die *Philosophischen Hefte* nicht aufgenommen[95], sodass in der zweiten Auflage der Lenin-Biographie, die vom Institut für Marxismus-Leninismus beim Zentralkomitee der KPdSU 1955 herausgegeben wurde, die *Philosophischen Hefte* nicht einmal Erwähnung fanden. *Nach dem Tod Stalins wurden Lenins* <u>Philosophische Hefte</u> *schließlich zur vierten Auflage der* <u>Gesammelten Werke</u> *Lenins als Anhang aufgenommen.*

Erst in den 1950er Jahren und insbesondere nach dem Tod Stalins wurde das Studium der *Philosophischen Hefte* wiederbelebt; insbesondere die Untersuchung der *Berner Hefte* erlebte eine neue Phase der Entwicklung. Sowjetische Wissenschaftler begannen die mangelhafte Erkenntnis von Stalin zu kritisieren, Lenins *Berner Hefte* als „Konspekte an und für sich" zu sehen und so ihren Platz in der Geschichte der philosophischen Ideen Lenins zu verleugnen.[96] Dies war ein außerordentlich wichtiger Fortschritt. Ich habe jedoch herausgefunden, dass die Mehrheit der sowjetischen

---

94 „Stalins Referat an die Mitglieder der Parteizelle des Instituts der Roten Professur für Philosophie und Naturwissenschaften der KPdSU", in: *Philosophische Übersetzungsreihe*, 1999(2) (ch.). Im Beschluss „Über die Zeitschrift *Unter dem Banner des Marxismus*" des ZK der KPdSU vom Januar 1931 wurde der Leninismus als „leninistische Etappe in der Entwicklung der marxistischen Philosophie" bestätigt.
95 Vgl. *Lenin-Biographie*, Volksverlag, 1957 (ch.).
96 Institut für Philosophie der Weißrussischen Staatsuniversität und Fachbereich Philosophie der Lenin-Universität: *Eine Studie zu Lenins ‚Philosophischen Heften'* (1964): S. 24 (ch.).

Wissenschaftler von diesem Punkt an eine Art theoretische Logik der Situierung zu entwickeln begann, die in einem **rückanmerkendem Thema und der Vorannahme der Homogenität** bestand. *In Zurück zu Marx habe ich die Vorgehensweise des Rückverweises auf die klassische Literatur mit dem äußerlichen Gerüst der philosophischen Prinzipien und der ahistorischen Homogenisierung der Ideen der klassischen Autoren identifiziert. In den Worten des japanischen Wissenschaftlers Karatani ist dies die Vorgehensweise, die klassische Literatur zwecks Bestätigung einer „external ideology"*[97] *zu lesen.* Obwohl Stalin nicht anwesend war, war sein dogmatisches Deutungsgerüst zutiefst somatisiert.

Wir wollen hier Kisseljow, einen Wissenschaftler, der den frühesten und auch tiefsten Einfluss auf die chinesische Forschung zu den *Philosophischen Heften* ausgeübt hat, und sein *Über Lenins Philosophische Hefte* als Beispiel nehmen. *In den 1950er Jahren war Kisseljow der sowjetische Experte der hohen Parteischule des ZKs der Kommunistischen Partei Chinas. Als Teil seiner Anleitung und Ausbildung für Fachübersetzer der klassischen marxistischen Literatur auf Chinesisch und im Besonderen für die Übersetzung und Herausgabe des Buchs* <u>Philosophische Hefte</u> *hielt er allein im Jahre 1956 25 systematische Vorlesungen; sein auf diesen Vorlesungen basierendes Buch* <u>Über Lenins Philosophische Hefte</u> *wurde 1956 vom Volksverlag veröffentlicht. Dieses Buch ist zu einem wichtigen Bezug für chinesische Übersetzer geworden.* Ich denke, dass dieses Buch ein Forschungstyp der **theoretischen Illusion** ist, die unter der impliziten Kontrolle des Stalinischen dogmatischen Gerüsts eine **Scheinsituierung konstruiert**.[98]

---

97 Karatani (2020): *Marx: Towards the Centre of Possibility*, Verso 2020, S. 1.
98 Logik der Scheinsituierung ist meine Identifikation eines Phänomens, die im Bereich der wissenschaftlichen Ideen-Forschung existiert, dass eine ideologische Illusion a priori die echte konkrete, historische und wirkliche Forschung ersetzt. Eine Logik der Scheinsituierung kann sich in unterschiedlichen historischen Epochen und unterschiedlichen Forschungsbereichen in unterschiedlichen historischen Erscheinungsformen zeigen. Die von Hegel und Heidegger negierte metaphysische Versteinerung, die von Marx enthüllten ökonomischen Fetische, die Anschauung und Natürlichkeit, gegen die der junge Lukács sich stellte, das von Althusser aufkündete „unschuldige" Lesen und der von Adorno und Lacan kritisierte begriffliche Imperialismus sind alle spezifische Aspekte dessen, was ich Logik der Scheinsituierung nenne.

Erstens, sein **ahistorisches und atextologisches thematische Gestell**. Kisseljow legt nur eine sehr kurze Geschichte von Lenins Gedanken und textueller Beschreibung zu Anfang des Buchs vor. *Es ist etwas, was äußerst grobe und ungenaue Behauptungen aufstellt*. Kisseljow subsumiert dann zwanzig Jahre des philosophischen Lernens und der philosophischen Forschung Lenins willkürlich auf vier Themen: Frage der Dialektik, Frage der Erkenntnistheorie, Frage der dialektischen Logik sowie die Frage der Philosophiegeschichte (diese Geschichte konzentriert sich auf Hegel und Feuerbach). Das Wichtigste hier ist, dass wir unter der Kontrolle dieser ahistorischen thematischen logischen Illusion nicht in der Lage sind, bei der Forschung zu den massiven Unter- und Ab-Texten zu sehen die **Heterogenität** von Lenins Lektüre- und Forschungsnotizen in verschiedenen Perioden zu sehen. Ferner sind wir nicht in der Lage, den **konkreten Kontext** von Lenin in jedem Forschungsfall und den **echten Fortschritt und die echte Veränderung** in Lenins experimentellem Denken zu sehen. Verschiedene notizenhafte Texte werden auf ahistorische Weise in einen Textkorpus aufgelöst, der beliebig zurechtgeschnitten werden kann. Forschung zu Lenins *Philosophischen Hefte* bedurfte lediglich einer selektiven Gliederung von bodenlosen Textfragmenten anhand des eigenen thematischen Gerüsts. In dieser thematischen Scheinsituierung stellt sich der Forscher weder dem Text im wahren Sinne, noch hat er jemals die Möglichkeit, in die Situation der Leninschen Ideen hineinzutreten.

Zweitens, seine **Vorannahme der Homogenität**. Das ist das notwendige Ergebnis der theoretischen Illusion, die von diesem Forschungsmodell konstruiert wird. In meinem *Zurück zu Marx* habe ich die Logik des „Was Auch Immer" identifiziert, die in der traditionellen Forschung zu klassischen Werken des Marxismus existiert: was auch immer Marx und Engels sagten, sei richtig. Diese „Richtigkeit" war ohne irgend eine historische chronologische Grundlage: „Wenn ein Forscher der marxistischen Philosophie in seinem Aufsatz oder seinem Werk eine Frage erörterte, konnte er deshalb ohne Bedarf an irgendeiner geschichtlicher Ad-Hoc-Erklärung vom Band 1 der *Marx-Engels-Gesamtausgabe (MEGA)* bis Band 50 **homogen** zitieren."[99] Ich

---

99 Vgl. Mein Buch, *Zurück zu Marx: Der philosophische Diskurs im Kontext der Ökonomie*, 2019, S. 33.

habe herausgefunden, dass es auch im Falle von Lenin gilt. In diesem Buch von Kisseljow dachte er nie über die Frage nach, ob es in Lenins Erkenntnis im Hinblick auf die Haltung zum philosophischen Materialismus oder zur Hegelschen Philosophie eine Veränderung gibt, noch fragte er sich, ob Lenins Ideen zur Frage der Dialektik nach und nach tiefer wurden. Kurz gesagt, Kisseljows Logik der Scheinsituierung hat grundsätzlich keinen Platz für die **Dimension der heterogenen historischen Erwägung**. Daher behandelt Kisseljow in seiner gesamten Forschung zu *Philosophischen Hefte* Lenins zwanzig Jahre des philosophischen Studierens und Denkens allzu sehr **schlicht homogenisiert und nivelliert**. Er gruppiert Texte einfach auf der Grundlage des Forschungsgegenstandes (wie etwa Dialektik, Erkenntnistheorie oder Hegel). Kisseljow erwähnt sogar jene berühmte Erklärung Stalins, dass Lenins *Philosophische Hefte* nicht mehr seien als ein Labor philosophischen Denkens.[100]

Ich habe herausgefunden, dass nach den 1930er Jahren in beinahe allen Forschungen zu den Leninschen Ideen durch Wissenschaftler der ehemaligen Sowjetunion und im Ostblocks es den Leuten unbegreiflich war, dass Lenin sich irren könnte, dass er sich von der **Unreife** zur **Reife**, von der **Fläche** zur **Tiefe** bewegt haben könnte. Dies ist aber eine historische Tatsache, die durch ideologische Scheinsituierung bewusst verborgen wurde. Der lächerliche Zweck dieser Vorgehensweise bestand unversehens darin, das **immer richtige Bild** von Lenin aufrechtzuerhalten. Nach meiner Meinung beeinträchtigt das wahre historische Zugeständnis, dass Lenin Fehler gemacht haben könnte, nicht im Mindesten sein Bild als großer marxistischer Denker. Wie ist es uns jedoch möglich, mit den oben genannten trügerischen ideengeschichtlichen Spiegelbildern und logischen Illusionen wirklich Lenins philosophischen Ideen wirklich zu sehen?

Wir können aber sehen, dass dieses mangelhafte Modell der Scheinsituierung später zum grundlegenden Forschungsparadigma geworden ist, welches von der großen Mehrheit der Wissenschaftler der ehemaligen Sowjetunion und des Ostblocks manipuliert wurde. Andere repräsentative Werke dieses Genres, die ins Chinesische übersetzt worden sind, umfassen die von weißrussischen Wissenschaftlern in der ehemaligen

---

100 Vgl. Kisseljow, a.a.O., S. 6 (ch.).

Sowjetunion kollektiv zusammengestellte und verfasste *Eine Studie zu Lenins „Philosophischen Heften"*[101] und Suworows *Die Frage der Dialektik in den „Philosophischen Heften" von W.I. Lenin*[102]. Trotzdem hatte die sowjetische Akademie bis dato nicht die Ansicht vorgeschlagen, dass Lenin seine Anmerkungen in Vorbereitung für ein philosophisches Fachwerk zur Dialektik geschrieben hat.

Nach der Veröffentlichung der neuesten Auflage der *Philosophischen Hefte* in Band 29 der fünften russischen Auflage der *Gesammelten Werke* Lenins im Jahr 1963 erreichten die Forschungen zu den philosophischen Ideen Lenins eine neuen theoretischen Aufschwung. Es ist nicht schwer zu sehen, dass die Forschung zu dieser Zeit allmählich begann, aufs Podium der ideologischen Illusionen zu steigen. Zahlreiche wichtige gelehrte Schriften begannen, den **Leninismus** als eine bedeutende Etappe in der Geschichte der marxistischen Philosophie zu sehen, von Lenin wurde gesagt, er habe „**die wichtigsten philosophischen Fragen**" im Marxismus „**schöpferisch erforscht und gelöst**"[103]. Meiner persönlichen Meinung nach sind solche Einschätzungen verstiegen. *Ich glaube, dass Lenin in der Hauptsache den Marxismus mit der Aktualität der russischen Revolution vereinigt und den Marxismus auf eine leninistische Etappe im Hinblick auf die politische Theorie und Ökonomie des Sozialismus vorangetrieben hat; eine unabhängige leninistische Etappe im Sinne der Geschichte der marxistischen Philosophie ist mir aber suspekt. Tatsächlich gibt es in der modernen Entwicklung der Geschichte der marxistischen Philosophie eine unersetzliche Periode der philosophischen Ideen Lenins: Lenin unternahm große Anstrengungen und leistete großen Beitrag gegen den Machismus, indem er den Standpunkt des Materialismus hochhielt, und in einem tiefen Verständnis der materialistischen Dialektik. Von einem philosophischen Standpunkt jedoch glaube ich nicht, dass es eine leninistische Philosophie heterogen zur Marxschen Philosophie gibt. Das ist natürlich eine Frage, die eine weitere Diskussion verdient.*

---

101 Institut für Philosophie der Weißrussischen Staatsuniversität und Fachbereich Philosophie der Lenin-Universität: *Eine Studie zu Lenins ‚Philosophischen Heften'*. Peking Sanlian Buchladen, 1964 (ch.).
102 L.N. Suworow: Die Frage der Dialektik in den *‚Philosophischen Heften' von W.I. Lenin*, Moskau 1960 (ch.).
103 Vgl. Dynnik, a.a.O., S. 15.

In ihrer ferneren Erkenntnis der philosophischen Ideen Lenins wurden die *Philosophischen Hefte* zudem ausdrücklich als eine „unmittelbare Fortsetzung" von *Materialismus und Empiriokritizismus* angesehen.[104] Ich denke, dass dies aus zwei Gründen eine unrichtige Bewertung ist. Erstens umfassen die *Philosophischen Hefte* zwanzig Jahre von Lenins exzerpierten Notizen und Kommentaren, aus diesem Grund war der Inhalt sehr vielfältig. Wie können sie daher eine Fortsetzung von *Materialismus und Empiriokritizismus*, einem Buch, das 1908 geschrieben wurde, sein ? Insbesondere im Falle vom sehr wichtigen „Konspekt zu Marx' und Engels' Werk *Die heilige Familie*", geschrieben im Jahr 1895, sowie einigen Notizen, die er um 1903 herum schrieb, ist das zeitlich gesehen überhaupt nicht vereinbar. *Der Grund für dieses Verkennen lag darin, dass Lenins* **Philosophische Hefte *von sowjetischen Wissenschaftlern mit seinen Berner Heften gleichgesetzt wurden.*** Zweitens wird in dieser ahistorischen Bewertung die objektiv gegebene Heterogenität der Ideen zwischen den beiden historischen Texten *Materialismus und Empiriokritizismus* und den *Berner Heften* durchgreifend ausgelöscht. Obwohl ich mit der Vorgehensweise westlicher Lenin-Forscher und einiger westlicher Marxisten nicht übereinstimme, diese beiden Texte scharf gegeneinanderzustellen, spricht es offensichtlich gegen die historischen Tatsachen, die theoretischen Unterschiede zwischen diesen beiden historischen Texten und Lenins eigenen bedeutenden philosophischen Fortschritt zu ignorieren.

Ich habe auch herausgefunden, dass in den Einschätzungen von Lenins philosophischen Ideen in der Akademie der ehemaligen Sowjetunion und des Ostblocks nach und nach ein inobjektives und ahistorisches Element der Scheinsituierung einen beherrschenden Einfluss gewann: Lenin wurde in einen durchwegs fehlerfreien, unbezwingbaren russischen Helden der marxistischen Theorie verkleidet. Man fing an, Lenin auf ungewohnte Weise zu vergöttlichen. *Fischer hatte auf die Sache hingewiesen, dass in der ideologischen Schmückung der ehemaligen Sowjetunion, um Lenin zum Nationalhelden zu machen, sogar Lenins deutsche Herkunft mütterlicherseits verborgen wurde.*[105] Wenden wir uns den Ansichten sowjetischer

---

104 A.a.O., S. 174.
105 Fischer spricht vom „Wunsch, ein nationalistisches Bild von Lenin als hundertprozentiger Großrusse ohne Zuflüsse und nicht-russischem Blut zu schaffen." Vgl. Fischer, a.a.O., S. 4.

Wissenschaftler über das Verhältnis Lenins zu anderen Marxisten zu, um diesen Punkt zu illustrieren.

„Plechanow und andere Marxisten der Zweiten Internationale unterschätzten die materialistische Dialektik: es gelang ihnen nicht, sie auf den Erkenntnisprozess konsequent anzuwenden. Im Unterschied zu ihnen legte Lenin die Bedeutung der Dialektik als die wissenschaftliche Erkenntnistheorie und Logik des Marxismus dar. Er bewies tiefschürfend und umfassend die Gesetze und Kategorien der materialistischen Dialektik und bereicherte die Erkenntnistheorie des dialektischen Materialismus mit neuen historischen Erfahrungen und der modernen Wissenschaft."[106]

Wenn wir nur auf die Worte achten, scheint an dieser Aussage nichts falsch zu sein. Jedoch ist der entscheidende Punkt, dass diese synthetische qualitative Analyse zeitlos ist. Ob absichtlich oder nicht, in dieser ahistorischen Aussage werden Lenins bedeutende Erkenntnis der materialistischen Dialektik, die er erst nach 1914 vollendete, schlicht und einfach mit seinem gesamten philosophischen Denken vermischt. Somit erweist sich Lenin von vornherein anders als Plechanow und andere, die wichtigen historischen Tatsachen aber, dass Lenin vom späten 19. Jahrhundert bis zum frühen 20. Jahrhundert ein treuer Schüler Plechanows gewesen ist und Marx' Dialektik nicht so gründlich verstanden habe wie in der Periode nach den *Berner Heften*, werden verborgen und damit ein falscher ideologischer Mythos hergestellt. *Deborin wurde deshalb zum Gegenstand der Kritik, weil er die Tatsache ausgesprochen hat, dass Lenin ein Schüler Plechanows war.* Eben eine solche vereinfachte und ahistorische logische Heraushebung würde die Bedeutung der wichtigen gedanklichen Revolution ausmerzen, die Lenin in den *Berner Heften* verwirklichte. Ich glaube, dass diese Idee der ideologischen Scheinsituierung und Struktur der idealistischen Methode in krassem Widerspruch zu Marxens historischem Materialismus steht.

In den späten 1970er Jahren waren in der gesamten traditionellen Forschung zur Geschichte der marxistischen Philosophie das wichtigste

---

106 Vgl. Dynnik, a.a.O., S. 21.

Modell der Forschung zu den *Philosophischen Heften* Lenins zweifellos die Ergebnisse der Forschung des berühmten sowjetischen Wissenschaftlers Kedrow. Bevor ich fortfahre, muss ich einräumen, dass Kedrows Forschung und insbesondere seine thematische Studie zu den *Philosophischen Heften* von aller Forschung zu Lenins philosophischen Ideen, das in der ehemaligen Sowjetunion und im Ostblock durchgeführt wurde, die profundeste und systematischste war. Ich glaube sogar, dass in den Forschungsergebnissen von Kedrow bereits destruktive Elemente innerhalb des Stalinschen dogmatischen Rahmens der Scheinsituierung angefangen haben, aufzutreten. Der Grund dafür ist, dass es jene Vorgehensweise der Rasterisierung von klassischen Texten mit den Ansichten in „philosophischer Prinzipien" in Kedrows Forschung war, die allmählich schon durch ein tiefes Verständnis des Textes ersetzt wurde. Obwohl die beherrschende Rolle des alten ideologischen Gerüsts immer noch existierte, wurde sie bereits zu einer **schwachen Macht der Kontrolle** im logischen Denkfaden. Trotzdem war es in Kedrow, dass ein mit **aprioristischer Teleologie** gefärbtes, trügerisches Lektüremodell in die Untersuchung der philosophischen Ideen Lenins eintrat. Dies ist das traditionelle Modell, das bis heute weiterhin unsere Forschungen zu Lenins *Philosophischen Heften* (*Berner Heften*) beherrscht, namentlich die sogenannte **Theorie der geplanten Konzeption**, wonach Lenin dabei war, ein wissenschaftliches Fachwerk über die materialistische Dialektik zu schreiben. *Kedrow selbst schrieb, dass Adoratskij und Krupskaja indirekt andeuten, dass Lenin die Vorstellung hatte, ein philosophisches Werk abzufassen.*[107] *Endlich wurde es dadurch zementiert, dass neun sowjetische Wissenschaftler diese Vorstellung in der <u>Lenin-Biographie</u> aufwarfen.*[108] Aufgrund meiner Beobachtungen kann die Entstehung dieses illusorischen Modells bei Kedrow in zwei Perioden unterteilt werden.

---

107 B.M. Kedrow (1986): *Zur dialektischen Darstellungsmethode (O metode izlozheniia dialektiki)*, S. 8 (ch.).

108 Vgl. a.a.O., S. 8. In der zweiten Auflage dieses Buchs (S. 264) schrieb Kedrow bekräftigend: „Lenin plante, ein akademisches Fachwerk über materialistische Dialektik zu schreiben, konnte diesen Plan jedoch unglücklicherweise nicht verwirklichen. In den folgenden drei Auflagen dieses Buchs „änderte er nicht einmal ein Wort von diesem Satz". Der Punkt war eine wichtige Basis für die These von Kedrow.

Erstens, laut Aussagen in Kedrows Buch *Eine Forschung zu Lenins „Philosophischen Heften"* von 1973 könne Lenins Studium der Hegelschen Philosophie in den *Berner Heften* in drei Etappen unterteilt werden: die erste Etappe bestehe darin, „die Methode der Abrisse (Konspekte) anzuwenden, um für das künftige Werk über Dialektik relevante Materialien zu sammeln", was sich im Grunde genommen auf den gesamten Prozess der Buchlektüren in den Studien über Hegel bezieht. Die zweite Etappe sei „der allgemeine Plan der Ausarbeitung und Darstellung der Dialektik", was sich in der Hauptsache auf den *Plan der Dialektik Hegels (Logik)* und den Plan bezieht, „aus dem sich das Wissensfeld der Erkenntnistheorie und Dialektik formieren soll". Die dritte Etappe bestehe darin, dass „das Werk über Dialektik in der Vorstellung beginnt, realisiert zu werden", was sich auf Lenins Text „Zur Frage der Dialektik" bezieht. Es ist beachtlich, dass Kedrow glaubte, dass sich die dritte Etappe bereits im Übergang zu einer vierten Etappe befand, die nicht eingetreten ist, wonach Lenin in dieser Etappe „zureichend systematisch die Theorie der materialistischen Dialektik darstellen" würde.[109] Hier ist es Kedrows Hypothese, dass Lenin am Vorabend der Oktoberrevolution die Hegelsche Philosophie ganz unverhofft mit dem Ziel gelesen habe, ein **akademisches Fachwerk über Dialektik abzufassen**; der gesamte Prozess des Studiums der Hegelschen Philosophie sei ein Prozess des Wandels, in dem Lenin Material sammelt, einen Schreibplan ausarbeitet und seine Konzeption vorläufig umsetzt. Ich denke, dass dies augenfällig eine subjektive, mit einer Teleologie a priori gefärbte Schlussfolgerung ist. Trotzdem kann diese Schlussfolgerung in der Erforschung von Lenins *Philosophischen Heften* zu jener Zeit eine bedeutende theoretische „Innovation" genannt werden.

Zweitens, elf Jahre später, im 1983 veröffentlichten Buch *Zur Darstellungsmethode der Dialektik*, wurde diese theoretische Innovation von Kedrow auf eine neue Stufe gebracht. In dem Buch wurde die ursprüngliche Aussage einen Schritt weiter befördert zu einer „ungeheuren Vorstellung" Lenins, der das seit dem **späten 19. Jahrhundert** keimende **System der materialistischen Dialektik systematisch** ausgearbeitet habe. *Das würde auch bedeuten, dass Kedrow seine apriorische teleologische Illusion von den*

---

109 B.M. Kedrow (1984): *Eine Forschung zu Lenins „Philosophischen Heften"* (leninskix tetradjax po filosofii), S. 377-378 (ch.).

Berner Hefte auf den gesamten Entwicklungsprozess der philosophischen Ideen Lenins ausgeweitet hat. So wurde eine neue Logik der Scheinsituierung generiert und angeordnet. Nach Kedrow entstand diese „Vorstellung" Lenins in dem aktuellen revolutionären Kampf zwischen 1894 und 1913, wurde aber tatsächlich 1913-1914 im zwei theoretischen Texten Lenins vollendet: erstens, Lenins Erkenntnis der Marxschen „Vorstellung" von der Umgestaltung materialistischen Dialektik im „Konspekt zum *Briefwechsel zwischen Karl Marx und Friedrich Engels*" und zweitens, die einfache und systematisierte Darstellung der Dialektik im Verfassen des Artikels „Karl Marx". *Es ist anzuerkennen, dass Kedrow der erste sowjetische Wissenschaftler war, der sich mit Lenins „Konspekt zum Briefwechsel zwischen Karl Marx und Friedrich Engels" beschäftigt und ihn studiert hat.* Danach ging Kedrow noch weiter, indem er seine ursprüngliche „Drei-Etappen-Theorie" über Lenins Schöpfung des Systems der materialistischen Dialektik in eine komplexe Struktur der **vielfachen Planung** nochmal konkretisierte. Um seine eigenen Worte zu verwenden, war dies „der Beginn, seine Vorstellung zu realisieren". Hier gibt es zwei Ebenen: Zuerst die vier „Pläne", die Lenin selbst in den späteren Phasen seiner Untersuchung von Hegels Philosophie (1914-1915) entwickelte. Dies waren der „erste Plan" (September bis Dezember 1914), als Lenin seine „Sechzehn Elemente der Dialektik" entwickelte, während er Hegels *Wissenschaft der Logik* studierte; der „zweite Plan" (Dezember 1914 bis 1915), als Lenin seinen „Plan der Dialektik (Logik) Hegels" schrieb, während er Hegels *Vorlesungen über die Geschichte der Philosophie* studierte; der „dritte Plan" (1915), als Lenin Lassalles Herakleitos studierte, von Kedrow später als „Plan der Quelle der Dialektik" bezeichnet; der abschließende Plan (Ende 1915), als Lenin „Zur Frage der Dialektik" schrieb, nachdem er Aristoteles' *Metaphysik* gelesen hatte. Kedrow schrieb, dass dieser vierte Plan „als ein Plan eines künftigen Werks über Dialektik oder als der Anfang der Darstellung der Dialektik, der erste Entwurf der Darstellung der Dialektik gesehen werden könne".[110] Die zweite Ebene ist neue Konzeption, wonach die „vier Pläne" von Lenin von Kedrow selbst in die Tat umgesetzt werden, wofür Kedrow auch vier anderweitige „Thesen" hat; dies brachte die Gesamtzahl von Plänen und Thesen in seiner Theorie der Konzeption

110 Vgl. Kedrow, a.a.O., S. 314 (ch.).

auf acht. Zumal in den acht Thesen als dem sogenannten „synthetischen Plan, die die Darstellung und Forschung der Dialektik mit allen vier Plänen von Lenin kombiniert," schlug Kedrow einfach seine eigene systematische Konzeption der Theorie der materialistischen Dialektik vor.[111]

Es ist anzuerkennen, dass es ein außergewöhnliches Werk der akademischen Forschung war, dass Kedrow im traditionellen Deutungsrahmen der Zeit in der Lage war, ein solch komplexes System der theoretischen Repräsentation vorzuschlagen und das historische Simulakrum der Schöpfung des Systems der materialistischen Dialektik durch Lenin zu konstruieren. Hätten wir in jener Epoche gelebt, hätten wir ihn wahrscheinlich nicht übertreffen können. Der Fortschritt der Epoche und der Ideengeschichte stellt uns bereits eine neue gedankliche Prämisse, eine neue Methodologie und hinreichende literarische Quellen bereit, durch die wir Kedrows theoretische Logik der Scheinsituierung verstehen können. Denn wir sind jetzt in der Lage zu sehen, dass in der apriorischen Theorie der geplanten Konzeption mit einem typischen logischen Schielen die in verschiedenen Zeitabschnitten ausgebildeten komplexen heterogenen Texte und Fortschritt und Entwicklung der echten philosophischen Ideen Lenins streng verborgen sind. *Der Text wurde, um den Begriff von Karatani zu entleihen, vom „external system of signification" (locus of „identity") überschwemmt.*[112] Viele Jahre lang schien diese Theorie der geplanten Konzeption in der Akademie der ehemaligen Sowjetunion und des Ostblocks und in der chinesischen Akademie unanfechtbar. Badiou schrieb, dass man sich der Wahrheit nur dann annähern kann, wenn man mit dem in der Erkenntnis der Menschen Gefestigten bricht. *Hier ist Badiou verkettet mit Lacan, dem der Riss als Wahrheit gilt.* Daher haben wir keine Wahl als zu brechen und auf diese Weise voranzuschreiten.

Seit Kedrows letztem Werk über Lenins *Philosophische Hefte* sind nun mehr als zwanzig Jahre vergangen. Sei es der Maßstab der Durchleuchtbarkeit, das wirkliche Niveau der gelehrten Forschungen, die logische Plattform und der ideengeschichtliche Fortschritt, sie erfordern alle, dass wir in unserem

---

111 A.a.O., S. 403-412.
112 Vgl. Karatani, a.a.O., S. 8.

Gedankengang ein Umdenken brauchen.¹¹³ 1990 sagte der sowjetische

113 Ich sollte auch erwähnen, dass von den 1920ern bis Anfang der 1930er Jahre außer dem ideologischen Rahmen des orthodoxen sowjetischen Marxismus in der Forschung zur Leninschen Philosophie ein Denkpfad aufgetreten ist, welcher sich vom Stalinschen System unterschied: der theoretische Weg, der von westlichen Marxisten und westlichen Marx-Forschern eröffnet wurde. Der erste, der Lenins Buch *Materialismus und Empiriokritizismus* kritisierte, ohne die *Berner Hefte* gesehen zu haben, war Karl Korsch. In seinem 1930 veröffentlichten Artikel „Der gegenwärtige Stand des Problems ‚Marxismus und Philosophie'" kritisierte Korsch Lenins Werk *Materialismus und Empiriokritizismus* als ein unbewusst hegelianisches Werk. Als die *Berner Hefte* von Lenin veröffentlicht wurden, hatte die Mehrheit der westlichen Marxisten (Neomarxisten) und der westlichen Marx-Forscher im Grunde eine positive Haltung gegenüber Lenins *Philosophischen Heften* (tatsächlich den *Berner Heften*), während sie in unterschiedlichem Grad die Ansichten im Buch *Materialismus und Empiriokritizismus* negierten und kritisierten. In diesem Punkt schenkte die Mehrheit der westlichen Wissenschaftler dem Prozess von Lenins philosophischem Lernen zwischen 1895 und 1913 keine wahre Beachtung, weshalb sie die bereits veröffentlichten philosophischen Notizen und Lektüreanmerkungen Lenin im Frühstadium völlig ignorierten. Dies führte dazu, dass ihnen in ihrer Untersuchung von Lenins *Berner Heften* die Prozess-Dimension fehlte. Daraus würde sich ein Problem der historischen Verkennung ergeben. Mit anderen Worten, es wurde ein neues Modell der theoretischen Logik aufgestellt, namentlich die schlichte Gegenüberstellung von Lenins *Materialismus und Empiriokritizismus* und der *Berner Hefte*. So glaubt der Neomarxist Petrovic, dass *Materialismus und Empiriokritizismus* kein „Werk ist, das die endgültigen philosophischen Ansichten" von Lenin repräsentiert und im Gegenteil die *Philosophischen Hefte*, wo „Lenin seine vorigen philosophischen Ansichten kritisch überprüft hat", das Werk ist, das man wahrhaft in den Griff zu bekommen braucht. (Vgl. G. Petrovic, „Marxism versus Stalinism", in: *Praxis*, 1967(1), S. 55-69.). Vranicki glaubt, dass Lenins „kreatives philosophisches Vermächtnis" in diesen *Philosophischen Heften* enthalten ist (Vgl. Vranicki (1983): Geschichte des Marxismus, Band 2, S. 27, Fußnote 1.). Zudem waren Lefebvre und Dunajewskaja die frühesten Übersetzer der *Berner Hefte* jeweils ins Französische (1938, in Zusammenarbeit mit Guterman) und Englische (1953, als Anhang zu *Marxism and Freedom*), wobei vor allem die Letztere eine sehr eigentümliche Meinung über Lenins philosophische Ideen hat; außerdem haben Althusser, Levine und Anderson systematische und profunde Untersuchungen über Lenins Philosophie durchgeführt (Dunajewskaja, *Marxism and Freedom*; Levine, *Dialogue Within the Dialectic*; Althusser, *Lenin and Philosophy and Other Essays*; Anderson, *Lenin, Hegel, and Western Marxism*). Als ich jedoch den Gastprofessor Anderson im Oktober 2007 fragte,

Wissenschaftler A.I. Wolodin, dass „die wahre historisch-philosophische Forschungsarbeit zu den *Philosophischen Heften* hier von uns noch nicht begonnen worden ist".[114] Dieser Satz enthält ein gewisses Maß an Wahrheit. Dann lasst uns nun wieder anfangen. Für einen Neuanfang im innovativen Kontext der heutigen chinesischen Forschung zur marxistischen Philosophie!

6. Umdenken über einen Gedankengang

Ausgehend von unserer Diskussion im letzten Abschnitt ist es unschwer zu sehen, dass sowjetische Wissenschaftler in ihrer Forschung zu Lenins *Philosophischen Heften* in eine zweischichtige theoretische Illusion geraten sind. Erstens waren sie, gezwungen durch das ideologische Auge der Anrufung des Anderen erpicht auf alle Arten von willkürlichen subjektiven Antizipationen und logischen Postulaten; zweitens sahen sie in Lenins über zwanzig Jahre währenden Prozess der schrittweisen philosophischen Entwicklung und des beständig sich verändernden Denkens nicht mehr als den Prozess der Verwirklichung eines teleologischen gelehrten Schreibplans. Aus unserer heutigen Perspektive ist dieser Gedankengang eine nivellierende lineare Logik der Scheinsituierung, die auf dem Subjektivismus beruht. Eines der wichtigen theoretischen Ziele dieses Buchs ist es, diese latent idealistische Untersuchungsmethode und Denkweise zu widerlegen.

Nach meiner Sicht war Lenin, obwohl er die Bühne der Gesellschaftsgeschichte zu Beginn unter der Anleitung von Plechanow und anderen betrat, ein standhafter Marxist, der die grundlegenden Ansichten des Marxismus auf zahlreiche politische, ökonomische und wirklichen Probleme, vor welchen die russische Revolution stand, erfolgreich anwandte—dies ist eigentlich eine unbestreitbare historische Tatsache. Diesen Punkt anzuerkennen, bedeutet jedoch nicht, dass Lenin von vornherein ein reifer Theoretiker in allen Aspekten von Grundtheorien des Marxismus war. Ich

---

warum er in seinem Werk die Ergebnisse der Lenin-Forschung von Levine nicht erwähne, teilte er mir mit, dass Levines Forschung nicht als wahrhaft wissenschaftliches Denken gelten könne.
114 Vgl. Wolodin, a.a.O. Im Mai 2007 verursachte meine Formulierung dieser Ideen während des chinesisch-russischen Fachkonferenz für Philosophie eine Art Aufruhr unter den versammelten Wissenschaftlern.

glaube, dass die Philosophie für den Lenin im Frühstadium ein gedankliches Feld war, dem er nicht genügend Beachtung schenkte, sodass vor 1908 sein systematisches Verständnis und eingehendes Erfassen der marxistischen Philosophie seinen Leistungen in den Bereichen der sozialistischen Politik und Ökonomie weit unterlegen war. In einem gewissen Sinne stammten seine Erkenntnis der grundlegenden Ansichten und Standpunkte der marxistischen Philosophie in dieser frühen Phase hauptsächlich von seinem Lehrer Plechanow und anderen. In diesem Stadium verfügte er selbst noch überhaupt nicht über die wirkliche Motivation und gelehrte Grundlage, von der aus es ihm möglich gewesen wäre, akademische Forschungen auf dem Gebiet der Philosophie zu entwickeln und gedanklich-theoretische Schöpfungen durchzuführen. Zudem war er nicht in der Lage, seinen philosophischen Standpunkt und seine philosophische Methode mit seinen praktischen Intentionen zu vereinbaren. Das ist das erste. Darum gibt es keinen historischen Beweis oder literarische Stütze, die Kedrows Identifikation belegen, dass Lenin gegen Ende des 19. Jahrhunderts begann, die Schöpfung eines Systems der materialistischen Dialektik zu erwägen. Zweitens, bis 1908 führte Lenin zum Zwecke des Gegenangriffs gegen und Kritik an den Mängeln des russischen Machismus nur zweimal relativ systematische Studien und Forschungen zur Philosophie, aber selbst durch systematisches Studium und Denken machte Lenin nur gewisse Fortschritte im Hinblick auf die Theorie des philosophischen Materialismus; wie Plechanow und die anderen Theoretiker der Zweiten Internationale war sich Lenin zu jener Zeit der Schlüsselposition der praktischen Theorie der **Dialektik der Geschichte** in der marxistischen Philosophie noch nicht wahrhaft bewusst. Tatsächlich sollte sich diese Lage erst gründlich ändern, als Lenin 1913 die zahlreichen Briefe zwischen Marx und Engels in seine eigene Lektüre einbezog. Hinzu kamen die dringenden realiteren Erfordernissen des aktuellen Kampfs und der revolutionären Praxis des russischen Proletariats. Erst diese beiden Faktoren lösten bei Lenin den Entschluss in Bern aus, die Hegelsche Philosophie, zumal seine Dialektik ernsthaft zu studieren und darum hinterließ er uns die wichtigen *Berner Hefte*.

Ich glaube, dass Kedrows sogenannte Theorie der „geplanten Konzeption" nichts anderes als ein **Scheinkomplex der schlichten Überlagerung**. Er registriert Lenins eingehende Begegnung mit der Hegelschen Philosophie in den *Berner Heften* und schreibt den Lauf des komplizierten und komplexen Gedankenexperiments in den in einen äußerlichen Prozess des theoretischen Errichtens auf karikierende Weise um. Wenn ich Kedrows Theorie der geplanten Konzeption zurückweise, so stoße ich im Anschluss daran auf eine neue Frage: waren Lenins theoretische Forschungsziele und die logischen Erwägungen in seinem über zwanzig Jahre andauernden Prozess der philosophischen Studien immer dieselben ? Oder war es, wie Kedrow es beschreibt, bloß der Prozess der Ausbildung und Verwirklichung einer „Konzeption", das System der materialistischen Dialektik zu konstruieren? Insbesondere, waren Lenins *Berner Hefte*, in denen er die Philosophie Hegels untersuchte, ein homogenisierter Gedankenprozess ? Ist es wahr, dass es, wie Kedrow verkündet, ein fortwährender Prozess der Umsetzung multipler Schreibpläne eines Systems des dialektischen Materialismus war? Die Ergebnisse meiner Forschung antworten darauf eindeutig mit „Nein".

Man nehme zum Beispiel die letzte Frage. In meiner jüngsten Forschung habe ich herausgefunden, dass die Logik des Denkens Lenins in der früheren Lektüre, verkörpert in den *Berner Heften*, sozusagen eine **Identität mit dem Anderen** ist, diese falsche Identität verschwindet jedoch bald darauf einhergehend mit der Vertiefung der Lektüren und Forschungen Lenins. Tatsächlich treten im Denken Lenins in seinem Streifzug stets einige Widersprüche auf; sein Denken erfuhr sogar immer wieder logische Spaltungen. Es war jedoch eben dieser echt gewundene Denkpfad, welcher ihn unmittelbar dazu antrieb, seine Entwendungen in der theoretischen Logik und bedeutende Erkenntnissprünge zu verwirklichen. Es ist bemerkenswert, dass Lenin, nachdem er die Forschung insgesamt abgeschlossen hat, in seiner eigenen theoretischen Zusammenfassung noch einmal unbewusst eine neue **Nichtidentität** konstruiert hat. Dies ist ein dynamischer Situierungsraum von theoretischen Ideen, welcher sehr lebendig und tiefgründig ist.

Wenn der Gesamtprozess der Lektüre und des Studiums der Hegelschen Philosophie in den *Berner Heften* ein Gedankenexperiment war, in die sich Lenin mit Leib und Seele stürzte, so war der Fokus dieses Gedankenexperiments Dialektik. Verglichen mit Hegel als einem

Philosophen, sogar dem Meister der spekulativen Philosophie, und Marx, dem Begründer der marxistischen Philosophie, tritt bei Lenin zu Beginn seiner Forschung, wie ich finde, keine ausreichend allseitige Anhäufung von philosophisch-gelehrtem Wissen zutage. Obwohl Lenin den Marxismus von sehr früh an akzeptierte und an ihn glaubte, hatte er schließlich keine systematische fachliche Ausbildung in der Philosophie empfangen. Daher war es unvermeidlich, dass er sich überfordert fühlte, als er mit abstrusen philosophisch-gelehrten Ideen und theoretisch-spekulativen Gerüsten in Berührung kam, was auch die Stelle ist, worin er sich vom jungen Marx im Hinblick auf gelehrte Grundlage und gedanklicher Standpunkt diametral unterschied. Daher hatte Lenin zu jener Zeit die tiefste Schicht der Denksituation der Theorie des historischen Materialismus, die von Marx und Engels gegründet wurde, offenbar noch nicht ganz betreten. Selbst nachdem Lenin seine Forschung zur Hegelschen Philosophie abgeschlossen und in eine recht tiefe Schicht der gedanklichen Denksituation eingedrungen ist, können wir nicht leichthin verkünden, dass er die marxistische Philosophie im Großen und Ganzen **entwickelt** hat. Objektiv gesehen hat Lenin durch seine Hegel-Forschung einige wichtige Ideen und grundlegende Denklogiken von Marx eingehend verstanden und ist in **einigen Fragen** über Marx' Denken hinausgegangen—was wahrscheinlich dann eine realistische Einschätzung ist.

Tatsächlich ist das nicht nur in den *Berner Heften* deutlich. Es ist nicht angemessen, wenn wir auf eine subjektive und willkürliche Weise nivellierende, lineare, monogene schlichte Feststellungen über Lenins ganzen zwanzig Jahre langen Prozess des Lesens und Lernens machen. Auf dieser Erkenntnis basierend werde ich in diesem Buch eine neue Lektüremethode erkunden, d.h. mich dem Forschungsgegenstand mit einem **nachgestelltem Ideenraum** und mit **nachgebildeten logischen Strukturen** in textologischer Forschung zu stellen. Ich bezeichne diese einzigartige Lektüremethode als die **Theorie der Ideensituierung**. Wenn wir diese durch die Theorie der philosophischen Situierung angelegte Forschungssituation betrachten, dann erscheint Lenins Gedankenexperiment als ein wahrer, komplexer **logischer Raum** der funktionalen Transformation; am bedeutsamsten ist dabei, dass dieser logische Raum seinen Ursprung nicht unmittelbar bei Lenin hat, sondern vielmehr in dem **simulierten** theoretischen Ideenzusammenhang, der von mir—dem Leser—konstruiert wurde. Ich muss deutlich machen, dass ich hier eine bedeutende Veränderung in Bezug auf die Methodologie impliziere: in der früheren textologischen Forschung sahen wir als Interpreten, obwohl wir erkannten, dass es eine unvermeidbare historische Distanz zwischen dem Text und dem Leser gibt, immer unser eigenes Verständnis und unsere eigenen Schlussfolgerungen als objektives Abbilden des **gegenständlichen** Bedeutungsfelds des Textes. Im Unterschied zu dieser Methode wird der **jeweilige textuelle Kontext** in der Theorie der philosophischen Situierung, die ich hier vorschlage, vom ursprünglichen Autor des Textes getrennt und vom Untersucher des Textes konstruiert. Mit anderen Worten, in diesem gegenwärtigen Augenblick ist die Eröffnung des Bedeutungsfelds des Textes immer **diesseitig**. Es gibt keinen Zweifel, dass wir angesichts statischer historischer Texte keineswegs in der Lage sind, den Urkontext des Textes vollständig zu restaurieren. *In diesem Sinne bin ich gegen die simple Widerspiegelungstheorie.* In der Untersuchung von Texten formulieren Forscher oftmals Behauptungen wie „Marx glaubt...", „Konfuzius befürwortet...", „Bei Heidegger..." usw. Tatsächlich sind alle diese Ausdrücke aus unserem Denken neu konstruierte neue Ideensituationen „für mich". Wohl ist eine solche Rekonstruktion in den meisten Situationen oft unbewusst, wir halten unsere selbst neu-konstruierten Situationen, ohne es zu merken, ganz natürlich für die objektive Bedeutung des Textes. *Althusser nennt dies „unschuldiges Lesen".* Daher hoffe ich in diesem Buch, eine Wendung im Hinblick auf die Methodologie zu verwirklichen, die Wendung von der Sinndeutung von Wörtern und Sätzen zur Erfassung der latenten Diskurslogik des Textes, von der Textinterpretation im hermeneutischen Kontext zur Restrukturierung der Ideensituation, und damit versuche ich, ein nagelneues akademisches Gerüst der logischen Situation zu errichten und so traditionelle textuelle Lektüremethoden zu überschreiten oder, mit anderen Worten, ein **posttextologisches** Denken zu errichten.[115]

---

115 Seit der Zeit, als ich in den 1990er Jahren meine eigenen Methoden der Textlektüre in der Erforschung der marxistischen Philosophie vorschlug, habe mit Freude gesehen, wie viele aus der Wissenschaftlergeneration jüngeren und mittleren Alters an dieser Praxis methodologischen Umwälzung stets teilhatten; diese Wissenschaftler haben

Diese Methode ist tatsächlich die Anwendung der Theorie des situierten Seins auf die Textlektüre. *Die Theorie des situierten Seins ist eine philosophische Idee, über die ich lange nachgedacht habe. Eine weitergehende Diskussion dieser ausgeweiteten Idee wird später erfolgen müssen.* In diesem Buch kann ich diese neue Denkmethode lediglich allgemein abbilden. Hier werde ich sie einstweilen als die **Theorie der textuellen Situierung** bezeichnen.

Ich denke, dass das Wesen irgend einer theoretischen akademischen Idee nicht in einem verfestigten logischen Gerüst wie das Newtonsche substantielle Raum-Zeit-Gerüst besteht; es ist vielmehr eine historische Konstruktion der Szene eines komplexen gelehrten Ideen, die sich mit der Zeit ändert. Das Wesen der Ideensituation ist gerade **nicht-paradigmatisch**, sodass es kein figurierbares begriffliches Gerüst des Sterbens oder der Versteinerung (Zum-Seienden-Werden) gibt, sondern ein funktionales Fragen und Denken; es drückt sich oftmals aus als eine **fragile, jederzeit neu konstruierte Fragestellung** und als Stützpunkt von **einstweiligen Standpunkten**. Darin sind mit vielfach beladenen Zeitvektoren **logische Strahlen**[116] und theo-

---

vielversprechende Arbeit in der profunden Textlektüre der klassischen Literatur der marxistischen Philosophie geleistet. Es ist unglücklich, dass sich eine Minderheit von Wissenschaftlern das Wort „Textologie" ohne Quellenangeben illegal angeeignet hat, um metaphysisches leeres Gerede zu bezeichnen, dem es an praktischer Lektürepraxis fehlt. Noch schlimmer ist, dass viele von ihnen Textlektüre im Kontext der Hermeneutik mit der auf der Textkritik von Ausgaben beruhenden Literaturforschung oder „Textogenetik" verwechselt haben. Lächerlicherweise haben einige, die sich nicht auf die ursprünglichen Dokumente (oder auch nur Kopien) beziehen, die noch nicht einmal die Originalsprache des Textes verstehen, die Frechheit zu erklären, dass ihre aus Sekundärquellen zusammengestellte Analysen „literaturwissenschaftliche Textkritik" seien. Streng genommen ist dies nicht textologische Lektüre oder literaturwissenschaftliche Textkritik, sondern sogar eine Art deformiertes wissenschaftliches Plagiat.

116 Logische Strahlen: in den Naturwissenschaften bezeichnet der Begriff Strahl eine elektrische Welle mit einer kürzeren Wellenlänge, die auf natürliche Weise nur sehr schwer wahrzunehmen ist. Darunter fallen Infrarotstrahlen, Röntgenstrahlen usw. Hier bezieht sich meine Verwendung der Idee eines logischen Strahls primär auf eine latente Absicht, die sich nicht unmittelbar im Denkraum ausdrückt. Dies könnte die praktischen Absichten eines Menschen beinhalten, seine moralischen oder Wertorientierungen wie auch seine Gefühle und

retische Schleifen[117] und Prozesse der **Diskursentwendung** miteinander verwoben.[118] Die Konstruktion einer akademischen Ideensituierung wird üblicherweise von einem Denksubjekt, sei es bewusst oder unbewusst, je nach dem griffbereit zur Verfügung stehenden **theoretischen Spiegelbild des Anderen** oder **theoretischen Produktionsweisen**[119] jeweilig und plötzlich konstruiert, nachdem spezifische **akademische Erinnerungspunkte**[120] direkt wiederholt oder aktiviert werden. Das Verhältnis zwischen dem Denksubjekt und dem spezifischen theoretischen Gerüst oder der theoretischen Produktionskurve ist eine inäquivalente **bidirektionale Konstruktion.**

---

sein mentale Struktur; kurz gesagt, die unterschiedlichen Ebenen, die unbewusst, latent in der logischen Situation entwickelt werden. Daher wird die Entdeckung spezifischer logischer Strahlen im Forschungsprozess die äußere Ebene durchdringen und in den inneren Kern, die verborgenen Aspekte des Verstehens, eindringen.

117 Theoretische Schleifen: Das Wort Schleife bezieht sich auf den Weg der Elektrizität in einem Stromkreis, wenn sie unterschiedliche Medien durchläuft an ihren Ausgangspunkt zurückkehrt. Es wird auch als geschlossener Stromkreis bezeichnet. In den Neurowissenschaften erklären Schleifen auch den Weg des Bewusstseins, das plötzlich in Nervennetzen auftaucht. Hier verwende ich *geschlossene* theoretische Schleifen, um einen anderen Gedankengang auszudrücken, der in der theoretischen Bestätigung existiert, und *offene* theoretische Schleifen, um den Prozess unabhängigen Denkens zu bezeichnen.

118 Entwendung (fr. détournement): Ein wichtiger Begriff des französischen Situationisten Guy Debord. Er meint ursprünglich den Bruch mit gedanklichen Innovationen, die von traditionellen Spektakeln beherrscht werden; der Bruch wird gewöhnlich durch außerordentliche künstlerische Situationen erreicht. Die Diskursentwendung, wie von mir verwendet, verweist auf irreguläre Umwandlungen von verschiedenen Ideenkontexten bzw. von subkognitiven Strukrukturen. Vgl. G. Debord, *Die Gesellschaft des Spektakels*, Berlin 1996.

119 Theoretische Produktionsweise: Produktionsweise ist von Marx entliehen. Theoretische Produktionsweise zeigt den absoluten Bruch mit versteinerten Begriffsgerüsten an und bezeichnet hauptsächlich das Muster der konstruktiven Tätigkeit der Produktion und Reproduktion der gelehrten Ideen des Subjekts im funktionalen Denken und Fragen.

120 Akademische Erinnerung: Sie repräsentiert die akademischen Ressourcen des Anderen, die im Wissensgerüst des Denkers behalten bleiben. Akademische Erinnerung drückt sich gewöhnlich in zahlreichen Seinsweisen aus: als *Erinnerungspunkte* in Form von Punktwissen und Denkfragmenten, als *Erinnerungshaufen* in Form von komplexem Wissen und als spiegelbildliche *theoretische Produktionsweisen des Anderen* usw..

Im Entstehungsprozess der Ideensituierung bildet sich eine repetitive strukturierende Herrschaft des theoretischen Gerüsts oder der Produktionskurve über dem Denksubjekt aus, wohingegen das Denksubjekt Veränderungen des Ideenraums auf negierende Weise solange vorantreibt, bis im theoretischen Gerüst oder in der Produktionskurve eine qualitative Umwälzung eintritt. *Wir werden später erklären, dass Ideensituierungen unterschiedlicher Qualität auf eine völlig heterogene Weise konstruiert werden.* Natürlich sind die unbewussten verschiedenen logischen Strahlen und skeptischen Fragen des Denksubjekts selbst die wahre Antriebskraft der Veränderung und Umwälzung der Ideensituierung. Zugleich wird diese nichtlineare logische Schleife der Ideensituierung durch eine Gestaltwandlung des Ganzen verwirklicht, und eine neue Logik der Konstruktion formt jeweils wieder eine neue Ideensituierung. Bestimmte Ideensituierungen entpuppen sich in der Regel durch Verschiebungen der theoretischen Produktionsweise in Raum und Zeit als **Scheinsituierung und Illusion**. *Scheinbilder der Situierung und Illusionen werden immer in diachronischen logischen Wandlungen historisch identifiziert. In der obigen Diskussion wurde dieses Paradigma von mir bereits in Betrieb gesetzt.*

Ich glaube, dass die grundlegende theoretisch-logische Szene, das in der Lektüre der klassischen Texte konstruiert ist, in die **Situierung des geistigen Verkehrs** der verschiedenen historischen Kontexte, die durch den Eintritt ins Innere des klassischen Textes, beruhend auf der geschichtlichen Plattform der Ideengeschichte, generiert werden, sowie in **original-schöpferische Situation des Denkens** in unserem direkten Sich-der-Welt-Stellen über der Lektüre des Textes unterteilt werden kann. Erstere umfasst den Bereich der Hermeneutik oder das, was wir Textologie nennen. *Um die Worte des chinesischen Professors Feng Youlan zu verwenden, heißt es „dementsprechend sagen". Da der Leser niemals die vollständige Vereinigung seiner eigenen Situation mit dem ursprünglichen Denkkontext des Textes in seiner Forschung erreichen kann, ist „dementsprechend sagen" notwendig immer eine historische neue Bildgebung und Simulation der Bedeutung.* Letzteres ist die ursprüngliche Hervorbringung der Ideen des Lesers selbst. *Die Situation nähert sich dem an, was Professor Feng als die Ideensituierung des „anschließend sagen" bezeichnete, in der der Philosoph als Leser seine* *eigenen Worte spricht, nachdem er sich wahrhaftig mit dem Texten auseinandergesetzt und auf diese Weise eine akademische Ideensituierung geschaffen hat, die ihm selbst gehört.*

Was die weitere Erörterung der Theorie der sogenannten originellen (**produktive**) Situierung hier angeht, so werden wir im Folgenden eine weitere Eröterung auf der Ebene der Ideengeschichte machen; hier werden wir unsere Aufmerksamkeit einstweilig dem ersten Aspekt der Theorie der Ideensituierung im textuellen Sinne zuwenden: der Frage der Verschmelzung unterschiedlicher historischer Gesichtsfelder in der textuellen Lektüre im Kontext der traditionellen Hermeneutik. Ich glaube jetzt, dass eine Sache wie Verschmelzung historischer Gesichtsfelder überhaupt nicht gibt; die Überlappung oder Verschmelzung von Gesichtsfeldern oder Sichtweisen ist nichts als eine Schimäre, denn im Prozess der Lektüre irgendeines Textes stellt sich nie die Frage der Kombination von neuem und altem Gesichtsfeld. Die Wahrheit ist, dass das sogenannte historische Gesichtsfeld (das ursprüngliche Bedeutungsfeld des Verfassers und des Textes) immer je nach die Aktivierung toter Texte und Worte durch den Leser neu-konstruiert werden. Das Wesen dieser historischen Verfälschung und gefälschten Ersetzung kann nur auf der Bedeutungssituation von heute fußen, da das in der Lektüre des Textes wahrhaft anwesende Ereignis nur die Bedeutungssituation ist, welche durch den Leser je nach seinem Zugang zur Ebene der textuellen Semantik neu konstruiert wird. Selbst wenn es eine sogenannte historische Verschmelzung gäbe, könnte sie nur die Überschneidung zwischen **zwei unterschiedlichen Ideensituierungen** sein und zudem besetzt die Ideensituierung des Lesers in der Überschneidung der beiden immer eine Position des **Machtdiskurses**, während der abwesende Verfasser und der stumme Text immer der Schwache ist. Das ist erst die Wahrheit.

Hier können wir ein vorliegendes Beispiel betrachten: die Rezeption meines Buchs *Zurück zu Marx* in der chinesischen Akademie. Mein Denken in diesem Buch hat seinen Ursprung in dem späten 1980er Jahren, und seine Niederschrift wurde 1998 abgeschlossen. Nachdem ich es dem Verlag übergeben hatte, begann es, zu einem gegenständlichen Text zu werden; für mich waren das Grundgerüst und die Hauptansichten des Buchs schon völlig festgefahren. Auf dem ersten Korrekturbogen konnte ich lediglich einige kleine Revisionen an einigen Ansichten vornehmen; in der zweiten Korrektur konnte ich lediglich einige Wörter verändern, und in der dritten Korrektur waren selbst die Wörter festgefahren. Als ich ein Musterexemplar von *Zurück zu Marx* erhielt, war die erste Auflage bereits zu einem historischen Text geworden. In diesem Moment wurde mir plötzlich klar, dass meine Beziehung zu diesem Buch sehr interessant geworden war. Als Verfasser dieses Buchs, das zehn Jahre hingebungsvoller Bemühungen erforderte, das über 600 Textseiten umfasst, begann ich mich, obwohl ich immer noch lebte (immer noch existierte), von meiner eigenen Arbeit zu entfremden. Ich fühlte mich nah und fern zugleich. Selbst in vielen der wichtigen Kapitel und Abschnitte war ich nur durch meine ernsthafte und fokussierte Untersuchung in der Lage, jene Theorien und Ansichten zu reaktivieren, die aus Wörtern und Sätzen zusammengesetzt waren. Nur dann gelang es mir, meine eigenen ursprünglichen Denkbereiche zu rekonstruieren und meine Ideensituation zu der Zeit, als ich schrieb, **in etwa zu erreichen**. Selbst in diesem Falle würden in der Neuerscheinung meiner ursprünglichen Ideensituation immer noch feine Abweichungen auftreten; mit anderen Worten, sogar ich – der ursprüngliche Verfasser in diesem Fall – hatte große Schwierigkeiten, auf den ursprünglichen Kontext vollständig zu rekurrieren, bzw. mich auf den historischen Bereich des Textes zu reduzieren. Daher versteht es sich von selbst, dass der Versuch, enorme Distanzen der Zeit, des Raums und des gesellschaftlich-historischen Hintergrunds zu überbrücken, ganz zu schweigen vom Medium der unterschiedlichen linguistischen Systeme, einfach unmöglich ist.[121] *Meine Ideen hierzu haben in gegenwärtigen europäischen textogenetischen Studien einen vorläufigen Konsens erzielt.*[122]

---

121 Als eine Freundin von mir, die Übersetzerin von Beruf ist, davon hörte, dass das, was wir Textuntersuchung nennen, oftmals auf übersetzten chinesischen Texten basiert, fragte sie mich verächtlich, ob man über übersetzte Sachen Forschung betreiben könnte. Ich erkannte etwas beschämt, dass ich wirklich verpönt worden war. Trotzdem gibt es in der Situierungstheorie, die ich hier vorschlage, Hoffnung dafür, dass diese Illegalität behoben wird. Denn die Zwecksetzung der traditionellen modernen fundationalistischen Reduktion wurde hier durch die produktive Schöpfung einer Neusituierung ersetzt.

122 Ein Textexperte schrieb, dass der „Verfasser eines Textes zu Lebzeiten zu einer Konzeption mit unzähligen Veränderungen wird und wenn

Im Beispiel von *Zurück zu Marx* gibt es verschiedene andere wichtige Gründe, warum der ursprüngliche Schreibkontext nicht wiederhergestellt werden kann. Zunächst gab es einige wichtige Veränderungen zwischen der veröffentlichten Auflage, die den Lesern zu Verfügung stand, und der Auflage, die ich selbst schrieb. Ich strich nicht nur einige meiner kritischen Überlegungen zu Marx im Prozess der Überarbeitung, sondern ich dachte auch über einige unbekannte Begriffe in meinem ursprünglichen Entwurf nach und passte sie an, darunter einige Begriffe, die ich selbst definierte. Im Prozess des Schreibens und Überarbeitens dieses Buchs (*Zurück zu Lenin*) ist es unvermeidlich, dass viele von diesen gleichen Dingen geschehen. *Eine ähnliche Textproduktion und spezifische Ereignisse der Verbergung von Informationen traten ebenfalls in vielen von Marx' frühen Texten auf. Als der junge Marx* <u>Die Heilige Familie</u> *und* <u>Die Deutsche Ideologie</u> *schrieb, geschah dies in der Zeit der Buchzensur im Königreich Preußen. Einer der Artikel im preußischen Zensurgesetz erklärte, dass ein gedrucktes Werk von unter 21 Druckbögen von der Zensur ausgenommen ist. Daher enthielten viele Texte von Marx und Engels aus Publikationsgründen viele Abschnitte, die nicht ihren ursprünglichen theoretischen Absichten entsprachen. Weiterhin strichen Marx und Engels große Teile ihres eigenen Texts, als sie ihr Werk überarbeiteten. In vielen Abschnitten hatten diese Streichungen nicht damit zu tun, dass sie in Bezug auf ihr Schreiben Fehler entdeckt hatten, sondern vielmehr mit politischen Restriktionen oder mit Rücksicht auf Beziehungen (zum Beispiel war Hess, der Repräsentant des deutschen „wahren Sozialismus", den Marx und Engels in der* <u>Deutschen Ideologie</u> *kritisierten, an der Verfassung der* <u>Deutschen Ideologie</u> *beteiligt). Daran können wir sehen, dass der Autor, nur weil Teile des Texts gestrichen wurden, nicht dachte, dass sie falsch oder wertlos seien. Auf der anderen Seite hinterließen Marx und Engels auch eine große Anzahl von Heften und Manuskripten, die sie entweder nicht veröffentlichen konnten oder die auf halbem Wege aufgegeben wurden. Diese Notizen finden sich in der berühmten vierten Abteilung der* <u>MEGA</u>². *Es ist beachtenswert, dass der Kontext dieser Texte dem echten Ideenszene des Verfassers oftmals näher kommt. Ich*

---

diese in Manuskripten wieder erscheint noch komplexer wird". Vgl. P-M. de Biasi (2012): *La Génétique des Textes*, CNRS, S. 107 (ch.).

habe eine konkrete und deutliche Erklärung der drei Typen der Marxschen Texte und ihrer Beziehung zueinander in der Einleitung zu Zurück zu Marx *vorgelegt, daher werde ich das hier nicht wiederholen.*[123]

Zweitens, obwohl ich im Hinblick auf die Methodologie die Idee der postmodernen textologische Begriffe tief durchdrungen und verstanden habe, halte ich dennoch an dieser Methode der Textlektüre fest, die auf dem Kontext der **modernen** philosophischen Hermeneutik basiert. Zu jener Zeit hatte ich das Gefühl, dass die Wahl einer solchen **Strategie** des Schreibens sehr wichtig war, denn ich hoffte, dass die Ansichten und Gedankengänge, die im Buch formuliert wurden, von der Mehrheit meiner chinesischen Kollegen und Leser verstanden würden. Im zweiten Kapitel eines meiner anderen Bücher *Althusser Revisited: Problematic, Symptomatic Reading, ISA and History of Marxism: A Textological Reading* konnte ich ebenfalls nicht umhin, da mein Forschungsgegenstand, die von Althusser damals angeeignete textologische Methode—das „Symptomlesen"—immer noch die moderne logische Basis war, eine Gegenoffensive zu unternehmen: ich hängte dem Buch einen Artikel, ein kritisches Kommentar an der Barthesschen Idee der postmodernen Textologie, an, um ein neues Bezugssystem herauszustellen.[124] Aus dem gleichen Grund gelangte ich in vielen Ausführungen im Buch nicht zu absoluten Schussfolgerungen, sondern unternahm eher eine theoretische Anstrengung, nach Anschlüssen zu suchen, die Marxens Ideen in Richtung Gegenwart eröffnen. Leider ist der logische Standpunkt unschlüssig sein, wenn die Theorie nicht durchgreifend ist. Dies machte die **Reproduktion** und **Neusituierung** meiner damaligen Ideenszene natürlich besonders schwierig.

---

123 Kürzlich las ich tatsächlich einen Artikel, der besagte, es sei „illegal", das Denken von Marx und Engels zu untersuchen, indem Teile von gestrichenem Text oder Dinge, die sie nicht veröffentlichen wollten, benutzt werden. Das ist offenbar übermäßig vereinfachend, unbedacht und willkürlich. Der Verfasser des Artikels sollte Allgemeinplätze zum Thema textologische Forschung einstudieren. Vgl. *Zhejiang Social Science,* 2005(2).

124 Vgl. das zweite Kapitel meines Buchs *Althusser Revisited: Problematic, Symptomatic Reading, ISA and History of Marxism: A Textological Reading*, Berlin-London Canut Intl. Publishers, 2014.

Angesichts dieser meiner eigenen Gefühle gegenüber meiner Arbeit ist es kaum überraschend, dass so viele unterschiedliche und überraschende Dinge von jenen gesagt wurden, die mein Buch *Zurück zu Marx* gelesen haben. Zu allererst hatte die alten Professoren der Generation meiner Lehrer starke Ansichten zu dem, was sie lasen, drückten ihre Unzufriedenheit mit vielen meiner Begriffe, Methoden und sogar Worte aus, die sich vom traditionellen System unterschieden. Ich erinnere mich an einen ehrwürdigen Gelehrten, der mich allen Ernstes fragte, „warum benutzen Sie ‚Kontext' und nicht ein Wort, das jeder versteht wie ‚Hintergrund' ?" *Tatsächlich sind „Kontext" und „Hintergrund" wirklich verschiedene Dinge.* Mein Lehrer, Professor Sun Bokui, erklärte ebenfalls seinen scharfen Dissens mit einigen meiner Begriffe, so etwa „historische Phänomenologie" und „polyphoner Diskurs", im Buch. Diese Art von Kritik ist völlig verständlich. Aus einer anderen Perspektive gedacht jedoch formten unsere Vorgänger, beruhend auf der Zeitperiode, in der sie sich befinden, einige spezifische theoretische Situationen und begriffliche/ terminologische Systeme, die alle die Produkte einer spezifischen Zeitperiode waren. Ist es denn nötig, dass wir, einhergehend mit dem raum-zeitlichem Wandel und ideengeschichtlichem Fortschreiten, angesichts historischen Situation, die sich stets entwickeln, die gleichen unveränderten logischen Maßstäbe und Diskurssysteme **ewig beibehalten**? Tatsächlich wäre dies eine unbewusste Neusituierung **der Gegenwart aus der Vergangenheit.** Zweitens haben einige Theoretiker, die heute an der theoretischen Front stehen, ihren Zweifel geäußert, mit der Forderung dem historischen „zurück zu" Marx den heutigen Marx entgegenzusetzen. Sie wussten nicht, dass mein „zurück zu" Marx nichts anderes als ein Räumungsprozess des Frühstadiums ist, dass es mein Ziel war, Marx aus der ideologischen Scheinsituierung in Richtung Gegenwart offenerer aufbrechen zu lassen. Es ist offensichtlich, dass in ihrem Diskussionsbereich meine Denksituation nicht grundlegend nachgestellt wurde. Eine dritte Gruppe bestand aus subjektiven, willkürlichen und leichtfertigen Forschern, die zum Teil begannen, mit einem selbstverständlichen Gerüst „Zurück zu Marx" in ihrem eigenen eingebildeten kritischen Gestell gewaltsam einzurahmen, ohne auch die ungefähre Gerippe des Buchs klar verstanden zu haben. Ich glaube, dass dies eine untergründige Form des theoretischen Faschismus ist ![125] Eine vierte Gruppe von Forschern stellte die textologische Forschung in *Zurück zu Marx* einfach literaturwissenschaftlicher Textkritik entgegen, ohne zu verstehen, dass literaturwissenschaftliches **Erklären** nur die Prämisse und Grundlage des textologischen **Verstehens** sind und erst tiefes Verständnis von Marxens Ideen das Ziel der wissenschaftlichen Forschung selbst ist.[126] Eine fünfte Gruppe von Theoretikern beteiligte sich an einer profunden Lektüre und einer akkuraten Kritik von *Zurück zu Marx*; sie verstanden viele von den grundlegenden Argumenten, die ich vorbrachte und arbeiteten mit meinem Werk viele wichtige Probleme heraus.[127] Es fällt uns

125 Nach der Veröffentlichung von *Zurück zu Marx* ging jemand in China soweit, ein Buch mit dem Titel *Zurück zum ganzen Marx* (Orient Publishing, 2004) zu schreiben, um meinen Text auf diffamierende Weise zu kritisieren. Abgesehen davon, dass er ignorante und willkürliche Schlussfolgerungen über Ideengeschichte zog, prahlt der Verfasser schlicht mit seiner absoluten Richtigkeit. Ich finde es schwer zu glauben, dass es in unserer modernen Zeit immer noch einen Markt für diese Art von theoretischem Sollipsismus und Imperialismus von Ideen gibt. Tatsächlich versteht die überwiegende Mehrheit der Wissenschaftler jüngeren und mittleren Alters in China heute, dass wir in einem disziplinären Bereich nur relativ rationale theoretische Deutungen besitzen können; jeder kann sich auf gleicher Basis austauschen und beratschlagen, sodass gemeinsam eine lockere und harmonische theoretisch-akademischen Umgebung geschaffen wird. Auf diese Weise können wir zusammen ein Morgen schaffen, das von nationalem Geist und kulturellem Wiederaufleben erfüllt ist. Ich finde, dass solche Leute, bevor sie selbstgerechte Kritik üben, zumindest versuchen sollten, zunächst den Gegenstand ihrer Kritik zu verstehen.
126 Seit Beginn des letzten Jhs. existierte in europäischen gelehrten Kreisen ein metaphysischer Gegensatz zwischen Erklären und Verstehen in sozialwissenschaftlicher Forschung, nämlich zwischen Comtes Positivismus mit Präferenz für empirisches Erklären und Diltheys „humanistischem Historismus" mit Betonung auf geistigen Theorien. Später schlug Winch in der Methodologie die methodologische Logik vor, die die beiden erneut vereint (Vgl. Winch, *The Idea of a Social Science. And Its Relation to Philosophy*, 1958). Die heute in der Forschung zur Marxschen Philosophie existierende Vorgehensweise, literaturwissenschaftliches Erklären dem textuellen Verstehen entgegenzusetzen, insbesondere die Philologie zu vergöttern (das heißt, um es mit den Worten von Prof. Xia Fan zu sagen, *„MEGA-Fetisch"*, was eine sehr profunde Identifikation ist), ist offenkundig ein Stemmen gegen das Rad der Geschichte. Das Komische ist, dass textologisches Verstehen für diese Leute zu einer metaphysischen „Finsternis" wird, die sie nicht verstehen.
127 Wang Jinfus Aufsatz findet sich in *Nanjing Social Science*, 1999(10),

jedoch nicht schwer zu sehen, dass jede dieser Lektüren von *Zurück zu Marx* ihre eigenen Diskurse mit den Ansichten und dem Kontext des Buchs verwoben; was sie erreichten, war größtenteils eine Neukonstruktion und Erklärung der Ideen des Texts. Ich muss jedoch sagen, dass sie eine sehr interessante Diskussion auslösten.

Wenn Leser, die mit dem Verfasser des Textes die gleiche Zeitperiode, den gleichen kulturellen Hintergrund und die gleiche Sprache teilen, so unterschiedliche Sichtweisen auf den Text haben, dann ist es leicht zu verstehen, dass Leser, die von Verfasser durch Zeit und Sprache getrennt sind, große Schwierigkeiten haben, wenn sie versuchen, die Kluft zwischen ihren Ideensituierungen zu überbrücken ! **Interpretation ist die erneute Nachbildung und Wiedersituierung der Idee und keine Wiederherstellung des Urkontexts.** *Meine Ansicht der Textlektüre kommt der postmodernen Textauffassung von Barthes im Spätstadium nahe, insofern er auf der Textauffassung der Produktivität des Lesers fußt; ich erinnere mich aber stets daran, dass ich in jene Falle der relativistischen Logik der* **Intertextualität** *von Barthes-Kristeva nicht tappen darf.*

Nach der Theorie der Situierung, die ich hier vorschlage, spezifiziere ich den traditionellen interpretativen Fortschritt in drei unterschiedliche Perioden. Die erste ist die **Deutung der symbolischen Textebene**, dann das **Verständnis der interaktiven Bedeutungsfelder** und schließlich die **Ideensituierung der produktiven Textlektüre.** *Ich habe jedoch auch erkannt, dass meine Explikation der textologischen Forschungsmethode in Zurück zu Marx zu einfach war. Das hat Leser dazu gebracht, Bedeutungsanhänge des Anderen zu entwickeln, was zu Abweichungen im Verständnis führte.*

Erstens ist die Deutung der symbolischen Textebene die elementare Ebene der Textlektüre, ein Niveau, die jeder allgemeiner Leser mit Anstrengung erreichen kann. Auf dieser Ebene des Lesens sind die Leser begrenzt durch das Verständnis der Wörter und Sätze in ihrem Grundsinn, sie sind nicht in der Lage, über die oberflächliche Bedeutung des symbolischen Verhältnisses von Signifikat und Signifikant hinauszugehen und tiefere Bedeutungskontexte zu erreichen. Die Leser auf dieser Ebene sind gewöhnlich durchschnittliche

---

Yan Yans Aufsatz in *Mongolia Social Science*, 2005(2), und Hu Dapings Aufsatz in *Humanities* Journal, 2005(5, 6).

Leser, darunter die Mehrheit der Studenten, die den Text lesen. Angesichts klassischer Texte sind sie durch ihre eigenen Wissenshintergründe beschränkt; sie sind nicht in der Lage, über diese Ebene hinauszugehen und in eine tiefere Ebene des Verständnisses einzutreten. Aus diesem Grund denke ich auch, dass die Probleme der traditionellen Hermeneutik für **ungelehrte Leser nicht existieren.**

Zweitens ist die nächste Ebene der Textinterpretation ein ideelles interaktives Bedeutungsfeld. Dies ist ein Prozess des Lesens und des Verstehens, der, man kann sagen, parallel zur traditionellen Hermeneutik ist und auch die wichtigste Errungenschaft der westlichen Textologie seit Husserl ist. Gadamers philosophische Hermeneutik der Horizontverschmelzung, Althussers Quasistrukturalismus und das „schuldige Lesen" im Lacanschen Kontext sind alle Ansichten auf dieser Ebene. Diese Modelle der Textlektüre können in groben Zügen in die Reihe **moderner** Weisen des Textverstehens eingeordnet werden, weil sie auf einem Erkenntnisgerüst von **Gegensatzpaaren** basieren. Unter dem Gebot dieser Modelle gibt es zwischen dem tote Text und dem lebenden Leser nach wie vor ein ungleiches logisches Verhältnis. Zugleich ist das Bewusstsein der **Wahrheitssuche** der Rückkehr zum ursprünglichen textuellen Kontext ist immer noch eine wichtige theoretische Zielsetzung dieser Textlektüre.

Ich glaube, dass es in der der Textlektüre jenseits von beiden Fällen, die ich oben beschrieben habe, eine dritte Ebene gibt, die ich in diesem Buch vorschlage: die Theorie der Ideensituierung der produktiven Textlektüre. Tatsächlich liegt das wichtigste Gelenkpunkt der Theorie der Ideensituierung in der Erkenntnis, dass **das Lesen nicht auf Reduktion abzweckt, sondern auf kreative Produktion gerichtet ist.** Nach meiner Sicht ist die wahre Grundlage der Textologie „relationale Ontologie"; um es ganz offen zu sagen, ich glaube, dass es **überhaupt keinen Text gibt, der vom Leser losgelöst ist.** *Natürlich sollte ich, um Missverständnisse zu verhindern, ankündigen, dass dies keine Identifikation im „ontologischen" Sinne ist, sondern eine Identifikation im Besonderen, dass ein Text ohne irgend ein Leser bereits etwas totes ist.* An sich ist in der Textologie die dualistische Trennung zwischen dem Text und dem Leser immer falsch. Beim Lesen des Textes wird der Text im Feld des Lesers immer durch den Leser reaktiviert; dies ist ein **relationales** Sein. *Als Spivak Derridas <u>Grammatologie</u> las, führte* *sie einen interessanten Satz an. Sie glaubt, dass der Text überhaupt keine „stabile Homogenität" habe; „die zwei Lektüren ‚desselben' Buchs zeigen eine Identität, die nur als eine Differenz definiert werden kann; jede Lektüre des Buchs produziert ein Simulakrum eines ‚Originals'".*[128] Auf dem Weg der Lektüre eines Texts ist der Leser stets obenauf; was existiert, ist eigentlich immer eine spezifische Gegend des Verständnisses, welche durch die eigene theoretische Logik des Lesers aktiv konstruiert wird. Man neigt aber immer dazu, die eigene Auslegung auf idealisierte Weise mit dem ursprünglichen Kontext des Texts zu identifizieren. *In diesem Sinne zieht Derrida eine Analogie zwischen den Ergebnissen der sprachlichen Übersetzung sowie der Textlektüre und Spuren, um auf diese Weise zu erklären, dass die ursprüngliche Bedeutung nicht anwesend ist; ich finde aber, dass dies allzu negativ ist.* Mit anderen Worten, alle Textauslegungen sind tatsächlich eine Art jeweilige Rede **für mich**, die vom Leser im Namen des Textes durchgeführt wird, und in Wirklichkeit keine echte Ekstase des **gegenständlichen Textkontexts**. Selbst für die Literaturforschung, die von jeher nach der Objektivität des historischen Materials strebt, ist es der Fall.[129] *Karatani schrieb, wahres Lesen ist „neither with the presupposition of philosophies external to the work itself nor authorial intention".*[130] Ich glaube, dass diese Situation unmöglich eintreten kann. Ein solches „sauberes" Lesen im Ideal ist nur eine Illusion der Textologen. Denn jedes Lesen kann nur ein Lesen sein, in dem das Subjekt selbst gelesen wird.

128 Vgl. Spivaks Übersetzung von Derridas *Of Grammatology*, Baltimore John Hopkins University Press, 2015, S. xxx.
129 Zum Beispiel, in der jüngsten Ordnung der Literatur von Marx und Engels durch die ostdeutsche Marx-Forscherin Inge Taubert verbirgt sich hinter der sogenannten „Wertneutralität" eine Dekonstruktion des Marxismus. (Vgl. Zhang Yibing und Xia Fans einschlägigen Aufsatz in *Academic Monthly*, 2007(1)). Was noch gesagt werden muss ist, dass die „marxologische" Wende der ostdeutschen Literaturforschungsexpertin Inge Taubert in Wirklichkeit durch die wirkliche bürgerliche Ideologie genötigt wurde. Einige ihrer wichtigen Ideen sind vom traditionellen Stalin-Gerüst immer noch nicht losgerissen. Dies ist eine kompliziertere theoretische und aktuelle Frage. Schlimmer noch ist, dass deutsche Freunde, die mit der Situation in Deutschland vertraut sind, uns etwas Kläglicheres mitteilten: dass Taubert in der deutschen MEGA-Forschung trotz der oben genannten Unterwerfung immer noch an den Rand gedrängt worden ist.
130 Vgl. K. Karatani, a.a.O., S. 2 (ch).

Die Forschung zu Lenin in diesem Buch gehört im Grunde zur zweiten und dritten Ebene; zugleich ist es auch eine Forschung zu Gedankenexperimenten der „Ab-Texte". In *Zurück zu Marx* unterschied ich zwischen den drei *grundlegenden Typen marxistischer Texte. Zunächst gab es die formalen Texte oder Marx' veröffentlichte Essays, Bücher und andere Werke; zweitens gab es die generativen Texte, das heißt Marx' Manuskripte und unvollendete Arbeiten, die sich immer noch im Herstellungsprozess befanden; drittens gab es Subtexte, darunter exzerpierte Notizen und andere theoretische Abrisse. Da ich bereits in* Zurück zu Marx *eine detaillierte Auffächerung dieser Textgattungen vorgenommen habe, nenne ich sie hier lediglich noch einmal.* Aus diesem Grund werden die Umstände meiner Forschung ein wenig komplizierter. Texte, die Lenins Prozess der philosophischen Forschung hinterlässt, besteht hauptsächlich aus den ersten beiden Textgattungen, den generativen Texten und Subtexten, die in Form von exzerpierten Notizen, gelegentlichen-wahllosen Eindrücken, Umrissen von Ideen und einer kleinen Menge von unabgeschlossenen Texten in Erscheinung treten. Diese fallen in die Kategorien von generativem Text und Subtext. Er hinterlässt sogar eine Art von Texten, die in Form von Lektüreanmerkungen zum Vorschein kommen, was ich einen **Ab-Texte** nenne.

Zugleich erkenne ich jetzt, dass für jeden originellen Denker die Genesis eines originellen Denkzustands (die innovative [**produktive**] Theorie der Situierung, die wir oben diskutiert haben) immer ein extrem komplexer Umstand ist. Ich habe jedoch auch herausgefunden, dass der theoretische generative Prozess beinahe jedes Denkers sich vom **Raum des Spiegelbilds des Anderen** über eine **autonome Ideensituierung** und schließlich zu einer **originellen Ideensituierung** bewegt.

Was ich den **Raum des Spiegelbilds des Anderen** nenne, bedeutet, dass der herrschende Diskurs in akademischen Ideenkonstruktion eines Menschen hauptsächlich von der akademischen Logik der Idee (des Textes) des Anderen als Anwesenheit des **Spiegelbilds des Anderen** abhängt und sie bewusst oder unbewusst veruntreut.[131] Allgemein gesagt findet die

---

131 Dieser Begriff wurde von Lacan entwickelt, wobei sich seine Idee sich in den kleinen anderen (anderer) und den großen Anderen (Anderer) aufteilt; Ersterer bezieht sich auf die ontologische Verkennung gegenüber der gespiegelten Projektion des Selbst des individuellen Subjekts

Ideensituierung des Anderen in einer oder mehreren **noch nicht aktivierten** theoretischen Ressourcen (akademische Erinnerungshaufen) und in theoretische Problematiken des Anderen intendierte oder subintendierte Stützkomponenten der theoretischen Konstruktion und regt daher ein spezifisches zusammengefügtes Denken an. *Das ist, um Kristevas Diskurs mal eben zu unterschlagen und umzuschreiben, eine Art schlichte Intertextualität.* Das Verhältnis zwischen der theoretischen Produktionsweise und dem Denksubjekt drückt sich üblicherweise als strukturelle Beherrschung und konzeptionelle Verankerung des Subjekts durch das des theoretische Gerüst des Anderen aus, während der Denkraum des Subjekts sich als einfache Reproduktion oder als geschlossene theoretische Schleife manifestiert. Dies führt zu einem gewissen Maß an Produktivität und relativer theoretischer Unabhängigkeit. Der Zustand des Denkens, der hier aktiviert wird und auftaucht, ist im Wesentlichen noch eine gespiegelte unbewusste **Identität**. Noch komplexer wird die Situation dadurch, dass die akademische Erinnerung oftmals in Form von **imaginierten** logischen Verkennungen[132] und logischem Schielen wieder auftaucht. Oftmals sind der Signifikant und der Signifikat der Bedeutung in dieser imaginierten Catachresis der Idee unverbunden. Ich habe herausgefunden, dass diese Art logischen Konstruktion des Anderen gewöhnlich in der Frühphase der gelehrten Entwicklung eines Denkers stattfindet. Das galt auch für Lenins frühes Werk. Obwohl der junge Lenin hinsichtlich des Denkens und der Forschung in den Bereichen der sozioökonomischen Entwicklung und des aktuellen politischen Kampfs schon sehr früh ein reifer Marxist war, war die Erkenntnis der Philosophie von Lenin im Frühstadium eher ein Produkt, das auf der kognitiven Strukturen des Anderen basierte. Man kann sagen, dass er sich zu jener Zeit auf die philosophischen Ideen von Plechanow, Dietzgen, Feuerbach und anderen stützte. Die gleiche Situation trat auch in der Anfangsetappe seiner Forschung

      in den frühen Stufen seiner Selbstbegründung; Letzterer bezieht sich auf das des individuellen Subjektes durch das gesamte linguistische symbolische System.
132 Imaginiertes Verkennen, auch Pseudo-Verkennen genannt. Hier meine ich gewöhnlich auf ein sich schnell aufgelösendes vorübergehendes Verkennen zwischen der ideologischen Scheinsituierung und der historischen Situierung. Pseudo-Wissen ist gewöhnlich eine logische Komponente im Ideenraum des Anderen.

zur Hegelschen Philosophie auf. *Plechanows philosophisches Denken verblieb sein gesamtes Leben lang in der Struktur des Anderen; die wenigen originellen Beiträge, die er leistete, waren tatsächlich Verkennungen von Marx wie etwa die Theorie der Determinismus des geographischen Milieus. Wir werden diesen Punkt später detaillierter besprechen.* Ein anderes Beispiel besteht darin, dass die Entwicklung der deutschen Philosophie im frühen zwanzigsten Jahrhundert mehr oder weniger Husserls Phänomenologie als Spiegelbild des Anderen annahmen; Heidegger, Scheler, Gadamer und Marcuse bewegten sich alle vom Spiegelbild der Phänomenologie aus auf ihre philosophischen Originalitäten zu. Die Entwicklung der französischen Philosophie im frühen zwanzigsten Jahrhundert nahm zumeist Hyppolites und Kojèves Lektüren der Hegelschen Philosophie als ihr Spiegelbild des Anderen an; Barthes, Lacan, Sartre, Merlau-Ponty, Foucault und andere waren entweder unmittelbare Teilnehmer in Kojèves Diskussionsseminaren oder setzten ihr eigenes philosophisches Denken unter dem tiefen Einfluss dieses Hegelianischen Spiegelbilds französischer Art in Betrieb. *Hier kommt eine weitere sogar noch komplexere Frage auf: unter der Herrschaft der mittelalterlichen Theologie wie unter dem ideologischen Gerüst des Stalinschen Dogmatismus wurde die gewaltsame Struktur des Spiegelbilds des Anderen die einzige Weise des Seins von individuellen Ideen. Hier ist das Denken stagnierend und tot.*

Im Unterschied dazu findet eine **selbständige Ideensituierung** statt, wenn ein Denker sich durch eine vorübergehende Entwicklungsverbindung zu seinen eigenen reifen Theorien entwickelt. In dieser Zeit beginnt der Denker, dem kontrollierenden Einfluss theoretischer Gerüste des Anderen zu entkommen und sein eigenes unabhängiges Denken zu begründen. Obwohl es immer noch kein entsprechendes intertextuelles Denken gibt, geht unter den meisten Bedingungen das, was einst äußere Gerüste des Spiegelbilds des Anderen waren, in die Produktion eines gelehrten Denkens „für mich" über. In Bezug auf das Verhältnis zwischen der theoretischen Produktionsweise und dem denkenden Subjekt wird Letzteres damit beginnen, sich in proaktiveren Konstruktionsaktivitäten zu engagieren und die ursprünglichen akademischen Ressourcen dazu zwingen, seinem neuen Denksystem zu dienen. Die geschlossene theoretische Schleife und die einfache Reproduktion

Denkraum des Anderen beginnen von neuen Denkdimensionen herausgefordert zu werden, und die konstruktive Veränderung theoretischer Logik in schöpferische theoretische **Produktionsweisen** wird unvermeidlich. Daher werden theoretische Produktionen „für mich" und offene theoretische Schleifen zum Grundinhalt und zur Grundbetriebsweise der Ideensituierung. Zum Beispiel war das Denken des jungen Marx um 1844 tatsächlich von vielen Denkressourcen des Anderen beeinflusst, darunter Hegel und Feuerbach, die beide in seiner grundlegenden Logik aktiv waren. Diese Einflüsse beinhalteten auch den jungen Engels und Hess, die unmittelbar die gleiche Diskursebene besetzten wie er und die englische klassische Ökonomie, die er entschlossen war zu widerlegen. Es fällt uns nicht schwer zu erkennen, dass der junge Marx niemals einfach einem Gerüst des Anderen erlag, sondern vielmehr kontinuierlich versuchte, das Denken des Anderen in seine eigenen theoretischen logischen Elemente umzuwandeln. Zum Beispiel war die Theorie der Entfremdung in der Arbeit in den *Ökonomisch-philosophischen Manuskripten aus dem Jahre 1844* das Ergebnis dieser vielfältigen Intertextualitäten, die eine unabhängige Ideensituierung schufen. Obwohl jedoch die Kritik des jungen Marx an der Bourgeoisie vom politischen Standpunkt des Proletariats aus unternommen wurde, waren die theoretischen Problematiken, die er benutzte, immer noch Gerüste des Anderen: die Feuerbachsche humanistische Logik der Entfremdung des Menschen.

Originelle Ideensituierung bezieht sich auf den Konstruktionsprozess einer unabhängigen, vollständigen theoretischen Logik und eines ebensolchen Denkraums durch innovative theoretische Produktion. Natürlich findet dies beinahe ausschließlich in den reifen Stadien im theoretischen Schaffen eines Denkers statt. Zu diesem Zeitpunkt beginnt der Denker schließlich, das gesamte Denkgerüst des Anderen, das ihn in der Vergangenheit beherrscht hatte, hinter sich zu lassen, indem er die falschen Frage-Lösung-Linien des Denkens seiner Vorgänger in die Illusion der letzten Wahrheit aufhebt. Daher entkommt wissenschaftliche Erinnerung der Akzeptanz des ursprünglichen, unbewussten Spiegelbilds und Missverständnissen oftmals, wenn absichtlich transformierte und veränderte Bedeutungen aktiviert werden. Auf diese Weise wird das Denken seiner Vorgänger in einem völlig neuen Diskurssystem oder einer unabhängigen theoretischen Problematik vertieft, insbesondere, wenn er in den Frage-Lösungs-Systemen seiner Vorgänger Bereiche entdeckt, die sie selbst nicht bedacht hatten. Auf diese Weise werden die möglichen Bedeutungen und tatsächlichen Bedeutungen eines akademischen Begriffs neu und systematisch geschaffen, wodurch letztlich ein neuer und innovativer Denkraum hergestellt wird. Der Moment, in dem eine innovative Ideensituierung stattfindet, ist der, in dem große philosophische Veränderungen stattfinden. Diese Veränderungen können sogar zu einer Neuformulierung der gesamten Philosophiegeschichte in einer neuen theoretischen Schleife führen. Natürlich kann aus der Perspektive des Postmodernismus keine absolute philosophische Innovation existieren; daher ist diese sogenannte unabhängige Ideensituierung wesentlich eine hochrangigere intertextuelle Ideenverwebungen (Barthes) und -integration. Ich habe herausgefunden, dass einige der größten theoretischen akademischen Innovationen in der Geschichte der Philosophie in der theoretischen Situierung der Wiederauflebens des Denkens und der logischen Integration stattfanden. Platons Idealismus kam nach Sokrates, Kants apriorische Erkenntnistheorie kam nach Fichte und Schelling, Marxens historischer Materialismus kam nach Hegel, Feuerbach und Ricardo, und Heidegers Theorie des Seins kam nach Husserl usw..

Natürlich kann der Philosoph, wenn man den gesamten Entwicklungsprozess seines Denkens betrachtet, in jeder seiner produktiven Perioden ganze Verschiebungen von Ideensituierungen erleben; trotzdem sind die wichtigsten Verschiebungen im Denkraum immer noch die Gestaltveränderungen vom Spiegelbild des Anderen zu unabhängigen Ideensituierungen. Diese Verschiebung ist ein Prozess von der quantitativen Veränderung zur qualitativen Veränderung, wenn das Denken des Anderen kontinuierlich dem unabhängigen Denken weicht und wen das denkende Subjekt sich von einer Passivität zu aktiver Konstruktion und unabhängigem Denken wandelt. Natürlich gibt es nur wenige wirklich innovative Denker, die in der Lage sind, letztlich unabhängiger theoretische Produktionsweisen zu begründen. *Zugleich sollte die Mehrheit der Wissenschaftler, die nicht über das Gerüst des Anderen hinausgeht, nicht ausgeschlossen werden. Natürlich gibt es hier eine andere Ausnahme, jene eines Denkers, der sich von einer unabhängigen oder innovativen philosophischen Situierung zu einem Zustand des Spiegelbilds des Anderen zurückentwickelt. Eine solche Erscheinung ist zumeist auf den äußeren Zwang der Ideologie zurückzuführen. Zum Beispiel wurde das westliche marxistische Denken des jungen Lukács unter dem Hochdruck des stalinistischen ideologischen Dogmatismus in ein Spiegelbild des Anderen, ins traditionelle philosophische Deutungsgerüst, hineingezwungen. Blochs Umstände waren ähnlich.* Um ein anderes Beispiel aus dem frühen Denken von Baudrillard anzuführen, das ich im Augenblick untersuche, so wurde die Oberflächenebene seines Denkens zwischen 1969 und 1973 als theoretische Übernahmen von Lefebvre, Barthes und anderen dargestellt; später begann er, Saussures Diskurs zu verwenden, um sich von der Bejahung zur Ablehnung von Marx' kritischer Logik zu bewegen, was für ihn zu einem wichtigen logischen Bezug wurde. Trotzdem war Baudrillard in den Tiefen seines Denkens stark durch den Diskurs des Anderen der Graswurzelromantik von Mauss und Bataille beeinflusst. Daher können wir sehen, dass es in Baudrillards Denken niemals eine klar definierte Periode gab, in der er vollständig von einem Denkgerüst des Anderen beherrscht war. Als er *Der symbolische Tausch und der Tod* schrieb, benutzte er das Paradigma der Simulakra und der Simulation, um seine eigene innovative Ideensituierung herauszustellen. **Ich habe Baudrillards wichtige Werke wie Pour une critique de l'économie politique du signe, Le miroir de la production ou l'illusion critique du matérialisme historique und Der symbolische Tausch und der Tod eingehend diskutiert in meinem Buch A Marxist Reading of Young Baudrillard. Throughout His Ordered Masks.**[133]

Dieser neue Standpunkt ist auch mein neuestes **Lektüremodell der Ideengeschichte**.

Ich glaube, dass mit einer solchen neuen Methode und unabhängigen ernsthaften Haltung in einer neuen Stellung zum historischen Entwicklungsprozesses von Lenins philosophischen Ideen mit der verflachenden und linearen, teleologischen und subjektiv vorangenommenen Scheinsituierung der ehemaligen Sowjetunion und im Ostblock besimmt aufgeräumt und ein völlig neuer historischer logischer Faden der Entwicklung von Lenins philosophischen Ideen nachgezeichnet wird.

133 Vgl. mein Buch *A Marxist Reading of Young Baudrillard. Throughout His Ordered Masks*, Canut Intl. Publishers Berlin-London, 2014.

7. *Berner Hefte*: Das historische Urbild des Ideenwandels in Lenins Forschung zur Hegelschen Philosophie

Ich habe widerholt erklärt, wie Lenins Werk in den Aspekten der marxistischen Ökonomie und politischen Theorie sehr früh zur Reife gelangte und im aktuellen Kampf gegen den russischen Narodnismus, die Theoretiker der Zweiten Internationale und Plechanow und die Menschewiki immer mehr im Zenit der zeitgenössischen Entwicklung des Marxismus stand. Das war jedoch auf dem Gebiet der Philosophie nicht der Fall. Lenins theoretischer Ausgangspunkt war nicht in philosophischen Begriffen verwurzelt, sondern vielmehr in den Realitäten der russischen Revolution. Seine Aufmerksamkeit für Philosophie entstand als Ergebnis seines tiefen Verständnisses des aktuellen Kampfes und der wissenschaftlichen Weltanschauung. Zwischen 1895 und 1913 war dies der erste und zweite Zeitabschnitt in Lenins Verständnis der marxistischen philosophischen Theorie, und in diesen beiden Zeitabschnitten manifestierte sich die Entwicklung seines Denkens als ein komplexer Prozess der Veränderung und Vertiefung. Ich habe zuvor eine grundlegende Erläuterung dieses Punktes gebracht, und im Haupttext dieses Buchs werde ich es weiter ausführen; hier werde ich ein wenig mehr Erklärung zum dritten Periode in der Entwicklung von Lenins philosophischem Denken vorlegen, insbesondere zum inneren logischen Entwicklungsfaden in den *Berner Heften*.

Vom Gesichtspunkt des interpretativen Kontexts der in diesem Buch vertretenen philosophischen Situierungstheorie war Lenins Untersuchung von Hegels Philosophie in den *Berner Heften* keine reibungslose, homogene logische Entwicklung; in der Gesamtheit seines Erkenntnisprozesses war Lenins Verständnis von Hegels Philosophie nicht immer korrekt. Ich glaube, dass die *Berner Hefte* keine **thematischen Materialien und Forschungsnotizen** sind, die angefertigt wurden, um ein wissenschaftliches Buch zu schreiben, sondern dass es sich um Lern- und Lektürenotizen im allgemeinen Sinne handelt. *Nach dem Verständnis der textuellen Genetik schließt der prätextuelle Entstehungsprozess eines Werks „Konspekte, Unterlagenhefte, Entwürfe,* *saubere Abschriften und Endfassungen, usw.".[134] Wir können sicher sein, dass die* Berner Hefte *nicht als thematische Forschungsnotizen in Vorbereitung eines Werks über materialistische Dialektik gemeint waren, denn vor ihnen hinterließ Lenin keine Schrift und keine Ideenskizzen zu einem Buch über Dialektik. Die Fakten in den existierenden Dokumenten zeigen, dass Lenin, bevor er ein bedeutendes wissenschaftliches Werk schrieb, immer Skizzen seiner Ideen oder Schreibpläne anlegte. Ich werde später erklären, dass die kurze Zusammenfassung von Lenins Ideen am Ende der* Berner Hefte *keinesfalls eine Art „Schreibplan" oder systematische logische Konzeption war.* Diese wichtigen Lektürenotizen reflektieren für uns die vielfältigen Verschiebungen im philosophischen Verständnis und die wichtigen Entwendungen der theoretischen Logik, die Lenin während dieser Zeit kennenlernte. Ich glaube, dass diese Hefte in verschiedene heterogene Phasen unterteilt werden können. In der ersten Etappe stand Lenin immer noch unter dem Einfluss des **Kontexts des Spiegelbilds des Anderen**, wenn er widerlegende Begriffe in seinem Verständnis Hegels verwendet. Während der zweiten Phase gerieten vielfältige logische kognitive Systeme miteinander in Konflikt, was zu philosophischen Widersprüchen führte. In der dritten Etappe gelangte Lenin in den Raum des **selbständigen Denkens**, in dem sein Denken große Veränderungen erfuhr und sein Verständnis sich sprunghaft weiterentwickelte. In der vierten und letzten Etappe fasste Lenin seine philosophische Forschung zusammen.

Ich glaube, dass wir, bevor wir unsere Untersuchung der *Berner Hefte* beginnen, zunächst bewusst die folgenden methodologischen Probleme verstehen müssen. Zunächst konstruierte Lenin, als er mit seiner Untersuchung von Hegels Philosophie begann, ein Lektüregerüst **des Anderen**; wenn wir Lacans Theorie des großen Anderen verwenden, um dies zu analysieren, fällt es uns nicht schwer zu sehen, dass dies ein äußerliches **Spiegelbild des Anderen** ist, das von Marx, Engels, Plechanow, Feuerbach und Dietzgen stammt. *Nach Lacans Diskurslogik ist der Andere ein äußeres Erscheinungsbild, das nicht ich ist; während der Andere nicht ich ist, wohne ich jedoch gerade im Prozess, in dem ich mich verliere, im Anderen.*[135]

---

134 P-M. de Biasi (2012): *La Génétique des Textes*, CNRS, S. 29 (ch.).
135 Vgl. Kap. 2, 7 und 8 meines Buchs *The Impossible Truth of Being: Imago of Lacanian Philosophy*, Commercial Press 2006.

Meine Verwendung des Begriffs das Andere ist jedoch keine einfache Abwertung; es ist ein neutrales Urteil, das sich lediglich auf die Tatsache bezieht, dass Lenin, als er die Hegelsche Philosophie zu studieren begann, dies mit einer äußeren theoretischen Autorität als Ideenbezugssystem für seine Analyse und Forschung begann. Nach meiner Sicht besteht die Erkenntnissituation von Lenin im Spiegelbildzustand, als er begann, sich der Hegels Philosophie zu stellen, mindestens aus drei akademischen Erinnerungshaufen. Erstens, noch unrichtiges Verständnis des abstrakten Signifikanten der „Umstülpung" der Hegelschen Dialektik durch Marx; dies war auch eine falsches Signifikat in diesem Spiegelbild des Anderen. Zweitens, der durch die Ideen von Feuerbachs und Dietzgen begründete philosophische Standpunkt des Materialismus überhaupt; und das trat, so kann man es im Grunde sagen, auf die Weise von archetypischen akademischen Erinnerungspunkten auf, aber das Problem war, dass er sie zugleich als marxistische Idee verkannte. Drittens, eine theoretische Auslegung der marxistischen Philosophie, wie sie von Plechanow übermittelt und rekonstruiert wurde, die nicht klug war; objektiv gesagt, eine Verkennung, die das richtige Verständnis enthält. Wir können sehen, dass das Spiegelbild des Anderen in Lenins Kopf zu dieser Zeit extrem komplex war, worin die erste theoretische Komponente ein falsches Signifikat, die zweite theoretische Komponente ein verkanntes Signifikat mit wahrem Wesen war, während sich die dritte theoretische Komponente aus der Aufstapelung zweifacher Stimmen bildete, darunter sowohl der von Plechanow verkannte Marx als auch Ansichten, die in Wahrheit zu Plechanow selbst gehörten. Darüber hinaus sind die zweite und dritte Komponente auch das unterstützende Bewusstsein des ersten abstrakten Signifikanten. Ich denke, dass dies eine außerordentliche entscheidende Handlung der Ideensituierung ist, nämlich als Lenin sich daranmachte, Hegel zu lesen, war es sein theoretisches Denksubjekt, das von der **Anrufung des Anderen** konstruiert wurde. *Natürlich dachte Lenin zu dieser Zeit, dass dies das richtige Lektüre-Referenzsystem war.* Es war dieses äußere Spiegelbild des Anderen, der den kompletten Satz der Schleife in Lenins früher Lektüre konstruiert hat. In dieser Etappe haben Lenins bestimmte Beurteilungen jeder textuellen Umgestaltung seinen Ursprung beinahe in dieser **geschlossenen** Ideenlinie mit beständig zurückkehrendem

Standpunkt und Prinzipiengrundlage. An dieser Stelle können wir beinahe zu dem Urteil kommen, dass die subjektive Operation der theoretischen Denkszene, in welcher Lenin in der frühen Phase des Verfassens der *Berner Hefte* befand, echt ein **Ideenraum des Anderen** ist.[136]

Das zweite methodische Problem, das wir verstehen müssen, ist Hegels ungeheures System der spekulativen philosophischen Logik und das einfache qualitative Urteil, das Lenin zu Beginn seiner Untersuchung darüber traf, wie auch sein späteres Verständnis dieses spekulativen logischen Systems. Wenn wir Lenins Exzerpte aus dem frühen Teil dieser Phase betrachten, dann enthielt sein Denken einige ursprüngliche hegelianische spekulative logische Situationen, aber diese befanden sich in einer **noch nicht aktivierten** Phase; natürlich war Lenin nicht in der Lage, Hegels ursprüngliche logische Situation zu reproduzieren oder neu zu strukturieren. Obwohl es bei Lenin in dieser Phase eine andere Art der Aktivierung in dieser logischen Situation gab, war dies höchstens ein falsches theoretisches Bild. Wir müssen die Tatsache herausstellen, dass die Logik von Hegels Dialektik nicht

---

136 Hier gibt es ein anderes Beispiel, mit dem ich diesen sogenannten Kontext des Anderen noch besser verständlich machen kann. Kürzlich bildete in einer kritischen Lektüre meines Buches *Zurück zu Marx* mit Zehntausenden von Wörtern durch einen Rezensenten die sogenannten „neuesten Leistungen" der westlichen Forschung zur Marx-Literatur seine einzige *positive* Referenz darauf, weshalb seine Rezension einigen äußeren Literaturangaben folgend viele „überholte" Stellen in *Zurück zu Marx* identifiziert. In der Tat ist dies der typische Fall eines Spiegels des Anderen ohne Denksubjekt. Da er kein unabhängiges Denken hatte, musste er sich in seiner eigenen Argumentation auf die theoretische Logik und die externe Autorität des Anderen verlassen. Die originale akademische Idee in *Zurück zu Marx* wird als spekulative Metaphysik bestimmt, geleugnet und denunziert. Auf dem ersten von uns gehaltenen internationalen Fachtagung zum gegenwärtigen Kapitalismus im Herbst 2006 (Changshu, China) traf ich Professor Carver, einen berühmten englischen Experten für marxistische Literatur, der Lehrer des oben genannten Rezensenten während seines Auslandsaufenthalts als Gastwissenschaftler war. Eines Abends erwähnte jemand bei einem Empfang mit englischen Wissenschaftlern die obige „Kritik" an *Zurück zu Marx*. Nachdem Professor Carver seine Abneigung zum Ausdruck gebracht hatte, in den Krieg einzugreifen, sagte er vor sechs englischen Wissenschaftlern zu mir: „Sie sind ein origineller Forscher, er aber nicht." Offensichtlich weiß er über den kläglichen Diskurs des *Anderen* seiner Studenten auch Bescheid.

begann, wirklich aktiviert zu werden, bis Lenins eigenes Denken eine große Verschiebung im Verständnis erfahren hatte; das war eine Anerkennung und Aktivierung des Marxschen philosophischen Kontexts, welche durch die Transformation und Anpassung des **praktischen** Materialismus erreicht wurden. *Darüber hinaus glaube ich, dass wir, obwohl dies wahr ist, nicht einfach entscheiden können, dass Lenin letztlich Hegels Philosophie in ihrer Gesamtheit erfasste.* Zu diesem Punkt werden wir später sehen, dass, basierend auf unterschiedlichen kognitiven Systemen, Lenins Verständnis der Hegelschen Philosophie zwei völlig verschiedene **theoretische Ideenräume** aufwies.

Das dritte methodologische Problem besteht in der von Marx und Engels begründeten marxistischen Philosophie wie auch in Lenins Verständnis und Weiterentwicklung jener Philosophie. Der neue philosophische Bereich, der durch den Marxismus von Marx und Engels entwickelt worden war, war bereits als grundlegender Standpunkt, Gesichtspunkt und grundlegende Methode vom jungen Lenin verstanden worden. Es gibt wenig Zweifel, dass Lenin, selbst bevor er systematisch Hegels Philosophie las, ein überzeugter Marxist war. Als Lenin jedoch später erklärte, dass kein einziger Marxist im zwanzigsten Jahrhundert wirklich Marx verstehe, war sein Standpunkt sehr profund. Es fällt nicht schwer zu sehen, dass Lenins Denkdiskurs nicht statisch oder homogen war, vielmehr entwickelt sich sein Verständnis der marxistischen Philosophie durch einen Prozess der Vertiefung. In diesem Prozess ereignete sich in Lenins Erkenntnis der marxistischen Philosophie ein bedeutenden Sprung. Der Erkenntnissprung an dieser Stelle war jedoch kein „epistemologischer Bruch" im Sinne von Bachelard und Althusser, sondern ein sprunghafter Erkenntnisforschritt in der **gleichen logischen Richtung**. Nach meiner Sicht entstammt diese Verfeinerung in der Erkenntnis weniger seiner unmittelbaren Lektüre der Texte von Marx und Engels; sie beruht vielmehr auf seiner Aktivierung von Hegels philosophischer Logik und der **Neusituierung** von Marxens philosophischen Ideen. Ausgehend von diesem Punkt gelang es Lenin, auf eine höhere Ebene des selbständigen Denkens über Marxens philosophische Ideen aufzusteigen.

Viertens müssen wir die wahre praktische Motivation von Lenins systematischer philosophischer Forschung bedenken. In Lenins gesamtem

Fortschreiten des Lesens und des Studiums von Hegels Philosophie war diese praktische Motivation keine dominierende theoretische Unmittelbarkeit, sondern vielmehr ein unsichtbarer **logischer Strahl**, der sich in Lenins Ideensituierung verkörpert. Ich glaube, dass es hier zwei Gedankenfäden gibt: erstens die wirkliche subjektive Tätigkeit der proletarischen Klasse, auf die Lenin sich seit 1900 zu konzentrieren begonnen hatte, und zweitens die Geschicklichkeit, den tatsächlichen Kampf in der revolutionären Strategie zusammenzubringen. Das Wesen der Ersten lag im Widerstand gegen den ökonomischen Determinismus der Zweiten Internationalen und Plechanows, wodurch die Richtung und Zukunft der russischen Revolution wissenschaftlich beurteilt wurde; die Betonung der Letzten lag in dem Denken in Bezug auf die Behandlung der unterschiedlichen dialektischen Verhältnisse im wirklichen komplizierten Kampf wie etwa wie die verschiedenen Widersprüche und alternative Strategien im Ersten Weltkrieg einschließlich dem „Friedensvertrag von Brest Litowsk" kurz nach dem Sieg der Oktoberrevolution sowie die zahlreichen politischen Regelungen in der Periode der „Neuen Ökonomischen Politik" zu behandeln sind.

Meine jüngsten Forschungsergebnisse zeigen, dass Lenins philosophisch-epistemologischer Fortschritt im gesamten Schreibprozess der *Berner Hefte* vier getrennte Phasen durchlief.

In der **ersten Phase** schuf Lenin einen Raum des Lesens, dessen Ziel es war zu lernen und in dem zwei grundlegendste Diskursstränge existierten.

Der erste Strang war Hegels philosophische Logik als historisch-textuelle Form; sie existierte in der noch nicht aktivierten *Wissenschaft der Logik, der Kleinen Logik,* den *Vorlesungen über die Geschichte der Philosophie* und den *Vorlesungen über die Philosophie der Geschichte. Genau genommen ist dies eigentlich nicht das Gesamte vom Gebiet der Logik der Hegelschen Philosophie, da Lenin die Phänomenologie des Geistes und die anderen zwei Teile der Enzyklopädie (Naturphilosophie und Philosophie des Geistes) nicht gelesen hatte.* Der zweite Strang war ein Teil der grundlegenden marxistischen Ideen, mit denen sich Lenin in seiner eigenen theoretischen Logik identifizierte. *Aber auch dies war nicht vollständig, denn im Bereich der Philosophie hatte Lenin die Ökonomisch-philosophischen Manuskripte aus dem Jahre 1844 des jungen Marx oder die Deutsche Ideologie, in der*

Marx und Engels die Ideensituierung des historischen Materialismus im weiten Sinne wahrhaft generiert haben, damals noch nicht gelesen und noch hatte er sich mit wichtigen Texten wie dem <u>Brief an Annenkow</u> *und* <u>Grundrisse</u> *befasst. Unter solchen Umständen war Lenins Verständnis des Ideenkontexts der Marxschen Philosophie dafür prädestiniert, nicht wahrhaft vollständig zu sein.*

Der zweite Diskursstrang kam hier als „materialistische Umstülpung" von Hegels Dialektik durch Marx und Engels zum Ausdruck. Es ist offensichtlich, dass Lenin dies als das primäre theoretische Bezugssystem für seine kritische Lektüre von Hegels Philosophie betrachtete. Eine sorgfältige Analyse zeigt, dass Lenins Diskursstrang hier mehrere logische Ideenpunkte enthält. Erstens, Marx' und Engels' Umstülpung der Hegelschen Dialektik. Lenins Verständnis hiervon war zunächst einfach ein äußeres theoretisches Spiegelbild des Anderen statt sein eigenes unabhängiges Denken. Zudem waren die potentielle Bedeutung und die tatschliche Bedeutung von Marx' Theorie von der „Umstülpung" in Lenins Denken zu jener Zeit getrennt, was primär bedeutete, dass Lenin Feuerbach und Dietzgen folgte, indem er Hegels Idee schlicht durch einen Materie-**Begriff** ersetzte. Zweitens das Spiegelbild des Leninschen Verständnisses über den philosophischen Materialismus, darunter vor allem die akademischeen Erinnerung konstruiert durch die philosophischen Texte von Feuerbach und Dietzgen wie auch durch die verkennende Auslegungsstruktur Plechanows. Der entscheidende logische Stützpunkt hier war die **vom menschlichen Willen unabhängige** objektiv existierende Materie und äußere Natur. Drittens, gab es hier auch einen wichtigen Maßstab der logischen Abgrenzung: die allgemeine Trennlinie zwischen Materialismus und Idealismus, nämlich die **richtige Logik** des Materialismus, die von der Idee zum Gefühl und dann zur Materie fortschreitet versus die **irrtümliche Logik** des Idealismus, die von der Materie zum Gefühl und dann zur Idee fortschreitet. Dies wurde hingegen zu einem wichtigen Durchschaupunkt bei der „Umstülpung" von Hegel durch Lenin in seiner früheren Lektüre.

Als in der praktischen Lektüre zwischen den beiden Diskurssträngen eine Beziehung im hermeneutischen Sinne eintrat, hatte Lenin nicht vor, die Hegelsche Philosophie **phänomenologisch** zu betreten, d.h. er versuchte niemals, das Denkgebiet der absoluten Idee auf den theoretisch-logischen

Komponenten, die von Hegel eingeführt wurden, zu rekonstruieren. Es ist offensichtlich, dass Lenins Verständnis von Anfang an den Standpunkt eines materialistischen Philosophen bezog, die Negation der Legitimität des Ganzen der Hegelschen philosophischen Logik voraussetzt und nie probiert, einen vollständigen Kontext der Hegelschen philosophischen Logik zu erlangen. *Deborin schrieb, dass „Lenin glaubte, dass Hegels System im Grunde richtig"[137] war, was ein richtiges Urteil sein mag. Es entstand jedoch nicht vor der letzten Phase seiner Lektüre der* <u>Wissenschaft der Logik</u>; *es war das Ergebnis einer intensiven logischen Entwendung und erneuten Ideensituierung. Lenin, der gerade erst mit dem Studium der Hegelschen Philosophie begonnen hatte, hätte niemals zu solch einem Urteil kommen können. Deshalb fehlt es Deborins „richtigem" Urteil an historisch-konkreter chronologischer Bestimmung.* Mit anderen Worten, Lenins Begegnung mit Hegel baute auf einer destruktiven Tätigkeit der **totalen Negativität** auf; angesichts von Hegels Philosophie wollte er lediglich Elemente der Dialektik herausziehen, die er aus den Überresten des destruierten Idealismus übernehmen konnte. *Später bezeichnete er diese Elemente als die wesentlichen Elemente der Dialektik.* Zu dieser Zeit war das erste qualitative Urteil, das Lenin über Hegels Philosophie abgab, dass die Hegelsche Philosophie (Idealismus, die Idee von Geist und Gott) **Unsinn** sei. Lenin wurde das wahre Geheimnis in der Hegelischen philosophischen Logik nicht bewusst. In dieser Überschneidung mit dem falsifikatorischen Diskurs gab es im logischem Betätigungsraum der frühen Lektüre Lenins überhaupt keine theoretische Möglichkeit, die Situation der Hegelschen Philosophie zu aktivieren und zu rekonstruieren. Daher sehen wir, dass die Hegelschen philosophischen Ansichten, für die sich Lenin interessiert und die er sich auswählt oft inantive theoretische Punkte sind, die aus bestimmten Fragmenten des logischen Diskurses gewonnen werden; außerdem existiert, nachdem Lenin die materialistische „Umstülpung" durchlaufen hat, die ursprüngliche systematische Natur von Lenins gedanklichen Ideen nicht mehr und ein Teil des Inhalts kann selbst in der Denklogik von Lenin nicht neu errichtet werden. Ich finde, dass Lenins frühe Lektüre und Erforschung von Hegels Philosophie im Ganzen ein erfolgloses Gedankenexperiment war. Mit anderen Worten, sie

---

137 Vgl. Deborin (1929), a.a.O., S. 3 (ch.).

war eine vom äußeren Spiegelbild des Anderen beherrschte Falschlektüre, die sich in einer verstellten geschlossenen Schleife ereignete. Stellt man sich vor, dass die totale theoretische Logik der Hegelschen Philosophie **nicht anwesend** war, wie könnte man dann ein wahres Wissen über die Hegelsche Idee der Dialektik erworben haben? Darüber hinaus ist es durchaus möglich, zu schlussfolgern, dass es für Lenin sehr schwierig war, als er die *Wissenschaft der Logik* zu lesen begann. Er hatte „Kopfschmerzen" und fühlte sich oftmals konsterniert durch ihren abstrusen Inhalt; Lenin hat eben nicht, wie in der Wunschvorstellung von Kedrow und anderen unterstellt, die Hegelsche Philosophie mit einem Handgriff mühelos umgestaltet und ein großes logisches System der Theorie der materialistischen Dialektik begründet.

Dieser Zustand erfuhr jedoch in Lenins **zweiter Phase** eine bedeutsame Veränderung. Von der inneren Logik des Texts her gesehen wurde diese Veränderung zu Beginn von Lenin nicht auf eigene Initiative verfolgt, sondern war vielmehr eine **passive Aufnahme** im Prozess der Lektüre. Je mehr Lenin Hegel näherte, brachte ihn der in der totalen Logik der Texte wie *Wissenschaft der Logik* aufkeimende **theoretische Denkort** einer **zuvor unbekannten** LOGIK der materialistischen Dialektik Marxens umso näher. In Lenins weiterer Lektüre begannen mehr und mehr Ideen des Nichtanderen sein vorheriges Lektüresystem infrage zu stellen, und eine neue unabhängige Linie des Denkens begann sich aus den Paradoxien seiner Ideen und Selbstreflexionen herauszubilden. In seiner ursprünglichen Ideenlinie stellte Lenin Hegel unmittelbar Marx ganz und gar **entgegen**, während Lenin in der neuen Ideensituation, die allmählich entstand, damit begann, Hegels dialektische **Logik** (nicht den Idealismus !) mit Marx' historischem Materialismus und Darwins Evolutionstheorie zusammenzubringen. Als seine Forschung tiefer wurde, wurde seine theoretische Absicht immer intensiver; trotzdem nahm sein ursprüngliches Lektüresystem immer noch eine dominierende Position ein, und daher sehen wir in den Texten, die in der zweiten Phase geschrieben wurden, oftmals Widersprüche und Unsicherheit, da Lenin zwischen zwei sehr unterschiedlichen Lektüresystemen schwankte. Der Grund hierfür ist Lenins **vielstimmige** logische Situierung und Lesehorizont zu dieser Zeit, ein subversives Element der Dekonstruktion beginnt bereits sich an die Oberfläche zu drängen, obwohl die ursprüngliche Logik immer noch eine Zeitlang die dominierende Stellung einnimmt. In modischer Terminologie formuliert war Erstere ein Machtdiskurs und Letztere eine **neue Negativität** im Keim. Es ist offensichtlich, dass die zweite Phase in Lenins Lektüre der Hegelschen Philosophie eine war, in der widersprüchliche, zweifache Logiken unbewusst zusammenkamen und einen einzigartigen Situierungskontext bildeten, in dem die neue und die alte Logik kamen und gingen, aber keine fundamentale Veränderung erfuhren.

In der **dritten Phase** von Lenins Lektüre begann die schwammige und undeutliche neue Logik schließlich als eine völlig neue theoretische Situation Gestalt anzunehmen, sodass Lenin von seiner eigenen **Entwendung** der theoretischen Logik her den theoretischen Kontext der hegelianischen Philosophie und marxistischen Philosophie erneut konstruierte. Darin manifestieren sich konkret **zwei** wichtige Erkenntniswandel.

Ich glaube, dass Lenins erste epistemologische Verschiebung in dieser Phase während seiner Lektüre und seinem Nachdenken über den Abschnitt „Lehre vom Begriff" in Hegels *Die Wissenschaft der Logik* stattfand. Durch ein komplexes, revolutionäres Denkexperiment konnte Lenin eine völlig neue Linie der Leselogik hervorbringen; eine tiefgreifende Erneuerung seines allgemeinen Verständnisses und seiner Würdigung der Hegelschen Philosophie. Dieser Sprung im Verständnis entstand auf der Grundlage seines ursprünglich allgemein ablehnenden Interpretationsrahmens. Daher wurden die Widersprüche und Paradoxien zwischen diesen beiden Linien des Lesens schließlich gelöst. *Ich muss die Tatsache betonen, dass die ursprüngliche Denklinie des Lesens nicht dadurch bestimmt war, dass sich Lenin geirrt hatte, sondern vielmehr als eine unbewusste Unterstruktur aufgehoben wurde, die nicht harmonisch in den neuen logischen Rahmen seiner Lektüre passte.* Zu dieser Zeit las Lenin sicher Hegel immer noch kritisch, obwohl diese Kritik erheblich tiefgreifender war als die simple Ablehnung in seinen frühen Studien. Zugleich erkannte Lenin schließlich, dass eines der **strukturellen Elemente** von Marx' gesamter Theorie die Logik der **Dialektik der Geschichte** war, die aus Hegels Philosophie durch den Materialismus rekonstruiert worden war. As Lenins Verständnis sich zu ändern begann, erfuhr sein ursprünglicher philosophischer Logikraum auch eine tief erschütternde Gestaltveränderung. Was einmal allgemeinen materialistische Methoden als ein Spiegelbild des Anderen und die einfache Logik war, dass der Materialismus richtig und Idealismus falsch sei, wurde aufgebrochen, und die Ergebnisse dieser Dekonstruktion fanden ihren Ausdruck als die reine Spaltung der ursprünglichen wissenschaftlichen Erinnerungsgruppen. **Erstens** erscheint die tiefer verstandene philosophische Logik von Marx und Engels hier zum ersten Mal, wobei sie viele der falschen theoretischen Missverständnisse in Lenins früherer Lektüre korrigieren; **zweitens** überwand Lenin völlig die Erklärung der marxistischen Philosophie, die von Plechanow und anderen missverstanden worden war. **Drittens** wurde diese Erklärung zum Gegenstand von Lenins Kritik, der „alte Materialismus" von Philosophen, die noch nicht einmal so „klug" wie Hegel waren (Feuerbach und Dietzgen). **Viertens** war Lenin der Auffassung, dass es eine große Notwendigkeit gab, aus der Perspektive der Dialektik vorzugehen und die Kritik an Kant und dem Machismus auszuweiten. Das war eine Rekonstruktion und Vertiefung seines eigenen ursprünglichen Ideenraums des „dialektischen Materialismus". Es fällt nicht schwer zu sehen, dass die theoretische Situierung der Leninschen Ideen, als in wichtigen theoretisch-logischen Parametern wichtige Veränderungen eintraten, natürlich auch durchgreifend neu organisiert wurde. Eine Reihe neuer Auffassungen und Erwägungen waren gang und gäbe, und eine völlig neue offene theoretische Schleife formierte sich. Das Wichtigste in diesem Prozess war, dass Lenin begriff, dass er ins neue philosophische Gesichtsfeld von Marx und Engels nur durch ein wahres Verständnis des Idee der Dialektik der Hegelschen Philosophie tiefer eindringen konnte.

Ebenfalls in dieser dritten Phase erfuhr Lenins Denken eine zweite Erkenntniswendung: dies war der Prozess, in dem er in seiner neuen Theorie die wahre Bedeutung der materialistischen Dialektik erlangte und sie kreativ entwickelte. Dies festigte und stärkte zweifellos seine neue theoretische Situierung. Hier hat Lenin zum ersten Mal Marxens wahrhaft wissenschaftliche Idee der materialistischen Dialektik eingehend verstanden; er hat es verstanden, den Idealismus und den Agnostizismus im Gesichtsfeld des **praktischen** Materialismus von Marx und Engels **eingehender** zu kritisieren und endlich den alten Materialismus zu überschreiten, und mit einer solchen wissenschaftlichen Theorie (Logik) die Welt zu erkennen, die Praxis anzuleiten, die Welt umzugestalten und die große Bedeutung der philosophischen Revolution zu verwirklichen. Auch weil seine Haltung zu Hegels Philosophie eine derartig tiefgreifende Veränderung erfuhr, veränderte sich dementsprechend Lenins Erfassung der totalen Struktur der Dialektik, wodurch eine nagelneue theoretische Sicht der Dialektik, nämlich eine **objektive, wirkliche Dialektik der Praxis** auftauchte. Aus meiner Textanalyse schließe ich, dass diese zweite Wendung von der ersten nicht weit entfernt war; direkter gesagt, glaube ich, dass sie sich ereignete, als Lenin den dritten Kapitel „Teleologie" des zweiten Abschnitts „Objektivität" des zweiten Teils „Lehre vom Begriff" von Hegels *Wissenschaft der Logik* studierte. Hier kontrastiert Lenin zum ersten Mal auf die Weise eines **Vergleichs** die materialistische Dialektik, wie er sie verstand, und Hegels idealistische Dialektik in ihrer totalen Struktur. Die der bedeutenden Entdeckung Lenins vorlaufende Schnittstelle ist die **Partizipation des Subjekts in der ontologischen Bestimmung der Philosophie**; natürlich ist diese Teilnahme nicht die subjektive Idee bei Hegel, sondern die objektive Praxis, darüber hinaus tritt diese „Praxis" als die dialektische Grundlage der **Ontologie** auf. Ich denke, dass dies der Schlüssel zum Verständnis der zweiten Entwendung der theoretischen Logik in Lenins *Berner Heften* ist. Es ist offensichtlich, dass diese materialistische Umgestaltung von Hegel, verglichen mit der vorherigen simplen „Umstülpung" auf die Weise des Austauschs des Begriffs, wahrhaft durchgreifend ist und sich als die Umstülpung und Rekonstruktion der ganzen Logik von Hegel manifestiert. Lenin hat den Platz und die Rolle der aktiven, objektiven **Dialektik der Praxis** des Menschen in seinem Verhältnis mit Gegenständen und mit der äußerlichen Welt vorläufig nachvollzogen und hat ferner die zugrundeliegende theoretische Logik des in der *Deutschen Ideologie* dargebotenen neuen philosophischen Gesichtsfelds von Marx und Engels erreicht, die er zuvor nicht direkt sah: die uns **umgebende** Natur ist Resultat der Praxis und die objektive Dialektik der Praxis ist das wahre Fundament der neuen Weltanschauung der marxistischen Philosophie, und all dies sind die wichtigsten Grundsprinzipien des historischen Materialismus. In diesem zweiten vergleichenden Denken kurz danach erkannte Lenin ferner, dass es die Praxis ist, die ein objektives **Weltbild macht**; das ist auch die letzte Aufstellung des wichtigen Platzes der praktischen Dialektik auf der ontologischen Ebene der Philosophie. Das objektive Weltbild im Geist der Menschen ist keine unmittelbare Spiegelung der äußeren gegenständlichen Welt. Das Verweben der Kett- und Schussfäden dieses Bildes ist gerade der **Funktionsgrad** der Praxis, die äußere Wirklichkeit zu verändern: der Grad des Fortschritts der Modifikation des Objekts nach dieser oder jener Seite der Quantität und nach dieser oder jener Seite der Qualität gemäß den Zwecken (Bedürfnissen) des Menschen. Hier verwirklichte Lenin schließlich seine eigene **selbständige** theoretische Ideensituierung. Obwohl er wichtige Dokumente wie *Die Deutsche Ideologie* oder die *Grundrisse* von Marx und Engels damals nicht gesehen hat, hat er genievoll den theoretischen Horizont von Marx und Engels erreicht und in einigen wichtigen Aspekten eine theoretische Originalität verwirklicht. Darüber hinaus schließt die wichtige neue Erkenntnis, die Lenin erreichte, noch die neue Ansicht ein, die die den Menschen vertraute „Drei in Eins" von Dialektik, Erkenntnistheorie und Logik auf der Grundlage der Praxis neu bestätigt.

Die **vierte Phase** in den *Berner Heften* besteht aus Lenins Zusammenfassung der Untersuchung und des Studiums Hegels; sie beginnt mit dem letzten Kapitel in der *Wissenschaft der Logik* („Die absolute Idee") und erscheint zunächst in Form von „16 Elemente[n] der Dialektik" und wird dann in den verschiedenen Exzerpten, Lektürenotizen und Eindrücken ausgebreitet.

Im Unterschied zu Kedrows Ansicht glaube ich, dass die „16 Elemente" nicht die Leistung von Lenins bewusster, aktiver Konstruktion eines theoretischen **Systems** der materialistischen Dialektik war. Vielmehr war sie lediglich eine Zusammenfassung seiner Forschungsergebnisse zur materialistischen Dialektik, eine kurze Zusammenfassung der Theorie der **subjektiven** Dialektik. Dass dieser spezifische Kontext verlassen und auf künstliche Weise abstrakt überhöht wird, zumal die „16 Elemente" unmittelbar als die Struktur der **objektiven** Dialektik gefasst wird, entspricht nicht dem anfänglichen Vorsatz von Lenin. Das Merkwürdigste daran ist, dass in diesen zusammengefassten Kernpunkten das Neue, das er in vorigen Forschungen und Gedankenexperimenten entdeckt hatte, völlig unberührt bleibt: die **Situierung der Logik der Praxis**. Ich bin der Ansicht, dass Lenin diese kleine Zusammenfassung nicht als Entwurf für einen Schreibplan oder Abriss für die frontale Konstruktion einer logischen Struktur der materialistischen Dialektik schrieb, sondern vielmehr als ein kurzer Überblick über einige Dinge, die er in seiner Untersuchung der Hegelschen Philosophie entdeckte und die bei ihm den tiefsten Eindruck hinterließen, insbesondere einige Ansichten hinsichtlich der Dialektik (und Erkenntnistheorie). Deshalb stellt er darin die Frage der praktischen Grundlage der Dialektik und der Erkenntnistheorie auch nicht weiter. Bald darauf begann Lenin wieder, Hegels Werke zur Philosophiegeschichte zu lesen und bestätigte aber in diesem Zeitraum noch einmal den Denkraum der prakitschen Dialektik, den er kurz davor entdeckt hatte. Er entdeckte die logische Struktur der materialistischen Dialektik: das spezifische logische Grundgerüst, welches von der subjektiven Dialektik des Menschen und von der objektiven Dialektik unter der Vermittlung der in Bewegung befindlichen Dialektik der Praxis konstituiert wird. Hier sind **subjektive Dialektik und objektive Dialektik nicht unmittelbar gleichgestaltig, sondern die subjektive Dialektik ist gleichlaufend mit der Struktur der praktischen Dialektik**: das „Zusammenfallen einer der unendlichen Seiten des Realen" durch **konkrete, wirkliche, historische** Praxis der Menschheit. Lenin erkannte auf tiefgreifende Weise, dass die subjektive Dialektik nicht unmittelbar die objektive Dialektik abbildet; erst durch die sich fortwährend entwickelnde praktische Dialektik („Technik, Geschichte, etc.") und im Funktionsgrad der Praxis unter bestimmten historischen Bedingungen können die Menschen gegebene Bestimmungen der objektiven Dialektik im Hinblick auf „gegebene Momente" der Erkenntnis widerspiegeln.

Nachdem er seine Hegellektüre beendet hatte, schrieb Lenin drei Zusammenfassungen seines eigenen Denkens: „Konspekt zu Hegels *Wissenschaft der Logik*", „Konspekt zu Lassalles Buch *Die Philosophie Herakleitos des Dunklen von Ephesos*" und „Zur Frage der Dialektik". Ich glaube, dass die erste hiervon eine **Zusammenfassung seiner Lektüre** war, die zweite eine **erneute Bewertung** der Ausbildung der dialektisch theoretischen logischen Struktur, und die dritte einige **Gedanken und Eindrücke** von Lenin über sein Erlernen der Dialektik und seinen Wunsch, eine Erklärung zu entfalten. Ich finde, dass die gewichtigste hiervon der „Konspekt zu Hegels *Wissenschaft der Logik*" ist, denn dies ist eine logische Gesamtstrukturanalyse seiner Logik seiner sämtlichen Lektüretätigkeiten. In diesem Dokument sehen wir, dass Lenin bereits die theoretische Tatsache nüchterner erfasst hat, dass die Struktur der Hegelschen Dialektik die **logische Spiegelung** der Erkenntnisstruktur des menschlichen Subjekts ist und sein Fehler nur darin besteht, diese **subjektive Erkenntnisstruktur** des Subjekts auf eine idealistische Weise als **fundierendes Wesen** der objektiven Seinsstruktur festzulegen, und dass unsere kritische Umgestaltung von Hegel keinesfalls bedeutet, dass diese subjektive Erkenntnisstruktur wieder ummittelbar zur Struktur des Objekts selbst erklärt wird, sondern die wahre Grundlage der subjektiven Erkenntnisstruktur im Subjekt erneut festzulegen, wobei diese Grundlage

Praxis ist ! Die subjektive Erkenntnisstruktur des Menschen (Logik) ist durch die Struktur und die Logik des objektiven Fortgangs der Praxis des Menschen bedingt. Der von Hegel beschriebene **Ordnungsgrad** des sukzessiven Aufstiegs der Logik ist nur der Grad des Hineingrabens der Praxis vom Subjekt in Richtung Subjekt ! Allein durch die Vermittlung der Struktur der Praxis hindurch kann die Struktur de Objekts historisch zum Ausdruck gebracht werden. Nach meiner Sicht war dies der **Höhepunkt**, den die selbständigen Ideensituierung von Lenin im Fortgang seiner Lektüre der philosophischen Werke von Hegel erreicht hat ! In diesem Punkt erfasste er das Wesen der materialistischen Dialektik von Marx im Großen und Ganzen äußerst tiefgreifend und vertiefte auf diese Weise seine Idee weiter.

Es gibt einen letzten Punkt, den ich erklären muss. Diese Gestaltveränderung, die sich in der Szene der philosophischen Ideen Lenins in den *Berner Heften* ereignete, ging nicht unmittelbar auf die Bahnung der Schriften von Marx und Engels zurück. Über zehn Jahre zuvor hatte Lenin bereits Marxens *Kapital* und seine anderen wichtigen veröffentlichten Texte sorgfältig gelesen und studiert; um das Jahr 1913 herum konzentrierte er sich noch einmal auf das Studium der Werke von Marx und Engels, jedoch ohne derartige tiefe Einsichten und philosophische Konstruktionen. Indem er diesmal selber den Versuch anfing, die Szene der Hegelschen philosophischen Logik zu negieren, aktivierte er sein eigenes tieferes totales Verständnis von Marx' philosphischer Logik. Das ist eine logische Situierung der marxistischen Philosophie von hohem Niveau ! Ich glaube, dass es noch einen weiteren Aspekt gibt, den zu verstehen für uns wichtig ist; ausgehend von unserer Diskussion hier scheint es, als habe Lenin Marxens historische Dialektik und seinen revolutionären kritischen Geist eingehend verstanden, da er Hegels Dialektik akademisch gelesen und verstanden habe. Die Wahrheit ist jedoch weitaus komplexer, denn die entscheidende treibende Kraft in seiner Ideenwendung war eigentlich **die Praxis und der Kampf der aktuellen Revolution**, die Lenin in den jeweiligen Momenten Bedrängnis brachte. Bekanntlich wurde der praktische Kurs der russischen Revolution der Bolschewiki, die Lenin anführte, seit geraumer Zeit durchwegs mit der Kritik und Anfechtung seines Lehrers Plechanow und der ganzen Zweiten Internationale konfrontiert; schließlich war die wirkliche Grundlage der Produktivkräfte der in Kinderschuhen steckenden kapitalistischen Entwicklung Russlands weit davon entfernt, die objektiven materiellen

Voraussetzungen, die von Marx und Engels für die proletarische Revolution gesetzt wurden, zu erfüllen. Auf diese Frage konnte Lenin in der politökonomischen, historischen und gesellschaftspolitischen Literatur, die Marx und Engels der Nachwelt hinterlassen haben, keine fertige Antwort finden. Auf dem Höhepunkt seiner selbstständigen Ideensituierung, welche sich im Lektüreprozess der Hegelschen Philosophie allmählich ausbildete, entdeckte er jedoch überraschenderweise den Satz in Marxens praktischer Dialektik heraus, dass **die Praxis das Sein schafft und verändert**. Es sollte gesagt werden, dass es diesmal eine **unbewusste Entwendung des akademischen Diskurses** war. Als Lenin aufgeregt darauf hinwies, dass kein Marxist des zwanzigsten Jahrhunderts Marx je verstanden habe, zielte dieses Urteil nicht bloß auf die philosophische Theorie ab, sondern meinte gerade auch wissenschaftliche dialektische Methode als aktuelle proletarische Revolution.

Daher glaube ich, dass Lenins Studium der Philosophie Hegels in den *Berner Heften* letztlich nicht auf das Schreiben eines **definitiven und systematischen** Fachwerks über materialistische Dialektik hindeutet, sondern vielmehr auf die wirkliche proletarische Praxis und das revolutionäre Ereignis in Russland. *Badiou schreibt, dass Lenin stets die Ereignisse mochte und sich nicht besonders mit Lehren und Theorien befasste.[138] Das ist richtig.* Die Theorien sowjetischer Wissenschaftler, vor allem die von Kedrow aufgestellte „Theorie der geplanten Konzeption" ist fragwürdig. Warum sollte Lenin am Vorabend der Oktoberrevolution ein philosophisches Buch schreiben? Hat er sich denn, ungeachtet dessen, dass das ganze Europa von Gewitterwolken des ersten Weltkriegs verhangen war, in das Studium der Hegelschen Philosophie und der Frage der Dialektik vergraben, um ein Buch zu schreiben oder um der aktuellen Revolution willen ?! Das ist eine Frage, die nicht mit subjektiven Vermutungen und Urteilen im Selbstgespräch beantwortet werden kann, sondern mit einer neuen Nachstellung der historischen Tatsachen durch wissenschaftliche Auseinandersetzung mit der textuellen Wahrheit, Analyse der textuellen Handlungen und durch Aufräumen mit ideologischen Fantasien.

Lasst uns darum von Neuem auf Lenin zurückkommen!

---

138 Vgl. *Ontology and Politics: Conversations with Badiou*, Guanxi Normal University Press 2006, S. 314.

Teil I
Lenin besteigt den Tempel der Philosophie

Im ersten Teil dieses Buchs werden wir die ersten beiden Phasen in der Entwicklung von Lenins philosophischen Gedanken untersuchen, d.h. seine philosophischen Veränderungen zwischen dem späten 19. Jahrhundert und 1913.

Die erste Phase dauerte von 1894 bis etwa 1906. In dieser Zeit hinterließ Lenin nur äußerst wenige wirkliche philosophische Dokumente; wir können Lenins Zusammenhang nur **symptomatisch** aus der großen Zahl von politischen Texten, die er über reale Probleme schrieb, herauslesen. Um ehrlich zu sein, muss ich daher zugeben, dass mein Zugriff auf die Bedeutung von Lenins philosophischem Diskurs in dieser Phase vollständig auf meiner eigenen **subjektiven Situation** und meinen **theoretischen Schlussfolgerungen** basiert. Die Texte, auf denen ich meine Schlussfolgerungen begründe, umfassen *Was sind die „Volksfreunde"* von 1894, Lenins Notizen zur *Heiligen Familie* von 1895 und einige wenige verstreute Lektürenotizen und politische Texte.

Die zweite Phase dauerte von 1907 bis 1913. Zusätzlich zu seinen veröffentlichten Texten unternahm Lenin in dieser Zeit zwei systematische Untersuchungen zur Philosophie, wobei er uns ausgedehnte Lektürenotizen und Kommentare hinterließ, darunter das berühmte Buch *Materialismus und Empiriokritizismus*[1], verschiedene Artikel, die den Marxismus

---

1   In der Untersuchung von Lenins philosophischem Denken durch unsere Gruppe chinesischer Wissenschaftler wurde die thematische Erforschung dieses bedeutenden Werks von Professor Liu Huaiyu geleitet. Daher wird dieses Buch diesen Text nicht im Detail untersuchen.

propagierten („Die historischen Schicksale der Lehre von Karl Marx" und „Drei Quellen und drei Bestandteile des Marxismus") wie auch eine große Anzahl von Untertexten und Entwürfen. Letztere umfassen: Briefe zwischen Lenin und dem russischen Autor Gorki, Kommentare zu Plechanows Werk *Die Grundprobleme des Marxismus* von 1908, Kommentare zu den *Gesammelten Werken* Dietzgens, eine große Anzahl von Kommentaren zu westlichen Werken zu Philosophie und Naturwissenschaft, Kommentare zu Deborins philosophischen Artikeln, Kommentare zu Tschernyschewskis Texten und Exzerpte zu Feuerbachs *Vorlesungen zum Wesen der Religion*. Natürlich könnten wir zu dieser langen Liste die äußerst wichtigen Entwürfe und Exzerpte hinzufügen, die er 1913 zum *Briefwechsel zwischen Marx und Engels* anfertigte.

Ich glaube, dass diese Untertexte und Entwürfe der Schlüssel zu unserem Verständnis von Lenins philosophischem Denken in unterschiedlichen Phasen sind und einen wahrhaftigeren Zugang der Textanalyse und der philosophischen Untersuchung eröffnen. Bedauerlicherweise wurden diese Texte in der traditionellen Forschung zu Lenins Philosophie ignoriert. Die philosophischen Notizen und Lektürekommentare, die von Lenin in diesen zwei Phasen hinterlassen wurden, sind sowohl von sowjetischen Wissenschaftlern wie auch in der Forschung westlicher Marxisten massiv ignoriert worden. Tatsächlich glaube ich, dass eine **erneute Nachbildung** des **möglichen** „ursprünglichen" Kontexts von Lenins philosophischen Denkens und Schreiben aus diesen Hefte aus erster Hand und Anmerkungen fürs Eindringen ins Wesen der philosophischen Ideen Lenins zu dieser Zeit entscheidend ist.

Kapitel 1
Der junge Lenin in der revolutionären Praxis und die Subjekt- und Objektdimension der geschichtlichen Wirklichkeit

Bereits in den frühen 1880er Jahren war Lenin mit seinem ersten Auftauchen auf der wissenschaftlichen und revolutionären Bühne ein Marxist. Dies war ein Aspekt, in dem sich Lenin deutlich von Marx unterschied. Mit anderen Worten, obwohl es eine Phase gibt, in der wir vom jungen Lenin sprechen können, existierte sein Denken schon in einem marxistischen Rahmen. Dennoch durchlief das Denken des jungen Lenin, obwohl Lenin von Anfang an ein Marxist war, in Bezug auf sein Verständnis der marxistische Philosophie und insbesondere sein Verständnis der materialistischen Dialektik unvermeidlich einen langen Prozess kontinuierlichen Lernens. Ich glaube, dass Lenins philosophisches Verständnis nur im Jahrzehnt zwischen 1894 und 1905 mehrere bedeutende philosophische Veränderungen erlebte, die als Veränderungen in verschiedenen Untersuchungsdimensionen der realen gesellschaftlich-historischen Entwicklung zum Ausdruck kamen; diese Veränderungen in Bezug auf die Perspektive führten dazu, dass sich der reale logische Strahl in seinen philosophischen Begriffen entsprechend veränderte. Weiterhin war diese

Veränderung in den philosophischen Begriffen des jungen Lenin auch mit der philosophischen Entwicklung seines Lehrers Plechanow auf eine Art und Weise verbunden, die nicht übersehen werden darf. Ich glaube, dass ein solches Verständnis im Vergleich zu den Untersuchungen Lenins zur traditionellen marxistischen Philosophiegeschichte eine bedeutende „Entdeckung" ist, nachdem der Erklärungsrahmen der früheren Sowjetunion und Osteuropas abgeworfen wurde.

1. Der junge Lenin und Objektdimension der historischen Dialektik

Ich habe herausgefunden, dass Lenin ein Marxist von Jugend an war. Allerdings waren die grundlegenden Theorien, die der junge Lenin akzeptierte, größtenteils ökonomische Prinzipien und politische Theorien, die in Bezug zum aktuellen Kampf Russlands standen. Rein akademische philosophische Forschung war noch nicht in den Bereich seiner Untersuchung geraten, denn das, worum sich der **junge** Lenin hier kümmerte, waren die reale Entwicklung und das Schicksal der russischen Gesellschaft. *Maslow schrieb speziell hierüber. Als er über die primären Kennzeichen des Denkens des jungen Lenin in den 1880er Jahren nachdachte, schrieb er, dass Lenin sich mehr um die drängenden Fragen von Russlands Schicksal kümmerte, nicht um rein theoretische Fragen.*[1] Krupskaja, Adoratskij und der junge Lukács erkannten alle diese Tatsache. Aus diesem Grund zeigen manche von Lenins frühen Lektürenotizen und Kommentaren, dass er sich zu jener Zeit auf Marx' *Kapital* wie auch auf Texte über Ökonomie und wissenschaftlichen Sozialismus konzentrierte.[2] In Texten wie seinem „Zur sogenannten Frage der Märkte" von 1893 können wir bereits sehen, dass er Marx' ökonomische Sichtweisen benutzte, um die Frage der ökonomischen Entwicklung Russlands zu analysieren.[3] Um ein anderes Beispiel zu nennen, in seinen vorbereitenden Untersuchungen zu *Die Entwicklung des Kapitalismus in Russland*, begann Lenin eine weiteres tieferes und ernsthafteres Studium des *Kapital*, obwohl sein Fokus hier auf konkreten

---

1 Vgl. Maslow, *Remembering Lenin*, Moskau 1989, Bd. 3, S. 25.
2 Vgl. Bd. 57 der zweiten Auflage der chinesischen *Gesammelten Werke Lenins*.
3 Vgl. *LW*, Bd. 1, S. 65-116.

Fragen ökonomischer und gesellschaftlicher Entwicklung lag, ohne weitere Gedanken an die historisch-materialistischen Prinzipien und die wissenschaftliche Methodologie von Marx' Studien zur Ökonomie.[4] *Ich glaube, dass dies eine wichtige Unterstützung für die theoretische Situierung des jungen Lenin war.* Ich möchte auch darauf hinweisen, dass Lenins Verständnis im Hinblick auf seine Richtung und seinen Schwerpunkt zu jener Zeit grundlegend richtig und nicht ohne Tiefe war; insbesondere seine Anwendung einiger wissenschaftlicher Methoden und grundlegenden Prinzipien des Marxismus auf die gesellschaftliche Realität Russlands zeigten einen seltenen Scharfblick und historische Konkretheit.

Das bedeutet jedoch nicht, dass das Verständnis aller marxistischen Theorien durch den jungen Lenin absolut korrekt und tiefgreifend war. *Diese willkürliche Logik und allzu vereinfachende Untersuchung existierte in den Schlussfolgerungen sowjetischer Wissenschaftler unter dem Einfluss des stalinistischen dogmatischen ideologischen Rahmens in Bezug auf das Denken des jungen Lenin.* Von der Forschungsperspektive ausgehend, die ich hier vorschlage – also der einer objektiven Analyse, die auf dem historischen Entwicklungsprozess der philosophischen Ideen Lenins basiert – wird deutlich, dass der junge Lenin sich das wissenschaftliche Verständnis von Marx' philosophischen Theorien nicht mit einem Mal aneignete. Es ist allgemein bekannt, dass Lenin in Bezug auf philosophische Theorie sowohl von seinem Mentor Plechanow genährt wurde als auch von den Theoretikern der Zweiten Internationale. *Korsch hatte diesen akademischen Zusammenhang identifiziert.*[5] Es ist offensichtlich, dass die theoretische Situation der philosophischen Gedanken des jungen Lenin unvermeidlich eine Art von Anderem Kontext war. Insbesondere in seinen frühen theoretischen Forschungen können wir nicht sehen, dass er zahlreiche, tiefschürfende oder systematische Studien der philosophischen Theorie betrieb. Eine Analyse seiner Schriften zeigt sogar, dass die philosophischen Gedanken des jungen Lenin zu dieser Zeit von unbeständiger, ungleichmäßiger Qualität sind. Dies gilt insbesondere für sein Verständnis des historischen Materialismus und der Dialektik; im Verständnis

---

4   Vgl. Bd. 57 der zweiten Auflage der chinesischen *Gesammelten Werke Lenins.*
5   Karl Korsch, *Marxismus und Philosophie*, Frankfurt/Wien 1971, S. 72.

des jungen Lenin gab es ganz offensichtlich mehrere mögliche theoretische Abweichungen. In diesem Abschnitt werden wir besonders die Entwicklung der philosophischen Gedanken des jungen Lenin untersuchen.

1894 definierte der erste veröffentlichte philosophische Text über Philosophie (*Was sind die „Volksfreunde"*) durch den 24-jährigen jungen Lenin die materialistische Dialektik, wie sie von Marx und Engels verstanden wurde, als „die Ablehnung der Methoden des Idealismus und des Subjektivismus in der Soziologie."[6] *Das war eine Methode, die von der objektiven Realität ausging. Wenn dies seine Grundlage und sein theoretischer Ausgangspunkt zum Verständnis der materialistischen Dialektik waren, dann müssen wir sagen, dass Lenin Recht hatte.* Jedoch war die materialistische Dialektik nach seiner Meinung „die wissenschaftliche Methode in der Soziologie, die darin besteht, dass die Gesellschaft als ein lebendiger, in ständiger Entwicklung begriffener Organismus betrachtet wird", und als Substanz dieser Dialektik betrachtete er „die soziale Evolution als einen naturgeschichtlichen Entwicklungsprozess ökonomischer Gesellschaftsformationen."[7] Es besteht wenig Zweifel daran, dass dieses Verständnis tatsächlich weit entfernt von den reichhaltigen Konnotationen von Marx' und Engels' historischer Dialektik war. Obwohl der historische Materialismus und die historische Dialektik, die von Marx und Engels entwickelt wurden, die gleiche Substanz hatten, sind sie doch offensichtlich nicht das Gleiche. Ich sollte auch darauf hinweisen, dass der junge Lenin hier auf unpräzise Weise schrieb, die zentrale Idee des historischen Materialismus betrachte die "gesellschaftliche Bewegung als einen naturgeschichtlichen Prozess, den Gesetze lenken, die nicht nur von dem Willen, dem Bewusstsein und der Absicht der Menschen unabhängig sind, sondern vielmehr umgekehrt deren Wollen, Bewusstsein und deren Absichten bestimmen".[8] *Unglücklicherweise wurde diese nicht völlig richtige Sichtweise in den philosophischen Systemen der stalinistischen Zeit für einen klassischen Ausdruck der grundlegenden Ansichten des historischen Materialismus gehalten.*[9] *Warum glaubte Lenin dies?*

6   Lenin, W.I. „Was sind die „Volksfreunde", in: *LW*, Bd. 1, S. 119-338, hier: S. 177.
7   A.a.O., S. 158.
8   A.a.O., S. 159.
9   Diese falsche Erklärungsposition hat ihren Ursprung primär bei den

Nach sorgfältiger Betrachtung der anderen von Lenin geschriebenen Texte aus dieser Zeit habe ich herausgefunden, dass die wirklichen Bemühungen des jungen Lenin zu jener Zeit sich auf den Kampf gegen den russischen Narodnismus richteten.[10] *An sich war dies eine eindeutige theoretische Situation, die hervorgebracht wurde, um den wichtigen theoretischen Anforderungen eines tatsächlichen politischen Kampfs zu genügen.* Wir wissen, dass sich die Debatte zwischen russischen Marxisten und Narodniki primär um die Frage von Russlands gesellschaftlicher Entwicklungsrichtung drehte. Zu jener Zeit befand sich Russland offensichtlich auf einer niedrigen Ebene der kapitalistischen Entwicklung: nach Statistiken von 1881 gab es nur ungefähr eine Million Industriearbeiter verglichen mit 75 Millionen Bauern. *Später sollte Lenin schreiben, dass dies ein großes Meer von kleinen Produzenten sei.*

Was sah Lenin als Narodnismus? Nach seiner eigenen späteren Definition kann der Narodnismus als etwas verstanden werden, das die folgenden drei Eigenschaften besitzt:

Erstens glaubten sie, dass der **Kapitalismus in Russland Schwäche, Regression bedeute.** Lenin glaubte, dass die Narodniki die Geburt und die Entwicklung des Kapitalismus in Russland zu behindern versuchten. **Zweitens**

Theoretikern der Zweiten Internationale, die fälschlich die blinden Bewegungen („Quasi-Natürlichkeit") , die der natürlichen Welt ähnlich sind, und die in der Entwicklung der Gesellschaftsgeschichte in Marx' spezieller Theorie des historischen Materialismus erscheinen, als ein allgemeines Gesetz des historischen Materialismus sahen. Vgl. mein Buch *The Subjective Dimension of Marxist Historical Dialectics.*

10 Der russische Narodnismus entstand in den 1870er Jahren, nachdem eine Gruppe von linken Intellektuellen in Kontakt mit dem Marxismus gekommen war. Es war eine soziale Denkschule, die das Gefühl des Nationalismus mit sich führte. Michailowski war ein Vertreter dieser Schule. Da sie die grausame Ausbeutung der Arbeiter und die soziale Ungleichheit sahen, die das europäische kapitalistische System mit sich brachte, versuchten diese Denker, in der Entwicklung der russischen Gesellschaft den Kapitalismus zu überspringen. Sie wollten einen bäuerlichen Sozialismus, indem sie Klassenkonflikte vermieden und dem Weg der russischen Bauerngemeinden folgten. Zu diesem Zweck schrieben sie sogar direkt an Marx, was zu Marx' berühmten Brief an Sassulitsch führte. In diesem spezifischen historischen Zusammenhang verstanden sich die Denker der Narodniki als „Volksfreunde".

glaubten sie, dass das **ganze russische Wirtschaftssystem zu einzigartig sei, insbesondere die Bauern und ihre Dörfer, Gemeinschaftsarbeit usw.** Lenin glaubte, dass die Narodniki Russlands Bauerngemeinschaftsgesellschaft (Dorfgemeinschaft) als etwas Höheres und Besseres als den Kapitalismus ansahen. **Drittens** ignorierten sie die Tatsache, dass die Erklärung für jede Strömung gesellschaftlichen Denkens und der rechtlichen und politischen Institutionen in den materiellen Interessen der unterschiedlichen Klassen gesucht werden müsse. Kurz gesagt glaubte Lenin, dass der Narodnismus eine Denkschule sei, die keine „materialistische" Erklärung der gesellschaftlichen Phänomene liefere.[11] Im Wesentlichen lehnte der Narodnismus die Herrschaft des Kapitalismus in Russland, den Patz der Fabrikarbeiter als Soldaten der proletarischen Revolution und die politische Freiheit der bürgerlichen Klasse ab und rief zu einer sofortigen Verwirklichung der sozialistischen Revolution ausgehend von Bauerndörfern auf.[12] *In der komplexen Wirklichkeit des politischen Kampfs war der Geist des jungen Lenin relativ klar; in der Analyse von Problemen gelang es ihm immer, schnell den Kern des Gegenstands zu erfassen.*

Zu diesem Zeitpunkt betonte Lenin die objektive Notwendigkeit und die universale Bedeutung der Entwicklung des Kapitalismus in Russland. Er begrüßte die Entstehung des russischen Kapitalismus, denn Kapitalismus war die objektive Vorbedingung für die sozialistische Revolution. Aus diesem Grund akzeptierte er den „besonderen" russischen Weg nicht, wie er von den Narodniki gelehrt wurde; er glaubte, dass Russland nicht auf der Ebene der Dorfgemeinschaften stehenbleiben konnte, dass es in der Entwicklung zu Kommunismus den Kapitalismus durchlaufen müsse. Lenin entwickelte diese Position, nachdem er Marx' Brief an Sassulitsch gelesen hatte, was ausreicht, um seine festen Überzeugungen zu erklären.[13]

---

11   Lenin, W.I. Auf welches Erbe verzichten wir?, in: *LW*, Bd. 2, S. 501-547.
12   Lenin, W.I, Zwei Taktiken in der demokratischen Revolution, in: *LW*, Bd. 9, S. 1-130, hier: S. 31-34.
13   Vera Sassulitsch war eine bekannte russische Marxistin. Obwohl sie einst den Ansichten der Narodniki zugestimmt hatte, war sie nun konfrontiert mit Marx' Antwort vom 8. März auf ihren Brief vom Februar 1881, in dem sie vorschlug, den Kapitalismus zu überspringen, ohne durch seine „Kaudinischen Pässe" hindurchzugehen. Marx schrieb vier Entwürfe seiner Antwort an Sassulitsch. Im ersten Entwurf seines

Der junge Lukács bemerkte diesen Punkt ebenfalls (vgl. Lenin-Studie über den Zusammenhang seiner Gedanken [1924]). Zwischen November 1877 und Januar 1882 entwickelt Marx eine sehr reife Sichtweise auf die russische Bauerngemeinschaft. Um es kurz zu machen, wenn es der russischen Revolution gelang, erfolgreiche proletarische Revolutionen in Westeuropa auszulösen, dann könnten die russischen Ackerbaugemeinschaften in der Lage sein, unmittelbar der Ausgangspunkt der Entwicklung des Kommunismus zu werden, ohne den Kapitalismus zu durchlaufen. Das ist zunächst so, weil sich das kapitalistische System nach Marx' Ansicht „in Westeuropa wie in den Vereinigten Staaten, im Kampf sowohl mit den arbeitenden Massen, mit der Wissenschaft, als auch mit den Produktivkräften [befindet], die es selbst erzeugt hat – mit einem Wort, es durchlebt eine Krise, die mit der Beseitigung des Kapitalismus und der Rückkehr der modernen Gesellschaft zu einer höheren Form des ‚archaischen' Typus des kollektiven Eigentums und der kollektiven Produktion enden wird."[14] Weiterhin kann Russland im Hinblick auf seine sozioökonomischen Bedingungen nur durch die Entwicklung von Agrargemeinden der verzweifelten Situation entkommen, in der es sich befindet. Dies sollte der nichtkapitalistischen Entwicklung von Russlands Agrargemeinden Legitimität im Hinblick auf reale ökonomische Operation verleihen. Zweitens besitzen Russlands Agrargemeinden eine machtvolle Vitalität, sowohl, wenn sie mit primitiven Gemeinden verglichen werden wie auch in der Synthetisierung von Russlands besonderer gesellschaftlicher und natürlicher Umgebung. Daher werden Russlands Agrargemeinden, sobald der Kapitalismus diesen Kampf verliert und endet, auch wenn sie unter den historischen Bedingungen des Kapitalismus, der sich „im Kampfe befindet gegen die Wissenschaft, gegen die Volksmassen und gegen die Produktivkräfte, die es erzeugt"[15], verschwinden und in Privatbesitz übergehen werden, in der Lage sein, all die materiellen Vorbedingungen zu

---

Briefes schlug er klar die Idee der „Kaudinischen Pässe" vor, obwohl dieser Punkt in seinem letzten Entwurf nicht bestätigt wird. Im Vorwort zur zweiten Auflage des *Kommunistischen Manifests* jedoch, das Marx schrieb, benannte er unter Einschränkungen diese Möglichkeit.

14   Karl Marx, Entwürfe einer Antwort auf den Brief von V. I Sassulitsch, in: *MEW*, Bd. 19, S. 392.
15   A.a.O., S. 385-386.

erfüllen, um kollektive Arbeit zu leisten, ohne den Kapitalismus zu durchlaufen. In der Überwindung des Kapitalismus war diese Analyse der besonderen Bedingungen der russischen Gesellschaft mit der historischen Analyse des Kapitalismus verbunden. Mit andern Worten, bei der Behandlung der künftigen Entwicklung der russischen Gesellschaft war Marx' theoretische Grundlage immer noch auf dem umfassenden Verständnis kapitalistischer Produktionsweisen begründet.¹⁶ In seiner konkreten Analyse der russischen Dorfgemeinschaft – in ihrem historischen Zusammenhang – verbindet er die Analyse von Russlands besonderen gesellschaftlichen Bedingungen mit den inneren Widersprüchen des hochentwickelten kapitalistischen Systems. Marx unterschied sich daher grundlegend sowohl von den romantischen Sichtweisen der russischen Narodniki wie auch von den liberalen Ansichten der russischen Bourgeoisie. In der russischen Einleitung zur zweiten Auflage des Kommunistischen Manifests formuliert er eine klassische Erläuterung der konkreten Form der russischen Revolution: Wenn die russische Revolution zu einem Signal wird, das Revolutionen des westlichen Proletariats auslöst, und wenn die Revolutionen in der Lage sind, einander zu ergänzen, dann kann das gegenwärtige russische System des Gemeineigentums zum Ausgangspunkt der Entwicklung des Kommunismus werden.¹⁷

Tatsächlich wendet sich bereits Lenins ein Jahr zuvor geschriebenes „Zur sogenannten Frage der Märkte" gegen den Narodnismus mit der marxistischen Ökonomie. Indem er Marx' ökonomische Ansichten verwendet, bewies er, dass der Kapitalismus bereits die Grundlage von Russlands

---

16   Tatsächlich hatten Marx' Ansichten zu Russlands gesellschaftlicher Entwicklung und auf seinen revolutionären Weg lange Zeit ihre Wurzeln primär in der objektiven historischen Bedingung der totalen sozialen Revolution. Insbesondere in seiner Kritik an Bakunins anarchistischen Sichtweisen basierte Marx seine Ideen auf seiner Verständnisebene der historischen Bedeutung von Russlands Agrargemeinschaften, wobei er betonte, dass die totale soziale Revolution mit bestimmten historischen Bedingungen verbunden sei. Diese Bedingungen sind die Vorbedingung für die soziale Revolution. Vgl. *Gesammelte Werke von Marx und Engels*, Bd. 2, Volkspresse 1972, S. 635.
17   Vgl. Karl Marx/Friedrich Engels, Vorrede zur zweiten russischen Ausgabe des „Manifests der Kommunistischen Partei", in: *MEW*, Bd. 19, S. 295-296.

ökonomischem Leben sei[18], wie auch die objektive Notwendigkeit der Entwicklung des Kapitalismus in Russland. Hier scheint es, als ob Lenin diesen Punkt durch die Verwendung philosophischer Methodologie erklären möchte. Wir können die theoretischen Absichten des jungen Lenin im Kampf gegen den Narodnismus primär von seiner Untersuchung der **objektiven Dimension** der sozialgeschichtlichen Entwicklung ausgehen. Er glaubte, dass die Methode der Narodniki im Wesentlichen eine subjektive Soziologie sei. *Ich habe herausgefunden, dass diese Ansicht von Nikolai Berdjajew, der einst für die russischen Narodniki schrieb, geteilt wird. Der ökonomische Materialismus des äußerlichen Marxismus wurde durch die Rekonstruktion des Narodnismus in eine neue Form der subjektiven Soziologe umgewandelt.*[19] Daher betonte Lenin mit dem letzten Ziel, der Opposition des Narodnismus gegenüber der Entwicklung des Kapitalismus in Russland zu widersprechen, die Objektivität und – **nicht vom Menschen bestimmte**– „natürliche Ordnung" der gesellschaftlich-historischen Entwicklung. Mit anderen Worten, für den jungen Lenin würde der Kapitalismus in Russland unabhängig von der Gegnerschaft der Narodniki wachsen. Lenin sollte später einen präzisen Überblick über diesen Punkt geben: „Der volle Sieg dieser Bauernbewegung wird den Kapitalismus also nicht beseitigen, sondern umgekehrt eine breitere Grundlage für seine Entwicklung schaffen, wird die rein kapitalistische Entwicklung beschleunigen und verstärken. Der volle Sieg des Bauernaufstands kann lediglich eine feste Stütze der demokratischen bürgerlichen Republik schaffen, in der sich der Kampf des Proletariats gegen die Bourgeoisie erstmalig in voller Reinheit entfalten wird."[20]

Auf einer tieferen Ebene des gesellschaftlichen Verständnisses und als Antwort auf die großartigen, subjektivistischen Behauptungen Michailowskis[21] und anderer, dass Geschichte durch „Individuen, die alles Denken und alles Gefühl besitzen", geschaffen werde, betonte der junge

---

18 Vgl. Lenin, W.I., Zur sogenannten Frage der Märkte, in: *LW*, Bd. 1, S. 65-117.
19 Berdjajew, Nikolai, *The Truth of Philosophy and the Reality of Knowledge Levels*, Yunnan People's Press 1999, S. 12.
20 Lenin, W.I., Kleinbürgerlicher und proletarischer Sozialismus, in: *LW*, Bd. 9, S. 443.
21 Nikolai Michailowski (1842-1904) war ein russischer Theoretiker, Kunstkritiker und Philosoph der Narodniki.

Lenin die objektiven „gesellschaftlichen Tatsachen", die durch die sogenannte gesellschaftliche Tätigkeit der Individuen geschaffen werden. Das ist ein typischer soziologischer Begriff nach Art von Durkheim. Zu jener Zeit bildeten die französische und deutsche Soziologie einen der wichtigsten philosophischen Hintergründe, die den größten Einfluss auf die russische Wissenschaftslandschaft ausübten. Der größte Einfluss von Peter Struve[22] war Georg Simmel[23] Diese spezielle theoretische Situation führte Lenin dazu, Probleme oftmals im Zusammenhang der Soziologie zu diskutieren, möglicherweise ohne es zu bemerken. Ironischerweise erklärten sowjetische Wissenschaftler unter der Herrschaft Stalins die Soziologie zu einer bürgerlichen „falschen Wissenschaft". Lenin schien zu bemerken, dass das „Denken und Fühlen" dieser Menschen sich in Tätigkeiten ausdrückte und auf diese Weise bestimmte gesellschaftliche Verhältnisse schuf. Diese gesellschaftlichen Verhältnisse, die nicht notwendig unmittelbar beobachtet werden können, bilden das Wesen der objektiven gesellschaftlichen Tatsache. Diese Sichtweise ist im Wesentlichen richtig.

Nach Lenins Ansicht zu jener Zeit konnte der historische Materialismus auf zwei Ebenen verstanden werden. Den zentralen Begriff der ersten Ebene bildeten die „gesellschaftlich-ökonomischen Formen." Mit anderen Worten: **„Ausgehend von der für alle menschliche Gemeinschaft grundlegenden Tatsache, nämlich der Art und Weise, wie der Lebensunterhalt gewonnen wird, brachte sie diese mit den Wechselbeziehungen der Menschen in Zusammenhang, die sich unter dem Einfluss der jeweiligen Art und Weise der Gewinnung des Lebensunterhaltes herausbilden, und wies in dem System dieser Beziehungen (,Produktionsverhältnisse' nach der Terminologie von Marx) die Grundlage der Gesellschaft nach, auf der die politisch-juristischen Formen und bestimmte Strömungen des gesellschaftlichen Denkens beruhen."**[24]

---

22 Peter Struve (1870-1944) war ein russischer Ökonom, Philosoph und der Vertreter des Legalen Marxismus.
23 Vgl. Lenins *Gesammelte Werke* (2. chinesische Auflage), Bd. 1, S. 373-374. Berdjajew schrieb, dass Simmel eine Zeitlang beinahe als Marxist galt. Vgl. Berdjajew, *Die Wahrheit der Philosophie und die Wirklichkeit von Wissensebenen*, Yünnan People's Press 1999, S. 13.
24 Lenin, W.I., Der ökonomische Inhalt der Volkstümlerrichtung und die Kritik an ihr in dem Buch des Herrn Struve« (1894), in *LW*, Bd. 1, S.

Wir können leicht sehen, dass Lenins Untersuchung der Gesellschaft hier von Produktionsweisen, insbesondere von den **gesellschaftlichen Verhältnissen** zwischen Menschen ausgeht; er ging nicht wie Marx und Engels von der Produktion und Reproduktion von materiellen Existenzmitteln aus. Später sollte Mao Zedong demselben Gedankengang folgen. Obwohl der junge Lenin *Die Deutsche Ideologie* von Marx und Engels noch nicht gelesen hatte, war dieser wichtige Begriff in Marx' *Kapital* sowie in vielen von Engels veröffentlichten Schriften detailliert beschrieben. Jedenfalls ist es offenbar ungenau, diese Struktur als bloße äußere Hülle der ökonomischen Basis zu betrachten.

In Bezug auf die zweite Ebene zeigt Lenin:

„Zweitens wurden Handlungen der ‚lebendigen Persönlichkeiten' im Rahmen jeder sozialökonomischen Formation – Handlungen, die unendlich mannigfaltig sind und keine Systematisierung zu vertragen scheinen – verallgemeinert und auf die Handlungen von Personengruppen zurückgeführt, die sich nach ihrer Rolle im System der Produktionsverhältnisse, nach den Produktionsbedingungen und folglich auch nach ihren jeweiligen Lebensbedingungen sowie nach den durch diese Verhältnisse bestimmten Interessen voneinander unterscheiden. Mit einem Wort, sie wurden auf die Handlungen der Klassen zurückgeführt, deren Kampf die Entwicklung der Gesellschaft bestimmte."[25]

Lenin glaubte, dass durch diese Unterscheidung „der Subjektivismus" des Narodnismus durch die Sichtweise ersetzt sei, dass gesellschaftliche Prozesse natürlich historische Prozesse sind; ohne diese Sichtweise kann es keine Wissenschaft geben.

Ich glaube, dass es für Lenin richtig war, unter besonderen gesellschaftsgeschichtlichen Bedingungen die marxistische Theorie mit der revolutionären Praxis zu verknüpfen. Dennoch ist Lenins konkreter Gesamtüberblick über Marx' Begriffe insgesamt nicht präzise.

339-528, hier: S. 424.
25 A.a.O., S. 435-436.

Nach Marx' Auffassung enthüllte die 1845 begründete allgemeine Theorie des historischen Materialismus, dass die Produktion und Reproduktion des materiellen Lebens die Grundlage aller menschlichen sozialen Existenz sei. Diese Stufe der objektiven Existenz, die durch menschliche Tätigkeiten gebildet wird, ist nicht vom **individuellen** Willen, durch das Bewusstsein oder durch Absichten bestimmt; zugleich bestimmt das gesellschaftliche Leben alle Ideen des Menschen. Dies waren die wichtigsten, allgemeinsten und grundlegendsten Prinzipien des historischen Materialismus. Doch das bedeutete nicht, dass Marx glaubte, die menschlichen gesellschaftlichen Bewegungen seien stets „naturgeschichtliche Prozesse", die niemals vom Willen des **Menschen** bestimmt sind. Der gesellschaftshistorische Prozess, „der nicht durch den Willen des Menschen bestimmt ist", welcher hier von Lenin erkannt wird, war eine Situation, die eigentlich nur unter bestimmten historischen Bedingungen auftauchte. Hinzu kommt, dass Marx' spätere Theorie des spezifischen historischen Materialismus weitergehend zeigt, dass der Mensch nur in der warenmarktwirtschaftlichen Gesellschaftsformation, die sich nach der Entstehung der Industrie manifestiert, nicht in der Lage ist, die gesellschaftliche Geschichte, die er erschafft, zu beherrschen. Er beschreibt die abnormale Situation der Versklavung durch die ökonomischen Kräfte als ein abnormales gesellschaftliches Phänomen ähnlich den blinden Naturbewegungen. Für eine weitere Diskussion über diesen Punkt verweise ich auf meine Untersuchung der Quasi-Natürlichkeit in **Die subjektive Dimension der marxistischen historischen Dialektik.**[26] Ich glaube, dass der junge Lenin zu dieser Zeit nicht in der Lage war, die wissenschaftliche Konnotation von Marx' wichtigen Gedanken auf tiefe Weise zu verstehen oder zu schätzen, und daher war es unvermeidlich, dass bei der Umsetzung der Ansichten des historischen Materialismus verschiedene kleine Probleme zum Vorschein kamen. Merkwürdigerweise verwandelte die spätere sowjetische traditionelle Forschung zur marxistischen Philosophie die unpräzise Auffassung des jungen Lenin in Allgemeinplätze der philosophischen Grundsätze des historischen Materialismus. Das war eine falsche Auffassung,

---

26 Vgl. das dritte Kapitel meines Buchs *The Subjective Dimension of Marxist Historical Dialectics* (veröffentlicht von Canut Intl. Publishers, englische Ausgabe, 2011).

die dem Marxismus hinzugefügt wurde. Ich habe bemerkt, dass diese unpräzisen theoretischen Positionen mit Adoratskijs Schlussfolgerungen begannen. Da er nicht in der Lage war, zwischen der allgemeinen und spezifischen Ebene von Marx' historischem Materialismus zu unterscheiden, setzte er Marx' Darlegung über ökonomische Gesellschaftsformationen – wie von Lenin missverstanden – unmittelbar mit allgemeinen Gesetzen des „gesellschaftlichen Prozesses"[27] gleich. Der Autor des 5. Bandes der <u>Sowjetischen Geschichte der Philosophie</u> unterschied die Probleme auf dieser theoretischen Ebene ebenfalls nicht voneinander, er bezieht sich auf Lenins Darlegung sogar als „Weiterentwicklung des historischen Materialismus". Es besteht kein Zweifel, dass dies ein erheblicher logischer Fehler war.

Ich habe auch herausgefunden, dass die philosophischen Gedanken des jungen Lenin damals maßgeblich von Denkern der Zweiten Internationale beeinflusst waren, darunter insbesondere die Auswirkungen dessen, was Kautsky die „Auffassung des sozialen Organismus" vor dem Hintergrund des Sozialdarwinismus nannte. Daher sehen wir oftmals, wie der jungen Lenin erklärt, dass die ökonomischen Gesetze anders als die Gesetze der Physik oder Chemie seien, dass aber „das ökonomische Leben in anderen Disziplinen der Biologie ein analoges Phänomen zur Evolutionsgeschichte darstellt". Mithin enthüllt Marx' wissenschaftliche Untersuchung des Kapitalismus die „besonderen (historischen) Gesetze, welche Entstehung, Existenz, Entwicklung, Tod eines gegebenen gesellschaftlichen Organismus und seinen Ersatz durch einen andren, höheren regeln."[28] Bei der Lektüre von Kautskys Über den Historischen Materialismus fällt es nicht schwer, die latenten Verbindungen dieser Ansicht mit Kautskys Interpretation des historischen Materialismus zu sehen. Somit ist das sicherlich ein untergeordneter Kontext, der aus **Anderen Spiegelbildern** stammt. In der Tat sind die gesellschaftliche Existenz und die Gesetze ihrer historischen Bewegung durchaus verschieden von den Gesetzen, die die Existenz und Bewegung von Organismen im Allgemeinen bestimmen. Daher ist es offenbar unwissenschaftlich, die gesellschaftliche Existenz und ihre Bewegungen einfach mit der Existenz von Lebewesen im Allgemeinen

---

27 Aus: Adoratskij, „Zu Lenins Forschung zur Philosophie", in: *Ausgewählte Werke von Adoratskij*, Beijing Sanlian Press 1964, S. 429.
28 Lenin, „Was sind die „Volksfreunde", in: *LW*, Bd. 1, S. 119-338, hier: S. 160.

und ihren Bewegungen zu vergleichen. Ich muss die Tatsache betonen, dass es den jungen Lenin nicht verleumdet, ihm eine gewisse Unreife der philosophischen Theorien auf bestimmten Gebieten zuzugestehen; vielmehr glaube ich, dass dieses Zugeständnis die Grundlage ist, auf der wir die Entfaltung der Gedanken des jungen Lenin objektiv und umfassend untersuchen können, eine aufrichtige Herangehensweise, die die Philosophiegeschichte wahrheitsgemäß untersucht. *Lächerlicherweise wurde Lenins unpräzise Auffassung über den historischen Materialismus später von sowjetischen Forschern einfach als ein neuer Entwicklungsschritt des Marxismus bezeichnet.*

An dieser Stelle betrachtet Lenin aufgrund seines begrenzten Verständnisses der Marxschen Dialektik als sozioökonomische Formationen in Form „besonderer sozialer Organismen" deren Bewegung und Entwicklung als ein „naturgeschichtliches Fortschreiten", dem er natürlich die Praxis entgegenstellt, Marx' Dialektik mit der Hegelschen Dialektik zu verknüpfen. Insbesondere wandte er sich gegen „Triaden", wenn er die Negation der Negation im Rahmen der Dialektik diskutiert.

In *Was sind die „Volksfreunde"*, in seiner Widerlegung von Michailowskis Behauptung, Marx habe seine Gesellschaftstheorie auf Hegelschen Triaden begründet, kategorisiert der junge Lenin Engels' affirmative Worte über das Gesetz der Negation der Negation im *Anti-Dühring* als „nichts anderes [...] als Überbleibsel jenes Hegelianertums, aus dem der wissenschaftliche Sozialismus hervorgegangen ist" oder „Überbleibsel seiner Ausdrucksweise". *Dies ist ein besonderer theoretischer Kontext, der zum Zwecke einer Widerlegungsdebatte konstruiert ist.* Indes, Triaden und Trichotomien werden als „sinnlos" beschrieben, und ihnen wird die Rolle „des Deckels und der Haut [...], für die nur Philister Interesse aufbringen können"[29] zugewiesen. An dieser Stelle scheint Lenin, um Michailowski zu widerlegen, „Affirmation–Negation–Negation der Negation" als Hegelsche Gleichung zu betrachten, indem er sie von Marx' Dialektik abkoppelt, und somit Michailowskis ungenaue Praxis zu kritisieren, Hegels Triaden mit Marx' Dialektik zu verwechseln. Ich habe entdeckt, dass Lenin nirgendwo Triaden bejaht, noch weniger erklärt er die wichtigen historischen Verbindungen zwischen Hegelscher Philosophie und Marx' Gedanken. Allerdings sollten

29 A.a.O., S. 157, 161.

wir den jungen Lenin nicht zu sehr beschuldigen, da er noch nicht einmal wusste, dass die Ökonomisch-philosophischen Manuskripte aus dem Jahre 1844, die *Deutsche Ideologie* oder die *Grundrisse* überhaupt existierten. Daher konnte er kein tiefgreifendes Verständnis über den wahren Inhalt, die Komplexität und den Wandlungsprozess der Gedankenentwicklung von Marx haben. Aufgrund dessen konnte Lenins Verständnis über den Marxschen philosophisch-historischen Kontext lediglich eine theoretische Vorstellung sein, die vom wahren logischen Fortschreiten der philosophischen Geschichte abgekoppelt war. Angesichts dieser Situation ist es nicht überraschend, dass er die innere Verbindung zwischen Marx' philosophischen Gedanken und jenen von Hegel nicht begriffen hat. Aus diesem Grunde beinhalteten die Gedanken des jungen Lenin in dieser Periode notwendigerweise mehrere fehlerhafte Elemente.

Erstens, da der junge Lenin zu dieser Zeit keine tiefgründige, systematische Untersuchung von Hegels dialektischer Theorie betrieben hatte, konnte er lediglich den idealistischen Kern von Hegels „Triaden" auf allgemeine und grundsätzliche Art und Weise kritisieren. *Lenin hat dies nach und nach selbst bemerkt und seine Haltung schnell geändert.* In seiner theoretischen Erörterung auf dieser Stufe konzentrierte sich Lenin auf die Widerlegung der Hegelschen Philosophie, insbesondere seiner Dialektik.

Zweitens hatte der junge Lenin über den Gegenstand der marxistischen materiellen Dialektik und insbesondere über das Verhältnis zwischen der Dialektik in Marx' Kapital und Hegels idealistischer Dialektik noch keine Stufe des vollständigen Verständnisses erreicht. Er war lediglich in der Lage, auf der Stufe einer allgemeinen Unterscheidung zwischen beiden zu bleiben. Dies machte Lenins Kritikprozess an Michailowski schwieriger, da Marx und Engels trotz ihrer gründlichen Kritik der Hegelschen spekulativen Triaden zugleich deren logische Elemente anerkannten, indem sie das Gesetz der Negation der Negation in objektiven Bewegungen schrittweise **aufdeckten**. Offenbar hat Lenin diesen Punkt übersehen. Allerdings beeinflusste dies Lenins Diskussion als Marxist letztendlich nicht, da sich Lenins Bemühungen in seiner Verteidigung des Marxismus im Hinblick auf die gesamten Grundsätze des historischen Materialismus und der dialektischen Theorie als extrem wirkungsvoll erwiesen haben.

Ich habe bemerkt, dass auch Althusser jene theoretische Einstellung erkannte, die sich beim 24 Jahre jungen Lenin manifestiert. Er bezieht sich auf die zwölf Seiten in Lenins *Was sind die „Volksfreunde"*, die die dialektischen „Triaden" als Lenins klare Stellungnahme gegen Hegel kritisieren.[30] Althusser wusste auch, dass Lenin vor 1894 keines der Werke von Hegel gelesen hatte. Nach Ansicht von Althusser „verstand Lenin Hegel" erst nach der Lektüre von Marx' *Kapital*, oder umgekehrt ausgedrückt, Lenin musste keines der Werke von Hegel unmittelbar aus dem Grund lesen, um Marx zu verstehen. Nachdem er Marx wirklich verstanden hatte, verstand Lenin auch tiefgehend Hegels Philosophie. Althusser geht sogar so weit zu schreiben als sei er Lenin: „In den vergangenen 50 Jahren hat niemand Hegel verstanden, da man Hegel nicht verstehen kann, ohne das *Kapital* studiert und verstanden zu haben."[31] Das ist wahrlich eine verantwortungslose Wissenschaft!

Althusser war in den 1950er Jahren der Erste, der behauptete, Lenin sei bereits ein „vollkommen reifer dialektischer Materialist", als er *Was sind die „Volksfreunde"* verfasste.[32] Diese Ansicht wurde in den 1950er Jahren von Kisseljow wiederholt, als er behauptete, dass Lenin „theoretisch vollkommen reif"[33] gewesen sei, als er *Was sind die „Volksfreunde"* verfasste. Zur gleichen Zeit gelangte eine Arbeit von weißrussischen Forschern über Lenins *Philosophische Hefte* zu einem ähnlichen Schluss.[34] Ich bin davon überzeugt, dass diese Äußerungen die Wahrheit übertreiben. Wenn man ihre Diskurse analysiert, finden wir heraus, dass sie typische Beispiele von ideologischem stalinistischem Dogmatismus sind, denn wenn wir zu dem Schluss kommen, dass der erste politische Text von Lenin über Philosophie „vollkommen reif" war, dann müssen wir weiter daraus schließen, dass all seine späteren Gedanken und Ideen ebenso korrekt und großartig waren.[35]

---

30 Vgl. Louis Althusser, Lenin vor Hegel, in: *Lenin und Philosophie*, Yuanliu Press (Taiwan) 1990, S. 135 (chinesisch).
31 Vgl. a.a.O., S. 137.
32 Vgl. Louis Althusser, Über Lenins Studium der Philosophie, in: Althusser, *Gesammelte Werke*, Beijing Sanlian Press 1964, S. 428.
33 Vgl. Kisseljow, a.a.O., S. 1 (ch.).
34 Vgl. Louis Althusser, Über Lenins Studium der Philosophie, in: Althusser, *Gesammelte Werke*, Beijing Sanlian Press 1964, S. 20.
35 In der *Kurzen Biographie Lenins*, die vom sowjetischen Zentralinstitut

Dies ist eine klare Reflexion der einflussreichen „Theorie des Nichts" in der Geschichte der marxistischen Philosophie.

Die Leser sollten bereits erkannt haben, dass meine Einstellung sich hier grundsätzlich von jener der bisherigen Forschung unterscheidet. Ich lobe nicht einfach die Korrektheit der philosophischen Ansichten des jungen Lenin in *Was sind die „Volksfreunde"*; vielmehr analysiere ich, indem ich die ursprüngliche theoretische Logik von Marx und Engels als Referenz benutze, minutiös die **möglichen** theoretischen Bedingungen und logischen Strahlen, die dem komplexen geistigen Kampf entsprangen, den die philosophischen Gedanken des jungen Lenin damals durchliefen. Das bezeichnet im Hinblick auf den methodologischen Kontext einen fundamentalen Unterschied zu jenen interpretativen Modellen, die jedes einzelne von Lenins Worten als die absolute Wahrheit betrachten.

2. Der junge Lenin und sein Philosophielehrer Plechanow

Althusser ignoriert die textuelle Tatsache, dass die Haltung des jungen Lenin zur materialistischen Dialektik, insbesondere zur Negation der Negation und sogar zu Hegel selbst sich nicht lange danach ändern sollte. Ich habe bereits darauf hingewiesen, dass Althussers Analyse von Marx in den Details oftmals ungenau ist; wenn es um die Untersuchung der Texte Lenins geht, wird die Situation sogar noch schlimmer. Ich glaube, dass diese Veränderungen durch die Veröffentlichung von *Zur Frage der Entwicklung der monistischen Geschichtsauffassung* (im Folgenden abgekürzt als *Monistische Geschichtsauffassung*) durch Lenins Lehrer Plechanow hervorgerufen wurden. Ich kann zu dieser Schlussfolgerung kommen, weil es in der sorgfältigen Untersuchung historischer Texte kein Indiz dafür gibt, dass

---

für marxistisch-leninistische Forschungen herausgegeben wurde, wird der 23-jährige Lenin der gerade in St. Petersburg angekommen war, als „marxistischer Revolutionär, der vollständig reif, voll wissenschaftlicher Gelehrsamkeit ist und der eine grenzenlose Loyalität zur Arbeiterklasse besitzt" bezeichnet. Die Biographie behauptet weiter, dass Lenin, als er 24 Jahre alt war, „wie Marx und Engels viele Qualitäten eines großen Wissenschaftlers, Forschers und revolutionären Führers mit engen Verbindungen zu den Massen besaß." Vgl. *Kurze Biographie Lenins*, Volkspresse 1957, S. 12.

der junge Lenin sich während dieser Zeit mit unabhängiger philosophischer Forschung beschäftigte. Weiterhin fand die Verschiebung im Denken des jungen Lenin nicht lange nach der Veröffentlichung von Plechanows Werk statt. Dies ist jedoch nicht mehr als eine **subjektive** Schlussfolgerung.

Wie wir wissen, war Ziber der erste Denker, der die marxistische Philosophie in Russland einführte[36], aber Plechanow war derjenige der russischen Marxisten, den Engels am lobenswertesten fand.[37] Zu Engels'

36 Nicolai Ziber (1844-1888) war ein russischer Ökonom und Professor der Ökonomie an der Universität Kiew. Bereits in den 1870er Jahren begann Ziber, Marx' ökonomische Sichtweisen in seine eigene ökonomische Forschung einzuführen. Marx erwähnt ihn in der Einführung zur zweiten Auflage des *Kapital*.

37 Georgi Walentinowitsch Plechanow (1856-1918) war ein bekannter russischer marxistischer Theoretiker. Er wurde am 11. Dezember 1856 im russischen Dorf Gudalowka in der Provinz Tambow geboren. Sein Vater war ein Mitglied des Erbadels und ein entlassener Armeeoffizier. Seine Mutter, Maria Feodorowna, war eine entfernte Kusine von Wissarion Belinski. 1866 trat Plechanow in die Militärakademie von Konstantinow ein, wo er bis zu seinem Abschluss 1873 studierte, worauf er sich am Metallurgischen Institut von St. Petersburg einschrieb. Er war Vorsitzender des Zentralkomitees der Russischen Sozialdemokratischen Arbeiterpartei und einer der Gründer und Führer der russischen marxistischen Partei. Er war einer der ersten Denker, die den Marxismus in Russland und Europa propagierten und ein berühmter Aktivist in der russischen und internationalen Arbeiterbewegung. Plechanow wurde von Lenin immer sehr respektiert. In seinen frühen Jahren war Plechanow ein Narodnik, bevor er 1882 mit dem Marxismus in Kontakt kam. Er war der erste, der das *Kommunistische Manifest* ins Russische übersetzte. 1883 bildete Plechanow zusammen mit Leo Deutsch, Wassilio Ignatow und anderen in Genf die Gruppe Befreiung der Arbeit. Die Gruppe übersetzte viele Werke von Marx und Engels ins Russische und veröffentlichte sie, darunter *Lohnarbeit und Kapital, Das Elend der Philosophie, Über Feuerbach, Über die Frage des Freihandels, Engels über Russland* und andere. Plechanow war einer der ersten russischen Marxisten, die den Narodnismus öffentlich kritisierten; wie Lenin betonte er die Notwendigkeit des Marxismus in Russland. Er verbrachte sein eben damit, revolutionäre Artikel und Bücher zu schreiben. Er kritisierte als erster die Abweichungen und Verfälschungen von Bernstein und Struve und dann später die empiristische Fehler Bogdanows. Nach1900 arbeitete Plechanow zusammen mit Lenin an der Herausgabe der Zeitschriften *Der Funke* und *Morgenröte*, zwei russischen marxistischen Zeitschriften. Nach dem Zweiten Kongress der Russischen Sozialdemokratischen Arbeiterpartei 1903 jedoch trennte

Lebzeiten schrieb Vera Sassulitsch, dass er glaubte, das nur zwei Menschen den Marxismus wirklich verstünden, nämlich Mehring und Plechanow. 1889, nachdem Plechanow Engels in London getroffen hatte, führten die beiden Gelehrten ihren Briefwechsel fort, darunter 14 Briefe von Plechanow an Engels und fünf Briefe von Engels an Plechanow. Man kann sagen, dass durch die große Zahl von Büchern, die Plechanow schrieb, „eine ganze Generation russischer Marxisten erzogen wurde."[38] Lenin selbst schrieb, dass er beinahe alle Werke Plechanows kannte und dass insbesondere die *Monistische Geschichtsauffassung* einen dauerhaften Eindruck bei ihm hinterließ. Natürlich war Plechanow der philosophische Mentor für die Gelehrten der Generation Lenins. 1900, als die politischen Differenzen zwischen Lenin und Plechanow sich zu vertiefen begannen, schrieb Lenin: „Blind geworden durch unsere Vernarrtheit, hatten wir uns im Grunde wie *Sklaven* benommen; Sklave zu sein ist aber eine unwürdige Sache, und dieses Bewusstsein wurde noch hundertfach kränkender durch den Umstand, dass ‚er' [Plechanow] selbst uns darüber die Augen geöffnet hatte, indem er es uns am eigenen Leibe spüren ließ..."[39] Daher können wir sehen, wie der junge Lenin tief an Plechanow glaubte, in jedem Aspekt der Gelehrsamkeit. Selbst später, als Plechanow dem politischen Verfall entgegenging und Lenin gezwungen war, sich gänzlich von Plechanow zu trennen, waren Lenins grundlegende philosophische Ansichten immer noch grundlegend die gleichen wie die von Plechanow. Das sollte sich bis 1914 nicht ändern. Es wäre keine Übertreibung zusagen, dass Plechanows Erklärung des Marxismus das falsche **Identitätsspiegelbild** und der falsche **theoretische Kreis** aller linken russischen Intellektuellen war.

Der größte Teil von Plechanows Werk konzentriert sich auf eine Einführung in den Marxismus; und obwohl diese Texte zeigen, dass er den

---

sich Plechanow schrittweise von Lenins bolschewistischer Fraktion und wandte sich später gegen die Oktoberrevolution. Plechanow starb in Finnland am 30. Mai 1918. Seine wichtigsten Werke umfassen: *Zur Frage der Entwicklung der monistischen Geschichtsauffassung* (1895) und *Die Grundprobleme des Marxismus* (1908).

38 Lenin, W. I., Über die Fraktion der "Wperjod"-Leute, in: *LW*, Bd. 16, S. 272, Anm.
39 Lenin, W. I., Wie der „Funke" beinahe erloschen wäre, in: *LW*, Bd. 4, S. 328-346, hier: S. 339.

Marxismus **verstand**, stellt Plechanow den Marxismus unglücklicherweise sehr selten konkret und korrekt in die revolutionäre Praxis. Das war ein wichtiger Unterschied zwischen ihm und Lenin. Weiterhin gab es zwei bedeutende Schwächen bei seiner Einführung in die marxistische Theorie und seiner Kritik der Revisionisten: **erstens** mischten sich offensichtliche Elemente des mechanischen Materialismus, die primär auf dem unrichtigen Denken einer **Theorie der Determination des geographischen Milieus** basierten, in sein Verständnis des Marxismus. **Zweitens** gelang es ihm nicht wirklich, Marx' historische Dialektik zu verstehen; mit anderen Worten, er erfasste nur eine passive, abstrakte Ideendialektik. *Diese Ideen fanden ihren Ausdruck nicht nur in Plechanows Denken, sondern auch in seinen politischen Aktivitäten.* Ich erwähne diesen Punkt, um noch einmal die Tatsache zu betonen, dass Lenin für eine relativ lange Zeit stark durch Plechanows philosophischen Denken beeinflusst war; daher wurde Plechanows Verständnis der marxistischen Philosophie in gewissem Sinne zum **Anderen Spiegelbild**, das Lenin unkritisch akzeptierte. Obwohl Lenin Plechanows unrichtige politische Aktivitäten entschieden ablehnte, erkannte er erst später Plechanows **philosophische** theoretische Schwächen. *Zum Beispiel begann Lenin in seinen Werken aus der Zeit nach 1908, in denen er Machismus und Kantianismus kritisierte, Plechanows philosophische „Unklarheit" zu kritisieren, obwohl es ihm nicht gelang, grundlegend die Ursache für diese Fehler zu erfassen. Daher waren diese Differenzen zu jener Zeit nicht heterogen, obwohl Lenin bewusst begann, seine philosophischen Ideen von denen Plechanows zu trennen. Seine wahre Abkehr fand nach 1914 statt, in der zweiten Hälfte des „Konspekts zu Hegels ‚Wissenschaft der Logik'" in den* **Berner Heften**. *Das geschah, als Lenins eigenes philosophisches Denken einen revolutionären Sprung des Verständnisses erfuhr, was ihm erlaubte, die Ursprünge von Plechanows falschem Denken tiefer zu erkennen. Trotzdem sollte Lenin immer glauben, dass Plechanow ein außergewöhnlicher marxistischer Philosoph sei, indem er „alle seine philosophischen Werke" als „hervorragende Beiträge zu den Texten des internationalen Marxismus" bezeichnete und sie zu wirklichen kommunistischen Lehrbüchern erklärte. Hieraus können wir ersehen, dass Lenin immer eine Haltung des Respekts gegenüber seinem Lehrer beibehielt.*

Wir wollen nun zunächst Plechanows *Monistische Geschichtsauffassung* untersuchen, die unmittelbar das Denken des jungen Lenin beeinflusste. Dies war ein bedeutendes wissenschaftliches Werk, das von Plechanow spezifisch zur Kritik an Michailowskis russischem Narodnismus geschrieben wurde.[40] *Dieses Buch war ein Widerhall vieler Artikel Lenins gegen die Narodniki, die in der gleichen Zeit geschrieben wurden. Diese Artikel stellen Lenins Bemühungen dar, sich in der philosophischen Debatte jener Zeit in die gleiche Richtung zu bewegen wie sein Lehrer; im Hinblick sowohl auf den politischen Standpunkt wie auf philosophische Ideen waren Lehrer und Schüler zu dieser Zeit grundlegend vergleichbar.*

Erstens finden wir in diesem Buch, dass Plechanow, während er wie Lenin Michailowskis Angriffe auf Marx' materialistische Dialektik ablehnt, nicht einfach „Triaden" ablehnt wie der junge Lenin. Vielmehr zeigt er zuerst die wesentlichen Gesetze der „Negation der Negation" auf, die unter der Oberfläche der „Triaden" liegen. Es ist wichtig zu bemerken, dass Plechanow im Gegensatz zur abstrakten Ablehnung Hegels durch den jungen Lenin tatsächlich eine objektive, historische Bewertung von Hegels Dialektik vornimmt. In Plechanows theoretischer Situierung war der alte Materialismus des 18. Jahrhunderts nicht in der Lage, mit dem „großen Problem" der „komplizierte und bunte Kette konkreter Erscheinungen" umzugehen, ein Problem, das durch Hegels Dialektik „verstanden" und gelöst wurde.[41] Im Unterschied zu Lenin, der marxistische Dialektik nur als die **Objektivität** („natürlicher historischer Prozess") des gesellschaftsgeschichtlichen Fortschritts beschrieb, definierte Plechanow Dialektik als die Methode der **Untersuchung der Welt im Hinblick auf die Verbindungen und Entwicklungen von Phänomenen** auf der Ebene der Metaphilosophie. Plechanow beobachtet richtig: „Diesem Standpunkt stellte er [Hegel]die **Dialektik** entgegen, die die Erscheinungen gerade in ihrer Entwicklung und

---

40   Dieses Buch wurde 1892 von Plechanow geschrieben und musste im Untergrund unter dem Titel *Unsere Meinungen unterscheiden sich: zweites Buch* veröffentlicht werden. Als die Zeit reif war, wurde der Titel geändert in *Zur Frage der Entwicklung der monistischen Geschichtsauffassung*. Als es im Januar 1895 veröffentlicht wurde, benutzte Plechanow das Pseudonym „Beltow".

41   G. I. Plechanow, *Zur Frage der Entwicklung der monistischen Geschichtsauffassung*, Frankfurt/M. 1975, S. 98.

folglich in ihrer Wechselbeziehung erforscht."[42] Plechanows Verständnis der Dialektik ist hier korrekt. *Es ist offensichtlich, dass Plechanows Denkraum sich hier dem von Engels näherte, als er den <u>Anti-Dühring</u> schrieb.*

Zweitens beginnt Plechanow richtigerweise mit den Widersprüchen, die die wesentlichen Strukturen von Dingen bilden (die Unausweichlichkeit der Umwandlung in das Gegenteil) und sieht Widerspruch als die innere Antriebskraft der Entwicklung und Bewegung von Dingen. Beginnend mit quantitativen Veränderungen erfasst er die wesentlichen Veränderungen (revolutionäre Negation), die grundlegenden Verbindungen von Entwicklung sind, um schließlich den Entwicklungsprozess des Antagonismus aus der Perspektive der Geschichte zu kommentieren, oder mit anderen Worten das Gesetz der Negation der Negation. Nach seiner Meinung sind die sogenannten „Triaden" nichts anderes als die äußeren Kennzeichen der Affirmation-Negation (neue Affirmation)–Negation der Negation (neue Negation). Ich habe herausgefunden, dass Plechanows Analyse der theoretischen Logik der Dialektik eine der tiefschürfendsten und klarsten Ausdrucksformen der Dialektik in der gesamten marxistischen philosophischen Theorie waren. Daher kam Plechanow zu dem Schluss, dass Michailowskis einfache Einordnung von Hegels Philosophie in äußere „Triaden" falsch war, denn „in keinem einzigen der achtzehn Bände Hegels spielt die ‚Triade' die Rolle eines **Arguments**."[43] Plechanow weist darauf hin, dass die Negation der Negation kein „Hauptprinzip" Hegels war, sondern vielmehr in dem Prinzip verwurzelt war, dass „jede Erscheinung sich in ihr Gegenteil verwandelt."[44] *Widerspruch ist die Grundlage der Negation der Negation.* Weiterhin kommt Plechanow grundlegend zu dem Schluss, „jede Erscheinung, die sich bis zu Ende entwickelt, verwandelt sich in ihr Gegenteil; da aber die neue, der ersten entgegengesetzte Erscheinung sich ihrerseits in ihr Gegenteil verwandelt, weist die dritte Entwicklungsphase **eine formale Ähnlichkeit mit der ersten auf.**"[45] Daher gelingt es Plechanow auch, den Fehler zu vermeiden, nur auf die große Zahl äußerer „Triaden" zu blicken, die geschaffen wurden, um dem Bedarf von Hegels spekulativem Idealismus entgegenzukommen,

---

42   A .a.O., S. 367.
43   A.a.O., S. 106.
44   A.a.O., S. 107.
45   A.a.O., S. 106.

und die erfolgreich die innere Struktur und das Wesen der Negation der Negation (Triade) verbergen. Dieser theoretische Punkt ist so profund wie machtvoll, und die theoretische Fähigkeit, die Plechanow hier demonstriert, steht über der des jungen Lenin zu jener Zeit. *Zu einer Diskussion der inneren logischen Struktur der materialistischen Dialektik und insbesondere der Negation der Negation vergleiche meinen letzten Anhang.*

Drittens wendet sich Plechanow in seinem Buch auch gegen Michailowskis Kritik an einigen Beispielen, die Engels benutzt, um das Gesetz der Negation der Negation zu erklären, insbesondere die „Triade" des **Haferanbaus**. Indem er von Michailowskis Schlussfolgerung ausgeht, dass „es Zeit ist, dass der Hafer Hegel entsprechend wächst", wendet sich Plechanow methodisch gegen diesen bösartigen Angriff auf Engels' korrekte Erklärung der Negation der Negation. Zugleich erklärt Plechanow historisch und profunder Hegels Ansichten zur Genese und Entwicklung des dialektischen Denkens. Plechanow versucht, die grundlegenden Unterschiede zwischen Hegels idealistischer Dialektik und Marx' materialistischer Dialektik zu bestimmen, indem er von der antiken Philosophie von Antithese-Synthese zu gegenwärtigen metaphysischen Ideen, die sich gegen das dialektische Denken wenden, fortschreitet, wie auch von Leibniz zur klassischen deutschen Philosophie. Auf diese Weise beweist er vollständig die Objektivitätsprämisse der materialistischen Dialektik. Schließlich kommt Plechanow sardonisch zu dem Schluss, dass „Hafer" weiterhin Hegel entsprechend wachsen wird. *Offensichtlich hinterließ Plechanows wichtige Schlussfolgerung hier einen tiefen Eindruck auf den jungen Lenin, was zu einer subtilen Veränderung hin zum gleichen Standpunkt bei ihm führte. Nach meiner Ansicht war dies ein geschlossener theoretischer Kreislauf und eine Parallelverschiebung, die ihren Ursprung in einem Anderen Spiegelbild (Plechanows Diskurs) im Denken des jungen Lenin hatte.*

Ich muss hier spezifisch darauf hinweisen, dass Plechanows Diskussion der Dialektik hier von Engels' Logik im Anti-Dühring vorweggenommen wurde; daher gehörte seine Dialektik zur logischen Ebene der **Metaphilosophie**. Aus diesem Grund konnte er nicht verstehen, dass Marx die Berechtigung der historischen Dialektik aus der modernen **Produktion** der sozialgeschichtlichen Entwicklung ableitete. *Der junge Lenin leitete die Dialektik korrekterweise* *aus Marx' historischer Untersuchung der Gesellschaftsgeschichte ab, obwohl er fälschlicherweise bestimmte Kennzeichen der historischen Entwicklung (natürliche historische Prozesse, die nicht vom Willen des Menschen abhängen) für die dialektische Methode selbst hielt. Dies ist ein äußerst komplexes und verflochtenes Situierungsverhältnis.* Trotzdem wusste Plechanow nichts von der *Existenz der Deutschen Ideologie oder der Grundrisse*, und daher kannte er nicht Marx' profundere und komplexere Theorien des historischen Materialismus und der historischen Dialektik. Aus diesem Grund können wir ihm hier nicht vorwerfen, keine Perfektion erreicht zu haben.

Viertens können wir sehen, dass Plechanow in seinem Buch auch Marx' historischen Materialismus diskutiert. *Dies kann man sogar das primäre Argument von Plechanows Werk nennen. Lenin las sein anderes Buch über den historischen Materialismus,* <u>Die Grundprobleme des Marxismus</u>, *im Jahr 1908. Wir werden die Wirkung dieses anderen Buchs auf Lenin später in unserer Untersuchung diskutieren.* Jedoch erwähnt Plechanow in der Diskussion des historischen Materialismus niemals die Dialektik oder gar Marx' historische Dialektik. In diesem Prozess seines Versuchs, die marxistische Konzeption der Geschichte zu erklären, finden wir das entscheidende Problem bei seiner interpretativen logischen Situation: die **Theorie der Determination des geographischen Milieus**, die seiner Argumentation zugrunde liegt. Tatsächlich macht Plechanow, bevor er versucht, die marxistische wissenschaftliche Geschichtskonzeption zu erklären, eine richtige Beobachtung: „Um Marx' historische Ansichten zu begreifen, muss man daran denken, zu welchen Ergebnissen die Philosophie und die gesellschaftshistorische Wissenschaft zu jener Zeit, die ihrem Entstehen unmittelbar vorausging, gelangt waren."[46] *Das ist ein entscheidender Gesichtspunkt; denn nur, wenn wir zu einem solchen Verständnis gelangen, können wir Marx' wahre theoretische Beiträge erkennen. Dies war auch ein Aspekt meiner Bemühungen in* <u>Zurück zu Marx</u>. Plechanow erfasste korrekt die Tatsache, dass französische Historiker bereits verstanden hatten, dass das „zivile Leben", „Eigentumsverhältnisse" die „Hauptgrundlage der ganzen Gesellschaftsordnung" sind. Hegel in seiner idealistischen Rechtslehre hatte das Problem auch vollständig erkannt. Plechanow glaubte, dass Marx auf

---

46   A.a.O., S. 159.

den Schultern seiner philosophischen Vorgänger stand, wenn er den begründenden Platz der „Zivilgesellschaft" in der Struktur der Gesellschaft erkannte und daher schlussfolgerte, dass „die Anatomie der bürgerlichen Gesellschaft in der politischen Ökonomie zu suchen sei". Plechanow argumentierte, dass Marx fortfahre zu erklären, was bestimmte gesellschaftliche Ökonomien bestimme, und hier ist seine Analyse von Marx sehr interessant.

„**Marx' großes wissenschaftliches Verdienst besteht darin, dass er die Frage von der diametral entgegengesetzten Seite nahm, dass er die Natur des Menschen selbst als ein sich ewig änderndes Ergebnis der historischen Bewegung betrachtete, deren Ursprung außerhalb des Menschen liegt. Um zu existieren, muss der Mensch seinen Organismus unterhalten, indem er die für ihn notwendigen Stoffe der ihn umgebenden Natur entnimmt. Diese Entnahme setzt beine gewisse Einwirkung des Menschen auf diese äußere Natur voraus. Doch in dem er auf die Natur außer ihm wirkt und sie verändert, verändert er zugleich seine eigne Natur'. In diesen wenigen Worten ist der Kern der ganzen Marschen Geschichtstheorie enthalten.**"[47]

Es ist nicht falsch zu sagen, dass Marx glaubte, die Natur des Menschen verändere sich beständig in der Bewegung der Geschichte. Der entscheidenden Fehler jedoch, den Plechanow hier begeht, ist seine Behauptung, dass die Ursache des historischen Fortschritts außerhalb des Menschen liege. Plechanow erkennt die grundlegende Stellung der materiellen Produktion in der gesellschaftlichen Existenz an. Im Unterschied zu Lenin, dessen Erklärung von Produktionsverhältnissen und ökonomischen Formen ausging, erfasste Plechanow richtiger die Bedeutung der **Produktivkräfte**. Er weist präzise darauf hin, dass „ökonomische Strukturen durch den Stand ihrer Produktionsverhältnisse bestimmt"[48] sind. Das war der Punkt, dem der junge Lenin damals keine Aufmerksamkeit schenkte. In einem Artikel aus dem Jahr 1902, in dem er Struve kritisiert, bringt Plechanow erneut diese wichtige marxistische Sichtweise vor.[49] Trotzdem begann sich Plechanows Verständnis der Produktivkräfte aufgrund des Einflusses der **substantiven**

---

47   A.a.O., S. 160.
48   A.a.O., S. 217.
49   G. W. Plechanow, *Gegen den Revisionismus in der Philosophie*, People's Press 1957, S. 184 und 220 (chinesisch).

Faktortheorie[50] von der Wahrheit zu entfernen, als er fälschlich die wesentlichen Elemente der materiellen Produktion mit **materiellen Arbeitsmitteln** gleichsetzte. *In seiner Kritik an Struve von 1902 betont Plechanow diesen Punkt ebenfalls, indem er das Beispiel verwendet, dass die Natur der Waffen die Struktur des Militärs bestimmt.*[51] Noch tödlicher für Plechanows Argumentation ist es, dass er in seiner Widerlegung von Kritiken gegen den historischen Materialismus und um den objektiven begründenden Platz der Arbeitsmittel zu verteidigen, so weit geht, das Argument zu bringen, dass das natürliche geographische Milieu begründende Bedingungen seien, die Arbeitsmittel und Produktivkräfte bestimmten. Er glaubt, dass die menschliche Subsistenz, die sich mit produktiver Arbeit beschäftigt, immer in einem besonderen geographischem Milieu liege, und dass daher die Umwelt die Subsistenz auf drei Weisen beeinflusst. Zuerst stellt sie das „notwendige Material" für die Verbesserung der Arbeitsgeräte zur Verfügung. Zweitens vermag sie „die Gegenstände, deren Bearbeitung die Vervollkommnung de Werkzeuge voraussetzte" zu liefern. Drittens betont er die entscheidende Rolle „natürlicher Kommunikation" im geographischen Milieu.[52] Daher glaubt Plechanow „im historischen Entwicklungsprozess der Produktivkräfte muss man die Fähigkeit des Menschen, ‚Werkzeuge herzustellen', vor allem als **konstante Größe**, die äußeren Bedingungen der Verwendung die Fähigkeit in der Praxis aber als eine **sich ständig verändernde Größe** ansehen."[53] Der Ort dieser beiden Größen ist offensichtlich intentional, denn sich beständig verändernde Größen verursachen Veränderungen in konstanten Größen. Daher ist das geographische Milieu

---

50 Nach meiner Einschätzung vermitteln traditionelle Lehrbücher ein substantielles Faktor-Verständnis der Produktivkräfte, indem sie sich auf Arbeiter, Arbeitsmittel und Arbeitsgegenstände usw. konzentrieren. Das ist ein Verkennen des Marxschen Ausdrucks Arbeitsprozess in *Das Kapital*. Für Marx brachten die Produktivkräfte lediglich die funktionalen Eigenschaften eines bestimmten Niveaus und einer bestimmten Fähigkeit der produktiven Entwicklung einer Gesellschaft zum Ausdruck; sie waren nicht *drei substantielle Dinge*.

51 Vgl. G. W. Plechanow, Über die angebliche Krise des Marxismus, in: *Gegen den Revisionismus in der Philosophie*.

52 G. I. Plechanow, *Zur Frage der Entwicklung der monistischen Geschichtsauffassung*, S. 165-166.

53 A.a.O., S. 168

die letzte Determinante. Ich glaube, dass es eben Plechanows mechanische deterministische Sichtweisen waren, die letztlich dazu führten, eine falsche Position in Bezug auf die wirkliche Revolution einzunehmen. Lenin sollte diesen Punkt später in seinen *Berner Heften* verstehen.

Plechanow beobachtete korrekt, dass der rechtliche und politische Überbau einer Gesellschaft durch **Produktionsweisen und die zwischenmenschlichen Beziehungen, die durch diese Produktionsweisen geschaffen werden**, bestimmt sind.[54] Er kritisiert sogar korrekt den alten Materialismus, weil er den Menschen dazu bringt, dem blinden Materiellen zu gehorchen, und identifiziert die historische Subjektivität, die sich aus der gesellschaftlichen Praxis in der Entwicklung der Geschichte zusammensetzt.[55] Letztlich jedoch betrachtet Plechanow das geografische Milieu als letzte Grundlage gesellschaftlicher Existenz, was zu seinem Fall führte. Er glaubte, dass die Entwicklung der Produktivkräfte selbst durch die Eigenschaften des den Menschen umgebenden geografischen Milieus bestimmt sei:

„**Die Eigenschaften des vergesellschafteten Menschen werden in jedem Augenblick von dem Entwicklungsstand der Produktivkräfte bestimmt, da vom Entwicklungsstand dieser Kräfte die gesamte Ordnung des gesellschaftlichen Verbandes abhängt. So wird diese Ordnung letzten Endes von den Eigenarten des geographischen Milieus bestimmt, das den Menschen eine größere oder geringere Möglichkeit zur Entwicklung ihrer Produktivkräfte liefert.**"[56]

Es ist richtig, dass Plechanow zugab, "die Abhängigkeit des Menschen vom geographischen Milieu verwandelt sich von einer **unmittelbaren** in eine **mittelbare**" und dass jetzt "das **geographische Milieu** [...] den Menschen über das gesellschaftliche" beeinflusst."[57] Das verändert jedoch nicht seine Betonung des geographischen Milieus auf der Ebene seiner ontologischen

---

54 A.a.O., S. 188.
55 A.a.O., S. 253.
56 A.a.O., S. 277.
57 A.a.O., S. 278.

Logik.[58] Auf die Fehler, die Plechanow hier macht, habe ich bereits in früheren Untersuchungen hingewiesen. Tatsächlich sollten wir diesem Fehler noch den damit zusammenhängenden Fehler des Sozialdarwinismus hinzufügen.[59] Ich werde mich zu diesem Zeitpunkt nicht weiter in diesen Fehler vertiefen. Ich sollte hier darauf hinweisen, dass dieser gravierende theoretische Fehler Plechanows von Lenin niemals bewusst erkannt worden ist; es war tatsächlich Stalin, der in den 1930er Jahren darauf hinwies.[60]

Schließlich ist ein Aspekt von Plechanows Buch, der oft ignoriert wurde, dass Plechanow ein entscheidendes Prinzip in Marx' historischem Materialismus entdeckte: die **Ablösung der ökonomischen Notwendigkeit**. Dies mag auch ein Aspekt sein, in dem er über die Theoretiker der Zweiten Internationale hinausgeht. Ich glaube, dass Plechanow richtig die **kritische Dimension** des historischen Materialismus aus Marx' ökonomischer Forschung erfasst hat. Plechanow wies auf tiefschürfende Weise darauf hin, dass eine neue Form der Sklaverei – ökonomische Notwendigkeit – in kapitalistischen Produktionsweisen erschienen war.

> **„Und je größer seine Macht über die Natur wird, je weiter sich seine Produktivkräfte entwickeln, desto mehr festigt sich diese neue Versklavung: Mit der Entwicklung der Produktivkräfte komplizieren sich die Wechselbeziehungen der Menschen im gesellschaftlichen Produktionsprozess; der Ablauf dieses Prozesses entzieht sich gänzlich ihrer Kontrolle; der Erzeuger wird zum Sklaven seines eigenen Erzeugnisses."**[61]

---

58 Diese unrichtige Sichtweise taucht auch in anderen Werken Plechanows auf, die in den Marxismus einführen, wie etwa *Die Grundprobleme des Marxismus* (Wien/Berlin 1929). Lenin las das Buch im Jahr seines Erscheinens und notierte ein paar kurze Kommentare dazu.
59 Plechanow verbindet Marx unmittelbar mit Darwin. Er glaubte, dass Marx' Forschung die Schlussfolgerung von Darwins Forschung aufgriff. Er geht so weit, den Marxismus fälschlicherweise als die soziologische Anwendung des Darwinismus zu bezeichnen. Das war ein Fehler, den viele Theoretiker der Zweiten Internationale begingen.
60 Vgl. Stalin, Conversations with the Committee of the Philosophical and Natural Science Red Teacher's Institute, in: *Translated Philosophical Works* 1999, Bd. 2.
61 G. I. Plechanow, *Zur Frage der Entwicklung der monistischen Geschichtsauffassung*, S. 279.

Plechanow erklärt leidenschaftlich, dass es der Marxismus war, der zuerst aufgezeigt hat, wie mit ökonomischer Notwendigkeit umzugehen ist. Diese sogenannte ökonomische Notwendigkeit war in Wirklichkeit der „natürliche historische Prozess", den Lenin als die ökonomisch-soziale Form identifizierte, die für Marx' Dialektik zentral ist. Sobald der Mensch die Gründe für seine Versklavung unter die ökonomische Notwendigkeit erkannt hat, ergibt sich „die Möglichkeit eines neuen und endgültigen Triumphs des **Bewusstseins** über die **Notwendigkeit**, der **Vernunft** über das blinde **Gesetz.**" Das ist nicht präzise! Für Marx sind es nicht Bewusstsein und Vernunft, die über ökonomische Notwendigkeit triumphieren, sondern vielmehr die bewusste proletarische Revolution. *Tatsächlich sind Plechanows Sichtweisen hier jenen der späteren westlichen Marxisten ähnlich. Unglücklicherweise ging er nicht von diesen Punkt aus und widerlegte Bogdanows bösartige Angriffe auf den Materialismus, der von der Theorie der Fetischismen ausging. Was Lenin betrifft, so gelang es ihm nie, diesen Punkt tiefer zu verstehen.*[62] In diesem Zusammenhang wandte sich Plechanow dagegen, die marxistische Philosophie als „ökonomischen Materialismus" zu sehen, wobei er darauf bestand, dass er dialektischer Materialismus genannt werden solle und ihn als „praktische", „aktive" Philosophie bezeichnete. Chronologisch gesprochen gingen Plechanows Sichtweisen hier ähnlichen Schlussfolgerungen des jungen Lukács, Gramscis und Korschs beinahe dreißig Jahre voraus. *Noch interessanter ist, dass der Grund, warum Bogdanow den Marxismus akzeptierte und mit ihm hausieren ging, zuerst auf der Gegnerschaft zur Idee der*

---

62 In *Die Entwicklung des Kapitalismus in Russland* erwähnt Lenin Marx' Theorie des Fetischismus; im Vergleich zu den Wilden in der primitiven Gesellschaft versteht er deutlich seine eigenen Produktionsverhältnisse und zeigt auf, dass die Fetischismen der kapitalistischen Gesellschaft die gesellschaftlichen Beziehungen des Menschen als Warenbeziehungen zu Ausdruck bringen, denn jede Ware wird für einen unbekannten Konsumenten produziert und in einem unbekannten Markt realisiert. Für Lenin werden die Fetischismen nur undeutlich verstanden. Trotzdem versteht Lenin offensichtlich nicht die tiefen kritischen Implikationen von Marx' Theorie der Fetischismen, was ihn die tiefer logische Ebene von Bogdanows Fehlern ignorieren lässt: den Übergang von der Kritik der Fetischismen der objektivierten Beziehungen im Kapitalismus zum grundlegenden Missverständnis des philosophischen Materialismus.

Fetischisten und auf der Kritik des ökonomischen Materialismus basierte. Obwohl ihr logischer Ausgangspunkt richtig war, gingen sie einen abweichenden Weg; indem sie sich gegen einen materiellen Gott und die Welt der Götzen wandten, gingen sie in die logische Falle des Idealismus.[63] *Lenin behandelte diese Frage nicht unmittelbar in seinem Buch* Materialismus und Empiriokritizismus.

Wir können hier sehen, dass es Lenin nicht gelang, die Mehrzahl von Plechanows philosophischen Ansichten in seinem bedeutenden Werk zu erfassen und zu verstehen; einige theoretische Ideen übten jedoch einen erheblichen Einfluss auf sein Denken aus.

3. Der junge Lenin liest *Die Heilige Familie*

Wie wir bereits diskutiert haben, durchlief das Denken des jungen Lenin ohne Zweifel einen Prozess der historischen Veränderung. Als Krieger im Kampf gegen den Narodnismus waren sein theoretisches Zentrum und sein tatsächlicher logischer Strahl natürlich die **Objektivität** der Bewegung der russischen gesellschaftlichen Entwicklung in Richtung Kapitalismus; daher hatte er keine Wahl als seine Energie auf das Studium der Politik und der Ökonomie zu lenken. Aus diesem Grund war es ihm beinahe unmöglich, die marxistische philosophische Theorie so vollständig und umfassend zu begreifen wie sein Lehrer Plechanow. Sobald er diese Unzulänglichkeit in seinem Wissen erkannt hatte, konzentrierte er sich auf das Studium der Philosophie.

In meiner Untersuchung habe ich herausgefunden, dass Lenin ein revolutionärer Denker war, der ein unglaubliches Talent für das Lernen und für die Forschung hatte. Im Jahr nach dem Abschluss von *Was sind die Volksfreunde?*, Anfang 1895, las der junge Lenin Plechanows *Zur Frage der Entwicklung der monistischen Geschichtsauffassung* (das Buch

---

63 Diese Ansicht wurde zuerst in Bogdanows Artikel „Das Land der Idole und die Philosophie des Marxismus" von 1908 vertreten. Ich glaube, dass auch wenn Bogdanow sich irrte, seine Theorie immer noch ein gewisses Niveau von theoretischer Tiefe erreicht. Ich werde mehr an spezifischer Analyse zu diesem Punkt in unserer späteren Diskussion von Lenins erster systematischer Studie der Philosophie um 1908 bringen.

wurde im Januar jenes Jahres veröffentlicht). *Trotzdem fertigte Lenin keine Kommentare oder Lektürenotizen an. Ich komme aufgrund der Tatsache, dass sein Denken zu jener Zeit eine Veränderung parallel zu Plechanow erfuhr, zu dem Schluss, dass Lenin dieses Buch gelesen haben muss.* Das ist natürlich nur eine Folgerung. Offensichtlich um sein vorheriges Verständnis des Marxismus zu überprüfen und um zwischen seinem Denken und dem theoretischen Kreislauf seines Lehrers zu unterscheiden, studierte Lenin zwischen April und September jenes Jahres Marx' und Engels' *Heilige Familie*. In dieser Zeit legte der 25-jährige junge Lenin seines erstes etwas vollständigeres „Philosophisches Heft"[64] an. *Nach meiner Textanalyse und Einordnung gehört dieses Heft zur Kategorie der* **Subtexte**.

Aus diesem Heft können wir klar ersehen, dass Lenins Leseprozess sehr akribisch war. Sein Gedankengang beim Exzerpieren war sehr klar und zeigt eine große Fähigkeit, den allgemeinen Tenor des Textes zu erfassen. Es gelang ihm, schnell die grundlegenden wissenschaftlichen Standpunkte des Textes zu erkennen, wobei er eine seltene Scharfsinnigkeit und Präzision in der Erfassung von Begriffen offenbarte. Allein weil seine philosophische theoretische Grundlage schwach war, weil seine subsidiäre Erkenntnis gering war, gelang es ihm nicht, wirklich einige der wichtigsten **theoretischen Symptome** im Denkprozess von Marx und Engels zu erfassen. *Natürlich wurden die Begrenztheiten auch durch die besonderen historischen Bedingungen seiner Zeit verursacht, und daher sollten wir nicht unsere heutigen wissenschaftlichen Maßstäbe verwenden, um vom jungen Lenin zu viel zu verlangen.* Unabhängig davon ist dieser Subtext ein entscheidender historischer Text in unserer Untersuchung der Entwicklung von Lenins frühem philosophischem Denken. Hier werden wir mit unserer Untersuchung

---

64 Dieses Heft wurde von Lenin in Deutschland geschrieben. Zu jener Zeit reiste Lenin außerhalb Russlands, um die Gruppe Befreiung der Arbeit zu gründen. Eine Analyse der existierenden Dokumente enthüllte, dass Lenin etwa im August 1908 in der Berliner Königlichen Bibliothek studierte und schrieb; er las die originale deutsche Fassung der *Heiligen Familie*. Diese exzerpierten Notizen wurden in einem separaten Notizbuch geschrieben, das insgesamt 45 Seiten umfasste. Weil Lenin nicht das Datum seiner Aufzeichnungen verzeichnet, können wir die möglichen Daten nur ableiten, indem wir auf die Daten seines Aufenthalts in Deutschland schauen.

von Lenins grundlegendem Verständnis des Denkens von Marx und Engels in der *Heiligen Familie* beginnen.

Er erste Aspekt besteht darin, dass dieses Heft deutlich zeigt, dass Lenin zu jener Zeit *Die Heilige Familie* bereits richtig als ein Übergangswerk erkannte; mit großer Wahrnehmungsfähigkeit bemerkte er historisch, dass sich Marx und Engels in der *Heiligen Familie* an einem Punkt der wichtigen **philosophischen Veränderung** befanden.

Das erste Indiz für dieses Verständnis ergibt sich, wenn Lenin schreibt: „Marx kommt hier von der Hegelschen Philosophie zum Sozialismus: der Übergang ist deutlich zu erkennen – man sieht, was Marx sich schon angeeignet hatte und wie er zu einem neuen Ideenkreis übergeht."[65] Lenin weiß jedoch nicht, dass Marx' Übergang zum Sozialismus ein wenig früher als mit der *Heiligen Familie* stattfand (er fand tatsächlich statt, als Marx *Die Kritik der Hegelschen Rechtsphilosophie* schrieb). Diese unreifen sozialistischen Ideen wurden in dem Manuskript von 1844 deutlicher, zu dem Lenin keinen Zugang hatte. Der Übergang, auf den Lenin sich hier bezieht, ist die Kritik von Marx und Engels gegen die klassische politische Ökonomie mit Hilfe Proudhons, dem Ausdruck der Empörung gegenüber der bürgerlichen Gesellschaft. Lenin beobachte richtig, „ Marx spricht in sehr lobendem Ton von Proudhon."[66] Diese Kritik konzentrierte sich primär auf die inneren Widersprüche, die entstanden, als die klassische Ökonomie das **System des bürgerlichen Privateigentums** bejahte.[67] Obwohl Proudhon all die Kritik der Nationalökonomie, die er hatte, aus der Perspektive der Nationalökonomie vorbrachte, gab es für ihn keinen Ausweg.

Das zweite Indiz für dieses Verständnis entstand, als Lenin über „Marx' schon fast völlig herausgebildete Ansicht über die revolutionäre Rolle des

---

65 W.I. Lenin, Konspekt zu Marx' und Engels' Werk „Die heilige Familie", in: *LW*, Bd. 38, S. 8.
66 A.a.O.
67 Tatsächlich hatte Marx vor 1858 noch kein wissenschaftliches Verständnis der grundlegenden Struktur des „Kapitalismus" entwickelt. Er verwendet noch nicht einmal das Wort „Kapitalismus", sondern sprach stattdessen von der „bürgerlichen Gesellschaft". Dieses Verständnis gewann er im Fortschreiten seiner Forschung zur Ökonomie. Ich bin dabei, weitere thematische Forschungen zu diesem Gegenstand durchzuführen.

Proletariats" schrieb. Aus dem Inhalt von Lenins Exzerpten können wir sehen, dass Lenin sich hier auf Marx' Sicht bezog, dass Bourgeoisie und Proletariat die These-Antithese der „Selbstentfremdung des Menschen" seien. Wichtiger war, dass Marx bereits die revolutionäre historische Mission des Proletariats bejaht hatte. Es ist interessant, dass es dem jungen Lenin nie gelang, die Überbleibsel des Humanismus in Marx' Denken zu verstehen. Begriffe wie „Entfremdung", „das Wesen des Menschen" und „Gattungsbewusstsein" wurden in Lenins Zusammenfassung völlig ignoriert und erweckten überhaupt nicht sein Interesse. Ich glaube, dass dies das Ergebnis des geschlossenen theoretischen Kreislaufs der Gehirnwäsche durch die ökonomisch deterministischen Denker der Zweiten Internationale war, die den Positivismus benutzten. Tatsächlich glaube ich, dass Lenin niemals den theoretischen Bereich des Humanismus betrat. Wir können dies auch in Lenins Untersuchung von Feuerbachs Philosophie auch beobachten. Vranicki hat diesen Punkt ebenfalls beobachtet, als er schrieb, dass die Probleme des Menschen grundlegend außerhalb des Bereichs von Lenins Philosophie lagen.[68] Ich glaube, dass der Mensch und sein Wesen philosophische Eigenschaften sind, die in Lenins theoretischer Situierung zu fehlen scheinen, ich kann jedoch nicht sicher sein, ob dies mit der „humanistischen Abwesenheit" im traditionellen philosophischen Erklärungsrahmen zusammenhängt.

Das dritte Indiz ergab sich, als Lenin schrieb, „wie sich Marx der Grundidee seines ganzen ‚Systems', sit venia verbo – nämlich der Idee der gesellschaftliche Produktionsverhältnisse nähert."[69] Wenn wir den Inhalt der Notizen untersuchen, erkennen wir, dass Lenin sich hauptsächlich auf die Äußerung von Marx bezog, *„dass der Gegenstand als Sein für den Menschen, als gegenständliches Sein des Menschen, zugleich das Dasein des Menschen für den andern Menschen, seine menschliche Beziehung zum andern Menschen, das gesellschaftliche Verhalten des Menschen zum Menschen ist."*[70] Lenin nennt

---

68 Predrag Vranicki, *Geschichte des Marxismus*, Frankfurt/M. 1974, Bd. 2, S. 492.
69 W.I. Lenin, Konspekt zu Marx' und Engels' Werk „Die heilige Familie", in: *LW*, Bd. 38, S. 15.
70 Karl Marx/Friedrich Engels, Die heilige Familie oder Kritik der kritischen Kritik, in: *MEW*, Bd. 2, S. 3-223, hier: S. 44.

diesen Ausdruck „ganz besonders charakteristisch", denn Marx' Denken beginnt an dieser Stelle, sich mit objektiven Produktionsverhältnissen zu beschäftigen, die nicht durch den Willen von Individuen bestimmt sind. Ich glaube, dass dies einer der wichtigsten Gedanken ist, die Lenin in diesen Notizen niedergeschrieben hat. Ich habe auch bemerkt, dass Lenin zum Ende seiner Notizen sorgfältig eine der wichtigsten Passagen in der *Heiligen Familie* zur Kenntnis nimmt: die Bedeutung in jemandes „Erkenntnis der geschichtlichen Wirklichkeit [...], das theoretische und praktische Verhalten des Menschen zur Natur, die Naturwissenschaft und die Industrie" wie auch die Bedeutung der „Industrie dieser Periode, die unmittelbare Produktionsweise des Lebens selbst" für ein korrektes Verständnis jeder historischen Periode.[71] Am Rand dieses Abschnitts der Exzerpte zieht Lenin eine senkrechte Linie und schreibt „Notabene" (Achtung).

Das **vierte** Indiz ist, dass Lenin, da er zu jener Zeit mit politischer Ökonomie vertraut war, scharfsinnig feststellen konnte, dass Marx' in seinem Prozess der Kritik an Proudhon bereits begonnen hatte, sich der „Theorie des Arbeitswerts"[72] zu **nähern**. *Diese Schlussfolgerung ist korrekt, denn der junge Marx verwendete in den lange vorher geschriebenen* Pariser Heften *und den Ökonomisch-philosophischen Manuskripten aus dem Jahre 1844 – wie der junge Engels – die Logik des philosophische Humanismus, um der Arbeitswertlehre entgegenzutreten.*[73] Lenin war sich jedoch der Existenz dieser Texte nicht bewusst. Die Schlussfolgerung bezog sich primär auf Marx' Diskussion des Verhältnisses zwischen Produktion und Arbeitszeit im „Kritischen Kommentar 4".

Es gibt eine besondere theoretische Situation, die an dieser Stelle unsere Aufmerksamkeit verdient: Das **Fehlen von Gefühl** für den Inhalt des fünften Kapitels der *Heiligen Familie* bei Lenin. Wie wir wissen, enthält der zweite Teil des fünften Kapitels der *Heiligen Familie* Marx' brillante Analyse des „Geheimnisses der spekulativen Struktur" in Hegels idealistischer Philosophie. In diesem Abschnitt beginnt Marx mit dem dialektischen Verhältnis des allgemeinen Begriffs „Frucht", der dann in die konkret

---

71   W.I. Lenin, Konspekt zu Marx' und Engels' Werk „Die heilige Familie", in: *LW*, Bd. 38, S. 31-32.
72   A.a.O., S. 15.
73   Vgl. Kap. 2 und 3 meines Buchs *Zurück zu Marx*.

existierenden einzelnen Früchte wie „Äpfel" oder „Birnen" aufgeteilt wird. Er untersucht dann auf materialistische Weise, wie die spekulative Philosophie die kollektive essentielle Abstraktion des Materiellen betreibt, indem sie sich in Richtung einer ontologischen Inversion bewegt. Das war ein äußerst tiefgehender **dialektischer** Standpunkt. Ich habe jedoch herausgefunden, dass Lenin keine umfassenden Notizen zu dieser bedeutenden Diskussion über Dialektik anfertigt; er weist lediglich darauf hin, dass diese Kritik an Hegel „sehr interessant" sei. Ich glaube, dass dieses besondere textuelle Phänomen Lenins **unzureichend tiefgehende** Untersuchung im Hinblick auf seine grundlegende philosophische theoretische Situierung und speziell in Bezug auf die Dialektik erklärt. Obwohl Lenin schreibt, dass „Hegel ‚sehr oft' innerhalb der spekulativen Darstellung eine wirkliche – die Sache selbst – ergreifende Darstellung gibt."[74] Ich glaube immer noch, dass er sich zu jener Zeit nicht deutlich bewusst war, was Marx mit diesem Abschnitt tatsächlich meinte.

Der **zweite** Aspekt von Lenins Text bestand darin, dass er Marx' und Engels' Diskussion der Rolle der Massen in der Entwicklung der Gesellschaftsgeschichte große Aufmerksamkeit widmete. Wie wir alle wissen, kritisieren Marx und Engels im sechsten Kapitel der *Heiligen Familie* die „absolute Kritik" von Bauer und anderen, weil sie die Massen herabsetzt. Marx und Engels weisen darauf hin, dass das Wesen dieses theoretischen Standpunkts der Verrat an der Geschichte selbst durch „Ideen" ist, und dass „Die Idee" sich selbst immer der Lächerlichkeit aussetzt, insofern sie vom „Interesse" getrennt wird. Der junge Lenin konzentrierte sich auf diesen Abschnitt von Marx und Engels und fertigte viele Zeilen Exzerpte an. Er bemerkt insbesondere, wie Marx und Engels die kreative Rolle erklären, die die Massen in der Entwicklung der Gesellschaftsgeschichte spielen, da dies eine dringende Frage war, mit der er im wirklichen revolutionären Kampf jener Zeit konfrontiert war. Ein Abschnitt von Engels war für den jungen Lenin besonders spannend:

„**Die Geschichte tut nichts, sie ‚besitzt keinen ungeheuren Reichtum', sie ‚kämpft keine Kämpfe'! Es ist vielmehr der Mensch, der wirkliche,**

---

74 W.I. Lenin, Konspekt zu Marx' und Engels' Werk „Die heilige Familie", in: *LW*, Bd. 38, S. 16.

lebendige Mensch, der das alles tut, besitzt und kämpft; es ist nicht etwa die ‚Geschichte‘, die den Menschen zum Mittel braucht, um ihre-als ob sie eine aparte Person wäre-Zwecke durchzuarbeiten, sondern sie ist nichts als die Tätigkeit des seine Zwecke verfolgenden Menschen."[75]

Tatsächlich hatte Lenin ähnliche Gedanken in Bezug auf die sozialhistorische Entwicklung in Russland. Er wollte beweisen, dass die Massen die wahre Macht bei der Schaffung und Veränderung der Geschichte seien. *Ich glaube, dass dies auch seine Betonung des objektiven Aspekts sozialgeschichtlichen Fortschritt, „der nicht durch den Willen des Menschen bestimmt" ist, beeinflusste. Im Prozess seiner philosophischen Veränderung zu jener Zeit begann Lenins theoretischer Strahl, der sich auf die Realität konzentrierte, von der objektiven Dimension der Gesellschaftsgeschichte zur subjektiven Dimension überzugehen, wobei er die kreative Rolle der Massen in der Geschichte betonte. Weiterhin ist dies für ihn nicht nur ein theoretisches Ziel: in nicht allzu ferner Zukunft sollte er seine Ziele tatsächlich durch die große Oktoberrevolution verwirklichen. In Lukács' <u>Lenin. Studie über den Zusammenhang seiner Gedanken</u> von 1924 wird dieser Punkt detaillierter diskutiert.*

Der dritte Aspekt von Lenins „Konspekt zu Marx' und Engels' Werk ‚die heilige Familie'" ist Lenins Erklärung, dass der „wertvollste" Teil der *Heiligen Familie* der „kurze Abriss der Geschichte des französischen Materialismus" sei, der vierte Unterabschnitt des dritten Abschnitts des sechsten Kapitels der *Heiligen Familie* mit der Überschrift „Kritische Schlacht gegen den französischen Materialismus". Lenin verzeichnet akribisch beinahe alle wichtigen Punkte unter dieser Überschrift. Ich habe herausgefunden, dass Lenin, als er Die Heilige Familie las, begann, ein neues Interesse am **philosophischen Materialismus** zu entwickeln. Tatsächlich entdeckte Lenin, als er den zweiten Abschnitt des sechsten Kapitels las, dass Engels „begeisterte Lobreden auf Feuerbach"[76] hielt. Zudem sind Lenins Exzerpte aus den verschiedenen Teilen des sechsten Kapitels, die für „bemerkenswert" erachtet werden, Marx' und Engels' Kritik an Hegels spekulativem Idealismus und die Bejahung von Feuerbachs Materialismus.[77] Lenin

---

75   Karl Marx-Friedrich Engels, Die heilige Familie oder Kritik der kritischen Kritik, in: *MEW*, Bd. 2, S. 3-223, hier: S. 98.
76   W.I. Lenin, Konspekt zu Marx' und Engels' Werk „Die heilige Familie", in: *LW*, Bd. 38, S. 20.
77   A.a.O., S. 31.

widmet auch dem „Zusammenhang des Materialismus des 18. Jahrhunderts mit dem englischen und französischen Kommunismus des 19. Jahrhunderts" besondere Aufmerksamkeit. Wie Marx und Engels wiederholt betonten, „nichts ist leichter, als aus den Voraussetzungen des Materialismus den Sozialismus zu folgern."[78] Lenin fand heraus, dass Marx und Engels das Verhältnis zwischen den utopischen Sozialisten wie Fourier und Owen, den Babouvismus und sogar ein paar „Kommunisten" und den Materialismus diskutierten. Lenin fasst daher zusammen:

„*Fourier* geht unmittelbar von der Lehre der französischen Materialisten aus. Die *Babouvisten* waren rohe, unzivilisierte Materialisten, aber auch der entwickelte Kommunismus datiert direkt von dem französischen *Materialismus*. Dieser wandert nämlich in der Gestalt, die ihm *Helvétius* gegeben hat, nach seinem Mutterlande, nach *England*, zurück. Bentham gründet auf die Moral des Helvétius sein System des *wohlverstandnen Interesses*, wie Owen, von dem System *Benthams* ausgehend, den englischen Kommunismus begründete. Nach England verbannt, wird der Franzose *Cabet* von den dortigen kommunistischen Ideen angeregt und kehrt nach Frankreich zurück, um hier der populärste, wenn auch flachste Repräsentant des Kommunismus zu werden. Die wissenschaftlicheren französischen Kommunisten, *Dézamy*, *Gay* etc. entwickeln, wie Owen, die Lehre des *Materialismus* als die Lehre des *realen Humanismus* und als die *logische* Basis des *Kommunismus*."[79]

Ich glaube, dass es absolut möglich ist, dass Lenin, nachdem er diesen Abschnitt gelesen hatte, die Idee der Parteilichkeit im philosophischen Materialismus entwickelte. Aus der Diskussion von Marx und Engels schloss er, dass materialistische Theorien in der jüngeren westlichen Geschichte immer sozialistische und kommunistische revolutionäre Denkschulen hervorgebracht hätten. Unglücklicherweise entwickelt Lenin diese Idee nicht sofort; eine lange Zeit neigte er dazu, die philosophische Weltsicht

78 A.a.O., S. 30.
79 A.a.O.

und reale politische Standpunkte von Individuen zu trennen. So sah er Plechanow und sogar Bogdanow. Nach seiner Ansicht hatte Plechanow in seiner Weltsicht Recht, aber Unrecht in seiner politischen Position, während Bogdanow in seiner politischen Position Recht hatte, aber Unrecht in seiner Weltsicht. Daher gelang es Lenin zu jener Zeit nicht, die untrennbare innere Verbindung zwischen der Weltsicht und der politischen Position eines Menschen zu sehen. *Lenins falsches Verständnis an dieser Stelle sollte bis ungefähr 1908 nicht überwunden werden. Es ist interessant zu bemerken, dass er diesen Punkt theoretisch wahrnahm, als er Dietzgens philosophische Texte las.*

Der sowjetische Gelehrte Adoratskij schlussfolgerte, das wir von Lenins *„Konspekt zu Marx' und Engels' Werk Die heilige Familie"* ausgehend sehen können, wie sorgfältig Lenin Marx' dialektischen Materialismus studierte, wie er eine marxistische materialistische Weltsicht entwickelt, wie tief er jedes Detail von Marx' Methode erfasste.[80] Ich glaube, dass eine solche Schlussfolgerung mit Sicherheit übertrieben ist. Zunächst enthielt *Die Heilige Familie* keinen dialektischen Materialismus, wie behauptet wird; zweitens gab es nichts in Lenins Notizen, das erkennen ließ, dass er Marx' Methode „tief erfasste". Daher ist Adoratskijs Erklärung hier nichts als ein reines abstraktes übertriebenes Lob. *Kedrow erwähnt dieses Buch in seiner Eine Forschung zu Lenins „Philosophischen Heften" ebenfalls, obwohl er lediglich wiedergab, was Lenin schrieb, wobei er kein nennenswertes Verständnis hinterließ.*[81]

4. Subjektdimension: Anfänglicher Wandel in den Gedanken des jungen Lenin

In Lenins Nachruf auf Friedrich Engels vom September 1895 entdecken wir einige subtile Veränderungen seines Denkens. In diesem Text erwähnt Lenin zum ersten Mal Marx' und Engels' *Heilige Familie*, wobei er erklärt, dass dieser

---

80   Adoratskij, *Ausgewählte Werke von Adoratskij*, Beijing Sanlian Press 1964, S. 506.
81   Kedrow, *Eine Forschung zu Lenins „Philosophischen Heften"*, Qiushi Press 1984, S. 80-90 (chinesisch).

Text „die Grundlagen des revolutionär-materialistischen Sozialismus" enthält.[82] Dieses Dokument wurde ungefähr sechs Monate nach der Veröffentlichung von Plechanows *Monistischer Geschichtsauffassung* publiziert.

Zu Beginn des Nachrufes weist Lenin richtig darauf hin, dass „der Sozialismus kein Hirngespinst von Träumern ist, sondern Endziel und notwendiges Resultat der Entwicklung der Produktivkräfte in der modernen Gesellschaft."[83] Das ist eine äußerst wichtige theoretische Prämisse. Das Denken des jungen Lenin ging nicht nur von gesellschaftlichen Verhältnissen aus, sondern konzentrierte sich vielmehr auf **grundlegendere** materielle Produktivkräfte; von Plechanow wusste er, dass „die Entwicklung der menschlichen Gesellschaft durch die Entwicklung materieller Kräfte, der Produktivkräfte, bedingt ist."[84] *Ich behaupte, dass Lenins Sichtweise hier ein Spiegelbild-Verständnis ist, das von Plechanow übernommen wurde, statt ein Ergebnis seiner eigene Untersuchung, denn in der* <u>Heiligen Familie</u> *(die er zu jener Zeit las) diskutieren Marx und Engels nicht unmittelbar die grundlegende, bestimmende Rolle der materiellen Produktivkräfte, hier beschäftigten sie sich mit objektiven ökonomischen Verhältnissen.* Weiterhin verstand Lenin, dass Hegels Theorien revolutionäre Elemente enthielten, denn Hegels Theorien erkannten „das Gesetz der ewigen Veränderung der Welt". In einer Besprechung von Kautskys Buch *Bernstein und das sozialdemokratische Programm. Eine Antikritik* diskutiert Lenin die Gesetze und die Notwendigkeit der Negation der Negation.[85] Eine wichtigere Veränderung in diesem Text besteht darin, dass der junge Lenin zu jener Zeit den Fokus seines theoretischen Kampfs von der Gegnerschaft gegen die Narodniki zur „Erweckung des Klassenbewusstseins der russische Arbeiter" verschiebt. *Im Parteiprogramm der Sozialdemokratischen Arbeiterpartei Russlands, das später in diesem Jahr entstand, lenkt Lenin die Aufmerksamkeit auf das „Klassenbewusstsein" der russischen Arbeiterklasse.*[86] Ich verstehe es

---

82 W. I. Lenin, „Friedrich Engels", in: *LW*, Bd. 2, S. 1-14, hier: S. 9.
83 A.a.O., S. 5.
84 A.a.O., S. 8.
85 Vgl. Lenins „Rezension Karl Kautsky. Bernstein und das sozialdemokratische Programm. Eine Antikritik", in: *LW*, Bd. 4, S. 187-198.
86 Vgl. Lenins „Entwurf und Erläuterung des Programms der Sozialdemokratischen Partei", in *LW*, Bd. 2, S. 85-114.

jedoch so, dass dies kein philosophisches Anderes Bild von Plechanow oder jemand anderem war, sondern vielmehr durch die Entwicklung von Lenins tatsächlichem politischem Kampf zu jener Zeit notwendig wurde. Dies war eine **unabhängige** *Veränderung in Lenins realer, revolutionärer, praktischer Logik. Es war genau diese Veränderung in Bezug auf den realen logischen Strahl, der ihn veranlasste, von seinem Lehrer Plechanow abzuweichen.* Dies war eine Verschiebung von der Betonung der Untersuchung der **objektiven Dimension** der Gesellschaftsgeschichte zur Untersuchung der **subjektiven Dimension**. Die ursprüngliche Betonung lag auf dem Versuch, den Narodniki die objektive Notwendigkeit des Kapitalismus in Russland zu erklären; zu jener Zeit war es Lenins hauptsächliches Ziel, das subjektive kritische Bewusstsein gegen den Kapitalismus in der russischen Arbeiterklasse zu erwecken. Lenin sollte dieses Ziel später zusammenfassen und es den „Grad der ökonomischen Entwicklung Russlands (die objektive Bedingung) und [...] Grad des Klassenbewusstseins und der Organisiertheit der breiten Massen des Proletariats (die subjektive Bedingung, die mit der objektiven unlöslich verbunden ist)" nennen.[87] Wenn ich richtig liege, dann war dies die vorherrschende Gedankenlogik in *Geschichte und Klassenbewusstsein* des jungen Lukács.

Im Jahr 1900 brachte Lenin klar zum Ausdruck, dass er „Plechanow verteidigte"[88], und der junge Lenin gründete mit direkter Unterstützung von Plechanows Gruppe „Befreiung der Arbeit" *Die Iskra*.[89] Von September 1900 bis Oktober 1903 erschienen 51 Ausgaben des *Funken*. Im Jahr 1901 erklärte Lenin in einer Antwort auf einen Brief von Lesern des *Funken* an den Herausgeber ausführlicher seine neue theoretische Richtung. Auf ihre Anschuldigungen, der *Funke* berücksichtige „wenig jenen materiellen Elemente und jenes materielle Milieu", dass er „den Ideologen der

---

87 W. I. Lenin, Zwei Taktiken der Sozialdemokratie in der demokratischen Revolution, in: *LW*, Bd. 9, S. 1-130, hier: S. 14-15.
88 Vgl. Lenins Brief an N. K. Krupskaja, in: *LW*, Bd. 34. S. 31-34.
89 Der *Funke* (Iskra) war die erste in ganz Russland verbreitete politische Zeitung, die von Lenin gegründet wurde. Am 24. Dezember 1900 wurde die erste Nummer des *Funken* in Leipzig, in Deutschland veröffentlicht. Er zog bald darauf nach München und dann wieder im April 1902 nach London um. Im Frühjahr 1903 wurde er nach Genf verlegt. Lenin war sowohl der Herausgeber wie der Chefredakteur des *Funken*.

Bewegung eine überaus bedeutende Position im Sinne ihres Einflusses auf diese oder jene Richtung der Bewegung zuweist." Lenin antwortete, dass sie „Ökonomisten" seien. Er betont nicht länger einfach „sozial-ökonomische Formen" oder „naturhistorische Prozesse", sondern konzentriert sich vielmehr darauf zu erklären, dass man, um sich wirklich mit materiellen Elementen zu beschäftigen, mit ihnen kritisch umgehen, auf die Gefahren und Schwächen spontaner Bewegungen hinweisen und die Spontaneität zu Bewusstsein weiterentwickeln muss. Der Lenin, den wir hier sehen, unterscheidet sich offensichtlich sehr vom jungen Lenin der Vergangenheit. Der logische Strahl und die **Verständnisdimension**, mit der Lenin die Realität untersucht, haben sich beide geändert. Er glaubte jetzt:

„**Sie verstehen nicht, dass der ‚Ideologe' überhaupt nur dann die Bezeichnung Ideologe verdient, wenn er der spontanen Bewegung *vorangeht*, ihr den Weg zeigt, wenn er es versteht, früher als die anderen alle theoretischen politischen, taktischen und organisatorischen Fragen zu lösen, auf die die ‚materiellen Elemente' der Bewegung spontan stoßen.**"[90]

An dieser Stelle erkennen wir, dass Lenins Denken sich allmählich in Richtung der wechselseitigen Wirkungen der revolutionären Partei und der materiellen Umgehung der Entwicklung der russischen Gesellschaft verschob. Er war am meisten an der **aktiven Rolle des Menschen** bei der Gestaltung seiner gesellschaftlichen Umgebung interessiert. Ich glaube, dass Marx' und Engels' Idee in der *Heiligen Familie*, dass die „Geschichte nichts tut", dass der Mensch derjenige ist, der alle Ideen hervorbringt, Lenin bereits tief beeinflusst hatte. Dieser Punkt ging weit über Plechanows Idee eines tief verwurzelten äußeren Determinismus hinaus. An dieser Stelle war Lenins Abweichung von Plechanow im Hinblick auf politischen Standpunkt und philosophische Sichtweise bereits deutlich geworden. Schon bald sollte er seinen lehr in Bezug auf seine politischen Ideen hinter sich lassen. Es bestehen wenige Zweifel daran, dass diese Veränderung des Denkens in Bezug auf politische Theorie auch das Aufkommen von Spaltung und einer frischen Debatte innerhalb der Sozialdemokratischen Partei beinhaltete; ein Konflikt war unvermeidlich.

90 W. I. Lenin, Eine Auseinandersetzung mit Verteidigern des Ökonomismus, in: *LW* 5, S. 319-327, hier: S. 322.

In Lenins *Was tun?*, geschrieben zwischen Herbst 1901 und 1902, beschreibt Lenin den Ursprung und den grundlegenden Ablauf dieser Debatte. Er schreibt, dass sich in den 1880er und 1890er Jahren, zu Beginn der spontanen russischen Arbeiterbewegung, verschiedene Gruppen unter dem Banner des Marxismus gegen ihre gemeinsamen Gegner, die Narodniki, vereinigten. Lenin bezeichnet dies als den „Honigmond" mit dem „Legalen Marxismus".[91] In dieser Zeit versuchten russische Marxisten den Menschen die objektive Notwendigkeit der Entwicklung einer kapitalistischen Wirtschaft in Russland zu erklären; als der Marxismus jedoch in Russland einen entscheidenden Sieg davongetragen hatte, war die Aufgabe nicht länger, die Notwendigkeit eines bestimmten ökonomische Gesetzes zu betonen, sondern vielmehr, den spontanen Kampf der Arbeiterbewegung zu einem bewussten politischen Kampf weiterzuentwickeln. Dies war eine unmittelbare Erklärung und eine Bestimmung der wichtigen Veränderung des tatsächlichen logischen Strahls durch Lenin selbst.

Ich habe herausgefunden, dass dies die philosophische Essenz der Abweichung zwischen Lenins Bolschewiki und Plechanows Menschewiki ist. Hier können wir den bestimmenden Einfluss der entscheidenden Veränderung in Lenins philosophischem Denken auf seinen politischen Standpunkt sehen. Angesichts der schnellen Entwicklung der russischen Revolution und in Opposition zu Plechanows Bestehen auf der Aufrechterhaltung des objektivistischen Standpunkts mit den „Legalen Marxisten" hatte Lenin bereits begonnen darüber nachzudenken, die subjektive Dynamik der proletarischen Klasse unter den bestehenden objektiven Bedingungen zu entfesseln. Dies war ein neuer theoretischer logischer Strahl, der sich auf die Realität konzentrierte. Es war auch die Grundlage, auf der die Menschewiki die Bolschewiki als „Idealisten" kritisierten. *Hier bringen die Autoren des fünften Bandes der*

---

91   „Legaler Marxismus" bezeichnet eine Gruppe von linken Intellektuellen in Russland im späten 19. und frühen 20. Jahrhundert, die hauptsächlich von Struve vertreten wurde. Im theoretischen Kampf gegen den Narodnismus verbündeten sie sich mit der russischen Sozialdemokratischen Partei; im Jahr 1900 jedoch brachen sie mit dem Marxismus und wandten sich dem Kantianismus und religiöser mythischer Spekulation zu. Weil sie oftmals Artikel im *Herold des Lebens* und anderen legalen Publikationen veröffentlichten, wurden sie von Lenin wissenschaftlich als „Legale Marxisten" bezeichnet.

sowjetischen Geschichte der Philosophie diese beiden diametral entgegengesetzten Denktendenzen Lenins durcheinander. Sie merken lediglich an, dass Lenins Denken zu jener Zeit primär „auf philosophische Weise die Rolle subjektiver Elemente im gesellschaftlichen Leben nachweist." Sie sehen nicht, dass Lenins Gedanken zu jener Zeit bereits eine bedeutende Veränderung erfahren hat. Darüber hinaus können wir auch feststellen, dass Lenin die zentrale Position des politischen Klassenkampfes im theoretischen System des Marxismus sehr betonte.[92] *Dieses Denken sollte später unmittelbar Mao Zedong beeinflussen. Nach Lenins Meinung ist die Frage, ob der führende Platz des Klassenkampfs anerkannt wird oder nicht das grundlegende Kriterium, an dem eine sozialistische politische Partei gemessen werden muss. Daher brachte Lenin auf der Sozialistischen Internationalen Konferenz vom Oktober 1908, als Kautsky und Adler sich weigerten, englische Arbeiterparteien anzuerkennen, die sich am Klassenkampf beteiligten, seine extreme Empörung zu Ausdruck.*[93] Ebenfalls in diesem Text zeigt Lenin klar, „die **spontane** Entwicklung der Arbeiterbewegung führt eben zu ihrer Unterordnung unter die bürgerliche Ideologie die spontane Entwicklung der Bewegung der Arbeiterklasse führt zu ihrer Unterordnung unter die bürgerliche Ideologie." Er geht sogar noch weiter und behauptet, dass wenn die Führer „die Arbeiterbewegung nicht von dem Weg abbringen könnten, der durch die Wechselwirkung der materiellen Elemente und des materiellen Milieus bestimmt" wird, dies „daher völlig gleichbedeutend mit dem **Verzicht auf den Sozialismus**"[94] sei. Der Grund dafür ist, dass es der Arbeiterklasse nicht möglich ist, spontan sozialistisches Denken hervorzubringen: „Dieses [Bewusstsein] konnte ihnen nur von außen gebracht werden."[95] Es ist offensichtlich, dass Lenins Ziel hier nicht länger darin bestand, die objektive Notwendigkeit der Entwicklung des Kapitalismus in Russland zu erklären; jetzt ist es sein neuer Wunsch, die moderne Gesellschaft in eine sozialistische Gesellschaft zu transformieren. Wir haben ausreihend

---

92   Vgl. *Lenin Werke*, 2. Chinesische Ausgabe, Bd. 1, S. 262-263; Bd. 2, S. 85-91, 432; Bd. 6, S. 251-252; Bd. 7, S. 168; Bd. 10, S. 339.
93   W.I. Lenin, Die Tagung des Internationalen Sozialistischen Büros, in: *LW*, Bd. 15, S. 227-242.
94   W.I. Lenin, Was tun? Brennende Fragen unserer Bewegung, in: *LW*, Bd. 5, S. 355-551, hier: S. 395-396.
95   A.a.O., S. 385.

Grund zu glauben, dass Lenin in seinen späteren *Berner Heften* begeistert war herauszufinden, dass das Wesen von Marx' praktischer Dialektik in der Transformation und der „Abschaffung" der Existenz durch die objektiven revolutionären Aktivitäten des Menschen war. Daher konzentrierte sich Marx stärker auf das Klassenbewusstsein der Arbeiterklasse, das „wahre politische Bewusstsein".

„Das Bewusstsein der Arbeitermassen kann kein wahrhaftes Klassenbewusstsein sein, wenn die Arbeiter es nicht an konkreten und dazu unbedingt an brennenden (aktuellen) politischen Tatsachen und Ereignissen lernen, *jede* **andere Klasse der Gesellschaft in** *allen* **Erscheinungsformen des geistigen, moralischen und politischen Lebens dieser Klassen zu beobachten; wenn sie es nicht lernen, die materialistische Analyse und materialistische Beurteilung aller Seiten der Tätigkeit und des Lebens** *aller* **Klassen, Schichten und Gruppen der Bevölkerung in der Praxis anzuwenden."**[96]

Lenin kritisiert erbittert die „Ökonomisten", die glauben, dass Arbeiterkämpfe nicht über die Ebene spontaner ökonomischer Kämpfe hinausgehen könnten. Es ist Lenins Ansicht: „Aus der richtigen marxistischen Prämisse von den tiefen ökonomischen Wurzeln des Klassenkampfs im Allgemeinen und des politischen Kampfs im Besonderen zogen die Ökonomisten den originellen Schluss, dass man dem politischen Kampf den Rücken kehren, seine Entwicklung hintanhalten, sein Ausmaß einengen und seine Aufgaben herabsetzen müsse."[97] Lenins eigene Sichtweise ist klar: Er glaubt, dass die Unzufriedenheit der Arbeiter mit dem kapitalistischen System in einen bewussten politischen Kampf verwandelt werden solle, und dass **„wir** diesen Kampf führen müssen".[98] Wenn nicht, was ist dann der Sinn der Gründung der sozialdemokratischen Partei? Er geht so weit, Plechanow direkt zu kritisieren, wenn er schreibt, dass es nicht ausreicht,

---

96   A.a.O., S. 426.
97   W. I. Lenin, Zwei Taktiken der Sozialdemokratie in der demokratischen Revolution, in: *LW*, Bd. 5, S. 1-130, hier: S. 26-27.
98   W.I. Lenin, Zwi Taktiken der Sozialdemokratie in der demokratischen Revolution, in: *LW*, Bd. 9, S. 27.

dass der Letztere nur anerkennt, dass „in Russland der Kapitalismus immer mehr zur vorherrschenden Produktionsweise **wird**"; der korrekte Ausdruck sollte sein, „er ist schon zur vorherrschenden **geworden**."[99] *Im späteren „Entwurf und Erläuterung des Programms der Sozialdemokratischen Partei" wurden Lenins korrigierte Ideen unmittelbar verwendet, wenn es heißt, „in Russland, wo der Kapitalismus die herrschende Produktionsweise ist."[100] Ich habe auch herausgefunden, dass Lenin nicht lange vorher einen privaten Gedankenaustausch mit Plechanow hatte. Lenin schrieb, „die Schwärmerei für ‚ökonomische' Agitation [...] war eine gesetzmäßige und zwangsläufige Begleiterscheinung eines Schritts vorwärts unter den Verhältnissen unserer Bewegung, wie sie Ende der achtziger oder Anfang der neunziger Jahre in Russland herrschten."[101] Er glaubte, dass es zu seiner Zeit jedoch neue Aufgaben und Ziele für die russische sozialdemokratische Partei gab. Aus unserer heutigen Perspektive gesehen, sind Lenins Ansichten hier diskutierenswert.*

Zwischen 1901 und Anfang 1902 jedoch hatte Lenin immer noch ein gutes Verhältnis zu Plechanow; in der Korrespondenz zwischen den beiden Denkern sehen wir, dass Lenin seinen Lehrer oftmals um theoretische Hilfe bat und Ideen mit ihm austauschte.[102] *Nach Plechanows eigenen Worten erinnerte Lenin Plechanow an Struves Über Freiheit und Notwendigkeit, als beiden sich gegen Struves „legalen Marxismus" wandten.*[103] Das Verhältnis zwischen den beiden begann im Mai 1902 angespannt zu werden. Nachdem er Lenins „Entwurf und Erläuterung des Programms der Sozialdemokratischen Partei" gelesen hatte, kommentierte Plechanow ziemlich bissig Lenins Arbeit, indem er beleidigende Ausdrücke verwendete. Als Reaktion darauf schrieb Lenin direkt an Plechanow und erklärte, dass ihre persönliche Beziehung beschädigt worden und ihr „Abbruch

---

99   W.I. Lenin, Bemerkungen zum zweiten Programmentwurf Plechanows, in: *LW*, Bd. 6, S. 41.
100 W. I. Lenin, Entwurf und Erläuterung des Programms der Sozialdemokratischen Partei, in: *LW*, Bd.2, S. 85-114.
101 W. I. Lenin, An G.W. Plechanow, in: *LW*, Bd. 36, S. 20-24, hier: S. 24.
102 A.a.O., S. 61-62, 73-75 und 88-89.
103 G. Plechanow, *Gegen den Revisionismus in der Geschichte*, People's Press (1957) (chinesisch), S. 334.

erreicht" sei.[104] Trotzdem setzten die beiden Männer für eine relativ lange Zeit ihre Arbeitskorrespondenz fort. Erst im Sommer 1903, auf dem zweiten Kongress der Russischen Sozialdemokratischen Arbeiterpartei in London, sollten die politischen Standpunkte von Lenin und Plechanow allmählich „mit aller Klarheit" deutlich werden.[105] Obwohl die Iskra ein zentrales Parteiorgan sein sollte, spaltete sich die Iskra am Vorabend zunehmend schwerwiegender Prinzipienfragen in der Partei in unterschiedliche Lager, so wie sich auch die Partei in Bolschewiki (Mehrheit) und Menschewiki (Minderheit) spaltete, und Lenin trat als Chefredakteur zurück.[106] *Zunächst hatte Lenin Axelrod, Trotzki und Potresow aus der Redaktion der* Iskra *entlassen, aber Plechanow bat sie später zurückzukehren, was Lenin dazu zwang zurückzutreten. Am 22. Dezember 1904 veröffentlichte Lenins neue Zeitung, der Vorwärts, seinen ersten Artikel aus Genf. An diesem Punkt wurden direkter Konflikt und Kampf unvermeidlich; beginnend mit seiner 52. Ausgabe wurde der Funke zu einem Werkzeug der Menschewiki. Lenin sollte dies später* Die Neue Iskra *nennen.*[107] *Ein weiterer wichtiger Punkt, der erwähnt werden muss, ist dass es innerhalb von Lenins bolschewistischem Lager zwei Denker gab, die bereits dem Machismus erlegen waren: Bogdanow und Basarow.* Zu jener speziellen Zeit kritisierte Lenin natürlich ihre philosophischen Weltsichten nicht direkt, obwohl Plechanow sich weigerte, von der Kritik an Bogdanow abzulassen. Ich habe bemerkt, dass Plechanows Kritik an Bogdanow sich manchmal an Lenin richtet. Plechanow erklärt deutlich, dass er und Bogdanow **„zwei sich unmittelbar entgegenstehende Weltsichten"** vertreten.[108] Plechanow wirft Bogdanow vor, „unter der falschen Flagge des Marxismus vorzugehen" und dann seinen eigenen „Idealismus" anzubieten. Weiter weist Plechanow scharf darauf hin, dass „der Materialismus zur Grundlage von Sozialismus und Kommunismus" wurde, dass Marxisten idealistische Machisten nicht als „Genossen" bezeichnen

---

104 W. I. Lenin, An G.W. Plechanow, in: *LW*, Bd. 34, S. 89.
105 „Eine unveröffentlichte Erklärung", in: *LW*, Bd. 7, S. 104.
106 „An die Redaktion des Zentralorgans der SDAPR", in: *LW*, Bd. 7, S. 108.
107 Lenin glaubte, dass der *Funke* sich mit seiner 51. Ausgabe dem Menschewismus zuzuwenden begann, daher nennt er die Ausgaben 1-50 den *„alten Funken"*.
108 Vgl. Plechanow, *Materialismus Militans: Reply to Mr. Bogdanov*, People's Press (1957), S. 336.

dürften.[109] Als Kautsky sich an der Auseinandersetzung beteiligte, griff ihn Plechanow mit gleicher Leidenschaft an und erklärte, dass er die russische Situation nicht verstehe und die „theoretische bürgerliche Reaktion [den Machismus] übersehen habe, der jetzt wirkliche Verwirrung in den Reihen unserer fortgeschrittenen Intellektuellen verursacht."[110] Lenin glaubte dies zu jenem Zeitpunkt nicht und trennte politischen Standpunkt und Weltsicht voneinander. Er kannte noch nicht die philosophische Grundlage, auf der die Veränderung in seinem politischen Standpunkt und seinem praktischen logischen Strahl basiert sein sollte.

Es ist sehr interessant zu bemerken, dass wir in Lenins Text von 1904, „Ein Schritt vorwärts, zwei Schritte zurück" immer noch eine Fortsetzung von Plechanows Ansichten in der *Monistischen Geschichtsauffassung* finden können, die wir bereits in früheren Abschnitten untersucht haben. Als Lenin den Kampf der russischen Sozialdemokraten analysierte, begann er zu verstehen, dass „die Entwicklung tatsächlich den dialektischen Weg, den Weg der Widersprüche geht." Vorher hatte Lenin diese dialektische Sichtweise nicht, und er hatte sicherlich keine Sicht von Widersprüchen. Lenin schrieb, dass in diesem Kampf die Minderheit zur Mehrheit und die Mehrheit zur Minderheit werde, „jede Seite geht von der Verteidigung zum Angriff und vom Angriff zur Verteidigung über". Der Gegenstand der Auseinandersetzung wird zur Negation der Negation in einem fortdauernden Gezänk. Lenin kommt zu dem Schluss: „Kurzum, nicht nur die Gerste wächst nach Hegel, auch die russischen Sozialdemokraten bekämpfen sich nach Hegel."[111] Lenins letzter Satz war auch eine Fortsetzung ähnlicher Ansichten, die von Plechanow vertreten wurden. Wichtiger ist, dass Lenin sich auf die Dialektik bezieht, denn es ist „die große Hegelsche Dialektik, die der Marxismus übernahm, nachdem er sie auf die Füße gestellt hatte." Dies kann als eine neue historische Anerkennung Hegels verstanden werden. Es bestätigt, was wir bereits gesehen haben, dass Lenin in Bezug auf theoretische Logik von Plechanow abhing; selbst als sich ihre Wege politisch getrennt hatten. Lenin glaubt weiterhin an die philosophische

109 A.a.O., S. 337.
110 A.a.O., S. 446.
111 W.I. Lenin, Ein Schritt vorwärts, zwei Schritte zurück, in: *LW*, Bd. 7, S. 197-430, hier: S. 416.

Zuverlässigkeit seines Lehrers. Mit anderen Worten, bis zu diesem Punkt waren Lenins philosophische Ideen immer noch *äußerlich aus logischen Spiegelbildern aus der Anderen theoretischen Autorität zusammengesetzt.* Lenins Gedankenkreislauf im Hinblick auf philosophische Theorie hatte seinen Ursprung bei Plechanow, obwohl sie politisch ihre Verbindungen bereits abgebrochen hatten.

Ich muss darauf hinweisen, dass Lenin zwischen 1903 und 1904 zwei Bücher zur grundlegenden philosophischen Theorie las, während er in Genf, in der Schweiz lebte. Dies waren Friedrich Überwegs *Grundriss der Geschichte der Philosophie* (die Leibnizausgabe von 1876-1880) und Paulsens *Einleitung in die Philosophie* (die Ausgabe von 1899). Die Ergebnisse dieses Studiums waren jedoch offensichtlich nicht ideal. Aus den existierenden Notizen geht hervor, dass Lenins keine hohe Meinung von dem ersten Buch hatte, da er das Gefühl hatte, sein Inhalt sei überholt, bestehe „zu ¾ aus Namen und Buchtiteln"[112] und sei ohne irgendeinen substantiellen Inhalt. Daher gibt es nur wenige Zeilen über dieses Buch. Lenin scheint sich mehr für das zweite Buch interessiert zu haben. Sein Interesse konzentrierte sich auf die Frage des philosophischen Materialismus; da der Autor ein Idealist war, konnte Lenin ein Verständnis über grundlegende philosophische Probleme aus dessen Kritik des Materialismus gewinnen.[113] Abgesehen davon las Lenin 1904 auch eine Besprechung von Haeckels „Lebenswunder" und „Welträtsel".[114] Ich schließe daraus, dass dies Lenins erstes nicht-systematisches Studium grundlegender philosophischer Theorie außerhalb seines eigenen Zugangs zur marxistischen Philosophie war. Die Ursache dafür mag sehr wahrscheinlich darin gelegen haben, dass hochtrabende Philosophen in der Zweiten Internationale aufgekommen waren, darunter Plechanow, Bogdanow und Basarow. Lenin bemerkte zu jener Zeit, dass sein eigener philosophischer Hintergrund nicht profund genug war, dass er nicht klar und präzise zwischen wichtigen, grundlegenden philosophischen Begriffen

---

112 W.I. Lenin, F. Ueberweg, Grundriss der Geschichte der Philosophie, in: *LW*, Bd. 38, S. 359.
113 W.I. Lenin, F. Paulsen, Einleitung in die Philosophie, in: *LW*, Bd. 38, S. 359-361.
114 W.I. Lenin, Notiz zu einer Rezension über E. Haeckels „Lebenswunder" und „Welträtsel", in: *LW*, Bd. 38, S. 362.

unterscheiden konnte. Verschiedene Forscher haben darauf hingewiesen, dass Lenin, als Bogdanow 1899 sein erstes Buch, *Die Grundelemente der historischen Naturauffassung*, veröffentlichte, glaubte, es sei ein neues Werk von Plechanow. Er konnte die Fehler in Bogdanows wissenschaftlichem Standpunkt nicht sehen.[115] Natürlich war sein Studium der Philosophie zu jener Zeit nicht systematisch. Auf der anderen Seite glaube ich, dass der junge Lenin vielleicht gerade wegen der sich intensivierenden politischen Spaltung zwischen ihm und Plechanow die Notwendigkeit zu verstehen begann, sich unabhängig mit der unbekannten philosophischen Theorie auseinanderzusetzen und sich an die Arbeit zu machen. Objektiv gesprochen glaube ich aber auch, dass sein Studium zu jener Zeit seinen philosophischen Standpunkt nicht bedeutend veränderte. In Bezug auf philosophische Ideen hatte er sich noch nicht von Plechanow, dem er sich politisch entgegenzustellen begann, losgelöst. Lenin wusste nicht, dass Plechanows falscher politischer Standpunkt mit seinen Ansichten über den philosophischen Materialismus eng verbunden war. Dies ist ein anderer, tiefgehender Widerspruch logischer Situationen.

5. Klassenbewusstsein und die Aktivität der Revolution

Im Jahr 1905 wurde die Debatte zwischen den von Lenin angeführte Bolschewiki und den Menschewiki noch heftiger. *Lenin fasste diese Debatte zusammen, als er schrieb: „die beiden großen Spaltungen in der Sozialdemokratie, die Spaltung in ‚Ökonomisten' und Anhänger der alten Iskra in den Jahren 1900 bis 1903 und die Spaltung in ‚Menschewiki' und ‚Bolschewiki' in den Jahren 1903 bis 1906."*[116] *Lenin schrieb, dass diese beiden Spaltungen durch die Debatte zwischen Opportunisten und Revolutionären in der Partei verursacht worden seien.* Die Substanz der Debatte lag in der Frage der Führung der russischen bürgerlich-demokratischen Revolution. Lenin schrieb: „Nach Ansicht der Bolschewiki fällt dem

---

115 Vgl. „Materialism and Empirio-Criticism and Its Critics", in: *Lenin Studies* (1995), Bd. 5, S. 51.
116 W. I. Lenin, Sozialrevolutionäre Menschewiki, in: *LW*, Bd. 11, S. 184-194, hier: S. 184.

Proletariat die aktive Aufgabe zu, die bürgerlich-demokratische Revolution zu Ende zu führen, ihr Führer zu sein. [...] Die Menschewiki neigten zu der Ansicht, dass in der bürgerlichen Revolution die Bourgeoisie die treibende Kraft sein und ihr Ausmaß bestimmen müsse." Die Menschewiki glaubten, dass das Proletariat nicht in der Lage sei, eine bürgerliche Revolution zu führen und noch weniger mit dem Ziel der Etablierung einer „revolutionären, demokratischen Diktatur des Proletariats und der Bauernschaft."[117] Diese beiden Perspektiven waren durch einen Abgrund grundlegend unterschiedlichen Denkens getrennt.

In den frühen Phasen des Konflikts drückte sich die Spaltung primär in Form einer Debatte zwischen Plechanows neuer Version der Iskra und Lenins Wperjod wie auch als Debatte um den dritten Parteitag der Sozialdemokratischen Partei aus. An diesem Punkt scheint sich Lenins Meinung über seinen Lehrer verändert zu haben: „Plechanow dagegen sagt kein Wort über die konkreten russischen Verhältnisse. Sein ganzes Gepäck beschränkt sich auf ein paar am unrechten Ort angeführte Zitate."[118] Lenin weist darauf hin, dass die Gruppe der neuen Iskra, als sie mit der Entwicklung der russischen Gesellschaft konfrontiert war, den Prozess lediglich allgemein beschreibt, ohne aktuelle Aufgaben zu diskutieren. Diese Methode „erinnert an den Ausspruch von Marx (in seinen berühmten ‚Thesen' über Feuerbach) über den alten Materialismus, dem die Idee der Dialektik fremd war." Lenins Beobachtungen an dieser Stelle sind äußert tiefschürfend. Er wirft der Gruppe der neuen Iskra vor, sie würdigten „die materialistische Geschichtsauffassung dadurch herab, dass sie außer Acht lassen, welche wirksame, führende und leitende Rolle in der Geschichte die Parteien spielen können und müssen, die die materiellen Bedingungen der Umwälzung erkannt und sich an die Spitze der fortgeschrittenen Klassen gestellt haben."[119] *Lenin erwähnt oftmals die elfte These in Marx' Thesen über*

---

117 W. I. Lenin, Die Stellung zu den bürgerlichen Parteien, in: *LW*, Bd. 12, S. 492-513, hier: S. 493-494,
118 W. I. Lenin, Referat über die Teilnahme der Sozialdemokraten an einer provisorischen revolutionären Regierung, 18 April (1. Mai), in: *LW*, Bd. 8, S. 385.
119 W.I. Lenin, Zwei Taktiken der Sozialdemokratie in der demokratischen Revolution, in: *LW*, Bd. 9, S. 1-130, hier: S. 30.

Feuerbach: „Die Philosophen haben die Welt nur verschieden interpretiert; es kömmt drauf an, sie zu verändern." Er schrieb jedoch, dass Marx mit dieser These den alten Materialismus kritisierte.[120] *Genauer gesagt hat Marx mit dieser These alle vorhergehende Philosophie kritisiert. In diesem Sinne ging Marx' praktischer Materialismus über Plechanows Feuerbachianischen philosophischen Materialismus hinaus.* Über die „Ökonomisten" nachdenkend schreibt Lenin:

> „Die Ökonomisten hatten auswendig gelernt, dass der Politik die Ökonomik zugrunde liegt, und das so ‚verstanden', dass man den politischen Kampf zum ökonomischen herabwürdigen müsse. Die Neuiskristen haben auswendig gelernt, dass die ökonomische Grundlage der demokratischen Umwälzung die bürgerliche Revolution ist, und das so ‚verstanden', dass man die demokratischen Aufgaben des Proletariats auf das Niveau der bürgerlichen Mäßigung herabwürdigen und innerhalb jener Grenzen halten müsse."[121]

Zu jener Zeit wandte sich Lenins Denken dem Klassenbewusstsein des Proletariats und der Dynamik der revolutionären Praxis zu. Er kritisiert den „Realismus" der sogenannten Oswoboshdenzen: „Oswoboshdenzen kennen keinen anderen Realismus als den kriecherischen; die revolutionäre Dialektik des marxistischen Realismus, der die Kampfaufgaben der fortgeschrittensten Klasse betont und im Bestehenden die Elemente seines Untergangs entdeckt, ist ihnen vollkommen fremd."[122] Lenin schrieb, „Marx stellt die **historische Initiative** der Massen über alles." Er betrachtete die „Geschichte vom Standpunkt derer, die sie *machen*, ohne die Möglichkeit zu haben, die Chancen *unfehlbar* im Voraus zu berechnen."[123] *Lenins Standpunkt an dieser Stelle entspricht dem, was Marx in der* Heiligen Familie *zum Ausdruck bringt.* Es ist offensichtlich, dass Lenins Verständnis sich bereits stark von jenem

---

120 A.a.O.
121 A.a.o., S. 99-100.
122 W. I. Lenin, Revolution lehrt, in: *LW*, Bd. 9, S. 137-147, hier: S. 140-141.
123 W. I. Lenin, Vorwort zur russischen Übersetzung der Briefe von K. Marx an. L. Kugelmann, in: *LW*, Bd. 12, S. 95-104, hier: S. 101, 103.

Plechanows unterschied, denn Plechanow schlug schon im Dezember 1905 vor *zu bremsen.*[124] *Es ist interessant zu bemerken, dass Lenin im Oktober 1905 einen ernsten Brief an Plechanow schrieb, in dem er ihn einlud, mit den Bolschewiki „zusammenzuarbeiten". Lenin glaubte, dass die Spaltung zwischen den Bolschewiki und Plechanow "vorübergehend" und durch besondere Umstände verursacht sei. In diesem Brief schreibt Lenin deutlich, dass Plechanow die „beste Kraft der russischen Sozialdemokraten" sei, und erklärt, dass „es für die gesamte Bewegung dringend notwendig ist, dass sie führend, eng und unmittelbar teilnehmen."*[125] *Ebenfalls in diesem Brief schlägt Lenin ein Treffen mit Plechanow vor, um die Missverständnisse zwischen ihnen zu beseitigen. Natürlich tat Lenin dies nicht, um gegenüber den Fehlern Plechanows Kompromisse einzugehen, sondern vielmehr in der Hoffnung, dass er Plechanow auf den richtigen Weg des Bolschewismus bringen könne. Unglücklicherweise lehnte Plechanow Lenins Angebot ab. In der dritten Ausgabe der sozialdemokratischen Tageszeitung von 1905 veröffentlichte Plechanow einen kurzen Kommentar, in der er Lenin beschuldigte, prinzipienlos zu sein, weil er sich mit dem „Empiriomonismus" zusammentue.*[126] *Obwohl dies zu jener Zeit tatsächlich ein Fehler Lenins war, beschädigte es nicht seine korrekte politische Position.* Natürlich erkannte Lenin auch, dass der grundlegende Unterschied zwischen dem Marxismus und allen anderen Formen sozialistischer Theorie in der Kombination „absoluter wissenschaftlicher Nüchternheit in der Analyse der objektiven Sachlage und des objektiven Entwicklungsganges mit der entschiedensten Anerkennung der Bedeutung der revolutionären Energie, der revolutionären Schaffenskraft, der revolutionären Initiative der Massen"[127] bestand. Ich glaube, dass dies Lenins Bemühung war, die objektive Dimension der gesellschaftsgeschichtlichen Entwicklung mit der subjektiven Dimension der Dialektik zu vereinen. *Bochenski behauptete unverantwortlicherweise,*

---

124 A.a.O., S. 99-100.
125 W.I. Lenin, An G.W. Plechanow, in: *LW*, Bd. 34, S. 351-354, hier: S. 352.
126 Vgl. *Lenin Werke* (2. Chinesische Ausgabe), Bd. 45, S. 418, Anmerkung Nr. 124.
127 W. I. Lenin, Gegen den Boykott (aus den Notizen eines sozialdemokratischen Journalisten), in: *LW*, Bd. 13, S. 1-37, hier: S. 23.

dass Lenin der Bedeutung des menschlichen Willens in der gesellschaftlichen Entwicklung besonderen Nachdruck verleihe; daher gebe er Marx' klassischen ökonomischen Determinismus auf.[128] *Nach Wetter transformierte Lenin den Marxismus in etwas, das sich von Plechanows evolutionärem Determinismus unterschied, wodurch er ihm einen erlösenden Geist verlieh, der die Herzen der Menschen belebte.*[129] *Das ist offensichtlich Unsinn. Zunächst war Marx' historischer Materialismus kein ökonomischer Determinismus, er betonte lediglich die grundlegende, bestimmende Rolle der materiellen Produktion und Reproduktion; zweitens war Lenins Betonung der aktiven Rolle des Klassenwillens im Fortschritt der Gesellschaftsgeschichte im historischen Materialismus begründet.* Dennoch war die Frage, wie dieser praktische logische Strahl, der seinen Ursprung im tatsächlichen politischen Kampf hatte, zu jener Zeit nicht in Lenins Gedankenraum eingedrungen.

Ein weiterer wichtiger dialektischer Gesichtspunkt, den Lenin in der Praxis der russischen Revolution betonte, war die konkrete Analyse konkreter Probleme. Er verstand von Anfang an klar die Bedeutung dieser Methode, wobei er erklärte, dass der Marxismus nicht aus „abstrakten Formeln" oder „doktrinären Rezepten" bestehe. Vielmehr könne die praktische Orientierung des wissenschaftlichen Sozialismus nur durch die Vereinigung des Marxismus mit der „konkreten Umgebung der Geschichte" aufrechterhalten werden.[130] Eine wahrhaft revolutionäre, sozialistische Partei könne nur eine sein, die den Sozialismus mit der russischen Arbeiterbewegung verbinde.[131] „Konkrete politische Aufgaben muss man in einer konkreten Situation stellen. Alles ist relativ, alles fließt, alles ändert sich."[132]

---

128 Jozef Bochenski, *Soviet-Russian Dialectical Materialism*, The Commercial Press 1965 (chinesische Ausgabe).
129 Wetter, *Dialektischer Materialism*, The Commercial Press 1963, S. 133 (chinesische Ausgabe).
130 W. I. Lenin, Der Partisanenkrieg, in: *LW*, Bd. 11, S. 202-213, hier: S. 202.
131 W. I. Lenin, Warum muss die Sozialdemokratie den Sozialrevolutionären einen entschiedenen und rücksichtslosen Kampf ansagen?, in: *LW*, Bd. 6, S. 164-167, hier: S. 165.
132 W. I. Lenin, Zwei Taktiken der Sozialdemokratie in der demokratischen Revolution, in: *LW*, Bd. 9, S. 1-130, hier: S. 75.

Hier würde es nicht helfen, ein konkretes Beispiel zu bringen. In einem Brief von 1909 diskutierte Lenin die Debatte über die Zukunft des russischen historischen Fortschritts, die im späten 19. und frühen 20. Jahrhundert stattfand. Er schrieb, dass der Fokus der Diskussion in der frühen Debatte zwischen der russischen Sozialdemokratischen Partei und den Narodniki auf der Frage lag, ob die Zukunft Russlands im Kapitalismus oder „der Produktion für das Volk" liegen würde. Zu jenem Zeitpunkt hatte die Geschichte bereits die wahre Geburt des Kapitalismus bewiesen; nachdem jedoch „diese Frage durch die Theorie wie durch das Leben entschieden" wurde, sollte eine „höhere Frage" auf der Tagesordnung stehen: Kapitalismus vom Typ α *oder Kapitalismus vom Typ* β. *Diese Frage lag im Zentrum der Debatte zwischen den Bolschewiki und den Menschewiki. In seiner Kritik an den Menschewiki schrieb Lenin, dass der Menschewismus eine doktrinäre „Vereinfachung, Verflachung, Verdrehung des Buchstabens des Marxismus, mit einem Verrat an seinem Geist" sei*, denn:

> **„Die Menschewiki haben, als sie die Volkstümlerideologie als eine falsche Doktrin des** *Sozialismus* **bekämpften, in doktrinärer Weise den historisch realen und historisch fortschrittlichen** *Inhalt* **der Volkstümlerideologie als Theorie des einen Massencharakter tragenden** *kleinbürgerlichen* **Kampfes des demokratischen Kapitalismus gegen den liberal-gutsbesitzerlichen Kapitalismus, des ‚amerikanischen' gegen den ‚preußischen' Kapitalismus übersehen und verpasst."**[133]

Das ist der Grund, weshalb die Menschewiki fälschlicherweise glaubten, dass „die Bauern*bewegung* reaktionär sei" und sich dann kläglich auf die Seite der Konstitutionellen Demokraten gegen die Bauernschaft stellten. Aus diesem Grund folgten die Menschewiki fälschlicherweise der Bourgeoisie, wenn sie „den gesamten Verlauf der wirtschaftlichen Entwicklung betonten und die revolutionäre Diktatur des Proletariats und der Bauern ablehnten und sich so gegen den Fortschritt der Geschichte wandten. Wir können sehen, dass Lenin in wichtigen historischen Augenblicken klar in der Lage war, den Standpunkt

---

133 W.I. Lenin, Brief an I. I.: Skworzow-Stepanow, in: *LW*, Bd. 16, S. 110-116, hier: S. 112-113.

der Dialektik zu verteidigen, in dem er die Bedingungen des Revolutionärs konkret, historisch und wahrhaftig analysierte und die wissenschaftliche Theorie des Marxismus mit der Realität verband. Ich sollte auch darauf hinweisen, dass wenn wir sagen, der junge Lenin habe keine feste theoretische Grundlage gehabt, dass er keine systematische Forschungsausbildung hatte, dies uns nicht davon abhält zu versichern, dass er ein brillanter Praktiker der Dialektik des tatschlichen revolutionären Kampfes war. *Hier vertritt Dunajewskaja eine interessante Idee, die zwar nicht ausreichend präzise ist, aber immer noch Elemente der Wahrheit enthält. Sie schrieb, "vor 1914 befand sich Lenin in einem Zustand des Widerspruchs zwischen praktischer Dialektik in der Praxis und Kautsky im Denken."*[134] Ich glaube, dass Dunajewskaja sich auf Lenins korrekte Anwendung der Dialektik auf den politischen Kampf bezog und ein Festhalten an Kautskys ökonomischem Determinismus in Bezug auf theoretisches Denken. Jedenfalls stützen die Tatsachen die Schlussfolgerungen, zu denen wir in diesem Kapitel gelangt sind, dass der junge Lenin in Bezug sowohl auf philosophische Theorie wie auf allgemeine Methodologie den Kautsky der Zweiten Internationale bejahte, indem er Plechanow folgte. Zu jener Zeit war er sich des Widerspruchs zwischen seiner philosophischen Theorie und dem logischen Strahl seiner tatsächlichen Praxis nicht bewusst.

In Lenins Sicht „sieht der Marxist als *erster* das Nahen einer revolutionären Epoche voraus und beginnt das Volk zu wecken und Sturm zu läuten, während die Philister noch ihren sklavischen Untertanenschlaf schlafen."[135] Er erklärt leidenschaftlich, „wir werden *alle* revolutionären Möglichkeiten wirklich bis zum Ende ausschöpfen."[136]

Im Jahr 1906, nur ein Jahr nach dem Erfolg der bürgerlichen Revolution, schrieb Lenin, „Jetzt steht das Volk am Vorabend eines neuen großen Kampfes."[137] Maxim Gorkis *Lied vom Sturmvogel* zitierend, bringt Lenin seine eigene revolutionäre Leidenschaft zum Ausdruck: „Mag der Sturm noch stärker brausen."[138]

---

134 Raja Dunajewskaja, *Marxismus und Freiheit*, Liaoning Education Press, S. 174 (chinesisch).
135 W. I. Lenin, Die Krise des Menschewismus, in: *LW*, Bd. 11, S. 338-362, hier: S. 349.
136 A.a.O., S. 359.
137 W.I. Lenin, Zur Deklaration unserer Dumafraktion, in: *LW*, Bd. 11, S. 18-23, hier: S. 20.
138 W. I. Lenin, Vor dem Sturm, in: *LW*, Bd. 11, S. 121-126, hier: S. 126.

Kapitel 2
Lenin, Plechanow und der philosophische Materialismus

Wie wir bereits deutlich gemacht haben, war Lenin am Ende des 19. und zu Beginn des 20. Jahrhunderts ein herausragender junger Marxist, jedoch kein vollständig reifer Denker in allen Bereichen der theoretischen Forschung. Tatsächlich finden sich seine außergewöhnlichsten Beiträge in der politischen Ökonomie und in der Politik, Feldern, die einen engeren Bezug zur gesellschaftlichen Realität haben; was Philosophie betraf, so hätte auch er selbst sich nicht als „Experte" bezeichnet. Aus diesem Grund widmete sich Lenin seiner ersten ernsthaften und systematischen Untersuchung der **philosophischen Theorie**, um dem Aufstieg des *Machismus* in der Zeit um 1908 sowohl innerhalb wie außerhalb Russlands entgegenzutreten. Basierend auf besonderen theoretischen Bedingungen und unter dem Einfluss Plechanows war das Thema, mit dem Lenin begann, der philosophische Materialismus. Ich glaube, dass seine philosophische Forschung zu jener Zeit extrem fruchtbar war; denn er legte die wichtigste philosophische theoretische Grundlage für die spätere Entwicklung von Lenins Denken und lieferte auch die vitalen philosophischen Bedingungen für seine tiefergehende Ausarbeitung marxistischer Forschung und Führung der modernen philosophischen Debatte. In diesem Kapitel werden wir den tatsächlichen theoretischen Hintergrund von Lenins Denken sehen, als er sein Studium der Philosophie begann, wie auch die Kommentare, die er nach der Lektüre von Plechanows *Die Grundprobleme des Marxismus* schrieb.

1. Der Hintergrund der ersten systematische Studie zu philosophischen Theorien durch Lenin

Bei der Überwindung der stagnierenden Ideen der traditionellen Erforschung der marxistischen philosophischen Theorie, bei der ernsthaften Untersuchung der großen Menge von Briefen und Dokumenten aus erster Hand, die Lenin aus dieser Zeit hinterließ, ist es nicht schwierig, einen völlig neuen, realeren Lenin zu finden. Tatsächlich war Lenin in Bezug auf philosophische Theorie immer sehr bescheiden, er hielt sich niemals für einen Experten auf dem Gebiet der Philosophie und noch weniger für einen Meister, der sein eigenes philosophisches System schaffen kann. Bereits im Jahr 1898, als Lenin eine philosophische Diskussion im *Russkoje Bogatswo* verfolgte, und insbesondere bei der Lektüre der wissenschaftlichen Diskussion zwischen Struve und Bulgakow, bezeichnet er sich in einem Brief an einen Freund als „nicht kompetent".[1] Obwohl Lenin einige Artikel geschrieben hatte, in denen er Struve kritisierte, stammten die subjektiven Ideen in all diesen Artikeln immer noch von Plechanow. Im darauffolgenden Jahr wandte sich Lenin in einem Brief an einen Freund heftig gegen den damals populären Neukantianismus. Er schreibt vorsichtig: „Ich bin mir meiner mangelhaften philosophischen Bildung sehr wohl bewusst und beabsichtige nicht, über solche Themen zu schreiben, bevor ich nicht etliches dazugelernt habe."[2] *Hier können wir wieder das oft zitierte Detail anbringen, dass Lenin Bogdanows* Die Grundelemente der historischen Naturauffassung *(1899 veröffentlicht) für ein neues Buch von Plechanow unter einem Pseudonym hielt. Dieser Irrtum entstand, weil Bogdanow zu jener Zeit noch Materialist war. Später begann Bogdanow sich unter dem Einfluss von Ostwalds Verstehen vom Standpunkt der Geschichte (1901) sich in Richtung des Machismus zu bewegen. Diese Geschichte reicht aus, um zu zeigen, dass Lenins philosophische Wahrnehmungsfähigkeiten unzureichend waren. Zu dieser Zeit waren bereits mehrere Jahre seit der Veröffentlichung von „Was sind die ‚Volksfreunde'?" vergangen.* Dies zeigt ein Bild, das sich von dem philosophisch und theoretisch unbesiegbaren,

---

1 W.I. Lenin, An A. N: Potressow, in: *LW*, Bd. 34, S. 8-10, hier: S. 9.
2 W.I. Lenin, An A. N: Potressow, in: *LW*, Bd. 34, S. 21-26, hier: S. 24.

wundersamen Lenin unterscheidet, das sowjetische Wissenschaftler zeichnen. *Es gibt hier einen weiteren zusätzlichen Beweis: für Berdjajew waren die aktivsten marxistischen Philosophen zu jener Zeit Plechanow, Bogdanow und Lunatscharski. Lenin erwähnt er nicht.*[3]

1901 veröffentlichte Bogdanow Das Erkenntnisproblem vom historischen Standpunkt.[4] 1902 schrieb Plechanow an Lenin, wobei er deutlich darauf hinwies, dass Bogdanows Philosophie auf eine Ablehnung des Materialismus zielte, und seine eigenen Pläne darlegte, sich gegen Bogdanow zu wenden.[5] 1904 veröffentlichte der Menschewik Axelrod einen Artikel mit dem Titel „Eine neue Veränderung im Revisionismus" in der Neuen Iskra. 1907 hatten Plechanow, Deborin und andere Menschewiki eine Debatte mit Bogdanow und Lunatscharski in Genf. Deborin legte auf dieser Konferenz einen Artikel mit dem Titel „Machismus und Marxismus" vor. 1907 veröffentlichte Bogdanow „Ein öffentlicher Brief an den Genossen Plechanow" im Vestnik zhizni. 1908 veröffentlichten Plechanow und

---

3 Nikolai Berdyaev, *The Truth of Philosophy and the Reality of Knowledge Levels*, Yunnan People's Press 1999.
4 Alexander Bogdanow (richtiger Name Malinouski) (1873-1928) war ein bekannter russischer Denker. Er schloss die Universität von Kharkiv 1899 mit einem Examen in Medizin ab, was sein ursprünglicher Beruf war. Er schloss sich 1896 der Russischen Sozialdemokratischen Arbeiterpartei an. Im Jahr 1903 wurde Bogdanow Bolschewik und wurde zum permanenten Mitglied im bolschewistischen Komitee gewählt. Er wurde auf dem dritten, vierten und fünften Parteitag der Russischen Sozialdemokratischen Arbeiterpartei zum Mitglied des Zentralkomitees gewählt. Er war Herausgeber der bolschewistischen Zeitschriften *Wperjod*, *Proletari* und *Vestnik zhizni*. 1909 wurde er von den Bolschewiki ausgeschlossen. Nach der Oktoberrevolution wurde Bogdanow Direktor der Sozialistischen Akademie für Gesellschaftswissenschaften und Professor an der Universität Moskau. 1921 wurde er zum Direktor des Moskauer Instituts für Hämatologie und Bluttransfusionen. Er starb 1828 nach einem missglückten Bluttransfusionsexperiment. Zu seinen wichtigsten Werken gehören: *Ökonomisches Curriculum* (1897), *Die Grundelemente der historischen Naturauffassung* (1899), *Empiriomonismus* (1904-1906), *Aus der Psychologie der Gesellschaft* (1906), *Einführung in die politische Ökonomie* (1914), *Die Wissenschaft und die Arbeiterklasse* (1918), *Über die Kultur des Proletariats* (1924), *Allgemeine Organisationslehre* (Tektologie) (drei Bände, 1912-1929).
5 Vgl. Plechanow, *Letters to Lenin*, November 17-19 1901, in: *Marxist-Leninist Research Material*, Bd. 1, The People's Press 1982, S. 78.

Deborin drei öffentliche Briefe als Antwort auf Bogdanow, in denen sie seine falschen philosophischen Ideen kritisierten.⁶ Ich habe herausgefunden, dass Bogdanow in dieser Auseinandersetzung zwischen Bogdanow und Plechanow nicht nur den Machismus vertritt, indem er Ergebnisse aus den Naturwissenschaften verwendet, sondern sogar zu einer noch listigeren theoretischen Debattenlogik Zuflucht nimmt: er benutzt Marx' Kritik der bürgerlichen Ideologie (kritische Theorie der Fetischismen), um den philosophischen Materialismus zu verfälschen und anzufechten. Bogdanows listige Tricks benachteiligten Plechanow, der kein tiefes Verständnis der Theorien des historischen Materialismus besaß. Ich werde im Anhang zu diesem Kapitel auch tiefer auf den Zusammenhang dieser philosophischen Debatte eingehen. Dies war der unmittelbare Hintergrund von Lenins *Materialismus und Empiriokritizismus*. Zuvor hatte Lenin seinen bolschewistischen Verbündeten Bogdanow nicht öffentlich kritisiert. *Es ist lachhaft zu bemerken, dass die Autoren des fünften Bandes der Sowjetischen Geschichte der Philosophie völlig die historische Tatsache ignorieren, wenn versuchen, ein ideologisches Bild Lenins zu schaffen, indem sie schreiben, dass „die Menschewiki immer gegen den Kampf gegen den Machismus waren, den sie für ‚unnötig' und ‚sinnlos' hielten. Es war Lenin, der die Notwendigkeit und Verantwortung des Kampfs gegen den Machismus erklärte."⁷ In der* <u>Kurzen Biographie Lenins</u> *wird daran erinnert, dass Plechanow lediglich ein paar kurze Essays gegen den Machismus veröffentlichte.⁸ Das ist sicherlich nicht mehr als eine ideologische Verschleierung.*

Etwa 1908 verfasste Lenin einen Plan für Vorlesungen über den Marxismus. In diesem Entwurf hatte Lenin die Absicht, den Marxismus in vier Untertiteln darzustellen: die Theorie des Mehrwerts, ökonomische Entwicklung (ökonomisch-industrielle Entwicklung in Russland und der Welt), Klassenkampf und philosophischer Materialismus. Lenin legt sechs Punkte fest:

---

6   Diese drei Briefe wurden als Pamphlet unter dem Titel „Materialismus Militans" veröffenticht. Vgl. Plechanow, *Against Revisionism in Philosophy*, People's Press 1957.
7   Dynik (Hg.), *History of Philosophy*, Bd.5, Beijing Sanlian Press 1975, S. 81.
8   *Brief Biography of Lenin*, People's Press 1957, S. 78.

„1. Marx' Theorie = in sich geschlossene Weltanschauung.
2. hauptsächliche Weltanschauungen und philosophische Ausgangspunkte: Pfaffentum und Materialismus.
3. Engels (Ludwig Feuerbach).
4. 1789 Frankreich – Hegel und Feuerbach Deutschland (vor 1848).
5. Dialektischer Materialismus.
6. Russland: Tschernyschewski, Volkstümler, heutige Opportunisten (Bogdanow)." [9]

Das erste, worauf ich die Aufmerksamkeit des Lesers lenken möchte, ist, dass Lenin Bogdanow hier bereits als „Opportunist" eingeordnet hat. *Der Grund hierfür ist, dass sich Bogdanow bereits der Partei des „Rückrufs" und es „Ultimatums" angeschlossen hatte (erstere trat dafür ein, die Sozialdemokraten aus der Duma zurückzurufen, letztere trat dafür ein, dass der Sozialdemokratischen Partei ein Ultimatum gesendet werden solle, um ihren Ausschluss zu erzwingen). An diesem Punkt gab es bereits ernsthafte politische Differenzen zwischen Lenin und Bogdanow.*[10] Es ist jedoch meine Meinung, dass Lenins Verständnis des Wesens der marxistischen Philosophie immer noch nicht sehr genau und vollständig war. Dies kann primär in seiner Fortsetzung von Plechanows (Dietzgens) Identifizierung der marxistischen Philosophie als reiner dialektischer Materialismus und ihrer unmittelbaren Gleichsetzung mit **philosophischem Materialismus** gesehen werden. Wichtig ist, dass Lenin den historischen Materialismus unrichtigerweise **als Anwendung des philosophischen Materialismus auf dem Feld der Geschichte sah.** *Nach seiner Meinung geht „der dialektische Materialismus von Marx und Engels [...] weiter als jener der Enzyklopädisten und Feuerbachs, denn er wendet die materialistische Philosophie auf das Gebiet der Geschichte, auf das Gebiet der Gesellschaftswissenschaften an."*[11]

---

9   W. I. Lenin, Plan für Lektionen über Marxismus, in: *LW*, Bd. 41, S. 214-215.
10 Laut Krupskajas Erinnerungen fand der Bruch Lenins mit Bogdanow um den 13. Februar 1908 statt. Vgl. N. Krupskaja, *Erinnerung an Lenin*, Berlin 1960, https://sites.google.com/site/sozialistischeklassiker2punkt0/nadeschda-krupskaja/nadeschda-krupskaja-erinnerungen-an-lenin/die-jahre-der-reaktion (Besucht am 11.01.2019).
11 W. I. Lenin, Über das Verhältnis der Arbeiterpartei zur Religion, in: *LW*, Bd. 15, S. 404-415, hier: S. 407.

Wenn er den historischen Materialismus diskutiert, bezieht er sich daher darauf oftmals als materialistische Konzeption der Geschichte.[12] Dieser Standpunkt ist ungenau, denn dies würde bedeuten, dass der dialektische Materialismus von Marx und Engels nichts wäre als eine Verallgemeinerung und Anwendung des Materialismus im Feld der Geschichte. Nach meiner Meinung war dies das Ergebnis des philosophischen Einflusses von Plechanow (Dietzgen). Diese falsche Ansicht wurde unmittelbar zu einem wichtigen Punkt im stalinistischen dogmatischen Interpretationsrahmen, der bis heute Generationen von Forschern beeinflusst.

1908 schrieb Lenin „Marxismus und Revisionismus". Dies war ein äußerst wichtiger Text, denn zu dieser Zeit und an dieser Stelle begann eine neue Spaltung in der theoretischen Situierung von Lenins Denken zu entstehen. Der übergreifende Inhalt des Artikels war ein historischer Überblick der Kämpfe zwischen dem Marxismus und verschiedenen gegnerischen Denkschulen, mit einem Schwerpunkt auf dem Reformismus in den Reihen des Marxismus selbst. Zusätzlich zur internationalen, von Bernstein angeführten reformistischen Bewegung weist Lenin in seinem Text darauf hin, dass in seiner Nähe Ereignisse stattgefunden hatten, die ihn empörten. Dies war tatsächlich nichts, das Lenin gerade entdeckt hatte. Wir haben bereits Plechanows Kritik an ihm aufgrund seiner Trennung zwischen politischem Standpunkt und philosophischem Denken diskutiert. Lenin schrieb, dass sogar in Russland einige Gelehrte versuchten, die Chance ergriffen, Plechanows politische Opportunismus zu kritisieren, um eine Art von „reaktionärem philosophischem Müll" zu proagieren. Diese Gelehrten waren Bogdanow, Basarow, Lunatscharski, die zu jener Zeit Lenins politische Verbündete waren. In kürzester Zeit warte sie zu Russlands „Neo-Humeianern und neo-berkeleyistschen Revisionisten" geworden. Hier bezieht sich Lenin auf *Ein Abriss der*

---

12 Lange Zeit wurde der historische Materialismus auch als die materialistische Konzeption der Geschichte identifiziert. Dies ist tatslich ein erstes Missverständnis. Es entwertet die historische Wissenschaft, die Marx und Engels als wissenschaftliche Weltanschauung begründeten – den historischen Materialismus – zu einer Abteilung der Philosophie auf dem Feld der Sozialgeschichte. Ich werde dieses Problem später tiefergehend diskutieren.

Philosophie des Marxismus von Bogdanow, Basarow, Lunatscharski und anderen.[13]

„Auf dem Gebiet der Philosophie segelte der Revisionismus im Kielwasser der bürgerlichen professoralen ‚Wissenschaft'. Die Professoren gingen ‚zurück zu Kant' und der Revisionismus trottete hinter den Neokantianern her; die Professoren käuten die abgedroschenen pfäffischen Banalitäten gegen den philosophischen Materialismus wieder und die Revisionisten murmelten mit herablassendem Lächeln (Wort für Wort nach dem letzten Handbuch), der Materialismus sei längst ‚widerlegt'; die Professoren behandelten Hegel als ‚toten Hund', zuckten über die Dialektik verächtlich die Achseln, obwohl sie selber Idealismus predigten, aber einen tausendmal seichteren und vulgäreren als den Hegelschen und die Revisionisten folgten ihnen in den Sumpf der philosophischen Verflachung der Wissenschaft, indem sie die ‚raffinierte' (und revolutionäre) Dialektik durch die ‚einfache' (und ruhige) ‚Evolution' ersetzten."[14]

Es ist offensichtlich, dass die „bürgerlichen Professoren", von denen Lenin sprach, die ausländischen Physiker waren, die an den Machismus glaubten: „Bezeichnen doch die Machisten den Materialismus als Metaphysik! Und gerade eine *Menge* der bekanntesten zeitgenössischen Physiker sucht *gelegentlich* der ‚Wunder' des Radiums, der Elektronen usw. den *lieben Gott* – sowohl den allergröbsten als auch den allerraffiniertesten – in Form des philosophischen Idealismus einschmuggeln."[15]

---

13   *Ein Abriss der Philosophie des Marxismus* (Otscherki po filossofi marxisma) (St. Petersburg 1908). Diese Essaysammlung enthielt unteranderem Bogdanows berühmtes „Das Land der Idole und die Philosophie des Marxismus". Tatsächlich waren die Autoren dieses Werks eine philosophische Gruppe, die sich um Bogdanow gesammelt hatte. Sie veröffentlichten auch eine Sammlung von Texten über die realistische Weltanschauung (1904) und eine Sammlung von Texten zur kollektivistischen Philosophie (1909).
14   W.I. Lenin, Marxismus und Revisionismus, in: *LW*, Bd. 15, S. 17-28, hier: S. 21.
15   W.I. Lenin, An A. M. Gorki, in: *LW*, Bd. 35, S. 65-67, hier: S. 66.

An dieser Stelle war Lenins Position sehr klar: in der Kritik und im Kampf standhaft bleiben. Es ist interessant zu bemerken, dass Lenin zu jener Zeit auch glaubte, „dass der einzige Marxist in der internationalen Sozialdemokratie, der vom Standpunkt des konsequenten dialektischen Materialismus aus an den unglaublichen Plattheiten, die die Revisionisten zusammenredeten, Kritik übte, Plechanow war."[16] Beinahe zur gleichen Zeit jedoch wirft Lenin Plechanow vor, den politischen Revisionismus zu verteidigen.[17] Hier haben die beiden Männer eine extrem komplexe Beziehung, die von außen schwer genau zu untersuchen ist. Politisch steht Lenin klar in Widerspruch zu seinem früheren Lehrer; philosophisch jedoch steht Lenin fest auf Seiten Plechanows. Dies war eine einzigartige theoretische Situierung, die zu jener Zeit in Lenins Denken erschien. Lenin war sich zu jener Zeit nicht bewusst, dass Plechanows politischer „Kapitulationismus" das unvermeidliche Ergebnis seiner Herabstufung des Marxismus auf den philosophischen Materialismus Feierbachs (Dietzgens) war. Philosophischer Materialismus konnte Lenins Standpunkt nicht stützen. Die philosophische Grundlage der Oktoberrevolution konnte nur die **praktische Dialektik** im historischen Materialismus sein. Dies war ein Verständnis, das Lenin erst nach den *Berner Heften* erreichen konnte. Diesen Punkt zu verstehen ist für unser tieferes Verständnis der grundlegenden Veränderung in Lenins Denken zu jener Zeit entscheidend. Dieser theoretische Umstand belegt erneut die Schlussfolgerung, die wir oben gezogen haben, dass Lenin in seiner philosophischen Logik eine lange Zeit von der **Anderen Situierung** Plechanows abhing. In Deborins *Lenin the Thinker* aus den 1920er Jahren untersuchte er sehr taktvoll die Beziehung zwischen Plechanow und Lenin. Er schrieb, dass Plechanow zuerst ein Theoretiker war, während Lenin zuerst ein Praktiker, Politiker und Führer war." Dieser Satz wurde in der in *Philosophy and Politics*[18] erschienenen Ausgabe von 1961 gestrichen. Später werden wir uns dieses Textereignis genauer ansehen.

---

16 W.I. Lenin, Marxismus und Revisionismus, S. 22.
17 W. I. Lenin, Wie Plechanow und Co. den Revisionismus verteidigen, in: *LW*, Bd. 15, S. 278-282.
18 Abram Deborin, *Philosophy and Politics*, Bd. 2, Beijing 1965, Anhang, S. 817.

Trotzdem hatte Lenin angesichts eines zunehmend komplexeren philosophischen Konflikts immer noch das Gefühl, dass er in grundlegender Theorie nicht versiert genug war. In einem Brief an Gorki räumte Lenin nochmals seine mangelnde philosophische Ausbildung ein, was es ihm unmöglich machte, seine Ansichten zu veröffentlichen. Ich habe bemerkt, dass Lenin nach 1907 begann, eine enge Freundschaft zu Gorki zu entwickeln. In den Briefen, die Lenin an diesen großen russischen Dichter schrieb, erörtert er wahrhaftig und häufig sein wahres Niveau des philosophischen Wissens. Ich glaube, dass die Jahre der Korrespondenz mit Gorki einen Aspekt der Transformation von Lenins philosophischem Studium und Denken reflektieren. Das war eine Wahrheit, die sowjetische Wissenschaftler nicht sahen und nicht sehen wollten. Als Lenin die Schriften Bogdanows und Basarows las, wurde er noch verärgerter. Lenin gab zu, dass Plechanow politisch Unrecht hatte, erklärte jedoch, dass seine Kritik des Machismus und des russischen Empirismus trotzdem richtig sei. Auch weil Lenin mit dem übereinstimmte, was Plechanow in Bezug philosophisches Denken verteidigte, schrieb er: „Sie [Bogdanow, Basarow, Lunatscharski u.a.; A.d.Ü.] veranlassen mich, meine *ganze* Sympathie *Plechanow* zuzuwenden."[19] Zugleich entdeckte er schmerzlich: "Plechanow schadet dieser Philosophie, indem er den Kampf *hier* mit dem Fraktionskampf verknüpft."[20] *Lenin wusste nicht, dass Plechanows politische und philosophische Ansichten auf einer Linie lagen.* Ich habe bereits zuvor darauf hingewiesen, dass dies kein neues Ereignis war, zu Anfang, als Plechanow und seine Gefolgschaft aufstanden, um den Machismus in der russischen Partei zu kritisieren, brachte Lenin seinen Standpunkt nicht öffentlich zum Ausdruck. Erst **nach** 1907 begann Lenin die Ernsthaftigkeit des Problems zu erkennen. *Tatsächlich begannen, als Bogdanow sein erstes Buch zur Propagierung des Machismus veröffentlichte, Plechanow, Axelrod, Deborin und andere sofort sein unrichtiges Denken zu kritisieren.*[21] Zu Anfang

---

19 W. I. Lenin, An A. M. Gorki, in: *LW*, Bd. 34, S. 368-371, hier: S. 370.
20 W. I. Lenin, An A. M. Gorki, in: *LW*, Bd. 34, S. 374-375, hier: S. 375.
21 Vgl. Axelrods Artikel in der 22. Ausgabe der *Iskra* mit dem Titel „Neue Veränderung im Revisionismus". 1908 veröffentlichten Plechanow, Deborin und andere verschiedene Artikel im menschewistischen *Golos Sotsial-Democrata*, in denen sie die philosophischen Fehler von Bogdanow, Bazarow und Lunatscharski kritisierten.

verstand Lenin, obwohl er mit den philosophischen Ansichten Bogdanows nicht wirklich übereinstimmte, nicht, dass sie mit Bogdanows richtigem politischem Standpunkt (Bolschewismus) in Verbindung stand. Natürlich lobte Lenin niemals direkt Bogdanows philosophische Ansichten. Nach Meinung anderer Forscher wurde der Empirismus zu jener Zeit nicht nur Philosophie der Sozialdemokraten, sondern er wurde zur Philosophie der bolschewistischen Sozialdemokraten.[22] *Es ist nicht schwer, sich das Ausmaß des Schadens vorzustellen, der von Bogdanow und seinen Anhängern angerichtet wurde.* Dieses Paradox zwischen politischen Ansichten und wissenschaftlichen Ideen brachte Lenin in ein Dilemma. Glücklicherweise verstand Lenin, dass er, um öffentlich in die philosophische Debatte einzutreten, sein eigenes falsches Denken korrigieren und seine **Weltanschauung wieder mit seiner Praxis zusammenbringen** müsse. *Um dies zu tun, brauchte er eine mächtige Waffe des theoretischen Denkens: Philosophie.*

In einem anderen Brief, den Lenin an Gorki schrieb, überdachte Lenin sorgfältig seine eigene Beziehung zu Bogdanow. Nach Lenins Erinnerung traf er Bogdanow zuerst im Jahr 1904. Zu jener Zeit war Bogdanow ein wenig bekannter Theoretiker, und sein *Kurzer Lehrgang der ökonomischen Wissenschaft* (1897) fand Lenins Zustimmung.[23] Die beiden tauschten Bücher aus, wobei Lenin Bogdanow ein Exemplar seiner Schrift „Ein Schritt vorwärts, zwei Schritte zurück" schickte, und Bogdanow dafür das Buch „Empiriomonismus" schickte. Lenin schrieb, dass er zu jener Zeit Bogdanows Ansicht nicht akzeptieren konnte. In seinem späteren Werk und um den Erfordernissen der Revolution Rechnung zu tragen, versprach Lenin Bogdanow und seinen Anhängern „nicht über Philosophie zu diskutieren". Laut Trotzkis Erinnerungen hatte Lenin bereits 1902 seine Meinung zu Bogdanow mit Trotzki in London diskutiert. Er glaubte, dass Lenin zu Anfang Bogdanows Verbindung des Marxismus mit dem Machismus zustimmte. Ich glaube, dass dies ein Missverständnis Trotzkis gewesen sein könnte, denn er wusste beinahe nichts über Philosophie. Er schrieb auch, dass Lenin ihm sagte „Ich bin kein Philosoph [...], aber Plechanow ver-

22 Vgl. Nikolai Berjajew, *The Truth of Philosophy and the Reality of Knowledge Levels*, Yunnan People's Press, S. 14.
23 W. I. Lenin, Rezension. A. Bogdanow, Kurzer Lehrgang der ökonomischen Wissenschaft, in: *LW*, Bd. 4, S. 36-44.

urteilt die Bogdanowsche Philosophie scharf als eine Art maskierte Abart des Idealismus."[24] Trotzkis chronologische Erinnerung könnte auch einige Probleme aufweisen. Der Grund dafür ist, dass Bogdanows *Empiriomonismus* erst 1904 veröffentlicht wurde, und das war auch das Jahr, in dem er Lenin traf. Aus diesem Grund brachen die Trennungen und Widersprüche zwischen den beiden nicht unmittelbar aus. Erst Anfang 1906 als Bogdanow ein Exemplar des dritten Bandes von Empiriomonismus an Lenin schickte, antwortete Lenin unmittelbar mit einem Brief über philosophische Fragen, der drei Hefte füllte. Lenin schrieb: "Dort setzte ich ihm auseinander, dass ich in der Philosophie natürlich nur ein *einfacher Marxist* sei, dass mich aber seine klaren, populären, vortrefflich geschriebenen Arbeiten endgültig davon überzeugt hätten, dass im Wesen der Sache er Unrecht und Plechanow Recht hat."[25] *Unglücklicherweise wurde der „lange Brief", den Lenin erwähnt, nie veröffentlicht, und die Hefte sind verlorengegangen. Zu diesem Zeitpunkt, als Lenin die Beiträge zur Philosophie des Marxismus* von Bogdanow und anderen las, konnte er nicht länger still bleiben. Er hatte das Gefühl, dass jeder Artikel in diesem Buch ihn zutiefst verärgerte. Im März 1908 schrieb Lenin an Gorki:

„Ihr Buch [ist] durch und durch, von Anfang bis Ende, von den Zweigen bis zur Wurzel, bis zu Mach und Avenarius, unsinnig, schädlich, philiströs und pfäffisch [...]. Plechanow ist ihnen gegenüber im Grundsätzlichen völlig im Recht, versteht aber nicht oder will es nicht oder ist zu träge, das konkret, ausführlich, einfach darzulegen, ohne das Publikum durch philosophische Finessen unnötig abzuschrecken. Und ich werde das um jeden Preis auf meine Art sagen."[26]

Lenin hatte entdeckt, dass mit diese politischen Genossen „kein Weg" zu gehen war. Ein Jahr später wurde nach einer weiter Reflektion Lenin zutiefst klar, dass Bogdanowleute in der Philosophie „einen völlig anderen

---

24 Leo Trotzki, *Mein Leben. Versuch einer Autobiographie*, Berlin 1990, S. 135.
25 W. I. Lenin, An A. M. Gorki, in: *LW*, Bd. 13, S. 454-461, hier: S. 457-458.
26 W. I. Lenin, An A. M. Gorki, in: *LW*, Bd. 34, S. 377-379, hier: S. 377.

Standpunkt vertreten".[27] Auch aus diesem Grund musste Lenin zugeben, dass diese Philosophie von der **proletarischen Weltanschauung** entfernt war.[28] Zu jener Zeit verstand Lenin auch, dass Weltanschauung nicht von tatsächlicher politischer Praxis getrennt werden konnte. Erst jetzt vereinigten sich Lenins oberflächliche Spaltung im Denken und eine widersprüchliche theoretische Situierung wieder. Als Lenin jedoch begann, wieder zu den philosophischen materialistischen Sichtweisen Plechanows zurückzukehren, entstand ein noch tieferer Widerspruch. Der Grund hierfür war, dass er die grundlegende Heterogenität zwischen Plechanows philosophischem Materialismus nach Feuerbach und Dietzgen und dem revolutionären Standpunkt der bolschewistischen Partei nicht verstehen konnte. Obwohl er Bogdanows Idealismus kritisierte, konnte er die falsche Einheit zwischen dem logischen Strahl seiner eigenen politischen Praxis und seinem philosophischen Standpunkt nicht auflösen. Zu jenem Zeitpunkt hatte Lenin keine andere Wahl als sich zu lösen, um gegen diese falsche Denkschule zu kämpfen. Im April jenes Jahres sagte er Gorki, „die Zeit der Hefte ist vorüber". Er fuhr dann fort, einen flammenden Artikel zu schreiben, „Marxismus und Revisionismus". Er nennt diesen Artikel eine „ganz offizielle Kriegserklärung".[29] Zu jener Zeit lud Gorki Lenin auf die italienische Insel Capri ein, wo er lebte; Lenin zögerte, weil Bogdanow, Basarow und Lunatscharski auch eingeladen waren, beschloss jedoch schließlich hinzufahren. *1909 gründete Gorki eine Schule, um mit Bogdanow, Lunatscharski und anderen die Ideen des Bolschewismus zu publizieren.* Kurz vor der Abfahrt schrieb Lenin an Gorki und erklärte, dass er mit Bogdanow und Co. nicht über philosophische oder religiöse Fragen diskutieren werde. Trotzdem fuhr er nicht nur fort, philosophische Probleme zu diskutieren, er stellte Bogdanow sogar von Angesicht zu Angesichts von Fragen wie „Warum ist der Machismus revolutionärer als der Marxismus".[30] Krupskaja schrieb, dass Lenin Bogdanow und anderen sagte, „wir müssen uns für zwei oder drei

---

27 W. I. Lenin, An die Hörer der Schule auf Capri, in: *LW*, Bd. 15, S. 477.
28 A.a.O, S. 481.
29 W.I. Lenin, An A.M. Gorki, in: *LW*, Bd. 34, S. 382-383, hier: S. 382.
30 Vgl. Fischer, *The Great Man*, Lenin (China Social Science Press 1989), S. 30. Fischer fügt einige Fotografien bei, auf denen Lenin in Gorkis Haus auf Capri mit Bogdanow Schach spielt. Glücklicherweise konnte ich eines von diesen Fotos in den russischen Archiven finden.

Jahre trennen". Sie schrieb auch, dass sich Lenin zu jener Zeit „mit Philosophie befasste".[31] Diese Vorbereitung galt sicherlich dem bevorstehenden theoretischen Streit.

Da Lenin in Genf nicht das notwendige Material finden konnte, war er gezwungen, nach London zurückzukehren, wo er sein wichtiges systematisches Studium der Philosophie im Britischen Museum begann, dem gleichen Platz, an dem Marx selbst einst studiert hatte. Während dieser Zeit vollendete Lenin sein bekanntes Werk *Materialismus und Empiriokritizismus*, das er bereits früher begonnen hatte.

2. Ebentext: Lektüreanmerkungen und Methode ihrer Lektüre

Bei der Betrachtung des philosophischen Kampfs, der bereits um ihn herum begonnen hatte zu toben, erkannte Lenin, dass er, um den Machismus umfassend zu kritisieren, systematisch Philosophie studieren und seine „unzulänglichen" Fähigkeiten in Bezug auf philosophische Theorie verbessern müsse. *Ich habe herausgefunden, dass Lenin seine ernsthafte theoretische Vorbereitung im Jahr 1908 begann, um erfolgreich an der Debatte mit den gelehrten „Philosophen" teilzunehmen.* Wir können sehen, dass Lenin sich darauf konzentrierte, einen Korpus von wichtigen, modernen materialistischen philosophischen Werken und damit verbundenen Dokumenten zu studieren. Er tat dies hauptsächlich, weil Plechanow sich immer aus der Perspektive des philosophischen Materialismus gegen den Machismus gewandt hatte. Für Plechanow war die grundlegende philosophische Position von Marx und Engels der französische Materialismus wie auch ein philosophischer Materialismus, wie er von Feuerbach und Dietzgen gutgeheißen wurde. Er glaubte sogar, dass die Kritik, die von Marx und Engels gegen Feuerbach vorgebracht wurde, seine eigenen grundlegenden materialistischen Ansichten nicht berührte.[32] Diese Sichtweise ist völlig falsch.

---

31 Krupskaja, Nadja, *Reminiscences of Lenin – Years of Reaction* (Geneva 1908), https://www.marxists.org/archive/krupskaya/works/rol/rol13.htm (Besucht am 10.01.2019).

32 Georg Plechanow, Bernstein and Materialism, in: *Against Philosophical Revisionism*, People's Press 1957, S. 22 (chinesische Ausgabe).

Marx' und Engels' Kritik an Feuerbach ging genau von ihrer Kritik an der nicht-historischen Natur des **alten Materialismus** aus. *Interessanterweise behaupte Plechanow, dass er selbst Engels gefragt habe, der angeblich antwortete, dass die Philosophie von Marx und Engels parallel zu Spinozas Materialismus verlaufe.*[33] Das ist eine abwegige Behauptung. Wenn wir ein wenig weiter blicken, dann wandte sich Plechanow von einem Standpunkt des allgemeinen philosophischen Materialismus gegen Bernstein, Struve und andere.[34] Zu jener Zeit sah Lenin nicht die Zwielichtigkeit der theoretischen Logik. Die wichtigsten Vertreter des philosophischen Materialismus hier waren Feuerbach und Dietzgen. Für Plechanow stand Feuerbach zweifellos höher als Dietzgen, und dieses Denken beeinflusste Lenin unmittelbar: Der wichtigste Hinweis auf diesen Einfluss sind die kurzen Kommentare, die Lenin verfasste, als er etwa im Mai 1908 Plechanows Grundprobleme des Marxismus las. *Die Herausgeber von Band 29 der fünften russischen Ausgabe von Lenins Gesammelten Werken ordneten diese Kommentare nach den Kurzen Philosophischen Werken Dietzgens ein; ich denke, dass die Anordnung hier umgekehrt sein sollte. Es ist offensichtlich, dass Lenin die Werke der beiden wichtigen Vertreter des philosophischen Materialismus, Feuerbach und Dietzgen, zu lesen begann, nachdem er Plechanows <u>Grundprobleme des Marxismus</u> gelesen hatte. Natürlich ist das nur meine logische Schlussfolgerung.* Bevor wir jedoch diese wichtigen Anmerkungen interpretieren, wollen wir zunächst den einzigartigen Texttypus diskutieren, den sie darstellen: Entwurfstext.

Entwurfstexte oder Lektürekommentare sind die neueste Form von Dokumenten, die in meinen Forschungsbereich geraten sind. Dies ist offensichtlich etwas anderes als die drei Textkategorien, die ich in *Zurück zu Marx* analysiert habe, die vollständige formale Texte waren, generative Texte, die sich immer noch im Prozess der theoretischen Konstruktion befanden (darunter auch Notizen mit klar ausgedrückten Ansichten oder Gedankenintentionen) und Subtexte, die aus Gedanken, Gefühlen und Lektürenotizen bestehen. Lektürekommentare sind die ersten Eindrücke, die ein Leser im ersten Kontakt mit einem Dokument hinterlässt: oftmals

---

33 A.a.O., S. 23.
34 Vgl. die verschiedenen Texte in *Against Philosophical Revisionism*.

sind Lektürekommentare der Vorläufer von Exzerpten oder niedergeschriebenen Überlegungen. Allgemein gesprochen werden Lektürekommentare am Rand des gelesenen Dokuments notiert und umfassen oft verschiedene Symbole (Platzhalter, Pfeile; Unterstreichungen usw.) und eine kleine Anzahl geschriebener Wörter. Ich bezeichne sie als Vor-Texte, weil sie keine logischen Strukturen, vollständige Diskurssysteme oder Ausdrucksmuster in einem allgemeinen textstrukturellen Sinn aufweisen. Daher **existiert** dieser Texttypus im Hinblick auf die ursprüngliche Bedeutung des Textes tatsächlich **nicht**. Normalerweise ist der Prozess der Herausgabe, Formatierung und des Drucks von Entwurfstexten in eine sichtbare Form eine Neusituierung von Leseraum und eine **objektivierte** Neustrukturierung von Wörtern. Wenn wir jedoch diese besonderen Bedeutungssymbole lesen, die eine bestimmte materialtragende Kapazität haben, dann können wir im Wesentlichen den ursprünglichen Gedankenzusammenhang des Lesers wiederentdecken und unser qualitatives Urteil mittels sorgfältiger und aktiver Situierung simulieren.

Zunächst können wir, basierend auf den philosophischen Zielen des Kommentators zur Zeit seiner Lektüre, die Natur seiner grundlegenden logischen Struktur zu jener Zeit bestimmen. Der Grund dafür ist, dass die Annäherung eines Lesers an einen Text durch seinen kognitiven Rahmen bestimmt ist. Nach der Kognitionspsychologie ist die Übermittlung von Wissensbotschaften kein linearer Prozess des einfachen Sendens und Empfangens; vielmehr ist es ein strukturierter, synthetischer Prozess, in dem der Leser nur sehen kann, was er versteht und in dem er Information eliminiert oder sich weigert zu sehen, die nicht in seine eigene kognitive Struktur passt. Diese Information, die nicht verarbeitet werden kann, ist das, was Piaget den „geheimnisvollen Rest" („E") nennt.[35] In diesen kommentierenden Anmerkungen wird uns der Konzentrationspunkt des Lesers einen wichtigen Hinweis in unserer Simulation seines Gedankengangs liefern und den Weg für unsere philosophische Rekonstruktion weisen.

Eine noch wichtigere unmittelbare Form von kommentierten Anmerkungen sind die verschiedenen Symbole und Wörter, die vom

---

35 Vgl. *Selected Works of Zhang Yibing*, Guanxi Normal University Press 1999, S. 146.

Kommentator aufgezeichnet werden. Indem wir die grundlegenden befürwortenden oder ablehnenden Markierungen und Symbole benutzen, die auf dem Originaltext hinterlassen wurden, können wir den grundlegenden theoretischen Standpunkt des Lesers bestimmen: durch Hervorhebungen (Unterstreichungen, Ausrufezeichen und Wörter wie „bemerkenswert", „wichtig" usw. können wir den Fokus der Gedanken des Lesers bestimmen; aus Symbolen der Unsicherheit (wie etwa Fragezeichen) können wir das Niveau seiner logischen Reife bestimmen usw. Natürlich ist der kleine Anteil von tatsächlich geschriebenen Kommentaren noch wichtiger. Obwohl sie oftmals äußerst kurz sind, sind die Sichtwesen des Kommentators oft klar und unmissverständlich: Unabhängig davon ist die Interpretation von Entwurfstexten eine schwierige Aufgabe.

Natürlich findet die Interpretation von Entwurfstexten nur in einem anderen neusituierten Aspekt unseres Denkens statt. Das ist ein völlig neues Experiment der Textinterpretation: Interpretation in einer Situierung der „Ich"-Logik. Die Interpretation von Entwurfstexten kann nicht als unmittelbarer Beweis eines Denkzusammenhangs benutzt werden, sondern nur als ergänzender Beweis dessen, was die Interpretation anderer Texte bereits enthüllt; nichts mehr.

Jetzt, da wir die grundlegenden Elemente von Entwurfstexten skizziert haben, sind wir bereit, Lenins Lektürekommentare zu Plechanows *Die Grundprobleme des Marxismus* zu untersuchen.

3. Anmerkungen zu Plechanows *Die Grundprobleme des Marxismus*

Plechanows *Grundprobleme des Marxismus* war ein bedeutender erweiterter Essay über die grundlegenden Sichtweisen des Marxismus, die er in Opposition zum Machismus geschrieben hatte.[36] Dieser Text wurde zwischen November und Dezember 1907 geschrieben und dann im Mai 1908 durch den russischen Verlag Nasha Zhizn als gesonderte Broschüre veröffentlicht. Es ist offensichtlich, dass Lenin das Buch las, kurz nachdem es veröffentlicht wurde. Plechanows *Die Grundprobleme des Marxismus* besteht

---

36 Georg Plechanow, *Die Grundprobleme des Marxismus*, Wien/Berlin 1929 (Marxistische Bibliothek. Werke des Marxismus, Bd. 21).

aus einer kurzen Einleitung und sechzehn Abschnitten; am Ende des Textes befindet sich ein Anhang unter dem Titel „Dialektik und Logik". Die ersten drei Abschnitte diskutieren grundlegende philosophische Fragen und wiederholen die materialistische Grundlage der marxistischen Philosophie; der vierte Abschnitt erklärt Marx' Verhältnis zu Feuerbach; die Abschnitte sechs bis sechzehn erläutern wichtige Sichtweisen der materialistischen Geschichtskonzeption. Der Anhang ist ein Zusatz zum fünften Abschnitt.

Wir können sehen, dass Lenins Kommentare zu Plechanows *Die Grundprobleme des Marxismus* sehr einfach und nur wenige waren. Ich habe zwei Hypothesen, warum dies so ist. **Erstens** las er Plechanows Buch in einem einfachen Sinne und wählte daher Teile des Inhalts in seiner schnellen Durchsicht, um diesen zu kommentieren. **Zweitens,** Lenin las diesen Text sehr sorgfältig, konnte aber diese tieferen philosophischen Fragen nicht tiefgehend verstehen. Daher konnte er nur jene Dinge sehen, mit denen er bereits vertraut war und die er als interessant empfand. Der Inhalt, den er sehen konnte und der **sein Denken aktivierte**, war tatsächlich sehr gering. Beide Leseumstände sind mögliche Erklärungen für Lenins geringe Anzahl von Notizen. Hier werde ich davon ausgehen, dass Lenins Lektüre der zweiten Möglichkeit folgte.

Ich habe herausgefunden, dass Lenins Lektürekommentare auf Seite 23 beginnen. Die erste Frage unsere Betrachtung ist: Warum fertigte Lenin vor Seite 23 keine Anmerkungen an? Sehen wir zunächst, was Plechanow in den ersten 23 Seiten zu diskutieren hatte, die den Großteil des Inhalts der ersten drei Abschnitte umfassten. Hier diskutierte Plechanow primär das Verhältnis zwischen den Philosophen des frühen 19. Jahrhunderts (Hegel und Feuerbach) und der neuen Weltanschauung von Marx und Engels.

In der Einleitung erklärt Plechanow, der Marxismus sei eine „ganze Weltanschauung. Er ist [...] der moderne Materialismus, die höchste zu gegenwärtiger Zeit erreichte Entwicklungsstufe jener Weltbetrachtung..."[37] Das ist richtig. Plechanow fährt fort, richtig aufzuzeigen, dass die Basis der marxistischen Philosophie nicht vom „philosophischen Materialismus" getrennt werden kann. Das ist ein Überblick über das gesamte Buch. *Er erwähnt hier insbesondere Dietzgen, der auf ungenaue Weise die marxistische Philosophie „vulgarisiert" hatte.*

37   A.a.O., S. 13.

In seinem ersten Abschnitt diskutiert Plechanow primär den Entwicklungsprozess der marxistischen Philosophie, wobei er richtig zwischen mehreren Stufen der Entwicklung unterscheidet. Erstens, der junge Marx, der seine *Doktorarbeit* schrieb, sei ein „waschechter Idealisten Hegelscher Schule". Zweitens, zur Zeit der *Deutsch-französischen Jahrbücher* stünden Marx und Engels „bereits fest auf dem Standpunkt des Feuerbachschen ‚Humanismus'". Nach seiner unten folgenden Definition war die Grundlage dieses Humanismus der philosophische Materialismus, also die **erste Wendung** in den philosophischen Gedanken des jungen Marx. Drittens, Marx und Engels machten in *Die Heilige Familie* „in der weiteren Ausgestaltung der Feuerbachschen Philosophie beträchtliche Fortschritte". Viertens, die „Richtung" dieser Fortschritte „gehe aus" den *Thesen über Feuerbach*, die Marx 1845 verfasste, „hervor". Dies bezieht sich natürlich auf die Begründung des Marxismus, die **zweite Wendung** in Marxens Gedanken.[38] Ich habe zum ersten Mal herausgefunden, dass sich Plechanows Auffassung von der Entwicklung von Marxens philosophischen Gedanken auch als eine **Theorie der zwei Wendungen** herausstellt. Ich glaube, dass dies die Leistung einer ziemlich tiefgehenden Erkenntnis der Ideengeschichte war, welche sich von den Ansichten der späteren sowjetischen und osteuropäischen Forscher unterschied. Freilich enthält Plechanows Verständnis der marxistischen Philosophie viele Missverständnisse.

Plechanow glaubte aus zwei Gründen, dass es schwierig sei, diese Periode der Ideengeschichte wirklich zu verstehen. Erstens warten die Forscher nicht geschult, Material zur Philosophiegeschichte zu verwenden, ihnen fehlte zudem die theoretische „Vorbereitung", welche notwendig ist, um diese Materialien tiefgreifend zu verstehen. Dies hatte ihre Unfähigkeit zufolge, Marx' komplexen Veränderungsprozess zu erfassen. Nachdem ich diesen Punkt geschrieben habe, muss ich beinahe lachen, wenn ich an eine Gruppe chinesischer Theoretiker denke, die sich vor kurzem der Aufgabe verschrieben hatten, den „zweimaligen Wandel" in der Entwicklung von Marxens Gedanken zu widerlegen. Es gibt andere Wissenschaftler, die den Feuerbachschen „Humanismus" für marxistische Philosophie halten. Ist das verglichen mit Plechanows Fähigkeiten zur Forschung kein Rückschritt

---

38 A.a.O., S. 16.

von hundert Jahren in der Erforschung des marxistischen philosophischen Denkens? Auf der anderen Seite glaubt Plechanow, dass „die **Kenntnis der Hegelschen Philosophie** sehr wenig verbreitet ist; ohne sie ist aber das Begreifen der Marxschen Methode schwierig."[39] *Das ist eine äußerst wichtige Sichtweise, die Lenin tiefgehender in seinen* **Berner Heften** *verstehen und dann in das innere logische Verhältnis zwischen Hegels* **Wissenschaft der Logik** *und Marx'* **Kapital** *vertiefen sollte.* Zugleich glaubte Plechanow auch, dass diese Situation auch durch die geringe „Bekanntschaft mit der **Geschichte des Materialismus**" der Forscher bedingt war. Ohne deren Kenntnis sei es unmöglich zu verstehen, dass Feuerbach der „unmittelbare Vorläufer" von Marx und Engels war. Feuerbach „hatte in beträchtlichem Maße die philosophische Grundlage dessen ausgearbeitet, was man die Weltanschauung von Marx-Engels nennen könnte." Daher war es Plechanows primäres Ziel in seinem Buch, das Verhältnis zwischen Feuerbachs philosophischem Materialismus und der marxistischen philosophischen Weltanschauung zu erklären, wobei er betonte, dass die Grundlage des historischen Materialismus **immer noch** der philosophische Materialismus sei. Es ist offensichtlich, dass diese Ansicht problematisch ist.

In der ersten Hälfte des zweiten Abschnitts erklärt Plechanow vorwiegend die grundlegenden Ansichten der, worunter eines ihr humanistischer Gedanke ist. Es ist offensichtlich, dass Plechanow versucht, den Feuerbachschen Humanismus als „materialistische Lehre" zu verstehen und zu erklären. Wenn er aber eine Menge von Ansichten der Feuerbachschen Philosophie wie „was dem Menschen Gott ist, das ist sein Geist, seine Seele" erörtert, war es dem Lenin, der das Sichtfeld der deutschen Philosophie der Neuzeit erst betrat, offensichtlich unverständlich. Obwohl Plechanow im Anschluss daran Feuerbachs Kritik des idealistischen Wesens der Hegelschen Philosophie erklärt, gibt es in den spekulativen philosophischen Diskursen, die er von Kant („für den sich die äußere Welt nach dem Verstande, nicht der Verstand nach der äußeren Welt richtet, ist aufs engste verwandt mit der ‚theologischen Vorstellung vom göttlichen Verstande'") und Feuerbach („Ich bin ‚Ich' für mich selbst und zugleich ‚Du' für den anderen. Ich bin *Subjekt* und zugleich *Objekt*.") widergibt, keinen Stützpunkt für

---

39 A.a.O., S. 17.

„adaptive" Informationen, die Lenins „Erkenntnisstruktur" affirmativ empfängt. **Daher werden diesen Dingen in Lenins Lektüre zu jener Zeit meistens die Augen zugedrückt als Piagets sogenannte „geheimnisvolle Überreste".** Die zweite Hälfte des zweiten Abschnitts sollte für Lenin ebenfalls seltsam und verzwickt sein, denn Plechanow fährt fort, das Verhältnis zwischen dem Feuerbachschen Humanismus und Spinozas Philosophie zu erörtern. Er schreibt: „So stellt denn der Feuerbachsche ‚Humanismus' selbst nichts anderes vor als den von seiner theologischen Zutat befreiten Spinozismus. Und eben dieser durch Feuerbach seines theologischen Anhängsels entledigte Spinozismus war es, auf dessen Boden Marx und Engels nach ihrer Abkehr vom Idealismus übertraten". An dieser Stelle ist Plechanows Erweis zu schlicht. Er schreibt, dass Spinozas Substanz Materie sei, weshalb „**der Spinozismus von Marx und Engels der jüngste Materialismus**" sei.[40] Ich schätze, dass Lenin die wahre Bedeutung dieser Worte Plechanows nicht wirklich kennt. Inhalte, die im Buch nicht direkt angemerkt sind, sind **Symptome von Leseverständnisschwierigkeiten.**

Zum Ende von Plechanows Erörterung des zweiten Abschnitts gibt es einen Punkt, der mich überrascht hat. Wenn er erklärt, dass Marxens Ansichten in den *Thesen über Feuerbach* eine Weiterentwicklung von Feuerbachs materialistischen Gedanken sind, spricht er vom Unterschied der Marxschen und Feuerbachschen Materialismus:

„**Feuerbach verweist darauf, dass unser ‚Ich' das Objekt nur erkennt,** *indem es dessen Einwirkung erduldet.* Marx erwidert: unser ‚Ich' erkennt das Objekt, *indem es seinerseits auf das Objekt einwirkt...* **In diesem Bestreben, die Wechselwirkung zwischen Objekt und Subjekt gerade von der Seite ins Auge zu fassen, von der das Subjekt in aktiver Rolle hervortritt, äußerte sich die gesellschaftliche Strömung der Epoche, in der die Weltanschauung von Marx-Engels sich formierte.**"[41]

Diese Ansicht Plechanows ist äußerst tiefgehend. Desweitern scheint diese Ansicht seine Theorie der Determination des geographischen Milieus gegenüber gerade heterogen zu sein. Trotzdem verband er diesen wichtigen Gedanken dennoch nicht richtig mit der **Praxis**auffassung, die von Marx

---

40 A.a.O., S. 22.
41 A.a.O., S. 24-25.

in den Thesen vorgelegt wurde. Diese Ansicht ist mit der Situierung von Plechanows Logik des philosophischen Materialismus nicht homostrukturell, aber mit Lenins wirklichem logischem Strahl zu jener Zeit homogen. *In den späteren Berner Heften verstand Lenin, als in seinen Gedanken die zweite wichtige logische Entwendung und den zweiten Erkenntnissprung geschah, diesen Punkt auf einer tieferen Ebene. An diesem Punkt verstand Lenin Marxens Logik der praktischen Dialektik tiefer als Plechanow. Letztlich wurde die philosophische Grundlage der Oktoberrevolution erlangt.* Damals hat Lenin diese wichtige Ansicht nicht direkt angemerkt.

Der vorwiegende Inhalt des dritten Abschnitts ist noch die Erörterung der Gedanken des philosophischen Materialismus in der Ideengeschichte. Diesmal bewegt sich Plechanow aus Deutschland zu den anderen „hervorragendsten Materialisten" des siebzehnten und achtzehnten Jahrhunderts anderer Länder Europas. Lamettrie, Diderot, Hobbes, Huxley und Forel besteigen einer nach dem anderen die Arena, um mit allerlei idealistischen Gedanken zu ringen. Offensichtlich löst keiner von ihnen bei Lenin eine Erregung aus. Allerdings sehen wir auf Seite 23 dieses Buchs, in der zweiten Hälfte des dritten Abschnitts, endlich Lenins ersten Kommentar: Plechanow fasst die Hauptansichten zusammen, wie sich die **Grundfrage der Philosophie** im Feuerbachschen philosophischen Materialismus löst, und Lenin zieht unter Plechanows Aussage, dass die Prämisse des philosophischen Materialismus „das vom Denken unabhängige Sein" ist, drei horizontale Linien, fügt an den Rand dieses Satzes drei vertikale Linien und schreibt dann das Wort „NB". Dies ist Lenins erster Fokuspunkt. *Dies war eines von zwei Malen, die Lenin „NB" schrieb und das einzige Mal in seinen Kommentaren zu diesem Buch, dass er drei Linien zog, um eine Hervorhebung anzuzeigen.* Den tiefsten Eindruck auf Lenin machte es, dass die Grundlage des philosophischen Materialismus nicht von der materiellen Existenz des Denkens abhing. *Das war es, was Bogdanow und die Seinen zu widerlegen versuchten.* Lenin markierte auch Plechanows Aussage, auf der nächsten Seite, dass „die Feuerbachsche Philosophie weitaus klarer als die von Josef Dietzgen entwickelte" sei. Am Ende seines Studiums wiederholte Lenin diese Ansicht, von der er das Gefühl hatte, sie sei sehr wichtig. Unter dem Satz zog Lenin eine weitere horizontale Linie und fügte

Klammern am Rand hinzu, um auf seine Bedeutung hinzuweisen.[42] Auf diese Weise erfuhr Lenin, dass die Werke von Dietzgen und Feuerbach die wichtigsten grundlegenden Sichtweisen des philosophischen Materialismus bildeten. Ich habe herausgefunden, dass Plechanow hier die falsche Interpretation vornimmt, dass der philosophische Materialismus von Dietzgen und Feuerbach die unmittelbare Grundlage der marxistischen Philosophie bildet. Dieses Missverständnis wurde von Lenin als e**in Anderer spiegelbildlicher logischer Unterstützungspunkt und dominanter theoretischer Kreislauf** verinnerlicht.

Im vierten Abschnitt erklärte Plechanow das Verhältnis zwischen Marx/Engels und Feuerbach, indem er Marx' Thesen über Feuerbach verwendete. Er wandte sich gegen den Standpunkt, dass Marx und Enges einmal Anhänger von Feuerbach gewesen seien; vielmehr lehnten sie nach der Entwicklung ihrer eigenen Weltanschauung Feuerbach und insbesondere seinen philosophischen Materialismus völlig ab. Plechanow glaubte, dass wir aus Marx' Thesen über Feuerbach von 1845 ersehen können: „Diese Thesen heben die Grundsätze der Feuerbachschen Philosophie nicht auf, sie verbessern diese Grundsätze nur; und was die Hauptsache ist: sie fordern eine – im Vergleich zum Feuerbachschen Verfahren – konsequentere Anwendung dieser Grundsätze auf die Erklärung der den Menschen umgebenden Wirklichkeit, insbesondere aber auf des Menschen eigene Tätigkeit."[43] *Diese Schlussfolgerung ist nicht völlig korrekt. Plechanow hat Recht, wenn er feststellt, dass die Grundlage der neuen Weltanschauung von Marx und Engels immer noch der Materialismus ist; trotzdem war Marx' und Engels' neue Weltanschauung sicherlich keine Weiterentwicklung der Feuerbachschen Philosophie, sondern beendet vielmehr alle alte Philosophie, inklusive des philosophischen Materialismus. Plechanow gelang es nie, die revolutionäre Bedeutung von Marx' neuem Materialismus zu erfassen.*[44] In diesem Abschnitt erörtert Plechanow konkret die Kontinuität zwischen einigen der wichtigen Ansichten in den *Thesen über Feuerbach* und der Feuerbachschen Philosophie wie etwa den Zusammenhang von Verhältnis von Subjekt und Objekt bei Feuerbach und der dritten *These*

---

42 Vgl. W. I. Lenin, G.W. Plechanow, „Grundprobleme des Marxismus", in: *LW*, Bd. 38, S. 489-492, hier S. 489.
43 Georg Plechanow, *Grundprobleme des Marxismus*, S. 33.
44 Vgl. das vierte Kapitel meines Buchs *Zurück zu Marx*.

und die *Ähnlichkeit von Feuerbachs Ansicht, dass* „das Wesen des Menschen ist nur in der Gemeinschaft, in der Einheit des Menschen mit dem Menschen enthalten ist", mit Marxens „das menschliche Wesen ist das Ensemble aller gesellschaftlichen Verhältnisse". Diese Deutungen sind größtenteils ungenau. Lenin macht dazu nicht irgendeinen Vermerk. Erst wenn Plechanow am Ende des Abschnitts schreibt, dass „die materialistische Erklärung der Geschichte vor allem **methodologische Bedeutung** hat", zieht Lenin einen vertikalen Strich, um seine Aufmerksamkeit zu zeigen.

Der fünfte Abschnitt umfasst Plechanows Erörterung der marxistischen Dialektik, und aus den Notizen können wir ersehen, dass Lenin hier einen gewissen Grad von Begeisterung zeigte. Plechanow konzentriert sich erneut auf die Ansicht, die er im vorherigen Abschnitt zum Ausdruck gebracht hatte, „als eines der schlechthin größten Verdienste, die sich Marx und Engels um den Materialismus erworben haben, erscheint die Ausarbeitung einer *richtigen Methode*."[45] Ebenfalls zu Beginn dieses Abschnitts (Seite 31) bringt Plechanow seine erste Kritik an Feuerbach vor: er „würdigte und nutzte sehr wenig ihr *dialektisches* Element [das der Hegelschen Philosophie]."[46] *Obwohl Lenin diesen Standpunkt nicht sofort notiert, leiht er sich in der kurzen Zusammenfassung zum Schluss der Berner Notizen unmittelbar die Formulierung „dialektisches Element" und verwandte Konzepte aus.* Es ist offensichtlich, dass Plechanows Ansichten zu diesem Punkt bei Lenin einen tiefen Eindruck hinterließen. Ein spezieller Gesichtspunkt in dieser Diskussion der Dialektik durch Plechanow wurde von Lenin besonders beachtet:

> „**Viele verwechseln die Dialektik mit der Lehre von der Entwicklung,–und sie ist in der Tat eine Entwicklungstheorie. Allein die Dialektik unterscheidet sich wesentlich von der vulgären ‚Evolutionstheorie', die sich ganz auf dem Prinzip aufbaut,** *dass weder die Natur noch die Geschichte Sprünge macht und dass alle Veränderungen in der Welt sich nur allmählich vollziehen.*"[47]

---

45   Georg Plechanow, Grundprobleme des Marxismus, S. 36; W. I. Lenin, G.W. Plechanow, „Grundprobleme des Marxismus", in: *LW*, Bd. 38, S. 490.
46   Georg Plechanow, *Die Grundprobleme des Marxismus*, S. 36.
47   Georg Plechanow, *Die Grundprobleme des Marxismus*, S. 38; W. I. Lenin, G.W. Plechanow, „Grundprobleme des Marxismus", in: *LW*, Bd. 38, S. 490.

Bei der Untersuchung dieser Notizen erkennen wir, dass dies der Inhalt war, dem Lenin in Plechanows Buch die größte Aufmerksamkeit schenkte, indem er mehrere horizontale Linien unter vielen Sätzen in diesem Abschnitt zog. Manche dieser Sätze erhielten sogar drei horizontale Unterstreichungen und vertikale Linien am Rand. Lenin schrieb auch „NB" und unterstrich Plechanows Worte „Sprünge machen" und „nur allmählich". Offensichtlich stimmte Lenin dieser Ansicht Plechanows zu. *In unserer späteren Analyse der* Berner Hefte *werden wir sehen, dass Lenin sich auf einen ähnlichen Gesichtspunkt bei Hegel konzentrierte.*

Ab dem sechsten Abschnitt beginnt Plechanow die materialistische Konzeption der Geschichte im Marxismus zu diskutieren. Um den materialistischen Charakter der Geschichtskonzeption von Marx und Engels zu unterstreichen, betont Plechanow wiederholt seine falsche Theorie des geographischen Determinismus. Aus Lenins Notizen ersehen wir, dass er zwei horizontale Linien unter Plechanows Formulierungen diese Theorien zieht. Zuerst unterstreicht Lenin auf Seite 39 den Satz „die Beschaffenheit des geographischen Milieus bedingt also die Entwicklung der Produktivkräfte". Als nächstes markiert er auf den Seiten 46-47 im siebten Abschnitt den Satz „nach Marx erfolgt die Einwirkung des geographische Milieus auf den Menschen *vermittels der Produktionsverhältnisse, die an einem gegebene Ort auf Grundlage der gegebenen Produktivkräfte entstehen, deren erste Entwicklungsbedingung die Beschaffenheit dieses Milieus darstellt...*"[48] Wir finden jedoch keinen Hinweis darauf, dass Lenin Zweifel an diesen falschen Formulierungen hatte. *Ich habe bereits darauf hingewiesen, dass sich Lenin in der Entwicklung seines philosophischen Denkens, auch wenn er wiederholt Plechanows philosophische Fehler kritisierte, niemals unmittelbar gegen die Theorie der geographischen Determination wandte.*

Bei der Lektüre des restlichen Textes scheint Lenin nichts anderes entdeckt haben, das seiner Aufmerksamkeit würdig war. Er macht nur ein paar Notizen bei einigen von Plechanows Ansichten über die grundlegenden Elemente der materialistischen Konzeption der Geschichte.

---

48 Georg Plechanow, *Die Grundprobleme des Marxismus*, S. 51; W. I. Lenin, G.W. Plechanow, „Grundprobleme des Marxismus", in: *LW*, Bd. 38, S. 491.

Am Ende seiner Kommentare schreibt Lenin eine Zeile zu seinen Überlegungen. „Feuerbach und Dietzgen.24".[49] *„24" bezieht sich höchstwahrscheinlich auf Seite 24 im dritten Abschnitt, wo Plechanow Feuerbach und Dietzgen diskutiert.* Das weist darauf hin, dass Lenin verstand, dass die beiden wichtigsten Figuren im philosophischen Materialismus Feuerbach und Dietzgen waren: er hatte nun ein Ziel für sein nächstes Leseprojekt.

49 W. I. Lenin, G.W. Plechanow, „Grundprobleme des Marxismus", in: *LW*, Bd. 38, S. 492.

Anhang 1
Ding, Verhältnis, Fetisch: Ein vergessenes Gefecht von Gedanken – Zum philosophischen Streit zwischen Plechanow und Bogdanow

Nach Kenntnis jener, die in vom stalinistischen Denken durchdrungenen sozialistischen Staaten lebten, war es Lenin mit seinem *Materialismus und Empiriokritizismus*, der sich effektiv gegen den Machismus und idealistische Denkschulen wandte, die während der durch die Revolution der Naturwissenschaften zu Beginn des letzten Jahrhunderts verursachten „Krise" begonnen hatten, in die Reihen des russischen Marxismus einzudringen. Wenn wir jedoch wahrhaft die Philosophiegeschichte studieren und die Schichten der Ideologie abtragen, die unser Verständnis blockieren, dann springt eine wichtige historische Tatsache ins Auge: die politisch fehlgeleiteten Menschewiki waren die ersten, die sich gegen den Machismus wandten, sogar noch vor Lenin. Hier ist das Wichtigste, worauf wir uns konzentrieren müssen, die Debatte zwischen Plechanow und Bogdanow. Heutzutage jedoch besteht der Zweck der Untersuchung dieses ideologisch verborgenen historischen Ereignisses nicht nur in der Suche nach der historischen Wahrheit, sondern auch darin, die Komplexität dieses philosophischen Kampfs und seine moderne Bedeutung zu unterstreichen.

Um die wahre logische Grundlinie dieses philosophischen Kampfs zu erklären, wäre es das Beste, zunächst mit einer Untersuchung dessen zu beginnen, was Bogdanow versuchte mit seinen *Beiträgen zur Philosophie des Marxismus*, die Lenin 1908 so verärgerten, zu verbreiten. Danach werden wir einen detaillierten Blick auf die philosophische Auseinandersetzung zwischen Plechanow und Bogdanow werfen.

Wir sind bereits bekannt mit dem einfältigen machistischen Bogdanow, den Lenin in *Materialismus und Empiriokritizismus* kritisiert. Jedoch haben wir selten betrachtet, wie Bogdanow als Bolschewist den Machismus dem Marxismus aufpfropft. Für Lenin und Plechanow, die Bogdanows wesentliche philosophische Gegner waren, war dies auch eine Frage, die wenig Aufmerksamkeit erhielt. Durch mein Studium und meine Analyse historischer Dokumente habe ich herausgefunden, dass Bogdanow zwei Methoden hatte, um mit diesem Problem umzugehen: Zuerst begann er mit dem Verhältnis zwischen Naturwissenschaft und Philosophie, wobei er die Beziehungen zwischen der marxistischen Philosophie und der Naturwissenschaft hervorhob. Zweitens ging er von Marx' Theorie der Gesellschaftskritik aus und betonte, dass das Widerlegungsobjekt der marxistischen Philosophie der philosophische Materialismus sei, der als Fetischismus erscheint.

Die erste Methode fand ihren klarsten Ausdruck in Bogdanows Einleitung zur russischen Ausgabe von Ernst Machs *Die Analyse der Empfindungen und das Verhältnis des Physischen zum Psychischen* von 1907. Bogdanow betont die Tatsache, dass die Grundlage der marxistischen Philosophie die Naturwissenschaft ist und dass die neuesten Erkenntnisse der Naturwissenschaft im Machismus enthalten seien. Daher wird der Machismus logischerweise zur neuesten wissenschaftlichen Grundlage der marxistischen Philosophie. Lenin warf Bogdanow berechtigterweise vor, einen einfachen Geist zu haben, Bogdanows lächerliche theoretische Logik geht so: **"Eine Philosophie, die unsere Epoche mit einer vollständigen und wahren Weltanschauung versieht, sollte auf der Naturwissenschaft basieren." Marx' philosophische Grundlage war die Naturwissenschaft: "Der Marxismus ist nichts weiter als eine Philosophie der Naturwissenschaft**

im sozialen Leben."[1] Unterdessen war Mach der größte Denker der naturwissenschaftlichen Philosophie. Obwohl Machs Denken eine bürgerliche Sache war, hielt das den Marxismus nicht davon ab, sich auf ihm zu gründen. *Hier geht Bogdanow so weit, das was Marx von Hegel, Ricardo und Darwin gelernt hat, als Beweis zur Unterstützung seiner Position als Machist zu verwenden.*[2] In Reaktion auf die Kritik von Plechanow und anderen glaubte Bogdanow sogar, dass die bürgerliche Philosophie von d'Holbach aus dem 19. Jahrhundert, auf die sich Plechanow berief, nicht so gut war wie Machs gemäßigter Sozialismus aus dem 20. Jahrhundert. Ich verstehe jetzt, dass Bogdanows theoretischer Fehler primär auf seine Unfähigkeit zurückzuführen ist, die Tatsche zu erfassen, dass Marx und Engels, obwohl sie viel von bürgerlichen Denkern lernten, dies in einer kritischen, überwindenden Weise taten, während Mach sich einfach vor Mach verbeugte und ohne zu fragen und ohne nachzudenken zum philosophischen Sklaven der Bourgeoisie wurde. Nikolai Berdjajew schrieb, dass Bogdanow Mach und Avenarius die „Retter der proletarischen Philosophie" nannte.[3] Unter dem verächtlichen Blick dieses russischen theologischen Philosophen veröffentlichte Bogdanow aufgeregt seine kruden Schriften über Metaphysik. Auch die beständige Erwähnung von Namen wie Avenarius und Mach konnte ihm nicht helfen. Lunatscharski ging so weit, eine neue Form der proletarischen Religion zu schaffen, die auf Avenarius' Philosophie begründet war.[4] Ich glaube, dass dies wirklich beschämend war.

An diesem Punkt werden wir unsere Diskussion auf Bogdanows zweite Methode konzentrieren. Nach 1906 geriet Bogdanows fehlgeleitete Praxis, den Machismus in Russland zu verbreiten, in die scharfe Kritik von Plechanow und anderen, und so war Bogdanow gezwungen, seine eigenen Handlungen beständig zu verteidigen. 1908 brachte Bogdanow eine Gruppe russischer Machisten dazu, die berühmten *Beiträge zur Philosophie des*

---

1 Alexander Bogdanow, "What can Russian Readers Learn from Ernst Mach?", in: *Selected Writings of Marxist Philosophical History*, Beijing University Press 1984, S. 730.
2 A.a.O., S. 734.
3 Nikolai Berdjajew, *The Truth of Philosophy and the Reality of Knowledge*, Yunnan People's Press, S. 5.
4 A.a.O., S. 14 (chinesisch).

Marxismus zu schreiben. In einem Artikel mit dem Titel *Das Land der Idole und die Philosophie des Marxismus* verändert sich die theoretische Logik, die in Bogdanows Verteidigung des Machismus benutzt wird, dramatisch. Hier beginnt er seinen taktischen Gegenangriff, in dem er Marx' Kritik der ökonomischen **Fetischismen** benutzt. Hier sollte bemerkt werden, dass dies ein radikal anderer Ausgangspunkt ist als jener, der in seiner Interpretation der **Grundlage der Naturwissenschaft** von Mach und Avenarius verwendet wird. Nach Bogdanows Ansicht zu jener Zeit bestand der primäre Widerspruch im modernen wissenschaftlichen Denken im Kampf zwischen Wissenschaft und Fetischismen. Das war eine völlig neue Perspektive. Ich glaube, dass dies eine Strategie war, für deren Entwicklung die Bogdanow sein Gehirn martern musste. Ihr Zweck bestand darin, die unmittelbaren Verbindungen zwischen Mach und Marx in Bezug auf die Theorie der Gesellschaftsgeschichte zu benutzen, um seinen Gegner zu vernichten.

Zu Beginn jenes Artikels schreibt Bogdanow:

„**Das Wachstum der gesellschaftlichen Produktivkräfte und die Entwicklung der gesellschaftlichen Kontrolle über die Natur spiegeln sich unmittelbar im wissenschaftlichen Verständnis wider. Auf der anderen Seite drücken das Idol des Verständnisses und der materielle Gott die Schwäche der Gesellschaft und die produktive Unzulänglichkeit im Kampf gegen die Natur aus. Auf diese Weise wird der Konflikt zwischen Wissenschaft und Fetischismus bewirkt.**"[5]

Auf den ersten Blick ist es nicht einfach, genau zu sehen, was Bogdanow in diesem Abschnitt versucht zu sagen, obwohl seine Bedeutung viel klarer wird, wenn man ihn mit dem textuellen Zusammenhang verbindet. Was er hier mit „wissenschaftlichem Verständnis" meint, ist tatsächlich der Machismus, der seinen Ursprung in den Naturwissenschaften hat. Mit „Idolen und materiellen Göttern" auf der anderen Seite bezieht er sich auf den philosophischen Materialismus, den von Plechanow und Lenin vertretenen Standpunkt. Das ist eine wahrhaft raffinierte theoretische

---

5　Alexander Bogdanow, „The Idol State and Marxist Philosophy", in: *Translated Marxist-Leninist Works*, Bd. 14, 1981, S. 158.

Bestimmung. Bogdanow glaubte, dass materielle Götter unser Leben erfüllen, dass es überall Idole gebe und dass die Ursache dieses Phänomens nicht die Philosophie sei, sondern vielmehr die vorherrschende Rolle der **modernen kapitalistischen Wirtschaftsverhältnisse**. Verglichen mit seinen vorherigen Ansichten, die auf einer Verbindung von Naturwissenschaft und Philosophie basierten, war dies eine noch schädlichere theoretisch-logische Verbindung. Bogdanow glaubte, dass die Grundlage der fetischistischen Philosophie auf der Tatsache beruhe, dass der Fetischismus des Tauschwerts jeden Aspekt des modernen Lebens durchdrungen habe, und dass dieser Fetischismus die Arbeitsverhältnisse des Menschen als Attribute von Dingen verstehe.[6] *Marx' tatsächliche Argumentation an dieser Stelle trifft zwei theoretische Aussagen: Zunächst kritisiert er die klassische Ökonomie, weil sie das Kapital nicht als gesellschaftliches Verhältnis, sondern als Ding sieht; zweitens bestimmte er kritisch, wie die Arbeitsverhältnisse zwischen Menschen im kapitalistischen Markttausch sich zu Verhältnissen zwischen Dingen verkehrt haben. In den drei großen Fetischismen (Warenfetischismus, Geldfetischismus und Kapitalfetischismus) hielten die Menschen dieses verkehrte materielle Phänomen für die materielle Realität (Reichtum).* Tatsächlich ist Bogdanows Aussage an sich nicht falsch; sie ist eine annehmbare Zusammenfassung von Marx' Kritik der bürgerlichen Ideologie (Fetischismus), wie sie im Kapital formuliert wird. Dies war zu jener Zeit ein wichtiger theoretischer Standpunkt. *Einer der Begründer des westlichen Marxismus, der junge Lukács, gelangte erst zwanzig Jahre nach Bogdanow zu diesem Verständnis.*

Bei Bogdanow jedoch führte genau jener Einfluss der Fetischismus-Denkens dazu, dass er alle Gesetze und moralischen Begrenzungen in der kapitalistischen Gesellschaft nicht als Reflexionen ihrer eigenen realen Verhältnisse verstand, sondern vielmehr als Kräfte, die einen Zwang auf den Menschen ausüben und seinen absoluten Gehorsam verlangen.[7] Tatsächlich ist Bogdanows Analyse aus der Perspektive von Marx' historischer Phänomenologie nicht völlig falsch. In der bürgerlichen Welt werden die durch den Menschen geschaffenen gesellschaftlichen Verhältnisse

6   A.a.O., S. 158 (chinesisch).
7   A.a.O.

zu einer äußeren materiellen Kraft, die sich in einer verkehrten Form ausdrückt. Diese Kraft beherrscht und versklavt den Menschen selbst; das war das Wesen der kapitalistischen Ideologie, das Marx versuchte zu enthüllen. Ich habe herausgefunden, dass Marx' bedeutende Ansichten zur historischen Phänomenologie nach der Zweiten Internationale vom „orthodoxen Marxismus", der vom Positivismus durchtränkt war, komplett ignoriert wurden. Diese Ignoranz gilt auch für die russischen Marxisten Plechanow und Lenin. Außer bei Bogdanow und Deborin im Jahr 1924 tauchte die kritische Logik von Marx' historischer Phänomenologie nicht mehr auf, bis der westliche Marxismus später wieder eine verzerrte Form davon einführte.

Es ist interessant zu sehen, dass es Bogdanow gelang, die Kontinuität zwischen der Anbetung der Idole natürlicher ökonomischer Formen zum abstrakten Fetischismus der weit fortgeschrittenen Formen der Warenökonomie zu sehen. Er bemerkte, dass der Marxismus eine „historisch-philosophische Kritik" oder „gesellschaftlich-interpretative Kritik" ist, die es schafft, Fetischismen zu durchdringen. Ich muss sagen, das Bogdanow hier wirklich von Marx' Theorie ausgeht. Wie wir bereits gezeigt haben, war der theoretische Ausgangspunkt von Bogdanow und seinen Anhängern der Versuch, **den Marxismus mit dem Machismus zu vereinigen**. Wenn sie ursprünglich die Verbindung zwischen Naturwissenschaft und Philosophie betonen, so holen sie hier die logische Verbindung zwischen gesellschaftsgeschichtlicher Theorie und Philosophie hervor. *Das war ein gemeinsames Ziel der russischen Machisten im Jahr 1908. In jenem Jahr schrieb ein russischer Machist direkt an Mach und fragte ihn, ob die Sichtweisen des Begründers des „wissenschaftlichen Sozialismus" (was sich auf den Marxismus bezog) mit den Prinzipien von Machs Theorie vereinigt werden könnten.*[8] *Ein weiterer wichtiger Aspekt, der hier erwähnt werden muss, ist, dass die Tendenz in der theoretischen Logik,* **dem Marxismus eine besondere Schule der westlichen Philosophie aufzupfropfen,** *mit den Machisten begann.*

Es war jedoch nicht Bogdanows theoretische Absicht, Marx' wissenschaftliche gesellschaftskritische Theorie zu erklären; seine Diskussion verfolgte eine verborgene Absicht. Er verändert plötzlich den Kurs und schreibt,

---

8   Dynik (Hg.), *History of Philosophy*, Bd. 5, Beijing Sanlian Press 1975, S. 146.

dass die Gesetze der natürlichen Welt nach dem Verständnis der meisten Menschen nicht als die tatsächliche Existenz von Dingen verstanden werden, sondern vielmehr als eine unabhängige Existenz, die die Welt kontrolliert, eine Substanz, der sowohl Dinge wie Menschen gehorchen müssen.[9] Im Gegenangriff auf das falsche Denken von Bogdanow durch Plechanow und andere wurden die wesentlichen Unterschiede zwischen den theoretischen Problemen, die er vorbringt, auf grobe Weise übersehen. Ich glaube, dass wir zugeben können, dass Bogdanows Ansichten an dieser Stelle einen gewissen Grad von wichtigem neuem Inhalt aus der modernen Revolution in den Naturwissenschaften enthielten. Es war seine tiefgreifende Erkenntnis, dass die Substanz der „Gesetze" der natürlichen Welt aus bestimmten realen Beziehungen zusammengesetzt ist (genauer gesagt basierte diese Substanz auf einem natürlichen wissenschaftlichen Bild auf einem bestimmten Niveau praktischer Beziehungen). Historisch ist das, was die Menschen als objektiv existierende Dinge und äußere Gesetze sahen (wie etwa Newtons „universelle" objektive Gesetze) in Wirklichkeit das Ergebnis einer subjektiv reflektierten Außenwelt, die durch bestimmte praktische Verhältnisse (Wissenschaft und technologische Struktur) unter spezifischen historischen Bedingungen geschaffen wurde. Daher konnte Bogdanow richtigerweise behaupten, dass der Ort und der Grad an dem und in dem wissenschaftliches Wissen hervorgebracht wird, dem Ort und dem Grad entsprechen, wo und in dem der Mensch die Natur erobert. *Das war ein korrekter Standpunkt, den Lenin später selbst zum Ausdruck brachte. Es ist offensichtlich, dass die Bedeutung von Bogdanows philosophischer Verschiebung im Jahr 1908 nicht unterschätzt werden kann. Nach meiner Meinung hat Lenin sein Verständnis in den Berner Heften korrigiert.*

Auch wenn Bogdanow neue Tatsachen in das wissenschaftliche Verständnis einführte, so lag sein Fehler jedoch in seiner Ablehnung der **objektiven materiellen Existenz**, die er als einen „Fetischismus" in der Konzeption der Natur sah. Ich habe auch bemerkt, dass die theoretische Situierung seiner Ablehnung selbst ebenfalls extrem komplex ist. Bogdanow behauptete, dass die Sphäre der gesellschaftlichen Arbeit auch die der

---

9 Alexander Bogdanow, „The Idol State and Marxist Philosophy", in: *Translated Marxist-Leninist Works*, Bd. 14, 1981, S. 158.

gesellschaftlichen Erfahrung sei. Alle Systeme des Verstehens werden hier hervorgebracht, und das Reich der Fetischismen geht auch aus diesem Ort hervor.[10] Diese Behauptung ist ebenfalls profund und korrekt. Für Marx gab es kein Bewusstsein, Verstehen und keine Ideen frei von konkretem gesellschaftlich-historischem Leben; alle menschlichen Ideen (inklusive seinem Verständnis der Natur) konnten nur die Produkte der **gesellschaftlichen Existenz** einer bestimmten Epoche sein. Unglücklicherweise war das, was Bogdanow versuchte zu beweisen, indem er Marx' korrekten theoretischen Diskurs benutzte, eine falsche idealistische Sichtweise. *Später werden wir sehen, dass Plechanow und Lenin, die korrekte materialistische Sichtweise vertraten, sich dieser richtigen Basis in Bogdanows falschem Denken nicht bewusst waren.*

Als nächstes benutzt Bogdanow diese gleiche Logik bei dem Versuch, das historische Auftreten des philosophischen Materialismus als das „Ding an sich" der Begründung der Welt zu erklären. Nach Bogdanow selbst war die Welt im primitiven Denken der Vergangenheit eine aktive Verbindung, erst später wurde diese Verbindung in ein **Ding** kristallisiert.[11] Es ist klar, dass Bogdanow dies in der Hoffnung auf einen stillen Übergang von Marx' **praktischer relationaler Ontologie** zu Machs **relationaler Ontologie** erklärte. Der Grund hierfür liegt darin, dass er nicht verstehen konnte, dass diese beiden Ontologien in ihrem philosophischen Wesen grundlegend gegensätzlich waren. Er vermochte auch nicht zu erkennen, dass die „Welt", wenn sie das äußere natürliche Gegenständliche bezeichnete, keine „aktive Verbindung" sein konnte. Zugleich, wenn die „Welt" nur die menschliche gesellschaftliche Lebensexistenz bezeichnete (Husserls und Heideggers „Lebenswelt"), dann hatte das Konzept einer „aktiven Verbindung" einen gewissen Verdienst. Ich glaube das Bogdanows größtes Problem in seiner Vermischung von verschiedenen, grundlegend heterogenen theoretische Logiken bestand, d.h. er sah die äußere natürliche materielle Welt und das **historische Verständnis** dieser Welt als das Produkt menschlicher Aktivitäten und Beziehungen. Seine Grundlage des philosophischen Idealismus entstand aus der falschen logischen Situierung seiner gedanklichen Verwirrung. Daher war sein

10 A.a.O., S. 160.
11 A.a.O., S. 163.

Versuch, den Marxismus dem Machismus aufzupfropfen, falsch. *Das war das wesentliche Problem mit Bogdanows Philosophie, das Plechanow und seine Anhänger 1908 nicht erfassen konnten.*

Nach Bogdanows Meinung konnten „Dinge" erst erscheinen, als Menschen in ihrer Arbeit von komplexen materiellen Werkzeugen abhängig wurden.

> „Wenn Arbeitsgeräte komplexer und vielfältiger werden, beginnt nicht nur der Prozess ihrer Herstellung eine wichtige Rolle im Leben zu spielen, sondern beginnt auch stufenweise unabhängig vom Prozess ihrer Verwendung zu werden. An diesem Punkt werden Arbeitsgeräte zum stabilen Kristall einer Reihe von komplexen und chaotischen Arbeitstätigkeiten, und wir fangen an, die Kategorie der ‚Dinge' zu haben."[12]

Nach Bogdanows Meinung kristallisierten sich „Dinge" in Bezug auf das Erscheinen von Werkzeugen heraus. Er argumentierte, dass in jedem Konzept eines Dings vieles davon aus den Synthesen und den Verbindungen zwischen einer Reihe von Handlungen zusammengesetzt ist, sowohl der Individuen selbst wie auch der Handlungen, die sie erfahren und die in der natürlichen Welt existieren. *Es ist für mich überraschend, dass Bogdanow unmittelbar das Verhältnis zwischen linguistischen Formen und menschlicher Arbeit erklären kann, ganz so wie Marx es in seinen „Randglossen zu Adolph Wagners ‚Lehrbuch der politischen Ökonomie'" tat.[13] Obwohl seine Formulierung vage ist, so sind Bogdanows Ideen doch äußerst tiefschürfend.* Bogdanow glaubte, dass dort, wo die Sichtweise einer „Verbindungs"-Welt aktiver Beziehungen „primitive Dialektik" ist, die auf die auf die komplexe Struktur von Werkzeugen bezogene materielle Weltanschauung eine „statische" Idee sei. Für Bogdanow näherte sich die „primitive Dialektik" Marx und Mach, während die „Statik" zum philosophischen Materialismus von Plechanow und anderen gehörte. Es ist interessant zu sehen, dass Bogdanow im Prozess des Widerstands gegen Plechanows „Statik" unmittelbar das, was er konstruktive Tektologie nannte, mit Marx' elfter These in den *Thesen über*

12 A.a.O.
13 A.a.O.

Feuerbach verband. Er behauptete, dass konstruktive Tektologie nicht versuche, „die Welt zu erklären", sondern vielmehr durch die Organisierung verschiedener empirischer Elemente in die Natur, die Arbeit oder das Denken die Welt konstruiere.

Ich glaube, dass Bogdanows „Ding" an dieser Stelle ein verworrener Begriff ist. **Zunächst** war das „Materielle" oder „Ding" im philosophischen Materialismus Plechanows und Lenins nicht der Begriff des „Dinges", wie er im Sinne einer Idee existiert, sondern es bezeichnete vielmehr objektive Dinge und materielle Phänomene, die außerhalb des Menschen existierten. Trotzdem nähert sich das „Ding", das Bogdanow hier beschreibt, der **kantianischen phänomenologischen Welt** an, den **subjektiven Sichtweisen** der Menschen gegenüber der objektiven Existenz der äußeren Welt. Wenn Bogdanows Ausgangspunkt durch seine Definition des „Dinges" bewiesen hätte, dass die Sicht des Menschen auf die äußere Welt von der gesellschaftlich-historischen Praxis abhängt (und insbesondere von der Arbeitsproduktion und ihren historisch sich verändernden Arbeitsmitteln), dann hätte er nicht Unrecht gehabt, sondern er hätte vielmehr mit Marx' historischem Materialismus übereingestimmt. Sein Ziel war jedoch die Widerlegung der Prämisse des philosophischen Materialismus, und das Ergebnis war beschämend lachhaft. Zweitens verstand Bogdanow nicht, dass Marx die gesellschaftliche Existenz in ihrem Unterschied zur natürlichen materiellen Existenz bereits genau untersucht hatte, indem er eine ähnliche Logik benutzte. Diese gesellschaftliche Existenz bezog sich auf das gesellschaftliche relationale Wesen im historischen Materialismus. Dieses Wesen existierte nicht in der Form einer Substanz in natürlicher Materialität; es wurde durch die gesellschaftlich-historische Tätigkeit und die Beziehungen des Menschen konstruiert und dekonstruiert. Diese Tiefe war für den oberflächlichen Bogdanow unerreichbar. Unabhängig davon glaube ich, dass einige der Gedanken Bogdanows nicht verspottet werden sollten.

In Bogdanows System gab es eine Distanz zwischen dem Begriff des „Dinges" und dem „Ding an sich". Er beginnt mit der Kantianischen dualistischen Welt, die unvermeidlich durch unterentwickelte, auf manueller Arbeit beruhende Gesellschaften hervorgebracht wird. De erste Aspekt dieser Welt ist die sichtbare empirische Welt, und der zweite ist die hypothetische unsichtbare Welt hinter der empirischen; das ist die objektiv existierende Welt. Als nächstes verbindet Bogdanow fälschlicherweise den unsichtbaren „Stoff" des zweitens Aspekts der dualistischen Welt mit dem alten, primitiven Animismus. Er schreibt, dass diese zweite, unsichtbare Welt für bedeutender, wesentlicher, beherrschender gehalten wird, sei es durch den „Geist" der Animisten, das „Sein" bei Kant oder das „Materielle" bei Plechanow.[14] Weiterhin verbindet Bogdanow diese essentialistische Sicht mit dem Aufkommen der Theodizee. Ich habe herausgefunden, dass Bogdanow hier korrekt erklärt, wie religiöse Theologie beständig in das Denken des Menschen eindringt, basierend auf seinen sozialen Verbindungen, seinem „Verständnis". Ideen über Geister und Götter sind nur Ersetzungen, die durch allgemeine menschliche Gefühle und Wünsche in ihren Beziehungen als Spezies vorgenommen werden. Bis zu Kant und dem philosophischen Materialismus entstammte das unsichtbare Ding an sich, das sich immer in einer Schale des Materiellen hinter der Erfahrung verborgen hatte, tatsächlich dem **wechselseitigen Verständnis** des Menschen und wurde durch die **Idolisierung** ersetzt. Wir müssen zugeben, das Bogdanow sehr tiefgründig sein kann.

An dieser Stelle fällt es uns nicht schwer zu sehen, wie raffiniert Bogdanows Widerlegungslogik wirklich ist. Seine Gegnerschaft gegen die dualistische Welt entstammte seinem Bedürfnis, den „empirischen Monismus" von Mach und Avenarius zu bejahen; seine Gegnerschaft gegen den Essentialismus zielte auf die Zerstörung der objektiven materiellen Existenz. Um dies zu tun, hatte er keine Bedenken, auf nicht-historische Weise die wesentlich heterogenen Theorien des alten Animismus, die deutsche klassische Philosophie (Kant) und all die zeitgenössischen philosophischen Materialisten miteinander zu vermischen. Dabei brachte seine Beweisführung tatsächlich einige wirklich tiefschürfende (und einige scheinbar tiefschürfende) Sichtweisen hervor. Man kann sagen, dass Bogdanows idealistisches logisches Konstrukt ein extrem komplexes falsches logisches Situierungsprojekt war.

Nach Bogdanows Meinung haben Verbesserungen der Technologie und des Verstehens wie auch die Ausweitung neuer Arbeitsverhältnisse begonnen, den Niedergang des dualistischen Animismus zu bewirken; trotzdem

---

14   A.a.O., S. 164.

hat das dualistische Denkmuster überlebt, insbesondere im Verständnis des Materialismus, der in der Form des idolisierten Dings an sich fortbestand. Wichtig ist, dass die bedeutendste gesellschaftliche Existenzgrundlage des „Dings an sich" sich in der Spontaneität im ökonomischen Leben der kapitalistischen Gesellschaft findet. *Bogdanow ist wirklich sehr raffiniert, wenn er seine Argumente unter scheinbar vernünftigen Schichten verbirgt.* Bogdanow schreibt:

„Anarchistische oder unorganisierte Arbeitsteilung, die sich in Tauschsystemen ausdrückt, hat eine neue Form der Herrschaft der Spontaneität über Bewusstsein geschaffen, mit anderen Worten, die Herrschaft des Menschen durch gesellschaftliche Beziehungen. Dies schuf auch neue Formen von Fetischismen, nämlich den Fetischismus in Bezug auf ‚Waren'wert und in Bezug auf die Abstrakte Metaphysik des ‚Substanz' und der ‚Effektivität' alles Materiellen."[15]

Bogdanow glaubte, dass die materialistische Philosophie Lenins und Plechanows nicht mehr sei als der Ausdruck von Fetischismen in der Philosophie. Zugleich hatten die Fetischismen der kapitalistischen Gesellschaft den Typus des Denkens verallgemeinert, der gewaltsam in der Sphäre des Warentauschs aller „Dinge" formiert wurde.[16] Wo primitive Fetischismen tatsächlich materielle durch einen lebendigen und konkreten materiellen Gott" ersetzten, da ersetzen die Fetischismen des kapitalistischen Warentauschs das tatsächliche Materielle durch einen „abstrakten materiellen Gott". An dieser Stelle erklärt Bogdanow nüchtern, dass der durch Arbeit hervorgebrachte Tauschwert als etwas gesehen wird, das die „Effektivität" der Warenbewegung auf dem Markt bestimmt. Menschliche Arbeit, gefangen im materiellen Gott des Tauschwerts, wird als das innere Wesen des Materiellen (Waren) gesehen. Während die Ergebnisse des menschlichen Verstehens (die Summe der Erfahrungen), gefangen in den beiden materiellen Göttern der Substanz und der Effektivität, als das verschleierte Wesen von Materiellem und Prozess gesehen werden. Bogdanow kommt zu dem Schluss, dass dies ebenfalls ein Fetischismus ist.[17] Hier verbirgt Bogdanow

15 A.a.O., S. 166.
16 A.a.O.
17 A.a.O.

auf raffinierte Weise einen Verbindungspunkt der theoretischen Logik: die kapitalistische objektivierte **relationale Existenz**, die schon von Marx aufgedeckt worden war, wird wieder zu einer materiellen Kraft vergöttlicht. Bogdanow war der Ansicht, dass Plechanow und Lenin nicht verstanden, dass in Marx' kritischer Theorie des Fetischismus **die Kritik des Fetischismus der objektivierten Beziehungen eine materialistische Kritik war**. Es ist offensichtlich, dass dies Bogdanows grobe logische Veränderung von Marx' wissenschaftlicher sozialistischer kritischer Theorie ist. Es ist jedoch unglücklich, dass Plechanow und andere diesen wichtigen theoretischen Hinweis nicht beachteten. Bogdanow verstand nichts von Ökonomie, aber er verstand es, über die **historisch-phänomenologische Kritik** kapitalistischer Verhältnisse in Marx' politisch-ökonomischer Theorie zu schreiben. Obwohl Plechanow und Lenin die politisch-ökonomische Theorie weitaus besser verstanden als Bogdanow, gelang es ihrer kritischen Logik nicht, Ökonomie und Philosophie miteinander zu verbinden. Das ist ein bedauerlicher logischer Kontrast.

Ich glaube, dass Bogdanow ein theoretisches Problem diskutierte, das er nicht in der Lage war, umfassend zu beherrschen. Für Marx war die Idee der ökonomischen Fetischismen kein philosophisch Abstraktes, sondern vielmehr ein **objektives historisches Abstraktes** der objektiven Tauschbeziehungen, die in der Warenproduktion und im Markt gebildet werden. Dieses historisch Abstrakte ging aus den äquivalenten Referenzsystemen im Warentausch hervor und entwickelte sich von Äquivalenten zu allgemeinen Äquivalenten, zu Geld und schließlich zum Höhepunkt: der Herrschaft des Kapitals, das Geld erzeugen kann. Hier sind abstrakte Kapitalverhältnisse keine subjektive Idee, sondern vielmehr die herrschenden und dominierenden Verhältnisse in der tatsächlichen kapitalistischen Produktion. Indem er die historische Tatsache aufdeckte, dass das Abstrakte herrschend geworden war, indem er die Verkehrung zwischenmenschlicher Beziehungen zu Beziehungen zwischen Dingen auf dem Tauschmarkt kritisierte und indem er sich gegen die Versklavung des Menschen durch die Spontaneität des Marktes und die von Menschen gemachten materiellen ökonomischen Kräfte wandte, lehnte Marx nicht den Materialismus ab, sondern bewies vielmehr die wissenschaftliche

Natur des historischen Materialismus.[18] Marx' profunde historische Phänomenologie wurde von Bogdanow in eine Waffe gegen den philosophischen Materialismus umgewandelt. Das ist eine unglaublich theoretische Ironie. Unglücklicherweise waren die russischen Marxisten jener Zeit, angeführt von Plechanow, nicht in der Lage, diesen dichten Nebel verwirrender Logik zu durchdringen. *Später brachten Wissenschaftler unter dem System der stalinistischen dogmatischen Ideologie die Dinge noch weiter durcheinander, wenn sie sagten, dass Bogdanow die Idee bürgerlicher Fetischismen bejaht habe; sie waren immer leidenschaftlich mit sinnlosem, lächerlichem theoretischem Gefuchtel beschäftigt.*[19]

In Bogdanows Diskussion in der zweiten Hälfte von „Der Staat der Idole und die marxistische Philosophie" gibt es wenig, das es wert wäre, diskutiert zu werden. Er verbringt viel Zeit damit zu erklären, wie der empirische Kritizismus von Mach und Avenarius den auf der Aufdeckung von Fetischismen und Idolen basierenden empirischen Monismus vertritt. Die logische Verbindung bestand darin, dass die marxistische Gesellschaftsphilosophie gegenwärtig die monistischste Weltanschauung sei, die vollständig auf der Erfahrung basiere. Er nennt diese Weltanschauung daher „Empiriomonismus".[20]

Tatsächlich war Bogdanows Ablehnung von Fetischismen ernsthaft, doch er stand auf der Seite von Mach und sah die Welt aus der Perspektive des Idealismus. Für Bogdanow folgte ein nicht-fetischistisches wissenschaftliches Verständnis aus Machs empirischem Monismus; es sieht alles als unterschiedliche Organisierungen empirischer Elemente, daher setzt sich die existentielle Grundlage der gesamten Welt aus empirischen Beziehungen zusammen. Weiterhin, wenn Erfahrung zur Sphäre des subjektiven Bewusstseins gehört, dann ist das Bewusstsein die Grundlage der Existenz. Daher kam er zu der irrigen Schlussfolgerung, die Lenin kritisierte:

---

18   Vgl. Kap. 9 meines Buchs *Zurück zu Marx*.
19   Vgl. S. 276 der sowjetischen *Philosophischen Enzyklopädie* (Band 1), Shanghai Translated Works 1984 (chinesisch).
20   Alexander Bogdanow, „The Idol State and Marxist Philosophy", in: *Translated Marxist-Leninist Works*, Bd. 14, 1981, S. 181.

„In ihrem Kampf ums Dasein können sich die Menschen nicht anders vereinigen als mit Hilfe des *Bewusstseins*: ohne Bewusstsein gibt es keine Gemeinsamkeit. Deshalb ist *das soziale Leben in all seinen Erscheinungen ein bewusst psychisches...* Die Sozialität ist von der Bewusstheit untrennbar. *Das gesellschaftliche Sein und das Bewusstsein sind im genauen Sinne dieser Worte identisch.*"[21]

Lenin gibt in *Materialismus und Empiriokritizismus* eine wirkungsvolle und klare Erwiderung auf diesen unintelligenten historischen idealistischen Irrtum, daher will ich nicht länger bei diesem Thema verweilen.

Ich habe nicht ernsthaft irgendein anderes von Bogdanows Werken gelesen, aber ausgehend vom Denken und der philosophischen Tiefe, die er in diesem Werk demonstriert, denke ich, dass man ihn nicht unterschätzen sollte. Seine Fehler, die ihre Ursachen in einer korrekten historischen Phänomenologie haben, sind mit einem allgemeinen philosophischen Materialismus nicht leicht zu widerlegen.

Welche wichtige theoretische Arbeit leisteten die russischen Marxisten des frühen 20. Jahrhunderts, um Bogdanows raffinierte philosophische Irrtümer zu bekämpfen? Im Jahr 1907 legte Deborin auf der bereits erwähnten Debatte in Genf einen Artikel mit dem Titel „Machismus und Marxismus" vor, in dem er Folgendes auf der Grundlage der marxistischen Weltanschauung formulierte:

Nur die natürliche Welt existiert wirklich.
Die Existenz des Natürlichen hängt nicht vom Subjekt ab.
Das Subjekt ist ein Teil der natürlichen Welt.
Alles Verstehen wird von Erfahrung hervorgebracht, von der Wahrnehmung, die das Subjekt aus der äußeren Welt bezieht.
Aus diesem Grund beherrscht die äußere Welt (Existenz) unser Bewusstsein.
Da die Realität das einzige Objekt des Verstehens ist, kann unser Verständnis nur der Wahrheit entsprechen, objektiv sein, wenn es sich Übereinstimmung mit der Realität, mit der Existenz befindet.[22]

---

21 Alexander Bogdanow, „Die Entwicklung des Lebens in Natur und Gesellschaft", zit. In: *W.I. Lenin*, Materialismus und Empiriokritizismus, in: *LW*, Bd. 14, S. 7-366, hier: S. 325-326.
22 Abram Deborin, „Machism and Marxism", in: *Philosophy and Politics*, Buch 1, Santian Press 1965, S. 43-44.

Deborin schrieb selbst, dass diese beiden Punkte die Prinzipien der materialistischen Philosophie seien, von denen der wissenschaftliche Sozialismus von Marx und Engels abhängt. Obwohl er mit dieser Behauptung Recht hat, glaube ich, dass Deborins Erklärung an dieser Stelle die marxistische Philosophie lediglich in die Voraussetzung und Begründung des allgemeinen philosophischen Materialismus **zurückversetzt**. Das größte Problem mit seiner Logik besteht darin, dass sie abstrakt und nicht-historisch ist. Im Jahr 1908 war Deborin nicht in der Lage, im Gefolge von Bogdanows neuen Fehlern etwas Autoritativeres zu publizieren. In *Dialektischer Materialismus* (1909) erklärt Deborin ausführlich solche Charakteristika von Marx' dialektischem Materialismus wie dessen Betonung der materiellen Veränderung und seine Sicht der Welt als Prozess und konsequente Transzendenz des Widerspruchs zwischen Existenz und Nicht-Existenz usw. Er hoffte, dies zu benutzen, um die Theorie des „materiellen Verschwindens" des machistischen Idealismus zu widerlegen.[23] Eine solche umständliche Erklärung gegen Bogdanows komplexe Verdrehungen und Irrtümer abzugeben (Bogdanow versuchte, auf Marx' sozialkritischer Theorie aufzubauen), war ausgesprochen schwach und kraftlos. *Natürlich schrieb Deborin, als 1924 das Manuskript der* **Deutschen Ideologie** *veröffentlicht wurde, schnell „Marxismus und Geschichte"; in diesem Artikel hat sein Verständnis des marxistischen historischen Materialismus offensichtlich einen Schritt nach vorn gemacht.*[24]

Zwischen 1908 und 1909 erklärte Plechanow Bogdanows empirischem Monismus den theoretischen Krieg, ein Kampf, der über drei Jahre dauern sollte. Während dieser Zeit veröffentlichte Plechanow drei offene Briefe an Bogdanow. Diese drei Briefe waren wahrscheinlich seine autoritativsten Texte in dieser theoretischen Debatte.

Der erste offene Brief wurde 1908 in den Nummern 6 und 7 (Mai und Juni) des *Golos Sotsial-Demokrata* veröffentlicht. Dieser Brief war als Antwort auf einen offenen Brief von Bogdanow an Plechanow in der Juliausgabe 1907 des *Vestnik zhizni* geschrieben worden. Plechanow weist tiefschürfend auf ein wichtiges Phänomen in der russischen theoretischen Sphäre hin:

---

23 Abram Deborin, „Dialectical Marxism", in: *Philosophy and Politics*, Buch 1, Sanlian Press 1965, S. 88-116. Dieser Text wurde ursprünglich 1909 veröffentlicht, und Lenin exzerpierte damals daraus.

24 Vgl. das Forschungsaddendum nach Kapitel 10 in diesem Buch.

„Der Idealismus aller Varianten und Spielarten feiert unter dem Einfluss der Reaktion und dem Vorwand der Überprüfung theoretischer Werte wahre Orgien in unserer Literatur, und wenn einige Idealisten, möglicherweise mit dem Ziel, ihre eigenen Ideen zu verbreiten, ihre Ansichten zum Marxismus des allerneuesten Modells erklären."[25]

Es ist offensichtlich, dass Plechanows Denken zu jenem Zeitpunkt sehr klar war. Er schreibt, dass er entschieden gegen jene sei, die fälschlicherweise unter dem Banner des Marxismus marschieren und versuchen, ihre eigene Form des Idealismus zu verkaufen. An dieser Stelle erklärt Plechanow deutlich, dass er nicht glaubt, dass Bogdanow ein Marxist ist und dass sie beide keine „Genossen" sein können. Unglücklicherweise verstrickt sich Plechanow in der konkreten Diskussion des Briefs in einige kleinere Details seiner Beziehung zu Bogdanow, wobei er endlos dagegen argumentiert, dass Bogdanow ihn einen Schüler von Holbach nennt. Erst gegen Ende des Briefs zitiert der die *Heilige Familie*, wenn er die unvermeidliche Verbindung zwischen allgemeinem philosophischem Materialismus und Sozialismus erklärt.[26] Plechanow weist weiterhin darauf hin, dass der Materialismus historisch gesprochen die Klasse und die Macht der Revolution repräsentierte; daher ist es die bürgerliche Klasse, die den „Materialismus hasst", denn „die Bourgeoisie, die in einer Gesellschaft herrscht, die auf der erbitterten gegenseitigen Konkurrenz der Warenproduzenten (kapitalistische Unternehmen) basiert, tendiert natürlicherweise zu einer Selbstzufriedenheit, in der es keine Spur von Altruismus gibt." Dies führt dazu, dass die mentalen Strukturen und moralischen Neigungen der Bourgeoisie bewusst oder unbewusst zum Egoismus tendieren. Plechanows Aussage an dieser Stelle ist tiefschürfend; man kann sie als eine effektive Abgrenzung zwischen politischem Standpunkt und philosophischen Parteiprinzipien sehen. Als Antwort auf Bogdanows raffiniertes, falsches Denken jedoch ist Plechanows Entgegnung weniger als effektiv.

In seinem zweiten offenen Brief, der in den Nummern 8-9 (Juli-September) des gleichen Magazins veröffentlicht wurde, kritisiert Plechanow

---

25 Georg Plechanow, "Materialismus Militans", in: *Against Revisionism in Philosophy*, People's Press, S. 331.
26 A.a.O., S. 344.

Bogdanows Erklärung zum Verhältnis zwischen Dingen und dem Ding an sich. Sein Gedankengang behält immer noch die grundlegenden Grenzen von Materialismus und Idealismus bei, mit einer besonderen Betonung der grundlegenden Natur des Materiellen (Körper):

> „Wir nennen materielle Objekte (Körper) jene Objekte, die unabhängig von unserem Bewusstsein existieren und die, indem sie auf unsere Sinne einwirken, in uns bestimmte Empfindungen hervorrufen, die wiederum unseren Begriffen der äußeren Welt unterliegen, das heißt jenen selben materiellen Objekten wie auch ihren Beziehungen."[27]

Scharfsinnige Leser werden denken, dass Plechanow, indem er Bogdanow ablehnt, fortfährt, die Prämissen des philosophischen Materialismus zu betonen, dass natürliches Materielles vor dem menschlichen Subjekt existiert; das ist, was Marx die äußere Vorherrschaft über die menschliche Rasse nannte. Daher behauptete Plechanow immer, dass es offensichtlich keine menschliche Erfahrung gäbe, wenn keine Menschen auf der Welt wären. Trotzdem würde dieser materielle Planet weiterhin existieren, dies beweist also dass er „außerhalb der menschlichen Erfahrung" existiert. Daher kommt Plechanow zu dem Schluss, dass die Aussage, dass „es kein Objekt ohne Subjekt geben kann" unhaltbar ist, denn „die Existenz des Subjekts setzt voraus, dass das Objekt eine gewisse Stufe der Entwicklung erreicht hat."[28] Weiterhin ist dieses historisch hervorgebrachte Subjekt selbst ein Teil der objektiven Existenz. Ich glaube, dass die Verwendung des philosophischen Materialismus zur Ablehnung der idealistischen Wende in Machs relationaler Ontologie (wie auch Heideggers späterer existentieller relationaler Ontologie und Whiteheads Prozessphilosophie) im Hinblick auf die Oberflächenlogik korrekt ist. Da jedoch die Gedankenpunkte dieser beiden Theorien sich nicht auf der gleichen Ebene befinden, wird die Wirksamkeit dieser theoretischen Debatte sehr begrenzt. Basierend auf der primären Analyse im zweiten Brief kehrt Plechanow zu der allgemeinen Diskussion von Machs empirischem Monismus zurück.

27   A.a.O., S. 359.
28   A.a.O., S. 379.

Plechanows dritter Brief an Bogdanow wurde 1909 geschrieben, natürlich nach Bogdanows „Der Staat der Idole und die marxistische Philosophie". In diesem Brief bestreitet Plechanow Bogdanows Wunsch „ein guter Marxist zu werden". Er weist kurz und bündig darauf hin, dass Bogdanow zu jenen gehört, die „obwohl sie die Bezeichnung Marxist beanspruchen, ihre Sichtweise anpassen wollen, um dem Geschmack unserer gegenwärtigen kleinen bürgerlichen Übermenschen zu entsprechen."[29] Jedoch bleibt Plechanows scharfe Erwiderung auf Bogdanow auf der Ebene einer allgemeinen objektiven Behauptung. Plechanow schreibt, dass Bogdanow „die Objektivität äußerer Dinge" auf folgende Weise versteht:

„**Die Objektivität äußerer Objekte wird immer auf den Austausch von Äußerungen in der letzten Konsequenz reduziert, ist jedoch bei weitem nicht immer unmittelbar darauf begründet. Im Prozess der gesellschaftlichen Erfahrung werden bestimmte allgemeine Beziehungen geschaffen, allgemeine gesetzesregulierte Beziehungen (darunter abstrakter Raum und abstrakte Zeit), die die physische Welt charakterisieren, die sie umfassen. Diese allgemeinen Beziehungen, die gesellschaftlich gebildet und konsolidiert werden, sind zum größten Teil durch die gesellschaftliche Koordination der Erfahrung miteinander verbunden und sind zum größten Teil objektiv."[30]**

Bogdanows Ideen zusammenfassend zitiert Plechanow, „im Allgemeinen ist die physikalische Welt gesellschaftliche koordiniert, gesellschaftlich harmonisiert, mit einem Wort, sie ist eine **gesellschaftlich organisierte Erfahrung.**"[31] Dies ist einer von Bogdanows wichtigen logischen Unterstützungspunkten. So sind zum Beispiel die abstrakten Formen von Zeit und Raum keine objektiven Formen, sondern vielmehr „**die gesellschaftliche Organisation der menschlichen Erfahrung [...]. Indem er**

---

29 Georg Plechanow, "Materialismus Militans", in: *Against Revisionism in Philosophy*, People's Press, S. 403.
30 Alexander Bogdanow, Empiriomonismus, Bd. 1, zit. in: Georg Plechanow, "Materialismus Militans", in: *Against Revisionism in Philosophy*, People's Press, S. 406.
31 A.a.O., S. 411.

seine Erfahrungen mit den Erfahrungen anderer Menschen koordiniert, schafft der Mensch die abstrakte Form der Zeit."[32] Nach Plechanows Meinung sah Bogdanow die materielle Welt als Ergebnis der gesellschaftlich organisierten Erfahrung und glaubte, dass dies „mehr als alles andere Schlussfolgerungen im Geiste des Marxismus ziehen kann."[33] Der Grund dafür ist Bogdanows Behauptung dass „dort, wo Mach die Verbindung zwischen Wahrnehmung und dem Prozess der gesellschaftlichen Arbeit skizziert, die Übereinstimmung seiner Ansichten mit Marx' Ideen mitunter wirklich auffällig wird."[34] Verglichen mit den kritischen Ausführungen, die wir zuvor diskutiert haben, ist Bogdanows Argument hier affirmativ. Plechanow lacht über Bogdanows Schlussfolgerung an dieser Stelle und schreibt humoristisch, dass nach Bogdanows Verständnis „die Existenz des Menschen der Existenz unseres Planeten vorausging: zuerst kam der Mensch; der Mensch begann sich zu ‚äußern', während er seine Erfahrung gesellschaftlich organisierte; aus diesem glücklichen Umstand entstand die physikalische Welt im Allgemeinen und unser Planet im Besonderen."[35] Nach diesem Scherz zeigt Plechanow weiter auf, dass Bogdanows Ansichten Marx' „ökonomischen Materialismus" zu berühren scheinen; jedoch erkennt der ökonomische Materialismus nur, dass „auf der Basis der ökonomischen Beziehungen und der gesellschaftlichen Existenz von Menschen , die sie bestimmen, entsprechende Ideologien entstehen." Bogdanow versucht im Unterschied dazu, auch die „physische Welt" von dieser Basis aus zu entwickeln. Plechanow glaubt, dass Bogdanow an dieser Stelle einen bedeutenden Schritt in Richtung Idealismus unternimmt. Hier erhält Plechanows Erwiderung schließlich einiges Gewicht. Ich muss jedoch hinzufügen, dass Marx' „ökonomischer Materialismus", auf den Plechanow sich hier beruft, nicht wirklich existiert; dies war lediglich ein Produkt der falschen Interpretation der Theoretiker der Zweiten Internationale.

32 A.a.O., S. 414.
33 Georg Plechanow, "Materialismus Militans", in: *Against Revisionism in Philosophy*, People's Press, S. 412.
34 Alexander Bogdanow, Empiriomonismus, Bd. 1, zit. in: Georg Plechanow, Materialismus Militans", in: *Against Revisionism in Philosophy*, People's Press, S. 413.
35 Georg Plechanow, "Materialismus Militans", in: *Against Revisionism in Philosophy*, People's Press, S. 411.

Es ist unglücklich, dass sich Plechanow in seiner späteren Diskussion nur wiederholt, wenn er wieder die Ansichten des allgemeinen philosophischen Materialismus verwendet, um sich Bogdanow entgegenzustellen und ihn zu widerlegen. Es ist sicher, dass diese Methode wenig hinzuzufügen hatte. Ich sollte auch hinzufügen, dass Plechanow obwohl die Richtung von seiner Kritik an Bogdanow korrekt war, den subtilen Angriff Bogdanows auf den philosophischen Materialismus aus der Perspektive von Marx' Kritik der Fetischismen nicht erwähnt. Aus welchem Grund? War die philosophische Debatte wirklich zu einem Ende gekommen? Ich bezweifle es.

Kapitel 3
Lektüre von Dietzgens philosophischem Materialismus

Ich bin zu dem Schluss gekommen, dass Lenin 1908, nachdem er Plechanows *Die Grundprobleme des Marxismus* gelesen und die Bedeutung des Studiums von Feuerbach und Dietzgen verstanden hatte, sich entschied, Letzteren zu studieren. Daher begann Lenin ernsthaft mit der Untersuchung von Dietzgens *Kleineren Philosophischen Schriften*.¹ Ich glaube, dass sich Lenin aus zwei Gründen dazu entschloss, Dietzgen zuerst zu studieren: Erstens war Lenin im Deutschen bewandert, und zweitens war Dietzgen ein Arbeiter-Philosoph, der von Marx und Engels gelobt wurde, und drittens kritisierten Bogdanow und seine Anhänger Dietzgen oftmals in ihrer Diskussion des sogenannten Positivismus.² Hieraus können wir ersehen, dass Dietzgens philosophischer Materialismus einen bedeutenden Einfluss auf Lenin ausübte. Daher wollen wir unsere Analyse in diesem Kapitel mit Lenins Untersuchung von Dietzgen beginnen.

1   Die Ausgabe von Dietzgens *Kleineren Philosophische Schriften*, die Lenin studierte, war 1903 in Stuttgart gedruckt worden.
2   In dem 1908 erschienenen Abriss der Philosophie des Marxismus trug einer der Artikel den Titel „*Die Philosophie Dietzgens und der moderne Positivismus*".

223

1. Lenins Lektüre des philosophischen Materialismus von Dietzgen

Im Jahr 1908 studierte Lenin Joseph Dietzgens *Kleine Philosophische Schriften*, einen Philosophen aus der Arbeiterklasse, der sowohl von Marx wie auch von Lenin gelobt wurde. Obwohl Lenin keine Notizen von seiner Lektüre des Buchs hinterließ, hinterließ er Kommentare. Das ist natürlich das, was ich als **Entwurfstexte** bezeichne, und sie sind im Druck neu strukturiert worden. *Lenins Kommentare zu diesem Buch sind erst vor kurzem ins Chinesische übersetzt worden, und sie wurden in den Band 55 der neuen Ausgabe von Lenins <u>Gesammelten Werken</u> aufgenommen. Dieser Inhalt war kein Bestandteil der Ausgabe der <u>Gesammelten Werke</u> Lenins von 1963 und erfuhr daher keine angemessene Aufmerksamkeit in der früheren Forschung zu Lenins philosophischem Denken. Der sowjetische Forscher Kedrow war der Erste, der diese Kommentare in seiner Studie zu Lenins <u>Philosophischen Heften</u> untersuchte. Ich glaube allerdings, dass diese Untersuchung nicht tiefgreifend genug war.*

Auf der Grundlage der Texte, die uns zur Verfügung stehen, können wir sehen, dass Lenin, wenn er mit Dietzgen übereinstimmte, ein „α" markierte (oder ein „α α" zur Hervorhebung). Dort, wo Lenin mit Dietzgen nicht übereinstimmte, markierte er ein „β" (oder ein „β β" zur Hervorhebung). In diesen Kommentaren finden wir auch eine kleine Anzahl von geschriebenem Kommentar. Dies erlaubt es uns, Lenins grundlegende theoretische Orientierung und mögliche Logik **zu beurteilen und zu erahnen**.

Diese Sammlung von Dietzgens Werk beinhaltet sieben Artikel, die er zwischen 1870 und 1878 für die deutschen Zeitungen *Volksstaat* und *Vorwärts* schrieb, wie auch die „Streifzüge eines Sozialisten in das Gebiet der Erkenntnistheorie" (1887). Indem wir zunächst Dietzgens Manuskript als vollständiges theoretisches Bild untersuchen und dann die textuellen Details genauer betrachten, die durch Lenins Notizen aufgedeckt werden, werden wir ein recht klares Bild von Lenins grundlegender theoretischen Situation zur Zeit seiner Untersuchung erhalten können.

Der erste Essay in dieser Sammlung war Dietzgens „Wissenschaftlicher Sozialismus" (1873). In diesem Text zeigt Dietzgen auf, dass Marx' sozialistische Theorie wissenschaftlich ist, weil sie kein künstliches Gebilde ist, sondern sich auf „Erkenntnisse leiblich vorhandener Tatsachen" bezieht. Das ist richtig. Als materialistischer Philosoph war Dietzgen gegen den theologischen Idealismus, der argumentierte, dass Ideen materielles hervorbringen; er argumentierte, dass „nicht die Welt Attribut des Geistes ist, sondern dass Geist, Gedanke, Idee eines der vielen Attribute dieser materiellen Welt sind." Er erklärte, dass Marx und Feuerbach, die beiden Schüler Hegels, den „Gipfel" des Materialismus bestiegen hätten. Wir sollten darauf hinweisen, dass Dietzgen, obwohl seine Bestimmung an dieser Stelle nicht falsch war, nicht erkannte, dass es eine fundamentale **Heterogenität** zwischen Marx und Feuerbach, die beide Materialisten waren, gab. Dies brachte ihn dazu zu schlussfolgern: „Marx, der Wortführer des wissenschaftlichen Sozialismus, erringt dagegen die herrlichsten Erfolge, indem er das logische Naturgesetz, die Erkenntnis von der absoluten Gültigkeit der Induktion auf Disziplinen anwendet, die bisher nur spekulativ misshandelt wurden."[3] Ich behaupte, dass er Unrecht hat, weil Marx den traditionellen philosophischen Materialismus (empirischen, induktiven Positivismus) nicht auf das gesellschaftliche Leben anwandte, sondern vielmehr sie „historische Wissenschaft" des historischen Materialismus in der **Praxis des gesellschaftlichen Lebens** begründete; das war es, das ihn eine grundlegende Revolution in seiner philosophischen Weltanschauung erfahren ließ. Dietzgens Fehler war es, dass er Marx' neuen Materialismus mit Feuerbachs altem Materialismus durcheinanderbrachte. Er **glaubte fälschlicherweise**, dass Marx' neue Philosophie die induktive Methode des philosophischen Materialismus auf abstrakte philosophische Schlussfolgerungen aus materiellen Tatsachen anwende. Noch bedeutsamer ist, dass er diesen alten Materialismus unmittelbar mit dem Sozialismus verbindet. In diesem ersten Artikel sehen wir, dass Lenin, obwohl Lenin kein α verwendet, um seine Zustimmung zu Dietzgens Ansichten anzuzeigen, Unterstreichungen vornahm und vertikale Notizen neben den Abschnitten, die wir hier zitiert haben, anfertigte. In Lenins **möglichem Gedankenraum** hätte dies der Beginn eines Missverständnisses sein können, das von Anfang an existierte.

---

3 Joseph Dietzgen, „Der wissenschaftliche Sozialismus, zit.in: *LW*, Bd. 38, S. 390.

Ich sollte an dieser Stelle hinzufügen, dass dieses Missverständnis mit Plechanows Ansichten übereinstimmte. Am Ende des 19. und zu Beginn des 20. Jahrhunderts wandte sich Plechanow richtigerweise gegen die Fehler von Bernstein und anderen, obwohl zu jener Zeit ein extrem komplexer theoretischer Kontext zu entstehen begann. Als Plechanow schrieb, dass die entscheidendste Grundlage des Marxismus, das Gesetz, das das gesamte marxistische System durchläuft, die einzigartige historische Theorie des historischen Materialismus sei, hatte er nur zum Teil Recht, und er fuhr schließlich fort, den Marxismus zu revidieren. Als Plechanow auf korrekte Weise Bernsteins Fehler kritisierte, benutzte er den allgemeinen Materialismus als seine philosophische Waffe, wobei er Marx' neue Weltanschauung dem alten Materialismus zuordnete, der Spinoza, den französischen Materialismus des 18. Jahrhunderts und Feuerbachs Materialismus beinhaltete. Plechanow behielt seine Sichtweise sogar stur im theoretischen Kampf gegen den Machismus bei.[4] Obwohl er Marx' Thesen über Feuerbach erwähnte, verstand er offensichtlich nicht die tiefe Bedeutung von Marx' philosophischer Revolution. Daher war Plechanow in seiner **richtigen** Opposition gegen den Idealismus immer noch oberflächlich. Lenin verstand dies erst bei seiner späteren systematischen Untersuchung der Hegelschen Philosophie. Als Lenin Dietzgen studierte, tat er dies jedoch unter dem Einfluss von Plechanows falschem Verständnis. Dies ist ebenfalls eine komplexe Denkbedingung. *Wir können sehen, dass dies mit Sicherheit das damit verbundene theoretische Missverständnis in Lenins Anderem Spiegelbild verstärkt und stabilisiert hat.*

Der zweite Artikel war Dietzgens „Die Religion der Sozialdemokratie", geschrieben zwischen 1870 und 1875. Ich habe herausgefunden, dass Lenin in diesem Artikel beginnt, seine Zustimmung und Ablehnung zu notieren. Es gibt in diesem Text sechs „Kanzelreden". In der ersten fährt Lenin fort, seine Unterstreichungen und Randlinien zu benutzen, die er bereits im vorhergehenden Artikel verwendet hatte; dies mag mit der Tatsache zusammenhängen, dass Dietzgen weiter wie im ersten Artikel allgemeine Probleme der Religion diskutiert. Beginnend mit der zweiten Rede in „Die

---

4   Vgl. die verschiedenen Artikel in *Gegen den Revisionismus in der Philosophie*, People's Press 1957 (chinesisch).

Religion der Sozialdemokratie" jedoch schlug Dietzgen eine neue Form der Religion vor, die zusammen mit der Sozialdemokratie entsteht. An dieser Stelle notiert Lenin sein erstes ablehnendes „β", er war offensichtlich nicht damit einverstanden, dass die Sozialdemokratie auch eine Religion haben solle. Lenin stimmte jedoch mit Dietzgen darin überein, dass „der materialistische Demokrat [...] sich gewöhnt [hat], die Leute nicht nach ihren eigenen Gedankenspänen, sondern der leiblichen Wirklichkeit ach zu schätzen." Dietzgen erklärt Arbeit zum sinnlichen Objekt. Ich stimme mit Marx und Engels überein, dass es Dietzgen, obwohl ihm eine systematische philosophische Ausbildung fehlte, oftmals gelang, tiefgehende Gedanken zustande zu bringen. So erkannte er zum Beispiel, dass „in der Kraft unserer materiellen Produktion, in der modernen Produktivkraft der Industrie" tatsächlich die objektive Grundlage der modernen Demokratie liegt.[5] Lenin markierte diese Aussage mit einem „α", um seine Zustimmung zum Ausdruck zu bringen. Ich glaube jedoch, dass Dietzgen immer noch nicht sein korrektes Denken mit seinem alten philosophischen Materialismus im Hinblick auf ontologische Logik zusammengebracht hatte. Wenn ich auf das logische Ganze von Lenins philosophischem Denken zu jener Zeit blicke, glaube ich auch, dass Lenin das komplexe Verhältnis zwischen den beiden nicht ganz verstanden hatte. *Das ist eine äußerst wichtige Frage in Bezug auf die Struktur des Mikrodiskurses.*

Bei der weiteren Lektüre notierte Lenin ein „α" und ein „β" neben Dietzgens Aussage, „an Stelle der Religion setzt Demokratie **Humanität.**", um seine teilweise Zustimmung auszudrücken. In der dritten Rede, in Dietzgens Diskussion religiöser Ideen und des Wesens des Geistes scheint Lenin mit dem Großteil von Dietzgens Ansichten einverstanden zu sein. Er stimmt insbesondere mit Dietzgens Fortführung von Feuerbachs Gedankengang überein, bei dem religiöse Theologie mit idealistischer Philosophie verbunden wird, eine Idee, die Lenin tiefgreifend beeinflusste. *Zu Beginn von Lenins Untersuchung von Hegels Die Wissenschaft der Logik setzt er grundlegend die „Ideen" des Idealismus mit Gott gleich. Das ist ein Beispiel für ein Anderes logisches Spiegelbild.*

---

5   Joseph Dietzgen, Kleinere Philosophische Schriften. Die Religion der Sozialdemokratie. Sechs Kanzleireden, in: *LW*, Bd. 38, S. 395-396.

Ich glaube, dass Lenins bedeutendstes Verständnis im Hinblick auf die grundlegenden philosophischen Ideen in diesem Text sich im zweiten Teil der vierten Rede und in der fünften Rede konzentrieren. *Wenn wir uns die Details des Textes anschauen, dann sehen wir, dass Lenin, beginnend mit der vierten Rede, anfängt, einen Kasten um seine bejahenden Alphas zu zeichnen, um ausdrückliche Übereinstimmung auszudrücken. Zugleich beginnt Lenin häufiger das Kürzel „NB" zu schreiben, um bestimmte Teile des Inhalts zu herauszuheben. Ich habe auch bemerkt, dass es in der gesamten ersten Rede nur ein „NB" gibt, und in der zweiten und dritten Rede gibt es kein „NB".* Im zweiten Teil der vierten Rede diskutiert Dietzgen primär den wissenschaftlichen Geist, der mit Religion unvereinbar ist. Für Dietzgen bestand das Wesen dieses antireligiösen wissenschaftlichen Geistes in der „materialistischen Weltanschauung", und diese Philosophie war „eine ganz nahe Angelegenheit des Arbeiterstandes". Dietzgen glaubte, dass Religion, insbesondere das Christentum, ein Geist sei, der **den Menschen versklave**, während die Wissenschaft eine Emanzipation des Geistes sei: „Die Emanzipation der Arbeiterklasse fordert, das letztere der Wissenschaft unseres Jahrhunderts sich ganz bemächtige. Das Gefühl der Entrüstung über die Ungerechtigkeiten, welche wir erleiden, reicht, trotz unserer Überlegenheit an Zahl und Körperkraft, zur Befreiung nicht aus."[6] Daher müssen wir die wissenschaftliche Methode des Denkens und der Epistemologie erfassen, um die Fesseln des Idealismus abzuwerfen und wahrhaft auf der materiellen Realität zu stehen. In diesem Abschnitt von Dietzgens Denken füllt Lenin die Ränder fast vollständig mit doppelt unterstrichenen Alphas und dem Kürzel „NB". Um dies zu tun, schlägt Dietzgen in der fünften Rede spezifisch eine mit der Realität verbundene Theorie des „demokratischen Materialismus" vor.[7]

In der fünften Rede liest Lenin zum ersten Mal Dietzgens unmittelbare Erklärung des philosophischen Materialismus:

„Philosophische Materialisten kennzeichnen sich dadurch, dass sie die leibhaftige Welt an den Anfang, an die Spitze, und die

6   A.a.O., S. 404.
7   A.a.O., S. 406.

Idee oder den Geist als Folge setzen, während Gegner nach religiöser Art die Sache vom Worte (Gott sprach, und es ward), die materielle Welt von der Idee ableiten."[8]

Lenin unterstreicht viele Sätze in diesem Abschnitt und zieht drei vertikale Linien am Rand des Absatzes. Er notiert sogar ein „α" in einem Kasten am Ende des Abschnitts. Wir können erkennen, dass Lenin tief über Dietzgens theoretischen Überblick des philosophischen Materialismus nachdachte. Sehr wahrscheinlich hob er diese Formulierung so heraus, weil Plechanow selbst niemals solch eine klare Zusammenfassung gegeben hatte. *In Lenins Materialismus und Empiriokritizismus ist es nicht schwer, die Neustrukturierung dieser Sichtweise in Lenins logischem Kreislauf zu sehen.*

Nach Dietzgens Erklärung in der sechsten Rede teilt sich die theoretische Logik des philosophischen Materialismus in drei Punkte. **Erstens** diskutiert Dietzgen das begründende Konzept des philosophischen Materialismus, den Begriff der Materie, die alle Materialien der Welt enthält.[9] *Lenin setzt diesen Abschnitt in Klammern und notiert vier Alphas. Wir können sehen, dass dies absolutes Einverständnis ausdrückt. Das lässt mich an die berühmte Definition der Materie in Lenins* **Materialismus und Empiriokritizismus** *denken.* **Zweitens** diskutiert Dietzgen die **Induktion** im Unterschied zur spirituellen Deduktion des Idealismus. Dietzgen geht so weit zu behaupten, dass die Sozialdemokraten alles unter Verwendung der **Induktion** beweisen können. Durch diese Veränderung der Methode können die Sozialdemokraten „systematische Weltweisheit" an die Stelle der Religion setzen.[10] Das ist wahrscheinlich der historische Ursprung der Definition von Philosophie in unseren traditionellen Lehrbüchern: „Philosophie ist eine systematische, theoretische Sichtweise der Welt." **Drittens** erklärt Dietzgen, dass die Induktion im Unterschied zur begrifflichen deduktiven Logik, die in der religiösen Theologie von Gott über den Menschen zum Materiellen voranschreitet, von der **Erfahrung** zur Vernunft vorangeht. Daher kommt Dietzgen zu der Schlussfolgerung, dass empirische Phänomene der wichtigste Ausgangspunkt des philosophischen Materialismus sind. *Jedoch*

8   A.a.O.
9   A.a.O., S. 409.
10 A.a.O., S. 410.

wendet sich Lenin deutlich gegen Dietzgens Schlussfolgerung: Lenin verwendet oftmals Betas, um entsprechende Aussagen Dietzgens zu markieren, manchmal sogar doppelte Betas.

2. Dietzgen und der „Genosse" von Marx und Engels

Es gab nicht viel Inhalt im dritten Artikel „Die Moral der Sozialdemokratie" (1875), der Lenins Interesse hervorgerufen hätte. Er bemerkte jedoch Dietzgens Verwendung des Begriffs „ökonomischer Materialismus". *Dietzgens Verwendung verschiedener Begriffe ist oftmals sehr locker; viele Begriffe haben für ihn keine konkreten Konnotationen. Jedoch verwandte auch Plechanow diesen Begriff.*

Der Titel des vierten Artikels lautete „Sozialdemokratische Philosophie" (1876). Ich glaube, dass dies ein entscheidender Text in Lenins Untersuchung von Dietzgens philosophischem Denken war. Nach meiner Analyse hatte dieser von allen Artikeln Dietzgens den größten Einfluss auf Lenin. Natürlich bestand seine Substanz immer noch aus den **grundlegenden Prinzipien des philosophischen Materialismus**.

Es ist nicht schwer für uns zu erkennen, dass Dietzgen hier beginnt, seine eigenen Ansichten mit jenen von Marx zu verbinden. *Aus Lenins Notizen ersehen wir, dass er sich dieser Situation sehr bewusst war.* Dietzgen nennt Marx und Engels seine „Genossen" und verweist auf ein allgemeines Prinzip von Marx' historischem Materialismus: „dass [...] sich die Welt nicht nach Ideen, sondern umgekehrt die Ideen sich nach der Welt zu richten haben." *Das ist eine ungenaue Neuformulierung von Marx' und Engels' Aussage, dass die gesellschaftliche Existenz und das gesellschaftliche Leben das Bewusstsein bestimmen.* Es ist interessant zu sehen, dass Dietzgen bemerkte, dass die Grundlage von Marx' philosophischer Methode und seiner sozialistischen Ideen in der „Produktivkraft der gesellschaftlichen Arbeit" besteht. Er fährt fort und schreibt, „nicht Wissenschaft oder Bildung kann es bringen, sondern ergiebige Arbeit, die-nebenbei - mittels Wissenschaft und Bildung immer ergiebiger gemacht wird."[11] Ich glaube, dass die Arbeitsproduktivität als Basis der Ideen zu betrachten, dem Rahmen des allgemeinen philosophischen

---

11   A.a.O., S. 415.

Materialismus sehr weit überlegen ist; trotzdem war es immer noch eine ungenaue Formulierung. Die Grundlage von Marx' neuer Weltanschauung ist die **historische** materielle Praxis, nicht die **Arbeit als subjektive Tätigkeit**. Nicht die abstrakte Arbeit (Produktivität) bringt dem Menschen die wahre Emanzipation, sondern vielmehr die Entwicklungsfähigkeit zur Produktion und Reproduktion materieller Subsistenzmittel; mit anderen Worten, die **materiellen Produktivkräfte** der Gesellschaft insgesamt. Daher denke ich nicht, obwohl Dietzgen stolz der Ansicht war, seine philosophischen Ideen seien die gleichen wie jene von Marx und Engels, dass Dietzgen zu jener Zeit wirklich deren historischen Materialismus verstand. Dietzgen gab oftmals bescheiden zu, „dass ich kein Hochgelehrter, sondern ein Lohgerber bin, der seine Philosophie sich autodidaktisch erworben hat."[12] Diese falsche, oberflächliche „Ähnlichkeit" sollte bald widerlegt werden. Ich habe herausgefunden, dass Lenin diesem äußerst wichtigen Inhalt im Prozess seiner eigenen Lektüre nicht viel Aufmerksamkeit widmete.

Als Lenin seine Lektüre fortsetzte, beeinflussten einige Aspekte von Dietzgens Denken unmittelbar sein Denken. Der erste Aspekt konzentrierte sich auf grundlegende philosophische Probleme, was in Dietzens Werk hervorgehoben wurde. Dietzgen legt deutlich seine „grundlegenden philosophischen Probleme" dar: „Es fragt sich, was zuerst kommt, ob Denken oder Sein, ob spekulative Theologie oder induktive Naturwissenschaft." Oder mit anderen Worten, ist Materie oder Vernunft primär? Dietzgen zeigt klar auf, „das ist die große allgemeine Frage nach dem wahren Weg des Rechts und nach dem rechten Weg der Wahrheit."[13] *Ich habe herausgefunden, dass Dietzgen „grundlegende philosophische" Probleme der Philosophie weitaus früher als Engels benennt, der diese Probleme 1886 in Ludwig Feuerbach und der Ausgang der klassischen deutschen Philosophie erneut zusammenfasste, zehn Jahre nach Dietzgen.* Natürlich ist Dietzgens Antwort, „erst kommt die materielle Welt und gestaltet den Inhalt unserer Begriffe." Er schreibt: „Wo der Intellekt, wo Wissen, Denken, Bewusstsein ist, da muss auch ein Objekt, ein Stoff sein, der gewusst wird, und der ist die **Hauptsache**."[14] Er

12 A.a.O., S. 416.
13 A.a.O., S. 415.
14 A.a.O., S. 435.

hat mit diesen beiden Aussagen Recht, das ist die allgemeine Grundlage des philosophischen Materialismus. Dietzgen bemerkt jedoch nicht, dass diese Idee des allgemeinen philosophischen Materialismus sich von Marx' neuer Sichtweise unterscheidet, die er gerade zitiert hat. Bei Dietzgen ist dies kein isoliertes Phänomen; wenn er Marx und Engels liest, wird er von ihnen beeinflusst, wenn er jedoch versucht, unabhängig zu denken, beginnen die **alten Probleme** wieder an die Oberfläche zu kommen. Das bedeutet, dass Dietzgens grundlegender Standpunkt und sein theoretischer logischer Kreislauf immer noch im philosophischen Materialismus steckenbleiben.

Noch lächerlicher ist es, dass Dietzgen seine Philosophie als eine Theorie der Mechanik bezeichnet! Die „theoretische Einhelligkeit der Sozialdemokratie beruht darauf, dass wir unser Heil nicht mehr in subjektiven Plänen suchen, sondern es aus dem unvermeidlichen Laufe der Welt als ein mechanisches Produkt hervorwachsen sehen." Aus diesem Grund betrachtet er die Prinzipien des philosophischen Materialismus als **mechanische**.[15] Ich habe herausgefunden, dass Lenin diese falsche Formulierung Dietzgens nicht unmittelbar ablehnte. Aus Lenins Textkommentaren können wir ersehen, dass Lenin mit der Lektüre dieses Textteils begann, bevor er seine eigenen Schlussfolgerungen formulierte. Im vorherigen Text notierte er die Anmerkung „NB" mehrere Male, nahm auch einige Unterstreichungen vor und zeichnete einige Symbole. Erst in „Die Moral der Sozialdemokratie" schrieb er an zwei Stellen, die keine unmittelbare semantische Bedeutung haben, einen Text.[16] Das ähnelt sehr stark Marx' Situation, als er begann, Ökonomie zu studieren, ein Feld, das ihm unbekannt war. Zu Anfang schwieg er, aber während er las und lernte, entwickelte er allmählich die Fähigkeit, sich in professioneller Sprache auszudrücken.[17] Lenins Lektüre war zu jener Zeit jedoch noch sehr weit entfernt von dieser Tiefe; er musste erst noch einen langen Denkprozess zu durchlaufen. Nach meinem Verständnis erreichte Lenin erst mit den letzten Stufen seiner Untersuchung von Hegels Philosophie wirklich den wahren philosophischen Kontext; erst dann verstand er die marxistische Philosophie wirklich.

---

15   A.a.O., S. 416-417.
16   A.a.O., S. 415-416.
17   Vgl. das zweite Kapitel in meinem Buch *Zurück zu Marx*.

Der **zweite** Aspekt von Dietzgens Werk, der Lenins Denken beeinflusste, betraf die Skizzierung grundlegender philosophischer Schulen und Lenins parteiisches Prinzip in der Philosophie. Für Dietzgen führten die unterschiedlichen Antworten auf die großen philosophischen Fragen zur Herausbildung verschiedener Denkschulen, insbesondere Materialismus und Idealismus. Hier schreibt Lenin die Worte „2 Schulen in der Philosophie" an den Rand. Die Bewegung von einer materialistischen Antwort auf grundlegende philosophische Fragen zur Darstellung zweier grundlegender philosophischer Fraktionen war sicherlich der wichtigste logische Stützpunkt für das theoretische Spiegelbild und den logischen Kreislauf in Lenins philosophischem Materialismus. Dietzgen wendet sich deutlich gegen den Dualismus in der Philosophie und bekennt sich zu einer „monistischen Weltanschauung".[18] Lenin schrieb auch zu diesem Abschnitt einen Kommentar. Für Dietzgen hatte der Idealismus existierende materielle Kräfte „mystifiziert"; die Idealisten verstanden nicht, dass Vernunft und Materie den gleichen Ursprung haben. Auf der anderen Seite sieht der Materialismus „die Materie als Voraussetzung oder Urgrund der Idee".[19] Das ist die erste theoretische Ebene. Lenin stimmt dem offensichtlich zu. Dietzgen verbindet diese Unterscheidung der philosophischen Faktionen schnell mit der Entwicklung der wirklichen Geschichte. Er erklärt, dass der philosophische Idealismus, der den Primat des Geistes vertritt, immer durch die Aristokratie entwickelt wurde, während der philosophische Materialismus, der die sinnliche Existenz anerkannte, notwendig zu den „gewöhnlichen Leuten" gehört. Für Dietzgen ist Erstere die „reaktionäre Gruppe", die bestehende Religionen, Staaten, Familien und die bestehende Moral verteidigt, während Letztere aus revolutionären Sozialdemokraten besteht. Weiterhin kritisiert er deutlich die „Zwischenglieder und vermittlungssüchtigen Quacksalber".[20] Lenin schreibt „sehr gut" an zwei Stellen in diesem Abschnitt. Wenn wir alle Kommentare Lenins betrachten, dann sind diese rein bejahenden Aussagen sehr selten. Ich glaube, dass dies der Ursprung von Lenins Parteiprinzip war. Wir haben bereits gesehen, wie

---

18 „Joseph Dietzgen, Kleinere Philosophische Schriften. Die Religion der Sozialdemokratie. Sechs Kanzleireden", in: *LW*, Bd. 38, S. 435.
19 A.a.O., S. 435.
20 A.a.O., S. 430.

der junge Lenin 1895, als er *Die Heilige Familie* las, auch Marx' und Engels' Beschreibung der Verbindung zwischen Materialismus und Sozialismus las. Lenin gelang es zu jener Zeit jedoch nicht, die Bedeutung dieses Problems zu erfassen. Aron schrieb, das Lenin nach 1917 begann, seine politischen und philosophischen Tendenzen miteinander zu verbinden.[21] Diese Einschätzung verortet Lenins Veränderung chronologisch viel zu spät. In Lenins berühmtem *Materialismus und Empiriokritizismus* verkündete er bereits öffentlich das Parteiprinzip in der Philosophie. Ich glaube, dass Dietzgens Diskussion an dieser Stelle Lenin daran erinnerte, dass es unmöglich ist, die philosophische Theorie vom politischen Standpunkt zu trennen. Das mag eine der Grundlagen für Lenins Entscheidung gewesen sein zu beschließen, seine eigenen politischen Genossen zu kritisieren. In Dietzgens späterem „Die Grenzen der Erkenntnis" kritisiert er wieder direkt die Praxis, Philosophie und Sozialdemokratie als zwei unzusammenhängende, nicht miteinander verbundene Dinge zu sehen. Er argumentiert, dass die Epistemologie der wichtigste Aspekt des Sozialismus sei.[22] Jedoch unterlag auch Lenin zu jener Zeit diesem falschen Verständnis; es ist nicht schwer die Auswirkung zu sehen, die diese Kritik Dietzgens auf Lenin haben sollte.

Der **dritte** und wichtigste Aspekt, der Lenin beeinflusste, war Dietzgens **Konzeption der Materie**. In diesem Artikel führt Dietzgen eine wichtige Heterogenität zwischen seinem Materialismus und dem „alten Materialismus" in Bezug auf seinen Begriff der Materie ein. Hier wirft er einen wichtigen Punkt auf. Dietzgen glaubt, dass der traditionelle alte Materialismus von wahrnehmbarem Material ausgehe und „die alten Materialisten zu ihren atomistischen Spekulationen" verleite, dazu, „das Tastbare zum Urgrund der Dinge zu machen." Dietzgen erklärt, „der Begriff der Materie ist weiter zu fassen. Es gehören dazu alle Erscheinungen der Wirklichkeit, auch unser Begriffs- und Erklärungsvermögen."[23] Der erste Satz ist korrekt, mit dem zweiten jedoch gibt es Probleme. Wie kann unser subjektives Denkvermögen **Teil** des Materiellen sein? Unsinn! Tatsächlich

---

21 Raymond Aron, *D'une sainte famille à l'autre. Essai sur le marxisme imaginaire*, Shanghai Translated Works 2007, S. 101.
22 „Joseph Dietzgen, Kleinere Philosophische Schriften. Die Religion der Sozialdemokratie. Sechs Kanzleireden", in: *LW*, Bd. 38, S. 435-437.
23 A.a.O., S. 436.

könnte es Dietzgens ursprüngliche Absicht gewesen sein, sich gegen den Idealismus zu wenden, indem er das Denken in den Begriff des Materiellen einordnet, jedoch ist dies offensichtlich vergeblich. *Gelfands Analyse von Dietzgens Ansicht ist hier interessant. Er erklärt, Dietzgen habe versucht, die empirische Natur des Denkinhalts zu beweisen, um so a priori den Idealismus zu widerlegen; Dietzgen gelang es jedoch nie, dies zu erreichen.*[24] Trotzdem war dieser Begriff des Materiellen für Lenin in seinem philosophischen Kampf wichtig, denn das Materielle war nicht nur etwas, das angefasst werden konnte, sondern etwas, das alle Realität umfasste.

Ich sollte deutlich machen, dass Dietzgen in diesem Artikel auch betonte, dass Philosophie, "die sich Logik, Erkenntnistheorie oder Dialektik nennen mag"[25], ein unabhängiger Untersuchungsbereich sei, der sich von Naturwissenschaft unterscheidet. Lenin hat diesen Absatz unterstrichen, ihn mit drei vertikalen Linien markiert und „NB" an den Rand geschrieben. Später, als er Hegels Philosophie studierte, sollte Lenin wieder zu dieser Aussage zurückkehren. Zu jener Zeit entwickelte Lenin die Sichtweise, dass Logik, Epistemologie und Dialektik bei Hegel **vereinigt** seien.

Die nächsten drei Artikel in Dietzgens *Kleineren philosophischen Schriften* waren sämtlich **Angriffe gegen den Agnostizismus**. Dietzgen wendet sich deutlich gegen Kants Ding an sich, da er glaubte, dass die Unbestimmtheit des Dings an sich nichts weiter als eine Übertreibung des Verstandes sei. Er stimmt zu, dass es in den Naturwissenschaften wie im allgemeinen Wissen der Menschen einige Dinge gibt, die der Mensch noch nicht versteht; das bedeutet jedoch nicht, dass sie niemals verstanden werden können. Dietzgen weist aktiv darauf hin, dass die Welt im begrenzten Wissen von Individuen und der grenzenlosen Entwicklung des allgemeinen Wissens verstanden werden könne.

---

24 Gelfand, „Dietzgen's Philosophy and Modern Positivism", in: *Marxist-Leninist Research Materials*, Bd. 5, S. 108 (chinesisch).
25 Joseph Dietzgen, Kleinere Philosophische Schriften. Die Religion der Sozialdemokratie. Sechs Kanzleireden", in: *LW*, Bd. 38, S. 434.

3. Zum „dialektischen Materialismus" und zur Erkenntnistheorie

Nach den sieben Artikeln, die oben diskutiert wurden, war der letzte Artikel in Dietzgens *Kleineren philosophischen Schriften* ein Werk über Epistemologie von 1889 mit dem Titel „Streifzüge eines Sozialisten in das Gebiet der Erkenntnistheorie." In diesem Text können wir sehen, dass sich Dietzgens Denken nach zehn Jahren des Studiums der Philosophie von Marx und Engels erheblich verändert hatte. Er benennt sogar direkt den entscheidenden Einfluss, den Marx und Engels auf ihn ausgeübt haben.

Nach Dietzgen selbst begann seine Suche nach Wahrheit und Gerechtigkeit während der stürmischen europäischen Revolutionen von 1848. Er begann mit dem Studium der materialistischen Philosophie Feuerbachs, die für ihn zu einer wichtigen theoretischen Grundlage wurde. Wirkliche Aufklärung erlebt er jedoch, als er das sozialistische Denken von Marx und Engels entdeckte. Er bezeichnet Marx und Engels als die „anerkannten Stifter" seiner Sozialwissenschaft. Lenin streicht dies in einer Randbemerkung heraus.

> **„Noch weiter förderte meinen Wissensdurst das ‚Manifest der kommunistischen Partei' [...] Die größte Förderung verdanke ich endlich [...] der 1859 erschienenen Marxschen Schrift: ‚Zur Kritik der politischen Ökonomie'. Da steht in der Vorrede, dass die Art und Weise – so ungefähr lautet der Satz –, wie der Mensch sein Brot erwirbt, dass der Kulturstandpunkt, auf dem eine Generation körperlich arbeitet, den geistigen Standpunkt oder die Art und Weise bedingt, wie sie über das Wahre, Gute und Rechte, über Gott, Freiheit und Unsterblichkeit, über Philosophie, Politik und Jurisprudenz denkt und denken muss."**[26]

Weil es wirklich sehr beeindruckend ist, dass es Dietzgen als einfachem Arbeiter gelang, sich selbst in der Philosophie zu unterrichten, können wir ihm seine kleinen Verzerrungen von Marx' Denken in seiner Wiedergabe nicht allzu sehr vorwerfen. *Wir wissen, dass Dietzgen im September 1868*

---

26 A.a.O., S. 453.

ein Exemplar seines Buchs Das Wesen der menschlichen Kopfarbeit an Marx schickte. Nachdem er es gelesen hatte, schickte Marx es an Engels und fragte ihn nach spezifischen Einschätzungen. Marx und Engels waren von Dietzgens Werk sehr bewegt, lobten ihn sehr und erklärten, dass sein Denken einen dialektischen Funken zeige. Sie erklärten, dass Dietzgen unabhängig die materialistische Dialektik entdeckt hatte, ohne sich auf sie oder auf Hegel zu stützen. 1886 lobte Engels in seiner Schrift Ludwig Feuerbach und der Ausgang der klassischen deutschen Philosophie Dietzgen unmittelbar. Dietzgen fuhr fort, die enge Verbindung zwischen jemandes fortschrittlichem, revolutionären politischen Standpunkt und seiner philosophischen Weltanschauung zu betonen. Diese Aussage kann leicht überall in seiner epistemologischen Theorie gefunden werden.

Wie können sehen, dass viele der grundlegenden Ansichten des philosophischen Materialismus, die wir vor Dietzgens Artikel undeutlich wahrnehmen konnten, hier gesammelt und systematisiert sind.

Das Erste ist die Prämisse des Materialismus. Dietzgen ist der Erste, der an diesem Punkt klar den wichtigen Begriff des **dialektischen Materialismus** formuliert. *Dieser Begriff sollte später, nachdem er die Zustimmung von Plechanow, Lenin und Stalin erhalten hatte, für mehr als ein Jahrhundert die Ontologie und die Epistemologie aller marxistischen Philosophie bezeichnen. Der dialektische Materialismus ist, indem er die theoretische logische Situierung des Materialismus der dialektischen Methode hinzufügt, tatsächlich Dietzgenismus.* Dietzgen schrieb, dass die gesamte Grundlage seiner Epistemologie ihre „sämtlichen Vorstellungen, Gedanken und Begriffe der einen monistischen Welt entlehnt, welche die Naturwissenschaft ‚physische' Welt nennt."[27] Daher besäßen unsere Hirne ohne Dinge, die in der äußeren Welt verstanden werden könne, kein Verständnis; dies ist tatsächlich ein Prinzip des allgemeinen philosophischen Materialismus. Dietzgen geht jedoch weiter, indem er Engels' Kritik des alten Materialismus kommentiert. Im dritten Teil seines Textes verwendet Dietzgen einen aufmerksamkeitserregenden Titel: „Materialismus kontra Materialismus". *Aus der Diskussion dieses Buchs können wir ersehen, dass Dietzgen bereits mit Engels' Anti-Dühring vertraut war.* Lenin war sich dessen ebenfalls bewusst. Der Grund

27 A.a.O., S. 450.

hierfür war, dass er bemerkte, dass Engels einen "neuen Materialismus" definierte, etwas, das Dietzgen zuvor nicht erfasst hatte. Weiterhin verwendet Engels eine spezifische Definition in Bezug auf den Materialismus des 18. Jahrhunderts: **metaphysischer, mechanischer** Materialismus. Hatte Dietzgen nicht soeben „mechanisch" gesagt, um in einem Artikel kurz zuvor seinen eigenen Materialismus zu beschreiben? Das war für ihn eine schmerzhafte Entdeckung. Trotzdem analysierte er weiter sorgfältig Engels' Sichtweisen, wobei er sich natürlich auf Engels' Diskussion des „Metaphysischen" statt auf die des „Mechanischen" konzentrierte. Tatsächlich finden wir, wenn wir Dietzgens Artikel durchsehen, einem allmählichen Prozess der Veränderung des Denkens. Interessanterweise entwickelte sich sein Denken völlig **im Gegensatz** zur interpretativen logischen Sequenz, die ich im Vorwort zu diesem Buch beschrieben habe: Dietzgen begann mit seinem eigenen unabhängigen, kreativen philosophischen Denken, d.h. mit dem, was Marx und Engels seine unabhängigen Entdeckungen nannten, bevor er das Denken von Marx und Engels als seine Andere Logikgrundlage und primären theoretischen Kreislauf integrierte. Es gibt keinen Hinweis darauf, dass sich Lenin dessen bewusst war. Dietzgen erkannte, dass Engels den Begriff Metaphysik nicht im traditionellen Sinne verwandte (Kant sagte, dass Metaphysik in Gott, Freiheit und Unsterblichkeit aufgeteilt werden könne); vielmehr hatte sich Engels bereits einem neuen neustrukturierten logischen Kontext zugewandt, nämlich der Idee einer „konkreten dialektischen Natur" in der deutschen Philosophie: Das war eine Bestimmung des Gegensatzes zwischen Dialektik und Metaphysik. Er fand heraus, dass diese neue philosophische Wahrnehmung, die aus der Pervertierung der deutschen idealistischen Philosophie hervorging, Materialismus kombiniert mit dialektischem Denken oder „dialektischer Materialismus" war.[28] An dieser Stelle verwandte Lenin zwei lange diagonale Striche, um „dialektischer Materialismus" hervorzuheben. *Weil Dietzgen den Begriff „dialektischer Materialismus" benutzte, um die Philosophie von Engels (Marx) zu erklären, war es an dieser Stelle sehr leicht, ein Missverständnis der theoretischen logischen Situierung zu entwickeln.* In seinem Verständnis jedoch betonten Idealismus und metaphysischer alter Materialismus beide absolut

---

28 A.a.O., S. 461.

einen Aspekt des Geistes und der Materie, weil sie die Einheit, Einmaligkeit, Allgemeinheit und Universalität der natürlichen Welt nicht verstanden, da sie die „Errungenschaften" der Dialektik in der deutschen Philosophie nicht bedacht hatten.

Mit dieser Prämisse konnte Dietzgen weiter die Unterschiede zwischen dialektischem Materialismus und mechanischem Materialismus im Hinblick auf den Begriff der Materie diskutieren. Im Verhältnis zum Verständnis, dass Materie nur aus wahrnehmbaren Objekten bestehe, erklärte Dietzgen wiederum, dass der Begriff der Materie ausgeweitet werden müsse, um alle existierende Materie zu umfassen. Wichtig ist, dass Dietzgen „sozialen Materialismus" verstand, der nach der Pervertierung der Dialektik im deutschen Idealismus entstand:

Dies „**führte notwendig zum sozialistischen Materialismus, der sich ,sozialistisch' nennt, weil die Sozialisten Marx und Engels es zuerst klar und deutlich ausgesprochen, dass die materiellen, namentlich die ökonomischen Verhältnisse der menschlichen Gesellschaft die Grundlage bilden, auf der der gesamte Überbau der rechtlichen und politischen Einrichtungen, sowie der religiösen, philosophischen und sonstigen Vorstellungsweise eines jeden geschichtliche Zeitabschnitts in letzter Instanz zu erklären sind. Statt wie bisher das Sein der Menschen aus ihrem Bewusstsein zu erklären, wird nun umgekehrt das Bewusstsein aus dem anderweitigen Sein erklärt, namentlich aus der ökonomischen Situation erklärt, aus der Art und Weise des Broterwerbs.**"[29]

Ich glaube, dass dies der wichtigste Ausdruck der grundlegenden Sichtweisen von Marx' historischem Materialismus in Dietzgens Text ist. Er geht nicht von der Materie aus, um das Bewusstsein zu erklären, sondern verwendet vielmehr die ökonomische Situation des Menschen, und die Art und Weise seines Broterwerbs. An dieser Stelle betont Dietzgen unbewusst die grundlegenden Unterschiede zwischen Marx' neuer philosophischer Weltanschauung und seinem eigenen allgemeinen philosophischen Materialismus. Unglücklicherweise gelang es Dietzgen nicht, diese theoretische logische Heterogenität der Situierung bewusst zu verstehen; er möchte in Marx' revolutionären Denkraum eintreten, jedoch ist sein theoretischer

---

29   A.a.O., S. 467.

logischer Kreislauf unzureichend. *Unglücklicherweise erregten diese komplexen logischen Umstände und Widersprüche nicht Lenins Interesse.*

Dietzgen schrieb, der sozialistische Materialismus verstehe „unter ‚Materie' nicht nur das Wäg- und Tastbare, sondern das ganze reale Sein; alles, was im Universum enthalten, und darin ist eben alles enthalten." Trotzdem glaubt er wiederholt und fälschlich, dass der Geist auch Materie sei, weil der Geist auch ein Teil des epistemologischen Materials des Menschen ist.[30] „Auch die Gedanken, ihr Herkommen und ihre Beschaffenheit sind ebenso reale Materien und erforschungswerte Materialen als irgendwelche."[31] Dietzgen, der autodidaktische Arbeiterphilosoph, scheint nicht über diesen Punkt hinauszukommen. *Lenin scheint hier Dietzgens Sichtweisen nicht unmittelbar zuzustimmen und zeichnet lediglich drei Bögen an den Rand.*

Die primären Ansichten in diesem Text sind immer noch die von Dietzgen zur Epistemologie, und diese können in den folgenden Beispielen gesehen werden.

Erstens entstand das menschliche Erkenntnisorgan in der natürlichen Welt, und die geistigen Phänomene des Menschen sind das Ergebnis der ewigen Bewegung und Entwicklung der natürlichen materiellen Welt. In diesem Sinne erklärte Dietzgen, dass das Verständnis des Menschen wesentlich eine Reflexion eines Teils der Natur durch einen anderen sei.[32] Das ist eine einfache empirische Deduktion, ein kruder Materialismus. Dieser Abschnitt unterscheidet sich sehr von seinem Verständnis von Marx' zuvor zum Ausdruck gebrachten historisch-materialistischen Sichtweisen. *An dieser Stelle schreibt Lenin an den Rand „Abbildung anderer Naturteile", brachte jedoch keine Ablehnung dieses Punkts zum Ausdruck. Dies zeigt die Grundlinie seiner gedanklichen Situierung.*

Zweitens diskutiert Dietzgen die Unbegrenztheit der menschlichen Wahrnehmung. Im vierten Abschnitt seines Textes diskutiert Dietzgen unter der Überschrift „Darwin und Hegel" das Verhältnis zwischen einer Welt in ständiger Bewegung und Veränderung und dem menschlichen Verständnis. Diese direkte Verbindung zwischen Darwin und Hegel beeinflusste Lenin

30 A.a.O., S. 465.
31 A.a.O., S. 467.
32 A.a.O., S. 471.

unmittelbar; in seiner späteren Untersuchung der Hegelschen Philosophie sollte das in Lenins Denken ein wichtiges Element der wissenschaftlichen Erinnerung werden. Dietzgen glaubte, dass sowohl Darwin wie auch Hegel Entwicklungstheorien in unterschiedlichen wissenschaftlichen Feldern vertreten hätten (der Ursprung der Arten auf der einen Seite und menschliche Denkprozesse auf der anderen); nach dieser Idee befand sich die natürliche Welt in beständiger Bewegung und Entwicklung, und daher musste auch ihr Verständnis grenzenlos werden: *„Die Natur ist sowohl im ganzen wie in allen Teilen unausforschlich, das heißt unerschöpflich, unauskenntlich, also ohne Anfang und Ende. Die Erkenntnis dieser hausbackenen Unendlichkeit ist das Resultat der Wissenschaft."*[33]

Hier verwendet Dietzgen das Beispiel der Unendlichkeit des Atoms. *Lenin widmet diesem Punkt besondere Aufmerksamkeit; auf der gleichen Seite zieht er unter dem Kürzel „NB" zwei Linien und schreibt „Das Atom ist unermesslich, unendlich" und „Das Atom ist unerschöpflich". Dieser wissenschaftliche Erinnerungspunkt sollte in seinen <u>Berner Heften</u> wieder auftauchen.*

Drittens diskutiert Dietzgen die Frage von Wesen und Erscheinung in der Epistemologie. Dietzgen verstand, dass Kants Aufteilung der Welt in ein unwissbares „Ding an sich" und eine phänomenologische Welt ein Fehler war, bei dem das Wesen von der Erscheinung getrennt wurde. Dietzgen schlug eine dialektische Methode vor, um den Widerspruch zwischen Wesen und Erscheinungen aufzulösen: „Das Wesen des Universums ist Erscheinung und seine Erscheinungen sind wesenhaft."[34] Nach Dietzgen war es ein wissenschaftlicher Impuls, beständig über die Erscheinung hinauszugehen und zur Wahrheit zu gelangen, ein wesentliches Verständnis der Dinge durch die relative Wahrheit der Erscheinungen zu erwerben. Lenin sollte die Beziehung von Wesen und Erscheinung tiefergehend in seiner Untersuchung der Hegelschen Philosophie diskutieren.

An diesem Punkt beendete Lenin seine ernsthafte und systematische Lektüre von Dietzgens Philosophie. Ich selbst glaube, dass Dietzgens wichtige philosophische Ideen zu jener Zeit direkt die unmittelbare Grundlage und

33 A.a.O., S. 475.
34 A.a.O., S. 486.

den logischen Kreiskauf von Lenins philosophischem Materialismus bildeten. Sie unterstützten effektiv seine Antwort auf die Fehler des Machismus und lieferten eine marxistische Grundlage, von der aus er einen korrekten Gegenangriff unternehmen konnte.

1913 schrieb Lenin einen Artikel zu Dietzgens 25. Todestag. Darin lobte Lenin Dietzgens philosophisches Denken und nannte ihn einen „Arbeiter, der selbstständig zum dialektischen Materialismus, d.h. zur Philosophie von Marx gelangt ist." Natürlich wies Lenin auch darauf hin, dass Dietzgens Verständnis der Philosophie von Marx und Engels nicht völlig korrekt war.[35] Lenin schrieb:

> „Deshalb betonte J. Dietzgen besonders die historischen Veränderungen des Materialismus, den dialektischen Charakter des Materialismus, das heißt die Notwendigkeit, auf dem Standpunkt der Entwicklung zu stehen, die Relativität jeglicher menschlicher Erkenntnis zu begreifen, den allseitigen Zusammenhang und die wechselseitige Abhängigkeit aller Erscheinungen der Welt zu verstehen und den naturgeschichtlichen Materialismus bis zur materialistischen Geschichtsauffassung zu führen."[36]

Das war eine vergleichsweise hohe Einschätzung von Dietzgens theoretischem Denken.

---

35 W.I. Lenin, „Zum 25. Todestag Josef Dietzgens", in: *LW*, Bd. 19, S. 62-63.
36 A.a.O., S. 63.

Kapitel 4
Lenins vorläufiges Verständnis der modernen westlichen Philosophie

Von Februar bis Oktober 1908 vollendete Lenin, während er in Paris lebte, seine berühmte Schrift *Materialismus und Empiriokritizismus*; das Buch wurde im Mai 1909 in St. Petersburg veröffentlicht. Mit der Veröffentlichung des Buchs beendete Lenin jedoch nicht sein Lernen und Forschen im Bereich der Philosophie. Der Grund hierfür ist wahrscheinlich, dass sowohl Plechanow wie auch Bogdanow, nachdem Lenin *Materialismus und Empiriokritizismus* veröffentlicht hatte, Artikel publizierten, die seine Mangel an philosophischer Ausbildung kritisierten, was Lenin tief verletzte.[1] Daher fuhr Lenin zwischen Ende 1908 und 1909 fort, zahlreiche philosophische Texte zu lesen, womit er sein **zweites** systematisches Studium der Philosophie begann. *1913, als sich Lenin der inhaltlichen Forschung zu anderen Themen zuwandte, widmete er den neuesten Entwicklungen*

---

1 Nachdem Lenin *Materialismus und Empiriokritizismus* veröffentlicht hatte, publizierte Plechanows Schüler Axelrod einen Artikel, der Lenins Kritik des Machismus wegen ihres Mangels an Professionalität kritisierte und dafür, dass sie nicht auf Plechanows wissenschaftlichen Sichtweise in der siebten Auflage aus dem Jahr 1909 von *Das moderne Leben* aufbaue. Axelrod geht so weit zu sagen, dass Lenins Werk keine unabhängige Existenzberechtigung habe. 1909 publizierte auch Bogdanow einen Artikel mit dem Titel „Glaube und Wissenschaft", in dem er behauptete, dass Lenin nicht das Denken des Objekts seiner Kritik und noch weniger die westliche Philosophiegeschichte verstehe. Dieser Artikel wurde in sein Buch *Der Sturz des großen Fetischismus: Glaube und Wissenschaft* aufgenommen, das 1910 in Russland veröffentlicht wurde.

in Philosophie und Naturwissenschaft immer noch Aufmerksamkeit. Aus den Lektürenotizen und Kommentaren, die Lenin in dieser Zeit anfertigte, können wir ersehen, dass Lenin ein starkes Bedürfnis hatte, gegenwärtige Schulen des philosophischen Denkens umfassend zu verstehen, eingeschlossen den Entwicklungsstand der westlichen Philosophie und Naturwissenschaft. Es ist offensichtlich, dass er mehrere einführende Werke zur westlichen Philosophie studierte, wie auch verschiedene Werke über Naturwissenschaft.[2] Ich habe herausgefunden, dass Lenins Interesse an westlicher Philosophie und naturwissenschaftlichem Wissen ein wichtiger Teil seines dritten Vorstoßes in der philosophischen Forschung (1914-1916) war. Der Fokus von Lenins Studium an diesem Punkt lag natürlich auf einem tieferen Verständnis der materialistischen Philosophie; er begründete seine Forschung immer noch auf materialistischen Philosophen. Ich habe herausgefunden, dass Lenin in seinem zweiten systematischen Studium bewusst erkennt, dass er einen gewissen Grad an Autorität besitzt, um über philosophische Fragen zu sprechen, und daher erscheint er bedeutend ruhiger und gesammelt, wenn er sich mit wichtigen philosophischen Fragen beschäftigt. Zugleich setzte er seinen Kampf gegen alles falsche Denken fort.

1. Seltsame Anomalie in der Lektüre Lenins

Lenins Lektürekommentare zur modernen Philosophie konzentrierten sich primär auf zwei Bücher: Wladimir Schuljatikows *Die Rechtfertigung des Kapitalismus in der westlichen Philosophie*[3] und Abel Reys *Die moderne Philosophie*. Textliche Indizien weisen darauf hin, dass diese beiden Notizen abgeschlossen wurden, nachdem Lenin *Materialismus und Empiriokritizismus* geschrieben hatte. Ich glaube, dass Lenin diese beiden Werke las, um die grundlegenden Sichtweisen, die er in *Materialismus*

---

2 Nach Fischer verbrachte Lenin diese Zeit damit, Hume, Hegel, Huxley, Diderot, Fichte und andere zu studieren; er studierte und kommentierte auch die Werke anderer zweitrangiger Philosophen. Wir besitzen jedoch keine Notizen von Lenin, die eine solche Behauptung belegen könnten. Vgl. Fischers *The Great Man, Lenin* (China Social Science Press) 1989, S. 108.

3 Wladimir Schultjakow (1872-1912): ein russischer Literaturkritiker und Bolschewist. Sein Buch *Die Rechtfertigung des Kapitalismus in der westeuropäischen Philosophie* wurde 1908 in Moskau veröffentlicht.

und Empiriokritizismus ausbreitetet, zu belegen. Ich habe auch herausgefunden, dass Lenins Haltung zu diesen beiden Büchern sich völlig von der unterscheidet, die er in den Kommentaren zu Dietzgens Buch einnimmt. In Bezug auf seinen Tonfall scheint er in den Notizen durchgehend zweifelnd und zurückhaltend zu sein. Tatsächlich habe ich bei der spezifischen Untersuchung von Lenins kritischer Meinung zu diesen beiden Werken herausgefunden, dass **nicht all** seine Kritik korrekt ist; an verschiedenen Stellen sind das Denken und die theoretische logische Situierung, die Lenin zeigt, **nicht einmal so tiefgreifend wie das Objekt seiner Kritik!** Das könnte ein Phänomen sein, das frühere Forscher übersehen haben oder mit anderen Worten eine Wahrheit, die wir gesehen haben, jedoch aus ideologischen Gründen nicht erkennen wollten.

Wladimir Schuljatikows *Die Rechtfertigung des Kapitalismus in der westlichen Philosophie* hat ein wichtiges Kennzeichen: **das Buch verbindet die Entwicklung der westlichen Philosophie mit der wirklichen Entwicklung der Gesellschaftsgeschichte**, was Schuljatikow eine „sozialgenetische Analyse der philosophischen Begriffe und Systeme" nennt.[4] Diese grundlegende Logik ist sicherlich korrekt und tiefgreifend. Als Marx zuerst die Prinzipien des historischen Materialismus formulierte, wies er darauf hin, dass alle Ideen einem bestimmten historischen Zeitalter zugehören. *Lukács verstand diese Logik und wandte sie auf die Erklärung der logischen Ursprünge der Hegelschen Philosophie in der Französischen Revolution und der industriellen Revolution an; auf der anderen Seite formulierte Adorno tiefgreifend diese Logik, indem er die Verbindung zwischen Musiktheorie und gesellschaftlich-historischer Realität herstellte (wie beim Verhältnis der Tonart von Beethovens Sinfonien und dem strukturellen System und den Bewegungsgesetzen in der Industrie).* Hier muss ich darauf hinweisen, dass dieser korrekte Gedankengang **seinen Ursprung tatsächlich bei Marx hat**, eine Tatsache, auf die Schuljatikow in seinem Buch deutlich hinwies: „Wir erinnern daran, dass Marx in Bd. I des ‚Kapitals' sowie K. Kautsky auf die Abhängigkeit zwischen den abstrakten religiösen Anschauungen und der

---

4   W.I. Lenin, W.Schultjakow, „Die Rechtfertigung des Kapitalismus in der westeuropäischen Philosophie. Von Descartes bis E. Mach", in: *LW*, Bd. 38, S. 493-511, hier: S. 494.

Entwicklung der Warenproduktion verweisen."[5] Trotzdem wendet sich Lenin seltsamerweise gegen diese Ansicht, eine Haltung, die wirklich verwirrend ist. *Es ist etwas belustigend, dass der sowjetische Wissenschaftler Kedrow Schuljatikow als einen „Vulgärsozialisten und hohlen Materialisten" bezeichnet; er schrieb, dass Schuljatikows Untersuchung der Verbindung von philosophischem Denken und Gesellschaftsgeschichte dem Versuch ähnele, die Klasse, ja sogar das ökonomische Äquivalent einer Philosophie herauszufinden.*[6] *Dieser Versuch, das illusorische Bild eines unbesiegbaren, übermächtigen Lenin zu rechtfertigen, unternahm alles, um die Wahrheit zu verbergen, es wurde sogar die wissenschaftliche Methode des Marxismus geopfert; dies ist ein weiteres Beispiel, wie Wissenschaftler jener Zeit* **auf nicht-historische Weise Geschichte konstruierten.**

In Schuljatikows Einleitung kritisiert er die dualistische Trennung von Politik und Philosophie durch einige Marxisten. Er kritisiert heftig die Idee, dass die Denker des avantgardistischen Proletariats zugleich an den Neukantianismus oder den Machismus glauben können. Schuljatikow weist deutlich darauf hin, dass philosophische Ideen benutzt werden, um „soziale Klassen, Gruppen, Bereiche und ihre wechselseitigen Beziehungen" zu bezeichnen. Er schreibt sogar, dass wir, wenn wir die konkrete Logik eines bürgerlichen Denkers analysieren, es „mit einem Bild der Klassenstruktur der Gesellschaft zu tun [haben], das mit Hilfe konventioneller Zeichen dargestellt wurde."[7] *Diese Logik ist offensichtlich übermäßig simplifiziert.* Trotzdem glaube ich, dass Schuljatikows grundlegende Sichtweise trotz der zu starken Vereinfachung seiner Analyse völlig korrekt ist. Lenin jedoch schreibt am Rand dieses Abschnitts „falsch". Ich glaube, der Grund hierfür liegt darin, dass die falsche Praxis der Trennung von politischem Standpunkt und philosophischer Sichtweise **von Lenin selbst lange ausgeübt wurde.** Obwohl er zu jener Zeit bereits begonnen hatte zu erkennen, dass die philosophischen Ideen eines Menschen nicht einfach von seinem

---

5   A.a.O., S. 496.
6   Vgl. Kedrows *Eine Forschung zu Lenins „Philosophischen Heften"*, Qiushi Press 1984, S.127 (chinesisch).
7   W.I. Lenin, W. Schultjakow, „Die Rechtfertigung des Kapitalismus in der westeuropäischen Philosophie. Von Descartes bis E. Mach, in: *LW*, Bd. 38, S. 493.

politischen Standpunkt getrennt werden können und er begonnen hatte, die falsche Weltanschauung seines bolschewistischen Verbündeten Bogdanow zu kritisieren, war er nicht bereit, seinen Fehler gegenüber der Kritik eines anderen zuzugeben. Das war höchst unglücklich, denn seine Haltung ließ ihn einige Fehler in den Kommentaren zu diesem Text begehen. Ich habe bemerkt, dass Kedrows Forschung dieses wichtige Textdetail übergeht.

Es ist interessant, dass viele Abschnitte in diesem Buch von Schuljatikow äußerst verwirrend sind. Zu Anfang benutzt Schuljatikow in seiner Erklärung seiner eigenen Sichtweisen einige Argumente aus Bogdanows „Autoritärem Denken" und erklärt sogar, dass dieser Machist „eine neue Ära in der Geschichte der Philosophie" eröffnet habe. Sein grundlegendes Argument war hier, dass Geist und Körper beide in bestimmten gesellschaftlichen Verhältnissen herausgebildet werden und dass diese beiden philosophischen Begriffe die Antithese zwischen den organisierenden „Oberschichten" und den ausführenden „Unterschichten" reflektieren. Ich muss auch darauf hinweisen, dass Schuljatikow nicht nur Bogdanows ursprüngliche Bedeutung nicht verstand, sondern dass es ihm auch nicht gelang, seine eigene Ausweitung von Bogdanows Denken zu begründen. Daher sind seine Ansichten notwendig falsch, und sie wichen von Marx' korrekter theoretischer Logik ab, die wir oben identifiziert hatten. Lenin schreibt „so ein Unsinn" neben diesen Abschnitt, eine Kritik die Schuljatikow verdient hat.

Als Nächstes verwendet Schuljatikow seinen Vergleich der Interdependenz von philosophischer Logik und gesellschaftlicher Wirklichkeit, um die **parallel verlaufende** Entwicklung der westlichen Gesellschaftsgeschichte und der Philosophiegeschichte zu erklären. Wenn er **Organisatoren** definiert, die in der späten primitiven Gesellschaft auftauchten, schreibt Schuljatikow, „die Organisatoren verwandelten sich allmählich in Eigentümer der Produktionsinstrumente, die einstmals der Gesellschaft gehört hatten." *Tatsächlich war das eine Definition derer, die Marx als die Aneigner und Besitzer des Privateigentums bezeichnet hat. „Organisatoren" ist ein ungenauer Ausdruck für diesen Begriff.* Schuljatikow glaubt, dass der Begriff des Geistes mit dem Aufkommen dieser Organisatoren immer abstrakter wurde. *Lenin schreibt am Rand „nur Idealismus".* Die logische Verbindung scheint hier zu sein, dass sich „Organisatoren" stufenweise von der konkreten Arbeit entfernten und die „Organisation" „metaphysische" Qualitäten erhielt, was dazu führte, dass die Ideen selbst immer abstrakter wurden. Ich glaube nicht, dass dies eine Schlussfolgerung ist, die durch die wirkliche Entwicklung der Gesellschaftsgeschichte belegbar ist. Tatsächlich hängt die Abstraktion von Ideen mehr mit der Struktur des menschlichen Austauschs und Produktion zusammen; sie ist nicht unmittelbar mit der Existenzform des Subjekts verbunden. Lenins Reaktion darauf war: „Geschwätz und bloße Phrase". Tatsächlich sehr „allgemeine" Worte. Der wilde und primitive Kommunismus wird verächtlich gemacht. Materialismus und Idealismus in Griechenland ebenfalls.[8] Es ist hier offensichtlich, dass das Andere Spiegelbild von Plechanow-Dietzgen, das Lenins Denken an diesem Punkt dominierte – die grundlegenden Probleme und Fraktionen der Philosophie –, bereits zum geschlossenen Kreislauf des begrifflichen Maßstabs seiner Kritik geworden war. Danach, als sich die sozialen Spaltungen allmählich vertieften, begann die sich Antithese zwischen geistigen Erscheinungen und Wesen zu verfestigen, und auf diese Weise werden „Substanz und Erscheinungswelt [...] für inkommensurable Größen ausgegeben". Das bedeutet, dass die herrschende Klasse begann, das kulturelle Denken zu monopolisieren, und die arbeitende Klasse verfiel bis zu dem Punkt, dass sie nur noch materielle, manuelle Arbeit ausführte, eine wirkliche Veränderung, die unmittelbar die Antithese zwischen „Wesen" und „Erscheinungswelt" in der Philosophie beeinflusste. Obwohl diese Analyse tatsächlich einige gute Argumente vorbringt, hat Lenin von ihr immer noch eine geringe Meinung. Er glaubte, dass Schuljatikow nicht in der Lage sei, die Antithese zwischen Materialismus und Idealismus abzuleiten, während er zugleich viele der Fragen der Philosophiegeschichte verwirrte, die in der Vergangenheit bereits klargeworden waren. Dies bringt Lenin zurück zu der Idee der grundlegende Fraktionen in der Philosophie: Insgesamt ist seine Herangehensweise korrekt, ich glaube jedoch, dass Schuljatikows ursprüngliche Absicht bei der Analyse der Verschiebungen in der Philosophiegeschichte, indem er die Entwicklung der Gesellschaftsgeschichte und der Spaltung in der sozialen Struktur benutzt, grundlegend korrekt ist.

8   A.a.O., S. 451.

Schuljatikows wichtige Gedankenlogik kommt primär in seiner Diskussion über die Periode der Manufakturproduktion zu Ausdruck. Sein unmittelbarer Bezug zu ähnlichen Ideen von Marx und Kautsky erscheint an dieser Stelle in seinem Buch. Trotzdem benutzt er in seinem Schreiben merkwürdigerweise immer noch den lächerlichen äußerlichen Vergleich von „Organisierenden" und „Organisiertwerdenden". Nach seiner Ansicht arbeitete der mittelalterliche Handwerker mit seinen Gesellen zusammen und füllte so die zweifache Rolle des Organisierenden und des Organisiertwerdenen aus; dies verschleierte den realen Widerspruch zwischen diesen beiden Gruppen und ließ es so erscheinen, als könne die „Antithese des Geistigen und Körperlichen, des aktiven und passiven Elements keine ausgeprägte Form annehmen".[9] Diese Analyse hat im Grunde keine Basis. Wenn wir uns die Geschichte des Mittelalters ansehen, dann symbolisierte die Macht der Kirche das geistige Leben, während man auf das weltliche Leben herabblickte, weil es materiell war. Das mag die schärfte Antithese zwischen dem Geistigen und dem Materiellen in verkehrter Form gewesen sein. Selbst bei den frühen Manufakturarbeitern führte dies nicht einfach aufgrund der Vereinigung von Kreativität und manueller Arbeit in der Tätigkeit der Manufakturarbeiter unmittelbar zu einer Art von philosophischer Paritätstheorie. Ich glaube, dass dies nur eine subjektive, falsche Situierung ist, die von Schuljatikow vorgebracht wird. Nach Schuljatikows Meinung veränderte sich diese Situation deutlich während der Periode der Manufakturproduktion, als die Trennung zwischen Organisierendem und Organisiertwerdenden erheblich klarer wurde. Zuerst erschienen in der unteren Schicht Arbeiter (reine „Organisiertwerdende"), die nur in der materiellen Produktion tätig waren, sowie die „Gruppe der Leiter der technischen Organisation des Unternehmens und die der Administratoren". Schuljatikow erklärte, dass der Manufakturist ein „Organisator reinster Prägung" sei; die ungeschriebene Implikation ist hier, dass die bürgerliche Philosophie das Ergebnis dieser industriellen Produktion und strukturellen Trennung ist. Meine Analyse ist, dass das diese Denklogik insgesamt korrekt sein mag, dass sie jedoch in Schuljatikows spezifischem Ausdruck davon hoffnungslos verworren ist. Wir können sehen, dass Lenin immer noch

---

9   A.a.O., S. 497.

nicht Schuljatikows insgesamt richtigem Gedankengang zustimmt, wenn er einfach dessen „Unsinn" kritisiert und auf diese Weise ähnliche Ideen von Marx und Kautsky ablehnt. Lenin notiert am Rand dieses Abschnitts „das ist nicht in dem Sinne wie bei dir".[10]

Als Nächstes erklärt Schuljatikow das Denken einiger Vertreter der zeitgenössischen westlichen Philosophie. In seiner Erklärung der cartesianischen Philosophie beschuldigt Schuljatikow, um Descartes' Philosophie in die Sprache der Klassenverhältnisse" zu „übersetzen", die Welt von Descartes' System, entlang eines Manufakturunternehmens organisiert zu sein, was dazu führte, dass die Philosophie vom Kapital versklavt wurde. Diese Formulierung war eine Fortführung der traditionellen philosophisch-historischen Aussage, dass die Philosophie im Mittelalter zur Sklavin der Theologie geworden war. Schuljatikow glaubte, dass eine neue Bewertung der Philosophie leicht durch die jüngsten Verschiebungen im Verhältnis zwischen Organisierenden und Organisiertwerdenden in der Manufakturindustrie bestimmt werden könne. Zum Beispiel habe die Arbeitsteilung den „Begriff vom Arbeiter als nur von einem Sattler oder nur von einem Tapezierer […] dem Begriff vom Arbeiter überhaupt Platz" gemacht. Nach seiner früheren Aussage, dass Arbeiter (Organisiertwerdende) das fühlbare Wesen repräsentierten, würde das moderne Proletariat dann natürlicherweise zu einem **abstrakteren** allgemeinen Material werden. *Hier schlägt Schuljatikow grundlegend das Konzept eines „Gattungsbegriffs" vor.*[11] Ich glaube, dass diese Analyse, obwohl sie nicht ausreichend genau ist, eine bestimmte Tiefe des situierenden logischen Denkens besitzt. Der Grund hierfür liegt darin, dass auch Marx diesen Weg ging, als er tiefgreifend Ricardos wissenschaftliche Methode aufdeckte. Kategorien wie Arbeit im Allgemeinen und Produktion im Allgemeinen konnten nur auf der Grundlage der Arbeitsteilung in der industrialisierten Produktion und im fortgeschrittenen Markttausch durch **das objektive Abstrakte im ökonomischen Verkehr** entwickelt werden; erst danach kann sich die Idee der Ökonomie im Allgemeinen entwickeln.[12] Ich glaube, dass

---

10 A.a.O., S. 496-497.
11 A.a.O., S. 500.
12 Vgl. mein Buch *Zurück zu Marx*.

Schuljatikows Gedankengang und logische Situierungsorientierung an dieser Stelle absolut dieselben sind wie bei Marx, seine konkrete Analyse und seine Schlussfolgerungen waren jedoch nicht präzise genug. *Trotzdem würdigt Lenin Schuljatikows Denken nur auf extrem simple Weise: „NB so ein Unsinn! Proletariat = Materie".*[13] Ich habe herausgefunden, dass Kedrows entsprechender Versuch nicht einmal die Tiefe der philosophischen Situierung erreicht, die wir hier erkannt haben. Zudem benennt Schuljatikow unmittelbar die englische Bourgeoisie des 17. Jahrhunderts als die generative Grundlage des mechanischen Materialismus, denn „die englische Bourgeoisie legte damals das Fundament der großkapitalistischen Wirtschaft... Die ganze Welt wurde von ihnen als eine Organisation materieller Teilchen dargestellt, die sich nach immanenten Gesetzen miteinander verbinden".[14] Weiterhin integriert er das materialistische Denken des „der Mensch ist eine Maschine" der französischen Philosophen der Aufklärer in sein System von „Organisatoren" und „Organisiertwerdenden". Trotzdem ist die allgemeine Gedankenlogik an dieser Stelle immer noch korrekt. Lenin wendet sich jedoch immer noch dagegen.

In Schuljatikows späterer Diskussion zu Spinoza, Berkeley, Hume und anderen fertigte Lenin nicht mehr viele weitere Notizen an. Als Schuljatikow jedoch schreibt, „die spinozistische Weltauffassung ist das Hohelied des triumphierenden Kapitals, des alles verschlingenden, alles zentralisierenden Kapitals", bemerkt Lenin am Rand „Kinderei". Tatsächlich hat Schuljatikows Sichtweise hier einen gewissen Grad von tiefem philosophischem Scharfsinn. Und als Schuljatikow schreibt, „Leibniz' Gott – der Eigentümer eines musterhaft einrichteten Betriebes und selbst ein ausgezeichneter Organisator", ist Lenins einziger Kommentar „leeres Geschwätz". Hier können wir sehen, dass Lenins Haltung bei der Lektüre des gesamten Buchs durchgehend ablehnend war.

Schuljatikows Analyse der klassischen deutschen Philosophie scheint sogar noch verwirrter zu sein. An einer Stelle scheint es seine ursprüngliche Absicht zu sein zu erklären, dass die Hegelsche Dialektik der

---

13   W.I. Lenin, W. Schuljatikow, „Die Rechtfertigung des Kapitalismus in der westeuropäischen Philosophie. Von Descartes bis E. Mach, in: *LW*, Bd. 38, S. 499.
14   A.a.O., S. 498.

„reale Hintergrund" der Manufakturindustrie ist, indem sie die größte Differenzierung zwischen den verschiedenen Funktionen und Rollen in der Manufakturindustrie reflektiert. Schuljatikow schreibt jedoch, „der Ideologe der Manufakturisten berücksichtigt diesen Spaltungsprozess als einen Prozess der *inneren Entwicklung* dieses oder jenes ‚Elements'..."[15] Wie ich bereits gezeigt habe, war die grundlegende Logik von Hegels Philosophie tatsächlich eine tiefgreifende theoretische Reflexion über kapitalistische Produktionsweisen; ihr Wesen bestand in der Idee, dass im Raum des tatsächlichen Waren-Markt-Tauschs das „Abstrakte herrschend wird". In seinen *Grundrissen* hatte Marx diesen Punkt ebenfalls erkannt.[16] Die Richtung von Schuljatikows Analyse hier ist korrekt, aber sein spezifischer Gedankengang ist wie immer verworren. Lenins einziger Kommentar an dieser Stelle war sein übliches „so ein Unsinn".

In Schuljatikows Abschnitt mit dem Titel „Die Wiedergeburt der ‚Manufaktur'-Philosophie" behauptet er, dass der Neukantianismus eine neue Form der bürgerlichen Weltanschauung sein; in seiner Diskussion des Empiriokritizismus zeigt er klar auf: „Den sozial-ökonomischen Hintergrund der genannten philosophischen Auseinandersetzung bildete in diesem Falle der verhältnismäßig unbedeutende Unterschied zwischen den fortgeschrittensten und den etwas weniger fortgeschrittenen Typen der modernen kapitalistischen Organisationen".[17] Dies waren offensichtlich korrekte Schlussfolgerungen. Es ist auch die erste Stelle, an der Lenin zugesteht, dass Schuljatikow einige „richtige" Argumente bringt; er verwendet in diesem Abschnitt bejahende Anmerkungen wie „stimmt" oder „richtig".

Am Ende des Buchs formuliert Lenin die folgende abschießende Einschätzung:

„Das ganze Buch ist ein Musterbeispiel einer maßlosen Vulgarisierung des Materialismus. An Stelle einer konkreten Analyse der Perioden, Formationen und Ideologien die *bloße*

---

15 A.a.O., S. 503.
16 Vgl. Kapitel 1 und 8 meines Buchs *Zurück zu Marx*.
17 W.I. Lenin, W.Schultjakow, „Die Rechtfertigung des Kapitalismus in der westeuropäischen Philosophie. Von Descartes bis E. Mach, in: *LW*, Bd. 38, S. 506-507.

Phrase von ‚Organisatoren' und bis zur Lächerlichkeit krampfhafte, bis zur Unsinnigkeit falsche Vergleiche. Eine Karikatur auf den Materialismus in der Geschichte. Und das ist schade, denn man spürt ein Streben zum Materialismus."[18]

Ich gehe davon aus, dass Lenins grundlegende emotionale Haltung, als er das Buch las, falsch war. Schuljatikows grundlegende wissenschaftlichen Position war in vielen wichtigen Prinzipien korrekt, so wie etwa bei seiner Untersuchung der Geschichte der westlichen Philosophie aus der Perspektive des tatsächlichen historischen Fortschritts in der Entwicklung der gesellschaftlichen Praxis und seiner Ablehnung des Machismus und des Empiriokritizismus (insbesondere seine Kritik an der Trennung von Weltanschauung und politischem Standpunkt). Ich glaube jedoch, dass wir in Lenins Lektürekommentaren keine Haltung finden, die darauf besteht, die Wahrheit zu finden. Zudem waren Lenins eigenen philosophische Ideen wie auch das Andere Spiegelbild von Plechanow und Dietzgen nicht notwendig intelligenter als Schuljatikow, das Objekt seiner Kritik. Das ist etwas, das wir aufmerksam beachten sollten. **Kedrows Erforschung dieses Texts ist extrem oberflächlich, seine Untersuchung war übermäßig vereinfacht, abgesehen von der Reproduktion von Lenins Kommentaren ist es unmöglich, irgendeinen unabhängigen Gedanken in seinem Werk zu finden.**

2. Anmerkungen zu Reys *Die moderne Philosophie*

Das zweite Buch in Lenins Untersuchung der westlichen Philosophie war Abel Reys Die *moderne Philosophie* (1908).[19] Im Unterschied zum kritischen Ton des letzten Texts erhebt Rey den Anspruch, einen sogenannten objektiven, unvoreingenommenen neutralen Standpunkt einzunehmen. Tatsächlich habe ich herausgefunden, dass Reys Standpunkt auf der machistischen **relationalen Ontologie** basiert. *Natürlich schlussfolgerte Lenin, dass Rey über einige Element des Materialismus verfüge; um Lenins Worte*

---

18   A.a.O., S. 511.
19   Abel Rey (1873-1940) war ein französischer positivistischer Philosoph. Er war der Autor von *Die moderne Philosophie* (Paris 1908).

zu verwenden, es war ein „verschämter Materialismus". Interessanterweise können wir hier sehen, dass Lenin nicht die gleichen Impulse der Abwehr hatte wie gegenüber dem vorherigen Text; tatsächlich hat er nur sehr wenig kommentiert. *Ich glaube, dass der Grund hierfür darin bestand, dass er seine Kritik am Machismus bereits in Materialismus und Empiriokritizismus abgeschlossen hatte; dort hatte er ein anderes Buch von Rey,* <u>Die physikalischen Theorien moderner Physiker,</u> *kritisiert. Daher las er dieses Buch nur als ergänzenden Beweis für seine eigenen Theorien.* Wie bei Schuljatikows Buch, so werden wir den Denkraum von Lenins Lektüre an diesem Punkt deskriptiv neu schaffen und philosophisch situieren.

Nach Rey war es sein primäres Ziel beim Verfassen des Buchs, „den positiven, ‚szientistischen' Standpunkt und den ‚pragmatischen' Standpunkt einander gegenüberzustellen."[20] Es ist mein Eindruck, dass Lenin mit dieser Beschreibung philosophischer Fraktionen **außerhalb** von „Idealismus" und „Materialismus" nicht vertraut war. Nachdem er das fünfte Kapitel des Buchs gelesen hatte, begann Lenin Anmerkungen zur Grundlage des Autors in Bezug auf die Beschreibung der Fraktionen zu machen; er trennt die Fraktionen nach ihrem Verhältnis zu Wissen und Handeln: im Positivismus ("Dogmatismus der Wissenschaft") „handelt es sich darum, zu wissen, um zu handeln: die Erkenntnis erzeugt die Tätigkeit." Auf der anderen Seite folgt im Pragmatismus „das Wissen den Bedürfnissen der Tätigkeit: die Tätigkeit erzeugt die Erkenntnis."[21] Lenin schrieb „NB" an den Rand dieses Abschnitts. Im zweiten Kapitel kommentiert Lenin die beiden Wissenschaftler, die er in *Materialismus und Empiriokritizismus* behandelt hatte: Poincaré und Mach. Er bezeichnete diese beiden Männer als Wissenschaftler „große Wissenschaftler" und „klägliche Philosophen". Wir sehen hier, dass er an der Haltung des Autors zu diesen beiden Wissenschaftlern sehr interessiert war. Zwei Punkte erregten sein Interesse: dass der Autor eine Beziehung zwischen Poincaré und dem Kantianismus unterstellte und das Verhältnis zwischen Machismus und Rationalismus.

---

20 W. I. Lenin, Abel Rey, „Die moderne Philosophie", in: *LW*, Bd. 38, S. 512.
21 A.a.O., S. 513.

Das dritte Kapitel ist primär eine Diskussion über das Problem der Materie. Lenins Kommentare zeigen, dass er über den Inhalt dieses Kapitels besonders intensiv nachgedacht hatte. Wir können erkennen, dass Rey selbst ein Idealist war, daher musste seine Diskussion des Begriffs der Materie natürlich im Gegensatz zur materialistischen Konzeption stehen. Daher schreibt Rey, wenn er im ersten Teil das Problem der Materie zusammenfasst, „über die Realität der Außenwelt […] zu diskutieren, erscheint so mehr und mehr wie ein altmodisches und unfruchtbares Spiel, das man der klassischen Philosophie überlassen muss."[22] *Das war eine Art theoretische Übereinkunft, die von der modernen westlichen Philosophie im Namen der Ablehnung der Metaphysik erreicht worden war.* Im zweiten Teil rechtfertigt Rey einfach und unmittelbar Mach, da er glaubt, dass das Werk der modernen Physiker sich bereits von der Idee der materiellen Erscheinungen und Formen in der klassischen Mechanik entfernt habe. Vielmehr lasse die neue Physik die abstrakte Sprache der wahrnehmenden Mathematik hinter sich, indem sie die Existenz selbst bestätige. Aus diesem Grund kann diese neue Physik auch *„konzeptualistische Physik" genannt werden.*[23] Lenin verstand diese Formulierungen und unterstrich sie an manchen Stellen. Er schrieb ebenfalls „NB" an den Rand. Interessanterweise ist an dieser Stelle, dass Lenin nicht „Unsinn" oder andere abweisende Kommentare notierte, wie er das im vorherigen Text getan hatte; vielmehr finden wir bis zum fünften und sechsten Abschnitt dieses Kapitels keine negativen Kommentare: zweimal schreibt er sarkastisch: „haha". Das erste Mal tut er das, als Rey von „einer natürlichen Klassifikation, die also die Ordnung der Natur reproduziert" spricht; das andere Mal in Reys „allgemeiner Übersicht", als Rey behauptet, wissenschaftliche Gesetze sagten „uns mit einem Wort warum und wie das Gegebene so ist, wie es ist, wodurch es bedingt und erzeugt wird, weil sie die Relationen analysieren, von denen es abhängt", woraus er schließt, dass die Physik diese Relationen untersucht.[24] *Das ist eine ontologische Definition. Die relationale Ontologie ist die Grundlage der machistischen Philosophie, nur dass sie dieses Mal auf idealistische Weise von*

22 A.a.O., S. 524.
23 A.a.O., S. 526.
24 A.a.O., S. 533.

Rey formuliert wird. Ein anderer idealistischer Vertreter der relational ontologischen logischen Situierung war Heidegger. Daher glaubt Rey, dass das Vorhandensein des Wissens von diesen historischen Relationen abhängt, und dass daher das Wissen, das wir durch die Wissenschaft erwerben, notwendig „relativ" ist. Ich glaube, dass Machs wesentliches Argument, das auf der der relationalen Ontologie der wahrnehmenden Erfarung basiert, idealistisch und nicht korrekt ist; dennoch beinhaltet diese relationale Ontologie äußerst wichtige philosophische Gedanken. Wenn sie mit Marx' historisch-praktischen Relation verbunden werden könnten, könnte sie ein äußerst tiefschürfendes Denken hervorbringen. Lenin wendet sich nicht deutlich dagegen und schreibt lediglich die unterstrichene Randnotiz **„Der Kern des Reyschen Agnostizismus".**[25] Nach meiner Analyse verstand Lenin Marx' komplexe gedankensituierende Bedingung im Hinblick auf den praktischen, historischen Kern des Problems des Bewusstseins nicht; natürlich, er kannte nicht Marx' berühmte Definition des Bewusstseins in der *Deutschen Ideologie* (Bewusstsein ist mein Verhältnis zur meiner Umwelt) und konnte daher sicher nicht die logische Elemente der von Rey und Mach vertretenen falschen **Theorie der ontologischen Relationen** sehen. Weil das wissenschaftliche Wissen einer gegebenen Zeit nur das Ergebnis des äußerlich Existierenden sein kann, was das Verständnis begrenzt, das durch ein bestimmtes Niveau der gesellschaftlichen Praxis erreicht wurde, kann es nicht die unmittelbare Reflexion objektiver materieller Substanz sein. Daher hat die Wahrnehmung, dass das Objekt des wissenschaftlichen Wissens durch ein bestimmtes theoretisches „Bezugssystem" geformt, richtige und wahre Inhalte. Interessanterweise notierte Lenin, als er die Debatte zwischen Mechanisten und Energetik im siebten Abschnitt las, seine Zustimmung im Hinblick auf die **epistemologische Logik** neben der Behauptung der Mechaniker, dass die „Gesetze" der Energetik weitergetrieben werden können: „diese Gesetze müssen sich [...] auf andere, tiefere Gesetze zurückführen lassen." *In Lenins späteren Berner Heften benutzt er Hegelsche Philosophie, um diesen auf der praktischen Geschichte in der marxistischen Philosophie basierenden Fortschritt des Verständnisses tiefgehend zu verstehen.*

25   A.a.O., S. 532.

Das vierte Kapitel betrifft das Problem des Lebens. In diesem Kapitel diskutiert Rey primär sie Mechanik und ihr Verhältnis zu seiner Theorie des „Neovitalismus". An einer Stelle schreibt Rey, „die Natur an und für sich ist ein Ganzes." Lenin bringt seine aufrichtige Zustimmung zu Ausdruck: Nach Reys Analyse kann

„die Wissenschaft [...] sich nicht entschließen, die verschiedenen Tatsachenkategorien, um derentwillen sie sich in Spezialwissenschaften gespalten hat, als für immer isoliert zu betrachten. Diese Teilung hat völlig subjektive und anthropomorphe Ursachen. Sie erwächst einzig und allein aus den Bedürfnissen der Forschung, die dazu zwingen, die Fragen reihenweise zu gruppieren, die Aufmerksamkeit jeder von ihnen anzuwenden, vom Besondern auszugehen, um das Allgemeinen zu erreichen."[26]

Das ist ein äußerst tiefgehender Standpunkt; es ist auch ein Verständnisraum, den die allgemeine philosophische materialistische Epistemologie nicht erreichen kann. Tatsächlich war dies im Zusammenhang von Marx' Denken auch ein Problem der **praktischen Logik**. Die „anthropomorphe" Essenz, die durch die Wissenschaft aufgeteilt wird, ist die **Ordnung** des Menschen im Hinblick auf den **Fortschritt der historischen Praxis**. Im Verlauf von Lenins späterer Untersuchung von Hegels Philosophie verstand er diesen Punkt durch die „praktische Gleichung". An dieser Stelle zieht Lenin drei vertikale Linien am Rande dieses Abschnitts und schreibt „Annäherung an den dialektischen Materialismus".[27] Was war Lenins wirklicher Denkprozess an diesem Punkt in seiner theoretischen Situierung? Das ist eine Frage, auf die es keine einfache Antwort gibt.

Im fünften Kapitel diskutiert Rey das Problem des Geistes; tatsächlich untersucht er Erscheinungen des Geistes aus der Perspektive von Physiologie und Psychologie. *Trotzdem gelang es Lenin, einige wenige vertraute Elemente in Reys Diskussion zu finden, darunter im zweiten Abschnitt die unterschiedlichen Ansichten zur begründenden Natur des Geistes im*

26   A.a.O., S. 544.
27   A.a.O.

Idealismus und im Materialismus. Ich konnte jedoch in meiner Lektüre subtile Hinweise darauf finden, dass Lenins allgemeines Verständnis der neuen Wissenschaft der Psychologie noch nicht genügend Praxis aufwies. Auf der anderen Seite baut Rey seine Diskussion auf einem gründlicheren Verständnis psychologischer Forschung auf. In seiner Untersuchung einiger wichtiger theoretischer Probleme hatten seine Ansichten Lenin möglicherweise tief berührt, bis zu dem Punkt, das Lenin in seinen späteren <u>Berner Heften</u> oftmals die Psychologie erwähnt, wenn er Epistemologie und geistige Escheinungen diskutiert. Im vierten Abschnitt dieses Kapitels konzentriert sich Rey auf die Erklärung der allgemeinen Charakteristika der geistigen Aktivität. Rey diskutiert die beiden Beziehungen, denen der Mensch im empirischen Handeln gegenübersteht. Die erste ist eine **objektive Beziehung**, die „von unserem Organismus und der biologischen Tätigkeit unabhängig" ist. Rey schreibt, dass Wissenschaftler auf idealistische Weise glauben, dass sie subjektive menschliche Elemente eliminieren könnten, wenn sie diese objektiven Beziehungen untersuchen; sie vergessen jedoch, dass die Grundlage des wissenschaftlichen Verstehens ebenfalls eine menschliche Erfahrung ist. Es ist diese Erfahrung, die der Mensch für „bestehend" hält, die durch **eine Art von bestehender Beziehung** determiniert ist.[28] Weil unterschiedliche Menschen unterschiedliche Beziehungen haben, ist es ihnen möglich, völlig unterschiedliche und sogar verzerrte Erfahrungen zu entwickeln. Diese Formulierungen beinhalten eine Menge sehr tiefer Gedanken. *Beinahe fünfzig Jahre später analysierte der britische Wissenschaftsphilosoph Polanyi in seinem Buch <u>Personal Knowledge</u> dieses Problem auf einer ontologischen Ebene.* An diesem Punkt in seiner Lektüre schreibt Lenin an den Rand „die Erfahrung sozial-organisierter Individuen".[29] Rey wollte dieses Argument ursprünglich nicht vorbringen, sondern neigte vielmehr dazu, mehr wie Bogdanow zu sein, den Lenin kritisierte. Natürlich konnte das sehr wohl ein neues Problem sein, das Lenin zu jener Zeit zu verstehen begann. Meine Hypothese ist, dass diese neue, sogenannte gesellschaftlich organisierte individuelle Erfahrung keine **unmittelbare Reflexion** des Menschen über äußerliches natürliches Material ist, sondern sich vielmehr

28 A.a.O., S. 548.
29 A.a.O., S. 549.

auf die unterschiedliche Verständnisse des Menschen bezieht, die durch unterschiedliche gesellschaftliche Leben in Richtung der äußeren, objektiven Existenz bestimmt sind. Das ist sicherlich in tiefgründiges Verständnis. *In Marx' historischem Materialismus bezieht er sich, wenn er schreibt, dass die „gesellschaftliche Existenz das Bewusstsein bestimmt" und dass das soziale Leben die Ideen des Menschen bestimmt, nicht nur darauf, wie die äußere materielle Substanz, die unabhängig außerhalb des Menschen existiert, die Ideen des Menschen bestimmt, sondern er legt vielmehr dar, wie die unterschiedlichen historischen gesellschaftlichen Beziehungen in der gesellschaftlichen Existenz des Menschen seine Ideen strukturell begrenzen.* Zugleich bringt dieses Verständnis Elemente des epistemologischen Werturteils mit hinein. Der fünfte Abschnitt dieses Kapitels untersucht das bedeutende Problem des **Unbewussten**. Dennoch ruft dieser Abschnitt bei Lenin kein allzu großes Interesse hervor. Dieser Mangel an Interesse setzt durch das sechste Kapitel hindurch fort.

Das siebte Kapitel diskutiert Probleme, mit denen Lenin vertraut war: Erkenntnis und Wahrheit. Wir können leicht erkennen, dass Lenins Denkprozess in der Diskussion dieses Wissensbereichs deutlich aktiver wird. Der erste Punkt, der Lenins Interesse erregt, ist Reys bejahende Diskussion wissenschaftlicher Methoden im ersten Abschnitt von Kapitel sieben: „Die experimentelle Verifikation [...] sei das Kriterium der Wahrheit."[30] Der Grund hierfür ist, dass seine Ansicht beginnt, sich dem Kriterium der Praxis zu nähern, die in der marxistischen Philosophie angestrebt wird. Als Rey jedoch im zweiten Abschnitt die sogenannten Pragmatisten kritisiert, bringt Lenin seine eigenen Zweifel zum Ausdruck. Rey schreibt: „Zweifellos ist die Theorie, dass der Geist ein Spiegel der Dinge und die Wahrheit eine Kopie ist, in höchstem Grade oberflächlich. Die Entwicklung der wissenschaftlichen Wahrheiten über alle Irrtümer hinweg, mit denen der Weg der Wissenschaft besät ist, beweist das."[31] An dieser Stelle zieht Lenin drei vertikale Linien und schreibt dann „sic!" und „ha!". Diese Anmerkungen weisen darauf hin, dass er Zweifel an den Ansichten hatte, die in diesem Abschnitt formuliert werden. Nach meinem Verständnis jedoch sind Reys Sichtweisen hier korrekt. Daher glaube

30   A.a.O., S. 555.
31   A.a.O., S. 556.

ich, dass Lenins Anmerkungen möglicherweise eine andere Bedeutung haben, nämlich seine Überraschung, als er sah, dass derart korrekte Ansichten von jemandem wie Rey formuliert wurden. Was jedoch am schwersten zu verstehen ist, ist Lenins Kommentar im vierten Abschnitt. Nachdem er Reys Diskussion des „absoluten Realismus" gelesen hatte, verwendet er zunächst umgekehrte Klammern, um diesen Teil des Textes hervorzuheben, und schreibt dann: „réalisme absolu = historischer Materialismus". *Diese umgekehrten Klammern waren ein bejahendes Symbol; in seinen Kommentaren zu seinem Buch verwendet Lenin diese Symbole drei Mal.*[32] Lenins Absichten sind an dieser Stelle schwer zu verstehen; insbesondere, was waren die Konnotationen des historischen Materialismus, den er hier aufbringt? Das Gleichheitszeichen ist hier offensichtlich nicht richtig.

Ich habe herausgefunden, dass der wichtigste Inhalt dieses Kommentars Lenins qualitatives Urteil über Reys Epistemologie in diesem Abschnitt umfasste: „verschämter Materialismus". Rey glaubte, „die Wahrheit ist das Objektive", und das Objektive besteht aus objektiven Beziehungen, die unabhängig von der kognitiven Einheit existieren. Daher schreibt Rey, „das Objektive ist die Gesamtheit der vom Beobachter unabhängigen Beziehungen."[33] Lenin stimmt offenbar mit dieser Formulierung überein, denn er benutzt, wie wir sehen können, die umgekehrten Klammern, um eine bejahende Anmerkung am Rand zu machen. Dennoch schreibt Rey, „praktisch ist es das, was alle gelten lassen, was Gegenstand der allgemeinen Erfahrung, der allgemeinen Übereinstimmung ist, wobei diese Worte im wissenschaftlichen Sinne zu verstehen sind." Lenin zieht am Rand vier vertikale Linien, und er stimmt sicherlich nicht mit einem solchen Argument überein. Lenin schreibt am Rand: Reys Erkenntnistheorie = verschämter Materialismus."[34] Dieser Verwendung des Ausdrucks „verschämter Materialismus" bezieht sich offensichtlich auf Lenins Anderes Spiegelbild, in dem Engels den Agnostizismus kritisiert.[35] In den Kommentaren zu

---

32   A.a.O., S. 557.
33   A.a.O., S. 558.
34   A.a.O.
35   Friedrich Engels, Ludwig Feuerbach und der Ausgang der klassischen deutschen Philosophie, in: *MEW*, Bd. 21, S. S. 259-307.

diesem Buch verwendet Lenin diese Formulierung an zwei anderen Stellen.[36] Ebenfalls in diesem Abschnitt, so habe ich herausgefunden, beginnt Lenin zunehmend häufiger mit Rey übereinzustimmen, so zum Beispiel wenn Rey scheibt, die Abstraktion der wissenschaftlichen Wahrheit verfolge „das Ziel, das Gegebene so wiederzufinden, wie es ist, unabhängig von en Individuen und Zufälligkeiten, die es verändern, das Objektive, das eigentlich Konkrete, das Reale zu entdecken"; unter die Wörter „das Objektive" zieht Lenin der horizontale Striche , um die Bedeutung des Konzepts hervorzuheben.[37] Später, als Rey das Verhältnis von Wahrheit und Irrtum diskutiert, schlägt er eine „wichtige Schlussfolgerung" vor: „Der Irrtum ist nicht die absolute Antithese der Wahrheit." Reys Argument geht folgendermaßen: der Irrtum ist eine „geringere Wahrheit", weil man durch die Aufdeckung der subjektiven Aspekte des Irrtums zur Wahrheit gelangt. Zur ganzen Wahrheit gelangt man immer durch einen Entwicklungsprozess. „Deshalb stellt uns die Geschichte der Wissenschaft die Wahrheit im *Werden* einer Entwicklung dar: *die Wahrheit ist nicht vollkommen, aber sie vervollkommnet sich.* Sie wird vielleicht niemals vollkommen sein, aber sie wird sich stets mehr und mehr vervollkommnen."[38] Lenin zog einen Kasten um das Wort „vielleicht", um seine Bedeutung anzuzeigen. Zudem schreibt er an den Rand dieses Abschnitts: „Wahrheit und Irrtum (Annäherung an den dialektischen Materialismus)".[39] Ich glaube, dass dies das höchste Lob Lenins für Rey in seinen Kommentaren zu diesem Text war.

Im achten (abschließenden) Kapitel des Buchs brachte Rey keine neuen Sichtweisen, die Lenins besonderes Interesse auf sich zogen, sondern zeigte vielmehr noch klarer sein idealistisches Wesen. Zudem versuchte Lenin, als er das Buch las, eine Liste der wichtigsten Probleme in diesem Buch zu erstellen, darunter am Rand einer Anzeige die Seiten, auf denen verwandte Probleme auftauchten. Diese Liste ging jedoch nie über Seite 113 hinaus.[40]

---

36 W. I. Lenin, Abel Rey, „Die moderne Philosophie", in: *LW*, Bd. 38, S. 563.
37 A.a.O., S. 558.
38 A.a.O., S. 559.
39 A.a.O.
40 A.a.O., S. 570-571.

Ich habe bemerkt, dass wir, obwohl der sowjetische Gelehrte Kedrow diese Kommentare untersucht hat, keine von Kedrows eigenen unabhängigen Wahrnehmungen oder Schlussfolgerungen finden können: er plappert lediglich die Argumente nach, die Lenin in seinen Kommentaren bringt.[41] Laut Kedrow sind Lenins Kommentare hier Komponenten einer kreativen Forschung, und seine Lektüre berührte die materialistische Dialektik und ihre Anwendung in den Bereichen der Philosophie und Geschichte wie auch in den Bereichen der Naturwissenschaft, der Religionskritik und anderen.[42] Ich glaube, dass solch eine Würdigung von Lenins Kommentaren sehr übertrieben ist.

3. Weites Sichtfeld der philosophischen Forschung: Notizen der Forschung zur westlichen Philosophie und Wissenschaft

Lenins Untersuchung der modernen westlichen Philosophie und Wissenschaft begann Ende 1908 und dauerte bis zur ersten Hälfte des Jahres 1909. Zusätzlich zu den beiden unmittelbaren Notizen zu den beiden oben diskutierten Hauptwerken hinterließ er auch einige wenige andere textuelle Lektürenotizen. Die wichtigsten dieser Notizen sind Aufzeichnungen von zwei Seiten über seine Studien in der Bibliothek der Sorbonne. Aus diesen Lektürenotizen können wir ersehen, dass das Hauptinteresse Lenins zu dieser Zeit bei den neuesten Entdeckungen der modernen Physik wie auch bei den neuesten Schlussfolgerungen der modernen Philosophie lag. Wir kommen zu dieser Schlussfolgerung, weil die Lektüreaufzeichnung uns zeigt, dass die Texte, die Lenin las und auslieh, alles neue Bücher und Zeitschriftenartikel waren, die um 1908 herum veröffentlicht worden waren. Dies zeigt, dass Lenin Primärquellen benutzen wollte, um die grundlegenden Standpunkte und wissenschaftlichen Daten zu bestätigen, die er in *Materialismus und Empiriokritizismus* verwendete.

Die ersten Worte in Lenins Lektürenotizen zu Naturwissenschaft und Philosophie lauten: „Sorbonne. Neue Bücher." Er unterteilt seine Notizen

---

41 Kedrow, *Eine Forschung zu Lenins „Philosophischen Heften"*, Qiushi Press 1984, S.137-149 (ch).
42 A.a.O., S. 148-149.

dann in drei Teile. Die ersten beiden Teile. Die ersten beiden Teile umfassen die Bücher über Naturwissenschaft und Philosophie, die 1908 in die Gewölbe der Sorbonne kamen; der dritte umfasst Bücher, die 1909 hinzukamen. Weil Lenin jedoch in der ersten Hälfte des Jahres in der Bibliothek der Sorbonne studierte, gab es nicht viele neue Bücher von 1909. Der erste Teil umfasst ein Buch von Richard Lucas über Radioaktivität, Machs *Grundriss der Physik*, Plancks *Das Prinzip der Erhaltung der Energie*, Rieckes Handbuch der Physik, Salignacs *Questions de Physique générale et d'Astronomie* und Thomsons *Die Korpuskulartheorie der Materie*. Alle diese Bücher wurden 1908 veröffentlicht, und die Mehrzahl von ihnen war im deutschen Originaltext. Der zweite Teil besteht aus philosophischen Werken, darunter die *Vierteljahresschrift für wissenschaftliche Philosophie* und das *Archiv für Philosophie (2te Abteilung)*. Als Lenin die Ausgabe der *Vierteljahresschrift für wissenschaftliche Philosophie* von 1909 las, bemerkte er eine Besprechung von Steins *Philosophische Strömungen der Gegenwart* von Richter. Die Besprechung veranlasste ihn, nach Steins Buch zu suchen, das er zumindest gelesen haben muss, denn er schreibt: „S. 1-293 – philosophische Strömungen – 294-445 – philosophische Probleme." Er behandelt dann tiefergehend zehn philosophische Strömungen:

Zehn philosophische Strömungen
Neo-Idealismus (voluntaristische Metaphysik)
Neopositivismus (Pragmatismus) W. James
„neue naturphilosophische Bewegung" (Ostwald und der „Sieg" der Energetik über den Materialismus)
„Neuromantik" (H. St. Chamberlain etc.)
Neovitalismus
Evolutionismus (Spencer)
Individualismus (Nietzsche)
geisteswissenschaftliche Bewegung (Dilthey)
philosophiegeschichtliche
Neurealismus (Eduard v. Hartman!!!)[43].

---

43 W.I. Lenin, „Aus naturwissenschaftlichen und philosophischen Büchern in der Bibliothek der Sorbonne", in: *LW*, Bd. 38, S. 363-365, hier: S. 364.

Aufgrund dieser detaillierten Liste glaube ich, dass Lenin das Buch nicht nur durchblätterte, sondern es vielmehr sorgfältig las. Aus diesem Buch begann Lenin einige der wichtigsten philosophischen Denkschulen zu verstehen, die im frühen 20. Jahrhundert begannen, Bedeutung zu erlangen, darunter auch solche der führenden Philosophen des frühen 20. Jahrhunderts wie James, Spencer, Nietzsche, Dilthey und andere. Ich glaube jedoch, dass Lenin die Werke dieser neuen philosophischen Strömungen nicht sorgfältig las, sondern vielmehr vom „Neurealismus" überrascht war, als er hinter den Namen von Hartmann drei Ausrufezeichen setzte. Als Nächstes führt Lenins Liste die Titel einiger neuer Bücher auf, darunter Schinz' *Die Wahrheit der Religion nach den neuesten Vertretern der Religionsphilosophie*, Guenthers *Vom Urtier zum Menschen (Ein Bilderatlas)*, Pelazzas R. *Avenarius e l'empiriocritcismo* und Spaventas *La filosofia italiana nelle sue relazioni con la filosofia europea*.

Im letzten Teil seiner Notizen führt Lenin einige neue Bücher auf, die 1909 veröffentlicht wurden, darunter Boltzmanns *Wiener wissenschaftliche Abhandlungen* und Straches *Die Einheit der Materie, des Weltäthers und der Naturkräfte*. Ganz zum Schluss seiner Notizen vermerkt Lenin einen Aufsatz von 1908 im zweiten Band des *Archivs für Philosophie*, der Mach kritisiert. Da dies offensichtlich der zweite Aufsatz des Autors zu Mach war, fragte sich Lenin „wo ist der erste?"[44]. Wir können sehen, dass es Lenin immer noch nicht gelang, mit Mach abzuschließen.

Lenins Aufmerksamkeit gegenüber der westlichen Philosophie war nicht nur in der zweiten systematischen Untersuchung offensichtlich, sondern auch in seiner dritten. Zu jener Zeit können wir immer noch sehen, dass Lenin, obwohl sein hauptsächlicher Untersuchungsgegenstand sich zu Hegel verschoben hatte, mit den neuesten Entwicklungen in der westlichen Philosophie und Naturwissenschaft befasst war.

Um ein anderes Beispiel anzuführen, wir können auch Lektürenotizen in Lenins Heft zur „Österreichischen landwirtschaftlichen Statistik" von 1913 finden. Ich glaube, dass diese Bücher philosophische Texte waren, denen Lenin in seinen Studien in der Bibliothek der Sorbonne begegnete und bei denen er nicht umhinkonnte, sie aufzugreifen und zu lesen. Meine

---

44   A.a.O., S. 365.

Hypothese basiert auf der Tatsache, dass diese Lektürenoten über sein Notizheft hinweg verstreut sind, darunter eine einfache bibliographische Liste wie auch eine Reihe von Exzerpten. Die ersten beiden Bücher, die wir finden sind Raabs *Die Philosophie von R. Avenarius* und Perrins *Les atoms*. Es ist an dieser Stelle offensichtlich, dass Lenins Denken in *Materialismus und Empiriokritizismus* hier weiterhin seine Untersuchung beeinflusst, denn er kann die Fehler von Mach und seinen Anhängern in der Philosophie und der Naturwissenschaft vergessen. Gleich daneben findet sich eine kritische Buchbesprechung von Bauer über Plenges *Marx und Engels*, die Lenin in dessen Werk einführte. In seiner späteren systematischen Untersuchung der Hegelschen Philosophie studierte Lenin dieses Buch sorgfältig. *In unserer späteren Diskussion werden wir die Exzerpte untersuchen, die Lenin von diesem Buch anfertigte.* Drittens zitiert Lenin eine Buchbesprechung von Sculler von Perrys Buch *Present Philosophical Tendencies* (London 1912), die in der Ausgabe vom April 1913 des Magazins *Thought* erschien. Ich glaube, dass Lenin, weil sich der Positivismus im allgemeinen Sinn an den Materialismus annähert, begierig war, diese Denkschule zu verstehen. Perrys Buch nimmt eine vergleichende Analyse von Naturalismus, Idealismus, Pragmatismus und Realismus vor. In seinen Exzerpten aus diesem Buch ist Lenin offensichtlich gegen Perry, weil Perrys Standpunkt ein idealistischer ist. Trotzdem brachte Lenin ein Interesse an einer der Ansichten zum Ausdruck, die in diesem Buch formuliert werden, nämlich einem Abschnitt, in dem Schiller Perrys Ansicht über das Verhältnis von Organismus und Umgebung kritisiert. An dieser Stelle bemerkt Lenin, dass der Autor sich gegen eine unabhängig existierende Umgebung wendet und vielmehr von der „Wechselbeziehung zwischen dem Denken und seiner ‚Umgebung'" ausgeht. Lenins Randnotiz: „charakteristisch".[45] Viertens bemerkt Lenin eine weitere Buchbesprechung, die von Segond über Aliottas Buch *Die idealistische Reaktion gegen die Wissenschaft*. An diesem Buch interessierte Lenin erneut die Einschätzung des Denkens von Mach und Avenarius. Natürlich diskutiert dieses Buch auch viele neue philosophische Schulen, darunter den Neu-Hegelianismus, Bergsons Intuitionismus, Deweys Pragmatismus und

---

45 W.I. Lenin, „Aus dem Heft ‚Österreichische landwirtschaftliche Statistik' und anderes, in: *LW*, Bd. 38, S. 366-368, hier: S. 376.

die Wertphilosophie und den Historismus von Rickert, Croce, Münsterberg und Royce. Es ist nicht schwierig zu sehen, dass der Umfang von Lenins philosophischem Denken sich zu jener Zeit bereits immens erweitert hatte.

Dass ein revolutionärer Philosoph, der mit einem komplexen und herausfordernden Kampf im realen Leben konfrontiert war, sich die Zeit nahm, sich auf diese Weise systematisch mit Philosophie zu befassen, zeigt eine große Voraussicht und großen Mut. Das waren Züge, die bei der großen Mehrheit der späteren marxistischen Praktiker zutiefst fehlten.

Kapitel 5
Lenins Exzerpthefte zur Feuerbachschen Philosophie

Um das Jahr 1909 herum, in Lenins zweitem systematischen Studium der Philosophie, gewann er nicht nur ein Verständnis der westlichen Philosophie und Naturwissenschaft, sondern fokussierte auch sein Studium des philosophischen Materialismus neu, denn dies war der wahre Unterstützungspunkt der Situierung seiner philosophisch-theoretischen Logik. Der wichtigste Gegenstand seiner Untersuchung war natürlich der Mann, den Plechanow für einen unvergleichlich bedeutenden materialistischen Philosophen hielt: Feuerbach. Im Unterschied zu seiner Lektüre von Dietzgen, in der Lenin nur allgemeine Kommentare vornahm, fertigt Lenin hier sorgfältige und umfassende exzerpierte Notizen an. Eine Untersuchung der erhaltenen Texte zeigt, dass Lenin in seinem Studium der Feuerbachschen Philosophie primär zwei Reihen von Lektüreexzerpten niederschrieb: die exzerpierten Notizen zu Feuerbachs *Vorlesungen über das Wesen der Religion*[1], die wir in diesem Kapitel untersuchen werden, und seine Notizen zu Feuerbachs Darstellung,

---

1   Dieses Buch enthielt die von Feuerbach zwischen dem 1. Dezember 1848 und dem 2. März 1849 gehaltenen Vorlesungen. Er war gezwungen, in der Stadthalle zu sprechen, weil die Behörden ihm nicht erlaubten, an der Universität zu sprechen. Die Grundlage von Feuerbachs Vorlesungen stammte aus seinem bekannten Buch *Das Wesen der Religion* von 1845. Dieser Text wurde 1851 in Leipzig veröffentlicht; er wurde später als Band 8 in die Gesammelten Werke Feuerbachs aufgenommen. Die Version, die Lenin las, war in der französischen Nationalbibliothek in Paris ausgeliehen worden und im deutschen Original.

Entwicklung und Kritik der Leibnizschen Philosophie, die er nach seinem Studium der Hegelschen Philosophie während seines dritten systematischen Studiums der Philosophie anfertigte. Hier werden wir zunächst die exzerpierten Notizen aus dem ersten Buch betrachten. Warum entschied sich Lenin, die *Vorlesungen über das Wesen der Religion*, damals Band 8 der *Gesammelten Werke* Feuerbachs, zu studieren? Ich glaube, dass Lenin sehr wahrscheinlich Feuerbachs andere Werke durchgelesen hatte, und weil dieses Buch eine Sammlung von Feuerbachs späteren, leichter verständlichen Vorlesungen war, war es sinnvoll, dass Lenin es zum Gegenstand seiner textuellen Forschung machte. Frühere Forschungen über Lenin haben dieser bedeutenden Sammlung exzerpierter Notizen nicht genug Aufmerksamkeit gewidmet; obwohl der sowjetische Wissenschaftler Kedrow diesen Gegenstand in seiner *Eine Forschung zu Lenins „Philosophischen Heften"* berührte, wo seine Diskussion wieder einfach Lenins Ansichten beinahe ohne eigene Schlussfolgerungen wiederholt.[2] In diesem Heft verwendet Lenin Feuerbachs Philosophie, um die bedeutenden allgemeinen Begriffe in seinem eigenen Verständnis des philosophischen Materialismus zu stärken. Das Denken führte nicht zu irgendwelchen bedeutenden Veränderungen bei der logischen Struktur in Lenins lange bestehendem Gedankenraum.

1. Natur und Religion

Die erste und zweite Vorlesung in Feuerbachs Buch behandeln den Hintergrund seiner Vorlesungen wie auch seine grundlegenden Gedanken zur Religionskritik, die bereits in anderen Werken veröffentlicht worden war. Zu Beginn der ersten Vorlesung macht Lenin eine Bemerkung zu Feuerbachs Slogan der Revolution von 1848: „Wir wollen jetzt politische Materialisten sein." Dieser Satz erschien Lenin, der „sic!" an den Rand schrieb, seltsam. Wir wissen, dass Feuerbachs Erklärung hier darauf gerichtet war, auf die Kritik von Marx und Engels zu antworten, dass er nicht das Wesen der Gesellschaftsgeschichte verstehe und sich nicht um Politik kümmere. Diesmal hat er bereits erkannt, dass Lesen und Schreiben nicht ausreichen: „nun verlange man gebieterisch, dass das Wort Fleisch und der Geist Materie

---

2   Vgl. Kedrow, Eine Forschung zu Lenins *„Philosophischen Heften"*, Qiushi Press 1984, S. 91-103 (chinesisch).

werde."³ Lenin wusste nicht, auf was sich diese Erklärung bezog. In dieser Vorlesung brachte Feuerbach eine andere Sichtweise zum Ausdruck die Lenin tief beeindruckte, nämlich dass er aufs Land floh, um „mit der Natur zu leben", der „gottesgläubigen Welt" zu entfliehen und alles „Überspannte" hinter sich zu lassen. Am Rand schreibt Lenin hier „Überspanntes weg".⁴ Am Ende seiner Vorlesung fasst Feuerbach sein eigenes Werk zusammen, und Lenin bemerkte, dass sich darunter eines von Feuerbachs Büchern über Leibnitz befand. *Dieses Buch sollte ein Gegenstand seiner Lektüre in Lenins späterem systematischem Studium der Dialektik werden.*

In Lenins Lektüre der zweiten Vorlesung konzentriert er sich lediglich auf Feuerbachs Definition der „Sinnlichkeit". Feuerbach beschreibt Sinnlichkeit als die Einheit des Materiellen und des Geistigen; das Sinnliche ist das Reale. Dies verwirrt Lenin, der „'Sinnlichkeit' bei Feuerbach" schreibt, um seine Verwirrung zum Ausdruck zu bringen.⁵ Ich habe das Gefühl, dass es Lenin nicht gelang zu verstehen, dass diese sogenannte Sinnlichkeit, diese „Einheit" tatsächlich **praktischer Materialismus** war, den Marx zum logischen Ausgangspunkt seiner neuen Philosophie nahm. In den Worten von Marx ausgedrückt, ist dies die revolutionäre Wahrnehmungs**tätigkeit**, die die subjektive Dynamik mit dem objektiven Gegenstand vereinigt. *Lenin verstand Praxis nicht tiefgehend, bevor er Hegel gelesen und verstanden hatte, wobei er das Geheimnis der praktischen Dialektik durch sinnliche praktische Tätigkeit erfasste.* Wir können sehen, dass sich Lenin im Verlauf seiner Lektüre Feuerbachs immer auf die grundlegenden Prinzipien und Sichtweisen des **allgemeinen** Materialismus konzentriert hatte. *Dieses konzentrierte Bewusstsein stand in unmittelbarer Verbindung zu Plechanows philosophischer Interpretation der Feuerbachschen Philosophie. Natürlich verstärkte dies kontinuierlich die philosophisch-materialistischen Ideen in Lenins eigenem Anderen Spiegelbild, was zur Entstehung eines kontinuierlich zurückkehrenden theoretischen Kreislauf führte.*

---

3 Feuerbach, Ludwig, *Vorlesungen über das Wesen der Religion. Nebst Zusätzen und Anmerkungen*, Berlin (Ost) 1984, S. 7.
4 Lenin, W.I., Feuerbach. Sämtliche Werke, Bd. 8, 1851 „Vorlesungen über das Wesen der Religion", in: *LW*, Bd. 38, S. 41-62, hier: S. 41.
5 A.a.O., S. 42.

In der dritten und vierten Vorlesung analysierte Feuerbach primär den historischen Grund und die aktuelle Grundlage der Religionsgründung; hier fertigt Lenin nur kurze Exzerpte an und bringt seine eigenen Ansichten nicht zum Ausdruck. Ich habe herausgefunden, dass Lenin wenig Interesse an vielen der wichtigen Fragen der klassischen deutschen Philosophie hatte. Zum Beispiel ging er über die Frage des Menschen und der Entfremdung hinweg wie auch über die Frage nach dem Wesen des Menschen, darunter alle Ideen, die einen Bezug zu Feuerbachs humanistischer philosophischer Logik haben. Tatsächlich war dies ein äußerst wichtiger Teil von Feuerbachs Philosophie und insbesondere seiner Theorie der Religionskritik. Diese Ideen waren auch der wichtigste theoretische Diskurs und die wichtigsten theoretischen Probleme in der philosophischen theoretischen Situierung des jungen Marx um 1844. Lenin ging jedoch geradewegs über diese Konzepte hinweg, vielleicht weil er sie nicht verstand. Tatsächlich waren diese Ideen für Feuerbach so wichtig, dass er seine dritte Vorlesung unmittelbar mit der berühmten Erklärung eröffnete: „**Theologie ist Anthropologie**."[6] Für Feuerbach ist der sogenannte Gott nichts als die Vergöttlichung und verkehrte Entfremdung des menschlichen Wesens. In diesem Buch zeigt Feuerbach tiefschürfend auf, dass das Geheimnis der Theologie der Humanismus ist. Ob im Hinblick auf ihre subjektiven oder auf ihre objektiven Sichtweisen, was das Wesen der Religion enthüllt, ist immer das Wesen des Menschen.[7] In diesem Sinne weist Feuerbach darauf hin, dass die Geschichte der Religion (oder die göttliche Geschichte) die menschliche Geschichte **war**; sie hat uns betrogen, indem sie eine verkehrte, idealisierte Geschichte war. Tatsächlich war dies das zentrale Argument der Situierung von philosophischen Gedanken im gesamten Buch. Weil es ihm nicht gelang, hier Feuerbachs theoretische Sichtweisen zu durchdringen, konnte Lenin die Bedeutung dieser tieferen historischen Philosophie nicht sehen; auch konnte er keine neue Gedankensituierung auf einer höheren Ebene der Logik in seiner späteren Gegnerschaft zum Idealismus und zum Gottesdiskurs vornehmen.

Es ist offensichtlich, dass Lenin aufgrund seines **Anderen Spiegelbildes, das seinen Ursprung bei Plechanow hatte, nichts** jenseits der

---

6 Feuerbach, Ludwig, *Vorlesungen über das Wesen der Religion*, S. 24.
7 A.a.O., S. 26.

philosophischen Begriffe des Materialismus sehen konnte. Das war auch das Ergebnis der Tatsache, dass er latent durch einen geschlossenen theoretischen Kreislauf eingeschränkt war. Hier exzerpiert Lenin einen von Feuerbachs Sätzen: „Das Wesen, welches der Mensch voraussetzt, ... ist *nichts andres als die Natur*, nicht euer Gott."[8] Feuerbach zeigt deutlich auf, dass seine Philosophie in zwei Worten zusammengefasst werden kann: „Natur und Mensch". Von diesen beiden bemerkt Lenin **nur** die Natur. *Vielleicht ist dies einer der historischen Gründe, warum das Problem des Menschen im traditionellen marxistischen Interpretationsrahmen immer ignoriert wurde.* Feuerbach fährt mit einer äußerst wichtigen Formulierung fort, dass die Natur physisch und chronologisch aber nicht moralisch zuerst kommt; der bewusste, rationale Mensch kommt chronologisch als Zweiter, ist aber Erster in Bezug auf seine Stellung. Es ist sehr deutlich, dass Feuerbachs Philosophie Humanismus ist, mit dem Menschen als Zentrum ihrer Logik und der Natur lediglich als Grundlage. Trotzdem exzerpiert Lenin hier nur die erste Bedeutungsschicht. *Heute ist es unmöglich, die logischen Lücken in Lenins Anderem theoretischem Spiegelbild zu übersehen.* Ich glaube, dass wir hier bereits sehen können, dass Lenins Feuerbachlektüre **logisch selektiv** war; basierend auf diesem Anderen Spiegelbild suchte Lenin nach ähnlichen materialistischen Formulierungen, ohne wirklich, **phänomenologisch** in das Ganze von Feuerbachs Logik einzutreten. Dies beschädigte unweigerlich seine Erforschung und sein Verständnis Feuerbachs. *Eine ähnliche Logik der Anderen Lektüre erscheint auch in der ersten Hälfte von Lenins* <u>Berner Heften</u>*; der Unterschied ist jedoch, dass Lenin nach dialektischen „Elementen" in Hegels* <u>Wissenschaft der Logik</u> *suchte, basierend auf seinem Spiegelbild des philosophischen Materialismus.*

In der vierten Vorlesung beginnt Feuerbach mit der Erklärung, dass das „Abhängigkeitsgefühl" des Menschen die Grundlage der Religion sei.[9] Nach Feuerbach war Friedrich Schleiermacher der erste, der diese Idee vertrat, jedoch wurde sie von spekulativen, hegelianischen Philosophen angegriffen. Feuerbach schlussfolgert, dass jene spekulativen Philosophen „nicht ihre

---

8 Lenin, W.I., Feuerbach. Sämtliche Werke, Bd. 8, 1851 „Vorlesungen über das Wesen der Religion", in: *LW*, Bd. 38, S. 42.
9 Feuerbach, Ludwig, *Vorlesungen über das Wesen der Religion*, S. 32.

Begriffe nach den Dingen, sondern vielmehr die Dinge nach ihren Begriffen einrichten."[10] Aus dieser Vorlesung notiert Lenin lediglich diesen einen Abschnitt, wobei er Feuerbachs Kritik der spekulativen Philosophen unterstreicht. Weiter schreibt Lenin an den Rand dieses Abschnitts „cf. Marx und Engels". Ich glaube, dass dieser Zusammenhang Lenin sehr wahrscheinlich an Marx' und Engels' Kritik der Hegelschen spekulativen Philosophie in *Die heilige Familie* erinnerte. Im Haupttext dieser Vorlesung verbringt Feuerbach längere Zeit damit, das Problem der Angst zu diskutieren, was allerdings nicht Lenins Interesse hervorrief.

In der fünften Vorlesung erklärt Feuerbach, dass es die Angst vor dem Tod ist, die im Menschen die Ideen der Unsterblichkeit und der Göttlichkeit hervorruft. Er fährt fort, die frühe Anbetung und Vergöttlichung der Natur durch den Menschen zu diskutieren wie auch den „Supranaturalismus" der monistischen Religion (Christentum), der die Natur abwertet. Die sechste Vorlesung weitet diese Diskussion auf Tierkultus und den Kultus anderer Objekte aus: Feuerbach schlussfolgert daraus, dass das Wesen der menschlichen Anbetung von Objekten tatsächlich in der Anbetung seiner selbst besteht. Dies war ein logischer Schritt in Richtung seiner Theorie der **Spezies-Wesen-Entfremdung Gottes**. Offensichtlich gab es wenig in diesen beiden Vorlesungen, das Lenins Interesse hervorrief.

Lenins Lektüre der siebten Vorlesung scheint zum **ersten** Höhepunkt in seinem Denken über Feuerbachs Philosophie geworden zu sein. In dieser Vorlesung erklärt Feuerbach das Verhältnis zwischen Egoismus und Religion. Dies war für Lenin sehr interessant. Feuerbach erklärt, dass sein Egoismus nicht der selbstsüchtige, schädliche, philisterhafte und bourgeoise Egoismus im moralischen Sinne sei, sondern vielmehr **Liebe zu sich selbst im ontologischen Sinne**. Wenn man den Diskurs der Psychoanalyse benutzt, dann ist das Freuds Begriff der Selbstliebe. Feuerbach schreibt, dass die Liebe des Menschen zu sich selbst, seine Liebe für das Wesen der Menschlichkeit, die treibende Kraft sei, die alle Instinkte und Talente befriedigt. Ohne diese Befriedigung und Entwicklung, ist er kein vollständiger Mensch und kann es nicht sein.[11] Lenins Reaktion auf Feuerbach besteht darin zu schreiben

10   A.a.O.
11   A.a.O.

„sehr wichtig".¹² Feuerbach nimmt noch eine weitere interessante Analyse vor, wenn er schreibt, dass die Liebe für eine spezifische Person oder ein spezifisches Objekt immer indirekt Liebe zu sich selbst ist. Der Grund dafür ist, dass ich nur etwas lieben kann, das meinem Denken, meinen Gefühlen und meinem Wesen entspricht. *Diese Idee ist, anders ausgedrückt, Freuds Selbstliebe des geistigen Bildes ähnlich.*¹³ Natürlich schrieb Lenin, dass dieser Abschnitt „sehr wichtig" sei, nicht weil er irgendein Interesse an Feuerbachs Psychoanalyse hatte, sondern vielmehr als Anerkennung der Tatsache, dass dieser Egoismus gegen „die theologische Heuchelei, die religiöse und spekulative Phantastik, die politische Despotie" war. Dies war eine Denkebene der politischen Kritik.

Ich habe herausgefunden, dass Lenin beginnend mit der siebten Vorlesung aufhört, die Trennungen zwischen den Vorlesungen zu markieren und sich vielmehr darauf konzentriert, die Themen zu exzerpieren, die er wichtig findet. Ich glaube, dass dies eine bedeutende Verschiebung in den Bedingungen seiner Lektüre darstellt. Wenn wir uns die Texte der Hefte ansehen, dann übersprang Lenin mit Ausnahme eines Abschnitts über den Begriff der „Energie" die achte und neunte Vorlesung direkt und beginnt erst am Ende der neunten Vorlesung wieder zu exzerpieren. Lenins Diskussion von Feuerbachs Begriff der „Energie" war die erste längere Diskussion in diesen Notizen. Er schreibt:

„Übrigens gebraucht Feuerbach auf S. 78 den Ausdruck: Energie d.h. Tätigkeit. Das ist bemerkenswert. Im Begriff Energie steckt in der Tat ein subjektives Moment, das z.B. im Begriff Bewegung nicht vorhanden ist. Oder, richtiger, im Begriff oder im Wortgebrauch des Begriffs Energie ist etwas, das Objektivität ausschließt. Energie des Mondes (cf.) versus Bewegung des Mondes."¹⁴

---

12   Lenin, W.I., Feuerbach. Sämtliche Werke, Bd. 8, 1851 „Vorlesungen über das Wesen der Religion", in: *LW*, Bd. 38, S. 43.
13   Vgl. S. 311 meines Buchs The Impossible Truth of Being: *Imago of Lacanian Philosophy*, Commercial Press 2006.
14   Lenin, W.I., Feuerbach. Sämtliche Werke, Bd. 8, 1851 „Vorlesungen über das Wesen der Religion", in: *LW*, Bd. 38, S. 43-44.

Dieser Abschnitt von Lenins Gedanken lässt mich äußerst verwirrt zurück. Bei Feuerbach bezieht sich „Energie" primär auf Dynamismus, aber Lenin schreibt, dass sie subjektive Elemente besitzt. Der Begriff der Bewegung hat jedoch keine Subjektivität; mit anderen Worten, der Begriff der Energie beinhaltet etwas, das Objektivität ausschließt, was zu bedeuten scheint, dass Energie ein subjektiver Begriff ist. Später jedoch erwähnt Lenin die „Energie des Mondes". Es scheint nicht möglich, diese beiden Ideen miteinander zu versöhnen. Trotzdem könnte diese Energie, die Subjektivität ausschließt, einige Ähnlichkeiten mit seiner Praktischen Idee in den späteren Stadien von Lenins Untersuchung von Hegels Philosophie haben, die die „Existenz zerstört".

2. Materialismus oder Materialismus

Wir haben bereits gesehen, dass Lenins Motiv bei der Untersuchung Feuerbachs letztlich immer noch der philosophische Materialismus war. Daher sehen wir in seinen Exzerpten von Feuerbachs *Vorlesungen über das Wesen der Religion*, dass Lenin sich weiterhin auf Feuerbachs exzellente Formulierungen über den Materialismus konzentriert. *Feuerbachs materialistische Ideen bildeten zusammen mit Dietzgens Denken die wichtigste materialistische Grundlage für Lenins Denken zu jener Zeit. Sie bildeten auch das grundlegende Andere Spiegelbild seines gesamten philosophischen Denkens zu jener Zeit.*

Zunächst widmete Lenin Feuersbachs Darlegung der primären Natur der **natürlichen materiellen** Existenz, der philosophischen Vorbedingung, große Aufmerksamkeit. Auf Seite 107 des ursprünglichen Texts exzerpierte Lenin diesen Satz von Feuerbach: „…die Natur [ist] ein ursprüngliches, erstes und letztes Wesen…" Später notierte Lenin, nachdem er einige weitere Seiten durchgeblättert hatte, Feuerbachs Argument, dass Sinnlichkeit primär ist, wobei er in einer Randnotiz hervorhebt: „das Sinnliche = das Erste, das durch sich selbst Bestehende und Wahre".[15] Es ist offensichtlich, dass Lenin besonders am den **allgemeinen Prinzipien des philosophischen Materialismus**, den Feuerbach in seiner Diskussion des Problems der

---

15 A.a.O., S. 44.

Religion eingeführt hatte, interessiert war. Lenin erinnerte sich daran, dass Feuerbach die Sinnlichkeit zum „philosophischen Ausgangspunkt" nahm. Auf Seite 114 des Originaltextes exzerpiert Lenin eine weitere Formulierung Feuerbachs, die die gleiche Bedeutung enthält: „Natur = erstes, unableitbares, ursprüngliches Wesen." Wir können daher sehen, dass der primäre Fokus von Lenins Lektüre zu jener Zeit seine Suche nach Feuerbachs allgemeiner materialistischer Prämisse war: Lenin versuchte immer noch, diese Prämisse zu benutzen, um seine eigene grundlegende Kritik des Machismus zu entwerfen.

Natürlich war sich Lenin bewusst, dass Feuerbachs Materialismus unmittelbar wahrnehmbar und bewegend, aber kein wirklich wissenschaftliches Denken war. *Sein Bezugssystem des Anderen hier war Engels.* Auf Seite 116 in der 11. Vorlesung schrieb Lenin, als er Feuerbachs Definition der natürlichen Welt las: „Das bedeutet, dass Natur = alles außer dem Übernatürlichen. Feuerbach ist glänzend, aber nicht tief. Engels bestimmt den Unterschied zwischen Materialismus und Idealismus tiefer."[16] Tatsächlich war Feuerbachs Erklärung der Natur darauf angelegt, die Unterschiedlichkeit und Heterogenität zwischen seinem Herangehen an die Natur und jener von Spinoza zu illustrieren. Feuerbachs Haltung bestand in einer klaren Ablehnung der Natur als vergöttlichte, übernatürliche, abstrakte Sache. Später fuhr er fort, eine große Zahl von konkreten, sinnlichen Dingen aufzuzählen. Für Lenin war dies keine umfassende Analyse. Das Spiegelbild, das sich in Lenins theoretischem Gedankenraum zu jener Zeit reflektierte, kam aus den prägnanten grundlegenden philosophischen Fragen und Antworten in Engels' **Ludwig Feuerbach und der Ausgang der klassischen deutschen Philosophie.** In der zweiten Hälfte der elften Vorlesung diskutiert Feuerbach primär Göttlichkeit und Theologie, Polytheismus und Monotheismus usw.

Zweitens bestätigte Lenin Feuerbachs philosophische Bestimmungen zur **Objektivität**. Ganz zum Schluss der elften Vorlesung las Lenin Feuerbachs Diskussion abstrakter Begriffe. In Reaktion auf Hegels Praxis der Objektivierung von Ideen erwidert Feuerbach, dass Abstraktionen „keine objektive Gültigkeit und Existenz, keine Existenz außer uns" zugeschrieben

---

16   A.a.O., S. 45.

werden kann.[17] Lenin ergreift hier scharfsinnig Feuerbachs ablehnende Erklärung und schreibt am Rand „objektiv = außer uns".[18] Zu Beginn der zwölften Vorlesung fährt Feuerbach fort, den grundlegenden Charakter der Natur zu diskutieren, wobei er so weit geht, die göttliche Welt als verkehrt zu kritisieren, weil sie von der Natur abweicht; er behauptet, Gott sei abstrahierte Natur. Wir wissen, dass diese Sichtweise seine frühere Vorlesung über die Theorie, dass der **Mensch Gott sei**, ergänzt. Für Feuerbach war Göttlichkeit nichts weiter als das abstrakte Ergebnis verschiedener objektiv existierender Eigenschaften. Er schreibt, dass alle göttlichen Eigenschaften, die nicht vom Menschen entliehen seien, aus der Natur stammten. So haben zum Beispiel Macht, Ewigkeit Grenzenlosigkeit und Allgemeinheit alle in Abstraktionen vom Menschen und der natürlichen Existenz ihren Ursprung. Daher ist Göttlichkeit nicht mehr als die abstrakte Ansammlung alles Wesentlichen, das Vollkommene.[19] Feuerbachs Sichtweise ist an dieser Stelle sehr tiefschürfend. Trotzdem konzentrierte sich Lenin zu jener Zeit nicht auf Feuerbachs Religionskritik, sondern widmete all seine Energie dem Verständnis materialistischer Sichtweisen. Dies dauerte fort bis zur dreizehnten Vorlesung, in der Feuerbach beginnt, den bösen Gott in der Theologie zu diskutieren und die neue Sicht vertritt, dass der Geist Gottes nicht sei als eine Welt in **Gedanken**. Die Welt sollte die existentielle Summe von Mensch und Natur sein, und wenn die Menschen annehmen, dass Gott eine Existenz außerhalb von ihnen besitze, dann lehnen sie tatsächlich die Objektivität der natürlichen Existenz ab, die **nicht von unserem Denken abhängt**. Nachdem er dies gelesen hat, schreibt Lenin: „Sein außer uns = vom Denken unabhängig".[20] Lenin fährt fort, sich auf die Objektivität zu konzentrieren. Lenin erkennt an dieser Stelle, dass es eine Eigenschaft der objektiven Existenz ist, **unabhängig vom menschlichen Denken** zu sein. Wenn man die Sache tiefer betrachtet, dann war diese objektive Beschreibung

---

17   Feuerbach, Ludwig, *Vorlesungen über das Wesen der Religion*, S. 112.
18   Lenin, W.I., Feuerbach. Sämtliche Werke, Bd. 8, 1851 „Vorlesungen über das Wesen der Religion", in: *LW*, Bd. 38, S.46.
19   Feuerbach, Ludwig, *Vorlesungen über das Wesen der Religion*, S. 118-119.
20   Lenin, W.I., Feuerbach. Sämtliche Werke, Bd. 8, 1851 „Vorlesungen über das Wesen der Religion", in: *LW*, Bd. 38, S. 47.

des Materialismus eine Beschreibung, die keine historisch-materialistische Reflexion durchlaufen hatte. Ich sage dies, weil Objektivität in der gesellschaftlich-historischen Existenz und Entwicklung eine objektive Sache unabhängig vom menschlichen Denken ist und nicht in objektiven gesellschaftlichen Beziehungsstrukturen und praktischen Handlungsgesetzen besteht, die vom Willen der Individuen abhängt. Nach der Zweiten Internationalen wurde dieses ursprünglich von Marx vorgebrachte Argument fälschlich als natürlicher Prozess interpretiert, der unabhängig vom **menschlichen** Willen ist. Dies ist ein komplexeres theoretisches Problem.[21] Lenin fährt fort, Feuerbachs Darlegung von Zeit und Raum unter der Prämisse objektiver Existenz zu exzerpieren.

Drittens, Feuerbachs materialistische **Epistemologie**. Zu Beginn der vierzehnten Lektion erörtert Feuerbach die Beziehung zwischen Gattungsbegriffen und dem individuellen Sein. Er zeigt tiefschürfend auf, dass viele Allgemeinbegriffe, die von Platon und Hegel willkürlich vergöttlicht wurden, „keine Wesen für sich, sondern Attribute oder Bestimmungen der Individualität sind, dass abstrakte **Gattungs**begriffe auf der Prämisse der sinnlich seienden Existenz menschlicher **Individuen** beruht, nicht anders herum.[22] Tatsächlich beginnen die Konnotationen dieses Arguments sich dem historisch dialektischen Denken anzunähern; trotzdem war es in Lenins Anderem Bild zu jener Zeit schwierig, ein ausreichend logisches Verständnis zu entwickeln, um auf kluge Weise neue und tiefgehender Dinge außerhalb des Bereichs der philosophisch materialistischen Begriffe zu erfassen, und daher exzerpierte Lenin nur ein kleines Fragment von Feuerbachs Exposition. Nachdem er einen Abschnitt von Feuerbach über den Determinismus der Natur exzerpiert hatte, wurde Lenins Interesse an einer anderen von Feuerbachs epistemologischen Sichtweisen geweckt. Bei der Diskussion der engen Beziehung zwischen anorganischen und organischen Dingen in der natürlichen Welt weist Feuerbach darauf hin, dass die Existenz des Menschen von der äußeren Welt abhängt: die Existenz des

---

21 Vgl. *Die Einleitung und das dritte Kapitel meines Werks The Subjective Dimension of Marxist Historical Dialectics*, Nanjing University Press 2002.
22 Feuerbach, Ludwig, *Vorlesungen über das Wesen der Religion*, S. 158.

Menschen entsteht aufgrund des Einflusses der gesamten Natur. Hier stellt Feuerbach eine Frage, ob der Mensch, wenn er „mehr Sinne oder Organe hätte, er auch mehr Eigenschaften oder Dinge der Natur erkennen würde." Feuerbachs eigene Antwort war sicherlich negativ. Er schreibt, „der Mensch hat gerade soviel Sinne, als eben notwendig ist, um die Welt in ihrer Totalität, ihre Ganzheit zu erfassen."[23] Es ist offensichtlich, dass Lenin hier mit Feuerbachs Sichtweise übereinstimmte, wenn er zunächst Feuerbachs Frage und Antwort wiederholte und dann die Wörter „wichtig gegen den Agnostizismus" in einen Kasten setzte.[24] Lenin unterstrich diese Wörter sogar dreimal. Es ist offensichtlich, dass Lenin Feuerbachs intelligente Formulierung dieses Konzepts zutiefst genoss.

Außerdem verwendet Feuerbach in der fünfzehnten Vorlesung einiges von dem chemischen Wissen, das er zu jener Zeit verstehen konnte, um Liebig zu kritisieren. Lenin schreibt an den Rand: „Feuerbach und die Naturwissenschaft!! NB. Vgl. heute Mach und Co."[25] Lenins Gedankenpunkt hier war die Tatsache, dass Mach, Bogdanow und andere die Naturwissenschaft zu einer neuen Mutation des Idealismus entwickelt hatten, während Feuerbach den naturwissenschaftlichen Fortschritt mit dem Materialismus verbunden hatte. Lenin glaubt offensichtlich, dass Feuerbachs Weg der richtige ist. Trotzdem konnte Lenin zu jener Zeit nicht sehen, dass das tiefere Verständnis des Charakters der Natur durch den Menschen nur entstehen konnte, wenn die **Ebene der historischen Praxis** ebenfalls tiefer und entwickelter wurde. Er sollte diesen Punkt jedoch später tiefer verstehen.

Schließlich bemerkte Lenin Feuerbachs materialistische Sichtweisen zum Wesen psychologischer Phänomene. In der sechzehnten Vorlesung diskutiert Feuerbach primär die Frage, wie Religion Einfluss ausübt; Lenin exzerpierte nicht aus dieser Vorlesung. Es war die siebzehnte Vorlesung, in der Feuerbach psychologische Phänomene diskutierte, für die sich Lenin interessierte. Feuerbach gibt zu, dass psychologische Phänomene nicht einfach durch natürliches Material hervorgebracht werden. Er schreibt, dass

---

23   Lenin, W.I., Feuerbach. Sämtliche Werke, Bd. 8, 1851 „Vorlesungen über das Wesen der Religion", in: *LW*, Bd. 38, S. 49.
24   A.a.O., S. 50.
25   A.a.O.

ein Professor, ein „Regierungsrat" nicht unmittelbar aus der natürlichen Existenz erklärbar ist. Hier schreibt Lenin, Feuerbachs Formulierung sei „geistreich". Der Geist oder die Psyche, entwickelte sich vergleichsweise spät im Prozess der gesellschaftlich-historischen Entwicklung des Menschen. Es ist die menschliche Tätigkeit, die höchste Tätigkeit des Menschen, ein Unterscheidungsmerkmal des Unterschieds zwischen Mensch und Tier. Trotzdem wird der Geist nicht dadurch zur primären Sache in der Natur.²⁶ Feuerbach argumentiert, dass sich geistige Phänomene, obwohl sie höher stehen, in Übereinstimmung mit dem Körper und den Sinnen des Menschen entwickeln. Weiterhin hängt seine Tätigkeit vom menschlichen Gehirn, diesem materiellen Organ, ab: „Auch die geistige Tätigkeit ist eine körperliche." Schließlich ist das menschliche Gehirn ein Produkt der Natur. Lenin stimmt hier offensichtlich mit Feuerbach überein, wenn er am Rand schreibt: „Id. Dietzgen".²⁷ *Feuerbach und Dietzgen bildeten die wichtigste logische Stütze für Lenins philosophischen Materialismus.*

3. „Keim des historischen Materialismus"

Ab der achtzehnten Vorlesung weitet sich Feuerbachs Diskussion auf das gesellschaftliche Leben aus. Er überträgt die Debatte zwischen Natur und Gott in den vergleichenden Zusammenhang von Despotismus versus konstitutionelle Monarchie, auf den östlichen Menschen versus den westlichen Menschen. *Das könnte eine Verschiebung in Feuerbachs Denkprozess sein, nachdem Marx ihn dafür kritisiert hatte, sich nicht genug auf politische Probleme zu konzentrieren.*

Feuerbach schreibt, dass in der Vergangenheit alle guten Dinge im Leben und der Existenz des Menschen Gott zugeschrieben wurden, während alle schlechten Dinge dem Teufel zugeschrieben wurden. Im Unterschied dazu argumentiert er, dass das Leben jedes Individuums lediglich das Produkt einer bestimmten gesellschaftlichen Umgebung sei. Die guten Dinge, die ein Mensch tut, können nicht vollständig aus seinem eigenen Willen kommen, sondern sind eine Funktion der sozialen und natürlichen Bedingungen, die ihn formen und erziehen. Er ist das Ergebnis von Verhältnissen und

26 A.a.O.
27 A.a.O.

Umwelt.²⁸ *Das ist ein sehr tiefgehender Gedanke.* Feuerbach geht sogar so weit aufzuzeigen, dass Gott nichts ist als die Personifizierung der Verhältnisse, in denen der Mensch geboren ist, lebt und handelt. Dies ist ebenfalls eine tiefe theoretische Einsicht. Feuerbach hat bereits gesehen, dass der Mensch nur das Produkt einer bestimmten Epoche sein kann. Er schließt sogar sich selbst in diese Einschätzung mit ein, wenn er schreibt, dass er ein „Mann des 19. Jahrhunderts" sei, und dass der Mensch wesentlich zu einem bestimmten Zeitabschnitt gehöre.

„Also: Soviel ich auch durch Selbsttätigkeit, durch meine Arbeit, durch Willensanstrengung bin, ich bin, was ich bin, geworden nur im Zusammenhang mit den Menschen, diesem Volke, diesem Orte, diesem Jahrhundert, dieser Natur, nur im Zusammenhang mit diesen Umgebungen, Verhältnissen, Umständen, Begebenheiten, welche den Inhalt meiner Biographie bilden."²⁹

Feuerbach geht sogar so weit, die Formulierung „gesellschaftliche Verhältnisse" zu verwenden. Obwohl Feuerbach im Jahr 1848 Marx' Thesen über Feuerbach und die Deutsche Ideologie nicht kannte, sind seine Argumente denen des historischen Materialismus bereits sehr ähnlich. *Tatsächlich hat Feuerbach bereits in seinem* Wesen des Christentums *von 1841 behauptet, dass das Bewusstsein des Menschen das Produkt von Kultur sei, als er schrieb, es sei das Produkt der menschlichen Gesellschaft.³⁰ Ähnlich verwendet er in* Das Wesen der Religion *1845), dem Text, auf dem Feuerbachs Vorlesungen basierten, eine überraschende Formulierung: „Der bestimmte Mansch, dieses Volk, dieser Stamm, hängt nicht von der Natur im Allgemeinen ab, nicht von der Erde überhaupt, sondern von diesem Boden, diesem Lande, nicht vom Wasser überhaupt, sondern von diesem Wasser, diesem Strome, dieser Quelle."³¹ Das Wesen des Menschen liegt in seinem*

---

28 Feuerbach, Ludwig, *Vorlesungen über das Wesen der Religion*, S. 184.
29 A.a.O., S. 185.
30 Nicht auffindbar. Fußnote verweist fälschlich auf gleiche Stelle wie Fn. 31.
31 Feuerbach, Ludwig, Das Wesen der Religion, in: *ders., Werke*, Bd. 4. *Kritiken und Abhandlungen III* (1844-1866), Frankfurt/M. 1975, S. 81-153, hier: S. 82.

"Nationalcharakter", so ist zum Beispiel ein Inder, der Indien verlässt, nicht länger ein Inder. Hier ist seine Sichtweise sogar noch tiefschürfender.

Der immer wachsame Lenin bemerkt, dass Feuerbachs Denken hier einen „Keim des historischen Materialismus" enthält. In seinen Kommentaren zur achtzehnten Vorlesung verwendet Lenin zunächst sechs vertikale Linien am Rand, um die Bedeutung hervorzuheben, und setzt dann einen Kasten um die Wörter „213 Mitte und 215 Mitte ‚natürliche' und ‚bürgerliche Welt'." Er schreibt dann am Rand „ein Keim des historischen Materialismus".[32] Dies war ein äußerst wichtiger Kommentar.

Im zweiten Teil der neunzehnten Vorlesung erklärt Feuerbach, das er den ersten Teil seiner Diskussion beendet habe, wo er aufzeigt, dass die Natur die Grundlage der Religion ist. Er schreibt auch, dass er beabsichtigt, den „menschlichen Geist" zu erklären, wie er im Geist der Religion zum Ausdruck kommt. Mit andren Worten, Feuerbachs Absicht war es hier, seine Untersuchung von der Natur zur Frage der menschlichen Existenz zu verschieben. In diesem Bereich war Lenins Denken natürlich weitaus tiefer als das Feuerbachs, und daher ist es nicht überraschend, dass Lenin an diesem Teil von Feuerbachs Diskussion nicht interessiert war.

Beginnend mit der zwanzigsten Vorlesung beginnt Feuerbach Fetischismen zu diskutieren, ein Thema, das nicht Lenins Interesse hervorrief. Wir alle wissen, dass Marx' berühmte kritische Theorie der drei großen ökonomischen Fetischismen im Kapitalismus tatsächlich von Feuerbachs kritischen Sichtweisen auf die Religion beeinflusst und inspiriert war. Wie wir bereits diskutiert haben, konzentrierte sich Lenin in seinem Studium von Marx' ökonomischen Werken nicht auf diese bedeutende Theorie. Daher ist es nicht überraschend, dass er eine ähnliche Version dieser Fetischismustheorie, die von Feuerbach vorgebracht in seiner Kritik der Theologie vorgebracht wurde, nicht bemerkte. Lenin fährt fort, Feuerbachs Erklärung, „Religion ist Poesie" zu exzerpieren. In dieser Vorlesung bringt Feuerbach zwei andere wichtige Argumente vor, nämlich seine kritische Analyse der Verehrung von Abbildern und Symbolen[33], was Lenin beides nicht interessierte. Der Grund für diesen Mangel an Interesse ist einfach:

---

32 Lenin, W.I., Feuerbach. Sämtliche Werke, Bd. 8, 1851 „Vorlesungen über das Wesen der Religion", in: LW, Bd. 38, S. 51.
33 Feuerbach, Ludwig, Vorlesungen über das Wesen der Religion, S.205.

Lenins theoretischer Kreislauf des Anderen Spiegelbilds enthielt keine entsprechenden Elemente.

In der einundzwanzigsten Vorlesung fährt Feuerbach mit seiner Erklärung fort, dass zusätzlich zur Verehrung des Abbilds eine weitere wichtige Quelle Gottes die menschliche Phantasie ist. Die zweiundzwanzigste Vorlesung konzentriert sich auf das Streben des Menschen nach Gefühlen und die Grundlage der Theologie. Die dreiundzwanzigste Vorlesung beginnt einen „praktischen Zweck" zu verfolgen. Für Feuerbach befand sich die menschliche Gesellschaft immer noch in der Jugend, versunken in Ignoranz und Hilflosigkeit. Unter dem Druck der Notwendigkeiten des Lebens kniet der Mensch vor Gott und verlangt, dass Gott die Dinge vollendet, die er selbst nicht in der Lage ist, im realen Leben zu tun. „Alles daher, was später Gegenstand der menschlichen Selbsttätigkeit, Sache der Bildung wird, war ursprünglich Gegenstand der Religion."[34] Lenin exzerpierte diese Elemente von Feuerbachs Diskussion nicht und gab einfach einen Überblick über Feuerbachs Ansichten in diesen Vorlesungen.

In verschiedenen seiner späteren Vorlesungen fährt Feuerbach fort, solche Themen wie die besonderen Organe des Menschen, Wunder, Auferstehung, Ideale und Unsterblichkeit zu diskutieren. In der letzten Vorlesung (der dreißigsten) schreibt er, Gott sei „der Verwirklicher oder die Wirklichkeit der menschlichen Wünsche der Glückseligkeit, Vollkommenheit, Unsterblichkeit." Das Wesen der Göttlichkeit besteht nicht in den tatsächlichen Wünschen des Menschen, sondern vielmehr in „eingebildeten Wünschen".[35] Dieses Verlangen ist die wahre Bedeutung Gottes, und wenn daher Gott den Menschen genommen wird, verliert er sein sinnliches Herz. Das ist ebenfalls eine sehr tiefschürfende Sichtweise. Wir können jedoch sehen, dass sich Lenin überhaupt nicht um Feuerbachs theoretische Analyse des Wesens der Religion kümmerte, sondern vielmehr seine Suche nach materialistischen Ansichten fortsetzte. Interessanterweise findet Lenin in Feuerbachs letzter Vorlesung den Sozialismus. Lenin schreibt, die letzte Vorlesung „kann fast ganz als typisches Muster eines aufklärerischen Atheismus angeführt werden, mit einem

---

34 A.a.O., S. 235.
35 A.a.O., S. 310.

Anflug von Sozialistischem (über die Masse der Notleidenden etc., S.365 Mitte) usw."[36]

In Lenins „Zusätzen und Anmerkungen" nach dem Hauptteil des Textes erwähnt er erneut Feuerbachs „Keim des historischen Materialismus", hauptsächlich in einer langen erklärenden Anmerkung zur fünften Vorlesung. Lenin schreibt: "Hier viele Einzelheiten, Zitate, die Wiederholungen enthielten. Das übergehe ich alles und vermerke nur das Wichtigste von dem, was irgendwie von Interesse ist: die Grundlage der Moral ist der Egoismus."[37] Interessanterweise bemerkt Lenin am Ende all seiner Exzerpte noch einmal das sozialhistorische Denken in Feuerbachs Philosophie und insbesondere ihre historisch materialistischen Konnotationen. Gleich bei Feuerbachs konkreter Diskussion des Egoismus schreibt Lenin, „ein Ansatz des historischen Materialismus." Er hatte zuvor von „Keim" gesprochen. Als Lenin auf einen weiteren wichtigen Abschnitt im „Anmerkungs"-Teil stieß, war er extrem bewegt. Er exzerpierte zunächst Feuerbachs Worte:

„Man werfe doch nur einen Blick in die Geschichte! Wo beginnt in der Geschichte eine neue Epoche? Überall nur da, wo gegen den exklusiven Egoismus einer Nation oder Kaste eine unterdrückte Masse oder Mehrheit ihren wohlberechtigten Egoismus geltend macht, wo Menschenklassen (sic!38) oder ganze Nationen aus dem verächtlichen Dunkel des Proletariats durch den Sieg über den anmaßenden Dünkel einer patrizischen Minderheit ans Licht der geschichtlichen Zelebrität hervortreten. So soll und wird auch der Egoismus der jetzt unterdrückten Mehrheit der Menschheit zu seinem Recht kommen und eine neue Geschichtsepoche begründen."[39]

Gleich neben diesen Text schrieb Lenin zweimal „NB" und dann die Worte „ein Ansatz des historischen Materialismus, vgl. Tschernyschewski." Ein wenig weiter unten schreibt er „NB Feuerbachs ‚Sozialismus'."[40] Am Ende dieses Abschnitts: „Diese Vorlesungen wurden vom 1.XII.48 bis 2.III

---

36   Lenin, W.I., Feuerbach. Sämtliche Werke, Bd. 8, 1851 „Vorlesungen über das Wesen der Religion", in: *LW*, Bd. 38, S. 54-55.
37   A.a.O., S. 55.
38   Dies wurde von Lenin geschrieben.
39   Lenin, W.I., Feuerbach. Sämtliche Werke, Bd. 8, 1851 „Vorlesungen über das Wesen der Religion", in: *LW*, Bd. 38, S. 55-56.
40   A.a.O., S. 56.

49 gehalten (Vorwort S. v), während das Vorwort zu dem Buch vom 1.I51 datiert ist. Wie sehr ist Feuerbach **schon zu dieser Zeit** (148-1851) hinter **Marx** (Kommunistisches Manifest 1847, Neue Rheinische Zeitung etc.) und **Engels** (1845: Lage) **zurückgeblieben**."[41]

Am Ende seiner Lektüre kommt Lenin zu der Schlussfolgerung, dass „Feuerbachs und Tschernyschewskis Terminus ‚anthropologisches Prinzip **eng** [ist]. Sowohl das anthropologische Prinzip als auch der Naturalismus sind nur ungenaue, schwache Umschreibung des **Materialismus**."[42] Das war der Gegenstand seiner theoretischen Forschung. Natürlich, obwohl es nicht falsch ist, den Humanismus (Anthropologie) als einen ungenauen Ausdruck des Materialismus zu bezeichnen, ist dies nur ein Ausdruck der alten materialistischen Konzeption der Geschichte. Der Grund dafür besteht darin, dass die zugrundeliegende Logik immer noch eine **latent idealistische Konzeption der Geschichte** ist. Lenin konnte diesen Punkt zu jener Zeit natürlich nicht verstehen.

Am Ende der Anmerkungen berührt Lenin den neunten Band der *Gesammelten Werke* Feuerbachs. der Feuerbachs Theologie von 1857 enthält. Nach Lenin gibt es außer den Teilen 34 und 36 nichts Interessantes in jenem Werk.[43] Mit dieser Erklärung beschloss Lenin sein Studium der Philosophie Feuerbachs. *Wir sollten darauf hinweisen, dass Lenin in diesem dritten systematischen Studium der Philosophie noch einmal die Werke Feuerbachs in Betracht zog und las. Trotzdem waren Feuerbach und sein philosophischer Materialismus nicht der Fokus von Lenins Aufmerksamkeit in diesem Studium.*

---

41 A.a.O.
42 A.a.O., S. 61.
43 A.a.O., S. 62.

Kapitel 6
Russische Denker: Noch Materialismus

Wie wir zuvor gezeigt haben, lag um 1909 der Schwerpunkt von Lenins zweitem philosophischem Studium immer noch auf dem philosophischen Materialismus. Zusätzlich zu seinem Fokus auf Feuerbach untersuchte er auch zwei russische Philosophen, Deborin und Tschernyschewski. Lenins Verständnis von Deborin entstand durch die Lektüre und Interpretation einer seiner philosophischen Abhandlungen. Was Tschernyschewski betrifft, so las Lenin zwei Werke von anderen Philosophen über ihn. Während seiner systematischen materialistischen Untersuchung hinterließ Lenin auch eine umfangreiche Sammlung von Lektürenotizen. In diesem Kapitel werden wir unsere Aufmerksamkeit diesen Kommentaren zuwenden, wenn wir versuchen, den wichtigen Fortschritt von Lenins Zugriff auf die materialistische Philosophie zu verstehen.

1. Ontologie der materiellen Substanz: Anmerkungen zu Deborins *Dialektischer Materialismus*

Ich glaube, dass Lenins Haltung für Menschen, die ähnliche Ansichten teilten, extrem ernsthaft und intolerant erschienen sein muss, denn zu jener Zeit hatte er bereits begonnen, sich als jemanden zu sehen, der die grundlegenden Sichtweisen der marxistischen Philosophie tiefer verstand. Wenn er daher Wissenschaftlern begegnete, die marxistische Philosophie diskutierten, kritisierte er sie erbarmungslos. Das war der Fall bei seiner Lektüre von Deborins *Dialektischer Materialismus* um 1909 herum. *Wir wissen bereits, dass Deborin zu jener Zeit ein ziemlich einflussreicher* marxistischer Philosoph in Russland war, aber in politischer Hinsicht war er ein <u>Menschewist</u>. Deborins Artikel *Dialektischer Materialismus* war in St. Peersburg in der Sammlung Na Rubezhe veröffentlicht worden. Ich glaube, dass Deborins Verständnis der marxistischen Philosophie in diesem Artikel nicht über die grundlegende Logik des alten Materialismus hinausgeht. Als Lenin diesen Text las, war seine häufigste Reaktion auf Deborins Analyse negativ und sarkastisch.

Zu Beginn des Artikels diskutiert Deborin zunächst den Pessimismus von Schopenhauers Todesphilosophie, wobei er versucht aufzuzeigen, dass es eine optimistische Lebensphilosophie sei. Er fährt dann fort, philosophische Erklärungen der Erkenntnis zu liefern, indem er argumentiert, dass Erkenntnis eines der Instrumente sei, mit dem der Mensch die Natur beherrscht.[1] Lenin kommentiert diese Ansichten nicht.

Deborin schreibt, dass der dialektische Materialismus als Weltanschauung „eine Antwort [...] auf die Frage nach dem Aufbau der Materie" liefert. Das ist natürlich eine nicht-wissenschaftliche Erklärung. Lenin schreibt am Rand, „ungenau".[2] Ich habe herausgefunden, dass dieser von Lenin kritisierte Abschnitt später, als dieser Aufsatz in Deborins Sammlung *Philosophie und Politik* aufgenommen wurde, nicht mehr vorhanden war. Deborin bemerkte, dass Lenins Kommentare primär die Ungenauigkeit der Terminologie individueller Probleme wie auch die Stumpfheit der philosophischen Sprache berührten. Im Wesentlichen sah Lenin nicht, dass Deborin sich bereits vom Marxismus entfernt hatte. Als er das Buch herausbrachte, zog Deborin natürlich Lenins Ansichten in Betracht.[3] Mit anderen Worten, Deborin entfernte einige der Abschnitte, die Lenin kritisierte. Es fällt uns nicht schwer zu sehen, dass die Mehrheit der russischen Marxisten zu jener Zeit immer noch ein ungenaues Verständnis der marxistischen Philosophie hatte. In einem gewissen Sinne konstruierte Plechanow das Andere Spiegelbild, das alle russischen Marxisten beeinflusste. Deborin selbst schrieb, dass der

---

1   Deborin, Abram, „Dialektischer Materialismus", in: *Philosophie und Politik*, Beijing Sanlian Press (Bd. 1), S. 88 (chinesisch).
2   W.I. Lenin, A. Deborin, „Der dialektische Materialismus", in: *LW*, Bd. 38, S. 572-581, hier: S. 572.
3   Deborin, Abram, „Dialektischer Materialismus", in: *Philosophie und Politik*, Beijing Sanlian Press (Bd. 1), S. 88 (chinesisch).

Zweck seines Artikels darin bestehe, die „epistemologischen Probleme" des dialektischen Materialismus zu diskutieren. *Das war wahrscheinlich der Grund hinter Lenins sorgfältiger Lektüre dieses Artikels. Erkenntnis und Epistemologie waren philosophische Fragen, denen Lenin zu jener Zeit große Aufmerksamkeit schenkte.* Deborin fasst zunächst den allgemeinen Entwicklungsweg der menschlichen Erkenntnis von den prähistorischen Zeiten bis zur modernen Philosophie zusammen. Ich glaube, dass Deborin sogar in seinen grundlegenden Formulierungen unzureichend professionell und präzise war. Wir können sehen, dass der Empirismus zu jener Zeit einen großen Einfluss auf den Bereich der russischen philosophischen Forschung hatte, denn Deborins Argument dreht sich um die Frage **einer A-priori-Erfahrung-Empfindung.**

Es ist interessant, dass in dieser Erzählung der Geschichte der Philosophie die Hegelsche Philosophie, und insbesondere seine Dialektik, zum Fokus von Deborins Diskussion wurden. Diese Hegeluntersuchung umfasste beinahe drei Seiten von Deborins Text. In dieser Diskussion der Hegelschen Dialektik erhellt Deborin primär die wesentlichen Unterschiede zwischen Hegels Dialektik und der materialistischen Dialektik wie auch die grundlegende Struktur dieser beiden Dialektiken: die Veränderung des inneren Widerspruchs und die historische Eigenbewegung. An dieser Stelle führt Deborin spezifisch Engels' Formulierung von Hegels Dialektik, die Frage der Umstülpung, ein. *Dies war eine Frage, an der Lenin in den <u>Berner Heften</u> brennend interessiert war. Zu Beginn war es nur einer der Stützungspunkte des Anderen Spiegelbilds für Lenins Lektüre, wurde jedoch später zu einem äußerst tiefgehenden Verständnis der praktischen Dialektik von Hegel und Marx vertieft.* Lenin scheint an diesem Punkt allerdings nicht besonders interessiert gewesen zu sein, denn er nahm nur eine kleine Markierung am Rand in der Nähe dieses Abschnitts vor. Zugleich unterstrich Lenin einen der Sätze in diesem Abschnitt, aber dieser betraf nicht Hegel, sondern vielmehr Deborins Zusammenfassung der Philosophien von Hume, Kant und Fichte.

Ich glaube, dass das Schlimmste an diesem Artikel Deborins Erklärung der Epistemologie des dialektischen Materialismus ist. Deborin glaubte, dass der dialektische Materialismus die Natur als unmittelbar beobachtbares Ganzes sehe, während Mathematik und Geometrie die beobachtbaren Ergebnisse der universellen, tatsächlichen Existenz seien. Das ist mit Sicherheit nicht Marx' philosophische Sprache. Deborin schreibt:

> „Der Mensch erkennt in dem Maße, wie er handelt, und er selbst unterliegt der Handlung von, der äußeren Welt. Der dialektische Materialismus lehrt, dass der Mensch angetrieben ist, hauptsächlich durch die Empfindungen reflektiert, die er erfährt, wenn er in der äußeren Welt handelt... Ausgehend von der Überlegung, dass es nur möglich ist, die Natur zu beherrschen, indem man sich ihr unterwirft, ruft uns der dialektische Materialismus auf, unsere Handlungen mit den universellen Gesetzen der Natur zu koordinieren, mit der notwendigen Ordnung der Dinge, mit den universellen Gesetzen der Entwicklung der Welt."[4]

Dieser entscheidend wichtige Abschnitt spiegelt sein zentrales Argument wider und zeigt, dass Deborin und Plechanow sich im gleichen, homogenen theoretischen Kreislauf des philosophischen Materialismus befanden; im Wesentlichen war der dialektische Materialismus, den sie verstanden, der alte Materialismus. Zu jener Zeit konnte Deborin immer noch nicht das **praktische historische Wesen** der Epistemologie der marxistischen Philosophie sehen. Aus diesem Grund schließt sich Deborin notwendigerweise Dietzgen und Plechanow in der Interpretation der marxistischen Philosophie als einer **Theorie der epistemologischen Passivität** an. Das ist offenkundig in seiner Behauptung, dass die Tiefe der Erkenntnis einer Person durch den Einfluss der äußeren Welt auf das denkende Subjekt bestimmt sei. Auf der anderen Seite wissen wir, dass es für Marx und Engels „aber grade die Veränderung der Natur durch den Menschen, nicht die Natur als solche allein, [...] die wesentlichste und nächste Grundlage des menschlichen Denkens"[5] ist. Wenn jedoch diese historische, praktische Beziehung Deborins Verständnisrahmen erreicht, wird sie zu einer äußeren Beziehung, in der die Natur gegenüber dem Menschen handelt und der Mensch gegenüber der Natur. Weiterhin

---

4   A.a.O., S. 98.
5   Friedrich Engels, Dialektik der Natur, in: *MEW*, Bd. 20, S. 481-508, hier: S. 498.

vereinfacht Deborin, wenn er den Einfluss des Menschen auf die Welt diskutiert, die epistemologische Grundlage zu Gefühl. Ich glaube nicht, dass Lenin zu jener Zeit diesen grundlegenden Fehler Deborins zurückgewiesen hätte. Neben diesen Abschnitt zieht Lenin tatsächlich drei senkrechte Linien, um auf seine Bedeutung hinzuweisen. *Objektiv gesagt verstand Lenin erst bei seiner späteren Studie zur Hegelschen Philosophie Deborins zugrundeliegende epistemologische Fehler. In Plechanows Grundprobleme des Marxismus, das Lenin gerade gelesen hatte, begegnete ihm folgende Formulierung: „Feuerbach verweist darauf, dass unser ‚Ich' das Objekt nur erkennt, indem es dessen Einwirkung erduldet. Marx erwidert: unser ‚Ich' erkennt das Objekt, indem es seinerseits auf das Objekt einwirkt."*[6] *Wenn wir uns die theoretische Logik Plechanows zu jener Zeit ansehen, war dies eine Formulierung, die nur zufällig korrekt war, denn sie veränderte letztlich nicht seine Theorie der Determination des geographischen Milieus.*

Nachdem er die dialektischen Ansichten von antiken Philosophen wie Parmenides und Heraklit diskutiert hat, fasst Deborin die gesamte westliche Philosophiegeschichte zusammen, indem er den historischen, logischen Faden des Rationalismus, Empirismus und Perzeptualismus verwendet. Als nächstes konzentriert sich Deborin auf die Diskussion der französischen materialistischen Philosophie des 17. und 18. Jahrhunderts. Insgesamt war sein Verständnis immer noch ungenau. Auf der einen Seite ordnet Deborin den französischen Materialismus als „metaphysischen Materialismus" ein und erkennt den Fehler seiner Philosophie darin, dass sie eine substantiell unveränderliche Theorie (metaphysische Elemente) und eine Theorie der Unerkennbarkeit ist (unerkennbare Elemente). Marx und Engels wie auch der „herausragende" dialektische Materialist Plechanow zeigten auf der anderen Seite die „Oberflächlichkeit" dieses metaphysischen Materialismus auf.[7] Deborin zitiert dann einen längeren Abschnitt von Plechanow. In diesem Text zitiert Deborin Plechanow als eine autoritative Quelle auf dem Niveau von Marx und Engels; auch Feuerbach erfährt diese Behandlung. All dies stammte aus Anderen Spiegelbildern und unausweichlichen theoretischen

---

6   G. Plechanow, *Die Grundprobleme des Marxismus*, Wien/Berlin 1929, S. 24.
7   Deborin, Abram „Dialektischer Materialismus", in: *Philosophie und Politik*, Beijing Sanlian Press (Bd. 1), S. 104 (chinesisch).

Kreisläufen in Deborins eigenem Gedankenraum. Daher erkennt Deborin laut Plechanow den Fehler des französischen Materialismus als die Antithese zwischen Kants Ding an sich und der phänomenologischen Welt; mit anderen Worten, „die metaphysisch absolute Antithese der ‚Immanenten' zum ‚Transzendentalen'."[8] *Plechanows ursprüngliche Formulierung war „das Sein der Materie ist nicht von ihrem Wesen getrennt".*[9] Lenin war mit Deborins Erklärung sehr unzufrieden und schrieb am Rand „Quatsch!" und „Das ist Geschwafel". Ich glaube, dass Lenins Kommentar hier Deborins Ansichten nicht Unrecht tut.

Es ist nicht schwer zu sehen, dass Deborin, immer wenn er die marxistische Philosophie in einer holistischen Weise zu erklären versucht, unweigerlich Fehler macht. Wenn er zum Beispiel die ontologische Grundlage des dialektischen Materialismus diskutiert, schreibt er, „der dialektische Materialismus setzt die materielle Substanz, das reale Substrat als die Grundlage des Seins."[10] Es ist bekannt, dass die materielle Substanz als Grundlage der Existenz eine allgemein Prämisse des philosophischen Materialismus ist; trotzdem war es genau diese Sichtweise, die Marx' philosophische Revolution unmittelbar ablehnte. Zum Beispiel kritisierte Marx in der ersten These zu Feuerbach dessen alte materialistische Philosophie, weil sie die Welt als sinnliche Substanz begreift. Tatsächlich riefen die *Thesen über Feuerbach*, obwohl sie zu jener Zeit bereits veröffentlicht waren, nicht das Interesse der russischen marxistischen Philosophen hervor; im Gegensatz dazu werden Feuerbachs philosophische materialistische Sichtweisen in Deborins Text positiv aufgenommen und durchgehend zitiert. Wir können sehen, dass Lenin, obwohl er sehr hart gegenüber Deborin war, keine Kommentare verfasste, die diesen Textabschnitt ablehnten. Vielmehr verwendete er eine Reihe von gekreuzten diagonalen Linien und die Buchstaben „NB", um seine Aufmerksamkeit zu zeigen. Das ist ein aufschlussreiches Detail; wir können daraus schließen, dass Lenins Sichtweisen zu jener Zeit nicht über Deborins Verständnis hinausgingen. Es ist tatsächlich sehr wahrscheinlich, dass einige von Deborins Gedanken latent Lenins Anderes Spiegelbild gestärkt haben. Daher stimmt Deborin mit Plechanows Definition der Materie als die

---

8   A.a.O., S. 102.
9   A.a.O., S. 104.
10   A.a.O., S. 105.

Totalität von Dingen an sich, da diese Dinge die Quelle unserer Eindrücke sind[11], überein. Ganz wie Plechanow zu jener Zeit versteht Deborin nicht, dass der Ausgangspunkt von Marx' philosophischer Revolution die historische Praxis war; nachdem er die grundlegende Haltung des allgemeine Materialismus verstanden hatte, erklärte Marx weiter, dass die Erkenntnis des Menschen ihren Ursprung nicht in äußerer Materie hat, die vom Menschen getrennt ist, sondern vielmehr auf den **sinnlichen Handlungen und Beziehungen** basiert, **durch die Menschen die Welt verändern.**

Weiterhin war Lenin sehr gegen Deborins beständige Verwendung der Formulierungen und der Terminologie der westlichen bürgerlichen Philosophie in seiner Erklärung des dialektischen Materialismus. Neben einem Abschnitt von Deborin, der solche Begriffe wie „immanent", „transzendental" und „jenseits des Subjekts" enthält, schreibt Lenin am Rand, „richtige Wahrheiten werden in einer fürchterlich geschraubten, abstrusen Form dargelegt. Warum hat Engels wohl nicht ein solches Kauderwelsch geschrieben?"[12] Lenins Kritik ist sicherlich treffend.

Die Schlussfolgerung von Deborins Text lautete daher:

> „**Der dialektische Materialismus geht von der *Erkenntnis von Dingen an sich* oder der äußeren Welt oder der Materie aus. ‚Dinge an sich' sind erkennbar. Das Unbedingte und Absolute wird vom dialektischen Materialismus abgelehnt. Alles in der Natur ist im Prozess der Veränderung und Bewegung, was auf bestimmten Kombinationen von Materien basiert. Gemäß der Dialektik ändert sich eine ‚Form' des Seins in eine andere durch Sprünge. Moderne Theorien der Physik, haben, weit davon entfernt, dies abzulehnen, die Richtigkeit des dialektischen Materialismus bewiesen."**[13]

Nach meiner Meinung war dies wahrscheinlich die Grundlage der fundamentalen Logik in späteren sowjetischen Lehrbüchern. Obwohl Lenin nicht

---

11 W.I. Lenin, A. Deborin, *„Der dialektische Materialismus"*, S. 576.
12 A.a.O.
13 Deborin, Abram, „Dialektischer Materialismus", in: *Philosophie und Politik*, Beijing Sanlian Press (Bd. 1), S. 116 (ch).

viel von Deborin zu halten schien, wandte er sich nicht gegen diese leeren, dogmatischen Formulierungen, denn sie waren grundlegend identisch mit seinen Ansichten in *Materialismus und Empiriokritizismus*. *Im Oktober, als Mitin Deborin in einer philosophischen Debatte angriff, zitierte er unmittelbar Lenins Kommentare zu diesem Text; sein Vorgehen enthielt jedoch eine übermäßig starke ideologische Betonung.*[14]

2. Tschernyschewski Verstehen

Lenin war wahrscheinlich mit dem philosophischen Materialismus seines Landsmanns Tschernyschewski vertraut. Nach glaubwürdigen Berichten sagte Lenin einmal, dass er zuerst durch Tschernyschewski mit dem philosophischen Materialismus, Hegelianischer Philosophie und dialektischem Denken durch Tschernyschewski in Berührung kam.[15] Nachdem er *Materialismus und Empiriokritizismus* geschrieben hatte, schrieb Lenin einen ergänzenden Text „Von welcher Seite kritisierte N.G. Tschernyschewski den Kantianismus?" und übernahm ihn als Ergänzung in den ersten Teil des vierten Kapitels seines Buchs. Ende 1909 sandte er ihn A.I. Jelizarowa-Uljanowa, die die Veröffentlichung von *Materialismus und Empiriokritizismus* betreute. Sie entschied, den Text ganz an das Ende des Buchs zu stellen. In diesem Text analysiert Lenin primär die Einleitung zur dritten Auflage von Tschernyschewskis Text von 1888 *Die ästhetischen Beziehungen der Kunst zur Wirklichkeit* (diese Auflage kam 1906 heraus). Lenin nennt Tschernyschewski einen „guten Hegelianer und Materialisten", womit er seinen materialistischen Standpunt wie auch seine richtige Haltung in der Kritik des Kantianismus und des Machismus betätigt. Zur gleichen Zeit beobachtet Lenin korrekt, „Tschernyschewski vermochte es aber nicht – oder richtiger, er konnte es infolge der Rückständigkeit des russischen Lebens nicht -, sich zum dialektischen Materialismus von Marx und Engels aufzuschwingen."[16]

---

14   Vgl. Mitin, Unsere philosophischen Differenzen, in: *Gesammelte Werke der Deborin-Schule*, Jilin People's Press (1982), S. 242-268 (chinesisch).
15   Vgl. Band 17 von *Übersetzte Werke des marxismus-leninismus*, Volkspresse (1981), S. 119 (chinesisch).
16   W.I. Lenin, Materialismus und Empiriokritizismus, in: *LW*, Bd. 14, S. 366.

Wen wir die Kommentare untersuchen, die wir gegenwärtig zur Verfügung haben, dann las Lenin zwischen 1909 und 1911 zwei Werke über Tschernyschewski, eines von seinem Lehrer Plechanow *(N.G. Tschernyschewski)*[17] und das andere von Juri Steklow *(N. Tschernyschewski. Ein Lebensbild)*[18]. *Wie Lenins Kommentare über das Werk von Dietzgen, die wir bereits diskutiert haben, ist dies das erste Mal, dass Juri Steklows Buch ins Chinesische übersetzt worden ist.* Keines von diesen Büchern ist ein Werk der thematischen Forschung, vielmehr liefern sie beide eine allgemeine Einschätzung und Einführung zu Tschernyschewskis Denken. Es gibt keine Hinweise darauf, dass Lenin besonders bewegt war, als er diese beiden Werke las. Ich glaube, dass er lediglich versuchte, sein Verständnis dieses russischen materialistischen Philosophen zu erweitern, indem er über ihn las. Daher werde ich in unserer Diskussion den Inhalt übergehen, der keinen Bezug zur Philosophie hat und mich primär auf den Hintergrund und die Umstände von Lenins Lektüre von Tschernyschewskis philosophischem Denken konzentrieren.

Beginnen wir mit Lenins Kommentaren zum ersten Buch. Lenin las eine überarbeitete Ausgabe von Plechanows älterem Buch, die vier Artikel über Tschernyschewski enthielt, die im *Sotsial-Demokrat*[19] veröffentlicht worden waren. Während diese Artikel später zusammen auf Deutsch veröffentlicht wurden, wurde Tschernyschewski nach Plechanows Veränderungen fünfzehn Jahre später auf Russisch veröffentlicht. Kedrow behauptete, dass diese Kommentare zeigen, dass Lenin sich darauf konzentrierte, wie Plechanow den Menschewismus benutzte, um Tschernyschewskis revolutionäre demokratische Theorie zu „verwischen".[20] Kedrow bringt ein gutes Argument: Lenin hatte tatsächlich viel von Plechanows neuen Veränderungen entdeckt, eine Tatsche, die Kedrow minutiös untersucht. Interessanterweise war von all den Analysen von Lenins Kommentaren in Kedrows *Eine Forschung zu*

---

17   Dieses Buch wurde im Oktober 1909 in der russischen Publikation Wilde Rose veröffentlicht.
18   Dieses Buch wurde 1909 in St. Petersburg veröffentlicht.
19   *Sotsial-Demokrat* war eine Sammlung von vier Bänden der russischen literarischen Kritik, die zwischen 1890 und 1892 von der Gruppe Befreiung der Arbeit in Genf veröffentlicht worden war.
20   Vgl. Kedrows Eine Forschung zu Lenins „*Philosophischen Heften*", Qiushi Press (1984), S. 154 (ch).

Lenins „Philosophischen Heften" dieser Teil der am besten geschriebene und tiefgründigste. Ich glaube, dass der Kontext eben, weil Lenin hier Plechanow kritisiert, gut zur Diskursunterdrückung der stalinistischen Ideologie passte. Daher gelange ich dazu zu vermuten, dass Kedrows Verständnis vergleichsweise tiefgründig gewesen sein muss, aber angesichts von Lenins offensichtlichen Fehlern zog er es vor, selbst absichtlich „unintelligent" zu erscheinen, um den abweisenden Zweifel jener zu vermeiden, die die ideologische Pateilinie kontrollierten. Das ist wahrhaft ein Phänomen, das komisch wäre, wäre es nicht so wahr.

Im ersten Teil seines Buchs diskutiert Plechanow das Verhältnis zwischen Tschernyschewski und Feuerbach und kommt zu dem Schluss, dass Tschernyschewski ein „Anhänger Feuerbachs"[21] war. *Aus dem Text können wir ersehen, dass viele von Lenins kritischen Kommentaren sich nicht unmittelbar auf Tschernyschewski richteten,* sondern vielmehr auf Plechanows Einschätzung Tschernyschewskis. Im dritten Abschnitt macht Lenin eine Bemerkung zu Plechanows Ansichten über das Verhältnis zwischen Materie und Empfindung. Der zweite Teil von Plechanows Werk betrifft Tschernyschewskis Konzeption der Geschichte, und im dritten Abschnitt dieses Teils analysiert Plechanow den historischen Idealismus in Tschernyschewskis Sichtweise der Geschichte. Nach Plechanow behauptete Tschernyschewski, dass „der Fortschritt auf der intellektuellen Entwicklung beruhe", wobei er nicht erkannte, dass „'die Erfolge und die Entwicklung des Wissens' von den sozialen Verhältnissen abhängen könnten".[22] Plechanow erklärt, dass „die gesellschaftlichen Anschauungen von den gesellschaftlichen Interessen bestimmt werden, das gesellschaftliche Denken vom gesellschaftlichen Leben", nicht andersherum. Lenin hebt hier Plechanows Formulierung hervor. Im fünften und sechsten Abschnitt des zweiten Teils zeigt Plechanow die Distanz zwischen Tschernyschewski und dem Marxismus auf, wobei er betont, dass weil Tschernyschewski das Feuerbachsche Denken auf andere Bereiche angewandt hatte, viele seiner Schwächen „durch den unvollendeten Charakter des Feuerbachschen Materialismus" hervorgerufen wurden.

---

21 W.I. Lenin, Bemerkungen in Plechanows Buch „N.G. Tschernyschewski", in: *LW*, Bd. 38., S. 582-625, hier: S. 592.
22 A.a.O., S. 598.

Wenn Tschernyschewski daher stolz erklärt, er sei ein Materialist, dann tut er das tatsächlich mit einer idealistischen Konzeption der Geschichte. Um dies zu belegen, bringt Plechanow Marx' Kritik an Feuerbach aus den *Thesen über Feuerbach* vor, dass Feuerbach theoretische Tätigkeit für „echt menschliche" hält. Hier schreibt Lenin am Rand: „An demselben Mangel leidet Plechanows Buch über Tschernyschewski."[23] Das ist eine sehr tiefgründige Ansicht.

Im dritten Teil von Plechanows Buch diskutiert er Tschernyschewskis literarische Anschauungen, wobei er sich auf Tschernyschewskis Konzept der „Wirklichkeit" konzentriert. Nach seiner Ansicht kam Tschernyschewskis Konzept der Wirklichkeit von Feuerbach; es war Feuerbach, der den grundlegenden Platz der sinnlichen Wirklichkeit bekräftigte, nachdem er sich gegen die Vorherrschaft des reinen Denkens in der spekulativen Philosophie gewandt hatte. Ich glaube, dass Plechanows Analyse dieses Abschnitts diskutierenswert ist, denn Feuerbachs Gefühl und Tschernyschewskis Wirklichkeit als Grundlage der literarischen Kunst waren nicht das Gleiche; die Sinne des ersten waren **natürliche** Verhältnisse, während die Wirklichkeit des Letzteren sich auf Tätigkeit im **sozialen Leben** bezog. Plechanow erklärt diesen Punkt unmittelbar, als er einen längeren Abschnitt von Tschernyschewski über sozialen Austausch zitiert.[24] Im Text markiert Lenin diesen Abschnitt lediglich, ohne seine eigenen Schlussfolgerungen aus Plechanows Analyse zu ziehen. Es ist offensichtlich, dass Lenin dieser Diskussion grundlegender theoretischer Fragen gegenüber nicht sensibel war.

Die zweite Hälfte des Buchs betrifft Tschernyschewskis Anschauungen zur Politik und Ökonomie. Im Hinblick auf den Inhalt des gesamten Buchs gab es hier nicht so viel Inhalt, der Lenins philosophische Ideen grundlegend beeinflussen konnte, wenngleich Lenin einige Ansichten herausstellte, die in der Diskussion einzelner Probleme von denen Plechanows abwichen.

Als Nächstes können wir aus Lenin Kommentaren zu Juri Steklows Buch ersehen, dass Lenin hoffte, einen besseren Einblick in Tschernyschewskis grundlegende Bedingungen zu erhalten, indem er dieses Buch las.

23 A.a.O., S. 601.
24 A.a.O., S. 603-604.

Der Inhalt von Lenins Kommentaren zeigt, dass er nicht viel mehr gewann als aus Plechanows Buch. *In einem Brief an Gorki in dieser gleichen Zeit schreibt Lenin, dass dies ein gutes Buch über Tschernyschewski sei.*[25] *Kedrow behauptet, dass dieses Buch dort, wo Plechanow versuchte, Tschernyschewskis revolutionäre demokratische Ideen zu verwischen, versuchte, sich Tschernyschewskis Ansichten zum Marxismus anzunähern.*[26]

Im dritten Kapitel des Buchs zitiert der Autor folgenden Abschnitt von Tschernyschewski:

> *Mit dem Aufkommen Feuerbachs „wurde die Entwicklung der deutschen Philosophie abgeschlossen [...], die jetzt erstmalig zu positiven Ergebnissen gelangte, ihre frühere scholastische Form der Transzendentalmetaphysik verwarf und, indem sie ihre Resultat mit der Lehre der Naturwissenschaften identifizierte, mit der allgemeinen Theorie der Naturkunde und der Anthropologie verschmolz."*[27]

Nachdem er diesen Abschnitt gelesen hatte, wurde Lenin an Engels' Worte erinnert, wobei er den Text zunächst unterstrich und dann schrieb „Vgl. Engels". Er schreibt dann weiter „Feuerbach versus .[28] *Nach dem Herausgeber des Bandes 38 von Lenins* Werken *dachte Lenin hier an Engels' Ansichten zu den Beziehungen von Philosophie und allgemeiner Wissenschaft im* Anti-Dühring. *Ich bin nicht der gleichen Ansicht.* Ich glaube, dass Juri Steklow hier Tschernyschewskis Annäherung an Feuerbachs **humanistische Logik** bemerkt. Zudem war Tschernyschewskis Formulierung grundlegend richtig, Feuerbachs Denken war wirklich die Verbindung von natürlichem Materialismus und Humanismus, und die Grundlage des natürlichen Materialismus war die „verallgemeinerte Schlussfolgerung" der Naturwissenschaft zu jener Zeit. Marx und Engels kritisierten Feuerbach wegen des Fehlens der Dimension der Gesellschaftsgeschichte, denn selbst, wenn er in die Geschichte eintrat, tat er das nicht als Materialist. Der Fehler des russischen Feuerbach-Schülers

---

25 W.I. Lenin, An A.M. Gorki, in: *LW*, Bd. 36, S. 152-153, hier: S. 153.
26 Vgl. Kedrows Eine Forschung zu Lenins *„Philosophischen Heften"*, Qiushi Press (1984), S. 158.
27 W.I. Lenin, J.M. Steklow, „N. G. Tschernyschewski, sein Leben und Wirken", in: *LW*, Bd. 38, S. 626-682, hier: S. 629-630.
28 A.a.O., S. 630.

Tschernyschewski war genau derselbe wie der seines Lehrers. Ich glaube, dass Lenin Tschernyschewskis Überblick zu Feuerbach nicht widersprach, aber dass er an Engels' Einschätzung von Feuerbach dachte, die höchstwahrscheinlich Engels' Kritik an Feuerbachs natürlichem Materialismus in *Ludwig Feuerbach und der Ausgang der klassischen deutschen Philosophie* war. Natürlich ist das nur eine Schlussfolgerung meinerseits.

Im weiteren Verlauf wurde Lenins Interesse von zwei unterschiedlichen Diskussionen in diesem Buch angeregt. **Zunächst** Juri Steklows Zusammenfassung grundlegender philosophischer Probleme, denn nach Tschernyschewski behauptete der Idealismus, dass der Geist der natürlichen Welt vorangehe, während der Materialismus argumentierte, dass die Natur oder Materie dem Geist vorangehe. Gleich neben diesem Satz schreibt Lenin, „nicht exakt! NB vgl. Feuerbach".[29] *Die Herausgeber von Band 38 der* Werke *Lenins scheinen zu glauben, dass Lenins Randnotiz bedeutete, dass er glaubte, die Formulierung des Autors zu grundlegenden philosophischen Problemen entspreche nicht den Definitionen von Engels in* Ludwig Feuerbach und der Ausgang der klassischen deutschen Philosophie; *diese Schlussfolgerung ist höchstwahrscheinlich korrekt.* **Zweitens** schreibt Lenin neben Juri Steklows Zitat eines langen Abschnitts aus Tschernyschewski zum Humanismus „NB". Ich glaube jedoch, dass Lenin zu jener Zeit den Zusammenhang des **philosophischen Humanismus** nicht vollständig verstand und daher sicherlich nicht die Überwindung und Ablehnung von Feuerbachs Humanismus durch Marx und Engels würdigen konnte. Wie ich bereits gezeigt habe, war das Problem der Entfremdung im Kontext des Humanismus nie ein Element, dem Lenin spezielle Aufmerksamkeit zukommen ließ. Dies war eine sehr bedauerliche logische Lücke in der Situierung von Lenins philosophischen Gedanken zu jener Zeit.

An einem anderen Punkt weist der Autor darauf hin, dass das Wesen des Idealismus „kontemplativ" sei, und dass der Materialismus ein tätiges System sei, das revolutionäre Emotion besitze, in die verschiedene Klassen miteinander verbunden sind, bestehend aus unterschiedlichen Stufen des gesellschaftlichen Fortschritts. Er fährt fort, unerschrocken zu behaupten, dass Tschernyschewski eine philosophische Weltanschauung mit

---

29 A.a.O., S. 630.

praktischen Bestrebungen verbindet, wobei der moderne Materialismus die Philosophie der Arbeiterklasse sei.[30] Neben das Wort „kontemplativ" setzt Lenin ein Fragezeichen. Trotzdem scheint er im Prinzip mit den Sichtweisen des Autors über das Parteiprinzip in der Philosophie übereinzustimmen.

Im fünften Kapitel zogen verschiedene Ansichten Lenins Aufmerksamkeit auf sich, als Juri Steklow beginnt, die historische Philosophie von Tschernyschewski zu diskutieren: **Zunächst** glaubte der Autor, dass Tschernyschewski bereits gesehen hatte, dass industrielle Trends die primäre Antriebskraft der historischen Entwicklung unserer Zeit waren.[31] Lenin zieht senkrechte Linien und schreibt die Buchstaben „NB" neben diesen Abschnitt. **Zweitens** schreibt der Autor, dass Tschernyschewski klar verstand, dass der Klassenkampf die Basis der früheren historischen Entwicklung war, während die verschiedenen Klassen der modernen Gesellschaft alle im Prozess der Produktion geformt wurden. Dies galt insbesondere für die drei Elemente der modernen Produktion (Land, Kapital und Arbeit), die die „drei Hauptklassen" geschaffen hatten: Landbesitzer, Bourgeois und Arbeiter. Neben diesen Abschnitt schreibt Lenin zunächst ein Fragezeichen und dann: „Vgl. Marx, Das Kapital, III, 7."[32] Das erste Fragezeichen drückte Zweifel gegenüber der Behauptung des Autors aus, dass Tschernyschewski „klar" das Verhältnis zwischen moderner Produktion und den drei Hauptklassen sah; Lenin stimmte mit dieser Ansicht nicht überein. Lenin glaubte, dass Marx eine wissenschaftlichere Erklärung dieses Arguments im dritten Band des *Kapital* lieferte. Ebenfalls in diesem Kapitel rief Juri Steklows allgemeine Einschätzung Tschernyschewskis Lenins Ablehnung hervor. Juri Steklow schrieb:

„Tschernyschewski betrachtete die Geschichte der Menschheit als strenger Objektivist. Er erblickte in ihr einen dialektischen Prozess der Entwicklung durch Widersprüche, durch Sprünge, die ihrerseits ein Ergebnis allmählicher quantitativer Veränderungen sind. Infolge dieses unausgesetzten dialektischen Prozesses vollzieht sich ein Übergang von niederen Formen zu höheren. Als handelnde Personen in der Geschichte treten die

---

30 A.a.O., S. 631.
31 A.a.O., S. 634.
32 A.a.O., S. 635.

Gesellschaftsklassen auf, deren Kampf durch ökonomische Ursachen bedingt ist. Dem geschichtlichen Prozess liegt der ökonomische Faktor zugrunde, der die politischen und juridischen Verhältnisse sowie die Ideologie der Gesellschaft bestimmt."[33]

Nach diesem Abschnitt fährt der Autor mit der Zusammenfassung fort und schreibt: „Ohne Zweifel kommt dieser Standpunkt dem historischen Materialismus von Marx und Engels nahe. Tschernyschewskis Weltanschauung unterscheidet sich von dem System der Begründer des modernen wissenschaftlichen Sozialismus nur durch die fehlende Systematik und die Unbestimmtheit gewisser Termini." Tschernyschewskis einzige Unzulänglichkeit bestand darin, dass er nicht deutlich auf den determinierenden Effekt der Produktionsfaktoren auf den gesellschaftlich-historischen Prozess hingewiesen hatte. Lenins Antwort auf diese Erklärung war, dass sie unangemessen sei. Er umrahmte zunächst das Wort „nur" und schrieb dann „das geht zu weit" am Rand.[34]

Im Allgemeinen denke ich, dass Lenin glaubte, Juri Steklow habe eine zu hohe Meinung von Tschernyschewski und übertreibe in vielen Punkten. Zum Beispiel vergleicht Juri Steklow in seiner Diskussion von Tschernyschewskis politischer Ökonomie und sozialistischem Denken Tschernyschewski mit Proudhon und schlussfolgerte, dass Proudhons Ausgangspunkt das Kleinbürgertum war, während der von Tschernyschewski der Sozialismus war. Lenin schreibt ein Fragezeichen an den Rand, um seine Zweifel zum Ausdruck zu bringen.[35] Wenn Steklow schreibt, dass Tschernyschewskis Denken völlig ohne Beziehung zum Sozialismus des Kleinbürgertums sei, weil er die Vitalität de Kleinbürgertums verneint und „von einer Idealisierung der patriarchalischen Barbarei" frei sei, äußert Lenin erneut Zweifel.[36] Der größte Teil des restlichen Inhalts des Buchs betraf Tschernyschewskis sozialistische Ansichten; wir werden zu diesem Zeitpunkt nicht mit einer detaillierten Diskussion dieser Ansichten fortfahren.

33 A.a.O., S. 637.
34 A.a.O., S. 638.
35 A.a.O., S. 642.
36 A.a.O.

Kapitel 7
Allseitiges Begreifen und Propagieren des Marxismus

Nach der Veröffentlichung von *Materialismus und Empiriokritizismus* konzentrierte sich Lenin auf sein umfassendes Studium und Verständnis grundlegender marxistischer Theorie. Zwischen 1909 und 1913 veröffentlichte Lenin eine Reihe von bedeutenden Artikeln, die grundlegende marxistische Ansichten propagierten. Zu diesen Artikeln gehörten „Die historischen Schicksale der Lehre von Karl Marx", „Drei Quellen und drei Bestandteile des Marxismus und insbesondere „Karl Marx". Aus dieser Reihe von Artikeln können wir ersehen, dass die Qualität von Lenins Philosophie sich bereits stark verbessert hatte, und dass sein Denken über marxistische Philosophie tiefergehend geworden war. Dieses Kapitel wird primär einige der wichtigen philosophischen Sichtweisen analysieren und diskutieren, die in „Karl Marx" zum Ausdruck kommen.

1. Marxismus ist Anleitung zum Handeln

Als 1909 Lenins *Materialismus und Empiriokritizismus* veröffentlicht worden war, aber der innerparteiliche Streit wie wir gesehen haben immer noch weiterging, wurde eine Reihe von Dokumenten veröffentlicht, die den komplexen politischen Kampf der Zeit reflektierten. Jedoch hatte sich Lenin zu diesem Zeitpunkt bereits weit über sein früheres Niveau hinausentwickelt; in seiner Vorstellung waren der politische Standpunkt und philosophisch-akademische Ansicht als Weltanschauung nicht länger getrennt, dass er sogar vorschlug: „Der ‚Bolschewismus' muss jetzt streng marxistisch werden."[1] *Das ist offensichtlich eine gezielte Formulierung. Die Bogdanow- und Basarowleute sind nicht-marxistische Bolschewisten.* Natürlich ging die philosophische Debatte zu jener Zeit noch weiter. Obwohl Einige die Veröffentlichung philosophischer Artikel in den zentralen Veröffentlichungen der Partei ablehnten, brachte Lenin seine Unterstützung zum Ausdruck.[2] Zu jener Zeit wusste Lenin bereits, dass Philosophie als eine Art **Weltanschauung und Methodologie** von entscheidender Bedeutung ist! Er begann zu betonen, dass Marxisten an ihrer „Weltanschauung von Marx und Engels"[3] festhalten müssten. Daher kritisierte Lenin um 1910 herum, als einige russische Denker zu argumentieren begannen, dass diese russische philosophische Debatte nichts als eine „Fata Morgana" sei und einen Brief von Kautsky aus dem Jahr 1908 zitierten, der den Machismus angeblich zu einer „Privatsache" erklärte, sofort und öffentlich diese irrige Ansicht. Lenin zeigte auf, dass Kautsky, als er diesen Brief schrieb, den russischen Machismus nicht aufrichtig verstand; vielmehr bestand Kautskys ursprüngliche Absicht darin, die Versöhnung zwischen russischen Marxisten zu fördern: Kautsky war jemand, der sich „stets für den Materialismus und gegen den Idealismus aussprach". *Das bedeutet jedoch nicht, dass wir darüber beurteilen können, dass Lenin damals die Kautskys philosophischen Theorien zugrundeliegenden Probleme wahrhaft durchdrungen hat.* Daher habe es keine Überzeugungskraft, diesen Brief zu zitieren, um die Bedeutung der philosophischen Debatte zu verneinen. Bis dahin war Lenin fest davon überzeugt, dass es in der Tat einen „lebendigen realen Zusammenhang zwischen einem philosophischen Streit und einer marxistischen Strömung" gab.[4]

Zu jener Zeit war Lenin mit einer anderen Herausforderung konfrontiert: sein philosophischer Lehrer, der berühmte marxistische Theoretiker Plechanow, ergriff jede Gelegenheit, um den Marxismus Lenins und der

---

1   W.I. Lenin, Über Otsowismus und Ultimatismus, in: *LW*, Bd. 15, S. 445.
2   W.I. Lenin, Ausführungen bei der Diskussion über die Veröffentlichung philosophischer Artikel im Zentralorgan in: *LW*, Bd. 41, S. 224.
3   W.I. Lenin, Über die Fraktion der Anhänger des Otsowismus und des Gottbildnertums, in: *LW*, Bd. 16, S. 21.
4   W.I. Lenin, Unsere Liquidatoren, in: *LW*, Bd. 17, S. 60.

Bolschewisten als einen „engen, hohlen Marxismus" anzugreifen.[5] Tatsächlich hatten Plechanow und seine Anhänger Lenin bereits wiederholt kritisiert, weil er in seiner philosophischen Forschung „unprofessionell" sei. Im gleichen Jahr, als *Materialismus und Empiriokritizismus* veröffentlicht wurde, veröffentlichte der menschewistische Philosoph Axelrod einen Artikel in der Juliausgabe der *Modernen Welt*, in dem er unmittelbar die Qualität von Lenins Forschung infrage stellte und argumentierte, dass Lenin nur oberflächlich gegen den Machismus sei. Lenins Antwort auf Plechanow und seine Anhänger sollte im Kampf der politischen Praxis gegeben werden. Ich habe herausgefunden, dass Lenin Plechanow niemals in Form der philosophischen Theorie attackierte. In Reaktion auf die menschewistischen marxistischen Theoretiker war Lenins übliche Antwort: „Ihr habt einiges aus bolschewistischen Aussprüchen und Losungen **auswendig** gelernt, aber sie zu begreifen, seid ihr ganz und gar außerstande."[6] Mit anderen Worten: „Die Besonderheit des russischen Opportunismus im Marxismus, d.h. des Menschewismus in unserer Zeit, besteht darin, dass er Hand in Hand geht mit einer doktrinären Vereinfachung, Verflachung, Verdrehung des Buchstabens des Marxismus, mit einem Verrat an seinem Geist."[7] Es ist offensichtlich, dass Lenin hier den Marxismus nicht als tote Lehre, sondern vielmehr als eine lebendige Anleitung zum Handeln betont. Wenn dies ignoriert wird, dann

> „…**machen wir den Marxismus zu einer einseitigen, missgestalteten, toten Lehre, nehmen wir ihm die lebendige Seele, untergraben wir seine fundamentale theoretische Grundlage – die Dialektik, die Lehre von der allseitigen und widerspruchsvolle historischen Entwicklung, untergraben wir seinen Zusammenhang mit den bestimmten praktischen Aufgaben der Epoche, die sich bei jeder neuen Wendung der Geschichte ändern können."**[8]

---

5   W.I. Lenin, Die Liquidierung des Liquidatorentums, in: *LW*, Bd. 15, S. 455-463.
6   W.I. Lenin, Über die Fraktion der Anhänger des Otsowismus und des Gottbildnertums, in: *LW*, Bd. 16, S. 16-50, hier: S. 17.
7   W.I. Lenin, Brief an Skwozow-Stepanow, in: *LW*, Bd. 16, S. 110-116, hier: S. 112.
8   W.I. Lenin, Über einige Besonderheiten der historischen Entwicklung des Marxismus, in: *LW*, Bd. 17, S. 23-28, hier: S. 23.

Lenin begann zu dieser Zeit das Verständnis der Dialektik als des „lebendigen Geistes" des Marxismus zu entwickeln, eine tiefere Sichtweise der marxistischen Philosophie und insbesondere der dialektischen Theorie. In meinem Verständnis war dies eine theoretische Zusammenfassung von Lenins eigener flexibler Anwendung der Dialektik auf die revolutionäre Praxis. Tatsächlich erwuchs für Lenin ein dringenderes inneres Bedürfnis nach einem tiefgehenden Studium der dialektischen Theorie eben daraus, dass er Dialektik als eine Anleitung zum revolutionären Handeln betrachtete. Ich habe herausgefunden, dass um 1910 in russischen Gelehrtenkreisen eine weitere intensive Debatte über die marxistische dialektische Theorie stattfand. Zunächst betrachtete Bermans *Die Dialektik im Lichte der modernen Erkenntnistheorie* die Dialektik als ein Überbleibsel von Hegels idealistischer Philosophie. Als Antwort auf dieses Buch schrieb Deborin "Der Zerstörer der Dialektik"[9], worin er die Beziehung zwischen Hegelscher Philosophie und marxistischer materialistischer Dialektik erklärte. Es war jedoch seine Betonung dieses Punkts, die später um 1930 herum eine von Deborins theoretischen „Sünden" wurde.

Auf der anderen Seite musste Lenin sich mit dem enormen Druck der sogenannten orthodoxen Marxisten der Zweiten Internationale auseinandersetzen. Bereits 1903, als Spaltungen in der Sozialdemokratische Partei begannen aufzutauchen, kritisierte die Mehrheit der Denker der Zweiten Internationale schon Lenins Bolschewisten, sowohl im Hinblick auf die politische Praxis der russischen Revolution wie auch im Hinblick auf philosophische Theorie. Um seine Unterstützung zu konsolidieren, versuchte Lenin alles, was er konnte, um die Rückendeckung dieser Philosophen zu erhalten; im Jahr 1909 glaubte er, dass seine Bemühungen begannen, Früchte zu tragen. Er glaubte sogar, dass er Rosa Luxemburg und Karl Kautsky auf seine Seite gezogen habe, sie „wurden von uns ideologisch gewonnen."[10] Wie wir später sehen werden, war Lenin hier übertrieben optimistisch. Zugleich begann Lenin in Reaktion auf Kritik im In- und Ausland öffentlich zu betonen, dass der revolutionäre praktische Weg des Bolschewismus zusätzlich zu

9   Vgl. Deborins „*Die Zerstörer der Dialektik in der Ausgabe vom Juni 1910 der Modernen Welt*.
10 W.I. Lenin, Über die Fraktion der Anhänger des Otsowismus und des Gottbildnertums, in: *LW*, Bd. 16, S. 47.

subjektiven proletarischen Elementen gemäß den „*objektiven*, [...] ökonomischen Bedingungen, die die Möglichkeit des ‚amerikanischen' Weges des Kapitalismus in Russland *bieten*"[11], begründet werde. Im Vergleich zu Lenins unterschiedlicher Betonung der objektiven und subjektiven Dimensionen in der Vergangenheit stellt dies im Hinblick auf theoretische Logik seinen ersten Versuch dar, die objektiven und subjektiven Dimensionen der historischen Dialektik zu vereinigen. Er hoffte, auf diese Weise zu betonen, dass die sozioökonomische Entwicklung des Kapitalismus in Russland (die objektive Dimension) eine wichtige reale Grundlage der proletarischen Revolution (subjektive Dimension) war. In einem Brief an Gorki von 1911 antwortete Lenin auf Gorkis Behauptung, dass die internationale Politik der Bolschewisten abenteuerliche Elemente enthalte, indem er schrieb, „nur im Wachstum des Kapitalismus liegt das Unterpfand des Sieges über ihn."[12]

Anfang 1913 schrieb Lenin im Gedenken an Marx' dreißigsten Todestag zwei einführende Artikel zur marxistischen Theorie. Der erste war „Die historischen Schicksale der Lehre von Karl Marx", der am 1. März 1913 in der *Prawda* veröffentlicht wurde.[13] Der andere Artikel, „Drei Quellen und drei Bestandteile des Marxismus", erschien ebenfalls im März 1913 im Magazin Proswestschenije. Diese beiden Artikel zeigen deutlich, dass Lenin bereits begonnen hatte, zunehmend das Erfassen und das Verständnis aller Theorien und Systeme der marxistischen Theorie zu betonen; dies unterschied sich von seiner früheren Haltung, bei der er sich primär auf den politischen und ökonomischen Inhalt des Marxismus konzentrierte. Ich glaube, dass dies das Ergebnis von Lenins erstem und zweitem systematischen Studium der philosophischen Theorie war wie auch seiner Beteiligung am philosophischen Streit seiner Tage. In diesen beiden Artikeln sehen wir, dass Lenins grundlegender Überblick über die unterschiedlichen historischen Epochen und Entwicklungswege wie auch seine Erklärung der grundlegenden theoretischen Prinzipien und des Hintergrunds des Marxismus sehr klar ist. Eine der wichtigeren Sichtweisen, die er hier zum Ausdruck bringt,

---

11   W.I. Lenin, Über einige Quellen der gegenwärtigen ideologischen Zerfahrenheit, in: *LW*, Bd. 16, S. 79-86, hier: S. 81.
12   W.I. Lenin, An A.M. Gorki, in: *LW*, Bd. 34, S. 433-436, hier: S. 434.
13   W.I. Lenin, Die historischen Schicksale der Lehre von Karl Marx, in: *LW*, Bd. 18, S. 576-579.

ist seine erste klare Erläuterung der **historischen** Essenz der marxistischen Theorie:

„Die Geschichte der Philosophie und die Geschichte der Sozialwissenschaft zeigen mit aller Deutlichkeit, dass der Marxismus nichts enthält, was einem ‚Sektierertum' im Sinne irgendeiner abgekapselten, verknöcherten Lehre ähnlich wäre, die abseits von der Heerstraße der Entwicklung der Weltzivilisation entstanden ist. Im Gegenteil: Die ganze Genialität Marx' besteht gerade darin, dass er auf die Fragen Antwort gegeben hat, die das fortgeschrittene Denken der Menschheit bereits gestellt hatte. Seine Lehre entstand als direkte Fortsetzung der Lehren der größten Vertreter der Philosophie, der politischen Ökonomie und des Sozialismus."[14]

Diese Erklärung ist äußerst bedeutsam. *Es ist unglücklich, dass dieses korrekte Verständnis durch Lenin sich unter dem stalinistischen System nicht fortsetzte.* In seiner Formulierung der marxistischen Philosophie betonte Lenin den Standpunkt des philosophischen Materialismus. Er begann ebenfalls zu erklären, wie Marx die Hegelsche Dialektik anwandte, um den Materialismus zu „bereichern". In seinem Artikel fasst er Dialektik als die „Lehre von der Entwicklung in ihrer vollständigsten, tiefgehenden und von Einseitigkeit freiesten Gestalt"[15] zusammen. Diese Theorie erlaubt es marxistischen Philosophen, "die Lehre von der Relativität des menschlichen Wissens, das uns eine Widerspiegelung der sich ewig entwickelnde Materie gibt" zu vertreten. Wir können jedoch auch sehen, dass Lenin hier weiterhin auf dem falschen Glauben besteht, dass der historische Materialismus Marx' Anwendung des philosophischen Materialismus zur „Erkenntnis der **menschlichen Gesellschaft**"[16] war.

---

14 W.I. Lenin, Drei Quellen und drei Bestandteile des Marxismus, in: *LW*, Bd. 19, S. 3-9, hier: S. 3.
15 A.a.O., S. 4.
16 A.a.O., S. 4-5.

Ebenfalls 1913, als er seinen Kampf gegen den Machismus mit Gorki diskutierte, erklärte Lenin entschieden, "da hilft keine Freundschaft, der Strauß wird ausgefochten", wobei er betonte, dass er, wenn Bogdanow und seine Anhänger nicht ihren Lehren aus den Ereignissen von 1908-1911 zögen, nur die Wahl habe, sie unermüdlich zu bekämpfen.[17] *Natürlich gaben Bogdanow und seine Anhänger ihre falschen Ansichten nicht auf, obwohl es scheint, dass Lenin keine weiteren öffentlichen Erklärungen gegen sie abgab, selbst als er sich einem weiteren systematischen Studium der philosophischen Theorie widmete.*

2. Die philosophischen Ansichten in „Karl Marx"

Anfang 1914 widmete sich Lenin der Verfassung eines Eintrags in der *Granat Enzyklopädie*, und das Ergebnis war „Karl Marx". Lenin begann im Frühling dieses Jahres zu schreiben, aber umfangreiche Verpflichtungen für die Partei und seine Arbeit für die *Prawda* behinderten seinen Fortschritt und hielten ihn davon ab, seine Arbeit rechtzeitig zu beenden. Daher war er gezwungen, dem Herausgeber am 8. Juli 1914 zu schreiben, um sich zu entschuldigen, dass er die Arbeit nicht beenden könne und um vorzuschlagen, eine andere Person zu finden, die den Artikel schreiben solle. Der Herausgeber schrieb am gleichen Tag zurück und beharrte darauf, dass Lenin den Artikel schreiben solle und erklärte sich bereit, das Abgabedatum zu verschieben. Lenin akzeptierte diese Einladung. Nicht viel später brach der erste Weltkrieg aus, und Lenin wurde von den österreichischen Behörden inhaftiert. Er konnte seine Arbeit erst fortsetzen, nachdem er im September 1914 nach Bern umgezogen war. Am 4. November 1914 schickte Lenin den vervollständigten Text von „Karl Marx" an die Herausgeber der *Granat-Enzyklopädie*. Band 28 der siebten Auflage des russischen *Enzyklopädischen Wörterbuchs Granat*, der im darauffolgenden Jahr veröffentlicht wurde, enthielt den Artikel von Lenin mit dem Namen W. Iljitsch. *Als dieser Text veröffentlicht wurde, waren die Artikel über „Sozialismus" und „Strategie des proletarischen Kampfs" nicht dabei.*

---

17 W.I Lenin, An A.M. Gorki, in : *LW*, Bd. 35, S. 47-50, hier: S. 49.

Es ist allgemein bekannt, dass Lenin sein Studium der Hegelschen Philosophie zur gleichen Zeit begann. Nach seinen Notizen in den *Berner Heften* beendete er die Lektüre der *Wissenschaft der Logik* am 17. Dezember jenes Jahres. Daher schließe ich, dass der Haupttext von „Karl Marx" höchstwahrscheinlich abgeschlossen wurde, als Lenin Hegel studierte. Wenn wir uns jedoch den Inhalt des Artikels ansehen, entdecken wir, dass Lenins theoretische Gedankensituierung, als Lenin das Stück im November schrieb, keine große Veränderung erfahren hatte. Wir wollen hier zunächst einen einfachen Überblick über die grundlegenden Sichtweisen der marxistischen Philosophie geben, wie sie in diesem Artikel zum Ausdruck kommen.

Lenin glaubte, dass der Marxismus das System von Marx' Sichtweisen und Lehren sei; ihr primärer Inhalt bestehe in ökonomischer Theorie, während eine philosophische Weltanschauung die Grundvoraussetzung des Marxismus bilde. Lenins Verständnis dieser Punkte war präzise.

Erstens betrachtet Lenin den philosophischen Materialismus immer noch als die Grundlage der marxistischen Philosophie. Da er solch wichtige Texte wie die Ökonomisch-philosophischen Manuskripte aus dem Jahre 1844 oder *Die Deutsche Ideologie* nicht lesen konnte, war er immer noch auf Engels' interpretative oder argumentative Texte angewiesen, um den Materialismus zu definieren. In diesem Text stammen Lenins Marxzitate primär aus dem *Anti-Dühring und Ludwig Feuerbach und der Ausgang der klassischen deutschen Philosophie*. In dem Artikel kann die primäre Grundlage von Lenins Argumentation auf Engels' Sichtweisen zu den grundlegenden Problemen der Philosophie und der materiellen Einheit der Welt zurückverfolgt werden. Trotzdem war das Niveau des Verständnisses von Marx' neuer materialistischer Weltanschauung immer noch nicht ausreichend vollständig, denn Lenin ordnete Marx' philosophische Revolution nach 1845 immer noch als allgemeinen **philosophischen Materialismus** ein.[18]

Natürlich hatte Lenin bereits akkurat den Unterschied zwischen Marx' Materialismus und dem alten Materialismus herausgestellt. **Zunächst**

---

18 Im Entwurf für seinen Text beginnt Lenin immer noch mit dem philosophischen Materialismus. Vgl. Lenins Plan für den Artikel „Karl Marx" in Lenin, Gesammelte Werke, Bd. 26, S, 373 (chinesisch). Vgl. auch W.I. Lenin, Drei Quellen und drei Bestandteile des Marxismus, in: *LW*, Bd. 19, S. 3-9.

identifizierte er die mechanische Natur des alten Materialismus. Das war korrekt, aber Lenin versteht diesen mechanischen Materialismus einfach als einen, der „die neueste Entwicklung der Chemie und Biologie (in unseren Tagen wäre noch hinzuzufügen: der elektrischen Theorie der Materie) nicht berücksichtigte"; das war unpräzise. Marx und Engels verwendeten den Begriff „mechanisch", um die allgemeinen Eigenschaften des alten Materialismus zu beschreiben, um zu erklären, auf welche Weise er die gleichen Kennzeichen hatte wie Newtons mechanische Theorie der Schwerkraft (1686). Dies war kein Problem, das auf ein Fehlen an wissenschaftlicher Entwicklung zurückzuführen war. **Zweitens** wies Lenin auf die „unhistorischen, undialektischen" metaphysischen Eigenschaften des alten Materialismus hin. Lenin schreibt, dass der alte Materialismus „den Standpunkt der Entwicklung nicht konsequent und allseitig zur Entwicklung brachte". Obwohl das nicht falsch war und obwohl Marx die unhistorische Natur von Feuerbachs altem Materialismus kritisierte, wollte er primär erklären, warum Feuerbach, da er die **historische Natur der materiellen Praxis** nicht verstand, nicht auf historische Weise mit der Natur und der menschlichen Existenz umgehen konnte. In seinem späteren Studium von Hegels Theorien sollte Lenin diesen Punkt tiefgehend verstehen. **Drittens** sah Lenin den alten Materialismus als etwas, das das menschliche Wesen abstrakt verstand, statt es als die Summe gesellschaftlicher Verhältnisse zu sehen.[19] Dieses Verständnis ist auch nicht ganz falsch, aber jene, die diesen Teil der Philosophiegeschichte kennen, wissen alle, das Marx' Kritik an Feuerbachs abstrakter Idee des menschlichen Wesens in den *Thesen über Feuerbach* primär dazu dient, die Logik von Feuerbachs **abstrakter humanistischer** Geschichtskonzeption der menschliche Entfremdung zurückzuweisen. Ausgehend von der tatsächlichen gesellschaftlichen Existenz ist dies ein Grundprinzip des **historischen** Materialismus. Zu jener Zeit jedoch kannte Lenin noch nicht die gesamte Formulierung des historischen Materialismus in der *Deutschen Ideologie* von Marx und Engels. Ich habe auch herausgefunden, dass Lenin im Entwurf für den späteren Text Marxens Philosophie als „dialektischen Materialismus, materialistische Geschichtskonzeption"

---

19 W.I. Lenin, Karl Marx, in: LW, Bd. 21, S. 41.

bezeichnet.[20] Das bedeutet, dass Lenin immer noch den ungenauen Glauben vertrat, dass historischer Materialismus die Anwendung des dialektischen Materialismus auf das Gebiet der Geschichte sei.

Weiterhin bringt Lenin vollständig sein Verständnis von Marx' dialektischer Philosophie zum Ausdruck. Obwohl Lenin noch nicht sein umfassendes Studium der Hegelschen Philosophie abgeschlossen hatte, konnte er bereits sagen: „In der Hegelschen Dialektik als der umfassendsten, inhaltsreichsten und tiefsten Entwicklungslehre sahen Marx und Engels die größte Errungenschaft der klassischen deutschen Philosophie".[21] Ich sollte darauf hinweisen, dass Lenins theoretischer Diskurs her bereits einige der Charakteristika des späteren stalinistischen Dogmatismus enthält. Zum Beispiel verwendet er **absolute Aussagen** wie „inhaltsreichsten", „umfassendsten" und „größte Errungenschaft". Ein anderes Beispiel ist die Verwendung der Formulierung "die Lehre von der Entwicklung in ihrer vollständigsten, tiefgehenden und von Einseitigkeit freiesten Gestalt" in „Drei Quellen und drei Bestandteile des Marxismus".[22] An dieser Stelle fährt Lenin fort, einige von Engels' allgemeinen Formulierungen der Dialektik zu zitieren, wie sie sich im *Anti-Dühring* oder in *Ludwig Feuerbach und der Ausgang der klassischen deutschen Philosophie* finden. Die bekannteste seiner Formulierungen über die Dialektik ist, dass sie die " Wissenschaft von den allgemeinen Bewegungsgesetzen in der äußeren Welt und im menschlichen Denken" sei. Die Substanz der Dialektik sei die Idee der Entwicklung. *Zu jener Zeit bemerkte Lenin nicht das holistische Konzept von Verbindungen in der Dialektik; für ihn erscheinen Verbindungen nur als ein Aspekt der Entwicklung. Daher:*

„Eine Entwicklung, die die bereits durchlaufenen Stadien gleichsam noch einmal durchmacht, aber anders, auf höherer Stufe (,Negation der Negation'), eine Entwicklung, die nicht geradlinig, sondern sozusagen in der Spirale vor sich geht; eine

---

20 W.I. Lenin, Plan für den Artikel „Karl Marx", in: *Lenins Gesammelte Werke*, Bd. 26, S. 372 (2. chin. Auflage).
21 W.I. Lenin, Karl Marx, in: *LW*, Bd. 21, S. 41.
22 W.I. Lenin, Drei Quellen und drei Bestandteile des Marxismus, in: *LW*, Bd. 19, S. 4.

sprunghafte, mit Katastrophen verbundenen, revolutionäre Entwicklung; ‚Abbrechen der Allmählichkeit'; Umschlagen der Quantität in Qualität; innere Entwicklungsantriebe, ausgelöst durch den Widerspruch, den Zusammenprall der verschiedenen Kräfte und Tendenzen, die auf einen gegebenen Körper einwirken oder in den Grenzen einer gegebenen Erscheinung oder innerhalb einer gegebenen Gesellschaft wirksam sind; gegenseitige Abhängigkeit und engster, unzertrennlicher aller Seiten jeder Erscheinung (wobei die Geschichte immer neue Seiten erschließt), ein Zusammenhang, der eine einheitlichen, gesetzmäßige Weltprozess der Bewegung ergibt – das sind einige Züge der Dialektik als der (im Vergleich zur üblichen) inhaltsreicheren Entwicklungslehre."[23]

Wir erkennen in Lenins Formulierung hier, dass er die neuen Eisichten, die er während seines Hegelstudiums gewonnen hatte, noch nicht zu seiner Erklärung der Dialektik hinzufügen konnte.

Drittens argumentiert Lenin, dass die materialistische Konzeption der Geschichte die Fehler vergangener Geschichtskonzeptionen beseitigt habe. Diese Fehler gehörten zur idealistischen Geschichtskonzeption, die glaubten, dass Denkmotivationen die Grundlage der Geschichte bildeten und die die Rolle der Volksmassen ignorierten. Obwohl diese beiden Punkte möglicherweise korrekt waren, konnten sie nur insofern vollständig sein, als dass sie auf der Grundlage des Wesens der historischen Praxis des historischen Materialismus begründet waren. Ich glaube, dass Lenins Erklärung der materialistischen Konzeption der Geschichte zeigt, dass er Marx' historischen Materialismus nicht vollständig verstand, denn er sieht den **historischen** Materialismus immer noch als die **Anwendung** des philosophischen Materialismus auf den Bereich des „menschlichen gesellschaftlichen Lebens" betrachtet. Vielmehr vermittelt die erste textuelle Erklärung, die Lenin ebenfalls zitiert, tatsächlich eine gegensätzliche Logik. Dieser Abschnitt war aus dem ersten Band von Marx' Kapital entnommen: „Die Technologie enthüllt das aktive Verhalten des Menschen zur Natur, den

---

. 23 W.I. Lenin, Karl Marx, in: LW, Bd. 21, S. 42-43.

unmittelbaren Produktionsprozess seines Lebens, damit auch seiner gesellschaftlichen Lebensverhältnisse und der ihnen entquellenden geistigen Vorstellungen."[24] Dieser Abschnitt erklärt tiefgehend die Essenz von Marx' neuer materialistischer theoretischer Situierung und korrigiert zugleich einige der fatalen Fehler des traditionellen philosophischen Materialismus. Marx' neuer Materialismus argumentiert, dass Materie nicht Ideen hervorbringe; nur der historische Fortschritt der Menschheit – und insbesondere das menschliche Leben selbst – kann die wirkliche Grundlage der geistigen Ideen einer bestimmten Zeit bilden. Technologie ist die grundlegendste produktive Struktur in der materiellen Produktionspraxis und reflektiert unmittelbar den **Umgang** des Menschen mit der Natur in einer bestimmten Zeit. Mit anderen Worten, sie reflektiert in menschlichen Begriffen **die materielle Existenz, die in der historischen praktischen Aktivität des Menschen verändert wird.** Diese materielle Existenz bezog sich primär nicht auf materielle Substanz, sondern auf das soziale Leben des Menschen selbst. Daher glaubte Marx, dass es keine abstrakte Beziehung zwischen Materie und Bewusstsein gebe. Er argumentierte vielmehr für ein konkretes Verhältnis zwischen gesellschaftlicher Existenz und einem auf **historischer Praxis basierenden** Bewusstsein; alles Bewusstsein sei lediglich **historisches, gesellschaftliches** Bewusstsein. An diesem Punkt konnte Lenin die zugrundeliegende Wahrheit nicht erkennen. In der nächsten Zeile, die Lenin aus dem Vorwort von Marx' *Kritik der politischen Ökonomie* zitiert, lesen wir: „Es ist nicht das Bewusstsein der Menschen, das ihr Sein, sondern umgekehrt ihr gesellschaftliches Sein, das ihr Bewusstsein bestimmt."[25] Tatsächlich wandte Marx nicht den philosophischen Materialismus auf den Bereich der Gesellschaftsgeschichte an, sondern untersuchte vielmehr die wirkliche Grundlage eines neuen Materialismus in den Veränderungen der gesellschaftlichen Praxis; seine generative Logik war umgekehrt. Lenin befand sich mit **Dietzgen** in einer geschlossenen theoretischen Schleife und erklärte die Dinge daher verkehrt herum.

In seinen späteren Erklärungen des Klassenkampfs, ökonomischer Lehren und sozialistischer Theorien war Lenins Diskussion grundlegend korrekt.

---

24 Zit. nach a.a.O., S. 43.
25 Zit. nach a.a.O., S. 44.

Trotzdem übersieht Lenin in seiner Erklärung der marxistischen ökonomischen Theorie völlig Marx' Kritik der drei großen Fetischismen, eine Theorie mit tiefgehender philosophischer Bedeutung. Es ist sicherlich bedauerlich, dass Lenin nicht erkannte, dass Bogdanow diese exakte Theorie in eine Waffe gegen den philosophischen Materialismus verkehrt hatte. Erst **Geschichte und Klassenbewusstsein** des jungen Lukács brachte Marx' Lehren zu diesem Punkt wieder vor, allerdings in einer nicht-wissenschaftlichen Form.

Gegen Ende des Abschnitts fügt Lenin einen weiteren Absatz mit dem Titel „Die Taktik des proletarischen Klassenkampfs" ein. In diesem Absatz können wir unschwer sehen, dass es Lenins Motiv war, eine subjektiv aktive theoretische Basis für die revolutionäre Praxis seiner bolschewistischen Partei zu finden. Aus diesem Grund beginnt er mit den Worten „Marx, der es schon 1844/45 als einen der Hauptmängel des alten Materialismus bezeichnet hatte, dass er die Bedingungen der revolutionären praktischen Tätigkeit nicht zu begreifen und deren Bedeutung nicht einzuschätzen wusste, [...] wobei wir betonen, dass Marx den Materialismus ohne diese Seite mit Recht für halb, einseitig und leblos hielt."[26] Tatsächlich kritisierte Marx nicht Feuerbachs alten Materialismus; vielmehr kritisierte er gleichzeitig Feuerbach und Hegel, wobei er darauf hinwies, dass Ersterer nicht von aktiver revolutionärer Praxis ausgehe und die materielle Existenz aus der Perspektive der sinnlichen, weltverändernden Aktivität verstehen könne, während Letzterer fälschlich die aktive Subjektivität in geistige Aktivität verwandle. Lenin geht unmittelbar von Marx' Kritik weiter zur Analyse der tatsächlichen proletarischen Revolution; obwohl er scheinbar Marx' grundlegende Lehren erklärt, ist es sein wirkliches Ziel, in Marx' Begriff des Dynamismus eine legitime theoretische Unterstützung für die russische proletarische Revolution zu finden. Noch wichtiger ist, dass Lenin keine unmittelbare Legitimierung aus dem philosophischen Materialismus beziehen konnte, den er und Plechanow vertraten. *Diese wichtige theoretische Grundlage wurde letztlich bis zu Lenins Studie der Hegelschen Philosophie in den <u>Berner Heften</u> durch sein tieferes Verständnis der der Marxschen Philosophie inhärenten revolutionären Dynamik durch die Verwendung praktischer Dialektik nicht logisch bewiesen.*

26   A.a.O., S. 63-64.

3. Anhaltspunkte der Ideengeschichte des Marxismus

Als enzyklopädischer Eintrag enthielt Lenins Artikel „Karl Marx" zum Schluss eine detaillierte Bibliographie. Aus dieser bibliographischen Information können wir ersehen, dass Lenins Forschung seriös und umfassend war und bereits die Form einer professionellen wissenschaftlichen Arbeit angenommen hatte. In seiner Bibliographie finden wir den marxistischen philosophischen historischen Gedankengang, den Lenin zu jener Zeit verstand. *Im Schreibentwurf für diesen Text schrieb Lenin, dass er eine Überblicksdiskussion des Entwicklungsprozesses des Marxismus geben wolle.*[27]

Lenins Verständnis des Prozesses der philosophischen Veränderung beim jungen Marx kann offensichtlich als **„Theorie der einzelnen Verschiebung"** zusammengefasst werden. Lenin verstand bereits, dass Marx Doktorarbeit über die epikureische Naturphilosophie von 1841 am Standpunkt des Hegelschen Idealismus festhielt. Das war richtig. *Im Vorwort zu diesem Artikel in der Enzyklopädie erkannte Lenin diesen Punkt ebenfalls korrekt.* Trotzdem glaubte Lenin, als er die Artikel untersuchte, die Marx 1842 veröffentlicht hatte, als er für die *Rheinische Zeitung* arbeitete, dass sich hier „Anzeichen für Marx' Übergang vom Idealismus zum Materialismus und vom revolutionären Demokratismus zum Kommunismus" finden. Lenin erklärt weiter, dass sich dieser Übergang „endgültig vollzieht", als Marx zusammen mit Ruge als Chefredakteur der *Deutsch-Französischen Jahrbücher* arbeitete.[28] Diese Schlussfolgerung ist offensichtlich unpräzise. Selbst wenn wir uns nur die Texte ansehen, die Lenin zu jener Zeit zur Verfügung standen, können wir immer noch schlussfolgern, dass das Denken des jungen Marx vor 1843 immer noch idealistisch war. In den Artikeln, die er für die *Rheinische Zeitung* schrieb, war Marx' grundlegende philosophische Logik eine hegelianische idealisierte Theorie der Präeminenz der Idee; er verwendet Formulierungen wie „gemeiner Materialismus" und „Theorien, die man mit drei Kupfermünzen kaufen kann", um den Materialismus zu

---

27 W.I. Lenin, Plan für den Artikel „Karl Marx", in: *Lenins Gesammelte Werke*, Bd. 26, S. 375 (2. chin. Auflage).
28 W.I. Lenin, Karl Marx, in: *LW*, Bd. 21, S. 69.

beschreiben. Daher können wir über den jungen Marx zu jener Zeit höchstens sagen, dass er das Gefühl hatte, dass das materielle Interesse im sozialen Leben immer „die Vorherrschaft hatte". Jenseits davon ist es unmöglich zu sagen, dass der philosophische oder politische Standpunkt des jungen Marx zu jenem Zeitpunkt in seinem Leben eine Veränderung erfahren habe. Es ist offensichtlich, dass es an diesem Punkt in seinem Text ernsthafte Probleme mit Lenins qualitativen Schlussfolgerungen gab. *Ich kann nicht sagen, ob Lenins Schlussfolgerungen auf Dokumenten aus erster Hand basierten oder ob er die Ansichten anderer zitierte. Ich glaube, dass die zweite Möglichkeit etwas wahrscheinlicher ist.* Trotzdem können wir Lenin seine Fehler hier nicht vorwerfen, denn er hatte Marx' *Kreuznacher Hefte* von 1843 nicht lesen können, daher konnte er nicht wissen, dass Marx in seinen auf der französischen Revolution basierenden historischen Studien **selbst verstand**, dass soziale Strukturen in der Sozialgeschichte auf Eigentumsverhältnissen basieren. Dies führte dazu, dass Marx die Sichtweisen von Feuerbachs philosophischem Materialismus akzeptierte. Hier zitiert Lenin lediglich eine Schlussfolgerung, zu der Engels gelangte, dass Engels und der junge Marx unter den Einfluss Feuerbachs gerieten und eine Zeitlang Feuerbachianer wurden.[29]

Tatsächlich war Marx' Übergang zum Materialismus nicht so einfach und externalisiert wie Engels glaubte. Der Übergang des jungen Marx zum Materialismus wurde primär intern durch seine historische Forschung realisiert; er identifizierte sich erst später mit Feuerbachs Standpunkt.[30] Weiterhin war die politische Position des jungen Marx, als er für die *Rheinische Zeitung* arbeitete, immer noch demokratisch und nicht im Mindesten kommunistisch. Daher fand die zweifache politisch-philosophische Verschiebung, die der junge Marx durchmachte, nicht 1842 statt, sondern vielmehr Ende 1843, als er die *Kritik der Hegelschen Rechtsphilosophie* zu schreiben begann und seine Untersuchung in den *Kreuznacher Heften* begann (Mai-Oktober 1843). Diese Veränderung war 1844 abgeschlossen, aber weil Lenin den bedeutenden Einfluss des jungen Engels und von Hess

---

29 A.a.O., S. 40.
30 Vgl. den ersten Abschnitt des zweiten Kapitels meines Buchs *Zurück zu Marx*.

auf Marx ebenso wenig kannte wie die Existenz der *Pariser Hefte* und der Ökonomisch-philosophischen Manuskripte aus dem Jahre 1844, konnte er nicht erkennen, dass die Veränderung des jungen Marx zu jener Zeit nicht die marxistische Theorie an sich begründete, sondern vielmehr einfach die **erste** Verschiebung in Marx' philosophischem Denken war. Das Wesen dieser Verschiebung bestand in allgemeinem philosophischem Materialismus und philosophischem Kommunismus. Lenin konnte noch nicht einmal die Zwischenstufe entdeckt haben, die der junge Marx durchlaufen hatte. Dies war eine Stufe, die durch die humanistische Entfremdungskonzeption der Geschichte definiert war, in der die Arbeit das Wesen der Spezies des Menschen formt, und durch ethisches kommunistisches Denken, die aus der Aufhebung der Entfremdung resultiert. *Weiter bildeten sich, wie Lenins Text von 1913, „Die historischen Schicksale der Lehre von Karl Marx" aufzeigt, Marx' Ansichten über die historische Mission der proletarischen Klasse 1844 mit der Veröffentlichung der* Heiligen Familie *zusammen mit Engels heraus.*[31]

Zusammen mit Professor Sun Bokui glaube ich, dass Marx' zweite philosophische Verschiebung 1845 stattfand. In einer Reihe von Texten, zu denen Lenin keinen Zugang hatte (darunter den, den ich die *Brüsseler Hefte A* vom Februar 1845 nenne, Über F. Lists Buch „Das nationale System der politischen Ökonomie" vom März 1845, die *Brüsseler Hefte B* von 1845 und die *Deutsche Ideologie*), wie auch die *Thesen über Feuerbach*, in den „Keime einer neuen Weltanschauung" zu finden waren, verwirklichte Marx diese zweite revolutionäre philosophische Verschiebung. Erst nach dieser Verschiebung fand die eigentliche Begründung der marxistischen Lehre statt. Ebenso wurden durch diese Verschiebung der grundlegende Rahmen der allgemeinen Theorie des historischen Materialismus und die Lehre des wissenschaftlichen Sozialismus, der auf die sozialhistorische Realität zielte, zuerst begründet.

Wir können sehen, dass Lenin in der Übersicht der nach 1846 geschriebenen Texte sehr genau die Textgeschichte von Marx und Engels wie auch die tatsächliche Geschichte der kreativen Praxis der proletarischen Revolution

---

31 W.I. Lenin, Die historischen Schicksale der Lehre von Karl Marx, in: *LW*, Bd. 18, S. 576.

zusammenfasst. Diese Zusammenfassung beinhaltete Informationen über die Veröffentlichung der Texte von Marx und Engels nach ihrem Tod mit einer speziellen Hervorhebung der russischen Übersetzungen der klassischen Texte von Marx und Engels. Diese genaue Zusammenfassung der historischen Bedingungen dieser Texte zeigt den Umfang und die Tiefe von Lenins Zugriff auf historische Materialien.

Der wichtigste Index ist hier Lenins thematische Zusammenfassung moderner wissenschaftlicher Arbeiten mit Bezug zur marxistischen Forschung. Lenin glaubte, dass die vielen Autoren, die den Marxismus studierten, in drei Kategorien unterteilt werden könnten: „Marxisten, die im Wesentlichen auf dem Marxschen Standpunkt stehen, bürgerliche Autoren, die dem Marxismus im Wesentlichen feindlich gegenüberstehen, und Revisionisten, die angeblich die einen oder anderen Grundsätze des Marxismus anerkennen, ihn aber faktisch durch bürgerliche Anschauungen ersetzen."[32] Zusätzlich liefert Lenin eine detaillierte Kategorisierung der Texte selbst. Er beginnt mit Biographien von Marx, fährt dann fort, Texte zur marxistischen Philosophie und zum historischen Materialismus zu zitieren, dann Bücher über Marx' ökonomische Theorien und schließlich Texte zur Zweiten Internationale und zu Russland. Es lohnt sich, darauf hinzuweisen, dass wir aus dieser kategorisierten Besprechung von Texten die philosophischen Ideen und Standpunkte erkennen können, die die Situierung von Lenins Gedanken zu jener Zeit formten.

In diesen biographischen Texten finden wir solche Namen wie Engels, Liebknecht, Lafargue, Mehring, Kautsky, Zetkin, Annenkow, Schurz und Kowalewski. Die Mehrheit dieser Menschen kam zu Marx' Lebzeiten unmittelbar mit ihm in Kontakt. Daher vermitteln ihre Erinnerungen ein Gefühl, tatsächlich dabei zu sein, eine wahrhafte Aktualität.

Von den vielen Autoren, die die marxistische Philosophie studierten, stellte Lenin immer noch seinen eigenen Lehrer, Plechanow, in den Vordergrund. Die Mehrheit der hier diskutierten Texte des 20. Jahrhunderts, die in die marxistische Philosophie einführen und sie diskutieren, war von ihm geschrieben. Lenin nennt diese Werke die „beste Darlegung" der

---

32 W.I. Lenin, Karl Marx, in: *LW*, Bd. 21, S. 74.

marxistischen Philosophie.[33] Ich glaube, dass Lenin, unabhängig von den politischen Differenzen zwischen ihm und Plechanow, seinen Lehrer immer noch als die wichtigste Grundlage seines philosophischen Lernens betrachtete. Diese philosophische Abhängigkeit sollte sich erst ändern, als Lenin die letzten Stufen seines Studiums der Hegelschen Philosophie erreichte. An diesem Punkt erkannte Lenin durch seine mühsame philosophische Forschung, dass die Mehrheit der Marxisten, darunter Plechanow, Marx nicht wirklich verstand. Der zweite Gelehrte, den Lenin an dieser Stelle zitiert, ist der Italiener Antonio Labriola, dessen *Historischer Materialismus* eine herausragende Rolle in Lenins Text spielt. Es ist uns nicht möglich einzuschätzen, ob Lenin Labriolas Buch gelesen hatte oder nicht. Nach Adoratskij bestellte Lenin 1920 zwei Bücher des italienischen marxistischen Philosophen Labriola: *Historischer Materialismus* und Über Philosophie. In diesem Buch interpretiert Labriola die marxistische Philosophie auf eine Weise, die sich von der interpretativen Logik, die ihre Wurzeln bei Dietzgen und Plechanow hat, unterscheidet. Labriola benutzt den historischen Materialismus als logische Grundlage bei der Interpretation von Marx' Gedankengang. Mehrings Über den historischen Materialismus näherte sich diesem Problem im Wesentlichen aus der gleichen Perspektive. Zusätzlich zitierte Lenin eine große Zahl von Werken, die den Marxismus diskutierten oder kritisierten, wobei er eine kurze Besprechung eines jeden vornahm.

Beim Studium der marxistischen Ökonomie führen die Werke von Kautsky und Bernstein die Liste an, während Hilferdings Finanzkapital als „eine Weiterentwicklung der ökonomischen Anschauungen von Marx in Anwendung auf die neuesten Erscheinungen des Wirtschaftslebens" gelobt wird.[34] Eine solche Einschätzung ist offensichtlich übertrieben; in seinen späteren Anmerkungen zum Imperialismus sollte Lenin auch zu einem wichtigen neuen Verständnis von Hilferding gelangen. Lenin erwähnt auch, dass Hilferdings auffallende Irrtümer in der Werttheorie von Kautsky korrigiert wurden. Lenin nennt Rosa Luxemburgs *Die Akkumulation des Kapitals* ein neues Werk zur marxistischen Theorie der Akkumulation des

---

33   A.a.O., S. 75.
34   A.a.O., S. 78.

Kapitals, obwohl seine Bewertung deutlich niedriger ist als seine Meinung über Hilferdings Werk, wenn er drei Aufsätze zitiert, die Luxemburgs Text kritisieren. *Zu jener Zeit hatte es noch keine direkte Debatte zwischen Luxemburg und Lenin über Fragen der proletarischen politischen Parteien und die Diktatur des Proletariats gegeben.*

Ganz zum Schluss seines Textüberblicks gibt es zwei Zentren von Lenins Denken. **Erstens** wollte er die Probleme des Revisionismus von innerhalb des Marxismus identifizieren, wobei er sich hauptsächlich auf Bernsteins Werk und Kautskys Kritik an ihm bezog. **Zweitens** wollte er die Texte der russischen Narodniki im Hinblick auf den Marxismus diskutieren und korrigieren.

In Lenins Schlussfolgerung zu diesem Text heißt es: „Für die richtige Beurteilung der Marxschen Anschauungen ist es unerlässlich, sich mit den Werken seines nächsten Gesinnungsfreundes und Mitarbeiters Friedrich Engels bekannt zu machen. Man kann den Marxismus nicht verstehen und nicht in sich geschlossen darlegen, ohne sämtliche Werke von Engels heranzuziehen."[35] *Das ist eine deklaratorische Satzform, die Lenin auf eine Art mochte. Jedoch sollte Lenin bald erkennen, dass es ohne Hegels Wissenschaft der Logik zu verstehen unmöglich ist, Marx <u>Kapital</u> korrekt zu verstehen. Natürlich war dies Lenins letzte Schlussfolgerung, nachdem er Hegels Philosophie studiert hatte.*

---

35 A.a.O., S. 80.

Kapitel 8
Lenins *Konspekt zum „Briefwechsel zwischen Karl Marx und Friedrich Engels"*

Der *Briefwechsel zwischen Marx und Engels* (1844-1883) (im Folgenden abgekürzt als *Briefwechsel*) war ein äußerst wichtiges Dokument von Notizen, das Lenin Ende 1913 schrieb.[1] *Chronologisch gesehen wurde dieser Text offensichtlich vollendet, bevor Lenin „Karl Marx" schrieb.* In diesem Dokument sehen wir einen wichtigen Grund für Lenins verändertes Verständnis von Marx' materialistischer Dialektik. Der Grund hierfür war Lenins Anerkennung der wesentlichen Rolle, die Hegel bei der theoretischen Begründung des Marxismus spielte. Im *Briefwechsel* entdeckte Lenin, dass Marx und Engels, jedes Mal, wenn sie über Dialektik diskutierten, unweigerlich Hegel erwähnten; für Lenin schien es so zu sein, dass die Frage, ob jemand Hegels Philosophie verstand oder nicht, zu einem äußeren Zeichen dafür wurde, ob jemand die Dialektik verstand oder nicht. Es ist der Denksituierungspunkt, der in sich in der Gesamtstrecke der Lektüre des Briefwechsels zwischen Marx und Engels unaufhörlich verstärkte und klarer artikulierte. Natürlich berührt Lenins Briefwechsel eine große Bandbreite wissenschaftlicher Felder, aber der Fokus unserer Analyse und

---

[1] Der Briefwechsel zwischen Marx und Engels wurde von Bebel und Bernstein auf Bitten von Engels herausgegeben und veröffentlicht. Dieses Buch wurde im September 1913 durch den Dietz-Verlag veröffentlicht. Anscheinend erhielt Lenin dieses Buch gleich nach seiner Veröffentlichung.

Interpretation wird primär auf Lenins philosophischem Denkraum liegen, daher ist unsere Untersuchung unvermeidlich durch Zweckmäßigkeit und Selektivität gekennzeichnet.

1. Dialektik: Warum Hegel?

In meiner grundlegenden Charakterisierung von Texten in der Textinterpretation gehören Briefe zur zweiten Kategorie von Texten: **generative Texte**. Indem wir Korrespondenztexte untersuchen, insbesondere die Korrespondenz zwischen zwei engen Freunden, können wir besser die wirkliche Essenz des Gedankenaustauschs herausfinden, da die Schreiber frei sind von der unmittelbaren Beobachtung durch ideologische Andere. Daher war es für Lenin, als er den Briefwechsel zwischen Marx und Engels las, so, als könne er unmittelbar den wirklichen Dialog zwischen den beiden Männern beobachten. Dieser Dialog bildete die wahrhaftigste Denkbedingung, und Lenins Lektüre dieses Dialogs war ein **Neudenken der Gedankensituierung von Marx und Engels**. Zugleich inspirierte dies natürlich Lenins Selbstreflexion und Selbstbeobachtung, was zu einer komplexeren Wahrnehmung des **multidimensionalen Denkraums** führte. Es ist offensichtlich, dass Lenins Denksituierung zu jener Zeit die Situierung, die sich im Briefwechsel zwischen Marx und Engels zeigte, nicht unmittelbar „integrieren" konnte; Lenins Situierung drückte sich vielmehr in einer „nach oben blickenden" logischen Dimension aus.

Lenin schien sich der oben genannten Bedeutung des Briefwechsels sehr bewusst zu sein und konzentrierte sich daher ernsthaft auf seine Untersuchung der Korrespondenz von Marx und Engels. Bereits 1907 gab er selbst einen Band mit Briefen von Marx an Dr. Kugelmann heraus und schrieb auch ein russisches Vorwort zu den Briefen von Marx und Engels. *Nicht lange, nachdem er den Briefwechsel von Marx und Engels gelesen hatte, schrieb Lenin eine Besprechung davon, die in der Ausgabe von 1914 des Magazins* <u>Prosweschschenje</u> *erschien. Nachdem er jedoch den Anfang des Artikels geschrieben hatte, hörte Lenin auf, daran zu arbeiten. Im November 1920 veröffentlichte Lenin den unvollendeten Artikel zur Feier des hundertsten Geburtstags von Engels in der Prawda.*[2] Lenin gefiel die redaktionelle Bearbeitung von Bernstein nicht, und er schrieb, „Bernstein hätte – nach seiner traurig berühmten ‚Evolution' zu extrem opportunistischen Ansichten – nicht die Redaktion von Briefen übernehmen dürfen, die durch und durch revolutionären Geist atmen."[3] *Das war der Grund, warum Lenin Adoratskij 1922 damit beauftragte, den Briefwechsel von Marx und Engels neu herauszugeben. Diese leserfreundliche Ausgabe wurde Ende 1922 veröffentlicht. Lenin lobte den wissenschaftlichen und politischen Wert des Briefwechsels von Marx und Engels in hohen Tönen:*

„Nicht nur, dass Marx und Engels hier dem Leser mit besonderer Prägnanz in ihrer ganzen Größe sichtbar werden. Der überaus reiche theoretische Gehalt des Marxismus entfaltet sich hier höchst anschaulich, denn Marx und Engels kommen in ihren Briefen wiederholt auf die verschiedensten Seiten ihrer Lehre zurück, indem sie – manchmal gemeinsam beratend und einander überzeugend – das (früheren Ansichten gegenüber) Neueste, das Wichtigste und Schwierigste hervorheben und erläutern."[4]

Es fällt nicht schwer zu erkennen, dass Lenins Feststellung hier von Herzen kam. Ich glaube, dass er die wirkliche Unmittelbarkeit und das Gefühl von Präsenz sehen konnte, die die Korrespondenz von Marx und Engels erkennen ließ.

Wenn wir die Dokumente untersuchen, die uns zur Verfügung stehen, dann wurde Lenins „Entwurf" über den Briefwechsel von Marx und Engels auf 76 Seiten eines Notizhefts geschrieben. Auf dem Umschlag des Notizhefts schrieb Lenin die Worte „Briefwechsel von Marx und Engels". *An der oberen linken Ecke des Umschlags finden wir eine redaktionelle Bemerkung von Nadja Krupskaja:* XVI. Lenin las die deutsche (Stuttgarter) Ausgabe des Briefwechsels *von Marx und Engels* vom September 1913, die 1386 Briefe enthielt, die Marx und Engels einander geschrieben hatten.

---

2 Dieser Text vervollständigte lediglich eine allgemeine Würdigung wie auch einen Gesamtüberblick über Engels frühe Briefe. Vgl. W.I. Lenin, Der Briefwechsel von Marx und Engels, in: LW, Bd. 19, S. 548-554.
3 A.a.O., S. 548.
4 A.a.O., S. 549.

Lenin studierte diese vier dicken Bände sorgfältig und hob den Inhalt von etwa 300 Briefen hervor. Wenn wir uns konkret das Geschriebene in dem Notizheft ansehen, dann sehen wir, dass Lenin vier verschiedene Farbstifte in diesem Entwurf verwendete (hellschwarz, dunkelschwarz, rot und hellblau). Daraus können wir ersehen, dass er diese Briefe mehrfach las, überdachte und studierte. Wenn wie uns die Faksimiles des Textes ansehen, dann ist es offensichtlich, dass Lenin zunächst einen hellschwarzen Stift benutzte, um seinen ersten Entwurf zu machen, der bereits einige frühe Markierungen enthielt (Unterstreichungen und Klammern). In Lenins zweiter Lektüre benutzte er einen dunkelschwarzen Stift, mit dem er einige der früheren Markierungen **nachzog**, die er mit dem helleren Stuft gemacht hatte, und einigen weitere Markierungen vornahm (Unterstreichungen, Linien am Rand und Seitenzahlen in Bezug auf sein Notizbuch usw.). Lenins dritte Lektüre fand mit einem roten Stift in der Hand statt, den er auch benutzte, um Kommentare und einige wenige Markierungen hinzuzufügen; zusätzlich können wir auch einige Unterstreichungen, Markierungen und Zahlen finden, die mit einem blauen Stift geschrieben wurden. Beim bloßen Blick auf den Text ist es offensichtlich, dass Lenin seine Lektüre und sein Studium dieses Textes sehr ernst nahm.

Von den 76 Seiten mit Notizen verwendete Lenin 61 Seiten, um seine Notizen über die vier Bände Brief*wechsel* niederzuschreiben. Beginnend auf Seite 62 fertigt Lenin Exzerpte von 19 Briefen zwischen Marx und Engels an. Ich habe herausgefunden, dass die Ausgabe, die zurzeit gedruckt wird, keine unmittelbare Publikation von Lenins Originalnotizen, sondern vielmehr ein **neu strukturierter zusammengesetzter** Text ist. Als die ersten 61 Seiten von Lenins Notizen editiert und herausgegeben wurden, bezogen die sowjetischen Wissenschaftler strukturell den Inhalt der Originalbriefe in den gedruckten Text mit ein, wobei sie soweit gingen, Lenins Lektüreanmerkungen (wie Unterstreichungen, Randlinien und die Buchstaben „NB" usw.) in bestimmten Teilen des Textes zu markieren. Daher sollten wir, um diesen Text spezifischer zu bestimmen, sagen, dass er aus Lenins Entwürfen, Exzerpten und Lektüreanmerkungen zum *Briefwechsel von Marx und Engels* zusammengesetzt ist; dieser Text ist wirklich ein typischer situierender Textentwurf. Die Herausgeber versuchten offensichtlich, diese Methode zu verwenden, um die komplexen Umstände von Lenins Denken zu jener Zeit wiederherzustellen, eine Vorgehensweise, die unser Lob verdient.

Die vorhandenen Notizbücher zeigen, dass Lenin nicht mit dem ersten Band des *Briefwechsels* begann; vielmehr begann er mit dem zweiten, dann dem vierten, dem ersten und endete schließlich mit dem dritten Band. Wenn wir uns Lenins Notizbücher ansehen, sehen wir, dass die ersten zehn Seiten Lektüreüberblicke des zweiten Bandes sind. Seite 11-31 waren Überblicke des vierten Bandes, die Seiten 33-43 über den ersten Band und schließlich waren die Seiten 33-43 ein Überblick über den dritten Band. Beginnend mit Seite 62 fängt Lenin an, exzerpierte Abschnitte aus 19 Briefen aufzuschreiben. Ganz zum Schluss der Notizbücher bringt Lenin einen Namensindex. Unsere Interpretation wird entsprechend der Abfolge von Lenins Lektüre vorgehen. Daher wollen wir mit dem zweiten Band des *Briefwechsels* von Marx und Engels beginnen.

Der zweite Band des Briefwechsels von Marx und Engels beinhaltet die Briefe, die Marx und Engels ab Januar 1854 miteinander gewechselt haben. Während dieser Zeit umfasste der Fokus der Diskussionen von Marx und Engels die militärischen Kampagnen verschiedener Länder überall auf der Welt, darunter Russland; der primäre Inhalt konzentrierte sich auf den Überblick über verschiedene militärische Auseinandersetzungen durch Engels. Diese Diskussionen waren für Lenin nicht sehr interessant. Der erste Entwurf, den er schreibt, betrifft einen Brief vom 3. Mai von Marx an Engels. Ich denke, das, was hier Lenins Interesse erregte, war Marx' Diskussion der religiösen Probleme zwischen verschiedenen Nationen. Eine Analyse späterer Entwürfe zeigt, dass Lenin bei seiner Lektüre keinen **klaren Zweck** verfolgte, sondern dass er, basierend auf dem Diskussystem, mit dem er bereits vertraut war, dazu tendierte, sich stärker auf den sozialen Kampf, die Details historischer Fakten und die Diskussion der Ökonomie zu konzentrieren. Daher steht der Inhalt, den er zu Beginn des **Briefwechsels** bringt, tendenziell in einer Beziehung zu diesen Themen.

In einem Brief von Marx an Engels vom 15. August 1857 erklärte Marx scherzhaft, dass er um als Militär in Lenins „Forum" zu agieren, in Annäherung an die Auseinandersetzungen in Delhi, Dialektik verwenden würde, um seine Nichtprofessionalität in einigen der Diskussionen zu militärischen Fragen aufzulösen. Lenin hatte hieran offensichtlich Interesse, aber er war etwas enttäuscht. Lenin schreibt in seinem Resümee: „Dialektik = Eklektizismus (ein Scherz), es ist möglich, dass ich (K. Marx) nicht recht habe (betreffs der Engländer in Delhi – 1856), aber dann ist ‚mit einiger Dialektik' zu helfen." Lenins ärgerliche Schlussfolgerung war, „habe zweideutig geschrieben".[5] Nicht lange nach diesem Witz diskutiert Marx wieder die Dialektik; jedoch verwies dieser Moment der Dialektik als Methode unmittelbar auf den **idealistischen** Hegel.

Am 16. Januar 1858 schrieb Marx aufgeregt an Engels, um ihn zu informieren, dass seine ökonomische Forschung große Fortschritte gemacht habe, zum Beispiel bei der Überwindung der Lehre der Profite in der traditionellen ökonomischen Forschung. Ebenfalls in diesem Brief erwähnte Marx zufällig verschiedene Bücher von Hegel, die ihm jemand gegeben hatte. Marx schrieb, dass er die *Wissenschaft der Logik* durchgelesen habe, und dass ihm dieses Buch „in der Methode des Bearbeitens… großen Dienst geleistet" habe. Marx fuhr fort, „wenn je wieder Zeit für solche Arbeiten kommt, hätte ich große Lust, in 2 oder 3 Druckbogen das Rationelle an der Methode, die H[egel] entdeckt, aber zugleich mystifiziert hat, dem gemeinen Menschenverstande zugänglich zu machen".[6] Dieser Abschnitt von Marx verwunderte Lenin ohne Zweifel. Er schrieb zunächst, „das Rationelle in Hegels ‚Logik', in seiner Methode" und machte dann einen Kasten, um sich selbst zu erinnern: „Marx 1858: hat Hegels ‚Logik' wieder durchgeblättert und hätte gern in 2 oder 3 Druckbogen dargelegt, was in ihr das Rationelle ist." Schließlich setzt er die Worte „ohne seine, Hegels, ‚Mystifikation'" in einen Kasten.[7]

Ich glaube, dass Marx' Kommentar hier etwas war, das Lenin nicht erwartete. Zunächst, weil Lenin nicht verstand, wie Marx in seiner eigenen marxistischen ökonomischen Forschung Hegels Philosophie eine solche Bedeutung beimessen konnte, was der Grund ist, warum er „1858" schrieb. *Er war verwirrt, weil er in seiner eigenen ökonomischen Forschung nicht an diesen methodologischen Gedankenpunkt dachte; zudem war seine*

---

5   W.I. Lenin, Konspekt zum *„Briefwechsel von Marx und Engels 1844-1883"*, Berlin 1963, S. 33.
6   A.a.O., S. 40.
7   A.a.O.

grundlegende Haltung gegenüber allem philosophischen Idealismus völlige Ablehnung und Kritik. **Zweitens** sah Lenin zum ersten Mal, wie Marx erklärte, dass die dialektische Methode primär in Hegels *Wissenschaft der Logik* dargelegt worden war, dass dies aber immer noch Dialektik in mysteriöser Form war. Dies hinterließ bei ihm offensichtlich einen tiefen Eindruck. **Drittens** schrieb Marx, dass er selbst plane, die Dialektik in einer zugänglicheren wissenschaftlichen Weise auszudrücken. Ich glaube, dass dies der erste wichtige philosophische Gewinn für Lenin in seinem Studium des *Briefwechsels* von Marx und Engels war, auch wenn er für Lenin zufällig war. A.I. Wolodin kommentiert diesen Punkt ebenfalls.[8]

Ein weiterer Grund, warum ich dies einen wichtigen Gewinn nenne, ist der, dass Lenin in seinen späteren Entwürfen unmittelbar einen anderen Moment bemerkt, wo Marx die Dialektik diskutiert, im primären Inhalt eines anderen Briefs, den Marx etwa zwei Wochen später an Engels schreibt. In diesem Brief erzählt Marx Engels, dass er Lassalles *Die Philosophie Herakleitos des Dunklen von Ephesos* lese. Marx' Schlussfolgerung ist, es sei „ein sehr läppisches Machwerk". Marx bringt erneut die Dialektik auf, indem er Lassalle dafür kritisiert, Hegels *Wissenschaft der Logik* zu erklären, indem er Heraklit verwendet. Marx glaubt, dass ein solcher Versuch offensichtlich gescheitert ist, denn Lassalle habe „absolut nichts Neues ... hinzugefügt" und „irgend kritische Gedanken über die Dialektik selbst zu verraten." Marx erklärt, „dass es ein ganz andres Ding ist, durch Kritik eine Wissenschaft erst auf den Punkt zu bringen, um sie dialektisch darstellen zu können, oder ein abstraktes, fertiges System der Logik auf Ahnungen eben eines solchen Systems anzuwenden."[9] Lenin bemerkt Marx' Bewertung hier und schreibt, „der ‚Herakleitos' von Lassalle ist ein schülerhaftes Werk. Keinerlei Kritik des Begriffs der Dialektik."[10] Wir können sehen, dass Lenin begann, Marx' Verständnis der Dialektik große Aufmerksamkeit zu schenken. Er begann allmählich zu erkennen, dass die Dialektik in Marx' wissenschaftlicher Forschung einen sogar noch wichtigeren methodologischen Platz einnahm.

---

8   Vgl. Wolodin (1991): "Lenin and Philosophy Should We Not Pose This Problem Anew?", in: *Russian Studies in Philosophy* 30(1): S. 70-87..
9   W.I. Lenin, "Konspekt zum *Briefwechsel von Marx und Engels 1844-1883*", Berlin 1963, S. 40, 42, 43.
10 A.a.O., S. 40.

Weiterhin bemerkte er, dass Marx jedes Mal, wenn er die Dialektik erwähnte, immer Hegel anführte und insbesondere die *Wissenschaft der Logik*. *Tatsächlich habe ich herausgefunden, dass Marx in einem Brief von Marx an Engels vom 29. Januar Lassalles Buch bereits erwähnte, obwohl Lenin zu jener Zeit dieses Buch nicht „sah".*

Zwischen 1857 und 1858 erlebte Marx' ökonomische Forschung einen Höhepunkt kreativen Denkens; daher können wir in der Korrespondenz zwischen ihm und Engels zu jener Zeit die Funken wichtiger Gedanken aus Marx' theoretischen Werken aufblitzen sehen. Am 2. April 1868 schrieb Marx an Engels und führte einen „kurzen Überblick" seiner eigenen ökonomischen Forschung ein. Zusätzlich zu einer Auflistung der sechs Bücher seines Werks (1. Über das Kapital, 2. Grundbesitz, 3. Lohnarbeit, 4. Staat, 5. Internationaler Handel, 6. Weltmarkt). Marx erläutert den grundlegenden Gedankengang des ersten von vier Teilen des Buchs (Kapital im Allgemeinen, Konkurrenz, Kredit und Aktienkapital). Er liefert auch eine detailliertere logische Struktur für die Untersuchung des Kapitals im Allgemeinen und diskutiert die Ideen des Werts, des Geldes und des Kapitals. In diesem Brief erklärt Marx etwas von dem wichtigen Fortschritt, den er bei der Untersuchung der ersten beiden gemacht habe. Lenin Entwurf zeigt, dass er diesem Brief große Aufmerksamkeit schenkte. Zunächst unterstreicht er die historische Beziehung zwischen Rente und Kapital unter den Bedingungen des Kapitalismus. Lenin fast akkurat zusammen: „Die moderne Form des Grundeigentums = Produkt der Wirkung des Kapitals auf das Feudal- etc. Grundeigentum." Lenin, der bereits eine Menge Wissen und Erfahrung im Hinblick auf ökonomische Forschung angehäuft hatte, war vor allem an Marx' Diskussion des Werts interessiert. Im Zusammenhang von Marx' Denken arbeitet er sich zunächst durch einen Überblick klassischer ökonomischer Theorien von Willam Petty zu den Lehren Ricardos über den Wert; für Marx ist dies die „abstrakteste Form bürgerlichen Reichtums."

„Setzt an sich schon voraus 1. die Aufhebung des naturwüchsigen Kommunismus (Indien etc.), 2. aller unentwickelten, vorbürgerlichen Weisen der Produktion, in denen der Austausch sie nicht in ihrem ganzen Umfang beherrscht. Obgleich Abstraktion historische Abstraktion, die eben nur auf der Grundlage einer

bestimmten ökonomischen Entwicklung der Gesellschaft vorgenommen werden konnte."[11]

Als er diesen Text betrachtete, erfasste Lenin unmittelbar dieses philosophisch bedeutende Denken von Marx. Lenin schreibt: „Wert, Abstraktion, aber historische, die nur auf der Grundlage einer bestimmten ökonomischen Entwicklung möglich ist."[12] Im hinteren Teil des Notizhefts, beginnend mit den exzerpierten Notizen auf Seite 62, ist dies der erste Abschnitt, der exzerpiert wird.[13]

Natürlich, obwohl Lenin sich der grundlegenden Wichtigkeit und Bedeutung von Marx' Worten bewusst war, glaube ich, dass Lenin zu jener Zeit die tiefgreifende Bedeutung von Marx' Ideen weder wirklich verstand noch neu strukturierte. Mit anderen Worten, ich glaube, dass Lenin hier immer noch nicht wirklich in Marx' **ursprüngliche Gedankensituierung** hineingehen konnte.

Der **erste** Grund ist, dass Lenin nicht verstand, dass Marx das **objektive** Abstrakte der sozialökonomischen Aktivität im Verhältnis zum Austausch diskutierte, das heißt das Wertverhältnis, das Menschen objektiv im Tausch herausbilden; Marx bezog sich nicht auf die Herausbildung des Wert**begriffs**. Weiterhin **existiert** dieses **abstrakte** Wertverhältnis objektiv unabhängig vom Willen des Menschen. (um den Diskurs des philosophischen Materialismus zu verwenden), weil Abstraktion im philosophischen Materialismus, den Lenin verstand, eine **subjektive** geistige Aktivität war. Zweitens konnte Lenin nicht verstehen, was ein historisches Abstraktes bedeutete, weil er eine Art von nicht-historischem philosophischem Materialismus vertrat und die praktische historisch-gesellschaftliche Epistemologie von Hegel-Marx nicht verstand. Drittens habe ich ein weiteres bedeutendes Indiz entdeckt. Als Lenin die Briefe von Marx an Engels vom 25. Februar 1859 las, notierte er nichts weiter dazu.

In unserer Lektüre des Texts gibt es zwei weitere Aufzeichnungen, die verdienen, analysiert zu werden: Die erste ist ein Brief von Engels vom 4. Juli 1858, in der er die Beziehung zwischen Hegel und den Naturwissenschaften

---

11 A.a.O., S. 45.
12 A.a.O.
13 A.a.O., S. 471.

diskutiert. Hier schreibt Lenin die Worte „**Hegel und die modernen Naturwissenschaften**".[14] Dies ist die letzte Erwähnung Hegels im zweiten Band des Briefwechsels. Die zweite Aufzeichnung ist Marx' Einschätzung von Darwin ganz zum Schluss des Bandes. Lenin schreibt, „Darwin und Marx" und notiert dann zwei Sätze, die vom Haupttext durch zwei senkrechte Linien getrennt sind: „**Darwin – naturhistorische Grundlage ‚für unsere Ansicht"**. Lenin unterstreicht diesen Satz dann, womit er weitere Aufmerksamkeit auf ihn lenkt. Er schreibt weiter: „19. XII. 1860. Marx: Darwin – Natural Selection. ‚Obgleich grob englisch entwickelt, ist dies das Buch, das die naturhistorische Grundlage für unsere Ansichten enthält."[15] Wenn wir uns diese Aufzeichnungen ansehen, dann ist offensichtlich, dass Lenin Marx' Ansichten hier eine große Bedeutung beimaß, indem er sie auf drei unterschiedliche Weisen betonte. Er untersuchte jedoch nicht, was Marx mit „unser[em] Standpunkt" wirklich meinte. In seiner früheren Lektüre von Dietzgen hatte Lenin das Verhältnis zwischen Darwin und der Philosophie berührt. Dieses Andere Spiegelbild führte dazu, dass Lenin unmittelbar eine gebrochene wissenschaftliche Erinnerung erwarb, als er Marx' Worte las. In seinem späteren Studium von Hegels *Wissenschaft der Logik* erwähnt Lenin diese Sichtweise erneut.

2. Es ist ein Fehler, Hegels Dialektik nicht zu verstehen

Lenin studierte als Nächstes den vierten Band des Briefwechsels. Zu Beginn seiner Untersuchung begegnet Lenin wieder Hegel, der immer in Diskussionen der Dialektik verwickelt zu sein scheint. Ich vermute, dass bei Lenin eine unterbewusste Idee Form anzunehmen scheint: im methodischen Raum von Marx und Engels ist Hegel immer gegenwärtig. Der vierte Band beinhaltet den dritten Brief, den Marx an Engels am 8. Januar 1868 schrieb. In diesem Brief diskutiert Marx, wie Dühring ihn mit Stein gleichsetzte, eine Ansicht, mit der Marx nicht einverstanden war. Marx erklärt, dass er selbst „mit Dialektik arbeitet", während Stein lediglich die Hüllen der Hegelschen Kategorie auftürmt: die Triaden. Das erlaubte es Lenin, Marx'

14 A.a.O., S. 47.
15 A.a.O., S. 62.

Urteil über Triaden als die „Hülle" der Hegelschen spekulativen Philosophie zu verstehen. Lenin schreibt, „Dialektik NB". Er fährt dann fort, eine auf Marx' Sichtweise basierende Unterscheidung vorzunehmen: „**Dialektik versus? hölzerne Trichotomie (Steins).**"[16] Es ist offensichtlich, dass Lenin nicht sehr klar darüber war, was Marx wirklich mi Trichotomie meinte, deswegen verwendet er ein Fragezeichen, um diese beiden Begriffe miteinander zu verbinden. *Der Grund hierfür ist die frühe philosophische Situierung von Lenins Erinnerung; er hatte bereits eine einfache Ablehnung von Engels' Gebrauch der Hegelschen Triaden in seiner Diskussion der Negation der Negation. Trotzdem findet er hier, dass Marx vor die „Trichotomien" die Bestimmung „hölzern" hinzugefügt hat. Daher stellt sich die Frage: Was sind „nicht-hölzerne" Trichotomien? In seinen späteren exzerpierten Notizen vermerkt Lenin unmittelbar diesen Textabschnitt.[17] Er geht sogar so weit, diesen Punkt in seinem Artikel „Karl Marx" zu zitieren.[18]*

Drei Tage später, am 11. Januar 1868, begegnet Marx in der Bibliothek des Britischen Museums einem anderen Buch von Dühring: *Natürliche Dialektik*. In diesem Buch wendet sich Dühring gegen Hegels „unnatürliche Dialektik". Marx schätzt diesen Standpunkt so ein, dass Dühring Hegels Dialektik überhaupt nicht versteht. Wie die anderen deutschen Denker jener Zeit betrachtet er Hegels Dialektik als „toten Hund".[19] Marx schrieb zu jener Zeit, dass Feuerbach eine Menge Verantwortung für dieses falsche Verständnis trage, da es Feuerbach war, der in seiner Kritik an Hegel das dialektische Denken in Hegels Philosophie ignorierte. Lenin muss an diesem Punkt seiner Lektüre sehr überrascht gewesen sein: Marx kritisierte nicht nur eine **materialistische Philosophie**, sondern er kritisierte Feuerbach unverblümt dafür, Hegels Dialektik **nicht verstanden zu haben**. In seinem Entwurf zieht Lenin zwei senkrechte Linien und schreibt rechts davon, „Feuerbach ist schuld, dass Hegels Dialektik nicht verstanden wird" und

16   A.a.O., S. 65.
17   A.a.O., S. 473.
18   W. I. Lenin, Karl Marx, in: *LW*, Bd. 21, S. 43.
19   Marx' sarkastische Verwendung der Worte „toter Hund" stammt hier tatsächlich aus einem Abschnitt im Vorwort zur zweiten Auflage der Werke Hegels. Dort zitiert er eine andere Diskussion, in der die folgende Analogie benutzt wird: Wenn die Leute über Spinoza diskutieren, dann sprechen sie von ihm „wie von einem toten Hunde".

links davon „**NB Feuerbach und die Dialektik**".[20] Lenin unterstreicht sogar den linken Satz, um seine Bedeutung hervorzuheben. *In der Gedankenlogik und dem theoretischen Kreislauf, den Lenin ursprünglich von Plechanow übernommen hatte, wurde der philosophische Materialismus als korrekt und Hegel sehr logisch als falsch gesehen. Die bedeutende Unterstützung für diese logische Situierung wurde tatsächlich von Marx dekonstruiert, wenn er zeigt, dass ein materialistischer Philosoph, der scheinbar Recht hat, Unrecht hat, weil er Hegel nicht versteht. Für Lenin und sein Anderes Spiegelbild Plechanow war dies ein völlig verkehrter Maßstab. Daher war Lenins Überraschung groß. In seinen exzerpierten Notizen vermerkt Lenin spezifisch diesen Textabschnitt.*[21]

Am 25. März jenes Jahres schreibt Marx an Engels, um ihm zu sagen, dass er die Werke des Paläoontologen Maurer lese. Marx schreibt, dass Maurer nicht nur die Klassenkämpfe in der primitiven Gesellschaft untersuche, sondern auch eine neue Grundlage für die Analyse der Klassenkämpfe der menschlichen Gesellschaft auf unterschiedlichen Entwicklungsstufen liefere. Marx vergleicht das Studium der Paläontologie mit der menschlichen gesellschaftlichen Entwicklung und schreibt, „Sachen, die vor der Nase liegen, werden prinzipiell, durch a **certain judicial blindness**, selbst von den bedeutendsten Köpfen nicht gesehen. Später, wenn die Zeit angebrochen, wundert man sich, dass das Nichtgesehne allüberall noch seine Spuren zeigt."[22] Marx zitiert die historische Reaktion der Philosophen auf die Französische Revolution und die Aufklärung, wie alles mittelalterlich und romantisch gesehen wurde. Marx erwähnt weiter Kommunisten, die sich alten primitiven Gesellschaften zuwenden, um egalitäre Verhältnisse des modernen Sozialismus zu finden. Lenin hebt Marx' Sichtweisen hier hervor. Eine noch wichtigere Sichtweise, die sich in diesem Brief ausdrückte, war jedoch Marx' Entdeckung einer überraschenden Idee, dass die menschliche Sprache tatsächlich das Ergebnis der gesellschaftlichen Beziehungen war, gebildet durch die Interaktion der Menschen miteinander.

---

20 Lenin, W.I., „Konspekt zum *Briefwechsel zwischen Karl Marx und Friedrich Engels*", 1844-1883", S. 66.
21 A.a.O.
22 A.a.O., S. 79.

„Was würde aber old Hegel sagen, wenn er erführe jenseits, dass das Allgemeine im Deutschen und Nordischen nichts bedeutet als das Gemeinland, und das Sundre, Besondre nichts als das aus dem Gemeindeland ausgeschiedne Sondereigen? Da gehen denn doch verflucht die logischen Kategorien aus ‚umsrem Verkehr' hervor."[23]

Marx erklärt hier eine äußerst wichtige Sichtweise des historischen Materialismus, dass der Sprachbegriff des Menschen nicht aus Hegels absoluter Logik hervorgeht, noch dass er, wie die alten Materialisten argumentierten, die Reflexion der Spekulation über Materie ist; vielmehr stammt das Wesen der Ideen aus dem realen **Leben** des Menschen. Im Unterschied zu allen anderen Gelehrten findet Marx unmittelbar einige wichtige archäologische Indizien in Maurers historischer Untersuchung, woraus er schließt, dass bestimmte logische Begriffe aus dem *ökonomischen Austausch* des Menschen stammen. Marx fand heraus, dass das Wort für „allgemein", das Hegel zu verwenden liebte, im Deutschen und Nordischen tatsächlich die Konnotation von Gemeindeland trug, während das Wort für „besonders" seinen Ursprung im Wort für Privateigentum hatte, das vom kommunalen Land abgetrennt war. Daher bemerkte Marx, dass die konkreten Konnotationen der Sprache von den Verhältnissen des ökonomischen Austauschs abgeleitet sind. Das ist ironisch angesichts von Hegels idealistischer Logik. *Wir wissen, dass das Verhältnis von möglichen Bedeutungen und tatsächlichen Bedeutungen in Saussures Linguistik im Gegensatz zu den unmittelbaren Bedeutungen tatsächlicher Objekte in der linguistischen Symbologie (alphabetisches Schreiben) stand. Saussure vertrat das Verhältnis zwischen den unterschiedlichen Systemen generativer Symbole linguistischer Bedeutung. Eine solche Aussage war eine Ablehnung des Reflexionismus des traditionellen Materialismus. Allerdings wirft Marx' Sichtweise hier ein wichtiges epistemologisches Problem auf, dass linguistische Begriffe immer noch von gesellschaftlichen Verhältnissen abhängig sind, obwohl sie sich nicht unmittelbar auf materielle Objekte beziehen, und dass diese tatsächlich vorhandene Beziehung die reale Grundlage für die*

23   A.a.O., S. 71.

Beziehungen von Symbolsystemen ist. Später, als Marx Notizen zu einem Lehrbuch der politischen Ökonomie vornahm, lieferte er eine tiefergehende Erklärung seiner Idee. Ich glaube, dass Lenin diese Sichtweise umriss, als er schrieb: „**Hegel und seine Mängel.**" Rechts von einer Trennlinie schreibt er weiter: „Hegel sah nicht, wie die abstrakten Begriffe aus unsrem Verkehr (Beziehungen) hervorgehn."[24] Ich glaube, dass Lenin zu jener Zeit nicht wirklich die zugrundeliegenden Konnotationen dieses Abschnitts von Marx verstand, denn es war nicht nur Hegels Fehler, sondern auch der Fehler aller vergangenen Philosophie. Natürlich war dies auch der Fehler von Lenins Anderem Spiegelbild des philosophischen Materialismus von Feuerbach und Dietzgen.

In der ersten Hälfte des Jahres 1868 trat Marx' ökonomische Forschung in eine neue und noch bedeutendere Phase ein. Er und Engels tauschten oft die wichtigen Ergebnisse ihrer ökonomischen Forschung aus, und es ist dieser Inhalt, aus dem ein großer Teil der ersten Hälfte des vierten Bandes besteht. Lenin schien jedoch an diesem Teil der Korrespondenz nicht interessiert zu sein, denn seine Aufzeichnungen zeigen, dass er sich zusätzlich zur Philosophie immer noch auf die Gebiete der gesellschaftlichen Realität und des politischen Kampfs konzentrierte. Eines seiner wichtigen Interessengebiete war Marx' und Engels' Diskussion des Arbeiterphilosophen Dietzgen. Ich habe herausgefunden, dass Lenin dem eine große Aufmerksamkeit schenkte.

In einem Brief vom 4. Oktober 1868 teilt Marx Engels mit, dass er ein Paket mit einer Reihe von Briefen anderer Leute schicken werde, darunter ein Manuskript und einen Brief von Dietzgen. Marx glaubte, dass es das Beste sei, wenn die redundanten Teile des Buchs gestrichen würden und wenn es als das Werk eines Gerbers – eines Arbeiters – veröffentlicht würde. Lenin hob diesen Abschnitt sofort hervor.[25] Lenin war natürlich an Marx' Haltung gegenüber Dietzgen interessiert. Es sollte ein Monat vergehen, bis Engels Marx auf diese Frage antwortete. Am 6. November schrieb Engels an Marx, um ihm seine eigenen Ansichten zu Dietzgens Manuskript mitzuteilen. Allgemein gesagt glaubte Engels nicht, dass Dietzgen ein geborener

---

24 A.a.O.
25 A.a.O., S. 88.

Philosoph war, denn obwohl er die Lehren von Feuerbach, Marx und der Naturwissenschaft aufgenommen hatte, war seine Terminologie desorganisiert; und wenngleich es in seinem Diskurs einige vorläufige Anzeichen von Dialektik gab, so war die Dialektik doch nicht zu einer inneren Methode geworden. Lenin bemerkte Engels' Sichtweise und schrieb, „Engels über Dietzgen (sehr **konfus**)." Zugleich bemerkte Lenin auch, dass Engels an der Originalität einiger Ideen Dietzgens zweifelte, wie etwa seine Formulierung des Dings an sich. Lenin war so auf Dietzgen fokussiert, weil dieser Arbeiterphilosoph eine der philosophischen Grundlagen seines eigenen Denkens war. Am nächsten Tag antwortete Marx Engels sofort und schrieb einen Brief, in dem er mit dem meisten übereinstimmte, was Engels gesagt hatte, jedoch erklärte, dass Dietzgens Denken, abgesehen davon, dass es auf dem Denken von Feuerbach und anderen basierte, „ganz [...] seine selbstständige Arbeit" sei. Wichtig war Marx' Beobachtung, „dass er gerade Hegel **nicht** studiert hat."[26] Diese Bemerkung muss für Lenin wieder erstaunlich gewesen sein; ist es ein Pech für einen materialistischen Philosophen, Hegel nicht studiert zu haben? Wenn es so ist, was ist dann mit Lenin selbst? Natürlich hatte er auch nicht Hegel studiert! Lenin schrieb in seiner Anmerkung: „**Marx über Dietzgen [...] Die Hauptsache – Dietzgen hat Hegel nicht studiert.**"[27] Ich vermute, dass Lenins Grund, warum er nicht „es ist ein Pech für ihn" schrieb, darin bestand, das er nicht bereit war, diese Einschätzung erneut zu sehen; es war ein „Schatten" auf seinem Herzen. *Ich denke, dass Dietzgen hier in Lenins Augen an Respekt zu verlieren begann; nachdem er Marx' späteren Kommentar gelesen hatte, dass Dietzgen sich zurückentwickelt habe, begann Lenin zu glauben, dass es keine Hoffnung für Dietzgen gebe.*[28] *In seinen späten exzerpierten Notizen exzerpierte Lenin nacheinander aus drei Briefen vom 4. Oktober bis zum 7. November 1868, die zwischen Marx und Engels verschickt worden waren.*[29] *Das war in seinen Exzerpten ein seltenes Ereignis, was den Einfluss dieser Briefe auf Lenins Denken zu jener Zeit demonstriert.*

26 A.a.O., S. 96.
27 A.a.O.
28 A.a.O., S. 187.
29 A.a.O., S. 88-96.

In seiner restlichen Lektüre wurde Lenins Besorgnis über dieses Problem nicht weniger, sondern wuchs tatsächlich an, denn er sah mehrere weitere von Marx' Referenzen zu Hegel. In einem Brief vom 14. April 1870 an Engels diskutiert Marx ein vom schottischen hegelianischen Philosophen Stirling verfasstes Pamphlet, das er kurz zuvor erhalten hatte und das spezifisch Huxley kritisierte. Marx schreibt, „[Stirlings] Kenntnis der Hegelschen Dialektik befähigt ihn, die Schwächen Huxleys – wo dieser sich aufs Philosophieren legt – nachzuweisen."[30] Marx' unausgesprochene Bedeutung war, dass ein Verständnis von Hegels Dialektik es erlaubt, die Schwäche eines materialistischen Philosophen zu sehen. Es ist offensichtlich, dass Dialektik für Marx und Engels nicht nur unauflöslich mit Hegel verbunden ist, sondern auch, dass ein richtiges Verständnis der Dialektik es erlaubt, die Probleme bei materialistischen Philosophen zu sehen (zuvor waren es Feuerbach und Dietzgen). Dies musste zu einer Vergrößerung des Schattens in Lenins Herz führen. Lenins Kommentar in seinen Anmerkungen: „Stirling Dialektik und Huxley", was der Titel seiner Anmerkungen war. Er fährt dann fort, detaillierter zu schreiben: „Stirling (englischer Hegelianer – **Idealist**) – da er Hegels Dialektik kannte, hat er die **Schwächen Huxleys** richtig nachgewiesen." Es ist interessant zu bemerken, dass Lenin, bevor er „Schwächen" schrieb, den Satz unterbricht, vier senkrechte Linien zieht und die Buchstaben "NB" schreibt.[31] Es ist offensichtlich, dass er sehr an der Ansicht interessiert war, dass ein Verständnis von Hegels Dialektik eine korrekte Sicht auf die **Schwächen materialistischer Philosophen** erlauben würde. In seinen späteren Exzerpten vermerkt Lenin diese Formulierung von Marx.[32]

Im weiteren Verlauf seiner Lektüre hinterlässt Lenin mehrere weitere Anmerkungen über Philosophie. Zum Beispiel vermerkt er Marx' berühmte Erklärung, „Praxis ist besser als alle Theorie", eine Sichtweise, die er in seiner späteren Studie Hegels ausweiten und erläutern sollte.[33] Um ein anderes Beispiel zu zitieren, Lenin vermerkt die Diskussion zwischen Marx und Engels zum Thema von Huxleys Materialismus; in dieser Diskussion

---

30 A.a.O., S. 148.
31 A.a.O.
32 A.a.O., S. 476.
33 A.a.O., S. 97.

war der Satz, der für Lenin von größtem Interesse war, „solange wir wirklich beobachten und denken, können wir nie aus dem Materialismus hinaus."[34] Er beobachtete auch, dass Marx Leibniz bewunderte[35] wie auch Engels' Gedanken über natürliche Dialektik.[36] Lenin hatte den Eindruck, dass Hegel immer präsent war, egal welches Thema Marx und Engels diskutierten. Hegel erschien nicht nur in Marx' Diskussion der philosophischen Dialektik und der Untersuchung ökonomischer Probleme, sondern auch in Engels' Studium der natürlichen Dialektik und sogar in Marx' Diskussion der Differentialrechnung.[37]

Es ist uns nun möglich zu schlussfolgern, dass Lenin im Prozess seines Verständnisses des Gedankenaustauschprozesses zwischen Marx und Engels auf diese unumstößlichen Tatsachen stieß: Hegels Philosophie (insbesondere Hegels *Wissenschaft der Logik*) ist die wichtigste Grundlage der dialektischen Theorie. Ein Verständnis von Hegels Philosophie (Dialektik) ermöglicht es, die theoretischen Schwächen einiger philosophischer Materialisten zu sehen. Ich schließe, dass dies eine der wichtigsten Denkanreize war, die Lenin dazu brachten zu beschließen, Hegels Philosophie zu studieren.

3. Dialektik: Seele der materialistischen Philosophie

Lenin fuhr fort mit dem ersten Band die Briefwechsel von Marx und Engels, der die Briefe enthielt, die Marx und Engels einander zwischen 1844 und 1853 geschrieben hatten. In diesem Band der Korrespondenz waren nur Briefe von Engels an Marx aus den Jahren 1844-1846 enthalten, die Mehrzahl der Briefe, in denen Marx und Engels philosophische Probleme diskutieren, waren nicht enthalten; dies ist äußerst unglücklich.

Die ersten Briefe im ersten Band wurden vom jungen Engels an Marx geschrieben. In diesen Briefen diskutiert Engels einige äußerst wichtige

---

34 Marx an Engels, 12. Dezember 1868, in MEW, Bd. 32. S. 228-229, hier: S. 229. In seinem Artikel „Karl Marx" sollte Lenin diesen Satz unmittelbar übernehmen. Vgl. Lenin, W.I., Karl Marx, in: *LW*, Bd. 21, S. 40.
35 Lenin, W.I., „Konspekt zum *Briefwechsel zwischen Karl Marx und Friedrich Engels*", S. 150.
36 A.a.O., S. 166.
37 A.a.O., S. 185.

theoretische Probleme. Ich nenne sie wichtig, weil diese Zeit der Vorabend der Begründung des historischen Materialismus war und viele kritische Symptome der Veränderung in der theoretischen Logik dieser Briefe zu erscheinen beginnen. Zum Beispiel schlägt Engels im ersten Brief Marx vor, einige Bücher zu schreiben, um vergangene Vorurteile und Konzeptionen der Geschichte aufzuklären und dem proletarischen Kampf eine theoretische „Absicherung" zu geben. Der zweite Brief war von größerer Bedeutung, da er verschiedene bedeutende Figuren nennt, die unmittelbar die philosophischen Veränderungen von Marx und Engels beeinflussten. Der erste von ihnen war der deutsche Ökonom List, der Begründer der Theorie der Produktivkraft; der zweite war Hess, ein deutscher Denker, der vor Marx und Engels Kommunist geworden war, und dessen Fokus auf der ökonomischen Theorie der Entfremdung die logische Prämisse von Marx *Ökonomischphilosophischen Manuskripten aus dem Jahre 1844* bildete; die dritte Person war Stirner, der erste deutsche Gelehrte, der die Idee der „Gattung" angriff, womit er grundlegend die humanistische Logik Feuerbachs (und des jungen Marx) ablehnte. Diese drei Männer sollten alle eine wichtige Rolle in Marx' Prozess der Begründung des historischen Materialismus einnehmen.[38]

Es ist besonders wichtig zu bemerken, dass der junge Engels die theoretische Bedeutung von Stirners Egoismus diskutierte. Er glaubte, dass Stirners Egoismus „wichtiger" sei als Hess' Denken und das er und Marx „indem wir es umkehren, darauf aufbauen" könnten. Engels' tiefschürfende Analyse findet, dass Stirners Kritik an Feuerbachs Humanismus korrekt ist, dass er jedoch nicht beim Individuum als „Ego" hätte enden sollen, vielmehr sollte er materialistisch von empirischen Individuen ausgehen und sich dann zum „Menschen" als Ganzem erheben.[39] *Diese Sichtweise sollte später ein wichtiger Bestandteil des historischen Materialismus werden: das Verhältnis zwischen realen Individuen und dem sozialen Leben.* Jedoch sehen wir, dass Lenin Engels' Diskussion hier überhaupt nicht zur Kenntnis nahm, er zog lediglich vier senkrechte Linien am Rand dieses Briefs. Der Grund dafür ist einfach: der Hintergrund dieses historischen Zusammenhangs war ihm

---

38 Vgl. Teil drei des ersten Kapitels und Teil drei des fünften Kapitels meines Buchs *Zurück zu Marx*.
39 Lenin, W.I., „Konspekt zum *Briefwechsel zwischen Karl Marx und Friedrich Engels*", S. 203.

nicht vertraut. Offensichtlich waren Lenins philosophischer Denkrahmen und theoretischer Kreislauf unweigerlich nicht in der Lage zu verstehen, was Engels hier schrieb.

Es ist aus den Aufzeichnungen nicht schwer zu ersehen, dass Lenin ungewöhnlich ruhig war, als er den ersten Band des Briefwechsels las. Da er auf keinen Inhalt und kein philosophisches Problem traf, das mit seinem philosophische Denkrahmen zu jener Zeit korrespondierte, beendete er schnell seine Lektüre des ersten Bandes, nachdem er sehr wenige Lektürenotizen und Kommentare über den Sozialismus und Probleme des realen Lebens angefertigt hatte.

Lenins letzte Lektüre war der dritte Band des *Briefwechsels*, der die Briefe enthielt, die Marx und Engels einander zwischen 1861 und 1867 geschrieben hatten. Der Zeitrahmen dieser Briefe korrespondiert mit Marx' konzentriertem Studium der Ökonomie. Wie wir wissen, war sich Marx sehr bewusst über die Dialektik in seinem eigenen Studium der Ökonomie, ein Phänomen, das mit Sicherheit Lenins Interesse hervorrief. Daher wurde Lenins logisches Denken wieder aktiv, als er den dritten Band las und mit Anmerkungen versah.

Die ersten Zeichen geistiger Aktivität, die wir aus Lenins Anmerkungen ersehen können, entstanden, als er einen Brief von Marx an Engels vom 9. Dezember 1861 las. In diesem Brief informiert Marx Engels, dass er mit seiner scharfen Kritik an Lassalle, die Engels in einem Brief vom 2. Dezember an Marx zu Ausdruck brachte, einverstanden sei. Marx schreibt weiter, „der Ideologismus geht durch, und die dialektische Methode wird **falsch** angewandt." Lassalles Fehler besteht darin, dass er Dialektik als die Summierung individueller Fälle behandelt: „Hegel hat nie die Subsumtion einer Masse von ‚Cases' under a general principle Dialektik genannt."[40] Lenin widmet zwei Elementen von Marx' Diskussion spezielle Aufmerksamkeit. Zunächst Marx' Erwähnung der Dialektik und zweitens Marx' **positive** Zitierung von Hegels Denken. Aus diesem Grund vermerkt Lenin auf der zweiten Hälfte von Seite 45 seiner Notizen: „Lassalle ist ein ‚Ideologe' und wendet die Dialektik falsch an: ‚Die Subsumtion einer Masse von Fällen unter ein allgemeines Prinzip ist nicht Dialektik'." Dieser letzte Satz ist Lenins eigene

---

40 A.a.O., S. 326.

Zusammenfassung, was er mit doppelten Klammern hervorhebt. Als nächstes notiert Lenin Marx' Formulierung vollständig: „Marx, 9. XII. 1861: ‚Der zweite Band (von Lassalle) ist interessanter, schon wegen der lateinischen Zitate. Der Ideologismus geht durch, und die dialektische Methode wird falsch angewandt. Hegel hat nie die Subsumtion einer Masse von Fällen under a general principle Dialektik genannt'."[41] *Später sollte Lenin diese Ansicht in „Zur Frage der Dialektik" erneut wiederholen.*

Als nächstes erregte ein Brief, den Engels am 16. Juni 1867 an Marx schrieb, Lenins Aufmerksamkeit. In diesem Brief bespricht Engels die Methode, die Marx im ersten Kapitel des ersten Bandes des *Kapital* verwendet. Wie wir wissen, verwendete Marx in diesem Kapitel die Dialektik, die vom Abstrakten zum Konkreten fortschreitet, wie sie von Hegel in der *Wissenschaft der Logik* eingeführt wurde, um seine revolutionären ökonomischen Ergebnisse zu erklären. Engels schlägt Marx vor, „das hier dialektisch Gewonnene etwas weitläufiger historisch nachzuweisen" und auch, dass Marx die Methode von Hegels Enzyklopädie, das heißt, „jeden dialektischen Übergang durch besondre Überschrift hervorgehoben." *Das bezieht sich auf die Kleine Logik.* Engels erklärt weiter, „wer kapabel ist, dialektisch zu denken, versteht es doch"; hier bezieht er sich primär auf Marx' unmittelbare Verwendung von Hegels dialektischer Logik im ersten Kapitel des ersten Bandes des Kapital.[42] Natürlich bemerkte Lenin diese Einschätzung von Engels. In seinen Anmerkungen schreibt er: „Engels über Kapitel I des ‚Kapitals': historische und konkrete Darstellung…".[43] *In seiner späteren Untersuchung von Hegels Philosophie verstand Lenin schließlich die Bedeutung dieser Sichtweise. Dieser Abschnitt von Engels wurde von Lenin neu geschrieben, so dass er hieß: Ohne Hegels Wissenschaft der Logik zu verstehen, kann man nicht Marx' Kapital verstehen, insbesondere nicht dessen erstes Kapitel.*

Als nächstes las Lenin Marx' wirkliche Gedanken über sein eigenes *Kapital*, wie sie sich in einem Brief von Marx an Engels vom 22. Juni 1867 finden. In diesem Brief schreibt Marx Engels, dass er Engels Vorschläge

41   A.a.O.
42   A.a.O., S. 451.
43   S. 56.

teilweise akzeptiert, darunter einen Anhang zum *Kapital*, den er in kleine Abschnitte unterteilte, jeder davon mit einer eigenen Überschrift. Wir wissen, dass Marx im ersten Kapitel des *Kapital* vom Abstrakten zu Konkreten voranschritt, ganz so wie Hegel in der *Wissenschaft der Logik*; mit anderen Worten, er begann mit dem einfachsten, abstraktesten Phänomen der Ware im kapitalistischen Wirtschaftsverhältnissen und ging dann zu den komplexen historischen Veränderungen in den Geldbeziehungen über, bevor er schließlich die wirklich verwirrenden Kapitalverhältnisse erreichte. Marx schreibt:

> „...**dass also die einfachste Warenform, worin ihr Wert noch nicht als Verhältnis zu allen anderen Waren, sondern als Unterschiednes von ihrer eignen naturalform ausgedrückt ist, das ganze Geheimnis der Geldform und damit, in nuce, aller bürgerlichen Formen des Arbeitsprodukts enthält.**"[44]

Zugleich erklärt Marx, wie er am Ende des dritten Kapitels des Kapital „Hegels Entdeckung über das **Gesetz des Umschlags der bloß quantitativen Änderung in qualitative**" zitiert, „als gleich bewährt in Geschichte und Naturwissenschaft."[45] Lenin unterstreicht diese wichtige Erklärung in seinen Aufzeichnungen.

Schließlich las Lenin eine vom Marx' eigenen Erklärungen, dass das *Kapital* eine der ersten Anwendungen der **dialektischen Methode** auf die politische Ökonomie sei. Lenin hebt diese Ansicht hervor und unterstreicht die Worte „dialektische Methode".[46]

Ich vermute, dass diese drei bedeutenden theoretischen Auffassungen alle theoretische Denkpunkte der wichtigen Erkenntniswendung waren, zu welcher Lenin in der späteren Periode seines Studiums der Hegelschen Philosophie motiviert wurde. Von der *Wissenschaft der Logik* Hegels zum Kapital Marxens, von der Dialektik der Idee Hegels zur Dialektik der Praxis Marxens verwirklichte Lenin letztlich die tiefgründigste erste revolutionäre Erkenntniswendung und Entwendung der theoretischen Logik hinsichtlich

---

44   A.a.O., S. 454.
45   A.a.O.
46   A.a.O., S. 459.

der philosophischen Gedanken von Marx. Das ist vielleicht auch die grundlegendste theoretische Bedeutung in Lenins Konspekt zum *Briefwechsel zwischen Karl Marx und Friedrich Engels*.

Am 30. Oktober 1913 schrieb Lenin an seine Schwester und erwähnte, dass er vor kurzem den *Briefwechsel* von Marx und Engels gelesen habe, und kommt zu der Schlussfolgerung, „ Er brachte seinen Wunsch zum Ausdruck, eine Besprechung dieser Sammlung für das Magazin *Prosweschschenje* zu schreiben. Die proletarische Wahrheit veröffentlichte in Ihrer Ausgabe vom 14. Dezember 1914 eine Ankündigung hierzu, aber Lenin sollte diesen Artikel nie beenden, er stellte lediglich den allerersten Teil fertig. Erst 1920 wurde dieser Text in der *Prawda* veröffentlicht, und weil Lenin nur seinen Abschnitt über das frühe Denken des jungen Engels beendet hatte, wurde er in angemessener Weise zur Feier von Engels' 100. Geburtstag veröffentlicht. Als der Artikel veröffentlicht wurde, fügte Lenin spezifisch den Untertitel „Engels war einer der Begründer des Kommunismus" hinzu. Jedoch sehen wir auch Lenins folgenden wichtigen Standpunkt:

> „**Versucht man mit einem Wort auszudrücken, was sozusagen den Brennpunkt des ganzen Briefwechsels ausmacht, jenen zentralen Punkt, in dem alle Fäden des Netzes der geäußerten und erörterten Ideen zusammenlaufen, so wird dies das Wort *Dialektik* sein. Die Anwendung der materialistischen Dialektik bei der radikalen Umarbeitung der gesamten politischen Ökonomie, ihre Anwendung auf die Geschichte, auf die Naturwissenschaft, die Philosophie, die Politik und die Taktik der Arbeiterklasse – das ist es, was Marx und Engels vor allem interessiert. Hierzu haben sie das Wesentliche und Neueste beigetragen, das ist der geniale Schritt, den sie in der Geschichte des revolutionären Denkens vorwärts getan haben."**[47]

Es ist offensichtlich, dass Lenin bereits verstand, dass die Dialektik für Marx und Engels kein allgemeiner wissenschaftlicher Standpunkt war, auf den man verzichten konnte; vielmehr konstituierte die Dialektik den

---

47   W.I. Lenin, „Der Briefwechsel zwischen Marx und Engels", in: *LW*, Bd. 19, S. 550.

Geist aller marxistischen Philosophie. Weiter muss man, um die Dialektik zu verstehen, unweigerlich die Hegelsche Philosophie durchlaufen und speziell Hegels *Wissenschaft der Logik*. Das war die wichtigste von Lenins Entdeckungen, nachdem er den *Briefwechsel von Marx und Engels* gelesen hatte.

Teil II
Berner Hefte: Lenin auf den Schultern von Giganten der Philosophie

Die dritte Stufe der Entwicklung von Lenins philosophischem Denken begann 1914; der zentrale Text während dieser Periode waren die *Berner Hefte*, die uns vertraut sind. Dies war eine Sammlung von äußerst wichtigen exzerpierten Anmerkungen und niedergeschriebenen Gedanken, die Lenin verfasste, als er zwischen 1914 und 1915 in Bern in der Schweiz Hegel studierte. Die Analyse dieser Notizen findet im zweiten Teil dieses Buchs statt und bildet den Hauptteil des Inhalts der letzten sechs Kapitel. Objektiv gesehen gab es im Vergleich zu früheren Studien zu Lenins Denken hier keine neuen Texte zu analysieren; vielmehr ist das entscheidende interpretative Problem, das wir lösen müssen, **welcher Denkrahmen** verwendet werden soll, um diese Texte erneut zu untersuchen. Dieser Teil des Buchs begründet die Emphase der Forschung und des Denkens in *Zurück zu Lenin*. Die theoretische Situierungsmethode, die ich in diesem Buch vorschlage, wird ebenfalls primär im Verhältnis zum Zusammenhang der *Berner Hefte* **aktiviert**.

Unter dem Einfluss des stalinistischen dogmatischen Systems in den 1930er Jahren wurde die grobe Praxis, Lenins philosophisches Denken in einen homogenisierten interpretativen Zusammenhang zu zwingen, in sowjetischen Wissenschaftlerkreisen allmählich populär. Diese Praxis war besonders offensichtlich in der „Theorie der geplanten Konzeption", die von dem sowjetischen Gelehrten Kedrow in seiner *Eine Forschung zu Lenins „Philosophischen Heften"* entwickelt wurde, und die für eine recht lange Zeit das einflussreichste und bedeutendste Referenzmodel in diesem

Forschungsfeld wurde. Wenn wir jedoch eine tiefgreifende Untersuchung, Analyse und Erforschung von Lenins 20-jährigem Prozess des philosophischen Lernens und Studierens vornehmen, dann erkennen wir, dass Kedrows „Theorie der geplanten Konzeption" eine **falsch situierende, stark voreingenommene Ideologie** ist. Indem sie ein ahistorisches Simulakrum verwandte, schuf dieses falsche Situieren, eine fiktionale, theoretische historische Denksituierung, in der Lenins drittes systematisches Studium der Philosophie in den *Berner Heften* als Vorbereitung für ein Werk über Dialektik gesehen wurde. Ich glaube, dass eine solche Behauptung einer ernsthaften philologischen oder theoretischen wissenschaftlichen Überprüfung nicht standhält. Wen man den neu situierenden interpretativen Zusammenhang verwendet, den ich in diesem Buch simuliere, dann war Lenins Untersuchung der Hegelschen Philosophie in den *Berner Heften* sicherlich kein leichtes, homogenes logisches Voranschreiten. Weiterhin war Lenins Verständnis der Hegelschen Philosophie, wenn man die Gesamtheit seiner Untersuchung betrachtet, nicht immer völlig korrekt. Ich glaube, dass die *Berner Hefte* die vielfältigen wichtigen logischen Entwendungen und Sprünge reflektieren, die Lenins Denken in dieser Zeit erlebte. Durch eine sorgfältige Analyse sind wir in der Lage, diesen Prozess in die folgenden heterogenen Phasen zu unterteilen: **Erstens** basiert Lenins Verständnis von Hegel auf Begriffen der Ablehnung. **Zweitens** geraten verschiedene logische Wahrnehmungssysteme in einen intensiven Konflikt miteinander, eine Periode des widersprüchlichen Denkens. **Drittens** verschiebt sich Lenins philosophisches Denken stark, und seine theoretische Logik erfährt eine bedeutende Entwendung. **Viertens** fasst Lenin seine eigene philosophische Forschung in einem kurzen Überblick zusammen. Wenn man dem Faden von Lenins Logik folgt, dann war die Gedankenlogik seiner frühen Lektüre in den *Berner Heften* eine Andere Einheit; nicht viel später, als seine Lektüre und seine Forschung tiefgreifender wurden, verschwanden diese falsche Einheit und der Andere theoretische Kreislauf auf natürliche Weise. In Lenins eigener Denklogik führten widersprüchliche Verständnisweisen zum wiederholten Entstehen logischer Brüche. Es geschah jedoch in genau in der Selbstreflexion und dem Nachdenken, das durch diese Widersprüche und Brüche verursacht wurde, dass Lenin sich auf eine neue und wichtige theoretische logische Entwendung hinbewegte. Als seine Forschung schließlich zu einem Ende kam, konstruierte Lenin in seinem kurzen theoretischen Überblick unbewusst eine neue Nicht-Einheit.

Die Untersuchung in zweiten Teil dieses Buchs wird eine subtile textuelle Simulation-Situierung verwenden, um meine theoretischen Schlussfolgerungen zu unterstützen.

Ich sollte auch darauf hinweisen, dass ich in meiner folgenden Untersuchung der *Berner Hefte* zusätzlich zu jenen sowjetischer und osteuropäischer Wissenschaftler die Sichtweisen einiger westlicher Lenin-Forscher und westlicher Marxisten zitieren werde. Das umfasst solche Wissenschaftler wie Korsch, Althusser, Levine, Dunajewskaja und andere; ich beziehe diese bedeutenden Figuren ein, weil der Fokus ihrer Aufmerksamkeit in Bezug auf Lenins philosophisches Denken sich auf die *Berner Hefte* konzertierte. Diese Forschung ist in westlichen Gelehrtenkreisen zunehmend wichtig geworden, seit Lefebvres Übersetzung der *Berner Hefte* eins Französische 1938 und Dunajewskajas Übersetzung der Hefte ins Englische von 1953. Das verstärkte die besondere intertextuelle Perspektive auf dieses Buch, wie es auch ihre eigenen Sichtweisen aus der westlichen Lenin-Forschung differenzierte.

Gadamer hat einmal gesagt, dass Texte nicht unabhängige, heterogene Dinge, sondern vielmehr Beziehungen seien.[1] Wenn wir Texte untersuchen, hat bereits eine Beziehung stattgefunden, und was wir sehen, können niemals unabhängige Texte sein, sondern es ist vielmehr die Beziehung dieses Texts zu uns. Der historische Zusammenhang der Lektüre und des Studiums sickert unweigerlich in unser Verständnis des Texts. Daher glaube ich, dass Kedrow, so behindert wie er durch ideologische Zwänge war, nicht wirklich in den philosophischen textuellen Zusammenhang von Lenins *Berner Heften* eindringen konnte. Wenn wir uns weiterhin eingestehen, dass die theoretischen Schlussfolgerungen, die von Kedrow und seinen Nachfolgern in einer speziellen historischen Periode erreicht wurden, nicht den möglichen Raum eines geschlossenen Texts erklären und ins 21. Jahrhundert eintreten können, wenn wir ernsthaft diesen bedeutenden Korpus von Texten neu untersuchen wollen, werden wir sehen, dass sie sich vor unseren Augen

---

1   Hans-Georg Gadamer, *Hermeneutik-Ästhetik- Praktische Philosophie. Gadamer im Gespräch*, Commercial Press (2005).

neu öffnen. Ich hoffe wirklich, dass meine Untersuchung in diesem Buch unabhängig eine völlig neue Vision der Lektüre und der Forschung finden und eröffnen wird, während chinesische marxistische Wissenschaftler die Fesseln des ideologischen Systems der früheren sowjetisch-osteuropäischen Ideologie abwerfen.

Kapitel 9
Lenins Ausgangshorizont bei der Lektüre der Hegelschen Philosophie

In Lenins früher Lektüre zur Hegelschen Philosophie als Teil seiner Forschung für die *Berner Hefte* finden wir ein ziemlich erfolgloses Gedankenexperiment, das unter dem Einfluss eines Anderen Spiegelbilds stattfand. Es war auch eine **falsche** Lektüre aus dem Inneren einer geschlossenen theoretischen Schleife. Konkret gesprochen untersuchte Lenin Hegels komplexe spekulative philosophische Logik durch die äußeren **gespiegelten Anderen** der ungenau verstandenen Marx-Engels, Plechanow, Feuerbach und Dietzgen. Unter diesen Umständen kam Lenin zu seinen frühesten ablehnenden Schlussfolgerungen zu Hegels Philosophie. Als seine Lektüre und sein Denken sich zu vertiefen begannen, begann sich auch Lenins Haltung zu Hegels Philosophie zu verändern. Je näher er Hegel kam, zu der der neuen theoretischen **Gedankenarena**, die durch die innere, feste umfassende Logik der *Wissenschaft der Logik* und anderer Texte hervorgebracht wurde, umso näher kam er Marx. Mit anderen Worten, im Fortschreiten von Lenins Lektüre begann eine neue Line des Lesedenkens zu entstehen, die in einen scharfen Konflikt mit seinem ursprünglichen Leserahmen geriet. In diesem Kapitel werden wir die Umstände von Lenins früher Lektüre neu simulieren.

1. Warum will Lenin Hegel lesen?

Nach meiner eigenen Forschung wurden Lenins *Berner Hefte* nach 1914 mit den folgenden wichtigen philosophischen Hintergründen geschrieben. **Erstens** stimmte Lenin Anfang 1914 zu, einen Eintrag zu Marx für die russische Granat Enzyklopädie zu schreiben, der als der berühmte Text „Karl Marx" bekannt ist. In diesem Text musste Lenin spezifisch die materialistische Dialektik einführen. *Lenins Frau Nadja Krupskaja lieferte hierfür in ihren Erinnerungen an Lenin eine direkte Erklärung. Sie schreibt: „In Verbindungmit den Kapiteln über philosophischen Materialismus und Dialektik begann Iljitsch erneut, sorgfältig Hegel und andere Philosophen zu lesen, und er führte diese Studien fort, nachdem er den Artikel beendet hatte."[1] Kedrow nimmt das seltsamerweise jedoch als direkten Hinweis, dass Lenin ein Werk über Dialektik schrieb; das ist offensichtlich ein unzulässiger Gebrauch von Geschichte.*

Der **zweite** Hintergrund entstand beinahe zur gleichen Zeit. Als der Erste Weltkrieg ausbrach, verfielen die Sozialdemokraten der Zweiten Internationale (wie der Deutsche Kautsky und der Russe Plechanow) in Chauvinismus oder Sozialimperialismus.[2] Sie rechtfertigten Opportunismus und imperialistische Kriege „mit gelehrter Miene und mit einem Vorrat falscher Marx-Zitate"[3], wobei sie in aller Ernsthaftigkeit behaupten, ihre Grundlage sei „Dialektik". Dies war auch ein wichtiger Hintergrund für Lenins Forschung. In Bezug auf die Kriegsaufrufe durch bürgerliche Regierungen schreibt Lenin, „Plechanow beschönigt sogar noch eine so abgedroschene Realität mit der bei diesem Schriftsteller unvermeidlichen Berufung auf die ‚Dialektik'."[4], um dann eine Wende vorzunehmen und Lenin und andere Linke zu beleidigen, weil sie keine Dialektik verstünden. Am 11. Oktober 1914 hielt Plechanow in Lausanne in der

---

1 Nadja Krupskaja, *Erinnerungen an Lenin*, People's Press 1972, S. 261.
2 Nach dem Beginn des Ersten Weltkriegs stimmte die deutsche Sozialdemokraten tatsächlich für die Unterstützung der Beteiligung am des Kriegs des Kaisers; nicht lange danach erklärten die verschiedenen sozialistischen Parteien und Marxisten überall in Europa ihre Loyalität gegenüber ihren eigenen Ländern. Dies führte zum Zusammenbruch der Zweiten Internationale. Zunächst glaubte Lenin nicht, dass die Handlungen der deutschen Sozialdemokratie wirklich seien und dachte es sei ein Trick des deutschen Kaisers. Als daher die Unterstützung des Kriegs als wahr bestätigt wurde, war Lenin sehr überrascht.
3 W. Lenin.I, Der Zusammenbruch der II. Internationale, in: *LW*, Bd. 21, S. 197-256, hier: S. 203.
4 A.a.O., S. 210.

Schweiz einen Vortrag unter dem Titel „Stellungnahme der Sozialisten zum Kriege". Während seiner Bemerkungen beschuldigte Plechanow Lenin der „Metaphysik" und erklärte, dass „allen Worten Lenins die Dialektik fehlt".[5] Es ist wichtig anzumerken, dass Lenin Plechanows Kritik, dass es „ihm an Dialektik fehle"[6], nicht direkt zurückwies. Dieser Vorfall verärgerte Lenin sehr, was ich dazu führte auszurufen, „In der edlen Kunst, Dialektik in Sophistik umzufälschen, hat Plechanow den Rekord geschlagen."[7] Er glaubte, dass die Dialektik bei Kautsky und Plechanow "in gemeinste, niederträchtigste Sophistik verwandelt"[8] werde. Nach diesem Zwischenfall begann Lenin eine Reihe von politischen Leitartikeln zu veröffentlichen, die unmittelbar gegen die falsche Denkschule ankämpften; zugleich beschloss er für sich selbst, die Dialektik umfassend zu verstehen.

Drittens war Lenins theoretische Untersuchung der tatsächlichen revolutionären Praxis davon beeinflusst, dass er Plechanows Interpretation der marxistischen Philosophie (philosophischer Materialismus) akzeptierte; dieser Begriff, der betonte, dass das Bewusstsein vom Materie bestimmt sei, konnte jedoch für den Drang der Bolschewiki nach der Praxis einer russischen proletarischen Revolution keine legitime Unterstützung liefert. Lenins philosophische theoretische Situierung zu jener Zeit bedurfte dringend eines wissenschaftlichen Standpunkts, einer wissenschaftlichen Sichtweise und Methode, die die aktive, kreative Rolle des revolutionären Subjekts anerkannte. Das war ein entscheidendes fehlendes Verbindungsstück in Lenins theoretischer Logik. Er verstand jedoch nicht unmittelbar, dass er in seinem späteren Erlernen und Studium der Hegelschen Philosophie Plechanows falsche Simulakren und seinen geschlossenen theoretischen Kreislauf in Richtung des Wesens der marxistischen Philosophie durchbrechen sollte,

---

5   W.I. Lenin, Rede zu G.W. Plechanows Referat „Über die Haltung der Sozialisten zum Krieg", in: *Lenins Gesammelte Werke*, Bd. 26, S. 60 (chinesische 2. Aufage).
6   A.a.O., S. 20-22. Nach Krupkajas Erinnerungen hatte Iljitisch nur zehn Minuten. Er konnte nur auf die wesentlichsten Punkte eingehen. Plechanow antwortete mit seiner üblichen Demonstration von Geist. Die Menschewiki, die in überwältigender Mehrheit waren, applaudierten ihm heftig.
7   W. Lenin.I, Der Zusammenbruch der II. Internationale, in: *LW*, Bd. 21, S. 211.
8   A.a.O., S. 230.

wobei er wirklich historische, praktische Dialektik im marxistischen historischen Materialismus erwarb. Dies sollte eine wichtige philosophische Waffe werden, die er in der großen russischen „Oktoberrevolution" handhabte. Interessanterweise schloss Lenin Hegels Philosophie als primären Gegenstand seines Lernens und seines Studiums der Dialektik ein, insbesondere Hegels *Die Wissenschaft der Logik*. Logisch gesprochen scheint es, dass Lenin, da er sich wünschte, die marxistische materialistische Dialektik besser zu verstehen, Marx' und Engels' *Kapital* und andere philosophische Texte hätte neu lesen sollen; er tat dies jedoch nicht. Die Frage für uns ist, warum nicht? Der erste Grund ist, dass Lenin, als er den Briefwechsel von Marx und Engels las, entdeckte, dass **Hegel präsent war**, jedes Mal, wenn Marx und Engels Dialektik diskutierten. Aus diesen Briefen schien hervorzugehen, dass das Verständnis der Philosophie Hegels der Maßstab war, nach dem man das wirkliche Verständnis der Dialektik als Ganze messen konnte. *Ich glaube, dass Lenin, als er die Philosophie von Dietzgen und Feuerbach las und studierte, einen Geschmack für die Lektüre von Originalwerken bekam; daher vertraute er auf seine Fähigkeit, die dialektische Theorie aus Hegels eigenen Werken zu verstehen.* Der zweite Grund war, dass die Theoretiker der reformistischen Fraktion und der revolutionären Fraktion im Sozialismus alle in der Auseinandersetzung miteinander bei Hegels „Dialektik" Anleihen machten.[9] Hier ist Dunajewskajas Analyse sehr tiefgehend.[10] *Tatsächlich hatte Lenin vor diesem Zeitpunkt keinerlei systematisches Studium der Hegelschen Philosophie unternommen, und noch weniger hatte er ein tiefes Verständnis des dialektischen Denkens in der Hegelschen Philosophie erworben.*

Tatsächlich hatte Lenin im Frühjahr 1914, worauf wir bereits hingewiesen haben, damit begonnen, an „Karl Marx" zu arbeiten; da er zu jener Zeit jedoch sehr beschäftigt war, schrieb er im Juli an den Herausgeber, dass er die Arbeit nicht fertigstellen könne. Der Herausgeber antwortete, indem er darauf bestand, dass Lenin das Stück schreiben solle. Kurz darauf brach am 4.August 1914 der Erste Weltkrieg aus, und Lenin wurde von

---

9 Raja Dunajewskaja, *Marxismus und Freiheit*, Liaoning Educational Press 1998, S. 158 (chinesisch).
10 Raja Dunajewskaja, *Philosophie und Revolution*, Liaoning Educational Press 2000, S. 86-88 (chinesisch).

den österreichischen Behörden verhaftet. Im September 1914 erreichte Lenin Bern in der Schweiz. Einmal dort, vergrub er sich in die Arbeit in der Bibliothek, entschlossen, seine eigenen philosophischen Studien zu beginnen. Man stelle sich diese seltsame historische Szene vor: die Flammen des Krieges stiegen von überall über den europäische Kontinent in den Himmel, der erste weltweite Krieg, in dem die Menschheit sich einem beispiellosen Maße selbst abschlachtete, der immer intensiver wird, die sozialistische Arbeiterbewegung, die von Marx und Engels selbst begründet wurde, ist auf der Schwelle ihres ersten großen Bruchs, die Führer der sozialistischen Parteien in verschiedenen europäischen Ländern sind damit beschäftigt, ihre Kräfte zu einer Teilnahme an den Kämpfen zu mobilisieren, und während all dessen beginnt Lenin sein jahrelanges systematisches Studium der hegelianischen Philosophie. Das war ein wahrhaft großer Entschluss Lenins! Dunajewskaja schreibt: „Der gleichzeitige Beginn des Ersten Weltkriegs und die Abstimmung der deutschen Sozialdemokraten zugunsten des Kaisers erschütterte die philosophische Grundlage, auf der Lenin aufgebaut hatte, von der er bereits glaubte, sie sei fest und unverbrüchlich. Am 4. August 1914 zerstörte er diese Konzepte, an die all die verschiedenen Fraktionen der marxistischen Bewegung glaubten."[11]

Was waren diese „Konzepte", von denen Dunajewskaja schrieb? Sie weist darauf hin, dass vor dem 4. August alle Marxisten glaubten, dass materielle Bedingungen die Grundlagen der Schaffung einer neuen Gesellschaft vorbereiten; als die materiellen Bedingungen sich weiterentwickelten, wurde das Proletariat immer bereiter, die Herrschaft zu übernehmen. Für Dunajewskaja zerstörten der Ausbruch des Ersten Weltkriegs und die Reaktion der Sozialisten der verschiedenen europäischen Staaten auf dieses Ereignis tiefgehend die Grundlage dieser Idee. Indem er das Chaos und die Verwirrung untersuchte, erfasste Lenin ruhig die unumkehrbare Zerstörung der Situation. Daher versuchte er, eine neue philosophische Grundlage für das Denken zu finden und seine Vernunft durch das systematische Studium der Hegelschen Philosophie neu zu strukturieren. Es ist offensichtlich, das Dunajewskaja gegenüber diesen Entwicklungen sehr sensibel war; wir werden gleich die neue philosophische Grundlage sehen, von der sie sprach.

11   A.a.O., S. 86.

Ein weiteres historisches Detail, das unsere Aufmerksamkeit verdient, ist dieses: Lenin beendete „Karl Marx" im November 1914, als er den Artikel zur Veröffentlichung einreichte. Jedoch schrieb er Anfang 1915 in einem Brief an die Herausgeber der Enzyklopädie:

> „Übrigens: Können noch einige Änderungen zum Abschnitt über die Dialektik gemacht werden? Vielleicht sind Sie so freundlich und teilen mir kurz mit, wann die Insatzgabe erfolgt und wann der letzte Termin für die Einsendung von Abänderungen ist. Ich habe mich in den letzten anderthalb Monaten gerade mit dieser Frage beschäftigt und denke, dass ich einiges hinzufügen könnte, wenn noch Zeit ist."[12]

Was war der Inhalt, den Lenin revidieren und zu dem er beitragen wollte? Was brachte ihn dazu, das, was er bereits geschrieben hatte, zu revidieren? Dies ist eine Frage, der wir sorgfältige Aufmerksamkeit schenken müssen. Interessanterweise ist Dunajewskajas Antwort, dass Hegels Logik die philosophische Grundlage für die innere Spaltung im Marxismus darstelle.[13] Sie glaubte, dass Lenin die Brücke der hegelianischen Philosophie in Richtung des idealistischen Glaubens, dass Ideen die Welt erschaffen, überschritten und sich damit grundlegend vom philosophischen Materialismus abgewandt habe. Ich kann Dunajewskajas Erklärung überhaupt nicht zustimmen. Meiner Meinung nach ist dies ein irriger Versuch, Lenins Denken zur Zeit der *Berner Hefte* zu **hegelianisieren**. Diese falsche Erklärung und Kedrows „Theorie der geplanten Konzeption", die unter sowjetisch-osteuropäischen Wissenschaftskreisen viele Jahre lang vorherrschend war, waren zwei einander entgegengesetzte logische Identifikationen, die beide die historische Wahrheit verschleiern und die komplexen Gedankenfäden in der theoretische philosophischen Situierung von Lenins *Berner Heften* noch undeutlicher werden lassen.

---

12 W.I. Lenin, An den Sekretär des Lexikons Granat, in: *LW*, Bd. 36, S. 297-298, hier: S. 297.
13 Raja Dunajewskaja, *Marxismus und Freiheit*, Liaoning Educational Press 1998, S. 158 (chinesisch).

Wenn diese beiden Ansichten falsch sind, was sind dann die wirklichen historischen Fakten? An dieser Stelle können wir zu einigen wichtigen Fragen zurückkehren, die wir bereits früher aufgeworfen haben: war die theoretische Logik im Verlauf von Lenins *Berner Heften* ein homogenisierter Prozess? War es der einfache Verwirklichungsprozess, wie Kedrow in seiner „Theorie der geplanten Konzeption" behauptet? Weiterhin, wenn wir diese Behauptung zurückweisen, d.h., wenn wir die die großen Veränderungen erkennen, die in Lenins philosophischem Denken stattfanden, als er die *Berner Hefte* schrieb, waren dann diese Veränderungen so groß wie in Dunajewskajas Beschreibung? Mit anderen Worten, bewegte sich Lenin in Richtung der hegelianischen idealistischen Ideendialektik und endete dort? Dies ist eine schwierige Forschungsfrage und ein entscheidender Bestandteil unserer Neusimulierung von Lenins Gedankenraum. An dieser Stelle werden wir zunächst die Umstände von Lenins erster Lektüre der Hegelschen Philosophie untersuchen.

2. Drei Stützen des anfänglichen Lektüregerüsts Lenins

Sobald Lenin den dritten Band der *Gesammelten Werke* Hegels aufschlug, war er zutiefst begeistert von der Vorrede, die Hegel zur ersten Ausgabe der *Wissenschaft der Logik* geschrieben hatte.[14] Wie wir alle wissen, sollte *Die Wissenschaft der Logik die Folge der Phänomenologie des Geistes in Hegels totalem philosophischem Gedankengang sein. Hegel bezeichnete Die Phänomenologie des Geistes als „Einleitung" zur Wissenschaft der Logik.*[15] In der *Phänomenologie des Geistes* erhebt sich die Idee aus den sinnlichen materiellen Phänomenen und dem Selbstbewusstsein, das die Wahrnehmung bildet, indem sie ein kritisches logisches System der Zurückweisung benutzt. Um Hegels eigene Worte zu verwenden, die dies zum Ausdruck zu bringen, „In der *Phänomenologie des Geistes* habe ich das Bewusstsein

---

14 Hegels *Wissenschaft der Logik* war in der Ausgabe der Gesammelten Werke von 1883 in drei Bände unterteilt. Der erste Teil, Die objektive Logik, war zwischen dem dritten („Die Lehre vom Sein") und dem vierten („Das Wesen") aufgeteilt, während der zweite Teil, Die subjektive Logik oder Die Lehre vom Begriff, sich im fünften Band befand.
15 G.W.F. Hegel, *Wissenschaft der Logik*, Bd.1, Frankfurt/M. 1986, S. 17.

in seiner Fortbewegung von dem ersten unmittelbaren Gegensatz seiner und des Gegenstandes bis zum absoluten Wissen dargestellt."[16] In der *Wissenschaft der Logik* entwickelt der Geist von seinen einfachsten, unmittelbarsten Ideeneigenschaften über das Fortschreiten des komplexen begrifflichen Widerspruchs fort, bis er sich schließlich zum Höhepunkt des Geistes umwandelt: die Absolute Idee. Daher fasst Hegel in dieser Einleitung zuerst die Vorgeschichte des Bewusstseins zusammen (von der Metaphysik, Alltagswissen-Wissenschaft und Wissen-Geist zum Geist). Ich glaube, dass die allgemeine Darlegung der Metaphysik, die Hegel in dieser Einleitung vornimmt, wie auch seine Erklärung der Beziehung zwischen wissenschaftlichem und geistigem Leben nicht Lenins Interesse hervorrief.

Tatsächlich war Lenin zu jener Zeit durch sein Studium und das Erlernen professioneller philosophischer Texte von Dietzgen und Feuerbach bereits sehr mit **philosophischer Wahrnehmung** vertraut. Obwohl daher seine Motivation, Hegel zu lesen, aus einem wirklichen Bedürfnis der revolutionären Praxis herrührte, vermerkte es Lenin jedes Mal sofort in seinen Anmerkungen, um wirklich und **tief die Dialektik zu verstehen und sie korrekt auf die revolutionäre Praxis anzuwenden**, wenn Hegel interessante Erkenntnistheorien aufbringt. Levine schreibt, dass Lenins primäres Interesse 1914 darin bestand, die Dialektik auf epistemologische Probleme anzuwenden.[17] Das ist offensichtlich nicht völlig korrekt. Lenin studierte Hegel nicht, um Epistemologie zu studieren. Tatsächlich war die Dialektik der Fokus seines Studiums; und die Epistemologie war lediglich ein Feld, mit dem Lenin sich vertrauter fühlte. Erst mit der philosophischen Situierung von Lenins späterer Lektüre und seines späteren Studiums wurden diese beiden logischen Gedankengänge vereint. Daher zeigen die Exzerpte in den Notizheften, dass Lenin sich seiner Untersuchung mit zwei Interessenspunkten näherte: erstens „**Bewegung** des wissenschaftlichen Erkennens – das ist das Wesentliche." Zweitens „der ‚sich selbst konstruierende Weg' = der **Weg** (das ist meines Erachtens der Kern) der wirklichen Erkenntnis, des Erkennens, der Bewegung vom Nichtwissen zum

---

16   A.a.O., S. 42.
17   Vgl. Levine, *Dialog in der Dialektik*, S. 361 (ch.).

Wissen.)"¹⁸ Interessanterweise waren „Bewegung" und „der sich selbst konstruierenden Weg" beide dialektische Elemente in der Epistemologie. Ich habe herausgefunden, dass sich Lenin auf die Dialektik von Beginn an von innerhalb des epistemologischen Rahmens konzentrierte, mit dem er vertraut war: dies war eine bedeutende theoretische Unbewusstheit. *Hier ist Kedrows Schlussfolgerung, dass „Lenin unmittelbar die Eigenschaften und das Zentrum von Hegels* Wissenschaft der Logik *selbst begriff"* ¹⁹. Ich glaube, dass diese Schlussfolgerung voreilig und übertrieben war.

Hier zeichnet Lenin den ersten seiner Kästen in diesen Notizen, in denen er klar eine Erinnerung für den Rest seiner Lektürelogik vorschlägt: Hegels idealistische Dialektik muss **materialistisch umgekehrt** werden.²⁰ Dies war ein wichtiges Prinzip von Lenins frühem Erlernen des philosophischen Materialismus, der für ihn auch der tiefste und unmittelbarste Eindruck im Hinblick auf **materialistische** Dialektik war, als er den *Briefwechsel von Marx und Engels* las.²¹ Für Lenin war das Verhältnis von Marx und Hegel zu jener Zeit eines, in dem Marx Hegels idealistische Dialektik in materialistische Dialektik *umkehrte*. Daher: „Logik und Erkenntnistheorie müssen aus der ‚Entwicklung alles natürlichen und geistigen Lebens' abgeleitet werden" und nicht aus Hegels idealistischem rückwärtsgewandtem Ausdruck.²²

18 Lenin, W.I., Konspekt zu Hegels „Wissenschaft der Logik", in: *LW*, Bd. 38, S. 77-229, hier: S. 79-80.
19 Vgl. Kedrows Eine Forschung zu Lenins *„Philosophischen Heften"*, Qiushi Press (1984), S. 127 (chinesisch).
20 Wie wir bereits gezeigt haben, verwendete Lenin in den Anmerkungen verschiedene Größen von Kästen, um seine eigenen wichtigen Standpunkte zu betonen. Eine grobe Schätzung ergibt, dass es etwa 170 solcher Kästen in diesen Anmerkungen gibt.
21 Hier entdeckte Lenin, dass Marx und Engels, wann immer sie Dialektik diskutierten, fast immer Hegel erwähnten. Zugleich basierte ihre Kritik an Feuerbach, Dietzgen und anderen alten Materialisten sämtlich auf deren Missverständnis von Hegels Dialektik. Dies berührte Lenin tief; es war zugleich einer der bedeutenden Gründe, für Lenins Entscheidung, schließlich zu einem tieferen Studium von Hegels Philosophie zurückzukehren. Wir haben diesen Punkt bereits früher in diesem Buch diskutiert. Vgl. S. 35, 43, 61, 89, 162-163 du 318 in Band 58 der zweiten chinesischen Auflage von *Lenins Gesammelten Werken*.
22 Lenin, W.I., Konspekt zu Hegels „Wissenschaft der Logik", in: *LW*, Bd. 38, S. 80.

Ich muss meine Leser daran erinnern, dass es für uns entscheidend ist, diesen Punkt zu verstehen, weil dies eine kritische Prämisse von Lenins logischer philosophischer Situierung war, als er seine Lektüre begann. Dies ist ein relativ wichtiger logischer Zugang zu unserer korrekten Diskussion des wirklichen Fortschreitens von Lenins Gedankengang während seiner Lektüre.

In den frühen Stadien von Lenins Studium von Hegels *Die Wissenschaft der Logik* bestand sein primärer Interpretationsrahmen aus den folgenden Anderen spiegelbildlichen Unterstützungspunkten:

Erstens wurde Lenins zentraler spiegelbildlicher theoretischer Unterstützungspunkt von Marx selbst aufgebracht: er schrieb, dass seine Dialektik eine „Umstülpung" von Hegel sei, eine **Veränderung von der idealistischen Dialektik zur materialistischen Dialektik**. Ich glaube jedoch, dass Lenin vom Beginn seines Studiums an zutiefst in der Lage war, diese „Umstülpung" zu verstehen; daher war die „Umstülpung", auf die sich Lenin in diesem Stadium seiner Forschung bezog, einfach ein **Austausch** von Hegels Begriffen des Geistes und des Bewusstseins als das Wesen der Welt durch Begriffe einer materiellen und natürlichen Welt. Dies ist offensichtlich eine falsche Situierung von Marx' „Umstülpung". *Kedrow glaubt, dass Lenins Umgestaltungsarbeit an der Hegelschen Dialektik „mit Marx und Engels völlig übereinstimmt".[23] Ich glaube aber, dass solch ein vages Urteil, das über die Änderung und Entwicklung vor und nach dem Lektüreprozess Lenin hinwegsieht, ungenau ist. Weiter unten werde ich erklären, dass Lenin Marx' Gedankenkontext erst dann wahrhaft erreichen und rekonstruieren konnte, als er eine bedeutende Entwendung der theoretischen Logik erlebt hatte. In einem anderen Falle sah zum Beispiel der chinesische Wissenschaftler Professor Cong Dachuan scharfsinnig, dass diese „materialistische Umstülpung" Lenins nicht Marxens Umstülpung der Hegelschen Philosophie ist[24], unterschied er dennoch nicht zwischen der frühen und der späten Periode von Lenins Lektüre- und Studienprozesses der Berner Hefte, weshalb er trotz allem die grundlegende Veränderung, die zu jener Zeit in*

---

23 Vgl. Kedrows Eine Forschung zu Lenins „*Philosophischen Heften*", Qiushi Press (1984), S. 169 (chinesisch).

24 Vgl. Cong Dachuan, *The Dialectical System: Marx and Lenin*, Yunnan Social Science, 1995(2).

Lenins Gedanken stattfand, auch nicht bemerkte. Lenins Standpunkt an dieser Stelle kommt im Text sehr klar zum Ausdruck. Tatsächlich hatte er sich von jeher auf verschiedene Weise stets gewarnt, oder um es mit Lacan zu sagen, war es eine Art **repetitive** Anrufung des Andersseins, die vom theoretischen Anderen kommt.

Die zweite spiegelbildliche theoretische Unterstützungspunkt setzte sich aus den fertigen Ergebnissen der Kritiken von Marx', Engels' und Plechanows Kritik an der hegelianischen Philosophie zusammen. In Lenins **erstem Lektüretadium** (vom Anfang von *Die Wissenschaft der Logik* zum Ende der „allgemeinen Schlussfolgerung" des Zweiten Teils, Seite 77-155 von Lenins *Philosophischen Heften*) bezog er sich sorgfältig auf diese klassischen Autoren aus einem geschlossenen theoretischen Kreislauf heraus, wobei er Hegel verortete und interpretierte, indem er die **leicht verfügbaren Standpunkte und Schlussfolgerungen** theoretischer Anderer Reflexionen benutzte. *Dies ist eine Lektüre gemäß der nichtreflektiven „während man liest"-Lektüremethode.* In seiner frühen Lektüre zitiert Lenin Marx drei Mal, Engels sieben Mal, Plechanow einmal und Feuerbach zwei Mal; in seiner späteren Lektüre endet diese Art von konzentriertem Zitieren fast völlig; im Gegenteil, Plechanow wird tatsächlich zum Gegenstand von Lenins Kritik und Reflexion. Diese Methode des Lesens reflektiert auch unmittelbar die Tatsache, dass Lenin, als er begann, Hegelsche Philosophie zu lesen, nicht sehr selbstsicher und immer noch nicht in der Lage war, seinen eigenen souveränen Denkraum zu konstruieren. Daher brauchte er eine Unterstützung durch Andere Spiegelbilder im Hintergrund. Wenn ein Forscher den Gegenstand seiner Interpretation nicht unabhängig untersuchen kann, dann ist seine verbreitetste Praxis, auf natürliche Weise die theoretischen Andern aufzudecken, die sich mit ihm identifizieren und kontinuierlich vorgefertigte Schlussfolgerungen und Erklärungen von außen zu übernehmen, autoritative Figuren innerhalb eines geschlossenen theoretischen Kreislaufs. Die erlaubt ihm, die logischen Lücken innerhalb seines eigenen Situierungsraums zu füllen. Dieses Phänomen findet generell während der frühen logischen Situierungsperiode eines Denkers statt oder im frühesten Stadium der Hinwendung eines Forschers zu einem neuen Gebiet des Denkens. Aber auch wenn dies der Fall gewesen sein mag, so war Lenins Rahmen nicht falsch. Obwohl einige westliche Leninologen gesagt haben, das Lenin, bevor er die Hegelsche Philosophie verstand, einen „mechanischen Materialismus" (oder „Vulgärmaterialismus, um Andersons Worte zu verwenden) praktiziert habe, so **war es tatsächlich** „dialektischer Materialismus", aber nur ein **halb-verstandener** „dialektischer Materialismus" in einem Anderen Umfang. Dieser „dialektische Materialismus" war nicht Lenins souveräner, unabhängiger Verständnisrahmen von Hegelscher Philosophie, der sich erst später herausbildete.[25]

Der **dritte** spiegelbildliche theoretische Unterstützungspunkt war Lenins grundlegendes Urteil über Hegels philosophische theoretische Logik. Wir können sehen, dass Lenins derzeitige Haltung im Ganzen eine grundlegende Verneinung war. Als er die wichtigsten theoretischen Prinzipien von Hegels Philosophie kommentierte, verwendet er sehr oft Wörter wie „Unsinn", „Mystizismus" und „unklar". Es ist offensichtlich, dass Lenin zu jener Zeit nicht unmittelbar die **ganze Rationalität** von Hegels Philosophie verstand. Dieses Unvermögen zu verstehen befand sich in Übereinstimmung mit Lenins früher philosophischer Denklogik. *Dies war so, obwohl Lenin vom großen theoretischen Respekt gelesen hatte, den Marx und Engels Hegel in ihrem Briefwechsel erweisen. In der Einleitung zu Deborins Übersetzung der Berner Hefte weist dieser vage darauf hin, dass Lenin grundlegend mit Hegels System übereinstimmt; eine solche Sichtweise ist offensichtlich ungenau. Der Grund dafür ist, dass eine solche Bejahung nur im Denkraum*

---

25 Zu den Verfälschungen von Lenins Haltung durch westliche "Leninologen" vgl. Levine, *Dialogue within the Dialectic*; Leszek Kolakowski, *Hauptströmungen des Marxismus* und Robert Payne, The Life and Death of Lenin. Von diesen halte ich Levines Untersuchung Lenins für die profundeste. Nachdem er einige grundlegende textuelle Tatsachen erfasst hat, erreicht Levines Untersuchung ein höheres wissenschaftliches Niveau. Trotzdem sind seine primären Schlussfolgerungen über die Entwicklungen von Lenins philosophischem Denken nicht korrekt, weil er Lenin als lachhaften Hegelianer darstellen will, Trotzdem, als ich im Oktober 2007 Kevin Anderson traf, glaubte er, dass Levines Forschung unzureichend sei. Unter westlichen Marxisten haben Althusser und Dunajewskaja systematischere Studien vorgelegt. Vgl. Althusser, *Lenin und Philosophie* und Dunajewskaja, *Marxism and Freedom* und *Philosophy and Revolution*. Allerdings sind ihre grundlegenden Schlussfolgerungen zu Lenins Berner Heften so willkürlich und einfach wie die Levines.

nach der Entwendung der theoretischen Logik in Lenins Berner Heften *stattfindet.* Ich habe auch herausgefunden, dass Deborin sich zu sehr auf Lenins Zustimmung zu Hegel konzentriert; dies war wahrscheinlich einer der Gründe, warum er später dafür kritisiert wurde, Lenins Denken zu „hegelianisieren".

Es war genau dieser wichtige, besondere logische interpretative Rahmen und diese Denkrichtung, die Lenin latent einschränkte, als er **zuerst** in die Hegelsche Philosophie **eintrat**. Althusser glaubt, dass Lenins Anmerkungen zu Hegel den Standpunkt beibehielten, den er in „Was sind die ‚Volksfreunde'?" eingenommen hatte, bevor er begann, Hegels Werke zu lesen.[26] Wenn Althusser Lenins frühen Lektürerahmen beschrieben hätte, dann hätte er Recht gehabt; unglücklicherweise versucht Althusser diese Schlussfolgerung auf Lenins Standpunkte über den gesamten Fortschritt seines Studiums der Hegelschen Philosophie auszudehnen und hat somit letztlich Unrecht. Auf der anderen Seite bemerkt Dunajewskaja die unterschiedlichen Haltungen, die Lenin gegenüber Hegel zu unterschiedlichen Zeiten einnimmt, geht aber nicht weiter. Sie liefert keine tiefergehende Textanalyse, insbesondere ihre vage Bestimmung, dass Lenin Hegel in seinen *Berner Heften* nicht einfach akzeptierte, sondern vielmehr „weiterging, neue **Dinge** erreichte."[27] Unglücklicherweise sind die „neuen Dinge", von denen sie hier spricht, idealistische Begriffe. Ich bin entschieden gegen diese Schlussfolgerung.

Es ist nicht schwierig zu sehen, dass der Fortschritt von Lenins Lektüreprozess vom Vorwort der zweiten Auflage von *Die Wissenschaft der Logik* zum zweiten Kapitel des ersten Teils der „Lehre vom Sein" im Hinblick auf die Anderen Spiegelbilder friedlich ist. Indem er eine **ablehnende** Haltung beibehält, geht er methodisch durch über 170 Seiten von *Die Wissenschaft der Logik* und sucht nach den „Perlen" im „Misthaufen" der Hegelschen Philosophie (um Engels' Worte zu übernehmen). An diesem Punkt verzeichnet Lenin Lektürekommentare, die mit den drei Anderen subsidiären Bewusstseinsbezügen korrespondieren, die wir bereits diskutiert haben.

26 Vgl. Althussers „Lenin vor Lenin", in: *Lenin und Philosophie*, Yuanliu Press (Taiwan) 1990, S. 137 (chinesisch).
27 Dunajevskaja, Raja, *Marxismus und Freiheit*, Liaoning Educational Press (1998), S. 157.

Erstens kritisierte Lenin die idealistische Grundlage der Hegelschen Philosophie, die er ablehnte. Dies war ein Massenpunkt, der sich von der Hegelschen Dialektik unterschied, auf die Lenin konzentriert war, und auch von Marx' Dialektik; ich denke, dass Lenin von sich selbst fast konstante „Objektivität" verlangte.[28] *Dies war der theoretische Kreislauf, der durch den grundlegenden Ausgangspunkt der philosophischen materialistischen Lehren von Dietzgen und Feuerbach gebildet wurde.* Bald nach dem Beginn der Lektüre von „Die Lehre vom Sein" schreibt Lenin: „Den Himmel weg: Materialismus." Das bringt Lenins Wunsch zum Ausdruck, Hegels Geist durch die Natur zu ersetzen. Lenin schreibt weiter, „Weg mit dem Himmel – gesetzmäßiger Zusammenhang der ganzen Welt (des ganzen Welt**prozesses**)", womit er sich auf die Ersetzung von Hegels Ideenstruktur durch die objektiven Verbindungen der objektiven materiellen Welt bezieht.[29] Lenin betont, dass er mit Hegels „Blödsinn über das Absolute (68/69)" aufräumen muss. *Wenn man dies aus der Perspektive der spiegelbildlichen Projektionen aus analysiert, dann steht diese Schlussfolgerung offensichtlich in Bezug zu Lenins Lektüreerinnerung an Dietzgen und Feuerbach. Insbesondere Feuerbach diskutierte die – in bestimmter Hinsicht bestehende–Homogenität von Materialismus und Theologie. In* <u>*Die Wissenschaft der Logik*</u> *enthielten diese Seiten Hegels Diskussion von „Sein" und „Nichts". Ich glaube auch, dass später, als Deborin über Hegel als philosophische Quelle der marxistischen Philosophie schrieb, er mit Absicht „Sein" und „Nichts" diskutierte, um die Dinge noch verwirrender zu machen. Könnte dies so gewesen sein, damit Deborin, der erste Herausgeber dieser Sammlung von Anmerkungen, das fehlende theoretische Verbindungsstück in Lenins* <u>*Berner Heften*</u> *erklären kann? Es ist uns nicht möglich, das zu sagen.*[30] An dieser Stelle zeichnet Lenin einen großen Kasten, um sich selbst daran zu erinnern, „ich bemühe mich im allgemeinen, Hegel materialistisch zu lesen: Hegel ist auf den Kopf gestellter Materialismus (nach Engels) – d.h., ich lasse den

---

28 Lenin, W.I., Konspekt zu Hegels „Wissenschaft der Logik", in: *LW*, Bd. 38, S. 83.
29 A.a.O., S. 93.
30 Vgl. Deborin, Hegel und dialektischer Materialismus" im zweiten Band von *Philosophie und Politik*, Beijing Sanlian Press 1975, S. 609-613 (chinesisch).

lieben Gott, das Absolute, die reine Idee etc. größtenteils beiseite."³¹ *Dies war eine deutliche Selbst-Identifikation seines eigenen Anderen theoretischen Anderen Spiegelbilds.* Lenin erkannte jedoch nicht, dass er, indem er dies tat, nicht Marx' kritischer logischer Umstülpung der Hegelschen Philosophie nachstrebte, sondern vielmehr lediglich Hegels Begriff des Geistes durch seinen eigenen Begriff der Materie ersetzte. Offensichtlich gelangte Lenin nicht wirklich zu Marx' komplexem logischem Niveau der Situierung, auf dem er Hegel in Form seines eigenen historischen Materialismus und seiner praktischen historischen Dialektik „umkehrte"; vielmehr blieb er auf der oberflächlichen Ebene dieses Denkraums stecken. Er erkannte nicht, dass er, um Marx' Materialismus zu benutzen, um Hegels Dialektik umzukehren, nicht einfach äußerlich Hegels Begriffe der „Absoluten Idee" und „Gottes" durch wesentlich homogene, **subjektive** Begriffe wie „Materie" und „Natur" ersetzen konnte. 1845-1846 und erneut 1858 entdeckte Marx zweimal das historische Geheimnis der Hegelschen Philosophie. Indem er die historische Essenz der industriellen Produktionspraxis und die sklavenähnlichen entfremdeten Verhältnisse, die dem Begriff der „Herrschaft des Abstrakten" in der kapitalistischen ökonomischen Struktur innewohnen, durchdrang, verstand Marx tiefgreifend die **umfassende Legitimität** von Hegels objektiver, idealistischer Weltanschauung und logischer Situierung. Dies war die Aufdeckung des Begriffs der modernen Herrschaft des Kapitalismus wie auch des herrschenden Wesens der modernen praktischen Struktur über die natürliche materielle Existenz. Es ist eben die tatsächliche **ordnende Situation** der industriellen Praxis, die die Ordnung und Struktur der „Welt um uns herum" und zugleich unsere subjektive Wahrnehmungsordnung und -struktur konstruiert. Hegel benutzte einfach auf historische Weise Ideenlogik, um diese historische Dialektik tiefgreifend zu reflektieren; für Marx war dies eine idealistische strukturelle Umstülpung im Hinblick auf logische Situierung, nicht eine Umstülpung einzelner Wörter. Lenin gelang es bis zu seiner späteren epistemologischen Verschiebung nicht, tief in die zugrundeliegende logische Situierung von Marx' Umstülpung von Hegels idealistischer Dialektik einzudringen oder sie umfassend zu verstehen.

31 Lenin, W.I., Konspekt zu Hegels „Wissenschaft der Logik", in: *LW*, Bd. 38, S. 94.

Heidegger sagte einmal, dass man, wenn man eine metaphysische Idee umkehrt, immer noch bei einer metaphysischen Idee endet. Hier muss ich sagen, dass das was Korsch 1930 sagte, richtig ist. Er erklärte, dass diese „materialistische Umkehr", die Lenin auf Hegels Idealismus anzuwenden versuchte, höchstens eine Veränderung der Terminologie war. Er benutzte die absolute Existenz der sogenannten „Materie", um die absolute Existenz des sogenannten „Geistes" zu ersetzen.[32]

Trotzdem war Korschs spätere spezifische Analyse falsch, etwas, das wir später in diesem Buch diskutieren werden. Tatsächlich bemerkte auch Althusser diesen Punkt, als er schrieb, dass wenn wir die Idee als Materie interpretieren, das Ergebnis lediglich eine materialistische Metaphysik wäre (eine Mutation des klassischen philosophischen Materialismus). Unmöglich zu verstehen ist jedoch sein Beharren darauf, dass Lenin dies nicht tat, denn in der Interpretation Hegels nahm Lenin einen proletarischen Klassenstandpunkt ein (einen Standpunkt des dialektischen Materialismus).[33] Althusser glaubt noch nicht einmal, dass Lenin bewusst versuchte, Hegels Idealismus in Materialismus zu verkehren; er glaubt, dass Lenin in seiner Hegellektüre eine sogenannte „Enthüllungsmethode" verwendete, d.h., er lehnte nutzlose Behauptungen und Argumente völlig ab und behielt einige ausgewählte Dinge bei, wobei er sorgfältig ihre Hüllen beseitigte und ihr Innerstes von den dicken Umhüllungen befreite, mit denen sie sie durch wirkliche Neustrukturierung verbunden worden waren.[34] Er erklärt weiter, dass Lenin diese Dinge, an denen er interessiert war, aus Hegels völlig unterschiedlichen Standpunkten extrahierte. Er bezeichnet dies als einen Prozess des Herausschälens, einen Reinigungsprozess.[35] Althusser glaubt, dass es keinen Grund gab, einen „umgekehrten" Prozess auf diese „Zentren" anzuwenden. Obwohl Althusser in der Vergangenheit

---

32 Karl Korsch, Der gegenwärtige Stand des Problems „Marxismus und Philosophie", in ders., *Marxismus und Philosophie. Schriften zur Theorie der Arbeiterbewegung 1920-1923*, herausgegeben und eingeleitet von Michael Buckmiller, Hannover 1993.

33 Althussers „Lenin vor Lenin", in: *Lenin und Philosophie*, Yuanliu Press (Taiwan) 1990, S. 139 (chinesisch).
34 A.a.O., S. 141.
35 A.a.O., S. 144.

seine Ansichten immer mit profunder textueller Hermeneutik abstützte, ist seine Haltung hier sehr überraschend. In seiner tatsächlichen Lektüre schrieb Lenin immer, wenn er Hegels Diskussion der Austauschbarkeit von Endlichem und Unendlichem begegnete, die folgenden Worte, die er in einen Kasten setzte: „Die Dialektik der Dinge selbst, der Natur selbst, des Gangs der Ereignisse selbst."[36] Dies war nicht Hegels begriffliche logische Ableitung am dieser Stelle des Textes. Auch wenn Lenin Hegels weitere Analyse des kontinuierlich transzendierenden Wandels vom Endlichen zum Unendlichen des Wissens und der Begriffsbeziehungen liest, denkt er plötzlich an seine eigene Kritik des Machismus wegen dessen idealistischen Irrtümern in Bezug auf die Materie in *Materialismus und Empiriokritizismus*. Hier bemerkt er am Rand: „Anwenden auf Atome versus Elektronen. Überhaupt die Unendlichkeit der Materie tief hinunter..."[37] *Tatsächlich ist hier eine sogar noch tiefere Spiegelreflexion wahrscheinlich Lenins wissenschaftliche Erinnerung an Dietzgen.*

Zweitens versuchte Lenin, die wertvollen Teile von Hegels Denken „umzukehren", um auf diese Weise die „Perlen" hinter dem idealistischen Denken aufzuzeigen. In seiner Lektüre des Vorworts zur zweiten Auflage zum Beispiel steht Lenin auf Seiten der Materialisten, wenn es um Hegels Kritik der formellen Logik geht, die sich nur auf die äußeren Formen und Instrumente des menschlichen Denkens konzentriere. Lenin zeigt klar auf, dass der Standpunkt der traditionellen Wissenschaft der Logik falsch ist, denn „die Logik ist die Lehre nicht von den äußeren Formen des Denkens, sondern von den Entwicklungsgesetzen ‚aller materiellen, natürlichen und geistigen Dinge'."[38] Als Lenin Hegels Diskussion des Verhältnisses zwischen Endlichem und Unendlichem las, erfasste er die „allseitige, universelle Elastizität der Begriffe". Er erklärt, dass dies „geistreich[es] und klug[es] dialektisches Denken ist; zugleich erinnert er sich: „Diese Elastizität, subjektiv angewendet, = Eklektizismus und Sophistik. Elastizität, objektiv angewendet, d.h. so, dass sie die Allseitigkeit des materiellen Prozesses und seine Einheit widerspiegelt, ist Dialektik, ist die richtige Widerspiegelung

---

36 Lenin, W.I., Konspekt zu Hegels „Wissenschaft der Logik", in: *LW*, Bd. 38, S. 101.
37 A.a.O., S. 102.
38 A.a.O., S. 84.

der ewigen Entwicklung der Welt."³⁹ Wir können sehen, dass das, was Hegel als die Dialektik zwischen Begriffen zum Ausdruck bringt, für Lenin zur objektiven Dialektik, der materiellen Welt wird. Hier taucht Lenin tiefer in Hegels zugrundeliegende spekulative logische Situierung ein.

Eine Analyse des Texts zeigt auf, dass es zusätzlich zu den beiden Punkten, die ich hier diskutiert habe, einige andere bedeutende Umstände gibt, die wir an diesem Punkt verstehen müssen. Zunächst stimmt Lenin unmittelbar einigen von Hegels Diskurs**fragmenten** zur Dialektik zu. Zum Beispiel, Form ist Form reich an Inhalt, Leben, Form mit lebendigem, substantiellem Inhalt, Form mit untrennbar verbundenem Inhalt.⁴⁰ Nicht nur Wesen ist objektiv, sondern auch Ähnlichkeit ist objektiv.⁴¹ *Wir werden später in diesem Buch in eine tiefere theoretische Diskussion dieser Fragen eintreten.* **Zweitens** findet Lenin, dass einige von Hegels Formulierungen „überaus materialistisch" klingen.⁴² *Dies war eine Einschätzung von Hegels Aussage, „was das Erste in der Wissenschaft ist, hat sich müssen geschichtlich als das Erste zeigen."* Lenin macht eine ganze Reihe von bejahenden Kommentaren in diesen beiden Kategorien von interpretativen Haltungen, darunter „exzellent", „sehr wichtig", „treffend und tief". Drittens, und äußerst wichtig für unsere Analyse hier, hatte Lenin oft das Gefühl, dass Hegel schwer zu verstehen sei und nannte seine Worte „dunkel" und „unklar". Als er zum Beispiel zu Hegels Abschnitt über die Objektivität von Escheinungen kommt, notiert Lenin in einem Kasten „NB: unklar, zurückkehren". Es scheint als ob Lenin in seinen Randnotizen zögere und sich infrage stelle. Ich glaube, dass sich Lenin, als er Hegels Dialektik des „Sein – Nichts – Werden" las, nicht sehr wohl fühlte. Zudem, als er Hegels früheste Formulierung der Negation der Negation las, zitierte Lenin lediglich Engels' Worte: „abstrakte und abstruse Hegelei."⁴³ *Ich habe bemerkt, das Lenin auf den Seiten 72- 149 der Philosophischen Hefte Wörter wie „abstrus" oder „obskur" sieben oder acht Mal benutzt. Dies zeigt, dass Lenin große Schwierigkeiten hatte, als er Die Wissenschaft der Logik zu lesen begann; Im Gegensatz zu dem, was*

---

39   A.a.O., S. 100.
40   A.a.O., S. 84.
41   A.a.O., S. 97.
42   A.a.O., S. 96.
43   A.a.O., S. 98.

Kedrow und andere uns glauben lassen wollen, gelang es ihm nicht leicht, Hegels Philosophie neu zu schaffen und ein System der materialistischen Dialektik zu konstruieren. Auf der anderen Seite bemerkt Deborin in seiner Übersetzung der Berner Hefte *von 1929 Lenins Verwendung dieser Wörter in seiner frühen Hegellektüre.*

3. War Lenin wirklich in der Lage, Hegel leicht zu lesen?

„Hegel ist dunkel!"

Gab es in Hegels idealistischer Philosophie wirklich Dinge, die Lenin dunkel und schwer zu verstehen fand? Für viele sowjetische Erforscher der **Philosophischen Hefte** scheint Lenins Prozess des Lernens und Studierens von Hegels Philosophie immer einfach und ohne Hindernisse zu sein. Für diese Forscher war Lenin vom Beginn seiner Studien bis zu ihrem Ende völlig und tiefgehend in der Lage, die Essenz der Dialektik der *Wissenschaft der Logik* zu verstehen und zu erfassen und so mühelos ein vollständiges System der materialistischen Dialektik zu konstruieren. *Dunajewskaja scheint ebenfalls zu glauben, dass Lenins Hegelstudium leicht vonstattenging, dass er von Anfang in der Lage war, „gegen den Vulgärmaterialismus zu kämpfen."* Das ist mit Sicherheit eine falsche Situierung. Wenn wir vom textuellen Kontext mit einem ernsthaften Bemühen, die Wahrheit zu finden, ausgehen und ernsthaft den Gedankenraum der Anmerkungen untersuchen, die Lenin zu jener Zeit vornahm, dann sehen wir, dass die tatsächlichen Umstände wirklich ganz anders waren. In Wirklichkeit war Lenin zu Beginn seines Studiums nicht in der Lage, Hegels Philosophie einfach oder leicht zu verstehen und zu erfassen; selbst wenn er bekannte epistemologische Probleme behandelte und das dialektische Denken behandelte, auf das er so viel Aufmerksamkeit richtete, musste Lenin immer noch große Anstrengungen unternehmen, um Hegel zu verstehen.

Jene, die Hegels *Die Wissenschaft der Logik* gelesen haben, wissen alle, dass Hegel im ersten Teil des ersten Bandes dieses Buchs, „Die Lehre vom Sein" – und insbesondere dem ersten Kapitel dieses Teils – einsichtsvoll viele Ansichten der Dialektik diskutiert, wie etwa die Definition der Determiniertheit in den allgemeinen Kategorien der Lehre vom Sein.⁴⁴ Neben anderen Beispielen gibt es Hegels berühmte Analyse von Kants „hundert Talern" in der Realität und der Möglichkeit⁴⁵ wie auch seine Analyse der Aufhebung, dem wichtigsten Begriff in der Dialektik und im Werden, am Ende des ersten Kapitels.⁴⁶ Aus den Notizen, die Lenin an diesem Punkt anfertigt, ersehen wir jedoch, dass er kein besonderes Interesse an diesen ausgezeichneten Passagen Hegels hatte; wir können dies sehen, weil Lenin hier wenige Bewertungen Hegels vornimmt, sondern vielmehr einfach ein paar Notizen macht ohne ein flüchtiges Urteil. Weiterhin übergeht er völlig einiges an Inhalt, der heute als sehr wichtig angesehen wird. Das Wesentliche des Problems war, dass Lenin in seinem Lektüreraum zu jener Zeit eine kognitive Struktur fehlte, die mit Hegels spekulativer logischer Situierung **korrespondierte**. Daher war Lenin, obwohl Hegels Dialektik in der Entwicklung der historischen Logik der Dialektik in der europäischen Philosophie Geschichte verankert war, nicht in der Lage, diese Situation in der Situierung eines eigenen Denkens neu zu schaffen. Der Grund hierfür war einfach: sein theoretischer Kreislauf zu jener Zeit enthielt keine verwandten Gedankenpunkte. Diese Bedingungen waren Marx „sprachlosem" Zustand sehr ähnlich, als er begann, klassische Ökonomie zu studieren.⁴⁷ Althusser entdeckte diesen Punkt auf phänomenologische Weise ebenfalls und wies mit einem gewissen Maß an Verwirrung darauf hin, dass Lenin „das Buch über das **Sein** ignoriert zu haben scheint."⁴⁸ Als Lenin zur Diskussion des „bestimmten Seins"⁴⁹ im zweiten Kapitel kommt, wird sein Schweigen nicht besser, tatsächlich verschlimmert es sich. Lenins Anmerkungen zeigen, dass er überhaupt keine Reaktion auf Hegels Diskussion der unmittelbaren, reinen Determiniertheit (Qualität) hatte, die als Zurückweisung anderer Materie entsteht⁵⁰, noch zu seiner Diskussion von Spinozas berühmter Beschreibung

---

44 G.W.F. Hegel, *Wissenschaft der Logik*, Bd.1, Frankfurt/M. 1986, S. 82.
45 A.a.O., S. 90-91.
46 A.a.O., S. 113-15.
47 Vgl. Kapitel 2 meines Buchs *Zurück zu Marx*.
48 Louis Althusser, Lenin vor Hegel, in: *Lenin und Philosophie*, Yuanliu Press (Taiwan), S. 139 (chinesisch).
49 Hegels "Sein" des "bestimmten Seins" ist der gleiche Begriff, der in *Heideggers Philosophie* bedeutend wurde.
50 G.W.F. Hegel, *Wissenschaft der Logik*, Bd. 1, Frankfurt/M. 1986, S. 117-118.

von „affirmativ konstruierter Negation".[51] Wenn Lenin jedoch zu Hegels erster Erwähnung der Negation der Negation in *Die Wissenschaft der Logik* kommt, beginnt sich die Situation zu verändern. Lenin beginnt sich zu beklagen, dass Hegel „fragmentarisch und äußerst nebelhaft" sei und führt in einem Kasten das Zitat von Engels an: „abstrakte und abstruse Hegelei."

Ich glaube, dass Lenin Hegel **nicht wirklich verstand**, als er sein Studium von *Die Wissenschaft der Logik* begann; das ist eine Wahrheit, die möglicherweise seit vielen Jahren unter einer ideologischen Fassade verborgen war.

Hier ist es für uns wichtig, eine detaillierte Diskussion zu führen. In *Die Wissenschaft der Logik* durchlief das „Sein" Hegels logische Deduktion, entwickelte sich fort von einer abstrakten Eigenschaft zu „Etwas" und dann von „Etwas" zur zweiten Triade von „Sein – Nichts – Werden". Ganz wie die aktive aufhebende Beziehung des „Seins" im ersten Kapitel ist „Etwas" hier die Aufhebung der unmittelbaren qualitativen Eigenschaft als Zurückweisung der Differenzierung zwischen den Unterschieden anderer Dinge. Verglichen mit der unmittelbaren Eigenschaft von Qualität (Affirmation) und den Grenzen der Differenzierung ist dieses „Etwas", das die differenzierte Zurückweisung aufhob, die Negation der Negation, die die Triade abschließt.[52] Nach meiner Meinung sind Hegels Formulierungen hier nicht konfus oder besonders schwer zu verstehen; wenn Lenin, wie sowjetische Wissenschaftler behaupten, einen dezidierten Zugriff auf das grundlegende System der Dialektik hatte, bevor er die *Philosophischen Hefte* schrieb, dann hätte es für ihn einfach sein sollen, Hegels Worte an dieser Stelle in *Die Wissenschaft der Logik* zu lesen. Trotzdem schreibt Lenin hier am Rand: „unverständlich". Wo war das Problem?

Nach meiner Meinung konnte Lenin, der gerade begonnen hatte, die Hegelsche Philosophie zu studieren, Hegels philosophische spekulative Situierung nicht leicht erfassen. Tatsächlich fehlte Lenin sogar Marx' und Engels' deutscher kultureller Hintergrund wie auch der philosophisch-historische Zusammenhang, den ihre besondere historische Periode ihnen erlaubte zu akzeptieren. Dies war ein zusätzlicher Faktor, der Lenins Prozess des systematischen Lernens und Studierens der Hegelschen Philosophie

51 A.a.O., S. 120-121.
52 A.a.O., S. 123-124.

ums so vieles schwieriger machte. Daher glaube ich, dass Lenin in dieser Zeit des frühen Studiums nicht in der Lage war, akkurat Hegels Denklogik auf vielen Gedankenebenen zu erfassen. Für ihn war es undenkbar, „die Hegelsche Dialektik neu zu strukturieren" und noch viel weniger, ein vorgefasstes Denksystem zu entwickeln. *In Dialogue within the Dialectic kommt Levine zu dem Schluss, dass es grundlegende „Missverständnisse" in Lenins allgemeiner Lektüre der Hegelschen Philosophie in Die Wissenschaft der Logik gebe. Erstens schreibt er, dass Lenin die Absicht und den Zweck der Hegelschen Philosophie nicht verstand. Zweitens glaubt er, dass Lenin ungenaue Definitionen und Verwendungen von Hegels Spezialbegriffen vorschlug.[53] Levine beschuldigt Lenin, Die Wissenschaft der Logik, die nur den Geist und nicht das Bewusstsein untersuchte, zu einer „Beschreibung der Wahrnehmung" zu verändern. Levine glaubt, dass Epistemologie und Bewusstsein die Gegenstände von Hegels Die Phänomenologie des Geistes sind.[54] Ich muss zugestehen, dass Levines Analyse ihre akkuraten und tiefschürfenden Elemente hat, aber es gibt auch eine Reihe von willkürlichen Schlussfolgerungen. Zum Beispiel besteht Levine darauf, dass die begrifflichen Kategorien und logischen Strukturen des Hegelschen Idealismus der einzige Maßstab sind, an dem das Verständnis Hegels gemessen werden kann; die Ergebnisse einer Lektüre müssen mit diesem Maßstab vollkommen übereinstimmen, um als legitim anerkannt zu werden. Wenn sie diesem Maßstab nicht gerecht werden, dann heißt es, dass ihnen das Verständnis des ursprünglichen Textes fehle. Dies ist offensichtlich eine lächerlich übertriebene theoretische Festlegung. In der Tat, wenn wir Hegels idealistische Befangenheiten beseitigen und es aus der Perspektive normaler Menschen sehen, dann ist es nicht schwer zu erkennen, dass Die Phänomenologie des Geistes eine Vorgeschichte des Gattungs-Bewusstseins ist – die Herausbildung des rationalen Geistes. Marx, Engels und später Lenin konnten alle diese Tatsache erkennen, dieses Buch kann sogar als die „embryonische Geschichte" des Geistes bezeichnet werden. In dieser phylogenetischen Vorgeschichte des Geistes liefert Hegel eine kondensierte Diskussion der Strukturen des Selbstbewusstseins im Verhältnis zum*

---

53 Vgl. Levine, *Dialogue within the Dialectic*, S. 363 (ch.).
54 A.a.O., S. 364.

individuellen Subjekt; sein Ziel war es, die falsche-Substanz zu widerlegen, die die Sinnlichkeit beinhaltet, und dann ihre inhärente, subjektiv zusammengesetzte Natur zu erklären. Der Höhepunkt des Selbstbewusstseins ist der Begriff des Gattungs-Bewusstseins, und Die Wissenschaft der Logik *auf der anderen Seite untersucht die logischen phylogenetischen Strukturen von Ideen dieses Gattungs-Bewusstseins. Nach Levines Zusammenfassung ist Hegels* Wissenschaft der Logik *der lange, selbsterkennende historische Prozess des Geistes. Um die Geschichte zu reflektieren und seine Kraft und seine eigene Welt zu verstehen, muss er die Ebene der Erkenntnis erreichen.*[55] *In dieser Sichtweise bewegt sich die Idee in* Die Wissenschaft der Logik *vom Abstrakten zum Konkreten, vom Sein zum Tun, vom Endlichen zum Unendlichen, vom Allgemeinen zum absoluten Universellen mit inneren Besonderheit und erreicht schließlich die Freiheit der absoluten Idee. Als materialistischer Philosoph war Lenin in der Lage, phänomenologisch in die* Wissenschaft der Logik *einzutreten, indem sich mit deterministischen Gesetzen von Hegels spekulativen Spielen identifizierte (genauso wie es Levine beweist); dies ist eine Art von Forschungssituierung. Lenin gelang es auch, seinen eigenen Standpunkt beizubehalten, und nachdem Hegels Philosophie entmystifiziert hatte, reduzierte er sie auf Denkbegriffe, die von normalen Menschen verstanden werden können, wodurch er eine zweite Verständnissituierung bildete. Daher ist es auch eine völlig legitime Interpretation Hegels, Hegels* Wissenschaft der Logik *epistemologisch zu lesen und Hegels falsche Selbstreflexion unpersönlicher Ideen zu korrigieren, um das menschliche Bewusstsein oder die kognitive Tätigkeit der Menschheit zu korrigieren. Ich sollte die Leser darauf hinweisen, dass ich glaube, dass Lenin in seiner frühen Lektüre Schwierigkeiten hatte, die auf den Problemen mit der Situierung der zweiten Denkweise basierten, die ich hier beschrieben habe.*

In seiner frühen Lektüre habe ich gefunden, dass, obwohl Lenin einige von Hegels Sichtweisen in ihrem ursprünglichen interpretativen Raum verstand, dies nicht als ein sehr genaues oder tiefgreifendes Erfassen verstanden werden kann. Es wäre hilfreich für uns, einige Beispiele einzuführen, um diesen Punkt besser zu illustrieren.

---

55   A.a.O., S. 372.

Das erste Beispiel kommt in der „Einleitung" zu *Die Wissenschaft der Logik*. Hier bespricht Hegel Kants Beiträge zur Dialektik. Bei der Lektüre des ersten Teils dieses Textes begegnet Lenin Hegels Analyse von Kants Ablehnung der Willkür in der Dialektik: Kant hat die Dialektik „als ein **notwendiges Tun der Vernunft**" dargestellt. Hegel bejahte völlig diese Sichtweise, insbesondere Kants Aussage über „die **Objektivität des Scheins und Notwendigkeit des Widerspruchs**".[56] Hegel schätzte diese Idee auch sehr hoch. Ich glaube, dass Lenin, als er zum ersten Mal diesen Worten begegnete, sie nicht verstand, aber nach einem sorgfältigen Überdenken sein Verstehen des Gegenstands demonstriert, indem er die folgende Aussage nach Hegels Abschnitt in einem Kasten schreibt:

> „**Nicht vielleicht der Gedanke, dass auch der Schein objektiv ist, da in ihm eine der Seiten der objektiven Welt ist. Nicht nur das Wesen, sondern auch der Schein ist objektiv. Ein Unterschied dem Subjektiven und dem Objektiven besteht, ABER AUCH ER HAT SEINE GRENZEN.**"[57]

An diesem Punkt übersetzt die neue chinesische Version der **Berner Hefte** „Schein" als „Äußerlichkeit" – ich glaube, dass dies eine unzulässige Veränderung ist.[58] Ich habe gesehen dass Hegel, als er Kant diskutierte, immer sah, dass Kant „ihr [der Dialektik] den Schein von Willkür nahm... und sie als ein notwendiges Tun der Vernunft darstellte". Für Hegel hatte Kant die Praxis überwunden, die Dialektik lediglich als „die Kunst, Blendwerke vorzumachen und Illusionen hervorzubringen... dass sie ein falsches Spiel spiele und ihre ganze Kraft allein darauf beruhe, dass sie den Betrug verstecke, das ihre Resultate nur erschlichen und ein subjektiver Schein seien".[59] Weiterhin gibt Hegel später eine spezifische Erklärung der Unterschiede zwischen

---

56 G.W.F. Hegel, *Wissenschaft der Logik*, Bd. 1, Frankfurt/M. 1986, S. 52.
57 Lenin, W.I., Konspekt zu Hegels „Wissenschaft der Logik", in: *LW*, Bd. 38, S. 90.
58 Für mehr über die alte Version der Berner Hefte vgl. *Lenins Gesammelte Werke* (chinesische 1. Auflage), Bd. 38, S. 137.
59 G.W.F. Hegel, *Wissenschaft der Logik*, Bd. 1, Frankfurt/M. 1986, S. 52.

Schein und Erscheinung; daher entspricht es der ursprünglichen Absicht des Autors, „Schein" als „semblance" zu übersetzen., während die Übersetzung als Äußerlichkeit/"externality" nur zu Kontroversen führen wird. In Professor Yang Yizhis Übersetzung der *Wissenschaft der Logik* verwendet er auch den Begriff semblance.[60] Wie wir wissen, wird uns in Kants „epistemologischer Revolution" die Natur in einer besonderen Form gezeigt. Erscheinungen (Schein), die in einer bestimmten apriorischen Wahrnehmung stattfinden, sind nicht alle subjektiven Irrtümer. Für Hegel wird Schein der Ausdruck des Wesens. Schein ist wie das Wesen ein Aspekt des objektiven Geistes. Es ist offensichtlich, dass Lenin, wenn er versucht hätte, diese Eigenschaft zu erfassen, wie sie von der **materialistischen** Dialektik in ontologischem Sinn ausgeht, gesagt hätte, dass Schein objektiv ist; aber wie können objektive Dinge in **wahr** (Erscheinung) und **falsch** (Schein) geteilt werden? Das ist wahrscheinlich der Grund, warum er „unklar" schreibt. In der Einleitung des Übersetzers von Deborin in den **Berner Heften**, verwandelt er Lenins Formulierungen des Selbstzweifels willkürlich in zustimmende Sätze. Wenn Lenin jedoch einen Schritt zurückgeht und die Situation aus der Perspektive der bekannten Epistemologie betrachtet, bringt er die Selbst-Hypothese, dass vielleicht die Reflexion des Menschen (Inhalt) des Menschen selbst objektiv ist; daher sind falsche Reflexionen (Schein) auch objektiv, und die Unterschiede zwischen subjektiven Irrtümern (Schein) und objektiver Wahrnehmung (Wahrheit) sind ebenfalls begrenzt. Ich glaube, dass Lenins Denken an diesem Punkt immer noch Elemente des Zweifels enthielt. Er konnte Hegel nicht leicht verstehen. Selbst nach der materialistischen „Umstülpung" Hegels wurden diese Probleme noch nicht deutlich. Erst mit dem Fortschritt seiner Lektüre wurden die Dinge für Lenin klarer.

Das zweite Beispiel kommt, wenn Lenin den Abschnitt über das Fürsichsein im dritten Abschnitt der „Lehre vom Sein" liest. Als er Hegels Erklärung las, dass „Fürsichsein Eins ist", war Lenin verwirrt. Er schreibt: „Warum Fürsichsein Eins ist, ist mir nicht klar. Hier ist Hegel meines Erachtens äußerst unklar."[61] *Deborin bemerkt diesen Punkt in seiner Einleitung zu den Berner Heften ebenfalls, aber*

60 G.W.F. Hegel, *Wissenschaft der Logik*, Bd. 1, Commercial Press 1977, S. 39 (chinesisch).
61 Lenin, W.I., Konspekt zu Hegels „Wissenschaft der Logik", in: *LW*, Bd. 38, S. 105.

er benennt nicht die tatsächlichen Schwierigkeiten, mit denen Lenin bei seinem Studium von Hegels Philosophie konfrontiert war. Er erklärt lediglich, dass Lenin sich heftig gegen Hegels Begriff des „Fürsichseins" wandte.[62] Tatsächlich ist es hier allgemein gesagt Hegels Absicht, sich gegen das idealistische Ding an sich zu wenden, das von Kant und Fichte vorgebracht wurde (Fichtes „Nichtselbst") – die jenseitige Welt – und eine phänomenologische Welt für sich, d.h., was er den Dualismus der Determiniertheit und des Fürsichseins nannte.[63] Hegel erklärte, dass Fürsichsein „Eins" (monistisch) ist, weil, während Kants diesseitige empirische Phänomene das „Viele" repräsentiert, ein phänomenologisches „Viele" die vielfältigen Eigenschaften des „Einen" (Wesen) repräsentiert. Daher kann „Eins" als das „Viele des Einen" gedacht werden. Noch wichtiger ist, dass Hegels langatmige Darlegung von „Eins" und „Viele", wenn man sich der Sache von Hegels Ebene der Logik an jenem Punkt nähert, eben die Diskussion von der Qualität zu Quantität verschieben sollte. „Eins" ist unmittelbar in Übereinstimmung mit der **Einheit** der Dinge selbst, daher bezeichnet dieses „Eins" eng das einzige Wesen im Unterschied zu anderen. Da Lenins Ideen zu jener Zeit jedoch zeitweilig nicht in der Lage waren, hinter die simple epistemologische Logik des philosophischen Materialismus zu steigen, wartet er immer noch auf den „Übergang des Dings an sich zur Erscheinung? des Objekts zum Subjekt?" innerhalb seines eigenen festgelegten theoretischen Kreislaufs.[64] Daher war er zu jener Zeit nicht in der Lage, die „monistische" Logik von Hegels idealistischer spekulativer ontologischer Situierung zu verstehen. *Wir werden jedoch bald sehen, wie Lenin nicht viel später Hegels theoretischen Zusammenhang, der ihm zu Anfang so „dunkel" erschien, an dieser Stelle korrekt erfasst.*[65]

---

62   Abram Deborin, Einleitung zu Band 9 der *„Lenin-Hefte"*, Soviet National Press 1929, S. 3 (chinesisch).
63   G.W.F. Hegel, *Wissenschaft der Logik*, Bd. 1, Frankfurt/M. 1986, S. 176-177.
64   Lenin, W.I., Konspekt zu Hegels „Wissenschaft der Logik", in: *LW*, Bd. 38, S. 105.
65   Als Lenin zur Seite 199 gelangte, schrieb er in einem Kasten, „Überhaupt benötigte Hegel wahrscheinlich dieses ganze Fürsichsein zum Teil dazu, um abzuleiten, wie ‚Qualität in Quantität übergeht' (199) – Qualität ist Bestimmtheit, Bestimmtheit für sich, das Gesetzte ist das Eins – das erweckt den Eindruck großer Gezwungenheit und Leere." Lenin, W.I., Konspekt zu Hegels „Wissenschaft der Logik", in: *LW*, Bd. 38, S. 106.

4. Von der „Dunkelheit" zum Aufblitzen von Gedankenfunken

Ich glaube, dass Hegels Definition des Fürsichseins als „Eins" bei Lenin eine ganze Menge theoretische Verwirrung verursachte. Im Text der Notizhefte können wir klar sehen, dass Lenin auf Seite 181 von *Die Wissenschaft der Logik* (Band 3 der *Gesammelten Werke* Hegels) zunächst diesen Abschnitt zitiert und dann einen Kasten mit den Worten „Dunkel ist der Rede Sinn…" zeichnet. Wir können sehen, dass Lenin in seiner Lektüre zu den theoretischen Enigma zurückkehrte, die er zuvor nicht in der Lage war zu lösen. Aber selbst bei seiner zweiten Lektüre gelang es ihm nicht, einen Durchbruch im Verständnis zu erreichen. *Dies ist ein gescheitertes Gedankenexperiment, auf das wir ernsthaft zurückkommen sollten.*

Es war jedoch genau inmitten der dunklen Verwirrung, dass die ersten Zeichen einer **tiefen geistigen Aktivität** aus der zugrundeliegenden logischen Situierung von Lenins Denken aufzutauchen begannen. *Diese Aktivität entstand jedoch offensichtlich nicht aus dem Durchgraben von Hegels „Misthaufen", um „Perlen" zu finden, sondern war vielmehr eine neue logische Ablehnung, die nicht wirklich zu Lenins ursprünglichem Interpretationsrahmen passte. Nach meiner Ansicht sind sie mögliche Sprösslinge einer heterogenen Gedankensituierung; sie bildete die Grundlage von Lenins eigener unabhängiger souveräner Gedankensituierung. Ausgedrückt in einem traditionellen Diskurs waren sie die möglichen Wurzeln eines neuen Forschungsparadigmas oder eines Gestaltwechsels.* Ich schließe daraus, dass es eben Hegels zuvor erwähnte Ansichten waren, die Lenin dazu veranlassten zu schreiben „Dunkel ist der Rede Sinn…", was seine Gedankenlogik tief berührte. Trotzdem richtete sich diese Gedankenlogik **gegen** die Unterstützungspunkte des Anderen Spiegelbilds in Lenins ursprünglichem theoretischem Kreislauf. Zum ersten Mal richtet sich Lenins kritischer Angriff **gegen den Materialismus**! Natürlich war sein Angriff einer gegen den „Vulgärmaterialismus". *In diesem Sine nennt Anderson Lenins philosophische Ideen vor 1914 "Vulgärmaterialismus", was ein ungenaues qualitatives Urteil ist.* In dem Kasten, der unmittelbar folgt, schreibt Lenin:

„Der Gedanke von der Verwandlung des Ideellen in das Reale ist tief: sehr wichtig für die Geschichte. Aber auch im persönlichen Leben des Menschen ist ersichtlich, dass hieran viel Wahres ist. Gegen den Vulgärmaterialismus. NB. Der Unterschied des Ideellen vom Materiellen ist ebenfalls nicht unbedingt, nicht überschwänglich."[66]

Ich glaube, dass es hier zwei theoretische Punkte gibt, die unsere Aufmerksamkeit verdienen. **Erstens** unterstreicht Lenin das Wort „tief", was als eine „Klärung" seines früheren „dunkel ist der Rede Sinn…" verstanden werden kann. Lenin kann jetzt sehen, dass es unter Hegels **dunklen** Worten etwas wirklich **Tiefes** gibt. **Zweitens** zwang dieser Punkt Lenin dazu, unabhängig seinen eigenen Kenntnisrahmen zu überdenken. Als er seine Untersuchung begann, war sich Lenin bewusst, dass es eine Grenze bei den Unterschieden zwischen subjektiven Dingen und objektiven Dingen gibt, er konnte zu jener Zeit jedoch diese Denkorientierung nicht zu einer direkten Opposition gegen den Vulgärmaterialismus erheben.[67] Interessanterweise stößt Lenin nach einigen weiteren Seiten auf eine andere wichtige Idee, die nicht in einem seiner ursprünglichen Anderen Unterstützungspunkte enthalten ist: „Offensichtlich nimmt Hegel seine Selbstentwicklung der Begriffe, der Kategorien im Zusammenhang mit der ganzen Geschichte der Philosophie. Das verleiht der ganzen **Logik** noch eine **neue** Seite."[68] Eine weitere wichtige neue Sichtweise! *Dieser Kommentar bezieht sich auf seine eigene vorherige Diskussion der Logik als nicht nur die äußere Form des Denkens, sondern auch als Reflexion objektiver Gesetze.* Es ist offensichtlich, dass Lenin bereits begonnen hat, sich unbewusst in Hegels logisches System hineinzubegeben, indem er eine **logische Tür ohne Spiegelbild** benutzt. Ich bin mir dessen sicher, denn aus seiner Diskussion hier ist nicht schwer zu ersehen, das Lenins Bejahung Hegels nicht länger auf der isolierten Zustimmung zu einer von Hegels spezifischen dialektischen Sichtweisen oder vernünftigen epistemologischen Fragmenten basiert, sondern vielmehr eine **umfassende** Bejahung war. Ein solches Verständnis unterscheidet sich völlig von Lenins früherer

66   A.a.O.
67   A.a.O., S. 90.
68   A.a.O., S. 106.

ablehnender Leselogik. Trotzdem sinkt die Zahl der Anmerkungen, die Lenin im Rest seiner Lektüre des zweiten Abschnitts (die Größe [Quantität]) und des dritten Abschnitts (das Maß) macht, beträchtlich, und er macht auch keine bemerkenswerten Kommentare. Ich denke, dass dieser Abschnitt ein unvermeidlicher Tiefpunkt in Lenins Lektüre der Hegelschen Philosophie war.

Glücklicherweise hielt dieser „stille" Zustand nicht lange an. Als Lenin anfing, „Das Wesen" zu lesen (Band vier der *Gesammelten Werke* Hegels), begann Lenins Gedankengang häufigere Ausbrüche von heterogener Gedankensituierung zu zeigen. Verglichen mit dem Tiefpunkt am Ende des vorherigen Buchs war diese Runde der Erregung offensichtlich in der Epistemologie verwurzelt. Angesichts von Hegels zutiefst idealistischen Begriffen befindet sich Lenin immer häufiger in der Situation, Hegels Worte zuzustimmen, zumindest in Bezug auf epistemologische theoretische Beziehungen. Zum Beispiel stimmt Lenin Hegels Aufteilung des Wesens zu: Schein, Erscheinung, Wirklichkeit. Insbesondere schreibt Lenin, als er auf Hegels Erklärung stieß, dass Schein auch ein Ausdruck des Wesens sei:

„d.h., das Unwesentliche, Scheinbare, an der Oberfläche Befindliche verschwindet öfter, hält sich nicht so ‚fest', ‚sitzt' nicht so ‚fest' wie das ‚Wesen'. Etwa: die Bewegung eines Flusses – der Schaum oben und die Strömungen unten. Aber auch der Schaum ist ein Ausdruck des Wesens!"[69]

Lenins Tonfall an dieser Stelle zeigt, dass er zweifellos mit Hegel übereinstimmt. Lenin begann, Hegels philosophischen Formulierungen häufiger zuzustimmen.

Ebenfalls in diesem Abschnitt beginnen sich verschiedene neue Verständnisweisen in Lenins Denken zu zeigen. Primär konzentrierten sie sich auf die tiefgreifende Bedeutung der Anwendung Hegelschen Denkens auf die Kritik von Kant, Hume und des Machismus – die Ablehnung des Agnostizismus durch die **Verwendung der Dialektik**:

---

69   A.a.O., S. 119.

„Auch hier beschuldigt Hegel Kant des Subjektivismus. Dies N.B. Hegel ist für die ‚objektive Gültigkeit' (sit venbia verbo) des Scheins, des ‚unmittelbar Gegebenen' [der Ausdruck ‚Gegebenes ist bei Hegel überhaupt gebräuchlich, auch hier s. S. 21 i.f.; S. 22]. Geringere Philosophen streiten darüber, ob das Wesen oder das unmittelbar Gegebene zugrunde gelegt werden soll (Kant, Hume, alle Machisten). Hegel setzt und an die Stelle des oder und erklärt den konkreten Inhalt dieses ‚und'."[70]

Hier ist ein sehr wichtiges textuelles Detail im Spiel. Hegel wird plötzlich zu einem **großen Philosophen**, weil Kant und Hume im Verhältnis dazu zu „geringeren" Philosophen werden. Weiterhin ist diese Schlussfolgerung eben deswegen so unglaublich wichtig, weil sie eine **theoretisch unbewusste** Abwertung dieser beiden anderen Philosophen ist. *Althusser glaubt, dass Lenin im Prozess der Lektüre von Hegels Wissenschaft der Logik mit Hegel in seiner Kritik an Kant immer übereinstimmte.*[71] *Diese Formulierung ist etwas übersimplifiziert.* An diesem Punkt war Lenins Geist sicherlich durch die frühere philosophisch materialistische Kritik des Machismus neu strukturiert. Ich glaube, dass Lenin zu jener Zeit bereits an eine andere Frage dachte: wäre es möglich, die Kritik des Machismus aus der Perspektive der Dialektik (wie Hegel es tat) zu vertiefen?[72] Dies ist zweifellos eine völlig neue Dimension der philosophischen Situierung.

Hier finden wir das erste Indiz für Selbstzweifel, der aus der Ebene des logischen Denkens stammt, in Lenins gesamtem Lektüreprozess. Ich glaube, dass dies der erste Moment war, als Lenin begann, mit dem Einfluss seiner früheren Anderen Spiegelbilder zu brechen. Als Lenin der Selbstbewegung des Widerspruchs im Abschnitt zum „Wesen" begegnete, begann er sich zu fragen:

70 A.a.O., S. 123.
71 Louis Althusser, Lenin vor Hegel, in: *Lenin und Philosophie*, Yuanliu Press (Taiwan), S. 141 (chinesisch).
72 An diesem Punkt sind die Sichtweisen einiger westlicher Wissenschaftler unrichtig. In den Heften verstand Lenin wirklich, dass die Dialektik verwendet werden konnte, um seine Kritik am Machismus zu vertiefen, aber das beweist nicht, dass Lenins Standpunkt in Materialismus und Empiriokritizismus „mechanischer Materialismus" ist. tatsächlich war Lenin immer ein „dialektischer Materialist", nur dass sein Verständnis der materialistischen Dialektik an diesem Punkt tiefer war.

„…wer würde glauben, dass das der Kern der ‚Hegelei' der abstrakten und abstrusen (schwerfälligen absurden?) Hegelei ist?? Diesen Kern musste man entdecken, begreifen, hinüberretten, herausschälen, reinigen, und das eben haben Marx und Engels getan."[73]

Nach meiner Meinung sind die Gedankensymptome, die durch diesen Text hier aufgedeckt werden, ein Indiz für Lenins Selbstreflexion und Zweifel gegenüber seinem gesamten früheren Interpretationsrahmen. Wir wissen bereits, dass er in seinem ursprünglichen Gedankengang Hegel Marx **entgegensetzte**; hier scheinen sich auf der anderen Seite die beiden Gedankengänge der dialektischen Logik, die einst so völlig getrennt waren, allmählich einander anzunähern. Ein möglicher Raum für eine neue logische Situierung beginnt sich auszuweiten.

Lenin bringt schnell ein Gefühl zum Ausdruck, das **weit über seine Leselogik hinausreicht**: „Die Idee der universellen Bewegung und Veränderung (1813, Logik) ist vor ihrer Anwendung auf das Leben und die Gesellschaft erraten. In Bezug auf die Gesellschaft früher verkündet (1847), als in Anwendung auf den Menschen bewiesen."[74] Ich schließe, dass das erste Jahr (1813) sich auf Hegels idealistische Dialektik bezieht, während die beiden letzteren Jahre sich auf Marx' historische Dialektik (*Das Elend der Philosophie* 1847) beziehungsweise Darwins Evolutionstheorie *(Der Ursprung der Arten 1859) bezieht.*[75] *Dunajewskaja glaubt, dass Lenin hier schockiert war zu erfahren, dass Hegels revolutionäre Dialektik Marx' Anwendung der Dialektik im* Kommunistischen Manifest *voranging.*[76] *Tatsächlich hat sie hier Unrecht, denn das Werk von 1847, das die historische Dialektik vertrat, war* Das Elend der Philosophie, *nicht das* Kommunistische

---

73 Lenin, W.I., Konspekt zu Hegels „Wissenschaft der Logik", in: *LW*, Bd. 38, S. 131.
74 A.a.O.
75 Im Briefwechsel von Marx und Engels las Lenin Marx' Erklärung zu Darwins Ursprung der Arten (1859), ein Werk, das Marx Sichtweise eine naturhistorische Grundlage verlieh. Vgl. W.I. Lenin, „Konspekt zum *Briefwechsel zwischen Karl Marx und Friedrich Engels*" 1844-1883", Berlin 1963, S. 62.
76 Raja Dunajewskaja, *Philosophie und Revolution*, Liaoning Educational Press 2000, S. 88 (chinesisch).

Manifest. Ich muss betonen, dass die Logik von Hegels Dialektik (nicht des Idealismus!) im Zusammenhang von Lenins Lektüre bereits auf die gleiche Ebene gesetzt worden war wie Marx' historischer Materialismus und Darwins Evolutionstheorie. Ich habe herausgefunden, dass diese unbewusste Orientierung Lenins sich zu vertiefen fortsetzte, als seine Lektüre voranschritt. Ganz am Ende dieses Buchs fragt sich Lenin erneut:

„**If I'm not mistaken, there is much mysticism and leere Pedanterie in diesen Schlussfolgerungen Hegels, genial aber ist der Grundgedanke: des universellen, allseitigen, lebendigen Zusammenhangs von allem mit allem und der Widerspiegelung dieses Zusammenhangs – materialistisch auf den Kopf gestellter Hegel – in den Begriffen des Menschen, die ebenfalls abgeschliffen, zugerichtet, elastisch, beweglich, relativ, gegenseitig verbunden, eins in den Gegensätzen sein müssen, um die Welt umfassen zu können. Die Fortführung des Werks von Hege und Marx muss in der dialektischen Bearbeitung der Geschichte des menschlichen Denkens, der Wissenschaft und der Technik bestehen."**[77]

Man sollte bemerken, dass dies das erste Mal in Lenins eigenen Formulierungen ist, dass er darauf hinweist, dass Hegel und Marx **ein gemeinsames** „Werk" miteinander **teilen**! Es kann eine andere Linie des Lesedenkens und der theoretischen Logik bereits schwach gesehen werden, und der Logikraum von Lenins Gedankensituierung scheint tiefgehend neu strukturiert zu werden. Natürlich sehen wir hier nur die Keime dieser Veränderung. *Ich habe bemerkt, dass Levine ebenfalls scharfsinnig darauf hinweist, dass Lenins Prozess des Lernens von Hegels mit dem „Wesen" beginnt. Er glaubt auch, dass das erste Buch von Die Wissenschaft der Logik – „Lehre vom Sein" – keinen „Eindruck" auf Lenins Denken hinterließ.*[78]

---

77 A.a.O., S. 136-137. Lenins Bezeichnung von Hegels Philosophie als „mystisch übernimmt Marx' Formulierung in Briefwechsel zwischen Karl Marx und Friedrich Engels. Vgl. W.I. Lenin, „Konspekt zum *Briefwechsel zwischen Karl Marx und Friedrich Engels*", 1844-1883", Berlin 1963, S. 40.

78 N. Levine, *Dialogue within the Dialectic*, Yunnan People's Press 1997, S. 361 (chinesisch).

Levines Schlussfolgerungen an dieser Stelle haben ein gewisses Verdienst. Allerdings sind einige westliche Marxisten und Leninologen zu weit in diese Richtung gegangen, indem sie behaupten, Lenin sei „Hegelianer" geworden. Zum Beispiel erklärt Dunajewskaja, dass Lenin beginnend mit diesem Punkt seiner Forschung „zu Hegel zurückkehrt".[79]

Zugleich sehe ich auch, dass Lenin immer noch durch seinen alten engen Interpretationsrahmen belastet ist, der weiterhin eine umfassende Rolle spielt. Lenin versucht den „armselige[n] Gott"[80] zu erfassen, dem in Hegels Logik gehuldigt wurde, und zugleich „das ihn verteidigende Philosophenpack auf den Misthaufen"[81] zu werfen. Daher versucht Lenin, Hegel in seiner Lektüre unmittelbar „umzukehren": „Die Begriffe sind das höchste Produkt des Gehirns, des höchsten Produkts der Materie"[82]. Lenin ist abgestoßen von „Konstitutivem", das Hegel als Idealist diskutiert.[83] Lenin erklärt sogar, das „9/10"von Hegels Denken „Schale, Schutt „sei und man „die materialistische Dialektik herausschälen"[84] müsse.

Althusser nimmt jedoch diese eine Äußerung Lenins als Lenins umfassendes qualitatives Urteil über die Hegelsche Philosophie im gesamten Verlauf seiner Lektüre; das ist völlig falsch. Natürlich ist Lenins Kritik hier in unmittelbarem Sinne **völlig korrekt**; aber wenn man die zugrundeliegende Logik von Lenins Lektüre bedenkt, dann befand sich diese Linie der Logik auf einer ganz anderen Ebene der logischen Situierung des Verstehens als der aufkommende Gedankengang, der gerade eben in Lenins Forschung aufzukeimen begann. Ich glaube, dass Lenins Lektüreumfang zu jener Zeit bereits begonnen hatte, den Konflikt zwischen zwei unterschiedlichen Logiken zu umfassen. Trotzdem war Lenins ursprüngliche Logik immer noch dominant; um eine populäre Terminologie zu verwenden, es war ein **Machtdiskurs**, während die neue Logik nicht mehr als eine **neue ablehnende** Logik war. Diese Logik ist den inneren logischen Konflikten in

---

79 Dunajevskaja, Raja, *Marxismus und Freiheit*, Liaoning Educational Press (1998), S. 157.
80 Lenin, W.I., Konspekt zu Hegels „Wissenschaft der Logik", in: *LW*, Bd. 38, S. 138.
81 A.a.O., S. 160.
82 A.a.O., S. 156.
83 A.a.O., S. 162.
84 A.a.O., S. 144.

Marx' Ökonomisch-philosophischen Manuskripte aus dem Jahre 1844 sehr ähnlich.[85]

Tatsächlich hatten im gleichen Lektüreprozess mehrere von Lenins wichtigen Verständnisweisen über Hegels Denken bereits begonnen vom Pfad seiner ursprünglichen Interpretation abzuweichen. Zunächst nimmt Hegel im ersten Kapitel („Dasein") dieses Abschnitts eine lange Darlegung des Verhältnisses zwischen Dingen und Materie vor, wobei er im Wesentlichen die Position von aus Materie bestehenden Dingen auf die Ebene der materiellen Phänomene herabsetzt. Er argumentiert, dass Dinge, verglichen mit nichtmateriellem Geist „Erscheinungen" seien.[86] Dies war ein idealistisches Spiel, das Hegel bereits in der *Phänomenologie des Geistes* gespielt hatte. Es ist jedoch überraschend, das Lenin in seinen Anmerkungen nicht das gleiche Niveau von Kritik zum Ausdruck brachte, das man von einem „Materialisten" angesichts von Hegels willkürlicher Abwertung der Materie erwarten würde. Dies ist sicher eine sehr offensichtliche Abweichung von seiner ursprünglichen Leselogik. Ebenfalls in diesem Abschnitt stößt Lenin auf Hegels Argument, dass „Einheit [...] das Gesetz der Erscheinung" ist; auf der einen Seite schreibt Lenin, dass er „sehr verwirrt" sei, während er auf der anderen Seite fühlt, dass diese Formulierung einiges an lebendigem Gedanken enthält. Lenin schreibt:

> **„...der Begriff des Gesetzes ist eine der Erkenntnis der Einheit und des Zusammenhangs, der wechselseitigen Abhängigkeit und der Totalität des Weltprozesses durch den Menschen. Das ‚Zurichten' und ‚Verdrehender Worte und Begriffe, dem sich Hegel hier ergibt, ist ein Ringen mit der Verabsolutierung des Begriffes Gesetz mit seiner Simplifizierung, mit seiner Fetischisierung. NB für die moderne Physik!!!"**[87]

In einer gleich danebenstehenden Randnotiz (mit senkrechten Linien an beiden Seiten) bestätigt Lenin diesen Satz von Hegel: „Das Gesetz ist

---

85 Vgl. Kapitel drei meines Buchs *Zurück zu Marx*.
86 G.W.F. Hegel, *Wissenschaft der Logik*, Bd. 1, Frankfurt/M. 1986, S. 119-120.
87 Lenin, W.I., Konspekt zu Hegels „Wissenschaft der Logik", in: *LW*, Bd. 38, S. 141.

das Dauerhafte (Bleibende) in der Erscheinung" ...Das Gesetz = das ruhige Abbild der Erscheinungen."[88] Ich glaube, dass diese Sichtweisen ihren Ursprung in der griechischen Eleatischen Schule haben und dass Generationen von idealistischen Philosophen sie seit langem unterstützten. Lenin lehnt diese Ansichten zu jener Zeit jedoch nicht einfach ab, sondern setzt vielmehr die folgende Ausführung in einen Kasten: „Das ist eine ausgezeichnete materialistische und wunderbar treffende (mit dem Wort ‚ruhige') Bestimmung. Das Gesetz nimmt das Ruhige – und darum ist das Gesetz, jedes Gesetz, eng, unvollständig, annähernd."[89] Man sollte bemerken, dass wir, wenn wir hier die simple Logik von Lenins ursprünglicher materialistischer „Umstülpung" verwenden würden, wir hier finden würden, dass „Gesetze" zunächst die Reflexion äußerer Gesetze sind, nicht Stufen des **menschlichen Bewusstseins. Gesetze als Bewusstseinsstufen sind Hegelsche idealistische Logik.** Lenin stimmt jedoch hier nicht nur dieser Formulierung zu, sondern er schreibt auch, dass die moderne Physik dies **bemerken solle.** Warum sagt er das? Weil etwas, dass Physiker als objektives Gesetz bestimmen, aufgehoben werden und als vorläufiges, begrenztes wissenschaftliches Ergebnis vorgeführt werden kann, wenn neue Forschungen vorhanden sind. Wie können objektive Dinge **eng definiert** werden? Tatsächlich war dies die Logik von Hegels objektivem Idealismus. Für Hegel kann jedes Gesetz nur eine transitionale, begriffliche Verbindung sein. *In Deborins Einleitung zu den* Berner Heften *weist er darauf hin, dass Lenin Hegels Kampf gegen die Praxis der blinden Verehrung von Gesetzen und ihre Absolutsetzung sehr schätzte; daher begann er sich darauf zu konzentrieren, diese Frage in den Vordergrund der modernen Physik zu rücken. Was Gesetze widerspiegeln, ist lediglich die kontinuierliche Annäherung an Tatsachen, nicht irgendetwas Absolutes.*[90] *Obwohl Deborins Ebene der philosophischen Situierung allzu einfach ist, sind seine Ansichten grundlegend richtig.*

Ich glaube hier, dass Lenin bereits tiefere Schlussfolgerungen aus der theoretischen Logik von Hegels Philosophie ziehen konnte. Dies ist sicherlich ein gutes Zeichen von Lenins späterer Entwicklung. Lenin steht nicht länger

88   A.a.O.
89   A.a.O., S. 141-142.
90   Vgl. den Anhang zu Deborins Einleitung zu Band 9 der *Lenin Manuskripte*, Soviet National Press 1929, S. 5.

außerhalb von Hegels Theorie und bringt einfach ablehnende Vermutungen in seiner Ablehnung von Hegels Denken; vielmehr hat er sich in Hegels logisches System hineinbegeben und findet jene Gedankenschätze (und keine Perlen im Müll), die Marx und Engels Jahre zuvor entdeckt hatten. *Man erlaube mir hier, noch einmal den arroganten Levine zu erwähnen. In* <u>*Dialogue Within the Dialectic*</u> *erklärt er, nachdem er Lenins oben erwähnte Schlussfolgerungen erwähnt hat, dass Lenin grundlegend Hegels wesentliche Eigenschaften missverstanden habe, denn die wesentliche Eigenschaft in* <u>*Die Wissenschaft der Logik*</u> *entsprach dem Beharren und dem Sein für sich: „als Beharren begründete sie Einheit und Differenz; als Sein für sich ist sie die Einführung in die Substanz."[91] Wie ich bereits gezeigt habe, ist Levines Maßstab Hegels spekulative philosophische logische Struktur. Wenn Hegels Sicht verwendet wird, dann ist alles, was orthodox ist oder fundamentalistischer Gehorsam, „korrekt", alles andere ist ein Missverständnis. Auf der anderen Seite sehen, wir, dass Lenin niemals plante, ein Anhänger des Hegelianismus zu werden; er widmete sich der Aufgabe, die Ideen von Hegels Denken für die Anwendung verfügbar zu machen. Das ist der Grund, warum er sich nicht einfach auf ein Verständnis der Übergangseinordnungen des „Beharrens" und des „Seins für sich" beschränkte, sondern vielmehr nach einer nichtspekulativen Erklärung des Verhältnisses zwischen Wesen und Gesetzen innerhalb der allgemeinen Epistemologie suchte. Ich glaube, dass es hier nichts an seinen Handlungen auszusetzen gibt. Im Gegenteil, es ist Levine selbst, ein Gelehrter, der damit beschäftigt ist, Lenins Lektüre der Hegelschen Philosophie falsch als „hegelianisierten Leninismus" darzustellen, während er zugleich mit List und Tücke nach Zeichen von Lenins Ungehorsam gegenüber Hegels theoretischer Logik sucht, daher widerspricht er sich selbst.*

Ich habe beobachtet, dass sich Lenin im dritten Teil (Wirklichkeit) von „Die Lehre vom Wesen" nicht auf das „Absolute" des ersten Kapitels konzentriert, sondern vielmehr auf die „Wirklichkeit", die im zweiten Kapitel diskutiert wird. Zu dieser Zeit jedoch öffnete er den sechsten Band von Hegels *Gesammelten Werken* und nahm den Inhalt von „Wirklichkeit" in Hegels Kleiner Logik, um sie als Lektürereferenz zu verwenden. *Vielleicht*

---

91 Vgl. Levine, *Dialogue Within the Dialectic*, S. 368 (ch.).

*dachte er an Engels' Kommentar, dass die Kleine Logik einfacher zu verstehen sei.*⁹² Im Prozess der vergleichenden Lektüre sehen wir erneut Anzeichen eines neuen, sich entwickelnden Denkens. Als Lenin zu der Darlegung der Kategorie der „Möglichkeit" in der Kleinen Logik kam, exzerpierte er sie zunächst und schieb dann den Kommentar in einem Kasten: „Die Gesamtheit, die Totalität der Momente der Wirklichkeit, welche sich in ihr Entfaltung als die Notwendigkeit erweist. Die Entfaltung der gesamten Totalität der Momente der Wirklichkeit N B = das Wesen der dialektischen Erkenntnis."⁹³ Natürlich war der erste Satz des Kastens ein Exzerpt, aber Lenin fügte eine Unterstreichung einiger Worte hinzu, die im ursprünglichen Text nicht hervorgehoben waren.⁹⁴ Das ist ein Detail des Kommentars, das unsere Beachtung verdient. Die Entfaltung wirklicher Momente ist eine Bewegung objektiver Dinge, wie kann sie plötzlich dem Wesen der dialektischen Erkenntnis gleich sein? Dies ist jedoch eine legitime Schlussfolgerung aus Hegels idealistischer Logik heraus. *Es ist diesmal offensichtlich, dass Lenin im Hinblick auf seine latente Interpretationslogik unbewusst bereits auf Hegels logischem Maßstab steht. Eine unbewusste Veränderung beginnt sich in Lenins Gedankenraum zu entwickeln.*

Ein ähnliches Beispiel gibt es in einem späteren Abschnitt. Auf Seite 301 von Hegels Kleiner Logik las Lenin die Worte: „Die Substanz ist eine wesentliche Stufe im Entwickelungsprozess der Idee..."⁹⁵ Er macht sofort einen Kasten mit den Worten: „Lies: eine wesentliche Stufe im Entwicklungsprozess der menschlichen Erkenntnis der Natur und der Materie."⁹⁶ Ich muss wieder die Tatsache betonen, dass Hegels Behauptung sicher falsch ist und **unmöglich umgekehrt werden kann**, wenn wir uns dem annähern, indem wir Lenins ursprünglichen Anderen philosophisch

---

92 Vgl. W.I. Lenin, Konspekt zu Hegels „Wissenschaft der Logik", in: *LW*, Bd. 38, S. 147. Lenin bemerkte Engels' Kommentar, dass die Kleine Logik „populärer" sei. Vgl. W.I. Lenin, „Konspekt zum *Briefwechsel zwischen Karl Marx und Friedrich Engels*", 1844-1883", Berlin 1963, S. 169.
93 A.a.O., S. 148.
94 G.W.F. Hegel, *Enzyklopädie der philosophischen Wissenschaften im Grundrisse*, § 143.
95 A.a.O., § 151, Zusatz.
96 Lenin, W.I., Konspekt zu Hegels „Wissenschaft der Logik", in: *LW*, Bd. 38, S. 148-149.

materialistischen Interpretationsrahmen verwenden. „Substanz" wäre etwas, das in der äußeren Welt existiert, während der Begriff des Menschen von der Substanz eine Reflexion äußerer, objektiver Strukturen ist. Daher sind die Worte „Substanz ist eine Entwicklungsstufe in der menschlichen Erkenntnis" ein weiteres Beispiel für eine **Logik innerhalb von Hegels philosophischer Situierung**! *Später werden wir sehen, dass Lenin, wenn er sich dieser Interpretation von einer neuen, bewussten theoretisch logischen Grundlage aus nähert, zu wahrhaft tiefen Schlussfolgerungen gelangt.*

Um ein anderes Beispiel zu zitieren, als Lenin auf Hegels Diskussion von Ursache und Wirkung im dritten Kapitel dieses Abschnitts stößt („Absolutes Verhältnis"), hinterlässt er einen weiteren zustimmenden Kommentar. Obwohl er glaubt, dass die Erklärung historischer Ursachen durch Hegels Begriffe idealistische und mythisch ist, ist es für ihn zugleich ein „tiefer Hinweis". „Hegel subsumiert die Geschichte **vollständig** unter die Kausalität und fast die Kausalität tausendmal tiefer und reicher als eine Unmenge von ‚Gelehrten' heutzutage."[97] Dies ist das erste Mal, dass Lenin zu jener Zeit in seiner Lektüre und seinem Studiums ein derart übertriebenes Lob für Hegels Philosophie äußert. Es fällt uns nicht schwer zu sehen, wie Lenin hier in seiner Zustimmung sein eigenes Vergnügen darüber zeigt, zu einer neuen, tieferen Ebene des Verständnisses von Hegels Dialektik vorgedrungen zu sein. *Trotzdem verwendet Lenin hier immer noch den vagen Begriff der „Unmenge von Gelehrten"; wir werden bald genau sehen, welche Menschen Lenin mit dieser Erklärung meint.* Ich glaube, dass dieser Abschnitt von textuellen Details das Aufkommen einer neuen theoretischen Situierung der Denkrichtung in Lenins philosophischem Denken ankündigt! Die **Entwendung** der theoretischen Logik ist unvermeidlich.

---

97   A.a.O., S. 150-151.

Kapitel 10
Auftauchen eines nagelneuen Lektüregerüsts und Entwendung der theoretischen Logik

In den *Berner Heften*, insbesondere in der zweiten Hälfte der ersten Stufe von Lenins Hegelstudium und der ersten Hälfte der zweiten Stufe, bestand sein theoretischer Gedankenraum aus der Bewegung und dem Fortschritt der unbewussten Verknüpfung zweier einander widersprechender Logiken. An diesem Punkt kollidierte sein früher Anderer spiegelbildlicher Rahmen heftig mit seiner unabhängigen, souveränen Denkorientierung, die er stufenweise im Verlauf seiner Lektüre und seines Denkens entwickelt hatte. Natürlich war dieser Gedankenkonflikt auch ein aktiver Prozess, in dem das Alte und das Neue wiederholt hin- und herschwankten. Nachdem er eine Zeit tiefgehenden Denkens durchlebt hatte, entfachten neue Gedankenfunken in Lenins theoretischer logischer Situierung, die vor kurzem entstanden waren, schließlich eine neue theoretische Szene. Anders gesagt, es entstand ein völlig neuer Gedankengang und Forschungsweg in Lenins Lektüre – ein umfassendes Verstehen und Bewerten von Hegels Philosophie. Ich glaube, dass dies Lenins erste bedeutende Entwendung der theoretischen Logik in den *Berner Heften* war; durch diese Verschiebung war Lenin in der Lage, seinen eigenen unabhängigen theoretischen Kontext angesichts der Hegelschen Philosophie und der marxistischen Philosophie zu konstruieren.

1. Kritik und Bejahung im Unklaren: Logische Widersprüche im Laufe des Lektüre

Als Lenin den zweiten Band von *Die Wissenschaft der Logik* mit dem Titel „Die subjektive Logik oder Lehre vom Begriff" zu lesen begann, wurde der Konflikt zwischen Lenins altem Interpretationsrahmen und seinem neuen Gedankengang in Lenins Denken immer heftiger. Im Prozess von Lenins Lektüre existierten zwei heterogene Evaluierungspunkte. Zunächst war Lenins allgemeine Bewertung eine Ablehnung von Hegels grundlegenden Prinzipien, wobei er den Fehler eines Primats des Geistes durch eine materialistische These korrigierte. Ganz zu Anfang dieses Textes, als Lenin den einleitenden Abschnitt mit dem Titel „Vom Begriff im Allgemeinen" las, setzt er eine Erinnerung an sich selbst in einen Kasten: „Umkehren: Die Begriffe sind das höchste Produkt des Gehirns, des höchsten Produkts der Materie."[1] Kurze Zeit später, als er gleichzeitig die idealistischen Irrtümer von Kant und Hegel kritisierte, schrieb er: „Kant setzt das Wissen herab, um dem Glauben Platz zu machen: Hegel erhöht das Wissen, beteuernd, dass Wissen das Wissen von Gott sei. Der Materialist erhöht das Wissen von der Materie, von der Natur, und wirft Gott und das ihn verteidigende Philosophenpack auf den Misthaufen."[2] Es ist offensichtlich, dass Lenin nicht sehr bewusst oder klar war, wenn es um wichtige Prinzipienfragen ging. Als Lenin den Absatz las, wo Hegel die Rolle der Vernunft bei Kant kommentiert, war er nicht in der Lage zu verstehen, warum die Kategorien, die Hegel identifizierte, „Konstitutives" waren.[3] Kategorien sind Ideen; wenn sie konstitutiv sind, wird es dann eine Theorie der subjektiven Kreation? Das ist der Grund, warum Lenin die Formulierung „**Konstitutives**" als „Unsinn" kritisiert.

Trotzdem identifiziert Lenin in einem andren Kasten die Tiefe von Hegels Erklärung des Verhältnisses zwischen sinnlicher Erfahrung und rationalen Begriffen. Er verwendet hier sogar ein spezifisches Beispiel, das aus Marx' Kapital stammen könnte: „Auch hier hat Hegel im Wesen **Recht**: der **Wert** ist eine Kategorie, die des Stoffes der Sinnlichkeit entbehrt, aber sie ist

---

1 Lenin, W.I., Konspekt zu Hegels „Wissenschaft der Logik", in: *LW*, Bd. 38, S. 156.
2 A.a.O., S. 160.
3 A.a.O., S. 161.

wahrer als das Gesetz von Nachfrage und Angebot."⁴ *Dies ist eine äußerst wichtige Orientierung in Lenins Denken. Später werden wir sehen, dass die Früchte von Lenins neuer Erkenntnis eben aus Durchbrüchen dieser Art des Denkens stammen. Im Bereich von Lenins theoretischem Unbewusstem bestand das subsidiäre Element seiner philosophischen Situierung aus Gedankenpunkten, die denen von Marx im <u>Briefwechsel von Marx und Engels</u> ähnlich sind.* Ich möchte den Leser daran erinnern, diesem Beispiel besondere Aufmerksamkeit zu widmen.

Zunächst ging Lenins Bejahung der Richtigkeit Hegels nicht von der allgemeinen Materie und Natur des philosophischen Materialismus aus; vielmehr wurde sie durch die Verwendung eines Beispiels aus Marx' Untersuchung der Bewegungen kapitalistischer Marktwirtschaften verdeutlicht. Ich glaube nicht, dass Lenin dieses Beispiel scharfsinnig nach einer langen Zeit des sorgfältigen Nachdenkens ausgewählt hat; der Grund hierfür ist, dass die **Kategorie** des Werts, von der er hier spricht, wie auch das „Gesetz von Nachfrage und Angebot" nicht aus der Natur stammen oder aus der dem Menschen äußerlichen abstrakten Materie, sondern vielmehr Reflexionen einer bestimmten gesellschaftlichen Existenz und Bewegung sind, die vom Menschen selbst geschaffen werden. Für Smith und Marx war Wert nicht länger ein **natürliches** Vermögen, sondern **gesellschaftliches** Vermögen, d.h., durch die Arbeitstätigkeit des Menschen geschaffen. *Dies war ein Sachverhalt, auf den Petty zuerst im Bereich der ökonomischen Forschung hingewiesen hat. Marx' neuer Materialismus wurde auf der Grundlage dieser neuen, modernen Arbeit (industrielle materielle Produktion) begründet, obwohl Lenin diesen Punkt offensichtlich erst noch verstehen musste.* Wichtig ist, dass dies die Entstehung eines neuen philosophischen Situierungspunkts kennzeichnet, das erste Mal in Lenins Interpretation von Hegels Philosophie, dass er philosophisches Denken mit der ökonomischen Forschung, mit der er am vertrautesten war, verbindet. In Lenins vergangenem Kampf mit Mach und Bogdanow war die Grundlage des philosophischen Materialismus immer eine natürliche Materie, die vom Menschen getrennt war. Hier jedoch wurde sich Lenin der inneren Verbindung zwischen Philosophie und dem gesellschaftlichen Leben selbst bewusst; dies war das

4 A.a.O., S. 162.

Geheimnis der Genese von Marx' historischem Materialismus. Ich glaube, dass diese neue Orientierung in Lenins theoretischer Situierung ihn veranlasste, die Trennung zwischen seinem eigenen aktiven logischen Strahl und seinem philosophischen Denken im theoretischen Kreislauf des philosophischen Materialismus zurückzusetzen. *Bald darauf sollte Lenin eine völlig neue Grundlage für seinen logischen Strahl erlangen, die praktische, revolutionäre historische Dialektik von Hegel-Marx.*

Zweitens sind sichtbare Gesetze des Angebots und der Nachfrage und der/das **unsichtbare** Wert(gesetz) der „sinnlichen Materie" alle Ergebnisse der objektiven ökonomischen Tätigkeit des Menschen. Im Gegensatz dazu ist das Wertgesetz ein essentielles Gesetz, während Gesetze von Angebot und Nachfrage der Ausdruck seiner Bewegung sind. Lenin übersieht an diesem Punkt das Problem der „umgekehrten" Lektüre von Hegels „Richtigkeit". Wenn es umgekehrt wird, bedeutet das nicht, dass die Wahrheit der nichtsinnlichen Wertkategorie idealistisch ist? Ich glaube, dass Lenin sich hier **inmitten eines unbewussten logischen Widerspruchs befindet.**

Wenn wir unsere Analyse fortsetzen, beginnen wir Anzeichen dieses Widerspruchs scheinbar überall zu sehen. Zum Beispiel als Lenin von Hegels Gegnerschaft zu Kants äußerer Form-Theorie der Logik liest, spezifisch seine Aussage, dass Logik nicht nur eine liefern sollte, sondern auch, setzt Lenin die folgende Überlegung in einen Kasten:

„Also nicht nur eine Beschreibung der Formen des Denkens und nicht nur eine *naturhistorische Beschreibung der Erscheinungen des Denkens* **(worin unterscheidet sich das von der Beschreibung der** *Formen***??), sondern auch eine Übereinstimmung mit der Wahrheit, d.i.?? die Quintessenz oder, einfacher, das sind die Resultate und Ergebnisse der Geschichte des Denkens?? Hier gibt es bei Hegel idealistische Unklarheit und etwas nicht zu Ende Ausgesprochenes. Mystik."**[5]

In diesem Abschnitt wird die Unsicherheit und das Zögern in Lenins Gedankenexperiment deutlich. In diesen wenigen kurzen Sätzen verwendet

---

5   Lenin, W.I., Konspekt zu Hegels „Wissenschaft der Logik", in: *LW*, Bd. 38, S. 164.

er nicht weniger als sechs Fragezeichen. Unmittelbar danach zeichnet Lenin einen weiteren kleineren Kasten, in dem er schreibt: „**Nicht** Psychologie, **nicht** Phänomenologie des Geistes, **sondern** Logik = Frage nach der Wahrheit." *Tatsächlich waren Hegels Worte hier nicht mystisch; Lenins Schlussfolgerung hing von davon ab, welchen Gedankengang er benutzte, um sich der Frage anzunähern!* Das Problem war, dass Lenin nicht verstand, dass Hegels *Wissenschaft der Logik* tatsächlich seine Ontologie des Begriffs war. Hegel verkehrte willkürlich menschliche Denkstrukturen und ihre historische Logik in das Wesen der Welt. In Hegels objektiver idealistischer Situierungslogik war seine *Wissenschaft der Logik* eine Mutation der spekulativen Theodizee, seine Dialektik beschrieb den historischen Prozess der Veränderung und der Entwicklung des Begriffs, und eine Epistemologie war einfach der historische Prozess, durch den die Idee sich selbst erkennt. Daher koinzidieren diese drei Dinge in Begriffen der Absoluten Idee. Natürlich ist dies auch eine **idealistische deduktive Geschichte** des menschlichen Denkens in der Wirklichkeit. Es ist einfach so, dass Lenin, der außerhalb von Hegels Philosophie stand, natürlich dieses spekulative Spiel nicht durchdringen konnte.

Wir sehen jedoch bald, dass Lenin einen weiteren Kommentar in einer Anmerkung in einem Kasten am Rand einfügt: „Bei einer solchen Auffassung fällt die Logik mit der Erkenntnistheorie zusammen. Das ist überhaupt eine wichtige Frage." Man sollte bemerken, dass wenn zwei unterschiedliche Logiken vermischt werden, sie eins werden. Lenin verfolgt diesen Gedankengang, um zu überlegen, ob die Koinzidenz von Hegels begrifflicher, idealistischer Logik als seiner Ontologie und seine Wissenstheorie nicht von der gleichen Struktur sein könnten wie der Gedankengang des umgekehrten allgemeinen philosophischen Materialismus, nicht weiter. *In jenem Jahr, als Lenin die Werke von Dietzgen las, begegnete er unerwartet diesem Standpunkt, während diesmal sein Verständnis sein eigenes war. Man sollte erwähnen, dass dieser Aktivierungspunkt der logischen Situierung später zu einem anderen Gedankensprung führen sollte, was Lenins Ansichten über die Einheit von Epistemologie, Dialektik und Logik formte.*

An diesem Punkt in seinen Studien formulierte Lenin immer, wenn er einen Textabschnitt las, zwei unterschiedliche Verständnisse und Einschätzungen formulieren. Als er daher in Hegels „Teilung" Hegels Aussage las „der Begriff in seiner Objektivität ist die an und für sich seienden Sache selbst", schrie er „NB" an beiden Seiten des Abschnitts und dann in einem Kasten am Ende der Seite „= Objektivismus + Mystik und Verrat an der Entwicklung." Ich glaube, dass Lenin diesmal wahrscheinlich von Hegel völlig verwirrt war. Sein „Objektivismus" bezog sich auf die Tatsache, dass Hegel seine philosophischen Diskussionen immer auf wahrem philosophisch-historischem Fortschritt basierte, wobei er oft Objektivität und Dinge selbst erwähnte; das ist der Grund, warum Lenin glaubte, dass Hegels den Materialismus der objektiven Realität zu respektieren **schien**. All dies wurde jedoch auf eine mysteriöse Weise ausgedrückt, die es für Lenin als materialistischem Philosophen schwierig macht zu verstehen. Es ist offensichtlich, dass dies ein Faden des Verständnisses war, der in zwei völlig unterschiedlichen logischen Denkräumen lag.

2. Revolutionärer Sprung im Gedankengang der forschenden Lektüre

Als Lenin den Anfang des ersten Abschnitts („Die Subjektivität") der „Lehre vom Begriff" zu lesen begann, fühlte er Kopfschmerzen. In einer Randnotiz schreibt Lenin: „En lisant... These parts of the work should be called: a best means for getting a headache!"[6] Ich glaube, dass der Übergang von "unklar" zu "headache" tatsächlich die heftigsten gedanklichen Widersprüche von Lenins stufenweiser Vertiefung des Lesens und Denkens aufzeigt. Dies war auch der Vorabend des Entstehens von Lenis neuer Denklogik.

Es ist allgemein bekannt, dass Hegel in diesem Abschnitt von *Die Wissenschaft der Logik* die Dialektik der Bewegung des Begriffs beschreibt; das Zentrum dieser philosophischen Theorie war die Beziehung zwischen dem **Allgemeinen** und dem **Besonderen** im Zentrum von Lenins kreativer Darlegung der Theorie der materialistischen Dialektik. Wenn Lenin zu jener

---

6 Lenin, W.I., Konspekt zu Hegels „Wissenschaft der Logik", in: *LW*, Bd. 38, S. 166 [Französisch und Englisch im Original; A.d.Ü.].

Zeit jedoch weiter in seinem ursprünglichen interpretativen Rahmen versunken wäre, dann wäre es ihm unmöglich gewesen, weiter fortzuschreiten. *Daher hielt Lenin eine Weile ausdrücklich inne und begann, Kuno Fischers* <u>Geschichte der neuern Philosophie</u> *zu lesen, um seine Ansichten über diese „abstruse Theorie" zu finden. Lenin war letztlich jedoch enttäuscht, denn dieses Buch zeigte nach seiner Ansicht dem Leser nicht, „wie der Schlüssel zu den schwierigen Übergängen, Schattierungen, zu dem Ineinanderfließen der Hegelsche abstrakten Begriffe zu finden ist."* Noch interessanter ist, dass es einen großen Teil des Textes gibt, nach den Seiten 34 und 35 des fünften Bandes der *Gesammelten Werke* Hegels, wo Lenin keine Lektüreexzerpte macht; dieser weiße Fleck besteht für beinahe einhundert Seiten. Dies war wirklich etwas, das in den *Berner Heften* selten vorkam. *Es ist auch ein Textdetail, das möglicherweise alle vorherigen Fortscher übersehen haben.* Ich habe herausgefunden, dass Hegel auf diesen 100 weißen Seiten von Lenins Notizen aus der „Lehre vom Begriff" im ersten Kapitel das Allgemeine, Besondere und Einzelne des „Begriffs" diskutiert. Im zweiten Kapitel diskutiert er die positive, negative, unendliche, reflexive, notwendige und begriffliche Form des „Urteils"; der erste Abschnitt des dritten Kapitels „Der Schluss" ist hier ebenfalls eingeschlossen.[7] Lenin zitiert nichts von diesem Inhalt. Es ist uns nicht möglich zu entscheiden, ob der Grund hierfür sein „Kopfschmerz/headache" war oder ob es einen anderen Faktor gibt, der zu dieser anormalen Stille führt. Wenn wir dies mit Lenins späterer bedeutender philosophischer Verschiebung vergleichen, dann glaube ich, dass die ein Prozess des schmerzhaften Nachdenkens war, dass Lenin las und weiter in seine logischen Widersprüche hineingeriet. Der Grund ist, dass Lenin genau in der Mitte von „Dunkel ist der Rede Sinn" und „äußerster Unklarheit" aus seinem „Kopfschmerz" erwachte und eine große Veränderung in seinem Denken erlebte.

Hier sehen wir, dass Lenin nach dieser großen weißen Fläche in Lenins Anmerkungen (von Seite 32 bis Seite 125 des fünften Bandes der *Gesammelten Werke* Hegels) auf Seite 125 wieder beginnt, Anmerkungen zu machen. Er zitiert zunächst Hegels Argument über Syllogismen und schreibt

---

7   G.W.F. Hegel, *Wissenschaft der Logik*, Bd. 1, Frankfurt/M. 1986, S. 273-355.

dann in einem Kasten am Rand: „Die gewöhnlichsten logischen ‚Figuren'... sind... die gewöhnlichsten Beziehungen der Dinge." Er notiert: Unwichtiger Satz. XXXXX. [8] Nach diesem Punkt ging Lenins Lektüre weiter wie gehabt, wobei er Hegels Bewertung von Kants Antinomien unter der Überschrift „Über Kant" (Seite 128-129 in Hegels Gesammelten Werken). Hier müssen wir sehr aufmerksam sein! Plötzlich taucht an dieser Stelle in Lenins Notizen eine seltsame Situation auf: er richtet das Heft auf, am inneren Rand des Heftes, an die Einsicht (Kasten) davor und vor dem Exzerpt danach fügt er senkrecht einen neuen Kasten hinzu.[9] Zudem diskutierte der Inhalt des neuen Kastens nicht Lenins Gedanken zu Kants Antinomien, sondern kehrte vielmehr zu einem vorherigen Kommentar zurück (über Hegels Analyse der Syllogismen). Dies war ein wiederkehrendes Gedankenexperiment, bare diesmal kam Lenin nicht mit leeren Händen zurück: er stieß auf einen neuen, wichtigen Gedanken: „Eine Analyse der Schlüsse bei Hegel (E.-B.-A., Eins; Besonderes; Allgemeines, B.-E.-A. etc.) erinnert an die Nachahmung Hegels bei Marx im I. Kapitel."[10] Dies spiegelt sicherlich eine bedeutende Verschiebung wider, eine **logische Wende**, die Lenin im übertragenen Sinne ein Licht aufgehen ließ. *Diese Verschiebung steht offensichtlich in Verbindung zu dem Beispiel aus der Ökonomie, das Lenin verwendete, als er die Einleitung zu diesem Band las. In diesem Beispiel versuchte Lenin lediglich, formale Beziehungen der ökonomische Aktivität mit Hegels sinnlichen Phänomenen und wesentlichen Gesetzen zu vergleichen: hier jedoch denkt Lenin an Marx Erwähnung in seinen Briefen an Engels, dass der gesamte logische Rahmen des ersten Bandes des <u>Kapitals</u> von Hegels dialektischer Logik abhängt. Dies ist ein bedeutender Indikator eines nicht-Anderen Urteils und heterogenen Denkens.* Ich glaube, dass es hierzu noch eine weitere, sogar noch tiefergehende Ebene gibt. Lenins Fähigkeit, diesen Gedankengang zu entdecken, stand in Bezug zu Bogdanows Fehlern. Der Grund dafür ist, dass sich Bogdanow, bevor er in den Fehlern des Machismus versank, der Philosophie aus der Perspektive der marxistischen Ökonomie näherte. Dies erlaubte Lenin zu sehen, wo Plechanow und Bogdanow sich

---

8   Diese Fußnote betrifft die chinesische Übersetzung von „Figuren".
9   Lenin, W.I., Konspekt zu Hegels „Wissenschaft der Logik", in: *LW*, Bd. 38, S. 168.
10   A.a.O., S. 168.

geirrt hatten! Es erlaubte ihm auch, plötzlich zu erkennen, dass er einen Weg zur Verfügung hatte, die Theorien von anderen zu überwinden. Dies markiert die Entstehung einer völlig neuen gedanklichen Situierungslogik.

Wir können unmittelbar sehen, dass nach der Entstehung dieser wichtigen Indikatoren von Lenins sich veränderndem Denken **die erste ungeheure Entwendung der gedanklichen Logik** erscheint: Lenins **Gesamterkenntnis der Hegelschen Philosophie** erfährt eine extrem wichtige Wendung. Mit dieser Wendung trat Lenins Studium der Hegelschen Philosophie in ihre **dritte** wichtige Phase ein.

Es ist offensichtlich, dass Lenin über diese Wende der Ereignisse sehr erregt war. Wenn wir uns das ursprüngliche Dokument ansehen, können wir deutlich sehen, dass er zunächst einen Kasten zeichnete, der ein Drittel der Seite einnahm. Bevor er jedoch seine berühmten Anmerkungen in den Kasten schreibt, teilt Lenin die beiden Seiten des Kastens in kleinere Kästen. In den linken schrieb er: **NB**: Umkehren: Marx hat die Dialektik Hegels in ihrer rationellen Form auf die politische Ökonomie **angewendet.**"[11] *Später in unserer Analyse werden wir sehen, dass dieser Punkt äußerst wichtig ist.* In den rechten Kasten schreibt er: „NB: Zur Frage der wirklichen Bedeutung der Hegelschen Logik." Dies ist ein **wichtiger Durchbruch!** Was meint er mit „wirklicher Bedeutung"? In seinem ursprünglichen Interpretationsrahmen, das auf dem theoretischen Kreislauf des philosophischen Materialismus basierte, war die Bedeutung von Lenins Hegelverständnis klar; Hegels Denken materialistisch „umzukehren" und den Misthaufen von Hegels Philosophie zu durchwühlen, um Perlen zu finden. Was hat sich geändert? Lenin ist zu einer neuen theoretischen Situierung und Abwägung bereit. Zurück im größeren Kasten schreibt Lenin in einem langen Kommentar, die Herausbildung und Anwendung abstrakter Begriffe „schließen schon die Vorstellung, die Überzeugung, das Bewusstsein von der Gesetzmäßigkeit des Weltzusammenhangs in sich... Die Objektivität der Begriffe, die Objektivität des Allgemeinen im Einzelnen und im Besondern zu leugnen ist unmöglich." Offensichtlich entdeckt Lenin erneut, dass Hegel „weitaus tiefer" ist als Hegel im Hinblick auf philosophisch-theoretische Logik, wobei er Hegel unmittelbar auf die theoretische Logik von Marx Analyse der

---

11   A.a.O., S. 168.

Waren im Kapital überträgt. Dies ist eine weitere Bestätigung des Inhalts von Lenins früherem Kasten.

Lenin demonstriert sein tiefgehendes Verständnis:

„So, wie die einfache Wertform, der einzelne Akt des Tausches einer einzelnen gegebenen Ware gegen eine andere schon in unentwickelter Form alle Hauptwidersprüche des Kapitalismus in sich einschließt – so bedeutet schon die einfachste Verallgemeinerung, die erste und einfachste Bildung von Begriffen (Urteilen, Schlüssen etc.) die immer mehr fortschreitende Erkenntnis des objektiven Weltzusammenhangs durch den Menschen."[12]

Hier verbindet Lenin unmittelbar die Logik von Hegels Dialektik und Marx' Dialektik in der **gleichen Struktur**. Lenin nimmt einen Vergleich zwischen Marx und Hegel vor. Erstens beinhalteten die einfachen Wertformen des Warentauschs bereits all die Widersprüche der kapitalistischen Wirtschaftsstrukturen; zweitens war Hegels Begriff tatsächlich eine tiefgreifende Reflexion der objektiven Verbindung der Welt. Das ist korrekt. Trotzdem glaube ich, dass Lenin zu jener Zeit nicht erkannt hatte, dass die Entstehung von Wertformen aus objektive Abstraktionen besteht, die im objektiven ökonomischen Verhalten des Menschen existieren; ökonomische Kategorien sind keine Reflexionen äußerlicher Materie, sondern vielmehr historische Reflexion gesellschaftlicher Praxis. Dies war etwas, das er erst später verstehen sollte. In diesem Sinne betont Lenin erneut: „Hier muss man den wirklichen Sinn, die wirkliche Bedeutung und Rolle der Hegelschen Logik suchen. Dies NB."[13] Nachdem er diesen Abschnitt geschrieben hat, sehen wir, dass Lenin einen weiteren, kleineren Kasten auf der linken Seite des ursprünglichen hinzufügt, wobei er eine sehr dicke Linie verwendet, und auch noch einen weiteren Kasten. In diesen drei Kästen schriebt Lenin: „Auf Hegel müsset man zurückgreifen, um Schritt

---

12   Lenin, W.I., Konspekt zu Hegels „Wissenschaft der Logik", in: *LW*, Bd. 38, S. 168-169.
13   Lenin, W.I., Konspekt zu Hegels „Wissenschaft der Logik", in: *LW*, Bd. 38, S. 169.

für Schritt irgendeine gewöhnliche Logik und *Erkenntnistheorie eines Kantianers u.ä. zu analysieren.*"[14] *Ich glaube, dass dies ein Ausdruck von Lenins Wünschen und von seiner theoretischen Orientierung für den nächsten Schritt seines Gedankenexperiments ist.*

Ich glaube, dass die Anmerkungen auf dieser Seite bis zu diesem Punkt in Lenins Lektüre von Hegels *Die Wissenschaft der Logik* das wichtigste Gedankenexperiment und die wichtigste Neustrukturierung sind. Ebenfalls in diesem Sinne erfuhr Lenins **ursprünglicher** Gedankenhang bei der Lektüre eine **bedeutende logische Entwendung**. Eine neue Lektürelogik – ein umfassendes Verstehen und Bewerten von Hegels Philosophie – erscheint plötzlich, was ein Gedankensprung ist, der auf der umfassenden Ablehnung von Lenins früherem Interpretationsrahmen aufbaut. Obwohl die Widersprüche und Konflikte zwischen diesen beiden Lektürelogiken durch Lenin vollständig gelöst wurden, bewerte er seinen früheren Gedankengang nicht einfach als falsch; vielmehr übernahm er ihn in den Rahmen seiner neuen Lektürelogik als eine disharmonische, **unbewusste Unterstruktur**. Lenin las Hegel weiterhin kritisch, aber die Effektivität und die Situierungsebene seiner Kritik waren bereits tiefer geworden. An dieser Stelle beginnt es Lenin zu gelingen, Hegel wirklich zu erfassen. Natürlich ist das auch der Punkt, an dem Lenins ursprünglicher Anderer spiegelbildlicher Bildrahmen beginnt, sich **aufzulösen**. Die erste Beziehung, die sich auflösen musste, war die falsche „Umstülpungstheorie"-Ablehnung Hegels durch Marx und Engels. An dieser Stelle gelingt es Lenin, innerlich durch Hegel mit Marx' logischer Situierungsebene durch sein eigenes tiefes Denken in Verbindung zu treten. Lenin war bereit, seinen eigenen souveränen theoretischen Denkraum zu konstruieren, indem er erkannte, dass das Erfassen von Hegels Philosophie es ihm erlauben würde, zu den Tiefen von Marx' Philosophie zu gelangen. Wir werden bald diesen bedeutenden theoretischen Fortschritt sehen.

An dieser Stelle ist eine von Levines Beurteilungen korrekt. Er schreibt, dass im September und Dezember 1914 der Einfluss von Hegels *Die Wissenschaft der Logik* auf Lenin kontinuierlich wuchs.[15] Natürlich war die-

---

14 A.a.O., S. 168-169.
15 Vgl. Levine, *Dialogue within the Dialectic*, S. 373 (ch.).

ser Einfluss nicht, wie Levine behauptet, die „Hegelianisierung Lenins", sondern vielmehr Lenins tieferes Verständnis und wissenschaftliche Erkenntnis der materialistischen Dialektik. Auch Althusser bemerkte diese Veränderung und schreibt darüber auf subtilere Weise:

> „Jemand, der den Text von Wissenschaft der Logik mit dem Text von Lenins Lektürenotizen vergleicht, kann nicht übersehen, dass Lenin das Kapitel zum Sein beinahe völlig in Stille übergeht, ohne Notizen zu machen, außer es zusammenzufassen. Dies ist zumindest seltsam, oder aber symptomatisch. Dieselben Leser können es nicht versäumen, zu bemerken, dass die Notizen reichlich werden (und nicht nur die zusammenfassenden Notizen, sondern auch die kritischen Notizen, die gewöhnlich zustimmend, aber gelegentlich ablehnend sind), wenn Lenin in das Kapitel zum Wesen kommt, das ihn offensichtlich am meisten interessiert, und dass Lenins Notizen über das Kapital, das der subjektiven Logik gewidmet ist, reichlicher werden und über die absolute Idee, das Kapitel, das Lenin – wie verblüffend es auch scheint– materialistisch erscheint, lobender werden."[16]

McLellan schreibt, dass sich Lenins „Akzent von kritischen Kommentaren zu Hegel hin zu der enthusiastischen Annahme der dialektischen Elemente in Hegels Gedanken verschob."[17] Dies ist offensichtlich eine übermäßig vereinfachte und falsche Formulierung. Dunajewskaja formulierte es präziser, als sie schrieb: „Als Lenin ‚Die Lehre vom Begriff' erreichte, brach er mit seiner philosophischen Vergangenheit."[18] Dies ist ein korrekter qualitativer Trennungspunkt. Trotzdem erscheint Dunajewskajas Urteil ebenfalls etwas übertrieben, weil sie nicht nur glaubt, dass Lenin sich unmittelbar auf Hegels Position begeben habe, sondern auch behauptet, dass Lenin an dieser Stelle umfassend seinen Begriff des Verhältnisses zwischen materialistischen oder ökonomischen Faktoren und den subjektiven Kräften des

---

16 Louis Althusser, Lenin Before Hegel, in: *Lenin and Philosophy and Other Essays*, Verso, 1968, S. 75.
17 David McLellan, *Marxism after Marx*, Houndmills u.a., 1998, S. 116.
18 Raja Dunajewskaja, *Philosophy and Revolution*, Liaoning Press 2000, S. 90 (ch.).

Menschen, zwischen Wissenschaft und menschlichem Handeln neu strukturierte.[19] Tatsächlich brach Lenin nicht einfach mit seiner Vergangenheit; mit anderen Worten, er wurde nicht, wie Dunajewskaja behauptet, zum Hegelianer. Die Substanz von Lenins Revolution des Denkens hier war eine Veränderung in seinem **eigenen** Interpretationsrahmen. Ich muss zugeben, dass Dunajewskaja ein gewichtiges Argument bringt, wenn sie die tiefen Widersprüche in Lenins logischer Situierung an dieser Stelle bemerkt; d.h. die fehlende Verbindung zwischen Lenins philosophischem Materialismus, der sich auf materielles Sein konzentriert, das außerhalb des Menschen existiert, und seinem eigenen aktiven, praktischen Strahl wie auch den Widerspruch zwischen der objektiven Dimension von bestimmenden, präkonditionellen ökonomischen Kräften und der subjektiven Dimension, die die revolutionäre, praktische kreative Macht der proletarischen Klasse betonte. Sie weist klug darauf hin, dass es Lenin, der gerade eine neue Ebene der theoretischen Situierung erreicht hatte, gelang, diesen Widerspruch zu **synthetisieren**! Jedoch liegt ihr neuer Fehler darin, dass sie Lenins Verschiebung bei den philosophischen Begriffen und der Grundlage in der Praxis als Idealismus identifiziert. Später werden wir ihre tiefe theoretische Zwielichtigkeit widerlegen.

Ich glaube, dass der erste Sprung, der in der neuen logischen Situierung Lenins Denken entstand, als er Hegel las, innerlich aus drei neuen theoretischen Punkten gebildet wurde. Zunächst ein neues Verständnis des Werts von Hegels Philosophie. Zweitens ein tiefes Verständnis des Verhältnisses zwischen Hegels Philosophie und der neuen Vision von Marx' Philosophie. Drittens eine Erkenntnis der Notwendigkeit einer vertieften Kritik die Kant-Machismus durch die Verwendung von Dialektik. Es ist offensichtlich, dass Lenins philosophisch theoretischer logischer Raum im Vergleich zum Andren Rahmen seiner früheren Lektüre hier umfassend im Hinblick auf sein Gesamtverständnis von Hegels Philosophie neu strukturiert wurde.

Es ist nicht schwer zu sehen, dass die Verschiebung in Lenins Gedankengang, die sich in den Anmerkungen und Hinzufügungen in den Kästen auf dieser Seite zeigt, zusammengenommen und unmittelbar auf **die**

---

19 Raja Dunajewskaja, *Marxism and Freedom*, Liaoning Press 1998, S. 156 (ch.).

Bedeutung der hegelianischen Philosophie verweisen. Hier überdenkt Lenin plötzlich diese Bedeutung (in seinem ursprünglichen interpretativen Rahmen war dies ein präkonditionales Verständnis, von dem er dachte, dass es bereits klar sei), was eine große Veränderung im Denken darstellte, die keineswegs klein oder eng war. Vielmehr war es ein Durchbruch, heraus aus dem geschlossenen theoretischen Kreislauf von Lenins altem, gedankenlosem Anderem spiegelbildlichen Rahmen, d.h. Neudefinition und Neuanordnung von Hegels philosophischer Logik. Lenin scheint ein völlig neues Verständnis erworben zu haben: obwohl Hegels philosophischer Idealismus falsch ist, sind die Strukturen (Formen) seiner philosophischen Denklogik nicht vollständiger „Unsinn". Zu jener Zeit hatte Lenin bereits verstanden, dass Hegel im Wesentlichen auf eine auf den Kopf gestellte und tiefe Weise das Wesen der Entwicklung und der Bewegungen der objektiven Welt reflektierte. Die Bedeutung der Rettung der Wissenschaft der Logik durch den Marxismus bestand nicht einfach in einer Ersetzung von „Gott" und der „Absoluten Idee" durch „Materie", und es war auch kein äußerliches „Aufpolieren" Hegels zu einem Materialisten; vielmehr war es eine ernsthafte Untersuchung der zugrundeliegenden Bedeutung der logischem Strukturen von Hegels Philosophie (Dialektik). Dies erzeugte einen völlig neuen, offenen theoretischen Kreislauf. Daher entdeckte Lenin schließlich, dass die Neustrukturierung von Hegels idealistischer Dialektik durch Marx und Engels nicht eine Art von Umstülpung der Terminologie war, sondern vielmehr eine Umstülpung der gesamten Logik. Wie wir wissen, war Feuerbach für Marx derjenige, der die Bewegung weg von Hegels Idealismus hin zum Materialismus begleitete; unter Feuerbachs System war die Absolute Idee bereits zu „Sinnlichkeit", „Mensch" und „Natur" verändert worden. Genauer gesagt implizierte Marx' kritische Neustrukturierung der hegelianischen Philosophie im Wesentlichen die **Dekonstruktion aller metaphysischen Methoden des Denkens**. Heidegger bemerkte diesen Punkt. *Nachdem er die gesamte* <u>Wissenschaft der Logik</u> *gelesen hatte, konnte Lenin die Worte „Umstülpung des Hegelschen Systems" mit Präzision verwenden.* Daher konnte wirklich wissenschaftliches dialektisches Denken Lenins philosophisches Denken formen, das er dann verwenden konnte, um die Welt zu verstehen, um die praktische Umstrukturierung der Welt anzuführen, um allen Idealismus und Agnostizismus **tiefer** innerhalb eines neuen, **dialektischen, historischen** Rahmens zu kritisieren und um schließlich den alten Materialismus zu überwinden und auf diese Weise eine große philosophische Revolution zu verwirklichen. Eben durch das Verständnis von Hegels dialektischem Denken konnte Lenin tiefer in den philosophischen Raum von Marx und Engels eintreten.

Konkret gesagt basierte der unmittelbare Verständnisrahmen, der sich in Lenins Wie wir bereits diskutiert haben, waren dies die Abschnitte, die Lenin vorher „dunkel" zu sein schienen. In diesem Abschnitt von *Die Wissenschaft der Logik*, der Subjektivität diskutiert, erklärt Hegels Darlegung primär die Universalität, Partikularität und Individualität des Begriffs. Diese Art des Denkens scheint ein Echo von Aristoteles' drei Hauptbestandteilen der Logik zu sein, jedoch wurde der materielle Inhalt einer größeren Neustrukturierung unterzogen. Daher ist dies nicht eine Gemeinsamkeit von Individuen, sondern vielmehr die Vereinigung der individuellen Existenz in sein eigenes konkretes Selbst. Mit anderen Worten, diese Universalität ist bereits eine Abstraktion des Konkreten. Tatsächlich hatte sich Lenin in einem früheren Kasten bereits dieser Vision von Hegel angenähert. Er schrieb:

„Offenbar ist die Hauptsache für Hegel auch hier, die Übergänge zu verzeichnen. Von einem gewissen Standpunkt, unter gewissen Bedingungen ist das Allgemeine das Einzelne, das Einzelne das Allgemeine. Nicht nur (1) der *Zusammenhang*, und zwar der untrennbare Zusammenhang aller Begriffe und Urteile, sondern (2) die Übergänge des einen in das andere, und nicht nur Übergänge, sondern auch (3) die *Identität der Gegensätze* – das ist für Hegel die Hauptsache."[20]

Lenin bekräftigt: „Die Geschichte des Denkens vom Standpunkt der Entwicklung und der Anwendung der allgemeinen Begriffe und Kategorien der Logik – voilà ce qu'il faut." Es ist nicht schwierig zu sehen, dass dieses Denken einem Denkkennzeichen ähnlich ist, die Lenin zuvor gezeigt hatte, d.h., die neue Orientierung, die Dialektik, Wissenstheorie und die Geschichte des Denkens kombinierte. Mit anderen Worten, Hegels

---

20 Lenin, W.I., Konspekt zu Hegels „Wissenschaft der Logik", in: *LW*, Bd. 38, S. 167.

Philosophie reflektiert die gesetzesgeleitete Erkenntnis der Suche des Menschen nach dem Wesen der äußeren Welt. *Kedrow verschiebt den Punkt von Lenins korrekter Aneignung dieses Verständnisses fälschlicherweise nach vorne zu seinen Anmerkungen in der „Lehre vom Sein".*[21] Natürlich bezieht sich diese Bewertung nicht auf eine spezifische Sichtweise Hegels, sondern vielmehr auf die logische Struktur von Hegels begrifflichem System (Epistemologie) als Ganze. Auch aus diesem Grund schreibt Lenin: „Die Bildung von (abstrakten) Begriffen und Operationen mit ihnen schließen schon die Vorstellung, die Überzeugung, das Bewusstsein von der Gesetzmäßigkeit des objektiven Weltzusammenhangs in sich." *Lenin hebt das Wort „Bewusstsein zwei Mal hervor; hier beinhaltet dieses Wort „Gewahrsein".* In Lenins Sichtweise zu jener Zeit lag die Bedeutung von Hegels Philosophie in der Tatsache, dass er „viel tiefer [ist] als Kant und andere, wenn er die Widerspiegelung der Bewegung der objektiven Welt in der Bewegung der Begriffe untersucht."[22] Die „Bewegung der objektiven Welt" bezieht sich hier auf die Zusammenhänge, Übergänge und Widersprüche zwischen Dingen, die Lenin zuvor erwähnt hatte. Daher erkannte Lenin, dass es in diesem bedeutenden Sinne war, dass Marx, basierend auf einer neuen materialistischen Grundlage, die Gesamtheit von Hegels dialektischer Logik (nicht einzelne Worte oder Ansichten!) auf seine Untersuchung der kapitalistischen ökonomische Verhältnisse anwandte. Dies erlaubte ihm, seine allgemeine Logik zu erreichen, dass das Verhalten des Warentauschs „**alle** Hauptwidersprüche des Kapitalismus" bestimmt.

Ich glaube, dass das bedeutendste logische Argument, das Lenin in diesem Kommentar vorbringt, der letzte Satz ist, nachdem Marx' Anwendung der logischen Formen von Hegels Dialektik verstanden hat und er einen

---

21 Kedrow glaubt, dass Lenin bereits bei der Lektüre „Lehre vom Sein" in Hegels Wissenschaft der Logik davon wusste, dass die Kategorien von Qualität zur Quantität und dann zum Maß in der „Lehre vom Sein" „eine logische Verallgemeinerung (Manifestation) der Stadien sei, welche die menschliche Erkenntnis sukzessive durchmacht." Das ist offensichtlich ein Zustand, welcher Lenins Eingangslektüre angehoben hat. Vgl. Kedrow, *Eine Forschung zu Lenins „Philosophischen Heften"*, Qiushi Press (1984), S. 179 (chinesisch).

22 Lenin, W.I., Konspekt zu Hegels „Wissenschaft der Logik", in: *LW*, Bd. 38, S. 168.

Gedankenstrich zieht und dann schreibt: „So bedeutet schon die einfachste **Verallgemeinerung**, die erste und einfachste Bildung von **Begriffen** (Urteilen, Schlüssen etc.) die immer mehr fortschreitende Erkenntnis des tiefen **objektiven** Weltzusammenhangs durch den Menschen."[23] Die Bedeutung dieses Satzes ist sehr tief. Es ist allgemein bekannt, dass Kant und andere wie er zu agnostischen Schlussfolgerungen gelangten, weil Kant, obwohl er die Dynamik subjektiver Erkenntnisstrukturen sah, diese Dynamik in einen apriorischen, eingefrorenen, diesseitigen Zwangsrahmen transformierte. Er konnte nicht den kontinuierlichen Übergang von Phänomenen in Richtung des Wesens sehen (das jenseitige Ding an sich), noch konnte er die vereinigte Erkenntnis (Fürsichsein) sehen, die durch das Wesen durch den phänomenologisch gesetzten Menschen gebildet wurde. Im Unterschied zu diesen Philosophen verstand Hegel auf tiefe Weise, dass die menschliche Erkenntnis sich kontinuierlich durch den aktiven Zusammenhang zwischen Erscheinungen und Wesen vertieft. Daher können wir sagen, dass die Bedeutung von Hegels Philosophie in einer **aktiven, revolutionären** Epistemologie besteht. Als Marx daher 1845 Hegel umkehrte und den historischen Materialismus und die historische Dialektik begründete, betrachtete er nicht länger unmittelbar kapitalistische gesellschaftliche Erscheinungen, sondern ging vielmehr von einem revolutionären Standpunkt aus, der versuchte, **die Welt neu zu schaffen** und der die inneren Widersprüche in kapitalistischen Produktionsweisen kritisch aufdeckte. In diesem Sinne konnte Lenin die tiefe Bedeutung der marxistischen revolutionären, aktiven, materialistischen Dialektik tiefer verstehen, indem er Hegel Die Wissenschaft der Logik (Dialektik) verstand. Nur so konnte er die wahren Fehler von Bogdanows und seinen Anhängern verstehen; nur so konnte er sehen, dass Plechanows Kritik des Machismus fehlgeleitet war. Schließlich geschah es auf diese Weise, dass seine bolschewistische Logik der revolutionären Praxis logische Unterstützung von der marxistischen historischen Dialektik erhielt.

---

23 A.a.O., S. 169.

3. Drei „Aphorismen" in der bahnbrechenden Erkenntnis

Ich glaube, dass das Denkexperiment, das wir aus dem Text rekonstruiert haben, den ersten theoretischen logischen Höhepunkt von Lenins Denken in den Berner Heften und insbesondere im gesamten Prozess seiner Lektüre der hegelianischen Philosophie zeigt. Nachdem ihm sein Durchbruch im Verständnis gelungen war, war Lenin verständlicherweise sehr enthusiastisch. Unmittelbar nach seinem großen Kasten zeichnete er vier kleinere Kästen, wobei er drei von ihnen „Aphorismen" nannte. Es gibt nur drei „Aphorismen" in Lenins Lektüre von Hegels philosophischen Werken. In meinem Verständnis nannte Lenin sie „Aphorismen", weil er sich der theoretischen Unterstützungspunkte der Situierung seines Gedankensprungs bewusst war. Zum Beispiel hatte Lenins Denken früh in seinem Prozess des Lesens und Studierens im Licht des neuen Denkens aufgeschienen, trotzdem war es nach diesem Punkt, dass er kontinuierlich seine eigenen Erkenntnisversion in einem neuen theoretischen logischen Situierungsort erwarb und perfektionierte. Diese umfassende Verschiebung im logischen Denkraum wurde durch drei theoretische Ebenen gebildet.

Eine spezifische Analyse zeigt drei entscheidende neue Gedankenpunkte. **Zunächst** eine **Vertiefung** der Kritik des Kantianismus, **zweitens** die innere Beziehung zwischen Hegels Philosophie und Marx' philosophischer Vision und **drittens** das **Geheimnis** von Hegels Philosophie. Ich habe herausgefunden, dass dies das Umgekehrte der Gedankenlogik im früheren, größeren Kasten ist. Dieser erste Aphorismus folgt derselben Linie wie der logische Gedankenpunkt ganz am Ende des linken kleineren Kastens.

Der erste Aphorismus ist Lenins **Reflexion** über die Kritik an Kant und dem Machismus. Wie wir bereits gesehen haben, hatte Lenin bereist im kleineren linken Kasten über diesem seinen Wunsch geäußert, Hegel zu studieren, um zunehmend die Epistemologie und die Logik des Kantianismus zu studieren; es ist tatsächlich ein sehr wichtiges Thema, das Lenin vorbringt. Obwohl Lenin jedoch in seinem ersten Aphorismus fortfährt, darüber nachzudenken, wie man am besten Kant und den Machismus kritisiert, verschiebt sich sein Ansatz erheblich: **er richtet seine Kritik gegen die Marxisten, die selbst Kant und den Machismus kritisieren!** Obwohl sie anscheinend undenkbar ist, demonstriert diese Verschiebung im Wesentlichen eine Erneuerung von Lenins Erkenntnissituierung in dieser Zeit der großen Veränderung. Wir müssen zugeben, dass Lenin hier sogar noch tiefer geworden ist, das unvermeidliche Ergebnis seines tieferen Eintauchens in Hegels Dialektik. Das ist offensichtlich der erste Riss in Lenins ursprünglichem Anderem spiegelbildlichem System, wenn er wirklich das philosophische falsche Bild von Plechanow und anderen überwindet.

In seinem Kasten schreibt Lenin „Zwei Aphorismen". Beide beschäftigen sich mit zeitgenössischen Marxisten, die Kant und den Machismus kritisieren. Lenin denkt zunächst an seine „Waffenbrüder", die Kant und den Machismus bereits kritisieren. Er zieht zunächst eine Trennlinie und legt die grundlegend theoretische Heterogenität der neuen Vision dar, die er gerade aus ihren Kritiken bezogen hat. Ich glaube, dass dies die Stelle ist, an der das Andere Spiegelbild, das so lange Lenins philosophisches Denken beherrscht hat, letztlich zerstört wird. Der erste von ihnen ist Plechanow, der der bedeutendste russische Marxist im Kampf gegen Kant und den Machismus war. Zugleich war er der marxistische Philosoph mit dem größten Einfluss auf Lenins philosophisches Denken. Lenin schreibt:

„1. Plechanow kritisiert den Kantianismus (und den Agnostizismus überhaupt) mehr vom vulgär-materialistischen als vom dialektisch-materialistischen Standpunkt, *insofern* er ihre Gedankengänge nur a limine verwirft, sie aber nicht *richtigstellt* (wie Hegel Kant richtigstellte), indem er sie vertieft, verallgemeinert, erweitert und den *Zusammenhang* und die Übergänge aller und jeder Begriffe aufzeigt."[24]

Man sollte bemerken, dass ein wichtiger theoretischer Unterstützungspunkt von Lenins früher Lektüre die **vom Materialismus ausgehende** Kritik des Idealismus war. Hier verschiebt sich der Fokus seines Denkens jedoch plötzlich zum Verhältnis zwischen marxistischer dialektischer materialistischer Theorie und allgemeinem philosophischem Materialismus. Lenin fand heraus, dass Plechanows Fehler war, dass er in der „Ablehnung" von

---

24 A.a.O.S. 169.

Idealismus und Agnostizismus lediglich bei den alten Materialisten blieb, aber sie nicht korrigierte. Plechanow nahm keine dialektische Position ein und konnte daher nicht wirklich die wissenschaftliche Position von Marx' materialistischer Dialektik einnehmen, um zu erklären, **was der korrekte Standpunkt sein sollte!** Ein interessantes Textdetail, das bemerkt werden sollte, ist, dass Hegel hier zum Vertreter des „richtigen Standpunkts" wird. Adoratskij vermutet, dass Lenins Kritik an Plechanow hier mit seiner Kritik an Plechanow von 1904 zusammenfällt; ich glaube, dass dies eine absichtliche falsche Homogenität ist.[25]

Die zweite Ebene situierenden Denkens ist sogar noch tiefer: „2. Die Marxisten kritisierten (zu Beginn des 20. Jahrhunderts) die Kantianer und die Anhänger Humes mehr auf Feuerbachsche als auf Hegelsche Art."[26] Hier hat Lenin herausgefunden, dass alle Marxisten, die gegen den Machismus waren, und nicht nur Plechanow, ihren Kampf primär auf den grundlegenden Argumenten des philosophischen Materialismus basieren; sie wandten sich nicht gleichzeitig an den dialektischen („auf Hegelsche Art"). Ich glaube, dass es zu jener Zeit hier auch einen guten Teil Selbstreflexion bei Lenin gab, denn zu den „Marxisten (zu Beginn des zwanzigsten Jahrhunderts)" muss er auch sich selbst zählen. Es muss jedoch hier klar sein, dass wir aus Lenins Reflexionen hier viele der einfachen Schlussfolgerungen erreichen, die von einigen westlichen Marxisten und „Leninologen" gezogen werden. Diese Ansichten stellen Lenin zur Zeit der Abfassung von Materialismus und Empiriokritizismus als einen „mechanischen, vulgären Materialisten" dar. *Dunajewskaja vermutet, dass sich Lenin 1914 philosophisch von den vulgärmaterialistischen philosophischen Theorien trennte, die er in seinem Buch Materialismus und Empiriokritizismus 1908 verrat, und sich dem neuen Ausgangspunkt der Selbstbewegung des Denkens zuwandte.*[27] Solche Anschuldigungen sind unverantwortlich und haben verborgene Motive. Hier erkannt Lenin bewusst, dass der Idealismus nach Art des Machismus

---

25 Zu Adoratskijs Sicht vgl., Adoratskij, *Ausgewählte Werke von Adoratskij*, Beijing Sanlian Press 1964, S. 442.
26 Lenin, W.I., Konspekt zu Hegels „Wissenschaft der Logik", in: *LW*, Bd. 38, S. 169.
27 Raya Dunajewskaja, *Philosophie und Revolution*, Liaoning Education Press, S. 90 (ch.).

nur aus der Perspektive des Materialismus kritisiert werden konnte, dass diese Kritik jedoch durch die Verwendung von Dialektik vertieft werden konnte. Noch wichtiger ist, dass sein Materialismus durch die Verwendung von Marx' materialistischer Dialektik „korrigiert" werden konnte. Aus Lenins Reflexionen wird ersichtlich, dass er nicht die Absicht hatte, den Materialismus abzulehnen. Wenn wir die Berner Hefte genauer betrachten und den gesamten Prozess seiner Lektüre der hegelianischen Philosophie lesen, erkennen wir, dass Lenin niemals versuchte, seinen materialistischen Standpunkt zu verändern. *Zu diesem Punkt liefert Levine ein korrektes Argument. Er schreibt, dass Lenin in den Philosophischen Heften niemals vollständig seinen philosophischen Materialismus aufgab.*[28] *Mit anderen Worten, es war nicht so, dass er niemals völlig seine materialistischen Sichtweisen aufgab, sondern dass diese Sichtweisen niemals erschüttert wurden. In diesem Sinne änderte sich Lenin nie, obwohl seine allgemeine Sichtweise der hegelianischen Philosophie sich verschoben haben mag. An diesem Punkt glaubt Dunajewskaja, dass Lenin niemals seine marxistische, materialistische Grundlage noch seine revolutionären Ansichten zum Klassenbewusstsein änderte. Was Lenin von Hegel erhielt, war eine neue Theorie der Einheit zwischen Materialismus und Idealismus. Sie geht sogar so weit zu vermuten, dass der zentrale Gedanke von Lenins Philosophischen Heften (Berner Heften) die Wiederbelebung der idealistischen Wahrheit sei.*[29] *Das ist eine falsche Sichtweise, die durch einen Widerspruch in sich selbst und Verwirrung gekennzeichnet ist.*

Weiterhin glaube ich, dass Lenin hier zuerst wirklich erkannte, wie er Bogdanows Fehlern, die keine einfachen Trugschlüsse waren, auf eine profundere Weise entgegnen konnte. Erst zu jener Zeit, als Lenin durch die tiefe logische Beziehung zwischen der Dialektik von Hegel und Marx eine völlig neue Ebene der philosophischen Denksituierung erreicht hatte, überwand seien Vision wirklich zu ersten Mal jene von Plechanow. Er jetzt gelang es ihm, Bogdanow prägnant und kraftvoll zu kritisieren. Dies war es, was ihn so begeisterte.

Nachdem er einen Abschnitt mit dem Titel „Schluss der Induktion"

---

28 Vgl. Levine, *Dialogue within the Dialectic*, S. 361 (ch.).
29 Raya Dunajewskaja, *Philosophie und Revolution*, S. 91.

geschrieben hat, unterbricht Lenin plötzlich aufgrund einer Welle neuen Denkens seine Lektüre. In einem weiteren Kasten verfasst Lenin einen weiteren „Aphorismus", der weiter seinen Gedankensprung demonstriert. Zu Beginn dieses Abschnitts unterstreicht Lenin das Wort „Aphorismus" mit einer waagerechten dicken Linie. *Keiner der anderen „Aphorismen" hatte irgendwelche Hervorhebungen; Lenin scheint den bedeutenden Platz dieses „Aphorismus" in seinem sich verändernden Denken betonen zu wollen.* Es fällt uns nicht schwer Lenins extreme Begeisterung zu spüren, wenn er schreibt: „Man kann das ‚Kapital' von Marx und besonders das I. Kapitel nicht vollständig begreifen, ohne die **ganze** Logik von Hegel durchstudiert und begriffen zu haben. Folglich hat nach einem halben Jahrhundert nicht ein Marxist Marx begriffen!!"[30] Dies ist eine äußerst wichtige und berühmte Aussage. Nach meiner Interpretation gibt es in diesem „Aphorismus" zwei Bedeutungsebenen. **Erstens** eine Erklärung der inneren Verbindung zwischen hegelianischer Philosophie und marxistischem Denken: „Man kann das ‚Kapital' von Marx und besonders das I. Kapitel nicht vollständig begreifen, ohne die ganze Logik von Hegel durchstudiert und begriffen zu haben." Auf den ersten Blick sieht es so aus, als sehe Lenin die hegelianische Philosophie als Voraussetzung von Marx *Kapital*, denn er betont das Wort „ganze". Tatsächlich wollte Lenin jedoch nur die unvermeidliche Verbindung zwischen den **logischen Strukturen** von Hegels Dialektik (dies ist die Bedeutung von „ganze") und der von Marx im *Kapital* verwendeten Dialektik erklären; er hatte sicherlich nicht die Absicht, die grobe Verallgemeinerung vorzunehmen, dass Hegels ganze Philosophie die Voraussetzung des Marxismus sei.[31] Dies war eine Erklärung die spezifisch mit dem Inhalt gemacht wurde, wie materialistische Dialektik wissenschaftlich zu verstehen sei.

Auf diese Weise können wir die zweite Ebene von Lenins Bedeutung

---

30 Lenin, W.I., Konspekt zu Hegels „Wissenschaft der Logik", in: *LW*, Bd. 38, S. 170.

31 Einige westliche Marxologen nehmen Lenins Abschnitt als Beweis, dass Lenin zur Zeit, als er die Philosophischen Hefte schrieb, bereits ein „Hegelianer" geworden sei. Das ist offensichtlich im Hinblick auf theoretische Logik verwirrt, denn diesen Gelehrten gelang es nie, Lenins Lektürelogik in ihrer Gesamtheit oder ihrer Bedeutung zu erfassen. Vgl. Hook, *Political Power and Individual Fredom* (1959), S. 104.

ableiten: im Hinblick auf die wissenschaftliche Erfassung der Bedeutung von Marxens dialektische Denken durch die Lektüre und das Verständnis Hegels „hat nach einem halben Jahrhundert nicht ein Marxist Marx begriffen!!" Wie wir bereits gezeigt haben, beinhaltete dieser Bezug auf „Marxisten" auch Lenin selbst. *McLellan hat richtig darauf hingewiesen, dass dieser Textabschnitt Aspekte der „Selbstkritik" enthält.*[32] Natürlich unterschied sich Lenin grundlegend von Plechanow und seinesgleichen, denn Lenin verstand Marxens materialistische Dialektik auf einer tieferen Ebene. *Interessanterweise hat Althusser aus Lenins Behauptung eine andere „These" abgeleitet: „Niemand hat seit 150 Jahren Hegel begriffen, denn man kann Hegel unmöglich begreifen, ohne ‚Das Kapital' durchstudiert und begriffen zu haben!"*[33] *Ich glaube nicht, dass Althussers Sichtweise im Hinblick auf ihre beabsichtigte theoretische Bedeutung korrekt ist. Insofern er sich jedoch auf Marx' Enthüllung der Geheimnisse der Industrie- und Marktlogik bezieht, die tief in der Hegelschen Philosophie versteckt ist, ist Althussers Argument korrekt und tief.* Zugleich entdeckte Lenin hier im Unterschied zu vorherigen Untersuchungen der hegelianischen Philosophie aus dem Inneren seines ursprünglichen theoretischen Kreislaufs , das die hegelianische Philosophie (*Logik*) kein **Misthaufen** war, der einige wenige isolierte „Perlen" enthielt, sondern kam vielmehr zu dem Schluss, dass ihre gesamte logische Struktur eine holistische Sinnhaftigkeit beinhaltete; sie war ein karikierter Ausdruck der gesamten menschlichen kognitiven Struktur. Wir können schlussfolgern, dass die Wendung in Lenins Grundeinschätzung der hegelianischen Philosophie entscheidend für seinen ersten Sprung und der logischen Entwendung in seiner Lektürelogik ist.

Lenins drei „Aphorismen" fassen seine Entdeckungen zusammen, als er den Teil von Hegels Buch über Syllogismen las. Diese Aphorismen betrafen alle die Bedeutung und den Stellenwert von Hegels Philosophie (*Logik*). Nachdem er diese drei wichtigen Punkte über den Übergang zwischen Syllogismen in der hegelianischen Philosophie zusammengefasst hat, schreibt Lenin: „...die Darstellung des Zusammenhangs und der Übergänge (Zusammenhang ist eben Übergang), das ist die Aufgabe Hegels. Hegel hat

---

32 David McLellan, *Marxism after Marx*, Houndmills u.a., 1998, S. 116.
33 Louis Althusser, *Lenin Before Marx*, Maspero, Paris 1972, S. 79.

wirklich **bewiesen**, dass die logischen Formen und Gesetze keine leere Hülle, sondern Widerspiegelung der objektiven Welt sind. Vielmehr nicht bewiesen, sondern **genial erraten**."[34] Auf den ersten Blick scheint es, als kehre dieser Aphorismus zu einem Argument zurück, dass Lenin zu Beginn im Abschnitt über Subjektivität gebracht hatte.[35] Wir müssen jedoch die Tatsche bedenken, dass Lenin nach dieser Denkverschiebung bereits die Bedeutung von Hegels Philosophie auf einer tieferen Ebene entdeckt hatte. Obwohl daher die „Zusammenhänge" und „Übergänge", die Lenin für die primären Aufgabe Hegels hält, die „Widerspiegelung" der objektiven Welt genannt werden, sind sie immer noch keine unmittelbaren Widerspiegelungen der wesentlichen Struktur der objektiven Welt. Vielmehr bezieht sich dies auf die umfassende Reflexion äußerer Objekte durch den Menschen in seiner eigenen kognitiven Struktur („Formen und Gesetze der Logik"). Trotzdem verwendet dies nicht die einfache unmittelbare Beobachtung des alten Materialismus. Lenin weitet diesen Gedanken in einem weiteren großen Kasten auf der nächsten Seite seiner Notizen aus:

> „**Erkenntnis ist die Widerspiegelung der Natur durch den Menschen. Aber das ist keine einfache, keine unmittelbare, keine totale Widerspiegelung, sondern der Prozess einer Reihe von Abstraktionen, der Formierung, der Bildung von Begriffen, Gesetzen etc., welche Begriffe, Gesetze etc. (Denken, Wissenschaft = „logische Idee") eben bedingt, annähernd die universelle Gesetzmäßigkeit der sich ewig bewegenden und entwickelnden Natur umfassen. (…) Der Mensch kann die Natur in als ganze, nicht vollständig, kann nicht ihre ‚unmittelbare Totalität' erfassen = widerspiegeln = abbilden, er kann dem nur ewig näherkommen.**"[36]

Hier sehen wir, dass Lenin sich bereits bewusst gegen den alten Materialismus wenden konnte. Indem er die mysteriösen Formen der

---

34 Lenin, W.I., Konspekt zu Hegels „Wissenschaft der Logik", in: *LW*, Bd. 38, S. 170.
35 A.a.O., S. 166.
36 A.a.O., S. 172.

Hegelschen Philosophie überwand, erfasste Lenin, dass die Gesamtheit der menschlichen Erkenntnis eine ewige kognitive Bewegung ohne Ende („abstrakter Prozess") war, und dass Hegels *Die Wissenschaft der Logik* das Epitom eines großen dialektischen Erkenntnisprojekts war, obwohl es auf den Kopf gestellt worden war. Daher konnte Lenin bereits genau bestimmen: „‚Nur', dass Hegel diese ‚logische Idee', die Gesetzmäßigkeit, Allgemeinheit vergottet."[37]

An dieser Stelle können wir endlich die Rekonstruktion der theoretischen Bedingungen der ersten bedeutenden logischen Entwendung in Lenins *Berner Heften* vervollständigen. Ich glaube, dass das theoretische Modell, dass wir hier verwendet haben, im Vergleich zur vorherigen Forschung, die die frühen und späten Periode von Lenins Denken absolut homogenisierte und eine nicht-historische thematische Analyse vornahm, näher an den ursprünglichen Bedingungen des Textes ist und daher eine tiefere Wirkung auf uns haben kann. Wenn wir fortfahren, begegnen wir einem bedeutenderen Denken in Lenins Prozess des Lernens und des Studiums der Hegelschen Philosophie.

---

37 A.a.O.

Kapitel 11
Die wesentlich praktische materialistische Dialektik

Aus der Perspektive traditioneller Forschung gelangte Lenin durch sein Verständnis und seine Rekonstruktion von Hegels dialektischem Denken in den *Berner Heften* zu einem Verständnis und Begreifen des Wesens und der grundlegenden theoretischen Strukturen von Marx' materialistischer Dialektik. Diese Schlussfolgerung ist zu einem theoretischen „Allgemeinwissen" geworden, bis zu dem Punkt, dass es für selbstverständlich gehalten wird. Wenn wir im Gegensatz dazu unsere Analyse auf dem Zusammenhang der simulierten Gedankensituierung basieren, die wir hier vorgestellt haben, dann können Lenins wichtige philosophische Leistungen in einem historisch phylogenetischen Sinn nochmals bestätigt werden. Am wichtigsten ist, dass Lenins Entwicklung dialektisch-materialistischer Begriffe sicherlich keine vorausgeplante „Konzeption" oder „Planung" war; vielmehr zeigte diese Entwicklung im tatsächlichen Prozess der Lektüre einen weiteren Sprung in tiefem Denken auf der Grundlage der ersten bedeutenden theoretischen logischen Umkehr. Wenn die erste Verschiebung in Lenins philosophischem Denken in den *Berner Heften* eine Veränderung seines gesamten Verständnisrahmens in seiner Lektüre demonstrierte, dann war der zweite Gedankensprung eine wirkliche Aneignung und kreative Entfaltung von Marx' wesentlich praktischer materialistischer dialektischer Wahrheit in einer neuen selbstständigen Situierung. In meiner „Simulation" von Gedanken wurde diese dritte bedeutende Entwendung der theoretischen Logik in drei vergleichenden Gedankensituierungsexperimenten abgeschlossen.

1. Die frühen Fäden des Begreifens des dialektischen Denkens in der Lektüre Lenins

Wir wissen bereits, dass sich Lenins gesamter Denkrahmen nach seiner ersten bedeutenden Entwendung der theoretischen Logik beachtlich veränderte; der alte theoretische logische Kreislauf wurde durch einen neuen offenen Kreislauf ersetzt, und der logische Strahl der Praxis erhielt eine neue logische Grundlage. Dem folgend begannen seine theoretische Gedankensituierung und sein logischer Gedankenraum reicher und komplexer zu werden. Zunächst verschob sich beim Nachdenken über die Frage der Dialektik Lenins Haltung gegenüber Hegels Philosophie. Er suchte nicht länger nach Diskursfragmenten über Dialektik, nachdem er Hegel **einfach** „umgekehrt" hatte, sondern versuchte vielmehr, tief in Hegels Philosophie einzudringen, um die grundlegende Logik zu entdecken, die dialektisches Denken zum Ausdruck bringt. *Natürlich impliziert dies nicht, dass Lenins kritische Haltung gegenüber Hegels Idealismus sich veränderte, da die Bemühung, den Idealismus loszuwerden, ein Thema war, das sich durch Lenins gesamten Lektüreprozess zog. Mit anderen Worten, die Substanz von Lenins erster Verschiebung im Denken war sicherlich nicht, wie einige marxistische Theoretiker behauptet haben, ein Rückschritt vom Materialismus zum Idealismus, weil Lenin ein Hegelianer geworden war. Diese Ansicht ist ein Hinweis auf die extreme Einseitigkeit dieser westlichen Wissenschaftler. Tatsächlich können sie niemals ernsthaft die hier bei Lenin zugrundeliegende Lektürerichtung untersucht haben.* Zweitens hört Lenin auf, sich häufig auf theoretische Andere wie Marx, Engels und Plechanow zu beziehen, sondern begründet vielmehr wirklich seine eigene selbstständige Vision und Auffassung, wobei er eine tiefere theoretische Kenntnis von Hegels Philosophie durch seinen eigenen souveränen Ansatz anstrebt. Er so konnte Lenin wirklich sein unabhängiges, systematisches Verständnis des Wesens der materialistischen Dialektik entfalten.

Zugleich möchte ich spezifisch darauf hinweisen, dass die logische Verschiebung, die stattfand, als Lenin Hegel las, zunächst eine Verschiebung in Frageform nach Art von Althusser zu sein scheint. Ich glaube jedoch nicht, dass es einen Hinweis auf einen grundlegenden „Bruch" gibt, denn der theoretische Rahmen des wissenschaftlichen Marxismus spielte in Lenins philosophischem Denken eine vorherrschende Rolle. *Das ist ein grundlegender Unterschied zwischen meinem Verständnis dieser Frage und jenem von westlichen Leninologen.* Wenn wir den gesamten Prozess von Lenins Lektüre und Studium betrachten, dann finden wir tatsächlich eine kontinuierliche Vertiefung von Lenins Vision und Verständnis einer besonderen „Problematik" (es ist höchstens eine Verschiebung der Subproblematik), wodurch letztlich der logische konstruktive Gedankengang seines eigenen unabhängigen materialistischen dialektischen Denkens geformt wurde. Dies gab Lenin die Fähigkeit, diese wissenschaftliche Theorie wirklich zu erfassen und zu entwickeln.

Zugleich habe ich herausgefunden, dass Lenin selbst im letzten Teil seiner Lektüre der *Wissenschaft der Logik* nach seiner ersten wichtigen Entwendung der theoretischen Logik nicht sofort ein Verständnis der materialistischen Dialektik gewann; auch dies war ein sich **kontinuierlich vertiefender Prozess**. Wir haben bereits gesehen, dass es zu Beginn seiner Lektüre Lenins bewusstes Ziel war, die dialektischen Elemente von Hegels Philosophie zu finden; daher widmet er sich im Lektüreprozess der Aufdeckung aller positiven Formulierungen der Dialektik durch Hegel, die zu finden möglich ist. In den frühen Phasen seiner *Berner Hefte* (das bedeutet, die erste und zweite Phase seiner ersten Gedankenverschiebung) konzentrierte sich Lenins Verständnis von Hegels Dialektik auf zwei Punkte. Der erste war Hegels Mikrokonstruktion des spezifischen Inhalts der Dialektik. Anmerkungen zu diesem Thema nahmen den Großteil des Raums in Lenins Anmerkungen ein (dies war auch der Fokus der vorhergehenden Forschung zu den *Berner Heften*). Der **zweite** Aspekt von Lenins Denken **fand unbewusst statt**, da er unter Lenins ablehnender Anderem spiegelbildlichen Rahmen unterdrückt wurde. Trotzdem überwand sein Verständnis der materialistischen Dialektik, als Lenins Denken in diesen beiden Aspekten immer tiefgreifender wurde, alte Bindungen. Hier werden wir die bedeutenden Gedankenumstände von Lenins Lektüreprozess simulieren und rekonstruieren.

Zu Beginn der *Berner Hefte* war Lenins allgemeines Verständnis von Hegels Dialektik nicht völlig kohärent. Unter dem beherrschenden Einfluss seines vergangenen Anderen Lektürerahmens war einer seiner Verständnispunkte die andauernde Frage nach der **objektiven Grundlage** der Dialektik. Wie wir bereits gesehen haben, versuchte Lenin zunächst, Hegels Dialektik der Begriffe in eine Dialektik der Materie umzuschreiben. Als Lenin zum Beispiel auf Hegels Aussage zu den beiden grundlegende Anforderungen der Dialektik in der Einleitung der Wissenschaft der Logik stieß (die „Notwendigkeit des Zusammenhangs" und die „immanente Entstehung der Unterschiede"), schreibt er unmittelbar in einem Kasten: „Das bedeutet meines Beachtens folgendes: 1) **Notwendiger Zusammenhang, objektiver Zusammenhang aller Seiten, Kräfte, Tendenzen etc. des gegebenen Gebiets der Erscheinungen; 2) ‚immanente Entstehung der Unterschiede' – die innere objektive Logik der Evolution und des Kampfes der Unterschiede, der Polarität.**"[1] Es ist offensichtlich, dass Lenin zu jener Zeit eine objektive Dialektik wollte, und so steckte er all seine Energie in das Entkommen vor der Subjektivität und den epistemologischen Zusammenhängen, die Hegels Philosophie füllen. Wenn wir dies jedoch näher betrachten, können wir sehen, dass es hier in Lenins „Neuschreiben" ein tieferes Paradox gibt. Man bemerke, dass Lenin hier versucht, die Objektivität von Zusammenhängen zu bestätigen, aber **Erscheinungen** sind selbst eine **subjektive** logische Eigenschaft. *In unserer späteren Diskussion werden wir sehen, dass es keine Unterscheidung zwischen Erscheinung und Wesen unter objektiven Gegenständen gibt; eine solche Unterscheidung ist nur für das Subjekt gültig (Lacans und Husserls „für uns").* Ich glaube, dass sich Lenin nicht bewusst war, dass Hegels Dialektik eben objektive (begriffliche) Dialektik war. Sein Fehler bestand nicht darin, die Subjektivität der Idee zu postulieren, sondern vielmehr darin, die subjektive Erkenntnislogik des Menschen als objektive Dialektik zu sehen. Einfach einen Begriff gegen den anderen auszutauschen (von „Idee" zu „Materie"), reicht jedoch nicht aus, um die Substanz von Hegels Fehler zu verändern. Korsch und andere haben diesen Punkt bemerkt; wir werden später in dieser Arbeit eine spezifischere Diskussion zu Korschs Sichtweisen vornehmen. Natürlich konnte Lenins souveräne philosophische Gedankensituierung immer noch nicht dieses zugrundeliegende logische Paradox klar aufzeigen.

1   Lenin, W.I., Konspekt zu Hegels „Wissenschaft der Logik", in: *LW*, Bd. 38, S. 89.

Lenins zweiter Verständnispunkt betrifft subjektive Dialektik. Obwohl dies in gewissem Sinne eine Bejahung von Hegels begrifflicher Dialektik ist, kehrte Lenin natürlich die subjektive Dialektik in eine Reflexion der äußeren, objektiven Dialektik um. In dieser Hinsicht war Lenin sehr sensibel, zum Beispiel in seinem Lob von Hegels Beschreibung der Dialektik, die „nicht abstrakt, tot, unbewegend, sondern konkret" sei, und die er „Geist und Wesen der Dialektik" nennt.[2] Dies bezieht sich offensichtlich auf die subjektive dialektische Methode, d.h., eine Projektion aus der Perspektive der Epistemologie.

Wenn wir Lenins Anmerkungen lesen, werden wir sehen, dass diese beiden Verständnispunkte in Lenins frühem Hegelstudium miteinander verknüpft sind. „Weg mit dem Himmel – gesetzmäßiger Zusammenhang der **ganzen** Welt (des ganzen Welt**prozesses**)."[3] Dies ist eine ontologische Dialektik der Materie. Kurze Zeit später schreibt Lenin:

> **„Dialektik ist die Lehre, wie die Gegenstände identisch sein können und es sind (wie sie es werden) – unter welchen Bedingungen sie identisch sind, indem sie sich ineinander verwandeln –, warum der menschliche Verstand diese Gegensätze nicht als tote, erstarrte, sondern als lebendige, bedingte, bewegliche, sich ineinander verwandelnde auffassen soll."[4]**

Dies bezieht sich auf **subjektive** Dialektik aus einer **Erkenntnisperspektive**. Weiter schreibt Lenin: „Elastizität, objektiv angewendet. D.h. so, dass sie die Allseitigkeit des materiellen Prozesses und seine Einheit widerspiegelt, ist Dialektik, ist die richtige Widerspiegelung der ewigen Entwicklung der Welt."[5] Es ist offensichtlich, dass Lenins Verständnis der subjektiven Dialektik sich vertieft. Gleich auf der nächsten Seite schreibt Lenin in einem kleinen Kasten: „Die Dialektik der Dinge selbst, der Natur selbst, des Gangs der Ereignisse selbst."[6] Ganz plötzlich kehrt Lenin zum ersten Punkt zurück. *Dieses habituelle Denken, in dem Lenin wiederholt theoretische Punkte ausmacht, ist der logische Kreislauf des theoretischen Denkens, das wir bereits diskutiert*

---

2 A.a.O., S. 92.
3 A.a.O., S. 93.
4 A.a.O., S. 99.
5 A.a.O., S. 100.
6 A.a.O., S. 101.

haben. Nur durch die geschlossene Identifikation eines Standpunkts in einem theoretischen logischen Kreislauf wird der Standpunkt fest und stabil werden; logische Kreisläufe sind bedeutende Unterstützungspunkte bestimmter Denksituierungen. Es ist nicht schwer zu sehen, wie in Lenins gleichem theoretischem logischem Situierungsraum eine Diversität von logischen Kreisläufen unbewusst koexistierte und miteinander verflochten war. Sobald sie gleichzeitig betrachtet werden, verändert sich sofort die Konstruktion ihrer identischen Denkbedingungen. In diesem Sinne behaupten Lacan und andere, dass Wahrheit nur flüchtig erblickt werden kann.

Dieser Gedankenpunkt, der zwei unterschiedliche Verständnispunkte beinhaltet, begann sich erst im letzten Teil von Lenins Lektüre der „Lehre vom Wesen" zu verändern. Zu jener Zeit begann Lenin, sich auf die **holistische Beziehung** zwischen Hegels begrifflicher Dialektik und materialistischer Dialektik zu konzentrieren. *Mit anderen Worten, Lenin steht zwei qualitativ unterschiedlichen logischen Kreisläufen gegenüber und verbindet sie unmittelbar miteinander.* Einfach gesagt beginnt Lenin schließlich zu verstehen, dass das Wesen von Hegels Dialektik tatsächlich tiefgehend materialistische Dialektik reflektiert („geistreich und klug"), nur in der Form von veränderter, verkehrter begrifflicher Dialektik. Lenin glaubte, dass Hegels begriffliche Dialektik brillant sei, wenn man ihre übergreifende Logik bedenke: den „universellen, allseitigen, **lebendigen** Zusammenhang von allem mit allem und der Widerspiegelung dieses Zusammenhangs – materialistisch auf den Kopf gestellter Hegel."[7] Materialistische Dialektik ist identisch mit subjektiver Dialektik. Lenin erklärt weiter:

> „**Ein Fluss und ein *Tropfen* in diesem Fluss. Die Lage jedes Tropfens, sein Verhältnis zu den anderen; sein Zusammenhang mit den anderen; die Richtung seiner Bewegung; die Geschwindigkeit; die Linie der Bewegung – gerade, krumme, runde etc. – nach oben, nach unten. Die Summe der Bewegung. Die Begriffe als das Erfassen der einzelnen Seiten der Bewegung, der einzelnen Tropfen (= ‚der Sachen'), der einzelnen ‚Ströme' etc."**[8]

7   A.a.O., S. 136-137.
8   A.a.O., S. 137.

Dies ist die Reflexion materialistischer Dialektik in begrifflicher Dialektik. Lenin verstand, dass dies das „Weltbild" der gesamten materialistischen Dialektik war, wie sie durch Hegels *Wissenschaft der Logik* reflektiert wurde. Nach meiner Ansicht war dies ein bemerkenswerter Erkenntnissprung für Lenin in seinem ursprünglichen Anderen Rahmen.

Wir können sehen, dass Lenins Lektüre tiefer wird, seine theoretische Aufmerksamkeit gegenüber der Dialektik der Materie wächst. Dies gilt insbesondere für die subtilen Veränderungen in der zweiten bedeutenden Dimension der umfassenden Logik seines Verständnisses der Dialektik, d.h., sein Verständnis **objektiver Dialektik in einem philosophischen, ontologischen Sinn**. Diese Veränderungen konzentrieren sich in Lenins Verständnis von Gesetzen und wesentlichen Eigenschaften. Nach dem philosophisch materialistischen Interpretationskreislauf, der Lenins ursprüngliches Anderes Spiegelbild bildete, sind Gesetze die notwendige Richtung und die inneren Zusammenhänge der Entwicklung der äußeren, objektiven Welt; dies ist eine ontologische Kategorie. Auf der anderen Seite sind Gesetze und Wesen in Hegels philosophischem System lediglich eine Stufe der Verwirklichung im historischen Selbstfortschreiten der Absoluten Idee wie auch ein Übergangsmoment der Selbst-**Erkenntnis** des ideellen Subjekts. Daher sind Gesetze und Wesen beides Regeln, die die objektive Bewegung der Dinge beherrschen, wie auch eine Stufe der logischen subjektiven Erkenntnis. Kurz gesagt stellen Gesetze und Wesen die Koinzidenz von Ontologie und Epistemologie dar. Aus diesem Grund erklärte Hegel, „das Gesetz ist die Reflexion der Erscheinung in die Identität mit sich." Obwohl Lenin von Hegels Formulierungen verwirrt war, vermochte er vage die vernünftige Natur dieser Argumente zu erkennen. Wie wir bereits gezeigt haben, behauptete Lenin, dass Gesetze das umfassende Verständnis der Einheit und der Zusammenhänge der äußeren Welt seien. Er sah Hegels „Ringen mit der Verabsolutierung des Begriffes **Gesetz**, mit seiner Simplifizierung, seiner Fetischisierung", auch wenn er empfahl, dass die moderne Physik dies zur Kenntnis nehmen solle.[9]

Ich muss darauf hinweisen, dass Lenin hier nicht einfach mit Hegel übereinstimmt, sondern vielmehr begonnen hat, einen logischen Gedankengang

[9] A.a.O., S. 141.

zu entdecken, der weiterentwickelt werden muss: **die „objektiven Gesetze", die der philosophischen Materialismus als ontologische Kategorien nimmt, sind nicht absolut.** Ein interessantes Detail ist, dass Gesetze in Lenins vergangenem Anderen Rahmen auf natürliche Weise äußere, objektive Gesetze waren, während diese objektiven Regeln für Hegel in **Beziehung zum ideellen Subjekt** standen. Es ist offensichtlich, dass es in Lenins theoretischem Kreislauf zu jener Zeit **unmöglich** war, Hegels Ansichten **einzuschließen.** *Im Unterschied zu Marx konnte Lenin nicht klar verstehen, dass die äußeren Objekte (Dinge) und Bewegungsgesetze, die in unserer subjektiven Sicht erscheinen, nicht unmittelbar mit objektiver Existenz gleichgesetzt werden können, denn dieses „Wesen" und diese „Gesetze" sind nur unsere* **bestimmte** *Reflexion äußerer Objekte (Wesen und Gesetze) in einem* **bestimmten** *Stadium der Geschichte durch Praxis.* Wenn Lenin schreibt, „ergo sind Gesetz und Wesen gleichartige Begriffe (Begriffe gleicher Ordnung) oder besser gleicher Potenz, welche die Vertiefung der Erkenntnis der Erscheinungen, der Welt etc. durch den Menschen zum Ausdruck bringen"[10], dann begründen diese beiden Begriffe das subjektive Ergebnis der Erkenntnis der äußeren Welt durch den Menschen (nicht nur im ontologischen Sinne). Lenin führt weiter aus: „Der Kern ist hier der, dass sowohl die Welt der Erscheinungen als auch die Welt an sich **Momente** der Naturerkenntnis des Menschen, Stufen, **Veränderungen** oder Vertiefungen (der Erkenntnis) sind." Ich glaube, dass Lenin zu jener Zeit noch nicht ganz verstanden hatte, dass die objektive Dialektik in seinem eigenen ursprünglichen Anderen Interpretationsrahmen dabei war, sich **aufzuteilen** und dass ein Teil hiervon sich auf den Menschen (das Subjekt) bezog (objektiv verbunden war)! Mit anderen Worten, der bedeutendste logische Kreislauf und Denkansatz in seiner vorherigen **philosophisch materialistischen** theoretischen Situierung waren dabei, explosionsartig auseinandergerissen zu werden.

Wir sehen, dass Lenin an diesem wichtigen Punkt in seinem Denken, als er sein Verständnis der übergreifenden Strukturen der Dialektik vertieft, wie wir bereits diskutiert haben, in seiner Hegellektüre den ersten Sprung n seinem Denken erlebt. Die Situierung dieser neuen, souveränen

---

10   A.a.O., S. 142.

Gedankenlogik führte zu einer Veränderung in Lenins Haltung gegenüber Hegels Philosophie und führte auch zu einer plötzlichen Veränderung in seinem umfassenden Zugriff auf die Struktur der Dialektik. Ein völlig neuer Hintergrund des dialektischen logischen Denkens wurde vorgebracht und begründet, die Erscheinung **objektiver, realer, praktischer Dialektik.** Dies war der Inhalt von Lenins zweitem großem Verständnissprung wie auch das wichtigste theoretische Ergebnis von Lenins Studium der Hegelschen Philosophie.

2. Praktische Dialektik: Lenins neue Erkenntnis der materialistischen Dialektik

Lenins neues Verständnis der praktischen Dialektik drückte sich primär aus, als er zum ersten Mal in seinen Anmerkungen eine **vergleichende** Methode benutzte, um seine eigene materialistische Dialektik und Hegels idealistische Dialektik zu betrachten. Mit anderen Worten, die neue logische Konstruktion praktischer Dialektik wird in einer komparativen Gedankensituierung aufgezeigt. Nach meiner Ansicht bereichert und vertieft Lenin hier zum ersten Mal bewusst sein Verständnis und seine Erkenntnis materialistischer Dialektik durch eine Neustrukturierung von Hegels idealistischer Dialektik. Dies war ein entscheidender, bedeutender Moment in Lenins Untersuchung.

Im exzerpierten Text habe ich gefunden, dass der logische Vorgänger von Lenins wichtiger kreativer theoretischer Gedankensituierung eben die Idee einer subjektiven Teilhabe an der Eigenschaft philosophischer Ontologie ist. Im dritten Kapitel („Die Teleologie") des zweiten Abschnitts („Die Objektivität") der „Subjektiven Logik" in der *Wissenschaft der Logik* las Lenin Hegels Exposition über das Verhältnis von Mechanismus, Chemismus und Zweck: „Der Zweck hat sich als das Dritte zum Mechanismus und Chemismus ergeben."[11] Natürlich war es in Hegels idealistischer Logik der Zweck dieser Formulierung, die Dynamik der Idee und die Absicht des Subjekts zu zeigen; deshalb lautet die erste Zwischenüberschrift dieses

---

11 Georg Wilhelm Friedrich Hegel, *Die Wissenschaft der Logik*, Band II, Frankfurt/M. 1986 (Werke, Bd. 6), S. 444.

Kapitels „Der subjektive Zweck".[12] Jedoch ließ dieser Begriff des „Zwecks" Lenin unmittelbar materialistisch an die **zweckgerichtete Tätigkeit des Menschen oder materielle Praxis** denken. *In Lenins frühen Lektürenotizen erscheint der Begriff der Praxis nur einmal; weiterhin kam er als epistemologischer Moment in theoretischen Kreislauf des philosophischen Materialismus auf.*[13] *Daher war wissenschaftliche Erinnerung sicherlich wichtig für die Bildung seiner philosophischen Situierung, aber die Frage, welche wissenschaftliche Erinnerung unter welchen Umstände eine konstruktive Rolle spielt, ist das komplexe Ergebnis akkumulierten Denkens.* Hier erscheint Praxis als die dialektische Grundlage von Ontologie – dies ist der Schlüssel zum Verständnis der zweiten Entwendung der theoretischen Logik in Lenins Studium der Hegelschen Philosophie.

Kehren wir zum Text selbst zurück. Nachdem er einen Abschnitt zitiert hat, in dem Hegel das Verhältnis von „Mechanismus", „Chemismus" und „Zweck" diskutiert hat, verwendet Lenin zwei Linien, um eine Unterteilung in zwei Spalten anzuzeigen, wobei er der rechten Spalte den Titel „Materialistische Dialektik" und der linken Spalte die Überschrift „Hegel" gibt. Die linke Seite der Spalte enthält Exzerpte aus Hegels **Wissenschaft der Logik**, während die rechte Spalte Lenins neues Verständnis der materialistischen Dialektik enthält. Dies ist ein geschriebener Hinweis auf den doppelten Diskurs im Text der Anmerkungen; ich glaube, dass dies Lenins neues Gedankensituierungsexperiment ist. Neue qualitative Veränderungen und logische **Entwendungen** in der gedanklichen Situation Lenins werden schließlich hier von dem Denken konstruiert, welcher durch diese Markierung auf den Buchstaben aktiviert wird. Dies ist die „Gedankenwerkstatt" von Lenins zweiter bedeutender Entwendung der theoretischen Logik, die wir hier unmittelbar beobachten können. Hier sehen wir die folgenden neuen Überzeugungen, die von Lenin formuliert werden: „Die Gesetze der Außenwelt, der Natur, unterteilt in **mechanische** und **chemische** (das ist sehr wichtig), sind die Grundlagen der zweckmäßigen Tätigkeit des Menschen."[14] *Bald wird Lenin entdecken, dass die Unterteilung in mechanische und chemische Gesetze selbst*

---

12 A.a.O., S. 445.
13 Lenin, W.I., Konspekt zu Hegels „Wissenschaft der Logik", in: *LW*, Bd. 38, S. 160.
14 A.a.O., S. 177.

vom Menschen erdacht wurde. Natur ist die Prämisse und die Grundlage der menschlichen Tätigkeit; das ist Materialismus. Weiter schreibt Lenin: „Der Mensch hat in seiner praktischen Tätigkeit die objektive Welt vor sich, ist von ihr abhängig, lässt durch sie seine Tätigkeit bestimmen. Von dieser Seite, von der Seite der praktischen (zwecksetzenden) Tätigkeit des Menschen gesehen, erscheint die mechanische (und die chemische) Kausalität der Welt (der Natur) wie etwas Äußerliches, wie etwas Zweitrangiges, wie etwas Verdecktes."[15] Der kritischste Punkt dieser Gedankensituierung ist dieser: Lenin hatte erkannt, dass das Verhältnis zwischen menschlicher Tätigkeit und Natur nicht, wie Hegel behauptete, das Verhältnis zwischen Geist und Materie, sondern dass **vielmehr alles Teil des Prozesses von tatsächlicher, objektiver Existenz** war. *Dies war auch der Ausgangspunkt von Marx' Nachdenken über das Problem der Praxis, ein wichtiger Aspekt, der vom gesamten alten Materialismus ignoriert worden war. Man sollte bemerken, dass die Logik von Lenins Verständnis materialistischer Dialektik sich ab hier Marx' entsprechendem Zusammenhang anzunähern beginnt. Marx verband eben durch praktische Logik die Einseitigkeit des Idealismus auf der einen Seite und den alten Materialismus auf der anderen in der traditionellen Philosophie auf einer neuen Grundlage wieder miteinander.* Lenin weist kreativ darauf hin: „2 Formen des objektiven Prozesses: die Natur (mechanische und chemische) und die zwecksetzende Tätigkeit des Menschen."[16] Interessanterweise erwähnt Hegels ursprünglicher Text zwei Formen von „objektiven Prozessen", Mechanismus und Chemismus.[17] Er erklärt, „der Zweck ist nämlich der an der Objektivität zu sich selbst gekommene Begriff"[18] oder in anderen Worten, dass der Zweck ein subjektiver Begriff ist, der objektiv gewonnen wird. Die subjektive Seite des Zwecks hat vor sich „eine objektive, mechanische und chemische Welt."[19] An dieser Stelle ist der Gegensatz zwischen Hegels subjektiver und objektiver Welt sehr klar. Hätte sich Lenin dieser Idee unter Verwendung seines ursprünglichen philosophisch materialistischen logischen Kreislaufs genähert,

---

15 A.a.O., S. 177-178.
16 A.a.O., S. 178.
17 Georg Wilhelm Friedrich Hegel: *Werke.* Band 6, Frankfurt a. M. 1979, S. 443.
18 A.a.O., S. 445.
19 A.a.O., S. 446.

wenn er Hegel materialistisch verkehrt hatte, dann hätte er den „Zweck" hier nur als Bewusstsein neu geschaffen, das die objektive Welt **reflektiert**. Ein weiteres wichtiges Situierungsdetail ist, dass Lenins eigene Definition von „Materie" nicht in seinen festen logischen Kreislauf der objektiven Existenz eintreten konnte. In Lenins neuem, restrukturiertem Gedankenraum wurde die Form von Hegels ersten beiden objektiven Prozessen die materielle, objektive „natürliche Welt". Er weist sogar spezifisch auf die Form eines anderen objektiven Prozesses hin: „die **zwecksetzende** Tätigkeit des Menschen." Das ist eine **objektive Existenz**, die seine ursprüngliche materielle Definition nicht akzeptieren konnte; Lenins Sicht auf die objektive Welt ist offensichtlich neu. Der Zweck des Menschen in Form seiner objektiven Tätigkeit tritt in die objektive Existenz unserer realen Leben ein. *Man sollte bemerken, dass Lenin hier in seiner „Neuschaffung" von Hegels Dialektik nicht die Materie verwendet, um einfach den Geist zu ersetzen, der für Hegel eine beherrschende Rolle spielt. Vielmehr benutzt er die zwecksetzende Tätigkeit des Menschen, die aktive materielle Macht besitzt. Das ist eine Methode die ganz anderes ist als die „Neuschaffung" (begriffliche Ersetzung), die er während seiner frühen anderen Hegellektüre betrieb. Obwohl sein theoretischer Fixpunkt ähnlich war, war die Gedankensituierung, die daraus hervorging, ganz anders.* In der neuen Weltanschauung, die Marx und Engels 1845 begannen zu begründen, war die Natur die unmittelbare Grundlage für das Überleben von Tieren; Menschen auf der anderen Seite verändern die Natur durch ihre zwecksetzende Tätigkeit, wodurch sie eine neue Grundlage der gesellschaftlichen Existenz schaffen.[20]

Daher weist Lenin darauf hin:

> **„Die Zwecke des Menschen scheinen anfangs in der Beziehung zur Natur fremd (‚andere') zu sein. Das Bewusstsein der Menschen, die Wissenschaft (‚der Begriff'), widerspiegelt das Wesen, die Substanz der Natur, zugleich aber ist dieses Bewusstsein ein äußerliches in seiner Beziehung zur Natur (das mit ihr nicht sofort, nicht einfach zusammenfällt)."**[21]

20 *MEW*, Band 3, S. 5 – 530, hier: S. 21.
21 Lenin, W.I., Konspekt zu Hegels „Wissenschaft der Logik", in: *LW*, Bd. 38, S. 178.

Wie gelangte Lenin zu dieser Schlussfolgerung? Lenin verstand bereits, dass die menschliche Erkenntnis und Reflexion der äußeren Welt nicht das Ergebnis unmittelbarer Beobachtung waren, wie es im philosophischen Materialismus postuliert wurde, sondern notwendig **historisch** projizierte, äußere, objektive Objekte in Praxis. *Dies war eine tiefere Ebene des Verständnisses, die Dietzgen, Feuerbach, Plechanow und sogar Lenin, als er Materialismus und Empiriokritizismus schrieb, alle nicht erreichen konnten.*

Hier lieferte Lenin eine weitere Bestätigung, indem er das Beispiel der Bewegungsformen des objektiven Mechanismus und Chemismus verwendet (dies ist eine menschliche Technik – geschaffen durch menschliche gesellschaftliche praktische Kräfte). Lenin zeigt auf, dass Technik auf der einen Seite die objektive Tätigkeit des Menschen ist, äußere Objekte zu schaffen; sie ist „durch die äußeren Bedingungen (die Naturgesetze)" bestimmt. Auf der anderen Seite ist Technik die zweckbestimmte Tätigkeit des Menschen, und nur in einer bestimmten Tiefe der praktischen Perspektive kann der Mensch die Welt verstehen und neuschaffen. Ganz zum Schluss dieses Abschnitts betont Lenin zwei wichtige Punkte durch eine doppelte Klammer: „((**TECHNIK** und **OBJEKTIVE** Welt. **TECHNIK** und **ZWECKE**))."[22] In einem späteren längeren Abschnitt von Exzerpten hebt er folgende Formulierung Hegels hervor: „**AN SEINEN WERKZEUGEN BESITZT DER MENSCH DIE MACHT ÜBER DIE ÄUSSERLICHE NATUR; WENN ER AUCH NACH SEINEN ZWECKEN IHR VIELMEHR UNTERWORFEN IST.**" Am Seitenrad neben diesem Abschnitt zieht Lenin drei senkrechte Linien und schreibt: „Hegel und der historische Materialismus". Wir können sehen, dass Lenin glaubte, dass sich in diesem Denken bereits der „Keimzustand" des historischen Materialismus zeige.[23] *Offensichtlich hat Lenins tiefes Verständnis ihm in diesem vergleichenden Gedankensituierungsexperiment erlaubt, mehr und mehr von Hegels wichtigen Gedanken aufzudecken, insbesondere im Hinblick auf die logischen Ähnlichkeiten zwischen Hegel und Marx.*

22 A.a.O., S. 179.
23 A.a.O., S. 180.

Warum schrieb Lenin dies? Es wäre das Sinnvollste für uns, für die Beantwortung der Frage zu Hegels ursprünglichem Text zurückzukehren. In Hegels Diskussion unter der Überschrift „Der ausgeführte Zweck" im Kapitel „Die Teleologie" behält er den Standpunkt der Absoluten Idee bei, wobei er das Subjekt lediglich als zweckgerichteten Besitzer sieht; der Mensch verwendet (Objekte als Mittel) in der Interaktion mit natürlichen Objekten. Weiterhin erklärt Hegel die aktive Praxis des Menschen nicht affirmativ, sondern identifiziert sie lediglich als die „List der Vernunft", die ihren eigenen Zweck durch die gegenseitige Abnutzung zweier Arten von Objekten realisiert.[24] Dies ist der Ursprung von Hegels berühmter Formulierung „List der Vernunft". Zu jener Zeit hat Lenin mit seinen leuchtenden Augen nach der Entwendung der theoretischen Logik den Schleier des spekulativen Idealismus Hegels sofort durchdrungen und eingesehen, dass diese sogenannte „List der Vernunft", die in der sozialgeschichtlichen Tätigkeit existiert, **gerade** in den objektiven Gesetzen der Sozialgeschichte besteht, die Marx und Engels aufgedeckt hatten. Zusätzlich ist hier der wesentliche Punkt, dass diese sozialgeschichtlichen Gesetze, die nicht durch **individuellen** Willen bestimmt sind, durch die aktive Tätigkeit des Menschen begründet sind. *Hier gibt es zwei situierende Aktivierungspunkte, die unsere weitere Betrachtung verdienen. Erstens verallgemeinerte Lenin in seinem „Was sind die ‚Volksfreunde' " auf übertriebene Weise seine Definition des Fortschritts der menschlichen gesellschaftlichen Entwicklung als einen „naturgeschichtlichen Prozess", der nicht durch den Willen des Menschen bestimmt ist. Die Begriffe in seiner Gedankensituierung zu jener Zeit können nicht im Mindesten mit seinen Überzeugungen an diesem Punkt in seinem Hegelstudium gleichgesetzt werden. Der Grund dafür ist, dass der Fortschritt der sozialgeschichtlichen Entwicklung, die durch die praktische Tätigkeit des Menschen begründet ist, nur umgekehrt als ein blinder „naturgeschichtlicher Prozess" unter bestimmten Bedingungen der Geschichte formuliert wird. In Marx' Vision des „Reichs der Freiheit" des Kommunismus muss diese „äußere Notwendigkeit" (ökonomische Gesetze, die als die „unsichtbare Hand" erscheinen), die nicht vom Willen des Menschen bestimmt*

---

24 Georg Wilhelm Friedrich Hegel, *Wissenschaft der Logik*, Bd. II, Frankfurt a. M. 1986 (Werke. Band 6), S. 452-453.

ist, überwunden werden. Jedoch vergleicht Lenin diese beiden heterogenen Denksituationen diesmal nicht unmittelbar miteinander. Zweitens zeigen Tatsachen der Geschichte des Denkens, die Lenin hier entdeckt, dass der von Marx begründete historische Materialismus nicht die Ausweitung und Anwendung des sogenannten dialektischen Materialismus auf den Bereich der Geschichte war; vielmehr ist die Weltanschauung des historischen Materialismus, die mit der Logik der Praxis beginnt, die „Ontologie" von Marx' Weltanschauung. Lenin untersuchte diesen Punkt nicht weiter. Dies war eine wirklich überraschende Entdeckung. Lenin plante ursprünglich, in Hegels Philosophie nach Dialektik zu suchen, fand aber vielmehr den „Keimzustand" des historischen Materialismus in seiner Philosophie. Nicht ohne Spannung sieht Lenin zurück auf das Datum und den Ort der Veröffentlichung des Buches: „Nürnberg, 21.VII. 1816... Das ist im § ‚Der ausgeführte Zweck'".[25] Lenin wollte bekräftigen, dass bevor Marx und Engels den historischen Materialismus begründeten, es Hegel war, der diese Sichtweisen vertrat. Damit fortfahrend schreibt Lenin im nächsten Kasten: „DER HISTORISCHE MATERIALISMUS ALS EINE DER ANWENDUNGEN UND ENTWICKLUNGFEN DER GENIALEN IDEEN, DER SAMENKÖRNER, DIE BEI HEGEL IM KEIMZUSTAND VORHANDEN SIND." Er unterstreicht den gesamten Text dieses Kastens, um auf seine Bedeutung hinzuweisen.

Es ist meine persönliche Meinung, dass obwohl Lenins Schlussfolgerung hier korrekt war, sie nicht präzise genug war. Ich glaube, dass sie etwas korrekt war, weil es Lenin gelang, die zugrundeliegende Beziehung zwischen Hegel und dem historischen Materialismus im frühen 20. Jahrhundert neu zu entdecken. *In der traditionellen Forschung hatten sich die Forscher nur auf die Verbindung zwischen den dialektischen Theorien von Hegel und Marx konzentriert.* Ich sage jedoch auch, dass Lenins Formulierung unpräzise war, weil ihre Beschreibung des wissenschaftlichen Hintergrunds des historischen Materialismus unvollständig war; Lenin hatte offensichtlich noch nicht den Einfluss der klassischen Ökonomie (inklusive der Französischen Revolution) auf Hegel gesehen, ebenso wenig wie die unmittelbare Rolle, die klassische Ökonomie, die auf der Grundlage der modernen

25 A.a.O.

industriellen Revolution gegründet war, im historischen Materialismus spielte.[26] *Später, in den 1930er Jahren, war Lukács in seinem Buch Der junge Hegel der Erste, der versuchte, diese Ansicht zu vertreten und zu vertiefen.* Zugleich war der historische Materialismus nicht die Anwendung und Entwicklung von einer Art vernünftigem „Keim" von Hegels begrifflicher Dialektik; der Prozess der Gedankensituierung von Marx' Begründung des historischen Materialismus war ein komplexeres Projekt, das eine Tiefe des Gedankenraums erreichte, die Hegels Philosophie einfach nicht hätte tolerieren können. Aber auf alle Fälle sind diese Ansichten Lenins alle Fortschritte, die er in der Gedankensituierung erreichte, die sich nach der Entwendung der theoretischen Logik gebildet hatten. Indem er den gesamten Prozess seiner Lektüre der Hegelschen Philosophie überdacht hatte, beginnt Lenin hier die Rolle und den Ort der aktiven, objektiven **praktischen Dialektik** des Menschen in seiner Beziehung zu Objekten und in der ewigen Welt zu erkennen. In Lenins Gedankenzusammenhang hatte er bereits die tiefe Ebene der theoretischen Logik erreicht, die sich in der neuen Weltanschauung von Marx' und Engels' *Deutscher Ideologie* zeigte. Diese Weltanschauung behauptet, dass die Natur **um** uns heute das Ergebnis von Tätigkeit (industrielle Produktion) ist. Objektive Dialektik war die wirkliche Grundlage der neuen marxistischen philosophischen Weltanschauung, und all dies bildete das wichtigste Gründungsprinzip des historischen Materialismus. *Dies war eine Verständnisebene, die andere russische Marxisten des 20. Jahrhunderts in Marx' Denken nicht erreichen konnten.* Natürlich sind dies nur meine Vermutungen und Rekonstruktionen theoretischen Denkens.

An dieser Stelle müssen wir einige von Korschs Kritiken an Lenin erwähnen. In Korschs Schrift von 1930, „Der gegenwärtige Stand des Problems ‚Marxismus und Philosophie'", wirft er Lenin vor, Marx' und Engels' wissenschaftliche Kritik an Hegel nicht zu verstehen. Er schreibt: „Die Marx-Engelssche materialistische Umstülpung dieser idealistischen Dialektik Hegels bestand nur noch darin, diese Hegelsche Dialektik von ihrer letzten mystifizierenden Hülle zu befreien, in der dialektischen „Selbstbewegung der Idee" die darunter verborgene wirkliche geschichtliche Bewegung zu entdecken und diese revolutionäre geschichtliche Bewegung als das einzige jetzt

---

26 Vgl. Die Kapitel 1-4 von *Zurück zu Marx*.

noch übrigbleibende „Absolute" zu proklamieren."[27] Die primäre Analyse von Korschs Erklärung hier ist korrekt. Unglücklicherweise kommen im letzten Satz Probleme auf. Ich glaube, dass dies zu der **Ontologie der gesellschaftshistorischen Existenz** zurückkehrt, die der junge Lukács vertreten hat. Dies ist die korrekte Idee, dass Marx und Engels die wirkliche Grundlage von Hegels Ideenlogik entdeckt haben, dass sie die Bewegung der historischen Tätigkeit ist; jedoch versuchten Marx und Engels sicherlich niemals, eine Art von existenzieller Ontologie neu zu begründen; natürlich erkannte Marx' historischer Materialismus die äußere Präeminenz der natürlichen Materie an, aber er erklärte nur wissenschaftlich, wie sich der Mensch der objektiven Welt unter einem bestimmten Rahmen der historischen Praxis stellen kann und bestimmte historische Begriffe entwickelt. Trotzdem versuchte er niemals, irgendeine Art von philosophischer **absoluter Existenz** zu postulieren, und er hätte es auch niemals versucht, Ich glaube, dass Lenins Neuschaffung von Hegel hier mit Marx' historischem Materialismus korrespondiert. Er unterscheidet unmittelbar zwischen zwei unterschiedlichen Realitäten, d.h. natürlicher Existenz, die von der Materie der menschlichen gesellschaftlichen Existenz vorausgesetzt wird und dem völlig neuen gesellschaftlichen Leben, das der Mensch durch seine kraftvolle, praktische Tätigkeit erschafft.

An dieser Stelle können wir auch einen neuen und wichtigen Gedankenpunkt im Zusammenhang von Lenins Denken sehen: die Frage von Marx' historischer Dialektik. Ich möchte erklären, das obwohl Lenins Verständnis der praktischen Dialektik eine sehr tiefe Dimension erreicht hatte, seinem Kontext eine wichtige Eigenschaft fehlte, d.h. die ontologische Dimension, die Marx' neue Weltanschauung betonte. Oder mit anderen Worten, ihm fehlte Wirklichkeit, Konkretheit und Historizität. Die fundamentale Grundlage der praktischen Dialektik sind historischer Materialismus und historische Dialektik. Dies ist ein sehr wichtiges Problem. Wenn Materialismus, Dialektik und sogar der Begriff der Praxis nicht mit dem wirklichen Prozess der gesellschaftlichen Geschichte zusammengebracht

---

27   Karl Korsch, Der gegenwärtige Stand des Problems „Marxismus und Philosophie". Zugleich eine Antikritik, in ders., *Marxismus und Philosophie*, herausgegeben und eingeleitet von Erich Gerlach, Frankfurt/M. 1971, S. 31-136, hier: S. 61.

werden, dann können sie nicht wirklich den Zusammenhang der „historischen Wissenschaft" bilden, den Marx und Engels ausgemacht hat haben. Natürlich sollten wir keine übermäßigen Forderungen haben, denn Lenin konnte die wichtigen Dokumente von Marx' und Engels' Begründung und Entwicklung dieser Wissenschaft (**Die deutsche Ideologie** und die **Grundrisse**) nicht lesen.

Es ist interessant festzustellen, dass in der gesamten sowjetischen Wissenschaft ein schmerzhafter Mangel an einer Untersuchung dieser wichtigen Eigenschaft von Marx' historischem Materialismus besteht. Es gibt nur eine Ausnahme von dieser Regel: der „reaktionäre Wissenschaftler" Deborin. In einem Artikel von 1924 mit dem Titel „Lenin und Moderne" im Magazin *Unter dem Banner des Marxismus* heißt der zweite Abschnitt „Marxismus und Geschichte". *Dieser Artikel wurde später komplett aus Deborins* **Philosophie und Politik** *entfernt.* Dieser Artikel zeigt, dass Deborin bereits verstand, dass das Charakteristische der neuen, von Marx und Engels begründeten Weltanschauung darin bestand, dass sie primär der **Geschichte** zugewandt war.[28] Unglücklicherweise wurde diese Entdeckung später wieder vollständig verdeckt. *Für Weiteres zu diesem Problem vergleiche das Addendum zu diesem Kapitel.*

Es ist eindeutig, dass Lenins bedeutendes Verständnis des Praxisproblems unmittelbar zu einer ganzen Reihe von neuen Ansichten führte. Als Lenin Hegels Diskussion der Praxis als lediglich ein Übergangsmoment in der Logik der Idee las, formuliert Lenin eine neue und wichtige Sichtweise in einem großen Kasten, darunter die Worte „**Die Kategorien der Logik und der menschlichen Praxis**" neben dem Kasten. Er schreibt:

„SO IST DAS NICHT NUR AN DEN HAAREN HERBEIGEZOGEN; NICHT NUR SPIEL. HIER GIBT ES EINEN SEHR TIEFEN, REIN MATERIALISTISCHEN INHALT: MAN MUSS DIE SACHE UMKEHREN: DIE PRAKTISCHE TÄTIGKEIT DES MENSCHEN MUSSTE DAS BEWUSSTSEIN DES MENSCHEN MILLIARDENMAL ZUR WIEDERHOLUNG

---

28 Abram Deborin, „Philosophie und Politik", in: *Philosophie und Politik*, Bd. II, Beijing 1965, S. 835 (ch.).

DER VERSCHIEDENEN LOGISCHEN FIGUREN FÜHREN, DAMIT DIESE FIGUREN DIE BEDEUTUNG VON AXIOMEN ERHALTEN KONNTEN.DIES NOTABENE."[29]

Es ist wichtig anzumerken, dass Lenin unter den Worten dieses Kastens, um darauf hinzuweisen, dass sie besonders wichtig sind, dicke doppelte Unterstreichungen vornimmt. *Das ist das einzige Mal, dass wir solche Markierungen in Lenins Anmerkungen sehen.* Ich glaube, dass dieses Textdetail einen neuen Durchbruch in Lenins Verständnis und Erfassung der Beziehung zwischen Erkenntnis (logischen Strukturen) und äußeren, objektiven Strukturen zeigt. Ich glaube, der Grund hierfür ist, dass Lenin, basierend auf seinem ursprünglichen Anderen Interpretationsrahmen, „umgekehrt" geschrieben hätte, dass die kognitiven Strukturen des Menschen (Logik) die Reflexion äußerer objektiver Gesetze seien; hier je**doch hebt Lenin äußeren objektive Gesetze in die objektiven praktischen Strukturen** des Menschen auf. Äußere Gesetze sind die Voraussetzung; die menschliche Erkenntnis der äußeren Gesetze, insbesondere logischer Strukturen („Figuren") **korrespondieren nicht unmittelbar** äußeren objektiven Strukturen, sondern vielmehr durch die „Figuren" objektiver praktischer Strukturen. Es gibt keinen Zweifel, dass Lenin bereits klar sah, dass Hegel sich der „Idee der **Wahrheit**" über die „praktische, zweckmäßige Tätigkeit des Menschen" näherte. Trotzdem versucht er auch die zweckgerichtete Tätigkeit des Menschen in die Kategorie der Logik einzubeziehen, wobei er die Praxis zu einem subjektiven „Syllogismus" macht. Dies ist ein Trick des Idealismus. Lenin konnte zu jener Zeit bereits erkennen, dass die praktische Tätigkeit des Menschen das Bewusstsein zur Wiederholung der verschiedenen logischen Figuren (der Struktur der Praxis) führen musste, was diesen kognitiven Strukturen die Bedeutung von Axiomen verleiht. *Die tiefere Ebene der Gedankensituierung, die Lenin hier nicht erkannte, bestand darin, dass die Rolle Tätigkeit in der Erkenntnis und Wahrheit nicht einfach „axiomatische Bedeutung" auf einer kognitiven Ebene war, sondern auch die historische funktionale Beziehung des Wertmaßstabs der für sich*

---

29   Lenin, W.I., Konspekt zu Hegels „Wissenschaft der Logik", in: *LW*, Bd. 38, S. 181.

selbst seienden "Oberhand" (um Heideggers Worte zu verwenden). Lenins kognitive Ergebnisse an dieser Stelle sind sehr wichtig. Lenins theoretische Orientierung an dieser Stelle korrespondiert völlig mit Marx' Verständnis der grundlegenden Verbindung zwischen den kognitiven Strukturen des Menschen und seinen praktische Tätigkeiten in seiner Kritik von Wagners Lehrbuch der politischen Ökonomie.[30] Es scheint, dass sich Lenin zu jener Zeit bereits auf dem gleichen logischen Maßstab befand wie Marx. *Auch Levine gelangt korrekt zu diesem Punkt.*[31] Vranicki gelangt ebenfalls zu einer grundlegend korrekten Schlussfolgerung: „So sieht er [Lenin] zum Beispiel, was die Entstehung und Formierung unseres Denkens, bestimmter Prinzipien, Gesetze und Axiome angeht, in der Praxis jene Grundlage, die die Kohärenz unseres Denkens bedingt."[32]

Es ist meine Schlussfolgerung, dass die bedeutendste Grundlage der zweiten großen Entwendung der theoretischen Logik in Lenins *Berner Heften* hier konstruiert wird, denn es war zu diesem Zeitpunkt, dass er schließlich seine eigene einzigartige, souveräne theoretische logische Situierung entwickelte. Daher kann dies auch als der Ausgangspunkt von Lenins großen Beiträgen zur marxistischen philosophischen Logik (insbesondere der materialistischen Dialektik und Epistemologie) gesehen werden kann.

3. Praxis: Sich ein objektives Weltbild machen

Nicht lange, nachdem Lenin die Einleitung zum dritten Teil der „Lehre vom Begriff" gelesen hatte, sehen wir zum ersten Mal, dass er Hegels philosophischem Denken direkt zustimmte, insbesondere die Paragraphen 213- 215 der Einleitung zu diesem Abschnitt sind „SICHERLICH DIE BESTE DARSTELLUNG DER **DIALEKTIK**".[33] *In diesem Augenblick ist es sicher, dass Lenin vollständig verstand, warum Marx und Engels immer Hegel erwähnten, wenn sie die Dialektik diskutierten. Die Verwirrung, die Lenin*

---

30 Karl Marx, Randglossen zu Adolph Wagners „Lehrbuch der politischen Ökonomie", in: *MEW*, Bd. 19, S. 355-383, hier: S. 363-364.
31 Vgl. Norman Levine, *Dialogue within the Dialectic*, S. 383 (ch.).
32 Predrag Vranicki, *Geschichte des Marxismus*, Bd. 1, Frankfurt/M. 1983, S. 434.
33 Lenin, W.I., Konspekt zu Hegels „Wissenschaft der Logik", in: *LW*, Bd. 38, S. 182.

empfand, als er den Briefwechsel von Marx und Engels *las, scheint bereits verschwunden zu sein.* In seinen späteren Anmerkungen basiert Lenin sich auf dem logischen Gedankengang, den er später übernahm, wobei er wichtige Aufzeichnungen und seine persönlichen Kommentare machte. Weiterhin sehen wir hier, dass Lenin sein zweites **vergleichendes** logisches Situierungsexperiment niederschrieb. Ich verstehe dies so, dass dies Lenins erste **epistemologische** Überlegung war, nachdem er den ontologischen Ort der objektiven praktischen Dialektik bestimmt hatte. Mit anderen Worten, dies war das Wesen der Ersetzung der unmittelbar-beobachtenden Epistemologie des allgemeinen philosophischen Materialismus durch Marx' aktive, revolutionäre auf Tätigkeit begründete Reflexion-Theorie.

Wie wir wissen, war „Die Idee" der letzte Abschnitt von „Die Lehre vom Begriff" und es war auch der Höhepunkt von Hegels rein theoretischer, logischer, wissenschaftlicher Konstruktion, die aus den drei Kapiteln „Leben", „Die Idee des Erkennens" und „Die Absolute Idee" bestand. „Leben" ist der erste Moment der Idee. Leben ist die höchste Entwicklungsstufe von Naturgesetzen, die vorläufige Koinzidenz des Absoluten Geistes mit sich selbst (geistiges Wesen), nachdem er der äußeren Objektivität (Natur) entkommen ist.[34]

Als Lenin zum ersten Mal Hegels Gebrauch des Wortes „Leben" in der Fußnote zu Paragraph 215 der Kleinen Logik begegnete, sieht er Leben lediglich als den lebendigen Körper des Menschen.[35] Als Lenin jedoch tatsächlich den Inhalt von Hegels Kapitel „Leben" las, entwickelte er eine neue Sichtweise. Er fand heraus, dass aus der Perspektive der **Beziehung** zwischen Erkenntnis und Tätigkeit Hegels „Gedanke, das **Leben** in die Logik einzubeziehen, ...verständlich und genial"[36] ist. Lenin fährt fort, Hegels Definition des Lebens zu zitieren: „Leben = das individuelle Subjekt scheidet sich gegen das Objektive ab." Obwohl dies beinahe ein wörtliches Zitat ist, fügte Lenin keine Anführungszeichen hinzu.[37] Dies ist ein Denksymptom der Identifizierung. *Marx hat diese Idee später neu strukturiert, indem er*

---

34 Georg Wilhelm Friedrich Hegel: *Werke*. Band 6, Frankfurt a. M. 1979, S. 470.
35 Lenin, W.I., Konspekt zu Hegels „Wissenschaft der Logik", in: *LW*, Bd. 38, S.190-191.
36 A.a.O., S.192.
37 A.a.O.

argumentierte, dass der Mensch sich von den Tieren unterscheidet, sobald er sich durch die Benutzung von Werkzeugen in die Arbeitsproduktion begibt. Lenin erkennt: „Wenn man das Verhältnis des Subjekts zum Objekt in der Logik untersucht, muss man auch die allgemeinen Voraussetzungen für das Sein des **konkreten** Subjekts (**Leben des Menschen**) in der objektiven Umgebung in Betracht ziehen."[38] Hier bezieht sich Leben nicht länger auf allgemeine, natürliche Organismen, sondern soll die tatsächliche gesellschaftliche Existenz des Menschen (des „konkreten Subjekts") bedeuten. Weiterhin führt dies zu Lenins Aufmerksamkeit gegenüber der Voraussetzung der gesellschaftlichen Existenz. Wie wir wissen, ist bei Hegel „Leben der Trieb des Geistes" und das Wesen des Lebens ist der Trieb des Subjekts, das „Subjekt und das Objekt zu vereinen"[39], was tatsächlich **Praxis** ist. Eigentlich ist dies nichts anderes als das, wonach sich Hegels Kategorie des sogenannten „geistigen Lebens" richtet. Hegel versieht dieses Wort nur mit einer anderen Fassade, und Lenin durchdringt diese Spekulation sofort und gelangt zu Hegels wahrer Bedeutung. Dies zeigt, dass Lenin die materialistisch praktische Dialektik scharfsinnig erfasst.

Im nächsten Kapitel „Die Idee der Erkenntnis" kommt die subjektive Erkenntnis hinzu, die Tätigkeit als eigenes Moment impliziert. Trotzdem setzt die Tätigkeit in Hegels Logik lediglich den Impuls des „Lebens" als Moment der Idee fort. Nach diesem Punkt werden Lenins Lektürenotizen sogar noch aktiver, da er auf frische Gedankenaktivierungspunkte trifft. Nach meiner Meinung beginnt Lenin, sich stufenweise in Richtung des übergreifenden Aufkommens seiner **selbständigen Situierung von philosophischen Gedanken** zu bewegen.[40]

Zu Beginn des zweiten Kapitels des dritten Abschnitts der *Wissenschaft der Logik* beginnt Hegel unmittelbar mit einer Kritik an Kants metaphysischen Ideen, wobei er ihm vorwirft, er habe „überhaupt nur den Zustand der Metaphysik seiner Zeit vor sich, welche vornehmlich bei solchen

---

38   A.a.O.
39   Georg Wilhelm Friedrich Hegel, *Die Wissenschaft der Logik*, Band II, Frankfurt/M. 1986 (Werke, Bd. 6), S. 485.
40   Lenin, W.I., Konspekt zu Hegels „Wissenschaft der Logik", in: *LW*, Bd. 38, S. 194.

abstrakten, einseitigen Bestimmungen ohne alle Dialektik stehenblieb."⁴¹ Hegel glaubte, dass diese Probleme der Grund waren, dass Kant Hume zum Agnostizismus folgte, wobei er die Verbindung zwischen Erscheinung und dem „Ding an sich" zerbrach. Lenin scheint Hegels Standpunkt hier zuzustimmen. In einem Kasten am Rand schreibt Lenin, „dass Hume und Kant in den ‚Erscheinungen' nicht das erscheinende Ding an sich sehen, dass sie die Erscheinungen von der objektiven Welt lostrennen, die Objektivität der Erkenntnis bezweifeln, alles Empirische vom Ding an sich lostrennen, weglassen."⁴² *Althusser schreibt, dass Lenin bei der Lektüre der* Wissenschaft der Logik *es zutiefst guthieß, wann immer Hegel Kants Agnostizismus wie das Ding an sich kritisierte.⁴³ Grob gesprochen ist diese Schlussfolgerung richtig. Wenn Althusser jedoch fortfährt, diese Haltung Lenins als einen ausgehend von den Sichtweisen in* Materialismus und Empiriokritizismus *zu identifizieren, wird er übermäßig willkürlich und ungenau. Zum Beispiel hat Lenins Zustimmung zu Hegels Kritik an Kant im textuellen Kontext hier seinen Ursprung nicht in den Gründen, die Althusser auflistet.* Trotzdem sind vereinigte Erscheinungen und objektive Wahrheit nicht die Impulse der Idee, sondern vielmehr objektive Impulse der Tätigkeit.

Lenin schreibt, dass man, um schwimmen zu lernen, zunächst ins Wasser gehen muss.⁴⁴ Gegenstände können nicht automatisch in unseren Geist eingehen; das ist nur möglich, „wenn man ins Wasser geht", indem wir in die Tätigkeit gehen, können wir Gegenstände begreifen. *Man sollte bemerken, dass Lenins Entwicklung dieses bedeutenden Verständnisses bereits vollständig von der philosophischen materialistischen Epistemologie von Plechanow, Dietzgen und Feuerbach getrennt war.* Weil Tätigkeit ein Medium ist, entspricht das Verständnis nicht vollständig den Erscheinungen. Äußere Gegenstände (Natur) in der Tätigkeit und der Erkenntnis sind „**sowohl** konkret

---

41   Georg Wilhelm Friedrich Hegel, *Wissenschaft der Logik*, Bd. II, Frankfurt a. M. 1986 (Werke. Band 6), S. 489.
42   Lenin, W.I., Konspekt zu Hegels „Wissenschaft der Logik", in: *LW*, Bd. 38, S. 195.
43   Louis Althusser, "Lenin before Hegel", in: *Lenin and Philosophy*; https://www.marxists.org/reference/archive/althusser/1969/lenin-before-hegel.htm (Besucht am 11.01.2019)
44   Lenin, W.I., Konspekt zu Hegels „Wissenschaft der Logik", in: *LW*, Bd. 38, S. 196.

als auch abstrakt, **sowohl** Erscheinung **als auch** Wesen, sowohl Moment **als auch** Verhältnis."[45] Hegel hatte bereits erkannt, dass Kant die Grenzen der Ergebnisse menschlicher Erkenntnis nicht wissentlich ignorierte. Kant hatte klar darauf hingewiesen, dass die Form des „Dings-an-sich", die uns „aufgedeckt" wird, eine Struktur der Erscheinungswelt sei. Im Verhältnis zur einseitigen Wahrheit des Dings an sich werden „die Denkbestimmungen überhaupt, die Kategorien, die Reflexionsbestimmungen sowie der formale Begriff und dessen Momente" zu „objektiven Gegenständen".[46] *Das „Subjektive" hier bezieht sich offensichtlich nicht auf absolute Subjektivität im Hegelschen Sinne, sondern vielmehr auf eine verminderte, empirische Subjektivität, die zum Menschen gehört.* Hegel stimmt natürlich nicht mit dieser Formulierung überein. Für ihn ist es notwendig, eine widersprüchliche Sichtweise zu verwenden, um die begrenzte Natur der Erkenntnis zu analysieren. Um seine Worte zu verwenden, „der Widerspruch einer Wahrheit, die zugleich nicht Wahrheit sein soll."[47] *Später weitet Heidegger dies in die Aussage aus, dass die Wahrheit, indem sie die Existenz aufdeckt, zugleich die Existenz verdunkelt.* Erkenntnis ist ein historischer Fortschritt. Lenin stimmt Hegels Sichtweisen hier auch zu, wenn er schreibt, „der **Gang** des Erkennens führt zur objektiven Wahrheit."[48] Weiterhin ist die „relative, bedingte" Natur der menschlichen Erkenntnis der Reflexion äußere Gegenstände subjektiv, jedoch „objektiv im Ganzen, im Prozess, im Ergebnis, in der Tendenz, im Ursprung." Noch wichtiger ist, dass „Praxis" das Mittel der Aufhebung einseitiger Subjektivität und Objektivität ist.[49] Weiterhin: „…der menschliche Begriff erfasst, ergreift diese objektive Wahrheit des Erkennens und bemächtigt sich ihrer ‚endgültig' erst dann, wenn der Begriff zum ‚Fürsichsein' im Sinne der Praxis wird."[50] Es ist offensichtlich, dass Lenins Aufmerksamkeit auf Hegels Formulierung der Bestimmung von Praxis konzentriert ist.[51]

---

45 A.a.O., S. 198.
46 Georg Wilhelm Friedrich Hegel: *Werke*. Band 6, Frankfurt a. M. 1979, S. 499.
47 A.a.O.
48 Lenin, W.I., Konspekt zu Hegels „Wissenschaft der Logik", in: *LW*, Bd. 38, S. 197.
49 A.a.O., S. 198-199.
50 A.a.O., S. 202.
51 A.a.O.

Aus Lenins Notizen können wir ersehen, dass Lenin die wirkliche Position der Praxis in Hegels Voranschreiten zur „Absoluten Idee" akkurat beurteilen konnte. Obwohl es scheint, dass Praxis nicht mehr als eine Übergangsbewegung im Prozess der Erkenntnis ist, ist sie tatsächlich der wichtigste Übergang zur „objektiven Wahrheit". Lenin versteht tiefgreifend: „Marx knüpft folglich unmittelbar an Hegel an, wenn er das Kriterium der Praxis in die Erkenntnistheorie einführt: siehe Thesen über Feuerbach." Dies ist eine weitere Koinzidenz von Marx und Engels, die Lenin in seiner Untersuchung entdeckt. Man sollte bemerken, dass dies ein weiterer bedeutender Fortschritt in Lenins Studium und Denken ist. *Weil diese neuen Wahrnehmungen jedoch seinem interpretativen Gedankengang zu jener Zeit entsprachen, scheint er an diesem Punkt nicht besonders aufgeregt zu sein. In Deborins Einleitung zur Übersetzung der Berner Hefte wird akkurat auf diesen Punkt hingewiesen.*

Trotzdem war zeitweiliger Stillstand nur ein Zeichen der kommenden Revolution. Als nächstes sehen wir, dass Lenin wieder senkrechte Linien verwendet, um eine weitere Spalte in seinen Anmerkungen abzutrennen, womit er sein **drittes** vergleichendes Gedankensituierungsexperiment schreibt. Am linken Rand zitiert er unter der Überschrift „Die Praxis in der Erkenntnistheorie" einen langen Abschnitt aus Hegel. Über diesem Abschnitt setzt er die Worte „Alias: Das Bewusstsein des Menschen widerspiegelt nicht nur die objektive Welt, sondern schafft sie auch" in einen Kasten.[52] Seine Verwendung des Worts „alias" bezieht sich auf seinen früheren Kasten, wo er Marx' *Thesen über Feuerbach* erwähnte; es war auch die Überschrift seines vergleichenden Gedankensituierungsexperiments hier.

Wenn wir diese Textdetails näher betrachten, verstehen wir, dass diese Aussage, wenn sie in den frühen Stadien von Lenins Lektüre aufgetaucht wäre (150 Seiten vorher), **der Gegenstand von Lenins verächtlicher Kritik** gewesen wäre. Natürlich war die wirkliche Bedeutung dieser Aussage nicht, dass das Denken des Menschen die Welt erschaffen kann; vielmehr bestätigt sie, dass die **wirkliche** (nicht vom Willen des Menschen bestimmte) Natur immer noch die Bedingung des menschlichen Überlebens ist, aber dass der Mensch durch bewusste objektive materielle Praxis (die tatsächlich nützlichen Dinge des Menschen) für sich selbst eine neue Grundlage der

---

52 A.a.O., S. 203.

objektiven Subsistenz schaffen kann und so den Impuls für den subjektiven Zweck („sein Selbst") realisieren kann. An dieser Stelle war Lenin unmittelbar durch Hegels Darstellung der Praxis inspiriert. Hegel schreibt: „In der praktischen Idee aber steht er [der subjektive Begriff] als Wirkliches dem Wirklichen gegenüber."[53] Hier erscheinen zwei „wirkliche Gegenstände": äußere objektive Gegenstände und die objektive praktische Tätigkeit des Menschen. Ersteres ist eine innere Prämisse, während Letzteres eine neue Grundlage liefert. Lenins berühmte Worte erscheinen an diesem Punkt in seiner Gedankensituierung: **„Die Praxis ist höher als die theoretische Erkenntnis,** denn sie hat nicht nur die Würde des Allgemeinen, sondern auch der unmittelbaren Wirklichkeit."[54] *Diese Formulierung steht in unmittelbarer Beziehung zu Lenins wissenschaftlicher Erinnerung an einen Abschnitt von Marx, die er in seiner Lektüre des Briefwechsels von Marx und Engels zitiert hat. Dort schrieb Marx: „Da Praxis besser als alle Theorie...."[55] Lenin unterstreicht diesen exzerpierten Satz, um seine Bedeutung hervorzuheben.*

Wenn Hegel das Wort „gut" benutzt, um sich auf etwas zu beziehen, dann stützt sich Lenin in seiner neuen Gedankensituierung auf die Idee der Einheit von „menschlicher Tätigkeit" und „äußerer Realität", um zu verstehen, dass das Gute sich auf die tatsächlichen Anforderungen der äußeren Welt bezieht. *Hier müssen wir eine wichtige Unterscheidung vornehmen. Lenins Verständnis der praktischen aktiven Erkenntnis implizierte nicht, dass er sich unmittelbar mit Hegels idealistischem Standpunkt identifizierte. So argumentiert Levine zu Beispiel, dass Lenin, als er an die größere Dynamik und Kreativität des Geistes glaubte, nicht länger an erster Stelle ein philosophischer Materialist war.[56] Das ist sicherlich ein Fehler. Levine kann einfach nicht verstehen, dass Lenins Dynamik sich hier nicht auf Hegels geistige Dynamik bezieht, sondern vielmehr auf Marx' objektive, praktische Dynamik. Weiterhin entspricht Levines Sichtweise hier*

---

53   Georg Wilhelm Friedrich Hegel: *Werke*. Band 6, Frankfurt a. M. 1979, S. 541.
54   Lenin, W.I., Konspekt zu Hegels „Wissenschaft der Logik", in: *LW*, Bd. 38, S. 204.
55   Lenin, W.I., „Konspekt zum *Briefwechsel zwischen Karl Marx und Friedrich Engels*", 1844-1883", Berlin 1963, S. 97.
56   Vgl. Levine, *Dialogue within the Dialectic*, S. 374 (ch.).

nicht in Übereinstimmung mit seinem wiederholten Argument, dass Lenin niemals den Materialismus („philosophische Theorie der Existenz") aufgab. Hier macht Dunajewskaja einen ähnlichen Fehler. Sie wiederholte kontinuierlich Lenins Aussage, dass „das Bewusstsein des Menschen die objektive Welt nicht nur widerspiegelt, sondern sie schafft", den sie als Höhepunkt von Lenins Denken zu dieser Zeit zitiert. In ihrer theoretischen Situierung jedoch war der zentrale Gedanke in Lenins <u>Philosophischen Heften (Berner Hefte)</u> die Wiederbelebung der idealistischen Wahrheit gegenüber dem Vulgärmaterialismus, während Lenin in Materialismus und Empiriokritizismus den Vulgärmaterialismus unterstützte.[57]

Das ist eine ganz unglaublich falsche Interpretation.

In einem großen Kasten formulierte Lenin Hegels „Schluss des Handelns" um zu „das Handeln, die Praxis, ein **logischer, Schluss'**, eine Figur der Logik."

Man beachte bitte, dass diese Figur der Logik die Struktur der menschlichen Erkenntnis ist. In seiner Gedankensituierung ist es Hegels idealistisch verkehrte theoretische logische Struktur. Zu dieser Zeit verwendet Lenin nicht länger Begriffe wie „Materie" und „Natur", um Hegels idealistischen „Geist" zu verscheuchen, sondern betont vielmehr die Ankunft der objektiven Praxis des „aktiven Aspekts" (Marx' Worte).Ich glaube, dass wir hier sagen können, dass Lenin wirklich das Geheimnis von Hegels Philosophie durchdringt und sieht, dass das wahre Wesen dieser mysteriösen spekulativen logischen Struktur eben die **Logik der Praxis** ist! Lenin erkennt, dass Hegels Gedankengang korrekt ist, schlussfolgert jedoch:

> „**Natürlich nicht in dem Sinne, dass die Figur der Logik ihr Anderssein in der Praxis des Menschen hätte (= absoluter Idealismus), sondern vice versa: die Praxis des Menschen, milliardenmal wiederholt, prägt sich dem Bewusstsein des Menschen als Figuren der Logik ein. Diese Figuren haben die Festigkeit eines Vorurteils, ihre axiomatischen Charakter gerade (und nur) kraft dieser milliardenfachen Wiederholung.**"[58]

---

57 Raja Dunajewskaja, *Marxismus und Freiheit*, Liaoning Education Press, S. 159 (ch.).
58 Lenin, W.I., Konspekt zu Hegels „Wissenschaft der Logik", in: *LW*, Bd. 38, S. 208.

Wir können unmittelbar sehen, dass Lenins Sichtweisen hier tatsächlich die Wiederholung einiger seiner früheren Kommentare sind.[59] Obwohl er kein neues Material liefert, sind seine Sichtweisen in einer neuen Gedankensituierung tatsächlich tiefgreifender. Weiterhin wendet sich Lenin weiterhin gegen Kants idealistischen Apriorismus und Hegels Ontologisierung logischer Strukturen. Lenin entdeckt, dass die Irrtümer von Kant und Hegel nicht durch die **Verkehrung von Materie in Begriffe** verursacht wurden, sondern vielmehr durch ihre Transformation der praktischen Tätigkeit des Menschen in subjektive Syllogismen, indem sie objektive Strukturen des Verhaltens (praktische Logik) in eine spekulative *apriorische* Ideenlogik transformieren. Es scheint, als sei dies der Ideenrahmen (Kants „integriertes Urteil" und Hegels „Logik"), der durch die „Festigkeit eines Vorurteils, ihren axiomatischen Charakter" charakterisiert ist. Tatsächlich kommt dieses Vorurteil von der **praktischen Struktur** oder objektiven praktischen Logik, die durch die „milliardenfache" Wiederholung praktischer Tätigkeit gebildet wird. Dies ist ein sehr wichtiger Fortschritt des Verständnisses. Es war auch eine Theorieebene, die Marx und Engels in ihrer philosophischen Forschung niemals erreichten. In diesem Punkt scheint Lenin den Gedankenzusammenhang von Marx und Engels zu übertreffen.

Ebenfalls in diesem Kasten liefert Lenin eine weitere Erklärung der drei Bedeutungsebenen, die im Verhältnis zwischen Subjekt und Objekt impliziert sind. Zunächst, „der **gute Zweck** (subjektiver Zweck) versus **Wirklichkeit** („äußerliche Wirklichkeit')"; zweitens „das äußerliche **Mittel** (Werkzeug), (das Objektive)"; drittens „das Zusammenfallen von Subjektivem und Objektivem."[60] Mit anderen Worten, die Forderungen des Menschen nach objektiver Wirklichkeit können nur durch Praxis (die Verwendung von Werkzeigen) ins Spiel kommen und befriedigt werden. Weiterhin trifft in diesem Verhältnis die menschliche Praxis die objektive Welt und hat Schwierigkeiten, das Ziel zu verwirklichen. „D.h., dass die Welt den Menschen nicht befriedigt und der Mensch beschließt, sie durch sein Handeln zu verändern."[61] „Die Tätigkeit des Zwecks ist nicht gegen

59 A.a.O., S. 181.
60 A.a.O., S. 208.
61 A.a.O., S. 204.

sich gerichtet... sondern darauf, sich vermittelst der Aufhebung bestimmter (Seiten, Züge, Erscheinungen)der äußerlichen Welt **die Realität in Form äußerlicher Wirklichkeit zu geben**...."[62]

An diesem Punkt arbeitet Lenin seine Ideen tiefgreifend aus:

„**Die Tätigkeit des Menschen, der sich ein objektives Weltbild gemacht hat, verändert die äußere Wirklichkeit, hebt ihre Bestimmtheit auf (= verändert diese oder jene ihrer Seiten, ihrer Qualitäten) und nimmt ihr auf diese Weise die Züge des Scheins, der Äußerlichkeit und Nichtigkeit, macht sie zur an und für sich seienden (objektiv wahren).**"[63]

In diesem Abschnitt bestimmt Lenin zunächst deutlich, dass es die Praxis ist, die ein objektives Bild der Welt konstruiert. Dies ist die letztliche Bestätigung der bedeutenden Rolle praktischer Dialektik auf der Ebene der philosophischen Ontologie. Das objektive Bild der Welt, das der Mensch hat, ist keine unmittelbare Widerspiegelung des Menschen auf die äußere objektive Welt, sondern vielmehr verändern seine Breiten- und Längengrade die äußere Realität, d.h. entsprechend dem menschlichen Zweck (Bedürfnissen) dieser oder jener Aspekte oder dieser oder jener Inhalte, die den Gegenstand verändern. *Man denke zum Beispiel an den Prozess der Neuschaffung natürlicher Bedingungen durch die Eingrenzung oder Verringerung jener Aspekte der objektiven Umwelt, die für den Menschen schädlich sind (Naturkatastrophen), während zugleich die Erhaltung, Bevorzugung und Ausweitung jener Aspekte der Natur, die dem menschlichen Überleben zugutekommen, erhalten, bevorzugt und ausgeweitet werden (die konzentrierte Optimierung und Verwendung von agrarischen Gütern, Energieressourcen und ökologischer Verhaltensweisen). Dies führt dazu, dass die unerwünschten Elemente der äußeren Welt kontinuierlich aus der Natur „verdrängt" werden und dann Hinblick auf die praktische Verwendung des Menschen zur „Für sich" (dem menschlichen Überleben dienend)-Existenz werden.*

An diesem Punkt hatte Lenin bereist seine ganze Bestätigung materialistischer praktischer Dialektik abgeschlossen. Auf der wissenschaftlichen

62 A.a.O., S. 204-205.
63 A.a.O., S. 209.

Grundlage von Hegel und Marx hatte er tatsächlich die logische Struktur (nicht, wie Kedrow sagt, das theoretische logische **System**) der dialektischen Theorie vorangebracht. *Zu diesem Punkt vermutet Vranicki, dass es nach Engels niemals einen Marxisten gab, der dialektische Probleme so erfassen konnte wie Lenin.*[64] *Das ist eine akkurate Einschätzung.* Lenin erreichte eine wirklich tiefgreifende theoretische Ebene, wenn er eine objektive Eigenschaft behauptete, durch die die Praxis die äußere Welt **aufhebt** und dann ein Bild der objektiven Welt **neu erschafft**. Bereits 1908, als Plechanow und andere immer noch innerhalb des Rahmens des philosophischen Materialismus operierten, war dies ein Problem, an das sie nicht einmal zu denken wagten. Noch wichtiger war, dass es Lenins tiefgreifendes Verständnis der revolutionären, aktiven Natur praktischer Dialektik war, das dazu führte, das er den entscheidensten lokalen Unterstützungspunkt von Marx' philosophischem Denken fand und so einen **tatsächlichen Beweis für die Legitimität der Oktoberrevolution lieferte**: Russlands Bolschewiki und Proletarier „beschlossen, die Welt durch ihre Handlungen zu verändern." Ich glaube, dass dies das Erkenntnisresultat mit der größten tatsächlichen Bedeutung von Lenins *Berner Heften* ist. Der Grund dafür ist, dass dies im Hinblick auf seine theoretische Logik der Praxis ein bedeutender Durchbruch für Lenin war, da er das praktische, aktive, dialektische Handbuch für die Oktoberrevolution im Denken von Hegel und Marx gefunden hatte. Ebenfalls hier entkamen der tatsächliche praktische logische Strahl und der philosophische Standpunkt von Lenins Denken, die lange getrennt waren, schließlich der falschen Homogenität des philosophischen Materialismus und vereinigten sich wirklich mit der praktischen Dialektik von Marx' historischem Materialismus. Dies war Lenins größte Leistung in seinem Studium der Hegelschen Philosophie. *In Bochenskis Der sowjetrussische dialektische Materialismus wird argumentiert, dass das Zentrum von Lenins Philosophie eine Theorie des Willens sei, nicht der historische Materialismus. Für Bochenski ist das der Grund, warum Lenin „allen Regeln des Marxismus zum Trotz, die Revolution in Russland predigen und realisieren konnte",* auch wenn Russland ein Land war, dem auf schmerzliche

---

64   Predrag Vranicki, *Geschichte des Marxismus*, Bd. 1, Frankfurt/M. 1983, S. 430.

Weise die notwendigen Bedingungen für eine Revolution fehlten, weil seine Industrie nicht entwickelt war.[65] Das ist eine extrem oberflächliche Erklärung. Bochenski kann nicht verstehen, dass der Marxismus, den Lenin benutzte, um die Oktoberrevolution zu führen, keine Theorie des Willens war, sondern vielmehr praktische Dialektik, die ihren Ursprung in Marx' historischem Materialismus hatte! Dies war die praktische, aktive Kraft des Proletariats, die auf dem Respekt für objektive materielle Bedingungen begründet war.

65 Joseph Bochenski, *Der sowjetrussische dialektische Materialismus* (Diamat), Bern u.a. 1962, S. 34.

Anhang 2
Die Existenz eines durchgestrichenen Textes: Geschichtsbegriff im Kontext der Philosophie Marxens – Eine Lektüre von Deborins *Marxismus und Geschichte*

Deborin war ein marxistischer Philosoph, der zur gleichen Zeit lebte wie Lenin.[1] Er war ein loyaler Schüler Plechanows, und in der komplexen poli-

1   Abram Deborin (1881-1963) war ein bekannter russischer und sowjetischer marxistischer Philosoph. Er wurde 1881 in Litauen in einer jüdischen Familie geboren. 1897 erlernte er den Beruf des Schlossers und belieferte später die ukrainische Regierung. Aufgrund seiner Verbindung zu „geheimen gesellschaftlichen Gruppen" wurde er 1902 verhaftet. Im folgenden Jahr floh Deborin aus Russland und studierte Philosophie und Geschichte an der Universität Bern in der Schweiz. Im gleichen Jahr schloss er sich den Bolschewiki an. Im Jahr 1908 schloss Deborin sein Studium mit einem Examen in Philosophie ab. In seinen frühen Jahren studierte Deborin Plechanow, wurde ein bedeutender marxistischer Philosoph vor der Oktoberrevolution und leistete wesentliche Beträge zur Propagierung marxistischer Philosophie. Sein Artikel von 1909, „Dialektischer Materialismus", wurde von

tischen Auseinandersetzung, die im Russland des frühen 20. Jahrhunderts stattfand, stellte er sich fälschlicherweise auf die Seite der Menschewiki. In der „Physik-Krise", die im späten 19. und frühen 20. Jahrhundert stattfand, stand er jedoch auf der Seite von Plechanow und Lenin in der Kritik an den machistischen und empirio-kritischen Bewegungen, die sich innerhalb der russischen Marxisten zu verbreiten begannen. Während dieser Zeit schrieb er mehrere Artikel zur Verteidigung des Materialismus. Nach dem Sieg der Oktoberrevolution nahm Lenin Deborin und anderen mit politisch falschen Ansichten nicht ihr Recht zu leben und zu sprechen.[2] Deborin arbeitete von 1926 bis 1930 als Herausgeber der Zeitschrift Unter dem Banner des Marxismus *(gegründet 1922).[3] In den 1930er Jahren, nach Lenins Tod, wurde Deborin unter der stalinistischen Ideologie kritisiert: er konnte noch eine große Zahl von Essays und wissenschaftlichen Werken vollenden und wurde schließlich ein autoritativer marxistischer Theoretiker und Wissenschaftler*

       Lenin exzerpiert. Deborins politischer Standpunkt war jedoch immer der der Menschewiki. Nach dem Sieg der Oktoberrevolution arbeitete Deborin hauptsächlich in der theoretischen Forschung und als Herausgeber in den Sozialwissenschaften, wobei er der Repräsentant der Deborin-Schule" wurde, die der Zeitschrift *Unter dem Banner des Marxismus* herausgab und sich in der theoretischen Debatte gegen die „mechanische Theorie" engagierte. 1929 wurde Deborin Mitglied der sowjetischen kommunistischen Partei und Stipendiat der sowjetischen Akademie der Wissenschaften. 1930 fing die „Deborin-Schule" an, von Stalin kritisiert zu werden. 1935 begann Deborin, in der sowjetischen Akademie der Wissenschaften als Leiter der philosophischen Abteilung zu arbeiten, später dann als Direktor der Abteilung für Geschichte und Philosophie. Zu seinen repräsentativen Werken gehören *Lenin, der Denker* (1925), *Die Philosophie des dialektischen Materialismus* (1931), *Feuerbach* (1929), *Geschichte des Materialismus des 17. und des 18. Jahrhunderts* (1930), *Dialektik und Naturwissenschaft* (1930) und *Philosophie und Politik* (eine Sammlung seiner Werke, veröffentlicht 1961).

2   1921, nach Gründung des Instituts der Roten Professoren, stimmte Lenin zu, Deborin zum Professor zu ernennen, obwohl er klar darauf hinwies, dass Deborin verhaftet würde, sollte er Menschewismus predigen.

3   Lenin widmete dieser Veröffentlichung große Aufmerksamkeit. Sein Essay „Über die Bedeutung des streitbaren Materialismus" wurde in der Ausgabe der Zeitschrift von 1922 veröffentlicht. Diese Zeitschrift stellte 1944 ihr Erscheinen ein.

in frühen sowjetischen Gelehrtenkreisen.[4] *Die meisten seiner Essays sind in*

4   Ich habe herausgefunden, dass die Einschätzung Deborins unter chinesischen Wissenschaftlern immer noch sehr stark auf den Sichtweisen früherer sowjetischer Wissenschaftler basiert. Zum Beispiel geben viel chinesische Webseiten und Wörterbücher folgende Erklärung zur „Deborin-Schule": „Eine philosophische Denkschule in der Sowjetunion, die vom Philosophen Deborin geführt wurde. Sie bildete sich während der theoretischen Debatte gegen die Mechanisten in den 1920er Jahren und blühte während der Debatte gegen die orthodoxe Denkschule in den späten 1920er Jahren. In den 1930er Jahren löste sie sich unter der Kritik Stalins und des Zentralkomitees auf. Ihre theoretische Publikation war *Unter dem Banner des Marxismus*. Ihre hauptsächlichen Ansichten beinhalteten die universelle Bedeutung der marxistischen Philosophie als Weltanschauung und Methode und die Kritik an der mechanistischen Sicht. Dass ‚Wissenschaft selbst Philosophie ist'. Sie betonte die Verbindung zwischen marxistischer Philosophie und den klassischen philosophischen Traditionen Englands, Frankreichs, Deutschland und anderen, sogar bis zum Punkt der Hegelianisierung der marxistischen Philosophie. Die ‚Deborin-Schule' trat für eine Grundlage von Praxis und Theorie ein, im Gegensatz zum orthodoxen Ruf nach einer Philosophie, die auf Industrialisierung und landwirtschaftlicher Kollektivierung basiert. Sie lehnte das Parteiprinzip der Philosophie Lenins ab und verzerrte es. Sie unterschätzte die Rolle von Lenins Werk in der Entwicklung der marxistischen Philosophie, verneinte das leninistische Stadium der philosophischen Entwicklung und erhöht Plechanows Platz in der Philosophiegeschichte. Stalin glaubte, dass die „‚Deborin-Schule' durch eine von der Wirklichkeit getrennt Theorie gekennzeichnet sei, dass sie den sozialistischen Aufbau aufgegeben und aufgehört habe, der marxistischen Philosophie zu erlauben, dem Sozialismus zu dienen. Die Führung der Partei war stur, arrogant und anmaßend, ihr fehlte die wissenschaftliche Bescheidenheit, die sie hätte haben sollen. 1931 geriet diese Schule in die Kritik des Zentralkomitees wie auch sowjetischer Wissenschaftler. Am 25. Januar jenes Jahres beschloss das Zentralkomitee, die Herausgeberschaft von Unter dem Banner des Marxismus neu zu organisieren und enthob die Mitglieder der ‚Deborin-Schule' von ihren Führungspositionen in verschiedenen Parteiorganen. Die philosophischen Sichtweisen dieser Schule wie auch die sowjetische Kritik an diesen Sichtweisen übten einen beträchtlichen Einfluss auf die sowjetische, chinesische und osteuropäische philosophische Gemeinschaft aus. Ich glaube, dass es mit dieser Einschätzung der philosophischen Ansichten der „Deborin-Schule" durch sowjetische Wissenschaftler Probleme gibt. Die wissenschaftliche Kritik an Deborin konzentrierte sich auf drei Punkte: dass er die Verbindung zwischen marxistischer Philosophie und klassischer Philosophie betonte, den „Marxismus hegelianisierte", dass Plechanow erhöht und Lenin herabgesetzt werde, dass erklärt werde,

seinem Werk von 1961, Philosophie und Politik, gesammelt.⁵ Ich glaube, dass die Erforschung von Deborins Denken ein wichtiger Moment in der russischen und sowjetischen Philosophiegeschichte war. Jedoch haben wir diesen Forschungsbereich viele Jahre lang ernsthaft vernachlässigt. Hier werden wir uns lediglich auf die Diskussion der Textstreichungen in vielen von Deborins Artikeln, die nach 1924 geschrieben wurden, konzentrieren.
1924 war für Deborin ein Jahr ungewöhnlicher wissenschaftlicher Aktivität. Es ist allgemein bekannt, dass in diesem Jahr viele wichtige Ereignisse geschahen. Zuerst starb Lenin und zweitens wurde der erste Teil des ersten Bandes der Deutschen Ideologie mit dem Titel „Feuerbach" im ersten Band der russischen Ausgabe der Werke von Marx und Engels veröffentlicht.⁶
Ebenfalls in diesem Jahr veröffentlichte Deborin einen Artikel unter dem Titel „Streitbarer Materialist Lenin" im ersten und zweiten Band von Unter dem Banner des Marxismus. Der erste Text wurde später der erste Teil von Deborins Lenin, der Denker.⁷ In diesem Artikel ist Deborins Denken immer

Lenin sei ein Schüler Plechanows gewesen. Ich glaube, dass Deborin abgesehen von seiner sogenannten „Hegelianisierung" in Hinblick auf die beiden andren Kritiken grundlegend Recht hatte. Dies bezieht sich auf die Probleme, die ich in diesem Text analysiere. Die wissenschaftliche Einschätzung Deborins in der Sowjetunion folgt im Wesentlichen den Sichtweisen, die von Stalin und dem Parteikomitee des Instituts der Roten Professoren 1930 formuliert worden waren, dass Deborins „formalistische" Fehler auf „menschewistischem Idealismus" und „Anti-Marxismus" hinausliefen. Stalins Ansichten waren in ihrer Natur primär politisch und philosophisch völlig unhaltbar. Die politische Einordnung der Deborin-Schule dauerte bis 1985 mit der Veröffentlichung der Geschichte der sowjetischen Philosophie, die schließlich den Ton veränderte und schrieb, „unglücklicherweise bezeichneten einige Philosophen die ‚Deborin-Schule' als zutiefst idealistisch, hegelianisch und antimarxistisch." Ich habe auch herausgefunden, dass Zhou Guoing ebenfalls einige Artikel über Deborin in seinen frühen Jahren geschrieben hat; einige seiner Schlussfolgerungen können bejaht werden, obwohl seine Forschung immer noch zu stark vereinfachend und oberflächlich sind.

5   Abram Deborin, *Philosophie und Politik*, Beijing Joing Publishing Company (1965), 2 Bde. (ch.).
6   Karl Marx/Friedrich Engels, Die deutsche Ideologie: Feuerbach, in: *Die Werke von Marx und Engels*, Bd. 1, Moskau 1924, S. 211-256.
7   Abram Deborin, *Lenin der Denker*, Moskau 1925. Es gibt in diesem Buch drei Artikel: „Streitbarer Materialist Lenin" (1924), „Dialektischer Lenin" (1925) und „Lenin und die moderne Zeit" (1924).

noch homogen mit seinem philosophischen materialistischen Standpunkt von zehn Jahren zuvor. Nicht viel später veröffentlichte er einen Artikel in der gleichen Zeitschrift unter dem Titel „Lenin und die moderne Zeit", der ebenso als dritter Artikel in Lenin, der Denker *übernommen wurde. Ich glaube, dass wir im zweiten Unterabschnitt von „Lenin und die moderne Zeit" (mit dem Titel „Marxismus und Geschichte") sehen können, dass Deborin hier bereits ein neues Verständnis entwickelt hat, dass die neue Weltanschauung, die von Marx und Engels begründet wurde, sich der Geschichte zuwandte.[8] Dies war ein völlig neuer Standpunkt. Deborin gelangte höchstwahrscheinlich zu diesem Verständnis, weil er als bedeutender Theoretiker bereits das Manuskript von Marx' und Engels'* Die deutsche Ideologie *gelesen und aus diesem Text heraus scharfsinnig den wahren revolutionären Charakter der Weltanschauung von Marx und Engels erfasst hatte. Es gibt einen großen Unterschied zwischen diesem neuen Verständnis des Wesens marxistischer Philosophie und der traditionellen Erklärung, wie sie von den Marxisten der Zweiten Internationalen angeboten wurde. Ich glaube, dass es wesentlich ist, Deborins philosophisches Denken einer neuen Betrachtung zu unterziehen. Es ist offensichtlich, dass Deborin selbst dies bewusst wahrnahm, aber aufgrund spezifischer ideologischer Zwänge hatte er keine andere Wahl als seine eigene große Entdeckung zu verbergen. Die Textstreichungen, die in* Philosophie und Politik *in der Ausgabe von 1961 vorgenommen wurden, sind ein unmittelbares Ergebnis dieser ideologischen Unterdrückung.*

In Deborins bedeutender Sammlung von wissenschaftlichen Arbeiten, *Philosophie und Politik* (1961) wurden nur der zweite und dritte Artikel aus seinem *Lenin, der Denker* übernommen, und selbst diese wurden stark zensiert; der zweite Artikel, „Lenin und die moderne Zeit", wurde vollständig gestrichen.[9] Ich glaube, dass diese Streichung, obwohl sie nur ein Textereignis zu sein scheint, tatsächlich ein Versuch war, die historische Existenz von bedeutendem marxistischem wissenschaftlichem Denken, das **zuvor präsent gewesen** war, zu vertuschen. Diese ideologische Streichung

---

8 A Deborin, *Philosophie und Politik*, Beijing 1965, S. 835 (ch.).
9 A.a.O., S. 835-840 (chinesisch). Die chinesische Ausgabe dieses Werks hat viele von Deborins gestrichenen Arbeiten als Anhang neu übersetzt und herausgegeben. Daher hat die chinesische Ausgabe eine wichtige philologische Bedeutung.

verdeckte bewusst die wahre Essenz der von Marx und Engels in der *Deutschen Ideologie* begründeten wissenschaftlichen Weltanschauung, die einst von sowjetischen Wissenschaftlern verstanden worden war. Dies führte unweigerlich zu einer allgemeinen Absenkung des Verständnisniveaus aller sowjetischen marxistischen Philosophen und lieferte zudem die notwendigen philosophischen Bedingungen für die ideologische Entfaltung des stalinistischen Dogmatismus. Hier hoffen wir, dieses besondere ideologische Textereignis neu schaffen zu können. Daher werden wir die textuelle Existenz einer Verstehensperiode in der Geschichte der marxistischen Philosophie wiederherstellen, indem wir den wissenschaftlichen Platz von Lenins *Berner Heften* in der Geschichte des Denkens wiederherstellen.

1. Verbrämendes Zurechtstutzen durch Ideologie und Fabrikation der Textfälschung

Als erstes wäre es sinnvoll für uns, die Streichung von Inhalt aus zwei Artikeln in *Lenin, der Denker* bei ihrem Erscheinen in *Philosophie und Politik* zu untersuchen. Der erste hatte den Titel „Lenin, der kämpfende Materialist", der an zwei Stellen Streichungen aufwies. Die erste Streichung war die einer Fußnote, die Lenin und Plechanow betraf und ihre Ansichten zu Feuerbach erklärte. Diese Fußnote warf zwei Punkte auf. Zunächst wies sie auf die Tatsache hin, dass Lenin ein Schüler Plechanows war:

> „Im Hinblick auf Philosophie war Lenin Plechanows ‚Schüler', eine Tatsache, die er selbst bei mehr als einer Gelegenheit feststellte. Jedoch hielt die Tatsache, dass Lenin von Plechanow lernte, ihn nicht davon ab, unabhängig Probleme zu lösen und sogar Plechanows Ansichten in vielen wichtigen Bereichen zu korrigieren. In gewissem Sinne kann man sich diese beiden Denker als sich wechselseitig ergänzend vorstellen."[10]

Es ist höchst unglücklich, dass dieser Abschnitt von grundlegender Tatsachenbeschreibung vollständig gestrichen wurde. Der Grund war sehr einfach: wie konnte, in einer ideologischen Diskurssituation, Lenin, der

---

10   A.a.O., S. 817.

Bolschewist, ein Schüler des Menschewiken Plechanow sein?¹¹ Wie kann die Wahrheit „sich wechselseitig ergänzend" mit dem Falschen sein? In Stalins Kritik an der Deborin-Schule von 1930 wurde die Erhöhung der Philosophie Plechanows und die Herabsetzung von Lenins Denken als zwei von Deborins Hauptverbrechen angeführt. *In Stalins Rede am Institut der Roten Professoren wies Stalin klar darauf hin, dass Plechanow entlarvt werden solle, seine philosophischen Ideen sollten entlarvt werden, seine arrogante Haltung gegenüber Lenin sollte entlarvt werden. Insbesondere wandte sich Stalin gegen Plechanows Haltung zu Lenins Materialismus und Empiriokritizismus.*¹² Es ist offensichtlich, dass es wichtig war, ideologische Homogenität herzustellen und Lenins Bild der Überlegenheit zu schützen, und deshalb war es nicht länger möglich, die Tatsche zu erwähnen, dass Lenin ein Schüler Plechanows war. *Die Geschichte nicht zu respektieren oder die Geschichte zu verändern, war einer der Hauptmethoden, mit denen Stalins dogmatischer, unterdrückerischer, ideologischer Diskurs Tatsachen vertuschte. Ich sollte auch darauf hinweisen, dass Deborins Behauptung, dass Lenin Plechanow „korrigierte", tatsächlich ungenau war. Was tatsächlich geschah, war, dass Plechanow in seinem Buch Grundprobleme des Marxismus von 1908 Feuerbach kritisierte, weil er nicht die Vitalität von Marx' praktischer Kritik verstand. Auf der anderen Seite argumentierte Lenin in seinem Buch Materialismus und Empiriokritizismus von 1909, dass Feuerbach wie Marx und Engels epistemologisch die Praxis wahrnahm, „Feuerbach legt die Ergebnisse der gesamten menschlichen Praxis der Erkenntnistheorie zugrunde."*¹³ *Später stimmt Plechanow in seinem*

---

11 In der Debatte zwischen Deborin und Mitin argumentierte Mitin, das man aufhören solle zu sagen, dass Lenin ein Schüler Plechanows gewesen sei. Er behauptete, dass Lenin seit seinen frühesten Tagen bereits ein singulärer, vollständiger, absolut orthodoxer, unabhängiger Marxist gewesen sei. Die wahre Geschichte der Entwicklung des Marxismus setze sich von Marx und Engels zu Lenin fort; sie verlaufe sicherlich nicht über Plechanow. Vgl Mitins Eine Zusammenfassung der post-philosophischen Debatte, in: *Gesammelte Werke der Deborin-Schule*, Jilin People's Press (1982), S. 242-268 (ch.).
12 Vgl. Stalins Unterredungen mit dem Komitee der philosophischen und Naturwissenschaften am Institut der Roten Professoren, in: *Übersetzte philosophische Werke*, Band 2 (1999) (ch.).
13 W.I. Lenin , Materialismus und Empriokritizismus, in: *LW*, Bd. 14,

Buch von 1915, Vom Idealismus zum Materialismus, Lenins Standpunkt zu. Ich habe auch bemerkt, dass Deborin in diesem Artikel deutlich erklärt, dass Lenin wie Feuerbach, Marx und Engels zuerst betonte, dass das Ergebnis der menschlichen Praxis die Grundlage der Erkenntnistheorie sei.[14] Tatsächlich hatte Plechanow im Hinblick auf sein Verständnis von Feuerbachs Ansichten ursprünglich Recht. Wie Marx in den Thesen über Feuerbach zeigt, sprach Feuerbach, der philosophische Materialist, von der Praxis lediglich als der abstrakten natürlichen Existenz und den emotionalen Beziehungen des Menschen und konnte daher nicht die Bedeutung von revolutionärer, kritischer gesellschaftlich-historischer Praxis verstehen. Deborins Worte sollten offensichtlich die omnipräsenten Großen Anderen beschwichtigen.

Der zweite Teil von gestrichenem Inhalt war Deborins Verortung von Lenin und Plechanow innerhalb des Zusammenhangs der Geschichte des Denkens. Deborin schrieb, dass Plechanow zuerst ein Theoretiker war, während Lenin zuerst ein Praktiker, Politiker und Führer gewesen sei. Unter dem ideologischen Diskursrahmen, den wir hier skizziert haben, zu sagen, dass Lenin im Vergleich zu Plechanow, dem Theoretiker, ein Praktiker war, stellte Lenins Identität als Denker infrage. Das war offensichtlich inakzeptabel. Warum konnte Lenin nicht auch zuerst ein Theoretiker sein? Aus diesem Grund wurde auch dieser Satz gestrichen.[15] *Auf künstliche Weise die Existenz der Geschichte zu beenden oder eine falsche Geschichte zu erschaffen, ist eine weitere, noch lächerlichere Methode der ideologischen Unterdrückung.* Es ist nicht schwer zu sehen, dass wir in diesem Ereignis der Textstreichung die erste subtile Vorwegnahme von Lenins späterer ideologischer Vergöttlichung finden.

Die zweite wichtige Streichung von Inhalt in diesem Text betrifft Lenins Definition von Materie. Wie wir alle wissen, hat Lenin bereits in *Materialismus und Empiriokritizismus* eine Definition der Materie geliefert;

S. 7-366, hier: S. 137. [A.d.Ü.]

14 Abram Deborin, „Streitbarer Materialist Lenin", in: *Philosophie und Politik*, Beijing Publishing Company, Bd. 2, S. 422 (chinesisch).

15 Der ursprüngliche Text dieser Fußnote findet sich in Abram Deborin, *Philosophie und Politik*, Bd. 2, Beijing Joint Publishing Company (1965), S. 817-818 (chinesisch). Für die Fußnote nach der Streichung vgl. die zweite Fußnote auf S. 422-423.

trotzdem wagte es Deborin in seinem Text zu erklären, eine „umfangreichere und detailliertere" Definition zu geben. Diese Erklärung hatte sicherlich tiefer Konnotationen, denn wenn er dabei war, eine „umfangreichere und detailliertere" Definition zu liefern, wessen Definition war dann nicht umfangreich und detailliert genug? Ich glaube, dass es zu jener Zeit sicher war, dass andere dieses Problem aufwarfen. Deborins „umfangreichere und detailliertere" Definition findet sich hier:

> **„Materie existiert in Zeit und Raum, wirkt auf unsre Sinne und spiegelt in ihnen die objektive Existenz wider. In einem weiteren Sinne ist Materie die Zusammenfassung aller unendliche, konkreten ‚Medien', die Zusammenfassung von Beziehungen und Verbindungen. Jeder spezifische Wissenschaftszweig–Mathematik, Mechanik, Physik, Chemie, Biologie etc. – ist die Untersuchung der unterschiedlichen Stadien von Prozess, Verhältnis und Verbindung der gleichen Materie."**[16]

Die erste Hälfte von Deborins Definition der Materie ähnelte Lenins Definition der Materie, aber die zweite Hälfte, in der er „Medien" und die „die Zusammenfassung von Beziehungen" in einem „weiteren" Sinne erwähnt, besteht aus seinen eigenen Ideen, denn Lenin erwähnte sie offenbar zuvor nicht. Von Deborins neuer Definition hier versuchte er Lenins Definition der Materie in einen neuen logischen Bereich einzubeziehen und den Rahmen der substantiven Theorie zu durchbrechen und es der Materie zu ermöglichen, den Begriff der relationalen objektiven Existenz zu enthalten. Dieser Versuch war in einem gewissen Maße vernünftig und entsprach auch der grundlegenden Idee in Marx' *Deutscher Ideologie*. Jedoch war diese Denkreform klassischer Formulierungen im Anderen ideologischen spiegelbildlichen Diskursrahmen der Zeit nicht zulässig. Wenn Lenin es nicht gesagt hat, was gibt dir das Recht, es zu sagen? Daher wurden diese Teile dieser Definition der Materie, die sich von Lenin unterschied,

---

16   Der ursprüngliche Text dieser Definition findet sich in Abram Deborin, *Philosophie und Politik*, Bd. 2, Beijing Joint Publishing Company (1965), S. 818 (chinesisch).

vollständig gestrichen.[17] Diese Streichung diente als Warnung für Deborins Zeitgenossen und Nachfolger, **nichts zu behaupten, das von den klassischen Formulierungen abwich.**

Der nächste Artikel mit gestrichenem Inhalt war der dritte Artikel in *Lenin, der Denker*, „Der revolutionäre Dialektiker Lenin" (1925.) Dieser Artikel erfuhr zahlreiche Streichungen. Zunächst wurde der Titel zu „Dialektischer Lenin" verändert. Zweitens wurden zwei Begriffe den ganzen Artikel hindurch verändert. Deborins wirklich ungenaue Behauptung, dass der dialektische Materialismus die „dialektische Versöhnung" von Objektivismus und Subjektivismus sei, wurde gestrichen. Als nächste wurde eine seiner Aussagen zum Imperialismus gestrichen, nämlich „"politisch ist Imperialismus **reaktionär**, aber ökonomisch ist er **Fortschritt**. Dies ist der grundlegendste Widerspruch im sterbenden Imperialismus. "In der Kritik an Deborin, die in den 1930er Jahren stattfand, wurde dieser Satz als „imperialistische Theorie nach Art von Kautsky" kritisiert.[18] Nach meiner persönlichen Meinung ist Deborins Erklärung zum Imperialismus grundlegend richtig; das Problem war, dass seine Erklärung nicht mit Lenins eigener Sichtweise über den Imperialismus übereinstimmte. Drittens wurde der größte Teil des zweiten Unterabschnitts gestrichen, nur der vierte Abschnitt wurde übriggelassen, der später in den ersten Unterabschnitt übernommen wurde. Der größte Teil des Inhalts dieses Unterabschnitts bezog sich auf Deborins Einschätzung von Lenins *Berner Heften*.[19] Dieser Abschnitt war vielleicht der erste Forschungsessay zu Lenins Anmerkungen. Deborins grundlegender Standpunkt war hier der seines Übersetzervorworts zu den *Berner Heften* von 1929; es gab keine respektlose Sprache, aber möglicherweise, weil seine Einschätzung übermäßig objektiv zu sein schien, passte sie nicht in die ideologischen Absichten, Lenin mit Absicht zu erhöhen. Wenn Deborin zum Beispiel Lenins Kritik an Plechanow diskutiert, verwendet er sorgfältig

---

17 Die Definition der Materie nach der Streichung findet sich in Abram Deborin, *Philosophie und Politik*, Bd. 2, Beijing Joint Publishing Company (1965), S. 440 (chinesisch).

18 Um noch mehr von diesen Streichungen zu sehen, vgl. Abram Deborin, *Philosophie und Politik*, Beijing Publishing Company 1965, Bd. 2, S. 819 (chinesisch).

19 Sowohl *Unter dem Banner des Marxismus* von 1925 wie auch *Der Bolschewist* veröffentlichten Teile von Lenins *Berner Heften*.

das Wort „Zensur". Selbst unter den zwingenden Augen der stalinistischen Ideologie gibt es hier sehr wenig falsch zu finden. Daher ist es für mich nach wie vor sehr schwierig zu verstehen, warum dieser Text gestrichen wurde.

2. Ausmerzung des Geschichte: Erneutes Fehlen von gewesenem Text

Hier werden wir uns auf die Untersuchung von Deborins „Lenin und die moderne Zeit" konzentrieren, einen Artikel, den er 1924 schrieb, der aber 1961 gestrichen wurde. Es gibt in diesem Artikel drei Abschnitte, „Marxismus und bürgerliches Denken", „Marxismus und Geschichte" und „Bürgerliche Gesellschaft, Kommunismus und der neue Mensch". Der wichtigste von ihnen ist der zweite Abschnitt, der jetzt auch das Zentrum unserer Analyse sein wird.

Im ersten Abschnitt fokussiert Deborin seine Diskussion auf die Erklärung der Heterogenität zwischen marxistischer Philosophie und den Ideen bürgerlicher Denker. Es gibt drei theoretische Punkte, die unsere Analyse wert sind. Zunächst waren nach Deborins Meinung zu jener Zeit weder Marx noch Lenin „Philosophen", die ein philosophisches System im traditionellen Sinne schufen. Sie schufen jedoch „die einzige wissenschaftliche Weltanschauung", die sich **mit dem Leben beschäftigte**. Diese Weltanschauung war „angefüllt" mit Leben, d.h. Praxis in ihrem wahren Sinn. Ich habe den Eindruck, dass diese Ideen eine Veränderung beinhalten, dass **Praxis** und **wirkliches Leben** zu Schlüsselwörtern in Deborins Definition marxistischer Philosophie geworden sind. Deborin glaubte, dass Marx' Weltanschauung „voller Leben" sei und dass dieses Leben keine natürliche Materie **außerhalb des Menschen** sei, sondern historisches gesellschaftliches Leben. Hier finden wir keine natürliche materielle Existenz, und wir finden auch keine Referenz zu Feuerbachschen materialistische Texten; dies lag offenbar nicht auf der Linie von Deborins früherer philosophischer materialistscher Ansicht und seinem logischen Kreislauf. **Zweitens** finden wir im ersten Abschnitt auch diese Formulierung: „Der Materialismus des Marxismus und aller marxistischen Philosophie ist ausnahmslos die revolutionäre Kritik der Summe aller gesellschaftlichen Verhältnisse."[20] Dies war ebenfalls eine völlig neue Formulierung. Obwohl Deborins Worte ungenau waren, können wir durch diese Erklärung einen Eindruck davon erhalten, was Deborin versuchte auszudrücken. Marxistische Philosophie ist eine **revolutionäre gesellschaftskritische Theorie.** Diese Ansicht wurde beinahe zur gleichen Zeit von drei der Begründer des westlichen Marxismus, Lukács, Gramsci und Korsch, vorgebracht. Ich bin nicht sicher, dass Deborin sich darüber bewusst war, dass seine Sichtweise sich Bogdanows falschem Verständnis von Marx' kritischer Theorie der Fetischismen zehn Jahre zuvor annäherte. Drittens sei das wesentlichste Kennzeichen der bürgerlichen Ideologie ihre **nicht-historische Natur.** Um Deborins eigene Worte zu benutzen, dies war eine „Missachtung der Geschichte." Bürgerliche Denker halten ihre Ideen immer für ewig, errichtet auf Grundlagen, die die Geschichte überwinden. Geschichte als wichtiger qualitativer Maßstab wird für Deborin zur Trennlinie zwischen marxistischer Philosophie und allem vorherigen bürgerlichen Denken. Diese drei theoretischen Punkte bilden die zentralen Unterstützungspunkte für die völlig neue Denksituierung, die von Deborin im zweiten Abschnitt des Textes zum Ausdruck gebracht wird. Ich sollte auch darauf hinweisen, dass Deborin im ersten Abschnitt einen fatalen Fehler macht: **er zitierte wiederholt Hegel.** In Stalins Kritik an der „Deborin-Schule" war dies ein weiteres von Deborins schlimmsten Verbrechen.[21]

Der zweite Abschnitt ist offensichtlich der zentrale Text dieses Artikels, und das Schlüsselwort ist **Geschichte.** Diese objektiv existierende Gesellschaftsgeschichte im **Unterschied zur natürlichen materiellen Existenz** wird für Deborin zur Essenz marxistischer Philosophie. Das ist ein Indiz für eine logische Verschiebung in Deborins Denken. Ich habe daraus

---

20 Abram Deborin, *Philosophie und Politik*, Bd. 3, Beijing 1965, S. 830 (chinesisch).

21 1930 behauptete Stalin in seiner Rede am Institut der roten Professoren, die „Deborin-Schule" sei schlimmer als Plechanow. Für die Deborin sei die Dialektik eine vorgefertigte Schachtel, Hegel sei ihr Vorbild. Sie restaurierten blind Hegel, stellten ihn als ihren Gott auf. Vgl. Stalins Unterredungen mit dem Komitee der philosophischen und Naturwissenschaften am Institut der Roten Professoren, in: *Übersetzte philosophische Werke*, Band 2 (1999) (chinesisch).

den Schluss gezogen, dass dies nicht Deborins eigene Selbstreflexion war, sondern vielmehr ein Bruch im Denken, der von der Kraft eines mächtigen äußeren Diskurses verursacht wurde. Ich glaube, dass der primäre Grund für Deborins Denkverschiebung offensichtlich Marx' und Engels' Text von 1945, *Die deutsche Ideologie, war. Zu jener Zeit war der Text bereits im ersten Band der deutschen Ausgabe von 1924 der* Werke *von Marx und Engels veröffentlicht worden. Es ist nicht schwer, sich vorzustellen, dass Deborin als bedeutender Parteitheoretiker einer der ersten war, die diesen Text gelesen hatten. Dieser kritische Text, der so entscheidend war für das Verständnis des Wesens des Marxismus, wurde von Lenin (der in diesem Jahr starb) und allen Marxisten des 20. Jahrhunderts niemals gelesen.* Ich glaube auch, dass das Erscheinen dieses Textes zu der völligen Dekonstruktion der falschen Interpretation der marxistischen Philosophie, wie sie seit der Zweiten Internationalen vertreten wurde, führte, und dass Deborin der erste war, dem dies bewusst war.

Es war eben in seinem Studium und seiner Untersuchung dieser neu erschienenen Texte, die Marx und Engels geschrieben hatten, um die neue philosophische Weltanschauung des Marxismus zu begründen, dass Deborin allmählich erkannte, dass Marx' neuer Materialismus „nicht das Leben von der Erkenntnis trennte." Das „Leben", auf das er hier anspielte, war nicht länger die natürliche Materie, von der traditionelle materialistische Philosophen wie Plechanow, Feuerbach und Dietzgen sprachen, sondern vielmehr die historischen Bedingungen, die Marx als aktiv durch die gesellschaftliche Existenz konstruiert beschrieb. Deborins neues Verständnis war, dass der **Historizismus** das einzigartige Kennzeichen des Marxismus und dass gesellschaftliches Leben seine zentrale Frage sei. Diese Formulierung ist offensichtlich falsch. Marxismus ist nicht Historizismus, und sein zentrales Thema ist nicht nur das **gesellschaftliche Leben**. Dies ist keine Frage der Dimension der **Chronologie** oder des **Bereichs** der Gesellschaftsgeschichte. Die historische Natur von Marx' neuer Philosophie war eine Frage der *Ontologie*.

Außerdem ändert sich, wenn Deborin die Frage der Praxis erneut untersucht, auch der Inhalt der Praxis selbst. Er schreibt, dass es im Marxismus zuerst das praktische Leben des Menschen ist, das zum grundlegenden

Inhalt der **Theorie** wird; die letzte Grundlage und die letzten Wurzeln dieser Weltanschauung liegen im praktischen Leben, im kulturellen Schaffen, im gesellschaftsgeschichtlichen Leben.[22] Man bemerke, dass Deborin hier die Worte „letzte Grundlage und letzte Wurzeln dieser Weltanschauung" verwendet. In meinem Verständnis ist dies ein Bezug auf die Position des philosophischen Materialismus. Der philosophische Materialismus war die bestehende Grundlage der marxistischen Philosophie, aber die letzte Quelle, die Marx benutzte, um die Natur und die gesellschaftliche Existenz des Menschen zu untersuchen, war die **historische Praxis**. In Deborins eigenem Artikel „Streitbarer Materialist Lenin", den er kurz zuvor geschrieben hatte, war Praxis immer noch nicht mehr als eine enge **epistemologische** Kategorie. Hier hingegen ist Praxis zu einem **ontologischen** Begriff geworden. Dies ist ein äußerst wichtiger Fortschritt der theoretischen Logik. In diesem Sinne war Deborin der erste unter den sowjetischen Wissenschaftlern, der die *Deutsche Ideologie* verstand. Im Zusammenhang der 1920er Jahre war dies eine wirklich bemerkenswerte Leistung. Außerdem denke ich, dass dieses neue Verständnis deutlich über Lenins letztendlichen philosophischen Rahmen hinausreichte. Ich sage „hinausreichte", nicht weil Deborin tiefer oder intelligenter als Lenin war, sondern weil er die *Deutsche Ideologie*, das Manuskript von Marx und Engels, lesen konnte. Ironischerweise werfen die Autoren der Geschichte der sowjetischen Philosophie in der Ausgabe von 1985 der „Deborin-Schule" tatsächlich vor, in den 1920er Jahren der Frage der Geschichte nicht genügend Aufmerksamkeit gewidmet zu haben.[23]

Natürlich interpretiert Deborin hier auch die ontologische Bedeutung von Geschichte und baut auf der reinen **vergangenheitsbetrachtenden** grundlegenden Dimension eine Dimension auf, die **der Zukunft entgegensieht**:

„Das Charakteristische des Geschichtsprozesses ist seine Neigung zur Zukunft. Der Gegenstand der Geschichte ist nicht nur die Vergangenheit, sondern auch die Zukunft. Die Gegenwart verschwindet nicht nur in eine Vergangenheit, die

---

22 Abram Deborin, *Philosophie und Politik*, Beijing Publishing Company 1965, Bd. 2, S. 835 (chinesisch).
23 Vgl. *Sowjetische Philosophiegeschichte*, Commercial Press 1998, S. 25 (chinesisch).

niemals wieder zurückgeholt werden kann, sondern sieht auch der Zukunft entgegen. Die Gegenwart bringt die Zukunft hervor. Geschichte mündet in die Gegenwart und bringt so die Zukunft hervor. Die Gegenwart bewegt sich in Richtung der Zukunft. Die Gegenwart ist das Ergebnis der Vergangenheit und die Garantie der Zukunft. Zeit ist die grundlegende Kategorie der Geschichte und sogar des gesamten Lebens. Aus eben diesem Grund, eben deswegen verändert sich alles und kann alle Geschichte existieren. Marx' Aussage, dass Geschichte die einzige Wissenschaft sei, sollte in diesem Sinne verstanden werden."[24]

Deborin hat in diesem Punkt Recht. Später fährt er fort mit der Aussage, dass der Mensch ein historisches Leben lebt; das ist eine Demonstration der Überlegenheit des Menschen über andere natürliche Lebewesen. Daher ist historische Zeit für Marx eine einzigartige Kategorie.[25] Marx' Begriff der historischen Zeit ist nicht Zeit in einem materiellen Sinn, sondern vielmehr einzigartige Lebenszeit in historisch-gesellschaftlicher Existenz. Die Idee der Geschichte in Marx' historischem Materialismus ist innerlich mit Zeit im Sinne der Existenz der Lebensexistenz des Menschen identisch. Die historische Existenz dieser Idee der Zeit in einem ontologischen Sinne ist nicht einfach die Vergangenheit, **sondern vielmehr eine Gegenwart, die die Vergangenheit und die Zukunft widerlegend in sich selbst aufhebt.**

Diese Idee von Geschichte und Zeit, die Marx auf modernen Produktionsverhältnissen basierte, wurde später wieder von Heidegger in einer spekulativen Weise zum Ausdruck gebracht. *Ich habe diesen Punkt in meinem Buch* <u>Zurück zu Marx</u> *erwähnt.*[26] Hier demonstriert Deborin, dass er diesen Punkt vor Heidegger oder jedem anderen westlichen Marxisten verstand. *Unter westlichen Marxisten kommt Benjamins Begriff des „Jetzt" diesem Zusammenhang am nächsten.*

---

24 Abram Deborin, *Philosophie und Politik*, Beijing Publishing Company 1965, Bd. 2, S. 836 (chinesisch).
25 A.a.O., S. 837.
26 Vgl. Kapitel sechs meines Buchs *Zurück zu Marx*.

3. Geschichte und das Wesen der marxistischen Philosophie

Deborin wandte seine neue logische Perspektive auch auf die Philosophie selbst an. Er schreibt:

> „In der Philosophie und Theorie behauptet aller Rationalismus und Absolutismus, dass die Wahrheiten, die sie vertreten, unabhängig von der Zeit seien; daher kommt ihnen ein absoluter, abstrakter Charakter zu. Aus einer historischen Perspektive haben alle Annahmen und Wesen nur einen relativen Wert. Nichts entkommt den konkreten Bedingungen der Geschichte, alles besitzt nur eine temporäre Existenz".[27]

Deborin gelangt weiter zu dieser Schlussfolgerung: Marxismus ist in seinem eigenen Wesen historisch. Diese Formulierung ist sehr tiefgehend. Deborin erklärt jedoch auch, dass Lenin ein historischer Denker sei, denn sein ganzes Leben sei vom „Geist" der Geschichte durchwirkt. Das ist richtig und unrichtig. Es ist richtig, weil Lenins Leben wirklich das eines Revolutionäres war, der vom Geist der Geschichte erfüllt war; er drängte Russlands östliche Gesellschaft unermüdlich in Richtung Weltgeschichte, dabei die hegemoniale Logik des Kapitals überwindend. Er hat Unrecht, weil Lenin niemals die *Deutsche Ideologie* las und sein Verständnis der marxistischen Philosophie, inklusive seines letztlichen Verständnisses praktischer Dialektik in den *Berner Heften*, keine konkrete, wirkliche gesellschaftsgeschichtliche Logik enthielt.

Mittels dieses einzigartigen Begriffs von Geschichte entdeckte Deborin: „Der Mensch in seinem eigenen historischen Leben, schafft eine Art von unabhängiger Welt."[28] Für Marx ist dies auch eine objektive, materielle Welt, nur eine, die sich von der natürlichen materiellen Welt unterscheidet, die Deborin und Plechanow von einem philosophisch materialistischen Standpunkt aus vertraten. An dieser Stelle hat Deborin grundlegend Recht.

---

27 Abram Deborin, *Philosophie und Politik*, Beijing Publishing Company 1965, Bd. 2, S. 836 (chinesisch).
28 A.a.O., S. 837.

Deborin behauptet jedoch auch, dass sich diese Welt nur auf „Religion, Herrschaft des Gesetztes, Kunst Philosophie, Wissenschaft, Ökonomie usw." bezieht oder mit anderen Worten auf die Gegenstände, die nach Hegel zu den „Geisteswissenschaften" gehören. Offensichtlich versteht Deborin Marx' gesellschaftsgeschichtliche Existenz falsch und einfach als die Erscheinung gesellschaftlicher Ideen. Ebenfalls in diesem Sinne erklärt er, dass diese Dinge die **Erschaffung** des kollektiven Menschen seien. Außerdem sind diese durch die Vitalität des Menschen geschaffenen Hervorbringungen dem Menschen entfremdet und werden, im Gegensatz zu ihm, zur objektiven Existenz, zu einer unabhängigen Welt. Dies ist allerdings ein logisches Durcheinander.

Zunächst war es Hegels Ansicht, dass die Veränderung des idealen Lebens der Gesellschaftsgeschichte in eine objektive Existenz eine Art Entfremdung sei. Für Hegel fällt die Idee in die natürliche materielle Existenz, wird zur „zweiten Natur" und kehrt erst in der letztendlichen Selbstaufhebung der Absoluten Idee zum Geist zurück. Deborin wusste nicht, dass diese Idee nicht einfach in der materialistischen Logik von Marx' Philosophie wiedergekaut werden konnte. Weiterhin verwendete Bogdanow in der Debatte zwischen Bogdanow und dem philosophischen Materialismus von Plechanow und Deborin fälschlich Marx' kritischen Zusammenhang der Fetischismen, indem er den philosophischen Materialismus vollständig als Fetischismus ablehnte. Deborins Verständnis geht hier genau in Bogdanows logische Falle. Unglücklicherweise war dies Deborin überhaupt nicht bewusst. Ich glaube, dass Deborin in diesem Sinne Marx' historischen Materialismus nicht wirklich verstand, oder in anderen Worten, Deborin missverstand grundlegend Marx' Begriff der Geschichte.

Ebenfalls aus diesem Grund sah Deborin die neue „unabhängige Welt", die von der natürlichen, materiellen Welt getrennt sei, einfach als die Ideologie, die Marx kritisierte. Nach Deborins Ansicht glaubte Marx Folgendes:

> **„Zur gleichen Zeit, wenn Menschen ihre eigene materielle Produktion entwickeln, entwickeln und verändern sie auch ihre eigenen Gedanken und die Hervorbringungen dieser Gedanken in ihre eigene Tätigkeit. Aller Inhalt des historischen Lebens des Menschen und seiner Tätigkeit kann als Veränderung der Natur,**

beständiger Veränderung seiner selbst und entsprechend der Veränderung des ‚Geistes' und aller Ideologie zusammengefasst werden. Es ist offensichtlich, dass alle Ideologie das Produkt der Geschichte ist, wie auch das Produkt der speziellen Beziehung des Menschen zur Natur und zu anderen Menschen in einer spezifischen Zeitperiode. Unter diesen Bedingungen wird Geschichte zur zentralen Frage in der gesamten wissenschaftlichen Welt."29

Deborin enthüllt in seinen Formulierungen unentwegt seine eigenen theoretischen Schwächen. Jedes Mal, wenn er Marx' Sichtweisen zitiert, gibt es immerzu bedeutende Bereiche des Missverstehens. Hier zum Beispiel ist Deborins Schlussfolgerung korrekt, wenn er sagt, dass Geschichte die zentrale Frage in Marx' wissenschaftlicher Weltanschauung ist. Jedoch korrespondiert die materielle Produktion des Menschen, die die Natur verändert, nicht unmittelbar mit Ideologie. Zwischen diesen beiden gibt es immer noch das große Medium des gesellschaftlichen geschichtlichen Lebens und der historischen gesellschaftlichen Existenz.

Nach Marx' ursprünglicher Bedeutung ist das Wesen des Bewusstseins „meine Beziehung zur Umwelt" in historischer Zeit. Das Wesen der Ideologie ist jedoch nicht das allgemeine Ergebnis der besonderen Beziehung des Menschen zur Natur und zu anderen Menschen; vielmehr ist es **Ideelle Existenz, die verkehrt und in einer verzerrten Form erscheint.** Dies könnte sich auf das nichthistorische Verständnis des Menschen von der Natur beziehen, oder es bezieht sich auf die Sklavenbeziehungen der gesellschaftlichen Herrschaft, die durch falsche Beziehungen verschleiert werden. Offensichtlich war Ideologie für Marx kein neutraler, deskriptiver Begriff, sondern ein kritischer. Fetischismen sind eine der größten bürgerlichen Ideologien. *In diesem Sinne war das bösartige Verständnis des Machisten Bogdanow in seinem „Das Land der Idole und die Philosophie des Marxismus" tatsächlich korrekt.*30

29　A.a.O.
30　Alexandr Bogdanow, „Das Land der Idole und die Philosophie des Marxismus", in: *Übersetzte marxistisch-leninistische Werke*, Bd. 14 1981 (chinesisch).

Nachdem er diesen Punkt verstanden hat, beschäftigt sich Deborin mit einer tiefgehenden Selbstreflexion und kehrt schließlich zu der Epistemologie des philosophischen Materialismus zurück. Diesmal beginnt er jedoch, unter die Oberfläche des philosophischen Materialismus einzudringen.

„**Das Verhältnis zwischen dem Subjekt und dem Objekt kann nicht durch *unmittelbare Beobachtung* gelöst werden, sondern durch die Erfassung des Objekts in der Praxis.** Nur durch *Arbeit*, durch *Tätigkeit* kann der Mensch das Wesen von Dingen entdecken und in die Geheimnisse der Existenz eindringen. Der Sieg des Subjekts über das Objekt wird durch Technik und Arbeit bewerkstelligt. Frühere Philosophen stellten sich vor, dass unsere Beziehung zur Welt mit dem Gedanken endet. Jetzt wissen wir, dass unsere wirkliche Beziehung zur Welt in *Tätigkeit* besteht."[31]

Unsere Beziehung zur äußeren Welt ist nicht länger die feste Beziehung zwischen Mensch und Natur wie beim philosophischen Materialismus, sondern vielmehr die Beziehung zwischen dem Menschen und den Gegenständen, die er benutzt. Zudem beginnt unsere Beziehung zu den Gegenständen nicht mit unmittelbarer Beobachtung (sinnlicher Erfahrung), sondern vielmehr mit subjektiver Praxis (subjektive Tätigkeit der Arbeitsproduktion). In „Streitbarer Materialist Lenin", einem Artikel, den er langer zuvor geschrieben hatte, betonte Deborin, dass Materielles in unseren Sinnen **widergespiegelt** wird, mit anderen Worten, das Materielle wird von uns durch den Eindruck verstanden, den es in unseren Sinnen erzeugt.[32] An diesem Punkt wird das Verständnis des Menschen nicht länger von äußerem Materiellem im Bewusstsein benutzt, das wir bilden, sondern **muss von subjektiver Aktivität ausgehen.** Nur durch subjektive praktische Tätigkeit können die Existenz und die wesentlichen Mysterien aller objektiven Dinge, inklusive der natürlichen materiellen Existenz, aufgezeigt werden. Daher konnte Deborin einen großen Fortschritt in seinen epistemologischen Ideen machen. *Wir können sehen, dass sich Deborins Ideen hier*

---

31 Abram Deborin, *Philosophie und Politik*, Beijing Publishing Company 1965, Bd. 2, S. 837-838 (chinesisch).
32 A.a.O., S. 839.

bereits dem neuen Verständnis annähern, das Lenin in seiner Denkreform in den __Berner Heften__ *erreichte. Er verstand schließlich, dass Existenz sowohl Natur wie auch Geschichte umfasst.*[33] Wichtiger ist, dass Natur als Gegenstand menschlicher Tätigkeit ihre eigenen Geheimnisse durch die Geschichte enthüllt. Das ist eine korrekte, marxistische Antwort auf dieses Kantische Problem. Während Kant sagte, dass die Natur vor uns in einer bestimmten Form erscheint, glaubte Marx, dass **diese Erscheinung selbst durch die historische Tätigkeit des Menschen geschaffen und situiert werde.** Aus diesem Grund stellt die Weltgeschichte seit den Zeiten von Marx das zentrale Problem des Lebens und des philosophischen Denkens dar, denn in er geschichtlichen Tätigkeit konzentriert sie wie ein Brennpunkt alle Beziehungen zwischen und der natürlichen Welt und der geistigen Welt, alles Leben konzentrierend.[34] Jedoch fehlt es Deborins Formulierungen oftmals an Vollständigkeit; hier lässt er das gesellschaftliche Leben fort, das er gerade kaum zu verstehen begonnen hatte.

Bei der Erklärung der historischen Wissenschaft, die Marx und Engels beschrieben, schreibt Deborin:

> **„Der dialektische Materialismus ist primär eine historische Weltanschauung. Die Natur der Existenz aller existierenden Dinge wird in ihrem Entstehungsprozess enthüllt – ihrer historischen Entwicklung –, weil die Welt sich auf alle Zeit ändert. Sie ist kein toter, sich nicht verändernder Gegenstand. Die Geschichte der Welt ist eine spezielle Form der Entwicklung der Welt. Daher ist Geschichte die existenzielle Form des Universums und wird so notwendigerweise zu einer höchst grundlegenden Wissenschaft."**[35]

Deborins erster Satz ist richtig. Trotzdem ist seine Erklärung des Begriffs der Geschichte in der neuen marxistischen philosophischen Weltanschauung immer noch problematisch. Obwohl der Begriff der Geschichte nicht länger lediglich eine Kategorie im Bereich der Untersuchung der Geschichte ist, hat er auch nicht einfach die Konnotation von Veränderung und Entwicklung,

---

33 A.a.O., S. 838.
34 A.a.O.
35 A.a.O.

die Deborin beschreibt. In meinem Verständnis ist dieser Punkt nicht die hauptsächliche qualitative Bestimmung von Marx' Begriff der Geschichte. Wie ich bereits gezeigt habe, ist der Begriff der Geschichte in Marx' historischem Materialismus eine ontologische Kategorie, die auf der **modernen materiellen Produktion** basiert; er bringt primär **Wirklichkeit, Konkretheit und reale Chronologie innerhalb eines bestimmten historischen Zusammenhangs** zum Ausdruck. Hier offenbart Geschichte eine Art tiefgreifender **begrenzter generativer Natur** von gesellschaftlicher Existenz, nicht die allgemeine Eigenschaft von Veränderung und Entwicklung, die alle materielle Existenz besitzt.

Interessanterweise ist Deborins Logik in seiner Erläuterung oftmals sehr chaotisch. Ganz zum Schluss dieses Textes definiert er abermals den Begriff der Geschichte in Marx' neuer Weltanschauung um. Diesmal verbindet er ihn mit der historischen Logik der Hegelschen Philosophie und verflechtet auf diese Weise Wahrheit und Irrtum miteinander. Ich glaube, dass Deborins Hegeldiskussion hier auch eines seiner „Verbrechen" war. Nach Stalins Ansicht betonte er die Verbindungen zwischen Marxismus und Hegel sicherlich zu sehr.

Deborin erklärt, dass der Inhalt der menschlichen Geschichte aus menschlicher Tätigkeit besteht, denn menschliche Tätigkeit drückt sich zuerst in der Produktion materieller Tätigkeit aus. Das ist richtig. Er sah auch, dass in Hegels Philosophie Ökonomie und Arbeit bereits innerhalb eines rationalen Systems enthalten waren. Daher ist „Geschichte [...] tatsächlich das Reich der Arbeit, denn durch Arbeit wird der Entwicklungsprozess verwirklicht, der Aufstieg zu den fortgeschritteneren Stadien der Zivilisation." Trotzdem glaube Deborin, dass Hegel, obwohl er die Bedeutung der Ökonomie tiefgreifender verstand als seine Zeitgenossen, nicht wirklich das innere Leben und die Entwicklung der Ökonomie begriff. „Marx war ein wirklicher Sozialphilosoph, ein Philosoph der **Arbeit**."[36] Der Grund hierfür war, dass Marx die Arbeit zum Prinzip der Weltgeschichte erhob, zu einem Prinzip seiner Weltanschauung. Daher ist Arbeit in einem gewissen Sinne ein Prinzip der Dialektik. Deborin schreibt:

36   A.a.O., S. 839.

„Die Bedeutung der Ökonomie liegt nicht nur in der Befriedigung unserer materiellen Bedürfnisse. Sie ist auch das Mittel, durch das die menschliche Gesellschaft sich die natürliche Welt aneignet und der Herr der Natur wird. Die Ökonomie ist die große objektive Schöpfung der organisierten, miteinander verbundenen Menschheit. Die letztliche Grundlage des menschlichen Verstehens und der Wissenschaft ist diese Schöpfung, diese Tätigkeit. Zugleich erhob Marx die konkrete gesellschaftliche Praxis auf die Ebene der philosophischen Theorie. Das praktische Leben und die praktische Tätigkeit des Menschen wurden zum ersten Mal zum Gegenstand – zum sehr wichtigen Gegenstand – theoretischer Arbeit. Her ist das Objekt nicht länger entfremdet und dem Subjekt entgegengesetzt. Mit anderen Worten, so wie äußere Objekte – die Natur – sich verändern, so verändert sich auch der Mensch. Die Produktion des materiellen Lebens wird zur Verbindung zwischen dem Objekt und dem Subjekt, zwischen Natur und Gesellschaft."[37]

Was Deborin zu vermitteln versuchte, ist teilweise richtig. Trotzdem gibt es eine große Verwirrung in seiner Formulierung. Für Deborin sind praktische Tätigkeit und materielle Produktion das Gleiche wie „Ökonomie". Für Marx auf der anderen Seite, waren dies drei qualitativ verschiedene gesellschaftliche Tätigkeiten, die auf unterschiedlichen Ebenen stattfanden. Die historische gesellschaftliche materielle Praxis war die Grundlage der Gesamtheit der neuen marxistischen philosophischen Weltanschauung; materielle Produktion ist die grundlegendste Bedingung praktischer Tätigkeit wie auch die bestimmende materielle Prämisse für gesellschaftliche Existenz; gesellschaftliche Tätigkeit ist nichts weiter als eine bestimmte Stufe, eine gesellschaftliche Erscheinung, die in der historischen Entwicklung des menschlichen gesellschaftlichen materiellen Lebens erscheint. Jedoch wurde diese von Marx vertretene wichtige Differenzierung der theoretischen Logik in Bezug auf den theoretischen Bereich von Marx' historischem Materialismus seit der Zweiten Internationale immer vage wahrgenommen und verwirrt.

37 A.a.O.

Der dritte Unterabschnitt dieses Textes diskutiert primär den Bankrott der bürgerlichen Ideologie wie auch die historische Erfahrung der internationalen kommunistischen Bewegung, insbesondere die Bedeutung von Lenins Oktoberrevolution für die Zukunft des Kommunismus. Hier erwartet und hofft Deborin auf das Hervortreten neuer Kommunisten. Jedoch gibt es hier nichts, das wirklich unser Interesse hervorruft.

Dies war der historische Text, den Deborin in den 1920er Jahren schrieb und der später gestrichen wurde. Obwohl der Text korrekte Darstellungen von Marx' und Engels' historischem Materialismus enthält, wurden diese Entdeckungen ideologisch ausradiert, sie verschwanden in den Tiefen der Geschichte. Heute können wir endlich erneut wieder dieser historischen Wahrheit gegenübertreten, was es uns erlaubt, die historische Zeitachse des marxistischen Denkens zu sehen.

Kapitel 12
Einheit der Logik der Identität, Erkenntnistheorie und der subjektiven Dialektik in der objektiven praktischen Dialektik

Wie wir wissen, hatte Lenin in seiner Untersuchung der marxistischen Epistemologie eine feste Grundlage im philosophischen Materialismus. Diese festen Überzeugungen in die materialistische epistemologische Theorie wurden im Feuer der modernen philosophischen Auseinandersetzung gegen den Machismus gehärtet. Wie wir bereits gezeigt haben, betrieb Lenin am Vorabend der Oktoberrevolution ein tiefgreifendes Studium der Hegelschen Philosophie, primär, um die Dialektik vollständiger verstehen zu können. Im Leseprozess, den er für die *Berner Hefte* unternahm, wurden epistemologische Probleme für ihn zu einem zweiten Gedankenpunkt. Eingeschränkt durch die Rahmengrenzen des ursprünglichen andersartigen Lektüregerüsts Lenins bildeten sich in der spekulativen Erkenntnistheorie Hegels im Prozess des „Umgekehrt"-Werdens einige logische Hindernisse, bis es in Lenins Verständnis der Erkenntnistheorie erst eine größere Veränderung gab, als er später eine völlig neue Entwendung der theoretischen Logik erreichte und einen selbständigen Denksituation rekonstruierte. Seine bedeutendste Leistung war die **Neubestimmung** von Hegels Sichtweisen über die Einheit von Dialektik, Epistemologie und Logik aus der Perspektive des Marxismus. *Ich muss darauf hinweisen, dass sich Lenins Anstrengungen, dieses Problem zu lösen, über die Dauer seiner gesamten*

Untersuchung der Hegelschen Philosophie erstreckten; dieses Kapitel wird mehr wie eine thematische Untersuchung erscheinen.

1. „Dreifache Identität" und Gedankengang der Hegelschen Philosophie

Ich vermute, dass **erstens** die sogenannte Dreifachidentität nichts war, das Lenin beschlossen hatte zu verstehen, bevor er seine Untersuchung begann. Vielmehr war es ein Nebenprodukt seines Versuchs, Marx' materialistisch dialektische Logik durch das Studium der Hegelschen Dialektik zu verstehen. **Zweitens** war die „Dreifachidentität" nicht Lenins unabhängige Schöpfung; tatsächlich ist sie die natürliche Struktur von Hegels philosophischer Logik, und nachdem Marx Hegels idealistische Dialektik neu geschaffen hatte, wandte er sie auf die Untersuchung kapitalistischer Wirtschaftsstrukturen an. **Drittens** lehnte Lenin in seinem Lektüreprozess Hegels „Dreifachidentität" zunächst ab, verstand dann die Bedeutung der „Zweifachidentität" und vereinte schließlich identische subjektive Dialektik, Epistemologie und dialektische Logik auf der **Grundlage objektiver, praktischer Dialektik** miteinander.

Ich sollte zuerst die Tatsache betonen, dass die **„Dreifachidentität" kein Standpunkt war, den Lenin immer vertrat.** *Als er die philosophischen Werke Dietzgens las, las Lenin zwar dessen ähnliche Ansichten, akzeptierte sie aber nicht.* Dies waren keine Ideen, die Lenin affirmativ identifizierte, nicht in seinem ursprünglichen philosophischen Denken und auch nicht in den frühen Phasen seiner Untersuchung von Hegels *Wissenschaft der Logik* (und ebenfalls nicht in den meisten späteren Phasen). Ich glaube, dass die affirmative Identifizierung dieser Ansicht beinahe die letzte große Leistung von Lenins Lektüreprozess war. Ich glaube dies, weil der Andere Lektürerahmen, unter dem Lenin operierte, als er mit dem Studium der Hegelschen Philosophie begann, einen **subsidiären**, **unterstützenden** Begründungshintergrund des Bewusstseins enthielt, der oft ignoriert wird. Dies war eine strikte Trennlinie zwischen Epistemologie und Methode (Dialektik) von philosophischer, **ontologischer Struktur**. Diese Sichtweise glaubte, dass Dialektik das Objekt der Epistemologie sei und dass **beides mit Sicherheit nicht derselbe Gegenstand sein könne.** Hier verwende ich die wichtigen Kennzeichnungen, die von dem modernen britischen Philosophen Michael Polanyi aufgestellt worden sind, und die sich in seiner Idee des subsidiär Gewusstem verkörpern. In Polanyis philosophischem Rahmen wird der Bereich kognitiver Strukturen immer durch subjektives fokal Gewusstes zusammen mit subsidiär Gewusstem geschaffen. Subsidiär Gewusstes ist der wichtige Hintergrund für den subjektiven kognitiven Prozess.¹ Ein gutes Verständnis dieses Punkts ist entscheidend für unsere spätere Analyse.

Wie wir bereits gesehen haben, stellte sich Lenin unter dem Druck seines Anderen spiegelbildlichen Lektürerahmens in den ersten Phasen seines Studiums der Hegelschen Philosophie tatsächlich gegen Hegel. Das bedeutete, dass er jedes Mal erstaunt war, wenn er Hegels philosophischen Fähigkeiten begegnete. Lenin maß der Epistemologie eine große Bedeutung bei, und als er daher die Einleitung zur *Wissenschaft der Logik* las, erfasste er viele der vernünftigen Aspekte ihrer Epistemologie, so zum Beispiel, dass die Substanz der Epistemologie die „**Bewegung** des wissenschaftlichen Erkennens" sei.² Um es mit einem anderen Beispiel zu illustrieren, er identifizierte sich auch mit Hegels Aussage, dass diese Bewegung nicht äußerlich sei, sondern vielmehr die Weise, durch die das Selbst Selbst konstituiert, die Weise wahrer Erkenntnis, von kontinuierlicher Erkenntnis, der Bewegung vom Nichtwissen zum Wissen.³ Lenin wies zustimmend darauf hin, dass dies der Schlüssel zur Epistemologie sei. Zudem schrieb er, als er Hegels Aussage las, dass Kategorien die Knoten im Netz der Erkenntnis seien, in einem Kasten:

> **„Der Mensch steht vor einem Netz von Naturerscheinungen. Der instinktive Mensch, der Wilde, hebt sich nicht aus der Natur heraus. Der bewusste Mensch hebt sich heraus, die Kategorien sind Stufen des Heraushebens, d.h. der Erkenntnis der Welt, Knotenpunkte in dem Netz, die helfen, es zu erkennen und es sich zu eigen zu machen."⁴**

---

1 Vgl. meine Arbeit „Underlying Structural Analysis of Polanyis Theory of Conscious Cognition", in: *Jian Hai Academic Journal* (1991).
2 Lenin, W.I., Konspekt zu Hegels „Wissenschaft der Logik", in: *LW*, Bd. 38, S. 79.
3 A.a.O., S. 80.
4 A.a.O., S. 85.

Hier heißt es bei Hegel im Original zu den Kategorien: „In diesem Netze schürzen sich hin und wieder festere Knoten, welche die Anhalts- und Richtungspunkte seines [des Geistes] Lebens und Bewusstseins sind".5 Ich glaube, dass Lenins kritische Interpretation von Hegels Idealismus korrekt ist; ich glaube insbesondere, dass seine Rekonstruktion der materialistischen epistemologischen Sichtweise sehr akkurat und tiefgehend ist. Kategorien sind die Leitern, die zu unsrer Erkenntnis der Welt führen, Knoten im kognitiven Netz, die wir benutzen, um äußere Objekte zu verstehen und zu erfassen. Lenin wusste zu jener Zeit jedoch nicht, ob diese Knoten auf der äußeren Welt oder auf den praktischen Strukturen des Menschen basierten. Nicht lange zuvor jedoch folgte er Hegels Spuren, wenn er zustimmend darauf hinwies, dass logische Kategorien "Vereinfachungen" der äußeren Existenz seien, und dass diese Kategorien auch dem Menschen in der Praxis dienen.[6] Dieses Problem wurde erste gelöst, als er wirklich logische Figuren und die Beziehungen zwischen praktischen Strukturen zu verstehen begann.

Es ist allgemein bekannt, dass die Absolute Idee als apriorisches Subjekt in Hegels objektivem idealistischem kognitivem Rahmen tatsächlich das Ergebnis der Objektivierung und Mystifikation der universellen kognitiven Strukturen des Menschen war. Hegel verkehrte die Ideenlogik, durch die der Mensch die Welt erkennt und behauptet sie als Wesen und Bewegungsgesetze der Welt; die gesamte Existenz und Entwicklung der Welt wird so in einen Prozess der Selbstverwirklichung und des Selbstbewusstseins der Absoluten Idee verwandelt. Natur, Gesellschaft und der Mensch werden alle zu Werkzeugen, durch die die Absolute Idee sich transformiert und erhöht. In diesem Prozess ist die Absolute Idee ihre eigenen Selbst-Verbindung und Enwicklung(sdialektik), ihre eigene innere Struktur (Logik) und ihr eigenes Bewusstsein (Epistemologie) – sie ist ein vereintes Subjekt dieser drei. Abgesehen davon gibt es keinen zweiten Prozess. In Hegels idealistischer Gedankensituierung waren **Logik, Dialektik und Epistemologie natürlicherweise das Gleiche;**

---

5 Georg Wilhelm Friedrich Hegel, *Wissenschaft der Logik*, Bd. I, Frankfurt/M. 1986 (Werke, Bd. 5), S. 27.
6 Lenin, W.I., Konspekt zu Hegels „Wissenschaft der Logik", in: *LW*, Bd. 38, S. 82. Zu Hegels Sichtweisen vgl. Georg Wilhelm Friedrich Hegel, Wissenschaft der Logik, Bd. I, S. 24.

diese dreifache Identität ist offensichtlich in der subjektiven Dialektik der Idee vereint. Die Wissenschaft der Logik ist ihr dynamisches Begriffssystem, Dialektik ist der Selbstwiderspruch und Entwicklungsprozess des Begriffs, und Epistemologie ist das subjektive Bewusstsein und die fortschreitende Vertiefung und Selbstreflexion der Absoluten Idee. Daher erstreckt sich die „Theorie der dreifachen Identität" durch die grundlegende Fundierung der Situierung von Hegels Logik, obwohl dies etwas war, das Lenin als Materialist nicht akzeptieren konnte. Wie wir gesagt haben, gerieten in den frühen Phasen von Lenins Studium der *Wissenschaft der Logik* die Ergebnisse seiner philosophisch materialistischen Epistemologie offensichtlich in Konflikt mit Hegels Theorie der dreifachen Identität, weil einige Formulierungen im Buch Lenins eigenem Anderen Interpretationsrahmen (**der Epistemologie und objektive Dialektik trennte**) entgegenliefen. Einige von Hegels Argumenten waren für Lenin schwer zu akzeptieren und führten zuweilen sogar zu tiefen, beständigen Leerstellen.

Lenin fand, dass Hegels Logik hier nicht die formale Logik war, die er bereits verstand. Hegel argumentiere kritisch, dass Aristoteles' traditionelle Logik die Form des Denkens als ein äußerliches, formales Instrument verstand, frei von Denkinhalt. Auf der anderen Seite: „Hegel indes fordert eine Logik, in welcher die Formen, gehaltvolle Formen, Formen lebendigen, realen Inhalts seien, mit dem Inhalt untrennbar verbunden."[7] Hier verwendet Lenin eine besonders interessante Formulierung:

> „**Die Logik ist die Lehre nicht von den äußeren Formen des Denkens, sondern von den Entwicklungsgesetzen ‚aller materiellen, natürlichen und geistigen Dinge', d.h. der Entwicklung des gesamten konkreten Inhalts der Welt und ihrer Erkenntnis, d.h. Fazit, Summe und Schlussfolgerung aus der Geschichte der Erkenntnis der Welt."**[8]

Dies ist offenbar das Ergebnis von Lenins typischer materialistischer „Urkehrung" unter dem Einfluss seines frühen Anderen spiegelbildlichen Rahmens. *Erst auf der vorherigen Seite schrieb Lenin: „Objektivismus:*

---

7 A.a.O., S. 84.
8 A.a.O., S. 84-85.

die Kategorien des Denkens sind nicht Hilfsmittel des Menschen, sondern Ausdruck der Gesetzmäßigkeit sowohl der Natur als des Menschen." Diese Formulierung Lenins ist eine weitere Überlegung wert. An der Oberfläche bringt sie den wichtigen Gedanken der „dreifachen Identitätstheorie" zum Ausdruck, dass Logik Dialektik ist und dass Dialektik Epistemologie ist. Ich glaube jedoch, dass dies nicht Lenins bewusstes Denken war, sondern vielmehr das Ergebnis seiner materialistischen Neuschaffung von Hegels Denken. Nach meiner Meinung finden wir hier einigen Zweifel gegenüber der Epistemologie von Hegels Denken ausgedrückt. **Es war Hegels Logik, die Epistemologie zu verwenden, um die Welt zu vereinen.** *Ich habe bemerkt, dass nach den 1960er Jahren in der gelehrten Welt der früheren Sowjetunion eine Denkschule aufkam, die „Epistemologischer Zentralismus" genannt wurde. Ich bin mir jedoch nicht sicher, ob die Sichtweisen dieser Denkschule mit Lenins unausgereiftem Verständnis an jenem Punkt in Verbindung stehen.*

Ebenfalls zu Beginn dieses Lektüreprozesses, wenn er vor verschiedenen Problemen steht, wird Lenin wieder verwirrt. Der Grund dafür ist, dass selbst eine materialistische Umstülpung einiger Formulierungen Hegels zur Dialektik zu Argwohn führen kann. Wie wir bereits erwähnt haben, kritisiert Hegel zum Beispiel in seinem Kapitel über das Fürsichsein die idealistische Dualität von Kant und Fichte. Hegels ursprüngliche Absicht war es, sich gegen den Idealismus von Kant und Fichte zu wenden, indem er Letzteren für seine Annahme eines Dings an sich (Fichtes „Nicht-Selbst") und für die Annahme einer jenseitigen Welt und einer für sich selbst existierenden phänomenologischen Welt kritisierte. Hegel selbst erklärte, dass Fürsichsein monistisch sei. Erscheinungen sind die „Vielen", aber diese „Vielen" sind tatsächlich ein Ausdruck der überschüssigen Eigenschaften des „Einen" (Wesen). Daher ist „Viele" lediglich die „Vielen des Einen". Wenn man natürlich die Ebene der Logik von Hegels Formulierung hier betrachtet, dann waren „Eins" und „Viele" auch Mittel der Veränderung vom Begriff der Qualität zum Begriff der Quantität in logischen Strukturen. Lenins Verständnis zu jener Zeit hing zeitweise an Letzterem fest, so dass er natürlich Hegels „monistische" Logik an dieser Stelle nicht verstehen konnte.[9]

9   A.a.O., S. 106.

Als Lenin begann, das zweite Buch der *Wissenschaft der Logik* mit dem Titel „Die Lehre vom Wesen" zu lesen, gewann der logische Widerspruch, der in seinem Geist geschlummert hatte, plötzlich an Bedeutung. Hegels **ontologische** Logik (Dialektik und Epistemologie) geriet mit Lenins epistemologischem Rahmen in einen Konflikt der **widersprüchlichen Struktur**. Dieser Konflikt drückte sich primär in den Problemen von Ähnlichkeit und Erscheinung aus. Wie wir wissen, formuliert die *Wissenschaft der Logik* drei Ebenen der logischen Eigenschaften für das Wesen. Zunächst die reine Selbstreflexion (*scheint*) des Wesens selbst; zweitens die Erscheinung des Selbst (erscheint); drittens die Synthese von Erscheinung und Wesen (*Wirklichkeit*). Dies ist tatsächlich der historische **Fortschritt**, durch den das menschliche Subjekt äußere Dinge erkennt. Zuerst entwickelt es einen subjektiven Schein, dann eine völlig verfestigte allgemeine Erscheinung, und schließlich, nach der Erfassung des Wesens des Dings, vereint es das Ganze und gibt es zurück. Hegel **ontologisiert** jedoch diesen Bewusstseinsprozess und beschreibt tatsächliche Bewegungen als Bewegungen der Idee selbst. Hegel beseitigt die tatsächliche historische Beziehung zwischen dem wirklichen Subjekt (Mensch) und dem Objekt und objektiviert auf diese Weise das Subjekt. Daher wird das Objekt zu nichts anderem als einer Entäußerung der Idee. Hier ist Epistemologie ontologische Dialektik, und die logische Übersetzung der Idee ist auch die Entwicklung der Selbsterkenntnis. Dies ist immer noch Hegels „dreifache Identität".

Lenin verstand dies jedoch zu jener Zeit nicht. Er hält immer noch seine Andere spiegelbildliche „verkehrte" logische Interpretation Hegels aufrecht. Zunächst hält Lenin Schein für den Ausdruck des Wesens; dies ist lediglich eine epistemologische Perspektive, und sein Verständnis gemäß dieser Perspektive ist annehmbar. Wenn er jedoch zum zweiten Schritt gelangt, „Die Wesenheiten oder die Reflexionsbestimmungen", beginnt es für ihn schwierig zu werden. Ist die „Reflexion" ein Ausdruck des Wesens selbst? Umgekehrt gesagt können Schein und Erscheinung als äußere Wahrnehmung des Objekts definiert werden, während „Reflexion" nicht einfach umgekehrt werden kann. **Wer reflektiert?** Wenn ein Mensch reflektiert, dann impliziert dies epistemologisch gesprochen eine Trennung vom Subjekt; aber wie kann eine Reflexion, die vom Objekt getrennt ist, das Wesen des Objekts ausdrücken? Es ist offensichtlich, dass es nicht möglich ist, Hegels idealistische logische Situierung im Spiegelbild von Lenins philosophischem Materialismus umzukehren. Das verwirrte Lenin sehr. Ich glaube, dass die Wurzel des Problems immer noch Lenins Anderer Interpretationsrahmen war: **die Trennung der Epistemologie von ontologischer Dialektik.** Nach Hegels Logik ist „Reflexion" Selbsterkenntnis, ein Moment im dialektischen Übergang der Idee. Daher sind Epistemologie und Dialektik das Gleiche. Lenin kann an diesem Punkt nicht zu Hegels Logik vordringen.

An diesem Punkt in unserer Diskussion müssen wir wieder eine grundlegende Frage aufwerfen: **Wie würde eine einfach „auf den Kopf gestellte" Hegelsche Logik tatsächlich aussehen?** Wenn "auf den Kopf gestellt" nur bedeutet, materielle Begriffe zu verwenden, um den Absoluten Geist zu ersetzen, ist das Ergebnis dann materialistische Dialektik? Wir verbinden oftmals die Gesetze und Kategorien der materialistischen Dialektik unmittelbar mit den Gesetzen der objektiven Welt. Aus diesem Grund entsteht ein **großes unsichtbares Paradox**: Weil Hegels Gedankengang verkehrt die kognitiven Strukturen des Menschen als die ursprüngliche Struktur der Welt identifiziert, werden Begriffe und ihre Bewegung zum Wesen und zu den Gesetzen objektiver Dinge. Aber unsere „Verkehrung" sagt nur, dass diese Dinge keine „Begriffe" sind, sondern „Materie"! Material gesprochen sind jedoch sogenannte dialektische „Gesetze" tatsächlich **immer noch** menschliche kognitive Strukturen, und ein **latenter Idealismus** ist immer noch nicht verschwunden. Wir haben uns lediglich selbst betrogen, wenn wir denken, dass wir Hegels idealistische Dialektik materialistisch neu geschaffen haben. Dies ist eine komplexe **falsche Situierung**. Wir halten uns für Materialisten, aber tatsächlich ist unsere Situierung völlig homogen mit Hegels objektiver idealistischer Gedankensituierung. Das typischste Beispiel ist, dass wir in unserem dialektischen theoretischen Rahmen immer damit beginnen, Qualität zu erklären, dann den logischen Übergang zur Quantität erklären wie auch die dialektischen Kategorien von Wesen und Erscheinung. Dies ist jedoch nicht tatsächlich die **ursprüngliche** Struktur der Dinge, sondern vielmehr die **logische Sequenz** der menschlichen Erkenntnis, trotz unseres strengen Insistierens, dass sie in der objektiven Welt verankert seien. *Wir werden später sehen, dass Lenin begann, Hegels philosophische logische*

Sequenz in einer neuen Gedankensituierung stufenweise zu verstehen. Es ist offensichtlich, dass es unmöglich ist, den Widerspruch, der durch die Trennung der ontologischen Dialektik von der Epistemologie aufgeworfen wird, zu lösen. Daher fand Lenins sich zu dieser Zeit in einem ausweglosen logischen Dilemma gefangen. Nicht viel später begann Lenin zu bemerken, dass die *Wissenschaft der Logik* immer unmittelbar Epistemologie untersuchte; Hegel verglich immer die Untersuchung der Logik mit moderner Epistemologie. Lenin schreibt: „Offensichtlich nimmt Hegel seine Selbstentwicklung der Begriffe, der Kategorien im Zusammenhang mit der ganzen Geschichte der Philosophie. Das verleiht der ganzen Logik noch eine *neue* Seite."[10] Mit anderen Worten, Lenin hatte bereits erkannt, dass für Hegel **Epistemologie und Logik untrennbar miteinander verbunden waren.**

2. Entdeckung der „zweifachen Identität" von Erkenntnistheorie und Logik

Als er tiefer in seine Lektüre eintauchte, begann Lenins Haltung zu Hegel sich zu verändern. Er begann allmählich zu verstehen, dass die inneren Verbindungen zwischen Begriffen und dialektischen Übergangsbewegungen eine umfassende dialektische Logik bildeten. Lenin schreibt:

„Bewegung und ‚Selbstbewegung' (die NB! Selbsttätige (selbstständige), spontane, innerlich-notwendige Bewegung), ‚Veränderung', ‚Bewegung und Lebendigkeit', ‚Prinzip jeder Selbstbewegung', ‚Trieb' zur ‚Bewegung' und zur ‚Tätigkeit' – Gegensatz zum ‚*toten Sein*'."[11]

Als Nächstes beginnt Lenin bewusst zu erklären, dass er sich wie Hegel und Marx mit der „**dialektischen** Bearbeitung der Geschichte des menschlichen Denkens, der Wissenschaft und er Technik" beschäftigen werde.[12] Mit „dialektischer Bearbeitung" meint er eine epistemologische Aufgabe, die **von der Dialektik ausgeh**t, nicht lediglich die Suche nach Ergebnissen der ontologischen Existenz von Dialektik.

---

10   A.a.O., S. 107.
11   A.a.O., S. 131.
12   A.a.O., S. 137.

Ich glaube, dass Lenin im Rest seiner Lektüre fortfährt, Hegels logischen Rahmen unbewusst zu akzeptieren (ich muss jedoch betonen, dass Hegels logischer Rahmen, von dem wir sprechen, der Gedankengang der dreifachen Identität ist, nicht die Logik des Idealismus). Er beginnt auch, sich von dem einengenden Rahmen der strikten Trennung von Epistemologie und Dialektik zu lösen. *Diese Art der unbewussten Abweichung in seiner logischen Situierung war fundamental parallel und identisch mit der Verschiebung seiner grundlegenden Sicht von Hegels Philosophie.* Lenin verstand, dass „Hegel auf den Kopf zu stellen" nicht gleichbedeutend war mit äußeren Gesetzen; obwohl die von Menschen geschaffenen „Gesetze", inklusive der Widersprüche, Qualitäts-Quantitäts-Veränderungen und die Negation der Negation in der Dialektik tiefgehende Reflexionen des Menschen gegenüber der Bewegung äußerer Dinge gewesen sein mögen, **so waren sie als subjektive** Dialektik **nicht absolut** und konnten daher nicht simplifiziert oder idolisiert werden. Das ist der erste Punkt, dem die Naturwissenschaft (moderne Physik) Beachtung schenken muss. *Wir haben diesen Punkt bereits in früheren Diskussionen identifiziert; erst an diesem Punkt in Lenins epistemologischer Situierung jedoch konnte er es unmittelbar verstehen.* Lenin weist darauf hin, dass „**Gesetz** und **Wesen** gleichartige Begriffe (Begriffe gleicher Ordnung) oder besser gleicher Potenz [sind], welche die Vertiefung der Erkenntnis der Erscheinungen, der Welt etc. durch den Menschen zum Ausdruck bringen." Hier können wird sehen, dass Lenin bereits die **Einheit von Epistemologie und Dialektik** vertritt. Jedes dieser „Gesetze" oder „Wesen", denen wir begegnen, ist nichts als die **begrenzte, relative Reflexion des Wesens und der Bewegung der äußeren Welt unter bestimmten historischen Bedingungen.** Daher ist „jedes Gesetz eng, unvollständig, annähernd."[13] *Lenin bezieht sich an diesem Punkt offensichtlich nicht auf äußere objektive Gesetze in einem ontologischen Sinne, sondern vielmehr auf enge und annähernde „Gesetze". Dies ist die manifestierte Form dieser Art von Gesetz in der subjektiven Situierung des Menschen, die Knoten im Netz der Erkenntnis, die Lenin zuvor diskutiert hatte.*

13   A.a.O., S. 142.

Lenin schreibt, dass „die Welt der Erscheinungen als auch die Welt an sich **Momente** der Naturerkenntnis des Menschen, Stufen, **Veränderungen** oder Vertiefungen (der Erkenntnis) sind." Im Bereich des menschlichen Wissens ist die Trennung zwischen Erscheinung und Wesen relativ, weil Gesetze wesentliche Beziehungen sind; dies bezieht sich hauptsächlich auf die Einheit von Wesen und Erscheinung. Ich habe jedoch herausgefunden, dass Lenin hier bereits von Hegels Sichtweise aus denkt. Die Aussage, dass Gesetze wesentliche Beziehungen sind, impliziert Epistemologie, obwohl Lenin diesen Satz im Hinblick auf **Ontologie** wiederholt. Nach meiner Ansicht hat Lenin unbewusst Epistemologie und Dialektik vereinigt, was notwendig zu einem neuen Widerspruch im Denken des Buchs führt.

Lenins Denken erfuhr bald seine erste bedeutende Entwendung der theoretischen Logik, parallel zur kontinuierlichen Vertiefung des oben erwähnten epistemologischen Denkens. Er entwickelte daher eine völlig neue Gedankensituierung, was eine große Veränderung in Bezug auf den Platz von Hegels Philosophie im gesamten Lesen und Denken Lenins hervorrief. Ich habe auch herausgefunden, dass Lenins eigenes epistemologisches Denken nicht viel später ebenfalls eine bedeutende Verschiebung erfuhr.

Lenin entdeckte schnell, dass Logik die Wissenschaft der Erkenntnis ist.[14] Lenin zieht einen Pfeil, der auf einen Kasten zielt, und schreibt: „Die allgemeinen Bewegungsgesetze der Welt und des Denkens", womit er sich auf das Problem der Wahrheit bezog. *Tatsächlich gibt es hier keine zweifache Identität, sondern eine dreifache Identität! Es ist lediglich so, dass Lenin nur bemerkt, dass für Hegel Epistemologie und Logik identisch sind!* Lenins Verständnis dieses Punkts schritt schnell voran. Als er Hegels Worte zum Syllogismus las, exzerpierte er Hegels Definition eines philosophischen Systems: „…mit den drei Gliedern der philosophischen Wissenschaft, d.h. der logischen Idee, der Natur und dem Geist." Wir können hier sehen, dass Hegel hier die Natur als das Mittlere sieht, das die logische Idee und den Geist verbindet. Lenin verwendet einen großen Kasten, um seine eigenen wichtigen Gedanken und Gefühle auszudrücken:

---

14 A.a.O.

„‚Die Natur, diese unmittelbare Totalität, entfaltet sich in die logische Idee und in den Geist.' Die Logik ist die Lehre von der Erkenntnis. Sie ist Erkenntnistheorie. Erkenntnis ist die Widerspiegelung der Natur durch den Menschen. Aber das ist keine einfache, keine unmittelbare, keine totale Widerspiegelung, sondern der Prozess einer Reihe von Abstraktionen, der Formierung, der Bildung von Begriffen, Gesetzen etc. (Denken, Wissenschaft = ‚logische Idee') eben bedingt, annähernd die universelle Gesetzmäßigkeit der sich ewig bewegenden und entwickelnden Natur umfassen, Hier gibt es wirklich, objektiv drei Glieder: 1) die Natur; 2) die menschliche Erkenntnis = das Gehirn des Menschen(als höchstes Produkt eben jener Natur) und 3 die Form der Widerspiegelung der Natur in der menschlichen Erkenntnis, und diese Form sind eben die Begriffe, Gesetze, Kategorien etc. Der Mensch kann die Natur nicht als ganze, nicht vollständig, kann nicht ihre ‚unmittelbare Totalität' erfassen = widerspiegeln = abbilden, er kann dem nur *ewig* näher kommen, indem er Abstraktionen, Begriffe, Gesetze, ein wissenschaftliches Weltbild usw. usf. schafft."[15]

Man sollte hier bemerken, dass Wissen die Widerspiegelung der Natur durch den Menschen und Logik die Wissenschaft der Erkenntnis ist. In Lenins neuer theoretischer Situierung ist das Wissen des Menschen über die Natur nicht länger eine einfache, unmittelbare und vollständige Widerspiegelung, wie es durch den Diskurs des traditionellen philosophischen Materialismus postuliert wird; vielmehr ist es ein Prozess, von Begriffen, Gesetzen und Abstraktionen, die nur eine bedingte, angenäherte Erfassung der Natur erlaubt. Zugleich die Beziehung zwischen Natur, menschlichem Wissen und der reflektierten Form de Natur im menschlichen Wissen (dies ist Logik, aber nicht eine formale Logik, sondern vielmehr eine, die sich den *kognitiven Strukturen* oder *Schemaparadigmen* des Menschen, wie wir die in unsere wissenschaftlichen Epistemologie heute verstehen, annähert). Logik ist mit der Theorie des Wissens identisch, weil die die Struktur der Letzteren

15   A.a.O., S. 172.

ist; dies war die erste große Entdeckung, die Lenin im Lauf seiner Lektüre machte.

Wie wir bereits gesehen haben, erlebte Lenin in den *Berner Heften* auch eine zweite bedeutende Entwendung der theoretischen Logik, die es ihm erlaubte, eine neue Sichtweise der materialistischen Dialektik auf der Grundlage von Praxis zu entwickeln. Als Lenin das dritte Kapitel („Teleologie") des zweiten Abschnitts („Die Objektivität") des zweiten Bandes der *Wissenschaft der Logik* las, schrieb er seinen ersten Vergleich der logischen Situierung nieder. In diesen experimentellen Notizen nimmt Lenin eine umfassende logische Umstülpung von Hegels Philosophie vor. In diesem vergleichenden Gedankenexperiment sehen wir Lenins neues Verständnis epistemologischer Fragen. Wie wir bereits gezeigt haben, hat Lenin hier bereits erkannt, dass sich objektive Prozesse nicht auf Natur beziehen (dies ist die Trennlinie zwischen Marxismus und altem Materialismus), sondern vielmehr zwei existenzielle Formen hat: „die Natur (mechanische und chemische) und die zwecksetzende Tätigkeit des Menschen."[16] Nach Lenins Meinung zu jener Zeit konnte die Beziehung zwischen diesen beiden so beschrieben werden: Erstere war die Grundlage von Letzterer, aber aus der Perspektive der praktischen (zwecksetzenden) Tätigkeit des Menschen scheint Erstere äußerlich und von zweitrangiger Bedeutung zu sein. Man sollte bemerken, dass sich die äußere Welt in Lenins ursprünglicher Denklogik zweigeteilt hat, wozu er die Tätigkeit des Menschen und Ergebnisse in **objektiver materieller Praxis** hinzufügt. Daher ist auch die große Beziehungsform von Lenins Logik ebenfalls verändert; sein Fokus liegt nicht länger auf **Natur, Wissen** und **Logik**, sondern vielmehr auf **Natur, Praxis und Wissen (Logik)**. *Natürlich ist diese neue qualitative Unterscheidung für Lenin immer noch unbewusst.*

Ich glaube, dass das Aufkommen der Praxis in Lenins Verständnis der Beziehung der „dreifachen Identität" extrem wichtig war, weil es einen bedeutenderen Fortschritt des Wissens signalisierte. Zugleich folgt Lenin Hegels Gedankengang und führt eine ganze Reihe von wichtigen kategorialen epistemologischen Beziehungen ein, d.h. die Beziehung zwischen der Kategorie der Logik und der menschlichen Praxis. Mit anderen Worten, Lenin hatte bereits begonnen, das Problem der Zusammensetzung der

16 A.a.O., S. 178.

menschlichen kognitiven Strukturen selbst zu erkennen; nicht lange zuvor sah Lenin dies als das Mittlere zwischen Natur und Wissen, wobei er die Logik als das abstrakte Mittel sah, das Wissen herstellte.

Nachdem er die Bedeutung der Praxis entdeckt hatte, befand sich Lenin an der Schwelle zu einem neuen Verständnis. Nachdem er den dritten Abschnitt („Die Idee") des zweiten Bandes der *Wissenschaft der Logik* gelesen hatte, schreibt Lenin begeistert: **„Sicherlich die beste Darstellung der Dialektik.** Hier wird auch wunderbar genial das Zusammenfallen, sozusagen, von Logik und Gnoseologie gezeigt."[17] Lenin weist weiter darauf hin, dass „die Beziehungen (= Übergänge = Widersprüche) der Begriffe = Hauptinhalt der Logik", die Dialektik der Idee sind.[18] Es ist hier offensichtlich, dass Lenin schließlich begonnen hat zu bemerken, dass für Hegel Logik und Epistemologie identisch sind; dies war die beste Darstellung der Dialektik. Waren daher dann die **drei Aspekte** nicht identisch? Lenin legte sich an diesem Punkt jedoch nicht fest, da es immer noch die Frage der Beziehung zwischen den dreien und dem Punkt der Konvergenz gab. Für Hegel schien sich Dialektik durch die Bewegungslogik des Wissens auszudrücken. Aus der Perspektive der Substanz des Hegelianismus liefen die drei Aspekte in der Epistemologie zusammen, denn ihr philosophisches Sein bestand aus den kognitiven Strukturen des Menschen. Wenn Lenin Hegels „dreifache Identität" neu strukturieren sollte, **wo** sollte die Konvergenz stattfinden? Dies war der nächste schwierige Punkt, den Lenin angehen musste.

3. Praktische Dialektik: Der einzige Grundpunkt der „dreifachen Identität"

In den *Berner Heften* wurde Lenins Lösung dieses Problems allmählich durch eine Reihe von tiefgreifenden Reflexionen und Erkenntnissen verwirklicht. Betrachten wir hier erneut Lenins zweites vergleichendes logisches Situierungsexperiment, das er schrieb, als er den einleitenden Abschnitt des dritten Teils („Die Idee") von „Die Lehre vom Begriff" las.

Beginnend mit dem Zusammenhang der Diskussion hier können wir sehen, Lenin zunächst drei wichtige Punkte erklärt. Der erste war die

17 A.a.O., S. 182.
18 A.a.O., S. 186.

Prämisse, d.h., Wissen ist die Identität des Objektiven und des Subjektiven. Zweitens war diese Identität nicht die idealisierte, statische Identität des alten Materialismus, und Wissen (die Idee) drückte sich als die Beziehung zwischen Mensch und dem Objektiven aus. Drittens spielt in dieser Beziehung die Subjektivität des Menschen die Rolle, diesen subjektiven antagonistischen Impuls zu eliminieren. *Dieser Gedankengang sagt uns klar, dass Lenin entlang der Linien von Hegels Dialektik vorging.* In Lenins neuer Gedankensituierung zeigte die Zustimmung zu diesem logischen Fortschritt die Konvergenz der Visionen von Lenin und Marx. Lenin beginnt sich gegen die unmittelbar beobachtende Natur der Epistemologie zu wenden, indem er betont, dass Wissen ein **Verhältnis** ist („Mein Verhältnis zu meiner Umgebung ist mein Bewusstsein", um Marx' Worte zu verwenden), und dass Beziehungen nicht bloße Gegensätze sind, sondern vielmehr der Übergang von der dynamischen Tätigkeit des Menschen zum Objekt des Wissens. Wir finden, das hier eine logische Schleife versteckt ist: zuerst gibt es Subjektives und Objektives und dann Verhältnis, aber die Kontrolle dieses Verhältnisses gehört wieder zur aktiven Subjektivität des Menschen. Wir müssen zugeben, dass es hier ungelöste Probleme gibt.

Gemäß diesem Text schreibt Lenin zuerst: „Die Idee (lies: Erkenntnis des Menschen) ist Zusammenfallen (Übereinstimmung) des Begriffes und der Objektivität (‚Allgemeines'). Das erstens."[19] Das ist die **materialistische** Prämisse marxistischer Epistemologie. Trotzdem ist menschliches Wissen sicherlich keine passive, negative unmittelbare Beobachtung äußerer Objekte, wie es im Diskurs des traditionellen philosophischen Materialismus verstanden wird. Daher, „zweitens ist die Idee der **Beziehung** der fürsichseienden (= angeblich selbstständigen) Subjektivität (des Menschen)zu der ((von dieser Idee) **unterschiedenen** Objektivität..." Dies impliziert, dass Bewusstsein eine Art von **Verhältnis** ist. Im traditionellen philosophischen Materialismus wird das Objekt des Wissens unmittelbar als sinnliche Substanz verstanden, und kognitive Beziehungen sind gespiegelte, idealisierte unmittelbare Reflexionen objektiver Objekte. Hier weist Hegel andererseits darauf hin, dass Subjektivität der Trieb ist, der diese Trennung von

---

19   A.a.O., S. 184.

Objekt und Subjekt „aufhebt"[20], und Lenin schreibt diesen Gedanken neu, der dann heißt: „Die Subjektivität ist der **Trieb**, diese Trennung (der Idee vom Objekt) aufzuheben." Es ist offensichtlich, dass Lenin mit dem idealistischen Gedankengang, der einseitig die subjektive Dynamik übertrieb und stattdessen die zweckgesteuerte Neuschaffung der objektiven Welt durch den Menschen betonte, nicht übereinstimmte. Seine „Subjektivität" bezieht sich tatsächlich auf die **praktische Subjektivität** des Menschen. *Es ist für mich etwas überraschend, dass dieser Punkt mit Marx' theoretischem Punkt in den Thesen über Feuerbach identisch ist: „vom subjektiven Aspekt verstanden." Nicht viel später sollte Lenin dies als die Bewegung vom Subjekt zum Objekt ausdrücken.*

Wir wissen, dass Marx und Engels, als sie ihre erste vollständige Formulierung des Wesens des Bewusstseins (Erkenntnis) vornahmen, schrieben: „Mein Verhältnis zu meiner Umgebung ist mein Bewusstsein."[21] Sie geben die folgende Beschreibung des Wesens der menschlichen Erkenntnis:

> „**Die Vorstellungen, die sich diese Individuen machen, sind Vorstellungen entweder über ihr Verhältnis zur Natur oder über ihr Verhältnis untereinander, oder über ihre eigne Beschaffenheit. Es ist einleuchtend, dass in allen diesen Fällen diese Vorstellungen der-wirkliche oder illusorische-bewusste Ausdruck ihrer wirklichen Verhältnisse und Betätigung, ihrer Produktion, ihres Verkehrs, ihrer gesellschaftlichen und politischen Organisation sind.**"[22]

Es ist klar, dass Marx' Darstellung des Bewusstseins als Verhältnisse sich nicht auf ein subjektives Verhältnis bezieht, sondern zuerst auf **praktische Verhältnisse, die vom menschlichen Subjekt ausgehen**. Erkenntnis spiegelt Gegenstände nicht unmittelbar wider, sondern reflektiert vielmehr **vermittelte** gesellschaftlich historische Verhältnisse. *Lenin konnte Die*

---

20 Georg Wilhelm Friedrich Hegel, *Wissenschaft der Logik*, S. 466.
21 Karl Marx/Friedrich Engels, Die deutsche Ideologie, in: *MEW*, Bd. 3, S. 30, Fn. [im Manuskript gestrichen].
22 A.a.O., S. 25, Fn.

deutsche Ideologie nicht lesen, aber durch die Neuschöpfung der Hegelschen Dialektik war er in der Lage, die wahre Tiefe von Marx' philosophischer Weltanschauung zu erfassen.

Hier führt Lenin weiter aus: „Das Zusammenfallen des Gedankens mit dem Objekt ist ein **Prozess**, der Gedanke (= der Mensch) muss sich die Wahrheit nicht als die tote Ruhe, als ein bloßes Bild (Abbild), blass (matt), ohne Trieb, ohne Bewegung, als einen Genius, als Zahl, als abstrakten Gedanken vorstellen."[23] Warum? Weil Erkenntnis aus durch Praxis vermittelten Beziehungen besteht. Die Beziehung zwischen Erkenntnis („die Idee") und äußeren Objekten ist nicht, so wie es der alte Materialismus verstand, eine Beziehung der „toten Ruhe", sondern vielmehr ein historischer Prozess, der sich kontinuierlich durch die Vermittlung praktischer Beziehungen vertieft und verändert. Daher glaubt Lenin, dass Hegels Gegnerschaft zur Verfestigung von Begriffen richtig ist: „die Begriffe sind nicht unbeweglich, sondern – an und für sich, ihrer Natur nach = Übergang."[24]

Lenin erklärt:

„**Erkenntnis ist die ewige, unendliche Annäherung des Denkens an das Objekt. Die Widerspiegelung der Natur im menschlichen Denken ist nicht ‚tot', nicht ‚abstrakt', nicht ohne Bewegung, nicht ohne Widersprüche, sondern im ewigen Prozess der Bewegung, des Entstehens der Widersprüche und ihrer Lösung aufzufassen.**"[25]

Hier sind die Verschränkungen der Erkenntnis nicht länger die Selbstverschränkungen der Idee wie von Hegel beschrieben; vielmehr sind sie die ewigen Widersprüche der Bewegung des Menschen in Richtung objektiver materieller Dialektik durch praktische Dialektik. Nur durch einen historischen, praktischen dialektischen Fortschritt kann der Mensch kontinuierlich das Wesen von Objekten erkennen und sich kontinuierlich der objektiven Wahrheit nähern. In Lenins Sicht zu jener Zeit **bestand die**

---

23 Lenin, W.I., Konspekt zu Hegels „Wissenschaft der Logik", in: *LW*, Bd. 38, S. 184-185.
24 A.a.O., S. 217.
25 A.a.O., S. 185.

Substanz der objektiven Wahrheit in der dialektischen Bewegung der Praxis.

Als nächstes öffnet Lenin den sechsten Band von Hegels *Enzyklopädie der Philosophischen Wissenschaften* und beginnt seine Exzerpte mit Paragraph 213 der *Kleinen Logik*, während er seine Neuschaffung von Hegels Philosophie fortführt. Als Antwort auf Hegels Aussage, „die Idee ist das Wahre"[26], schreibt Lenin in der rechten Spalte: „Die Idee ist **Erkennen** und Streben (Wollen) des Menschen... Der Prozess des (vergänglichen, endlichen, beschränkten) Erkennens und Handelns verwandelt die abstrakten Begriffe in **vollkommene Objektivität.**"[27] Ich glaube, dass Lenin Hegels Ansicht, dass Wahrheit die Beziehung individueller Wesen sei, bereits sehr tiefgehend neu strukturiert hat. Lenin fährt fort:

> **„Das einzelne Sein (Gegenstand, Erscheinung etc.) ist (nur) eine Seite der Idee (der Wahrheit). Für sie Wahrheit bedarf es noch andrer Seiten der Wirklichkeit, die auch nur als selbstständige und einzelne (besonders für sich bestehende) erscheinen. Nur in ihrer Gesamtheit (zusammen) und in ihrer Beziehung realisiert sich die Wahrheit."**[28]

Ich muss insbesondere darauf hinweisen, dass Lenins Verwendung der Worte "erschien als" sich nicht auf objektiv existierende Substanz an sich in ontologischem Sinne bezieht, **und materielle Objekte sind auch nicht an sich Erscheinungen.** *Wie wir bereits gesehen haben, ist Erscheinung keine Eigenschaft materialistischer philosophischer Ontologie; sie ist nur in Beziehung zum Subjekt begründet.* Tatsächlich bezieht sie sich auf die Darstellung objektiver Objekte im Lauf der Praxis als Erscheinung und individuelle Wesen. Der Mensch kann auch nur in praktischer dialektischer Vertiefung allmählich die Beziehungen zwischen diesen Dingen entdecken und ihre Beziehungen letztlich, vollständig und wirklich erfassen.

---

26 Georg Wilhelm Friedrich Hegel, *Enzyklopädie der philosophischen Wissenschaften im Grundrisse*, VI, § 213.
27 A.a.O., S. 185-186.
28 A.a.O., S. 186.

Daher schreibt Lenin:

„Die Gesamtheit aller Seiten der Erscheinung der Wirklichkeit und ihrer (Wechsel-)Beziehungen – das ist es, woraus sich die Wahrheit zusammensetzt. Die Beziehungen (= Übergänge = Widersprüche) der Begriffe = Hauptinhalt der Logik, wobei diese Begriffe (und ihre Beziehungen, Übergänge, Widersprüche) als Widerspiegelungen der objektiven Welt gezeigt wird. Die Dialektik der Dinge erzeugt die Dialektik der Ideen, und nicht umgekehrt."[29]

Nach Lenins Logik zu jener Zeit, bedeutet die Aussage, „die Dialektik der **Dinge** erzeugt die Dialektik der **Ideen**", nicht, dass objektive Objekte automatisch die Dialektik der Erkenntnis herstellen, sondern vielmehr, dass **objektive Dialektik aktiv subjektive Dialektik durch praktische Dialektik schafft**. Dies war ein völlig neuer Gedankengang der Situierungslogik. Sowohl objektive Dialektik wie praktische Dialektik sind objektive Dialektiken; durch das Medium der praktischen Dialektik bildet objektive Dialektik unter bestimmten Umständen historisch das menschliche Ergebnis der Erkenntnis – subjektive Dialektik.

In seinem letzten Kasten in diesem Kapitel bestätigt Lenin eine von Hegels Sichtweisen in der *Kleinen Logik*, dass „die Idee [...] wesentlich **Prozess**" sei.[30] Er fährt jedoch fort, dies materialistisch zu interpretieren und argumentiert, „die Wahrheit ist ein Prozess", denn „von der subjektiven Idee gelangt der Mensch zur objektiven Wahrheit **durch** die ‚Praxis' (und Technik)."[31] Es gibt keinen Zweifel, dass praktische Dialektik an diesem Punkt bereits zum Fokus von Lenins Aufmerksamkeit geworden ist.

Wir haben bereits gesehen, dass die Zustimmung zur praktischen Dialektik im dritten vergleichenden Gedankensituierungsexperiment von Lenins Anmerkungen auftaucht. Hier identifiziert Lenin wiederholt die Grundlage von Epistemologie und objektiver praktischer Dialektik. Er

29 A.a.O.
30 Georg Wilhelm Friedrich Hegel, *Enzyklopädie der philosophischen Wissenschaften im Grundrisse*, VI, § 215.
31 Lenin, W.I., Konspekt zu Hegels „Wissenschaft der Logik", in: *LW*, Bd. 38, S. 191.

erkennt, „notwendig ist die **Vereinigung von Erkenntnis und Praxis.**"[32] Im Kasten auf Seite 209 schreibt Lenin überzeugend: „Die Tätigkeit des Menschen, der sich ein objektives Weltbild gemacht hat, **verändert** die äußere Wirklichkeit, hebt ihre Bestimmtheit auf (verändert diese oder jene ihrer Seiten, ihre Qualitäten) und nimmt ihr auf diese Weise die Züge des Scheins, der Äußerlichkeit und der Nichtigkeit, macht sie zur an und für sich seienden (= objektiv wahren)."[33] Hier erklärt Lenin zum ersten Mal, dass Praxis ein Bild der objektiven Welt konstruiert. Erstens ist dies keine unmittelbare Widerspiegelung der äußeren Welt. Zweitens verändern die grundlegenden Breiten- und Längengrade dieses Bilds der vom Menschen konstruierten Welt die äußere Wirklichkeit; entsprechend dem Zweck (den Bedürfnissen) des Menschen verändert er „diese oder jene ihrer Seiten, ihre Qualitäten". Das bedeutet, dass er in der praktischen Rekonstruktion des Menschen die Seiten äußerer Objekte begrenzt oder reduziert, die für den Menschen schädlich sind (wie etwa Naturkatastrophen), während er diese Aspekte, die für den Menschen nützlich sind, erhält, priorisiert und ausweitet. Dies beseitigt die „Äußerlichkeit" in der Natur, die in keiner Beziehung zum Menschen steht, die stattdessen im Hinblick auf die praktische Nützlichkeit für den Menschen zu einer Existenz **für sich** wird. Wir können sehen, dass Lenin Praxis bereits als seinen wichtigsten Basispunkt entdeckt hat.

Kurze Zeit später erkannte Lenin tiefgreifend, „die Dialektik *ist eben* die Erkenntnistheorie (Hegels und) des Marxismus."[34] Hier bezieht sich Lenin nicht nur auf äußere materielle Dialektik, sondern vielmehr auf alle objektive Dialektik, in die die praktische Dialektik des Menschen tief eingebettet ist. Lenin entdeckte später, dass in Marx' *Kapital* die Logik, Dialektik und Epistemologie des Materialismus in einem einzigen Wort ausgedrückt werden kann; sie sind das Gleiche. Wenn wir unseren Gedankengang hier verwenden, um dies zu verstehen, dann bedeutet dies, dass Logik, Dialektik und Epistemologie über objektiver **praktischer Dialektik** zusammenkommen.

---

32 A.a.O., S. 207.
33 A.a.O., S. 209.
34 W.I. Lenin, Zur Frage der Dialektik, in: *LW*, Bd. 38, S. 338-344, hier: S. 343.

Unter Wissenschaftlern der früheren Sowjetunion wurde Lenins Standpunkt der „dreifachen Identität" als „der wahre Höhepunkt [seines] philosophischen Denkens" bezeichnet.[35] Ich glaube, dass diese Erklärung ein weiteres Beispiel für Übertreibung ist. Objektiv gesagt war Lenins Sicht des Zusammenfallens von Logik, Dialektik und Epistemologie lediglich eines der theoretischen Ergebnisse, zu denen Lenin gelangte, als er in den *Berner Heften* eine neue Gedankensituierung erkannte. Wenn wir zudem unsere Analyse auf den Tatsachen basieren wollen, müssen wir zugeben, dass diese Erkenntnis nicht die ursprüngliche Entdeckung von Lenins philosophischem Denken war; wir können nur sagen, dass sie das Ergebnis seiner Neuschaffung von und seiner Zustimmung zu Hegels Sichtweisen im Zusammenhang marxistischer Philosophie war.

---

35 Dynnik (Hg.), *Geschichte der Philosophie*, Bd. 5, Beijing (Sanlian Press) 1975, S. 176.

Kapitel 13
Entzauberung: Lenins „Sechzehn Elemente" der Dialektik

Als Lenin seine berühmten „sechzehn Elemente" der Dialektik und Epistemologie schrieb, näherte er sich bereits dem Ende seines Studiums von Hegels *Die Wissenschaft der Logik* (Lenin hatte schon das letzte Kapitel, „Die absolute Idee", gelesen). Zu jener Zeit hatte Lenin bereits das Wissen erworben, dass subjektive dialektische Strukturen mit epistemologischen Strukturen (Logik) identisch sind. Er wollte fortfahren, eine umfassende Liste und Zusammenfassung seiner Gedanken bis zu jenem Punkt anzufertigen, um zu verstehen, wie er subjektiv, dialektisch die verschiedenen Aspekte der materiellen Dialektik der äußeren Welt erfassen könne. In seinen Reflexionen und der Organisation seines neueren Denkens nahm Lenin grobe Überlegungen über die inneren Verbindungen zwischen den verschiedenen Aspekten (Momenten) der materialistischen Theorie vor. Daher war dies ein **Gedankengang der Forschungslogik** und sicherlich nicht der **theoretische Ausdruck** einer Art von System (Struktur). Wichtiger ist jedoch, dass die Logik der praktischen Dialektik in der großen Verschiebung, die Lenin in den späteren Stadien seiner Lektüre verwirklicht hatte, nicht unmittelbar in diesen „sechzehn Elementen" reflektiert wurde. Das ist eine Frage, die eine tiefere Betrachtung verdient.

1. Logische Analyse der Textstruktur

Ich habe drei neue Sichtweisen zu Lenins „sechzehn Elementen" der Dialektik und Epistemologie. **Zunächst** ist der Inhalt dieser sechzehn Elemente nicht länger nur dialektisch, sondern berührt unmittelbar wichtigen epistemologischen Inhalt. *Aus diesem Grund glaube ich, dass wir die „sechzehn Elemente" mit den Adjektiven „dialektisch und epistemologisch" bezeichnen sollten.* Zweitens waren die sechzehn Elemente nicht mehr als eine Zusammenfassung des Wissens, das Lenin erworben hatte, indem er bei der dialektischen materialistischen Theorie blieb. Genauer gesagt, waren sie nur seine unvollständige Zusammenfassung subjektiver Dialektik und sicherlich keine bewusste Konstruktion eines umfassenden theoretischen **Systems** der materialistischen Dialektik. Es läuft der ursprünglichen Absicht von Lenins Denken entgegen, diesen speziellen Zusammenhang auszulassen und abstrakt die „sechzehn Elemente" zu erhöhen und sie als Strukturen objektiver Dialektik zu setzen. **Drittens** ist der Inhalt der „sechzehn Elemente" hauptsächlich eine Zusammenfassung von Hegels dialektischem Denken, kein **originärer** Ausdruck von Lenins eigenen Ideen zur materialistischen Dialektik. Daher ist die Berechtigung jedes Versuchs, das logische System marxistischer materialistischer Dialektik aus Lenins „sechzehn Elementen" zu konstruieren, höchst zweifelhaft. *Ich habe herausgefunden, dass die erste Person, die vorschlug, Lenins „dialektische Elemente" zu verwenden, um ein materialistisches System zu konstruieren, tatsächlich Deborin war. In seiner Einleitung zu Lenins* <u>Berner Heften</u> *von 1929 schreibt er, dass Lenins Prinzipien in sowjetische materialistische Lehrbücher als Ausgangspunkt des gesamten Studiums materialistischer Dialektik übernommen werden. Wir alle sind, unter viele Umständen, Oberflächlichkeit und Vereinfachung gewohnt, wenn wir uns mit materialistischer Dialektik beschäftigen.*[1]

Ich glaube, dass Lenin die „sechzehn Elemente" nicht bewusst vorschlug, um ein logisches Modell der materialistischen dialektischen Theorie zu konstruieren. Vielmehr war dies eine kurze, theoretische Zusammenfassung seiner Gedanken zur „Absoluten Idee" gegen Ende seiner Lektüre dieses letzten Teils der *Wissenschaft der Logik*. Tatsächlich erreicht Hegel im dritten Kapitel dieses letzten Teils von *Die Wissenschaft der Logik* („Die absolute Idee") nach zahllosen begrifflichen Veränderungen und theoretischen Entwicklungen den Höhepunkt seines Denkens: die Absolute Idee. Hier finden wir eine

1   Abram Deborin, Einleitung zu Band 9 der *„Lenin-Dokumente"*, Sowjetische Nationalpresse 1929, Anhang (chinesisch).

theoretische Zusammenfassung der Dialektik wie auch den Vorschlag einer Reihe von wichtigen Prinzipien. Nachdem er in mehrere Sprünge in seinem Denken vollzogen hat, konnte Lenin nun leicht und akkurat die grundlegende Bedeutung von Hegels Dialektik erfassen. Wie wir daher in diesem Kapitel lesen können, folgte Lenin Hegels Zusammenfassung der Dialektik, indem er eine denkexperimentelle Erklärung **subjektiver** dialektischer Logik, wie er sie verstand, lieferte. Beginnend mit der „Theorie der geplanten Konzeption" nimmt Kedrow eine angestrengte Interpretation von Lenins „sechzehn Elementen" vor, indem er diese Punkte als den „ersten Plan" eines Buchs über Dialektik nach der Lektüre von Hegels *Wissenschaft der Logik* bezeichnete. Ich glaube, dass dies ein Beispiel von subjektiver Annahme und **falscher Situierung** ist.[2]

Nach meinem Verständnis stellen die „sechzehn Elemente" eine zweischichtige Struktur des logischen Denkens und Situierens dar, die zu jener Zeit in Lenins Denken existierte. Nachdem er Hegels dialektische Analyse im Abschnitt mit dem Titel „Absolutes Erkennen" gelesen hat, zitiert Lenin zunächst einen von Hegels Abschnitten im originalen Deutsch und zieht dann zwei dicke Linien bei diesem Abschnitt zusammen mit den Worten „eine der Bestimmungen der **Dialektik**"[3]. Danach übersetzt er und schreibt die Worte: „Dieses so sehr synthetische als analytische Moment des Urteils, wodurch (durch das Moment) das anfängliche Allgemeine der allgemeine Begriff aus ihm selbst als das Andere seiner sich bestimmt, ist das dialektische zu nennen."[4] Er verwendet auch einen langen Pfeil, um auf den Abschnitt im originalen deutschen Text zu verweisen.

Im Faksimile des Originaldokuments ist es möglich, Lenins Worte am rechten Seitenrand zu sehen: „Eine Bestimmung, die nicht gerade zu den klaren gehört!!" Trotzdem schlägt Lenin hier drei umfassende Sichtweisen zu Hegels Diskussion der Methode der Struktur der begrifflichen Logik zu Beginn dieses dritten Kapitels vor. *Kedrow vermutet, dass Lenins Zusammenfassung der ersten Ebene der Dialektik hier unmittelbar aus seiner Analyse und seinem*

---

2   Vgl. Kedrows *Zur dialektischen Darstellungsmethode*, S. 330.
3   Lenin, W.I., Konspekt zu Hegels „Wissenschaft der Logik", in: *LW*, Bd. 38, S. 212.
4   A.a.O.

Nachdenken zu diesem Textabschnitt stammt.[5] *Ich glaube, dass Kedrows Interpretation hier von der Wahrheit abweicht. Ich behaupte, dass in Lenins Denken zu jener Zeit, mit Ausnahme des dritten Gesichtspunktes, der aus diesem Abschnitt der Exzerpte stammt, die ersten beiden Gesichtspunkte auf bedeutende Weise Hegels umfassende Erklärung der Dialektik im dritten Kapitel („Die absolute Idee") der* Wissenschaft der Logik *zusammenfassen. Dies ist ein winziges Textdetail.* Diese Gesichtspunkte sind auch drei übergreifende Zusammenfassungen, die erste Gedankenebene in Lenins Gedankensituierungsexperiment zu jener Zeit.

Der erste Gesichtspunkt begründet die Prämisse subjektiver Dialektik, d.h. „das Ding selbst soll" objektiv „betrachtet werden", während auch erklärt wird, dass es zwei Dimensionen in der umfassenden Perspektive der dialektischen Beobachtung gibt: „das Ding [...] in seinen Beziehungen und in seiner Entwicklung" soll unsere Erkenntnis formen. Ich finde, dass wir zum Textzusammenhang der *Wissenschaft der Logik* zurückkehren; dies ist Lenins Neustrukturierung von Hegels erstem Prinzip der dialektischen Methode. Hegels originale Worte sind: „Das, was die Methode hiermit ausmacht, sind die Bestimmungen des Begriffes selbst und deren Beziehungen."[6] Dies ist der logische Ausgangspunkt von Hegels objektivem Idealismus; für Hegel ist die wahre Grundlage des Begriffs (Sein) das einzige Objekt der Erkenntnis. Hier restrukturiert Lenin auf materialistische Weise Hegels Formulierung als Betrachtung äußerer Objekte und betont dabei, dass Dinge selbst auf der Grundlage von Beziehungen und Entwicklung betrachtet werden müssen. Das wird natürlich ein Ausgangspunkt von materialistscher Dialektik. Traditionelle theoretische Systeme materialistischer Dialektik begründen „Beziehungen" und „Entwicklung" als übergreifende Kennzeichen des Begriffs der Dialektik.

Der zweite Gesichtspunkt erklärt die Substanz dieser subjektiven Dialektik als die Erfassung des „Widersprechende[n]im Ding selbst". Dies ist auch Lenins Neustrukturierung des zweiten Prinzips von Hegels Methodologie. In *Die Wissenschaft der Logik* identifiziert Hegel, wenn er die übergreifende

---

5   Vgl. Kedrows *Eine Forschung zu Lenins „Philosophischen Heften"*, Qiushi Press (1984), S. 300 (chinesisch).
6   Georg Wilhelm Friedrich Hegel, *Wissenschaft der Logik*, Bd. II, Frankfurt/M. 1986, S. 553 (Werke, Bd. 6).

Logik diskutiert, die die Dialektik öffnet, die übergreifende Logik der begrifflichen Dialektik als etwas, das Unterschiede und „die Einheit dieser Verschiedenen" beinhaltet. Lenin entwickelt diese Idee unmittelbar, wobei er erkennt, dass Widersprüche der wesentliche Aspekt aller Dialektik sind: „die widersprechenden Kräfte und Tendenzen in jedweder Erscheinung." *Wenn wir Lenins Behauptung in „Zur Frage der Dialektik" betrachten, dass die Synthese des Widerspruchs das „Zentrum" und das „Wesen" der dialektischen Theorie sei, dann wird dieser Gesichtspunkt unmittelbar übertrieben.*

Der dritte Gesichtspunkt legt die umfassende Eigenschaft dieses dialektischen Wissens dar: „die Vereinigung von Analyse und Synthese."[7] Wie wir bereits gesehen haben, ist dies eine Zusammenfassung von Lenins Exzerpt von Hegels Abschnitt. Lenin schreibt: „Dies sind allem Anschein nach die Elemente der Dialektik." Man bemerke, dass dies keine Elemente objektiver Dialektik im objektiven Sinne sind, sondern theoretische **logische Elemente** der Identität subjektiver Dialektik, Epistemologie und Logik. *Der Grund dafür ist, dass die Begriffe „Betrachtung", „Analyse" und „Synthese" nicht zur ontologischen Logik gehören können.*

Nachdem er seine erste allgemeine Formulierung geschrieben hat, die **unmittelbar vom Zusammenhang der originalen Worte Hegels** ausging, stößt Lenin plötzlich auf ein neues Denken. Er schreibt, „Man kann sich diese Elemente detaillierter wohl so vorstellen, um seine zweite Ebenen des Denkausdrucks (nicht des „Systems"!) zu erreichen – die „sechzehn Elemente". Eine sorgfältige Untersuchung der Faksimiles des originalen Manuskripts zeigt, dass diese „Elemente" nicht zugleich geschrieben wurden, sondern erst durch die inneren Verbindungen zwischen zwei verschiedenen Denksituierungen vervollständigt wurden, **neu organisiert** durch vielfache, sorgfältige Gedankenexperimente.

Nach den drei zuvor abgegebenen zusammenfassenden Erklärungen scheint Lenin sieben Elemente zugleich geschrieben zu haben; dies bildete den ersten Denksituierungsprozess der „sechzehn Elemente". Dieses Denken war hauptsächlich eine unmittelbare und konkrete Entfaltung der drei umfassenden Zusammenfassungen, die er zuvor vorgenommen hatte. Kedrows

---

7   Lenin, W.I., Konspekt zu Hegels „Wissenschaft der Logik", in: *LW*, Bd. 38, S. 212.

Analyse dieses Punkts, die er in der Überschrift „Drei Punkte, die zu sieben Punkten ausgeweitet werden" zum Ausdruck bringt, ist korrekt.[8] Die Elemente 1 bis 3 wurden auf zwei der drei Punkte in den „Zusammenfassungen" ausgeweitet, während der erste die Prämisse der materialistischen Dialektik („Das Ding selbst soll betrachtet werden") weiter bestätigte: „die Objektivität der BetrachtunG (nicht Beispiele, nicht Abschweifungen, sondern das Ding an sich selbst)".[9] Hier glaube ich, dass es Lenins Neuschreibung von einem von Hegels Abschnitten auf der gleichen Seite war. Hegels originale Worte sind: „[Erkennen muss] die *Dinge an und für sich selbst [...] betrachten*, teils in ihrer Allgemeinheit, teils aber nicht von ihnen abzuirren und nach Umständen, Exempeln und Vergleichungen zu greifen, sondern sie allein vor sich zu haben und, was in ihnen immanent ist, zum Bewusstsein zu bringen."[10] Aus unserer jetzigen Perspektive ist Lenins neu strukturierte Formulierung von Hegels Ideen sowohl akkurat wie auch tiefgreifend.

Die Elemente 2 und 3 betreffen die spezifischen Erklärungen der zwei Dimensionen der „allgemeinen Kennzeichen" der materialistischen Dialektik, wie sie in der ersten „Zusammenfassung" zum Ausdruck kommen (Beziehungen und Entwicklung von Dingen): „die ganze Totalität der mannigfaltigen **Beziehungen** dieses Dinges zu den anderen" und „die Entwicklung dieses Dinges (resp. der Erscheinung), seine eigene Bewegung, seine eigenes Leben." Ich glaube, dass Lenin beginnend mit diesen beiden Elementen nicht länger von Hegels textuellem Zusammenhang ausging, sondern seine eigene allgemeine Kenntnis der Dialektik vergleichsweise unabhängig zum Ausdruck brachte. Natürlich stammte die große Mehrzahl der wichtigen Sichtweisen hier aus Hegels **dialektischem Denken, das er bereits gelesen hatte.**

Die Elemente 4 bis 6 bilden eine kategorisierte Zusammensetzung der wesentlichen Definition der Widersprüche der materialistischen Dialektik der oben beschriebenen zweiten „Zusammenfassung", angenähert auf drei unterschiedlichen Ebenen. Dies war offensichtlich ein komplexeres Gedankenexperiment und eine komplexere theoretische Situierung. *Lenin*

---

8   Vgl. Kedrows *Eine Forschung zu Lenins „Philosophischen Heften"*, Qiushi Press (1984), S. 302 (chinesisch).
9   Lenin, W.I., Konspekt zu Hegels „Wissenschaft der Logik", in: *LW*, Bd. 38, S. 212.
10 Georg Wilhelm Friedrich Hegel, *Wissenschaft der Logik*, Bd. II, S. 557.

schreibt: „die innerlich widersprechenden Tendenzen (und Seiten) in diesem Ding" und dann „das Ding (die Erscheinung etc.) als Summe und Einheit der Gegensätze." Lenin schreibt ein #-Zeichen in Klammern im vierten Element; aufgrund der Textanalyse dieses Manuskripts wie auch der Spuren seines Schreibens können wir schlussfolgern, dass dieses Symbol ein falsch geschriebenes Wort war, das Lenin ausgestrichen hat.[11] Lenin trennt dann die zweite Hälfte des Satzes ab und macht daraus das Element 5. Um zischen dem vierten und fünften Element zu differenzieren, machte Lenin ein #-Zeichen zwischen diesen beiden Elementen. Im sechsten Element heißt es: „**Kampf** resp. Entfaltung dieser Gegensätze, der widerstrebenden Bestrebungen etc." Das siebente ist eine Erklärung des dritten Elements. Im siebenten Element wiederholt Lenin den Inhalt des dritten Elements und schreibt dann einen Gedankenstrich und dann die Worte: „das Zerlegen in einzelne Teile und die Gesamtheit, die Summierung dieser Teile." Aus dem Faksimile des Originaldokuments können wir ersehen, dass Lenin, nachdem er diese Zeilen geschrieben hatte, zwei Linien am rechten Rand zog und die Worte schrieb: „die Elemente der Dialektik." Dies war eine speziell erstellte theoretische Überschrift. Der Name dieses Textes stammt von dieser Randnotiz. Weiterhin betont Lenin zur Hervorhebung jedes vertikal geschriebene Wort mit doppelten Linien. Dies ist die erste Ebene von Lenins Gedankenexperiment an diesem Punkt.

Eine Untersuchung des Manuskripts zeigt, dass dies die ersten sieben Elemente waren, die von Lenin niedergeschrieben wurden. Er hatte eine waagerechte Trennlinie gezogen, wahrscheinlich, um einige seiner persönlichen Gedanken aufzuzeichnen, strich diese Linie jedoch später wieder aus und zeichnet stattdessen einen kleinen Kasten unten rechts. Dort führte er das **zweite situierende Gedankenexperiment** durch.

In diesem Kasten verwendet Lenin einem breiten Stift, um zu schreiben: „Die Dialektik kann kurz als die Lehre von der Einheit der Gegensätze bestimmt werden. Damit wird der Kern erfasst sein, aber das muss erläutert und weiterentwickelt werden."[12]

---

11 Lenin, W.I., Konspekt zu Hegels „Wissenschaft der Logik", in: *LW*, Bd. 38, S. 213.
12 A.a.O., S. 214.

Man bemerke bitte, dass die chinesische Ausgabe dieses Textes einen gravierenden Fehler begeht, indem sie diesen Kasten an das Ende des sechzehnten Elements setzt, obwohl er nach dem siebten kommen sollte. Die ursprüngliche Absicht dieser Verschiebung war es, die Kontinuität der „Elemente" zu erhalten; jedoch verschleierte dies ernsthaft Lenins wirklichen Gedankengang an diesem Punkt. Ich habe herausgefunden, dass Kedrow in seiner Analyse diesen Text tatsächlich in seinem ursprünglichen Zustand wiederherstellt, indem er ihn zwischen das siebte und das achte Element verschiebt.[13] Auch wurden die doppelten Linien vom siebten zum sechzehnten Element ursprünglich am der linken Rand geschrieben. Ich glaube, dass der Inhalt dieses Kastens äußerst wichtig ist. Er reflektiert nicht nur die zentralen Gedanken der ersten beiden Ebene von Lenins dialektischen Elementen, sondern berührt auch die „Erklärungen und Entwicklungen" der dritten Ebene. Mit diesem Ziel im Kopf schreibt Lenin neun weitere Elemente (Elemente acht bis sechzehn). Nach meiner Ansicht kann die Formulierung dieser dritten Ebene des Erkennens in drei Bedeutungsorientierungen unterteilt werden.

Zuerst schreibt Lenin unter dem kleinen Kasten, den wir oben diskutiert haben, das, was wir jetzt als Elemente 11 und 12 kennen. Die unmittelbare theoretische Absicht dieser Erklärungen war es, eine weitere Erklärung für das siebte Element zu liefern, weil die ersten beiden Punkte in Lenins zweiter Ausdrucksebene voll entwickelt waren, während die die epistemologische Perspektive der Dialektik es nicht war. Lenin schreibt:

„11) unendlicher Prozess der Vertiefung der Erkenntnis des Dinges, der Erscheinungen, Prozesse usw. durch den Menschen, von den Erscheinungen zum Wesen und vom weniger tiefen zum tieferen Wesen.
12) vom Nebeneinander zur Kausalität und von der einen Form des Zusammenhangs und der wechselseitigen Abhängigkeit zu einer anderen, tieferen, allgemeineren."[14]

---

13 Vgl. Kedrows *On Methods of Expressing Dialectics*, China Social Science Press (1986), S. 330-331.
14 Lenin, W.I., Konspekt zu Hegels „Wissenschaft der Logik", in: *LW*, Bd. 38, S. 213.

Dieser Abschnitt ist äußerst wichtig, weil er eine Sichtweise erklärt, die ich früher in diesem Buch identifiziert habe, d.h., die „sechzehn Elemente" waren keine Erklärungen objektiver dialektischer Strukturen, sondern vielmehr die Definition von Kennzeichen der dialektischen Erkenntnis aus einer subjektiven Perspektive. Hier wird dies sehr deutlich. Lenin betont den grenzenlosen Prozess der kognitiven Vertiefung der subjektiven Dialektik, wobei er die Veränderung von „den Erscheinungen zum Wesen und vom weniger tiefen zum tieferen Wesen" hervorhebt. Diese Eigenschaften können nicht in objektiven Strukturen verwurzelt sein. Erscheinung und Wesen – insbesondere „weniger tiefes Wesen" – können (für uns) nur im Verhältnis zum Subjekt begründet werden. Dies ist ein Aspekt, den wir in unserer bisherigen Untersuchung von Lenins materialistischer Dialektik oftmals ignoriert haben. Vielleicht dachte Lenin später, dass diese Formulierung zu lang sei und entschied daher, auf ihren zweiten Teil zu verzichten und sie als zwölftes Element zu belassen. Entsprechend meiner Textanalyse habe ich herausgefunden, dass die Reihe der Elemente acht bis elf später hinzugefügt wurde. Lenin schrieb zuerst Nummer elf und zwölf und schrieb dann Nummer acht bis zehn. Anscheinend schrieb er, nachdem er zum Schluss gekommen war, zuerst Nummer acht bis zehn und trennte dann Nummer zehn von Nummer zwölf. Zuletzt fügte er die Ziffern für Nummer elf und zwölf hinzu.

Als Nächstes schreibt Lenin das, was wir heute als Elemente acht bis zehn kennen. Die Absicht dieser drei Elemente war es, die Punkte, die in der zweiten Ebene der Formulierung der drei dialektischen Zusammenfassungen dargelegt worden waren, weiter zu „entwickeln". Konkret gesagt war der achte eine Weiterentwicklung der Beziehungen, die im zweiten beschrieben worden waren: „die Beziehungen jedes Dinges (jeder Erscheinung etc.) sind nicht nur mannigfaltig, sondern allgemein, universell. Jedes Ding (Erscheinung, Prozess etc.) ist mit **jedem** verbunden." *Textuell gesprochen war dies ein neues Ergebnis von Lenins Gedankenexperiment. Neben dem Wort „mannigfaltigen" im zweiten Element schrieb Lenin ein „X", was er auch neben dem Anfang des achten Elements tat. Dies markiert eine logische Verbindung und wies darauf hin, dass das achte Element eine ergänzende Erklärung zur Idee des „Mannigfaltigen" war.* Das neunte Element ist eine Weiterentwicklung des fünften: „nicht nur Einheit der Gegensätze, sondern Übergänge **jeder** Bestimmung, Qualität, Eigenheit, Seite, Eigenschaft in jede andere." *Aus dem Text können wir ersehen, dass Lenin zuerst ein ‚-Zeichen neben dem Wort „Einheit" im fünften Element schrieb, obwohl er nicht dasselbe Zeichen im neunten Element zeichnete. Das zehnte Element ergänzt das siebte[15], so wie die Elemente elf und zwölf, die zuerst geschrieben wurden.*

Schließlich wollte Lenin die dialektischen Elemente ersetzen, die er bereits drei Mal entwickelt hatte, und daher zeichnete er die Elemente dreizehn bis sechzehn auf. Die vier Elemente wurden danach geschrieben. Die Elemente dreizehn und vierzehn sind Erklärungen der Kennzeichen der Negation der Negation, geschrieben links des schmalen Kastens nach dem siebten Element beziehungsweise über dem elften Element. „Die Wiederholung bestimmter Züge, Eigenschaften etc. eines niederen Stadiums in einem höheren und die scheinbare Rückkehr zum Alten (Negation der Negation)." Das fünfzehnte Element wurde zu Beginn der Nummern acht bis vierzehn hinzugefügt. Hier verwendet Lenin doppelte Linien, um seinen Inhalt zu trennen, indem er die Kategorie der Dialektik erklärt: „Kampf des Inhalts mit der Form und umgekehrt. Abwerfen der Form, Umgestaltung des Inhalts." An diesem Punkt gibt es keinen Raum mehr für das sechzehnte Element auf der zweiten Hälfte der Seite, es kann nur nach den umfassenden Zusammenfassungen der ersten Ebene der Formulierung geschrieben werden. Dieses Element betrifft den Übergang zwischen Qualität und Quantität: „"Übergang der Quantität in die Qualität und **vice versa** ((**15** und **16** sind **Beispiele** von **9**))." Tatsächlich wurden die letzten vier genau deswegen hinzugefügt, damit Lenin die unterschiedlichen Aspekte des Gesetzes von Antithese-Synthese erklären und ausweiten kann, welches das Zentrum der Dialektik bildet.[16]

2. Ideen der Dialektik und Erkenntnistheorie in „Sechzehn Elemente"

An dieser Stelle möchte ich wiederholen, dass diese „sechzehn Elemente" sicherlich kein Entwurf einer zuvor ausgedachten Struktur materialistischer

---

15 A.a.O.
16 A.a.O., S. 214.

Dialektik waren, die Lenin konstruierte. Vielmehr waren sie eine unbewusste Selbstzusammenfassung nach seinem Studium von Hegels *Wissenschaft der Logik*. Im Hinblick auf den Inhalt liefert Lenin eine gedankenexperimentelle Erklärung der materialistischen dialektischen **Theorie** oder der **subjektiven** dialektischen Logik gemäß seinem Verständnis zu dieser Zeit. Jedoch war dies immer noch offensichtlich keine vollständige Struktur eines logischen Systems oder etwa eine sehr reife Formulierung von Sichtweisen, sondern vielmehr einfach die Reflexion des Gedankenexperiments, das Lenin in seiner Denksituierung zu jenem präzisen Zeitpunkt durchführte. Ich habe bereits eine detailliertere Diskussion der grundlegenden textuellen Situation dieser Texte vorgelegt, und daher werden wir hier spezifischer die grundlegende Logik von Lenins theoretischer Zusammenfassung wie auch ihre tiefere Denkebene untersuchen. In diesem Prozess werden wir zu den theoretischen Eindrücken und Schlussfolgerungen die Lenin in seiner Dialektik und Epistemologie in den gesamten *Berner Heften* erreichte, **zurückkehren** und sie **berühren**.

Das erste Element: „die Objektivität der Betrachtung (nicht Beispiele, nicht Abschweifungen, sondern das Ding an sich selbst)." Obwohl dieser Punkt unmittelbar auf Hegels Kapitel „Die absolute" Idee" basierte, war er auch ein Ausdruck von Lenins unerschütterlichem theoretischem Glauben an den Materialismus. Hegels originale Worte hier waren „die Bestimmungen des Begriffes selbst und deren Beziehungen". Die gleichen Ideen können durch die Verwendung von Hegels Worten im Vorwort zur zweiten Auflage seines Werks benutzt werden, dass „der objektive Begriff der Dinge die Sache selbst ausmacht." Daher ist der Ausgangspunkt der dialektischen Untersuchung „nicht die **Dinge**, sondern die **Sache**, der Begriff der Dinge."[17] Dies war Hegels Selbstidentifizierung in der Logik des Idealismus, denn für Hegel war die Dialektik die immanente Logik der Selbstbewegung der Idee. Jedoch ist die Dialektik für Hegel nicht die Logik der Idee selbst, sondern vielmehr die wissenschaftliche Methode, durch die der Mensch mittels Praxis die äußere Welt erkennt und überdenkt. Die Analyse des Diskurses in diesem Element zeigt, dass für Lenin die logische Perspektive der materialistischen Dialektik

---

17 Georg Wilhelm Friedrich Hegel, *Wissenschaft der Logik*, Bd. I,; Frankfurt/M. 1986 (Werke, Bd. 5) S. 25 und 29.

zuerst die objektive Untersuchung der äußeren Welt ist; dies impliziert, dass die Verortung dieser theoretischen Logik nicht ontologisch ist oder, in anderen Worten, nicht von subjektiver Praxis und Erkenntnis abweicht, sondern vielmehr eine Eigenschaft von Epistemologie und Logik ist, die **vom Subjekt ausgeht**. Man könnte sagen, dass materialistische Dialektik **eine Art Lehre** ist.[18] Ihre vielen Eigenschaften sind nicht unmittelbare Attribute des Objekts, sondern das subjektive Ergebnis unserer Beobachtung der äußeren Welt. Hier betont Lenin, dass der Ausgangspunkt dieses dialektischen Denkens die Objektivität der Beobachtung ist, nicht die apriorischen Systeme und Begriffe, die von Kant und Hegel beschrieben werden.

Ich denke, dass diese Sichtweise eine theoretische Achse darstellt, die sich durch Lenins gesamtes Studium von Hegels *Wissenschaft der Logik* erstreckt. Zu Beginn seines Studiums von Hegels *Wissenschaft der Logik* betonte Lenin wiederholt seinen materialistischen Standpunkt. Als er die Vorrede las, zeigte er deutlich, dass Erkenntnis und Logik nicht unmittelbar aus Begriffen hervorgehen, sondern „verkehrt" werden müssen, um aus dem natürlichen Leben bezogen zu werden. Die Denkkategorie der Dialektik besteht in Ausdrücken der Gesetzmäßigkeit von Natur und Mensch. Er stimmte nicht nur nicht mit Hegels idealistischen Urteilen überein, sondern schrieb sie neu, so dass sie lauteten: „nicht die Dinge, sondern die Gesetze ihrer Bewegung, materialistisch." An einer anderen Stelle formuliert er die gleiche Idee in einer Randnotiz: „Die Dialektik der Dinge selbst, der Natur selbst, des Gangs der Ereignisse selbst."[19] Als er die Einleitung las, stimmte er deutlich Hegels Urteil über Kant zu: „Ein großes Verdienst **Kants**, dass er der Dialektik ‚den Schein von Willkür' nahm."[20] Er fährt fort, indem er auf Hegels Exposition aufbaut, den theoretischen Ausgangspunkt der Dialektik als Aufmerksamkeit für die objektive, notwendige Beziehung der Dinge weiter zu formulieren. Als er die „Lehre vom Sein" las, schrieb er in einem großen Kasten: „Elastizität, objektiv angewendet, d.h. so, dass sie die Allseitigkeit des materiellen Prozesses und seine Einheit widerspiegelt, ist Dialektik, ist die richtige Widerspiegelung der ewigen Entwicklung

---

18 Lenin, W.I., Konspekt zu Hegels „Wissenschaft der Logik", in: *LW*, Bd. 38, S. 99.
19 A.a.O., S. 101.
20 A.a.O., S. 90.

der Welt."²¹ *Wie ich bereits gezeigt habe, beurteilt Levine diesen Punkt korrekt, wenn er darauf hinweist, dass Lenin den Materialismus niemals aufgab.* Ich muss einen Punkt betonen, dass Lenin nämlich selbst, als Lenins Denken eine bedeutende Entwendung der theoretischen Logik und einen Erkenntnissprung erfuhr, niemals den Materialismus verriet.

Das zweite Element: „die ganze Totalität der mannigfaltigen Beziehungen dieses Dinges zu den anderen." Der Umfang von Erkenntnis und Beobachtung war etwas, dem Lenin seine ganze Untersuchung hindurch große Aufmerksamkeit widmete; sie wurde im Prozess von Lenins Lektüre durchweg der Idee der universellen Beziehungen der objektiven Welt in der materialistischen Dialektik gleichgestellt. Als er die Vorrede las und erklärt, dass Logik die Lehre der Entwicklungsgesetze sei, betont Lenin, sie sei „die Lehre nicht von den äußeren Formen des Denkens, sondern von den Entwicklungsgesetzen ‚aller materiellen, natürlichen und geistigen Dinge', d.h. der Entwicklung des gesamten konkreten Inhalts des Welt und ihre Erkenntnis, d.h. Fazit, Summe, Schlussfolgerung aus der Geschichte der Erkenntnis der Welt."²² Wenn er als Nächstes Hegels Darstellung zweier wichtiger Prinzipien in der Einleitung der Wissenschaft der Logik („Notwendigkeit des Zusammenhangs" und „immanente Erscheinung der Unterschiede") liest, nennt er die erste unmittelbar „notwendiger Zusammenhang, objektiver Zusammenhang aller Seiten, Kräfte, Tendenzen, etc. des gegebenen Gebiets der Erscheinungen."²³

Die wichtigste Formulierung dieses Punkts kommt am Ende von Lenins Lektüre von „Die Lehre vom Wesen". Hier wiederholt er zunächst einige von Hegels Argumenten und erklärt, dass Dinge als die Grundlage von Objekten sich auf das Ganze der Dinge und alle ihre Facetten beziehen. Materialistisch ausgedrückt bedeutet dies den Grundgedanken des „universellen, allseitigen, **lebendigen** Zusammenhangs von allem mit allem und der Widerspiegelung dieses Zusammenhangs." Als nächste bringt er das berühmte Beispiel des „Wassertropfens":

---

21 A.a.O., S. 101.
22 A.a.O., S. 84-85.
23 A.a.O., S. 89.

„Ein Fluss und die Tropfen in diesem Fluss. Die Lage jedes Tropfens, sei Verhältnis zu den anderen; sein Zusammenhang mit den anderen; die Richtung seiner Bewegung; die Geschwindigkeit; die Linie der Bewegung – gerade, krumme, runde etc. – nach oben, nach unten. Die Summe der Bewegung. Die Begriffe als das Erfassender einzelnen Seiten der Bewegung, der einzelnen Tropfen (= ‚der Sachen'), der einzelnen Ströme etc."[24]

Als Lenin die Fußnote zu Paragraph 143 von Hegels Kleiner Logik las, fasste er Hegels Denken in einem Kasten zusammen: „Die Gesamtheit, die Totalität der Wirklichkeit, welche sich in ihrer Entfaltung als die Notwendigkeit erweist." Hegels ursprüngliche Worte waren: „Ob dieses möglich oder unmöglich ist, das kommt auf den Inhalt an, d. h. auf die Totalität der Momente der Wirklichkeit, welche sich in ihrer Entfaltung als die Notwendigkeit erweist."[25] Lenin schreibt dies neu als: „Die Entfaltung der gesamten Totalität der Momente der Wirklichkeit NB = das Wesen der dialektischen Erkenntnis."[26]

Das dritte Element: „die Entwicklung dieses Dinges (resp. der Erscheinung), seine eigene Bewegung, sein eigenes Leben."

Lenin widmet Hegels Sichtweisen über die Selbstbewegung der Dinge große Aufmerksamkeit, da dies auch eine wichtige Grundlage der Bewegung und Entwicklung der Dinge ist, die in der Dialektik beschrieben werden. Zu Beginn seiner Untersuchung, als Lenin die Vorrede zur zweiten Auflage las, bemerkte er, dass Hegels Theorie der Bewegung der wissenschaftlichen Erkenntnis tatsächlich der „sich selbst konstruierende Weg" sei. Er stimmte Hegels Sichtweise zu, dass der Grund für die Entwicklung der Dinge die innere, widersprüchliche Bewegung der Dinge selbst sei. Als Lenin auf Hegels damit verbundene Diskussion der Gesetze des Widerspruchs in der „Lehre vom Wesen" stieß, brachte er leidenschaftlich seine Zustimmung zum

---

24 A.a.O., S. 136-137.
25 Georg Wilhelm Friedrich Hegel, *Enzyklopädie der philosophischen Wissenschaften im Grundrisse*, § 143, Zusatz.
26 Lenin, W.I., Konspekt zu Hegels „Wissenschaft der Logik", in: *LW*, Bd. 38, S. 148.

Ausdruck. Für Hegel gilt, „alle Dinge sind an sich selbst widersprechend." Weiterhin kann diese Sichtweise besser die Wahrheit und das Wesen der Dinge zum Ausdruck bringen.[27] Hegel glaubt, dass Widerspruch die Quelle aller Bewegung und Lebendigkeit sei; nur weil die Dinge selbst widersprüchlich sind, können sie sich bewegen, haben sie Trieb und Tätigkeit.[28] Über diesen Punkt schreibt Lenin begeistert: „Bewegung und Selbstbewegung (dies NB! Selbsttätige(selbstständige), spontane, **innerlich-notwendige** Bewegung), ‚Veränderung', ‚Bewegung und Lebendigkeit', ‚Prinzip jeder Selbstbewegung', ‚Trieb' zur ‚Bewegung' und zur ‚Tätigkeit'", als alle Dinge, die Hegels Philosophie zu retten und aufzudecken hatte.[29] Natürlich, die Ursache der Selbstbewegung der Dinge war der Widerspruch.

Das vierte Element: „die innerlich widersprechenden **Tendenzen** (und # Seiten) in diesem Ding." Das fünfte Element: „das Ding (die Erscheinung etc.) als Summe und **Einheit der Gegensätze**." Das sechste: „**Kampf** resp. Entfaltung dieser Gegensätze, der widersprechenden Bestrebungen etc."

In der Einleitung stimmt Lenin Hegels Idee der „immanente[n] Entstehung der Unterschiede" zu und fährt fort, die „Notwendigkeit des Widerspruchs" zu identifizieren und „die innere objektive Logik der Evolution und des Kampfes der Unterschiede, der Polarität" zu erklären.[30] Ich habe bereits Lenins bekannte Erklärung zitiert, dass Dialektik die Wissenschaft sei, wie Gegensätze sich vereinigen und „sich ineinander verwandeln."[31] Dies war jedoch nicht Lenins ursprüngliche Idee, vielmehr stammt sie aus einem Abschnitt von Hegels Analyse. Hier erklärt Hegels klar, dass die Natur der spekulativen Philosophie die Vereinigung der Gegensätze in der Einheit gegensätzlicher Momente ist.[32]

Das siebte Element: „Vereinigung von Analyse und Synthese – das Zerlegen in einzelne Teile und die Gesamtheit, die Summierung dieser Teile."

---

27 Georg Wilhelm Friedrich Hegel, *Wissenschaft der Logik*, Bd. II, Frankfurt/M. 1986 (Werke, Bd. 6), S. 74.
28 A.a.O., S. 75.
29 Lenin, W.I., Konspekt zu Hegels „Wissenschaft der Logik", in: *LW*, Bd. 38, S. 131.
30 A.a.O., S. 89-90.
31 A.a.O., S. 99.
32 Georg Wilhelm Friedrich Hegel, *Wissenschaft der Logik*, Bd. I, Frankfurt/M. 1986 (Werke, B. 5), S. 162.

Das achte Element: „die Beziehungen jedes Dinges (jeder Erscheinung etc.) sind nicht nur mannigfaltig, sondern allgemein, universell. Jedes Ding (Erscheinung, Prozess etc.) ist mit **jedem** verbunden." Logisch gesprochen sind diese beiden Elemente innerlich miteinander verbunden; der Umfang von Analyse und Synthese in der Epistemologie beruht eben auf tatsächlich existierenden universellen Verbindungen. Im ersten Abschnitt der „Lehre vom Wesen" stimmt Lenin Hegels Darlegung des Gesetzes der Gegensätze zu und schreibt: „Jedes konkrete Ding, jedes konkrete Etwas steht in verschiedenartigen und oft widersprechenden Beziehungen zu allen übrigen, ergo ist es es selbst und ein Anderes."[33] Lenin stimmt mit solchen Hegelschen Sätzen wie „die notwendigen Verbindungen der gesamten Welt" und „die Verbindung der wechselseitigen Bestimmungen aller Dinge" überein. Lenin exzerpiert sogar das Beispiel, das Hegel in seiner Diskussion des „Maßes" verwendet, dass „in entwickelten bürgerlichen Gesellschaften die Menge von Individuen, welche den verschiedenen Gewerben angehören, in einem Verhältnisse zueinander stehen."[34] Deshalb kann Lenin zustimmend erklären: „Die Gesamtheit aller Seiten der Erscheinung, der Wirklichkeit und ihre (Wechsel-)Beziehungen – das ist es, woraus sich die Wahrheit zusammensetzt."[35] Dies ist die wirkliche, konkrete Bedeutung des siebten „Elements" (epistemologische Aussage).

Das neunte Element: „nicht nur Einheit der Gegensätze, sondern Übergänge **jeder** Bestimmung, Qualität, Eigenheit, Seite, Eigenschaft in jede andere [in ihrem Gegensatz?]." Als Lenin in der „Lehre vom Sein" Hegels Diskussion des Übergangs vom „Ding an sich" zum „Sein-für Anderes" liest, bekräftigt er, dass Hegels Analyse „sehr tief[e]" Element enthalte, denn „im Leben, in der Bewegung ist alles und jedes sowohl ‚an sich' als auch ‚für andere' in Beziehung zu einem Anderen, indem es sich von einem Zustand in den anderen verwandelt."[36] Als Lenin Hegels Diskussion der Bewegungen und Negationen der Widersprüche selbst begegnet, schreibt er: „Das gewöhnliche

---

33 Lenin, W.I., Konspekt zu Hegels „Wissenschaft der Logik", in: *LW*, Bd. 38, S. 128.
34 Georg Wilhelm Friedrich Hegel, *Wissenschaft der Logik*, Bd. I, Frankfurt/M. 1986 (Werke, B. 5), S. 393.
35 Lenin, W.I., Konspekt zu Hegels „Wissenschaft der Logik", in: *LW*, Bd. 38, S. 186.
36 A.a.O., S. 99.

Vorstellen erfasst Unterschied und Widerspruch, nicht aber das Übergehen von dem einen zum andren, **das aber ist das Wichtigste.**"[37] Trotzdem gab es eine fokussierte Diskussion dieses Punkts erst im letzten Abschnitt der „Lehre vom Sein", entsprechend Lenins zweiter großer Verschiebung des Denkens und der Vervollständigung seines zweiten vergleichenden Wissens; hier öffnet er erneut die *Kleine Logik* im 213. Abschnitt der „Idee". Hier exzerpiert Lenin lange Abschnitte von Hegels Formulierung der „Idee". Lenins Denken hier war immer noch primär auf die Idee fokussiert, dass die Realisierung des Begriffs nur in der „Gesamtheit" tatsächlicher Dinge wie auch in ihren „Wechselbeziehungen" stattfinden könne.[38] Danach schreibt Lenin zwei lange Abschnitte mit seiner eigenen Einschätzung. Hier ist Lenins Zusammenfassung von Hegels Argumenten der interessanteste Punkt. Er schreibt zunächst eine Frage an den linken Rand der Seite („worin besteht die Dialektik?") und schreibt dann weiter:

„wechselseitige Abhängigkeit der Begriffe
wechselseitige Abhängigkeit aller Begriffe ohne Ausnahme
Übergänge der Begriffe von einem in den anderen
Übergänge aller Begriffe von einem in den anderen ohne Ausnahme
Relativität des Gegensatzes zwischen den Begriffen...
Identität der Gegensätze zwischen den Begriffen."[39]

Danach wendet sich Lenin dem rechten Rand der Seite zu, wobei er eine dünne Linie verwendet und ein „="-Zeichen verwendet und die Worte: „**NB** Jeder **Begriff** befindet sich in einer bestimmten Beziehung, in einem bestimmten Zusammenhang mit **allen** übrigen."[40] Interessanterweise können wir keine textuellen Referenzen zu dieser Idee im 213. Paragraph der Kleinen Logik finden, die Lenin zu jener Zeit las. Daher können wir schlussfolgern, dass Lenin ein **konstruktives** Gedankenexperiment durchführte, mit anderen Worten, Lenin glaubte, dass in Hegels Ideen logische Strukturen existierten, die die begriffliche Dialektik betrafen. An diesem Punkt schreibt Lenin sehr feierlich:

---

37 A.a.O., S. 133
38 Georg Wilhelm Friedrich Hegel, *Enzyklopädie der philosophischen Wissenschaften im Grundrisse*.
39 Lenin, W.I., Konspekt zu Hegels „Wissenschaft der Logik", in: *LW*, Bd. 38, S. 187.
40 A.a.O.

„Dieser Aphorismus müsste populärer, ohne das Wort Dialektik ausgedrückt werden: etwa so: Hegel hat im Wechsel, in der wechselseitigen Abhängigkeit aller Begriffe, in der Identität ihrer Gegensätze, in den Übergängen des einen Begriffs in den anderen, in dem ewigen Wechsel, in der Bewegung der Begriffe DIE GLEICHE BEZIEHUNG DER DINGE, DER NATUR, genial erraten."[41]

Das zehnte Element: „unendlicher Prozess der Erschließung neuer Seiten, Beziehungen etc." Das elfte Element: „unendlicher Prozess der Vertiefung der Erkenntnis des Dinges, der Erscheinungen, Prozesse usw. durch den Menschen, von den Erscheinungen zum Wesen und vom weniger tiefen zu tieferen Wesen."

Streng genommen steht der Inhalt diese beiden „Elemente" nicht in unmittelbarer Beziehung zur dialektischen Theorie, er weist stattdessen auf die dialektische Bewegung des Wissens, die Lenins Spezialität war. Tatsächlich ist das der Höhepunkt der ganzen *Berner Hefte*. Zu Beginn seines Studiums der *Wissenschaft der Logik* schreibt Lenin: „Der ‚sich selbst konstruierende Weg' = der **Weg** (das ist meines Erachtens der Kern) der wirklichen Erkenntnis, des Erkennens, der Bewegung vom Nichtwissen zum Wissen."[42] Als Lenin daher im Vorwort der zweiten Auflage Hegels Kritik an Kants „Ding an sich" las, war er natürlich sehr erfreut. In einem großen Kasten beschreibt Lenin zwei seiner eigenen Sichtweisen:

„(1) bei Kant trennt (schließt ab) die Erkenntnis Natur und Mensch; in Wirklichkeit schließt sie sich zusammen; (2) bei Kant steht die ‚leere Abstraktion' des Dinges an sich an Stelle des lebendigen Ganges der Bewegung unsres immer mehr vertiefenden Wissens von den Dingen."[43]

Lenin versteht klar, „Kategorien sind Stufen des Heraushebens, d.h. der Erkenntnis der Welt, Knotenpunkte in dem Netz, die helfen, es zu erkennen und es sich zu eigen zu machen."[44]

41 A.a.O.
42 A.a.O., S. 80.
43 A.a.O., S. 83-84.
44 A.a.O., S. 85.

Ganz zum Schluss der Vorrede liest Lenin Hegels Diskussion der Bewegung vom sinnlichen Konkreten zum Abstrakten, dann zur konkreten abstrakten Logik wie auch sein berühmtes Beispiel der Redensarten. Wie wir wissen, hatte die *Phänomenologie des Geistes* in Hegels System als die phylogenetische Vorgeschichte der Idee bereits die falsche Legitimität der Sinnlichkeit aufgedeckt; daher ist der Beginn der spekulativen Logik bereits von aller sinnlichen Konkretion befreite Abstraktion.[45] Trotzdem fährt Hegel fort uns zu sagen, dass dieser logische Begriff, der von der Abstraktion ausgeht, fortschreiten wird, um zur Abstraktion der konkreten historischen Eigenschaft zu werden. Um Hegels eigene Worte zu verwenden:

„**Erst aus der tieferen Kenntnis der anderen Wissenschaften erhebt sich für den subjektiven Geist das Logische als ein nicht nur abstrakt Allgemeines, sondern als das den Reichtum des Besonderen in sich fassende Allgemeine; wie derselbe Sittenspruch in dem Munde des Jünglings, der ihn ganz richtig versteht, nicht die Bedeutung und den Umfang besitzt, welchen er im Geiste eines lebenserfahrenen Mannes hat, dem sich damit die ganze Kraft des darin enthaltenen Gehaltes ausdrückt.**"[46]

Lenin zeigt, dass Hegels Erklärung hier ein historischer Vergleich ist, der sich dem historischen Materialismus annähert. Das Wissen wird sogar tiefer, wenn die Lebenserfahrungen des Menschen reicher werden, diese ist ein grenzenloser Entwicklungsfortschritt. Er findet, dass Hegel die Beziehung zwischen der begrenzten und der unbegrenzten Natur des Wissens im Prozess der Erkenntnis korrekt beschreibt.[47] Dies lässt in an seine Diskussion der kontinuierlichen Vertiefung materieller Begriffe in Materialismus und Empiriokritizismus denken: „die Unbegrenztheit des Wesens der Materie."[48]

Nach der Lektüre der „Lehre vom Sein" verfasste Lenin einen vollständigen und fokussierten Textabschnitt über die methodologischen Probleme des „vom Abstrakten zum Konkreten". Wenn man den einleitenden Teil der

45 Georg Wilhelm Friedrich Hegel, *Wissenschaft der Logik*, S. 54.
46 A.a.O., S. 53-54.
47 A.a.O., S. 139ff.
48 Lenin, W.I., Konspekt zu Hegels „Wissenschaft der Logik", in: *LW*, Bd. 38, S. 84.

„Lehre vom Sein" liest, dann scheint Hegel im textuellen Zusammenhang dieses Teils den Platz des Begriffes selbst innerhalb der gesamten „Wissenschaft der Logik" erklären zu wollen. Er erklärt, dass solche Dinge wie unmittelbare Beobachtung und Vorstellung selbstbewusster Geist seien – tatsächlich war dies ein Inhalt, mit dem er sich bereits in der *Phänomenologie des Geistes* beschäftigt hatte, wo der Begriff aus abstrakten, spekulativen logischen Bewegungen entstand. Jedoch war der Begriff noch nicht die Idee, weil die Idee die Einheit von Begriff und Realität ist.[49] Lenin bejaht zunächst Hegels Ansicht in einem großen Kasten, geht dann über den konkreten Zusammenhang des Textes hinaus und legt seine eigene vollständige Sicht des Problems dar:

> **„Das Denken, das vom Konkreten zum Abstrakten aufsteigt, entfernt sich nicht – wenn es richtig ist (NB)(und Kant spricht, wie alle Philosophen, vom richtigen Denken) – von der Wahrheit, sondern nähert sich ihr. Die Abstraktion der Materie, des Naturgesetzes die Abstraktion des Wertes usw., mit einem Wort alle wissenschaftlichen (richtige, ernst zu nehmenden, nicht unsinnigen) Abstraktionen spiegeln die Natur tiefer, richtiger, vollständiger wider. Von der lebendigen Anschauung zum abstrakten Denken und von diesem zur Praxis – das ist der dialektische Weg der Erkenntnis der Wahrheit, der Erkenntnis der objektiven Realität."[50]**

Das wichtigste Verständnis, das Lenin im Laufe seiner Forschung über sich vertiefende Erkenntnis gewann, konzentriert sich hauptsächlich in dem Entwurf, den er anfertigte, als er den einleitenden Teil der „Lehre vom Wesen" las. Wir können unmittelbar Lenins spezielles Gedankenexperiment sehen, das sich in seinen Textexzerpten zeigt. Auf der dritten Seite des vierten Bandes der *Gesammelten Werke* Hegels sieht Lenin zuerst den Satz „Die *Wahrheit des Seins* ist das *Wesen*." Er kritisiert das sofort und schreibt, es klinge „durch und durch idealistisch, nach Mystik". Trotzdem schreibt er weiter, dass „ein frischer Wind" wehe:

---

49 Georg Wilhelm Friedrich Hegel, *Wissenschaft der Logik*, Bd. II, S. 258.
50 Lenin, W.I., Konspekt zu Hegels „Wissenschaft der Logik", in: *LW*, Bd. 38, S. 160.

„„Das Sein ist das Unmittelbare. Indem das Wissen das Wahre erkennen will, was das Sein an und für sich ist, so bleibt es nicht bei Unmittelbaren und dessen Bestimmungen stehen' (*bleibt nicht stehen* NB), ‚sondern dringt (NB) durch (NB) dasselbe hindurch, mit der Voraussetzung, dass *hinter* (hervorgehoben von Hegel) diesem Sein noch etwas anderes ist als das Sein selbst, dass dieser Hintergrund die Wahrheit des Seins ausmacht."'[51]

In diesem äußerst speziellen Textexperiment verwendet Lenin Unterstreichungen, um die Details herauszustreichen, die er für wichtig hält. Nur die Worte „an und für sich" und „hinter" wurden von Hegel herausgestrichen, und der Rest der Hervorhebungen wurde von Lenin hinzugefügt. Wir können sehen, dass Lenin den folgenden Begriffen spezielle Aufmerksamkeit schenkte: Wissen „bleibt nicht stehen" bei unmittelbaren Dingen; „durch" unmittelbare Dinge können wir „durch" unmittelbare Dinge „dringen", „hinter" unmittelbare Dinge, um das **Wesen** kognitiver Dinge zu finden. Lenin stimmt Hegels Idee zu, dass dies ein „Weg" vom „äußerlichen Außensein" zum Innensein" ist. Lenin schreibt insbesondere das Wort „Weg" rechts neben einen Abschnitt von exzerpiertem Text und unterstreicht es doppelt, um seine Bedeutung hervorzuheben. Lenin war tatsächlich mit diesem Aspekt seines Studiums sehr vertraut und verstand tief Hegels Kritik an Kant, dass Erscheinung der Ausdruck des Wesens sei. Er stimmt auch mit Hegels Begriff der Identität der Ordnung der Identität von Wesen und Gesetzen überein. Lenin schreibt, „ergo sind Gesetz und Wesen gleichartige Begriffe (Begriffe gleicher Ordnung) oder besser gleicher Potenz, wobei die Vertiefung der Erkenntnis der Erscheinungen, der Welt etc. durch den Menschen zum Ausdruck bringen." Daneben schreibt Lenin ein „X" und ein Dreieck auf den rechten Seitenrand und dazu die Worte: „NB Das Gesetz ist die wesentliche Erscheinung."[52] Auf der nächsten Seite stimmt

---

51 Lenin, W.I., Konspekt zu Hegels „Wissenschaft der Logik", in: *LW*, Bd. 38, S. 118; Georg Wilhelm Friedrich Hegel, Wissenschaft der Logik, Bd. II, S. 13.
52 Lenin, W.I., Konspekt zu Hegels „Wissenschaft der Logik", in: *LW*, Bd. 38, S. 142.

Lenin Hegels Worten zu: „So ist das Gesetz wesentliches Verhältnis."⁵³ Die doppelte Unterstreichung unter diesen Worten wurde von Lenin hinzugefügt; Hegels ursprünglicher Text hebt nur „wesentliches Verhältnis" hervor. Danach schreibt Lenin seine eigene Bewertung in zwei großen Klammern: „Gesetz ist Verhältnis. Dies NB für die Machisten und sonstige Agnostiker sowie für die Kantianer etc. Verhältnis der Wesenheiten oder zwischen den Wesenheiten."⁵⁴ Wesen ist synchron, während das Gesetz ein wesentliches Verhältnis in Bewegung, Veränderung und Entwicklung ist, d.h. das Verhältnis zwischen diachronen Wesenheiten. Als er den zweiten Teil der „Lehre vom Wesen" las, stieß Lenin auf Hegels Kapitel „Mechanismus", in dem er Gesetze diskutiert; an diesem Punkt nimmt Lenin erneut eine konzentrierte Zusammenfassung des Gesetzes vor: „Der Begriff des Gesetzes nähert sich hier den Begriffen ‚Ordnung', Gleichförmigkeit; Notwendigkeit; ‚Seele' der objektiven Totalität; Prinzip der Selbstbewegung'."⁵⁵

Tatsächlich hatte Lenin vor diesem Punkt bereits diese Sichtweise vertreten: „Der Begriff des **Gesetzes** ist **eine** der Stufen der Erkenntnis der **Einheit** und des **Zusammenhangs**, der wechselseitigen Abhängigkeit und der Totalität des Weltprozesses durch den Menschen." Er schreibt auch, dass Begriffe Stufen der menschlichen Erkenntnis der äußeren Welt oder Knoten im Netz des Wissens über die Natur sind. An diesem Punkt schreibt Lenin, als er Hegels Aussage in der *Kleinen Logik* liest, dass **Substanz eine wesentliche Stufe im Entwicklungsprozess der Idee ist**⁵⁶, unmittelbar in einem Kasten: „ Lies: eine wesentliche Stufe im Entwicklungsprozess der **menschlichen Erkenntnis** der Natur und der **Materie**."⁵⁷ *Ein Textdetail, das unsere Aufmerksamkeit verdient, ist die Tatsache, dass dieser Abschnitt in Hegels ursprünglichem Text nicht hervorgehoben wurde, aber als er ihn exzerpierte, unterstrich Lenin jene Teile doppelt, die ihm wichtig waren.* Man sollte bemerken, dass dieses bedeutende Wissen mit seinem Verständnissprung tiefer und durchdringender wurde.

53 Georg Wilhelm Friedrich Hegel, *Wissenschaft der Logik*, Bd. 2, S. 162.
54 Lenin, W.I., Konspekt zu Hegels „Wissenschaft der Logik", in: *LW*, Bd. 38, S. 144.
55 A.a.O., S. 175.
56 Georg Wilhelm Friedrich Hegel, *Enzyklopädie der philosophischen Wissenschaften im Grundrisse*, § 151, Zusatz.
57 Lenin, W.I., Konspekt zu Hegels „Wissenschaft der Logik", in: *LW*, Bd. 38, S. 149.

Das zwölfte Element: „vom Nebeneinander zur Kausalität und von der einen Form des Zusammenhangs und der wechselseitigen Abhängigkeit zu einer anderen, tieferen, allgemeineren." Die Worte „vom Nebeneinander zur Kausalität" scheinen zwei Beziehungen zu erklären. Die erste ist die Beziehung des Nebeneinanders, die äußerlich ist und über die Dinge verstreut, während die zweite die Beziehung der Kausalität ist. *Ich habe bemerkt, dass in den Abschnitten der Berner Hefte* Kausalität eine Frage ist, die Lenin nicht oft behandelt. Aus dem Text können wir ersehen, dass wenn Lenin in seinen Anmerkungen Kausalitätsverhältnisse diskutiert, die meisten Diskussionen sich um seine Beurteilung von Hegels entsprechenden Erklärungen drehen. Als Lenin den dritten Teil der „Lehre vom Sein" in der *Wissenschaft der Logik* las, exzerpierte er einerseits aus Hegels Darstellung von Kausalverhältnissen und bringt auf der anderen Seite einige seiner eigenen Meinungen zum Ausdruck: „die Allseitigkeit und der allumfassende Charakter des Weltzusammenhangs." So, wie wir sie normalerweise verstehen, sind Kausalitätsverhältnisse lediglich ein kleiner Teil des Weltzusammenhangs, „Ursache und Wirkung ergo nur Momente der weltumfassenden wechselseitigen Abhängigkeit, des (universellen) Zusammenhangs, der wechselseitigen Verkettung der Ereignisse, nur Glieder in der Kette der Entwicklung der Materie."[58] Lenin versteht, dass die Kausalität der Idee, auf die Hegels sich bezieht, tatsächlich eine subjektive Widerspiegelung der kausalen Natur der objektiven Welt ist: „'Bewegung des Kausalitätsverhältnisses' = in Wirklichkeit: Bewegung der Materie resp. Bewegung der Geschichte, erfasst, zugeeigneten ihrem inneren Zusammenhang bis zu diesem oder jenem Grad der Breite oder Tiefe..."[59] Lenin bemerkt auch, dass Kausalverhältnisse in Hegels *Wissenschaft der Logik* nicht so verehrt wurden wie bei den Kantianern; man konnte sogar sagen, dass Hegel Kausalität im Vergleich zu anderen Kategorien sehr selten erwähnt. Lenin glaubt, dass dies so sein könne, weil für Hegel „die Kausalität nur **eine** der Bestimmungen des universellen Zusammenhangs ist, den er viel tiefer und allseitiger schon früher, in seiner **ganzen** Darlegung erfasste, **stets** und von Anfang an diesen Zusammenhang, die wechselseitigen Übergänge etc. etc. betonend."[60]

58   A.a.O., S. 149-150.
59   A.a.O., S. 152.
60   A.a.O., S. 153.

Das dreizehnte Element: „die Wiederholung bestimmter Züge, Eigenschaften etc. eines niederen Stadiums in einem höheren und..." Das vierzehnte Element: „die scheinbare Rückkehr zum Alten (Negation der Negation)."

Diese beiden Elemente sind lediglich die äußeren Kennzeichen des Gesetzes der Negation der Negation. Ich glaube, dass Lenin niemals wirklich in der Lage war, Hegels Negation der Negation wahrhaft zu erfassen. Dies stimmte mit Sicherheit, als Lenin am Ende des 19. Jahrhunderts zuerst mit der Hegelschen Philosophie in Kontakt kam, wie etwa in seinem „Was sind die Volksfreunde?" Im Anfangsteil der „Lehre vom Sein", als Lenin zum ersten Mal Hegels Negation der Negation begegnet, schreibt er, sie sei „abstrakt und abstrus". Bis er die „sechzehn Elemente" schrieb, war er sich in Bezug auf seine Identifizierung der grundlegenden Bestimmungen und komplexen Beziehungen von Hegels Diskussion der Affirmation und Negation von Dingen und Erscheinungen im Unklaren.[61] Erst als Lenin „Die Absolute Idee" las, das letzte Kapitel in der *Wissenschaft der Logik*, begann er von der Theorie der Negation der Negation berührt zu sein. An diesem Punkt zeichnet er einen großen Kasten und schreibt dann die Worte:

„Nicht die bloße Negation, nicht die unnütze Negation, *nicht das skeptische* Negieren, Schwanken, Zweifeln ist charakteristisch und wesentlich in der Dialektik – die unzweifelhaft das Element der Negation, und zwar als ihr wichtigstes Element enthält –, nein, sondern die Negation als Moment des Zusammenhangs, als Moment der Entwicklung, bei Erhaltung des Positiven, d.h. ohne irgendwelche Schwankungen, ohne jeden Eklektizismus."[62]

Lenin bemerkt, dass diese sogenannte dialektische Negation in Hegels Philosophie die Quelle der Selbstbewegung der Materie ist, die durch innere Widersprüche gebildet wird, auf die Lenin selbst sich konzentriert. Daher kann er schreiben, dass dies die „Brillanz der Dialektik" sei. Trotz dieser Abschnitte ist Lenin jedoch niemals von der Triade der Negation der Negation wirklich begeistert; bestenfalls beschreibt er lediglich alle

---

61 A.a.O., S. 98.
62 A.a.O., S. 218.

wissenschaftliche Entwicklung als einen „Kreis von Kreisen" auf der Grundlage von Hegels Negation der Negation, womit er zurückhaltende Zustimmung zum Ausdruck bringt.[63] *In seinem späteren Zur Frage der Dialektik sollte Lenin diesen Vergleich erneut ziehen.*

Das fünfzehnte Element: „Kampf des Inhalts mit der Form und umgekehrt. Abwerfen der Form, Umgestaltung des Inhalts." Zu Beginn seiner Studien sah Lenin Hegels Diskussion der Beziehung zwischen Form und Inhalt in der Vorrede zur zweiten Auflage. Dort kritisiert Hegel die Behauptung, dass Denkformen lediglich Ergänzungen zu den „äußeren Formen" bewusster Objekte seien. Er erklärt, dass Formen eben das gemeinsame Wesen des objektiven Inhalts[64] und dass Formen daher auch die immanente Form des Inhalts seien. An dieser Stelle stimmt Lenin Hegels Sicht ausdrücklich zu: „Formen lebendigen, realen Inhalts [...], mit dem Inhalt untrennbar verbunden."[65] Tatsächlich sind Hegels sogenannte Formen begriffliches Wesen als materielle Universalien; als daher Hegel später erneut das Verhältnis zwischen Form und Wesen diskutiert, gibt Lenin zustimmend seine Worte wider.[66]

Zuletzt das sechzehnte Element: „Übergang der Quantität in die Qualität und *vice versa* ((15 und 16 sind *Beispiele* von 9))."

Zu Beginn der Lektüre der „Lehre vom Sein" wiederholt Lenin einfach Hegels Bestimmungen von Qualität; zum Beispiel ist Bestimmtheit die Existenz, „Bestimmung ist schon Qualität"[67], getrennt von anderer Materie. Ab dem dritten Kapitel, „Fürsichsein", beginnt er, seine eigenen Ideen über Hegels „Übergang von der Qualität zur Quantität" zu haben. Lenin zeigt, „Qualität ist Bestimmtheit, Bestimmtheit für sich, das Gesetzte ist das Eins – das erweckt den Eindruck großer Gezwungenheit und Leere."[68] Weiter stellt Lenin auch Hegels Darstellung von Quantität und Maß infrage.[69]

63 A.a.O., S. 225.
64 Georg Wilhelm Friedrich Hegel, *Wissenschaft der Logik*, Bd. I, Frankfurt/M. 1986 (Werke, B. 5), S. 26.
65 Lenin, W.I., Konspekt zu Hegels „Wissenschaft der Logik", in: *LW*, Bd. 38, S. 84.
66 A.a.O., S. 134.
67 A.a.O., S. 95.
68 A.a.O., S. 106.
69 A.a.O., S. 108-114.

Einige der anderen wichtigen Probleme, die Lenin in seinen Anmerkungen diskutiert, die aber nicht hier in seiner Zusammenfassung der Dialektik enthalten sind, sind die folgenden: Die Beziehung zwischen Freiheit und Notwendigkeit[70], die Beziehung zwischen Möglichkeit und Wirklichkeit, zwischen Ziel und Mitteln[71], die Beziehung zwischen Begrenztheit und Unbegrenztheit[72], die Beziehung zwischen absolut und relativ[73], die Beziehung zwischen Ganzem und Teil[74], die Beziehung zwischen Allgemeinem und Besonderem[75], die Beziehung zwischen Subjekt und Objekt[76], der Begriff des Maßes[77], der Begriff des Grundes[78] und mehr. Es gibt sogar tiefergehendere epistemologische Probleme in seiner Untersuchung und Diskussion, die Lenin nicht in dieser Zusammenfassung von „sechzehn Elementen" der Dialektik und Epistemologie aufnahm, die jedoch an anderer Stelle in seinen Anmerkungen diskutiert werden. Dies ist bereits im vorherigen Kapitel diskutiert worden, und daher werden wir sie nicht überflüssigerweise wiederholen.

3. Eine Rezension

Wie ich bereits gezeigt habe, behauptet der sowjetische Wissenschaftler Kedrow, dass diese „sechzehn Elemente" den „ersten Plan" einer Arbeit Lenins über materialistische Dialektik darstellen. Auf der anderen Seite behaupten die Autoren des fünften Bandes der Sowjetischen Geschichte der Philosophie, dass die „sechzehn Elemente" die „vollste und umfangreichste verkürzte Zusammenfassung der verschiedenen Aspekte oder Elemente nach Marx und Engels"[79] waren. Ich habe mich grundlegend gegen diese Argumente gewandt. Der Grund dafür ist, dass die „sechzehn Elemente",

---

70 A.a.O., S. 153.
71 A.a.O., S. 204.
72 A.a.O., S. 97, S. 100-102 und 110.
73 A.a.O., S. 152.
74 A.a.O., S, 144.
75 A.a.O., S. 166-169.
76 A.a.O., S. 188.
77 A.a.O., S. 114-117.
78 A.a.O., S. 133-134.
79 Dynnik (Hg.), *Geschichte der Philosophie*, Bd. 5, Beijing Sanlian Press, 1975, S. 81.

wie wir in der Diskussion dieses Kapitels gesehen haben, lediglich eine **unvollständige** Zusammenfassung jener Elemente der Dialektik und Epistemologie darstellten, die den tiefsten Eindruck auf Lenin hinterließen, wie sie unmittelbar in seinem Studium der Hegelschen Philosophie erworben worden waren. Ich bin nicht einverstanden mit der Behauptung sowjetischer Wissenschaftler, dass dies ein „Plan" der Konstruktion eines dialektischen Systems der Logik oder der „vollste" Ausdruck der vielen Aspekte der dialektischen Theorie war.

Es gibt für mich an diesem Punkt eine andere Frage: warum vermied Lenin es vollständig, diese neue Entdeckung seiner Forschung und seines Gedankenexperiments–**die Logik der Praxis** – in dieser kürzeren theoretischen Zusammenfassung zu berühren? Ich habe herausgefunden, dass der chinesische Wissenschaftler Cong Dachuan dieses Detail scharfsinnig in seiner eigenen Forschung entdeckt hat. Professor Cong hat eine vergleichende Studie von Lenins „sechzehn Elementen" und Marx' „Thesen über Feuerbach" durchgeführt.[80] Er hat eine spezifische vergleichende Analyse von sechs Aspekten dieser beiden Texte durchgeführt: philosophische Objekte, grundlegende philosophische Fragen/logische Grundlagen, logische Achsen, Epistemologie, Weltanschauung/Konzeption der Geschichte und Gedankengang. Er fand heraus, dass es einen großen Unterschied zwischen diesen beiden Werken gab. Kurz gesagt stellten Marx' Thesen den „praktischen Materialismus" dar, während Lenins „sechzehn Elemente" „den dialektischen Materialismus der materiellen Ontologie" repräsentierten. Professor Cong argumentierte, dass Lenins Elementen die Diskussion der Praxis und der Existenz der Gesellschaftsgeschichte fehle, die Marx in seinen „Thesen" darlegt. Ich glaube, dass Professor Congs Schlussfolgerungen grundlegend richtig sind. Aber was war der wirkliche Grund, warum Lenins allgemeine Zusammenfassung der Dialektik keine Diskussion der Logik der Praxis enthielt, derer sich Lenin bereits bewusst

---

80 Unglücklicherweise setzt Cong Dachuan den sowjetischen, nichtreflexiven Gedankengang fort und identifiziert die „sechzehn Elemente" als „wesentliche Blaupause des dialektischen Systems einer Weltanschauung und eines epistemologischen Verständnisses." Vgl. Cong Dachuans „Dialectical System: Marx and Lenin", in: *Yunnan Social Sciences* (1995), Bd. 2.

war? Cong Dachuans Antwort ist, dass Lenin die Denkart der materiellen Ontologie hatte, die ihn unfähig machte, praktische Sichtweisen in seine „sechzehn Elemente" einzuführen.[81] Ich kann dieser Erklärung nicht zustimmen. Ich vermute, dass Professor Cong keine tiefgreifende, systematische, umfassende Untersuchung der *Berner Hefte* durchgeführt und daher keine großen Veränderungen in Lenins philosophischem Denken im Verlauf seiner Studien gefunden hat. Obwohl Cong Dachuan daher in der Lage war, scharfsinnig die von Lenins „sechzehn Elementen" aufgeworfene Frage zu erfassen, konnte er sie nicht wirklich beantworten. Meine eigene Schlussfolgerung ist, dass Lenin, weil diese kurze Zusammenfassung ihm nicht bewusst als Schreibplan für die Konstruktion eines materialistischen dialektischen theoretischen Systems entworfen wurde, sondern vielmehr lediglich eine kondensierte Zusammenfassung seiner eignen Eindrücke und Gedanken im Laufe seiner Lektüre war (insbesondere die grundlegenden Sichtweisen zu Dialektik und Epistemologie), nicht fortfuhr, die praktische Grundlage von Dialektik und Epistemologie zu diskutieren. Lenin hätte niemals gedacht, dass seine Lektürezusammenfassung, die „sechzehn Elemente", jemals ein wichtiger logischer Rahmen für den dialektischen Materialismus und das materialistische dialektische System künftiger Generationen werden würde.

Nachdem er die *Wissenschaft der Logik* gelesen hatte, gelangte Lenin zu einer Schlussfolgerung, die seinen Ansichten zu Beginn der Lektüre zuwiderlief: „Fazit und Resümee, das letzte Wort und der Kern der Hegelschen Logik ist die dialektische Methode – das ist äußerts bemerkenswert. Und noch eins: Inn diesem idealistischsten Werk Hegels ist am wenigsten Idealismus und am meisten Materialismus. ‚Widersprechend', aber Tatsache!"[82] *Dieser Abschnitt war natürlich sehr schwierig für viele westliche Wissenschaftler, die die Dialektik nicht verstehen; sie waren nicht in der Lage und unwillig zu glauben, dass Lenin Materialismus aus Hegels Buch herauslesen konnte.*[83]

---

81   Cong Dachuan, „On the Theoretical Thought of Lenin's 'Philosophical Notebooks'", in: *Yanbian University Journal* (1997), Bd. 4.
82   Lenin, W.I., Konspekt zu Hegels „Wissenschaft der Logik", in: *LW*, Bd. 38, S. 226.
83   Wetter, *Dialektischer Materialismus*, The Commercial Press 1963, S. 145 (chinesische Ausgabe).

Jedoch verstand Hegel letztlich Engels' Worte, „dass das System Hegels ein auf den Kopf gestellter Materialismus ist"[84]. Daher war die materialistische Dialektik des Marxismus nicht die Verkehrung von Hegels Terminologie, sondern vielmehr ein **logisch** verkehrtes „Hegelsches System", das vom praktischen Subjekt ausging. Es ist offensichtlich, dass Lenins Verständnis an diesem Punkt bereits völlig verschieden von seiner früheren Bewertung von Hegels Philosophie ist, dass „9/10" von Hegels Denken „Schale, Schutt" sei und man „die materialistische Dialektik herausschälen"[85] müsse.

---

84 Lenin, W.I., Konspekt zu Hegels „Wissenschaft der Logik", in: LW, Bd. 38, S. 226.
85 A.a.O, S. 144.

Kapitel 14
Zusammenfassung von Lenins Studien zur Hegelschen Philosophie

Der Forschungsgegenstand von Lenins *Berner Heften* war Hegels *Wissenschaft der Logik*; Lenins zwei große Sprünge im Verstehen und in der logischen Situierung des philosophischen Denkens fanden ebenfalls statt, als er die *Wissenschaft der Logik* las. Aber nachdem er die *Wissenschaft der Logik* gelesen hatte, fuhr Lenin fort, einige von Hegels wichtigen philosophischen Werken zu lesen, wodurch er schließlich sein eigenes Denken und Verstehen formte. Nach diesem neuen Denkprozess reflektierte Lenin erneut seine philosophische Forschung und fasste sie zusammen. Ich habe bemerkt, dass viele von Lenins Gedanken in unterschiedlichen Graden in diesem Prozess der Reflektion vertieft und entwickelt wurden, wodurch sie eine tiefere Ebene dieser neuen Gedankensituierung bildeten. In diesem Kapitel werden wir spezifisch das Denken und die Ideen sehen, die Lenin am Schluss der *Berner Hefte* entwickelte.

1. Bestätigung der praktischen Dialektik in der Philosophiegeschichte

Wie wir bereits wissen, wurde Lenins tiefes Verständnis der Hegelschen Philosophie und daher der marxistischen materialistischen Dialektik durch eine bemerkenswerte Reihe von Verständnissprüngen vervollständigt, als er die *Wissenschaft der Logik* las. Lenin beendet seine Studien nicht, sondern wandte sich als Nächstes Hegels *Vorlesungen über die Philosophie der Geschichte* und den *Vorlesungen über die Geschichte der Philosophie* zu. Er beendete jedoch keines der beiden Bücher jemals. *Band 4 der <u>Vorlesungen über die Geschichte der Philosophie</u> findet sich in den Büchern 13 bis 16 von Hegels <u>Gesammelten Werken</u>, während Lenins Exzerpte dieses Buchs nur bis zum Beginn von Buch 15 reichen (Seite 33). Band neun von Hegels <u>Gesammelten Werken</u> enthält die <u>Vorlesungen über die Philosophie der Geschichte</u>, und Lenins Anmerkungen zeigen, dass er nur bis Seite 175 las.* Zusätzlich fand Lenin eine ganze Reihe von Schriften über den Hegelianismus, entschied sich jedoch am Ende dafür, nur Georges Noëls *Die Logik Hegels* zu lesen (andere Werke beinhalten vier von E. Beaussire und anderen).[1] Im Lektüreprozess auf dieser Stufe seiner Untersuchung nahm der Umfang von Lenins Anmerkungen tatsächlich ab. In seinen Anmerkungen zu den *Vorlesungen über die Geschichte der Philosophie* und den *Vorlesungen über die Philosophie der Geschichte* verzeichnete Lenin nur 71 nummerierte Seiten; bei der *Wissenschaft der Logik* schrieb er 137.

Ich glaube, dass dies so war, weil Lenins Haltung in seiner Lektüre hier sich bereits sehr von jener im frühen Stadium seiner Lektüre der *Wissenschaft der Logik* unterschied. Zu jener Zeit hatte er bereits tiefgehend das Wesen der Hegelschen Philosophie (Dialektik) erfasst. Und daher sucht er in seiner Lektüre hier primär nach neuen Dingen, die er in seiner vorherigen Lektüre übersehen haben könnte, um die theoretischen Ansichten, die er bereits entwickelt hatte, zu **stärken**. *Dunajewskaja bemerkte ebenfalls, dass Lenin, als er sein Studium der Philosophiegeschichte begann, nicht so begeistert war wie er es bei der Lektüre der <u>Wissenschaft der Logik</u> gewesen war.*[2]

Der Fokus von Lenins Lektüre von Hegels Werken lag immer noch auf der Dialektik. Zu Beginn seiner Lektüre der griechischen Philosophiegeschichte betont er die „negative Bestimmung der Dialektik", d.h., „...so sind es trockene, prozesslose, nicht dialektische, ruhende Bestimmungen."[3] *Dies sind die grundlegenden Eigenschaften von Metaphysik wie spätere Wissenschaftler sie benannt haben.*

---

1   W.I. Lenin, „Konspekt zu Noëls Buch ‚Die Logik Hegels'", in: *LW*, Bd. 38, S. 307-313.
2   Raja Dunajewskaja, *Philosophie und Revolution*, Liaoning Education Press 2000, S. 174 (chinesische Ausgabe).
3   W.I. Lenin, „Konspekt zu Hegels' Vorlesungen über die Geschichte der Philosophie", in: *LW*, Bd. 38, S. 231-294, hier: S. 235.

Als Lenin auf Hegels Diskussion der eleatischen Philosophie stößt, erregt eines von Hegels übergreifenden Urteilen seine Aufmerksamkeit. Hegel sieht im philosophischen Denken der eleatischen Schule den „Anfang der Dialektik, d.h. eben der reinen Bewegung des Denkens in Begriffen; damit den Gegensatz des Denkens gegen die Erscheinung oder das sinnliche Sein – dessen, was an sich ist, gegen das Für-ein-Anderes-Sein dieses Ansich: und an dem gegenständlichen Wesen den Widerspruch, den es an ihm selbst hat (die eigentliche Dialektik)."[4] Lenin fährt mit einer tiefen Diskussion und konkreten Analyse dieses Abschnitts fort. Er schreibt, dass dieses „Fragment" von Hegels Denken über Dialektik „ohne die Mystik des Idealismus" folgendermaßen formuliert werden könnte:

Erstens: „die menschlichen Begriffe sind nicht unbeweglich, sondern ewig in Bewegung, gehen ineinander über, fließen ineinander über; sonst widerspiegeln sie nicht das lebendige Leben. Die Analyse der Begriffe, ihr Studium, ‚die Kunst, mit ihnen zu operieren' (Engels) erfordert stets das Studium der Bewegung der Begriffe, ihres Zusammenhangs, ihrer wechselseitigen Übergänge." Hier können wir sehen, dass Lenin bereits Hegels Ansichten zur Dreifachidentität von Dialektik, Epistemologie und Logik akzeptiert hat; wenn er daher schreibt, „die Kunst mit [Begriffen] zu operieren", dann bezieht er sich auf die subjektive Dialektik wie auch auf die Epistemologie.

Zweitens: „Im Besonderen ist die Dialektik das Studium des Gegensatzes zwischen Ding an sich, Wesen, Substrat, Substanz – und Erscheinung, ‚Für-Andere-Sein'. (Auch hier sehen wir einen Übergang, ein Überfließen des Einen in das Andere: das Wesen erscheint. Die Erscheinung ist wesentlich.) Das menschliche Denken vertieft sich unaufhörlich von der Erscheinung zum Wesen, vom Wesen, sozusagen, erster Ordnung zum Wesen zweiter Ordnung usw., **ohne Ende.**" *Dies ist ein sehr bekannter Abschnitt der <u>Berner Hefte</u>*. Die Dialektik, auf die sich Lenin hier bezieht, meint natürlich nicht äußere objektive Gesetze, sondern vielmehr ein dialektisches Wissen über die dialektische Bewegung der äußeren Welt. Besonders wichtig ist die Tatsache, dass Lenin bereits verstanden hatte, dass das objektive Sein von

---

4 Georg Wilhelm Friedrich Hegel, *Vorlesungen über die Geschichte der Philosophie, Erster Teil*, Berlin 2013, S. 275.

Dingen mit **der Form, in der sie sie uns manifestieren**, nicht absolut identisch ist. *Dies war Kants Beitrag zur Epistemologie; ein wichtiger Aspekt, den das ursprüngliche materialistische Spiegelbild nicht sah und nicht sehen konnte.* Zudem waren das innere Wesen und die äußere Erscheinung des Dings für sich in beständigem Fluss. Von der Erscheinung zu Wesen, dann zum Wesen zweiter Ordnung und so weiter, *ad infinitum*. Dies ist ein äußerst tiefes dialektisches Verständnis.

Drittens: „Im eigentlichen Sinne ist die Dialektik die Erforschung des Widerspruchs im **Wesen der Dinge selbst**: Nicht nur die Erscheinungen sind vergänglich, beweglich, fließend, nur durch bedingte Grenzen getrennt, sondern die **Wesenheiten** der Dinge selbst."[5] Dieser Satz scheint die theoretische Zusammenfassung der wichtigen Analyse zu sein, die Lenin gerade vollendet hatte. Die Demarkationslinie zwischen Erscheinung und Wesen wird kontinuierlich durch unseren historischen, praktischen Fortschritt neu gezogen. Ich glaube, dass Lenins Denken hier generell mit Engels' Aussage, dass das Verständnis eines Menschen nur die Ebene seiner Praxis erreichen kann, identisch ist. Zu jener Zeit erklärt Lenin, dass es „eine Dialektik der Begriffe und eine Dialektik der Erkenntnis gibt."[6] Später erkannte Lenin tiefgehend, dass diese Dialektik der Begriffe ihren Ursprung nicht einfach in natürlicher Materie hatte, denn „die wirkliche Geschichte ist die Basis, die Grundlage, das Sein, **dem** das Bewusstsein **nach**folgt."[7] Diese wirkliche Geschichte ist das praktische gesellschaftliche Leben, wie es von Marx beschrieben wird. Dieses Verständnis ist strukturell dem Begriff der praktischen Dialektik ähnlich, den Lenin nicht lange zuvor übernommen hatte.

Nachdem Lenin Hegels Kommentar zur Zenonischen Dialektik gelesen hatte, schrieb er in den Exzerptnotizen eine recht konzentrierte Erörterung der Prinzipien der Dialektik. Die Erörterung fokussierte sich hauptsächlich auf die dialektische Auffassung der Entwicklung. Er schlug vor: „Das allgemeine Prinzip der Entwicklung [muss] vereinigt, verknüpft, zusammengebracht werden mit dem allgemeinen Prinzip der Einheit der **Welt**, der

---

5 W.I. Lenin, „Konspekt zu Hegels' Vorlesungen über die Geschichte der Philosophie", in: *LW*, Bd. 38, S. 240.
6 A.a.O., S. 242.
7 A.a.O., S. 252.

Natur, der Bewegung, der Materie etc..."⁸ Zugliech fasste Lenin sie auch in zwei allgemeinen Prinzipien der Dialektik zusammen, namentlich „Prinzip der Entwicklung" and „Prinzip der Einheit." *Diese beiden Prinzipien wurden später als Prinzipien des Zusammenhangs und der Entwicklung umgeschrieben.*

Als Lenin den zweiten Band der *Vorlesungen über die Geschichte der Philosophie* öffnete, füllte sich sein Gedankensituierungsraum mit neuem Denken. Ein interessantes Textdetail ist hier, dass Lenin, als er Hegels Diskussion von Gorgias' Verhältnis zwischen Sein und Nichtsein las, tatsächlich schreibt: „'Verschwindende Momente' = Sein und Nichtsein. Das ist eine prächtige Bestimmung der Dialektik!!" ⁹ *Man sollte sich daran erinnern, dass die Frage von Sein und Nichtsein für Lenin, als er Hegels <u>Wissenschaft der Logik</u> zu studieren begann, sehr verwirrend war; hier ist sie auf der anderen Seite zu einer „prächtigen Bestimmung" geworden, die er leicht versteht. Dies ist das Ergebnis einer völlig heterogenen Denksituierung.* Im Abschnitt „Philosophie des Sokrates" schreibt Lenin: „Ein kluger Idealismus steht dem klugen Materialismus näher als ein dummer Materialismus. Statt kluger Idealismus – dialektischer; statt dummer – metaphysischer, unentwickelter, toter, grober, unbeweglicher."¹⁰ Dies ist ein weitere von Lenins berühmten Zeilen in den *Berner Heften*. Die semantische Bedeutung dieser Formulierung ist sehr komplex. Seine Verwendung der Wörter „klug" und „dumm" hat spezifische Bezüge. Offensichtlich sind Sokrates und andere hier „klug", während sich dialektischer Materialismus auf Hegel und andere deutsche Philosophen bezieht; ich glaube, dass er versucht, die wichtige Bedeutung von Dialektik in der philosophischen Logik zu verdeutlichen. *Noch interessanter ist, dass Lenin in einem späteren Kasten tatsächlich schreibt: „Objektiver (und noch mehr absoluter) Idealismus kam dem Materialismus in einem Zickzack (und einer Kehrtwende) sehr nahe und wurde sogar teilweise in ihn transformiert."¹¹ Hier glaubt Dunajewskaja, dass Lenins Verständnis die Endgültigkeit des Bruchs zwischen Lenin und seiner philosophischen*

8 A.a.O., S. 240.
9 A.a.O., S. 260.
10 A.a.O., S. 263.
11 Raja Dunajewskaja, *Marxismus und Freiheit*, Liaoning Education Press 1997, S. 157 (chinesische Ausgabe).

*Vergangenheit demonstriert.*¹² *Diese Schlussfolgerung ist grundlegend richtig. Wenn sie jedoch fortfährt zu behaupten, dass Lenins Verschiebung ein komplexes Akzeptieren von Hegels Idealismus und eine grundlegende Ablehnung von Lenins materialistischer philosophischer Grundlage sei, dass gelangt sie zu falschen Schlussfolgerungen. Zudem hat Levine eine umfangreiche Kritik von Lenins Lektüre des ersten Bandes von Hegels* <u>Vorlesungen über die Geschichte der Philosophie</u> *veröffentlicht. Sein Argument ist, dass der Maßstab, nach dem Hegel das antike griechische dialektische Denken beurteilt, der Primat der Universalität sei, Lenins Interpretation der klassischen Dialektik jedoch auf den Begriffen von Bewegung und Veränderung basiere.*¹³ *Von Hegels Standpunkt des objektiven idealistischen Primats der Ideen gesehen, sind Levines Schlussfolgerungen richtig. Hegel konzentriert sich wirklich auf Pythagoras' abstrakte „Zahl", auf das „Sein" der eleatischen Schule (die Universalität, die inmitten des beständigen Wandels unveränderlich bleibt, d.h. das „Eins") und sogar auf Heraklits nichtsinnliches „Feuer". Die Universalität dieser Idee ist tatsächlich die Grundlage von Hegels idealistischer Dialektik. Erwartet Levine jedoch wirklich, dass Lenin, der materialistische Philosoph, der keine Absicht hat, ein Anhänger Hegels zu werden, tatsächlich die dialektischen Eigenschaften ignorieren würde, die der Bewegung und der Veränderung von Dingen durch antike Philosophen zugeschrieben wurden, und sich stattdessen auf den falschen logischen Ausgangspunkt dieser spekulativen Dialektik fokussieren würde?*

Unter der Überschrift „Auszuarbeiten" fährt Lenin fort, diesen Gedankengang zu verdeutlichen:

> „Plechanow hat über Philosophie (Dialektik) wahrscheinlich an die 1000 Seiten geschrieben (Beltow + gegen Bogdanow + gegen die Kantianer + die Grundprobleme etc. etc.). Darunter über die große Logik, im Zusammenhang mit ihr, ihrer Idee (d.h. im Grunde die Dialektik als philosophische Wissenschaft) nil!!"¹⁴

---

12 Vgl. N. Levine, *Dialogue within the Dialectic*, S. 370-372 (ch).
13 W.I. Lenin, „Konspekt zu Hegels' Vorlesungen über die Geschichte der Philosophie", in: *LW*, Bd. 38, S. 263.
14 A.a.O., S. 264.

Nach meinem Verständnis war dies die letzte Auflösung von Lenins ursprünglichem Anderem Spiegelbild. Ebenfalls hier rechnet er abschließend mit seinem Lehrer ab – Plechanow. Plechanows Werke über Dialektik, die Lenin hier aufzählt, umfassen beinahe alle seiner philosophischen Bücher.[15] Die unterschiedlichen Elemente, die Lenin mit „Plus"-Zeichen verbindet, könnten sich auf Plechanows Bücher wie *Zur Frage der Entwicklung der monistischen Geschichtsauffassung*, alle seine Werke, die Bogdanow kritisieren, sein Werke, die Bernstein kritisieren, und schließlich seine *Grundprobleme des Marxismus*, die positiv die grundlegenden Sichtweisen des Marxismus darlegen, beziehen. *Dunajewskaja glaubt, dass der philosophische Bruch zwischen Lenin und Plechanow hier stattfand. Dunajewskajas Worte haben ihre Gültigkeit. Natürlich fand dieser Bruch präziser gesagt im ersten epistemologischen Sprung bei Lenins Lektüre der <u>Wissenschaft der Logik</u> statt; seine Worte, dass „nicht ein Marxist Marx begriffen" habe, waren sicherlich eine tiefgehende Reflexion. Ich glaube jedoch, dass dieser Bruch am diesem Punkt tiefgreifender zum Ausdruck kam.* Wie wir wissen, beschäftigte sich Plechanow in diesen Büchern, die alle die marxistische Philosophie verbreiten und verteidigen sollten, oft mit materialistischer Dialektik. Wie konnte Lenin ihn (und alle Marxisten des vergangenen halben Jahrhunderts) angesichts dieser Tatsache beschuldigen, nicht an die Große Logik (materialistische Dialektik) gedacht zu haben? Ich glaube, das Lenin bereits tiefgreifend verstanden hatte, dass sein Lehrer Plechanow das Wesen von Marx' materialistischer Dialektik, insbesondere die Große Logik (und Epistemologie), die auf objektiver praktischer Dialektik basierte, tatsächlich nicht wirklich verstand. Lenin gelangte in seinem zweiten wichtigen Verständnissprung in seiner neuen theoretischen Situierung zu dieser Ansicht.

Ich glaube, dass Lenins Denken hier unmittelbar eine andere zugrundeliegende Gedankensituierung aktivierte. Auf der nächsten Seite seiner Aufzeichnungen bringt Lenin erneut einen tiefen Ausdruck seiner großen praktischen dialektischen Logik.

Als er die „Philosophie des Plato" las, schrieb Lenin in einem großen Kasten:

---

15 Raja Dunajewskaja, *Philosophie und Revolution*, Liaoning Education Press 2000, S. 94 (chinesische Ausgabe).

„Die Bedeutung des Allgemeinen ist widersprechend; es ist nicht rein, nicht vollständig etc. etc., aber es ist auch nur eine Stufe zur Erkenntnis des Konkreten, den wir erkennen das Konkrete nie vollständig. Die unendliche Summe der allgemeinen Begriffe, Gesetze etc. ergibt das Konkrete in seiner Vollständigkeit."[16]

Rechts von diesem Kasten schreibt er die Buchstaben „NB" vor und nach den Worten „Dialektik der Erkenntnis" und dann einen Pfeil, der auf einen anderen Kasten zeigt, in dem er schreibt:

„Die Bewegung der Erkenntnis *zum* Objekt kann stets nur dialektisch vor sich gehen: zurückgehen, um sicherer zu treffen – reculer pour mieux sauter (savoir?). Zusammenlaufende und auseinanderlaufende Linien: Kreise, die einander berühren. Knotenpunkt = Praxis des Menschen und der Menschheitsgeschichte. (Praxis = Kriterium des Zusammenfallens einer der unendlichen Seiten des Realen)."[17]

Dieser Abschnitt ist sehr tiefgehend und auch äußerst bedeutsam, weil er eine komplexe und reichhaltige Schicht der theoretischen Situierung in Lenins Denken aufzeigt. Wir können sehen, dass Lenins Denkpunkt hier vom Subjekt ausgeht („die Bewegung der Erkenntnis *zum* Objekt"), eine Sichtweise, die unmittelbar mit Marx' erster These in den *Thesen über Feuerbach* verbunden ist. Zugleich kann diese Bewegung „nur dialektisch vor sich gehen", entgegen den Behauptungen der alten Materialisten entspricht sie nicht unmittelbar dem Objekt. Selbst im Prozess der Erkenntnis geht sie zurück, „um sicherer zu treffen – reculer pour mieux sauter (savoir?)." *Wir erinnern uns, dass Lenin im politischen Kampf der frühen Revolution die dialektische Taktik „ein Schritt vorwärts, zwei Schritte zurück" und den Rückzug, um besser voranzugehen, vorschlug.* Was meint Lenin mit „zurückgehen"? Wenn wir den spezifischen Inhalt des dialektischen Denkens der Philosophiegeschichte untersuchen, den Lenin bis

---

16 W.I. Lenin, „Konspekt zu Hegels' Vorlesungen über die Geschichte der Philosophie", in: *LW*, Bd. 38, S. 267.
17 A.a.O, S. 267-268.

zu jenem Punkt gelesen hatte, dann bedeutet „zurückgehen" höchstwahrscheinlich, dass die wahre Reflexion des Menschen über äußere Gesetze, wenn sie nicht auf einmal erreicht werden kann, nur **indirekt, stufenweise** aktualisiert werden kann. Es ist offensichtlich, dass dieses Medium, das zwischen subjektiver und objektiver Logik liegt, objektive gesellschaftliche Praxis ist, die vom Subjekt ausgeht. Hier wählt Lenin einen sehr treffenden Begriff: Knotenpunkt. „**Knotenpunkt** = Praxis des Menschen und der Menschheitsgeschichte." In Lenins Logiksituierung zu jener Zeit hat er bereits einen Denkraum konstruiert, der auf dem grundlegenden Kreislauf der Praxis basiert. Substantielle Materie tritt hinter das Medium relationaler Praxis zurück. Praxis als Knotenpunkt begründet eine neue dialektische Gedankensituierung.

Ebenfalls hier sehen wir Lenins Zustimmung zu den logischen Strukturen der Theorie der materialistischen Dialektik; **unter der Vermittlung sich bewegender, praktischer Dialektik** konstituiert die subjektive und objektive Dialektik des Menschen einen gewissen grundlegenden logischen Rahmen. Hier ist **subjektive Dialektik nicht unmittelbar von der gleichen Struktur wie objektive Dialektik, sondern bewegt sich vielmehr mit praktischen dialektischen Strukturen** und durch **konkrete, wirkliche, historische** menschliche Praxis, wobei sie mit „einer der unendlichen Seiten des Realen" zusammenfällt. Seine Worte „einer der unendlichen Seiten des Realen" beziehen sich hier auf die historische Dimension und Tiefe einer bestimmten gesellschaftlichen Praxis. Daher bilden subjektive Dialektik und objektive Dialektik einen historischen Kontaktpunkt („Knotenpunkt") oder „Kreise, die einander berühren". Wir können uns beinahe Lenins Ebene der Gedankensituierung zu jener Zeit vorstellen; die Kurve des Verständnisses der subjektiven Dialektik und de Für-sich-selbst-Grundlinie der objektiven Dialektik laufen durch praktische Beziehungen zusammen. Diese „Linie des Zusammenlaufens" wird durch den historischen Punkt der Praxis schnell zur „Linie des Auseinanderlaufens". Die Linie des Auseinanderlaufens in der subjektiven Dialektik ist die Erhebung vom sinnlich Konkreten zur abstrakten Vernunft; zugleich ist abstrakte Dialektik die konkrete Rückkehr objektiver Dialektik. *Die beste Erklärung der sogenannten „Linie des Auseinanderlaufens" ist Hegels „das Abstrakte, das Konkretere".* Im ursprünglichen theoretischen Kreislauf des philosophischen Materialismus ist subjektive Dialektik lediglich die unmittelbare Reflexion objektiver Dialektik, während dieses simple Widerspiegelungsverhältnis in Lenins Situierung zu jener Zeit ein komplexeres Beziehungssystem aufweist.

Im dritten Kasten schreibt Lenin: „Diese Knotenpunkte stellen eine Einheit von Widersprüchen dar, wo Sein und Nichtsein als verschwindende Moment, für einen Augenblick, in die gegebene Momente der Bewegung (= der Technik, der Geschichte etc.) zusammenfallen."[18] Es ist nicht schwer zu sehen, dass Lenins theoretische um praktische Dialektik zentrierte Situierung, als er seine Lektüre fortsetzte, immer tiefgehender und sogar reichhaltiger wird. Hegels Dialektik des Seins und des Nichtseins wird in Lenins epistemologischer Logik neu strukturiert. In Lenins Sicht reflektiert subjektive Dialektik nicht unmittelbar objektive Dialektik; erst durch die kontinuierliche Entwicklung praktischer Dialektik (Technologie und Geschichte) und unter den praktischen Ebenen der Funktion bestimmter historischer Bedingungen kann der Mensch bestimmte Determinierungen der objektiven Dialektik „in einem gegebenen Moment" reflektieren. Es ist offensichtlich, dass diese Reflexion notwendig ein Prozess ist; es scheint, als sei die objektive Dialektik, dies in diesen verschwindenden Momenten, die für einen Moment zusammenlaufen, vom Menschen erfasst wird, nicht der gesamte Inhalt objektiver Gesetze. Trotzdem ist der Mensch in der gesamten historischen Zusammenfassung von Praxis in der Lage, sich der objektiven Wahrheit anzunähern. Nach meiner Meinung ist dies eine völlig neue Ebene des Denkens in der philosophischen Gedankensituierung von Lenins *Berner Heften*.

In seinen folgenden Lektürenotizen kritisiert Lenin Hegels idealistische logische Tendenz in seiner Darstellung der *Geschichte der Philosophie*. Nicht lange, nachdem Lenin seine Lektüre des dritten Bandes begann, enden seine Exzerpte plötzlich. Hier öffnet er die *Vorlesungen über die Philosophie der Geschichte*, aber er setzt seine Lektüre nicht lange fort. Er fertigte nur einige wenige Exzerpte an und zeichnete eine kleine Zahl von Gedanken und Kommentaren auf, nachdem er den Text gelesen hatte. Lenin erklärt dies selbst: „Im Allgemeinen gibt die Philosophie der Geschichte sehr, sehr

---

18   A.a.O., S. 268.

wenig – das ist begreiflich, denn gerade hier, gerade auf diesem Gebiet, in dieser Wissenschaft haben Marx und Engels den größten Schritt nach vorn getan. Hier ist Hegel am meisten veraltet und antiquiert."[19]

An diesem Punkt vervollständigt Lenin seine gesamte Untersuchung der Hegelschen Philosophie. Er glaubte, dass er viel gewonnen habe und fühlte, dass es notwendig war, eine weitere theoretische Zusammenfassung vorzunehmen. Zu jener Zeit begann er, philosophische Sekundärtexte wie Noëls *Die Logik Hegels*[20] zu lesen, obwohl der Großteil seiner Energie seinem eigenen Gedankensituierungsexperiment und der theoretischen Zusammenfassung gewidmet war.

2. Wichtige Zusammenfassung und Einsicht in der Lektüre

Nachdem er grundlegend sein Studium der Hegelschen Philosophie vervollständigt hatte, zeichnete Lenin drei fokussierte Abschnitte auf, in denen er zusammenfasste, was er gelernt hatte (man erinnere sich, dass diese Abschnitte keinen „Plan" und keine „Konzeption" für die Konstruktion irgendeiner Art von materialistisch dialektischem System darstellen). Diese drei Texte sind „Plan der Dialektik (Logik) Hegels", „Konspekt zu Lassalles Buch ‚Die Philosophie Heraklitos des Dunklen von Ephesos'" und „Zur Frage der Dialektik". Ich glaube, das von diesen drei Texten der erste eine **Lektürezusammenfassung** war, der zweite eine **Neubewertung** von Lenins eigener theoretischer logischer Situierung der praktische Dialektik und der dritte diskutierte und ausweitete, **was Lenin** im Laufe seines Lernens und Studierens **gelernt hatte**. Ich glaube, dass der erste Text der wichtigste ist, denn er stellt den Höhepunkt von Lenins Gedankensituierung dar, als er den gesamten Verlauf seiner Lektüre und Forschung zusammenfasste.

In der Gedankenskizze, die der „Plan der Dialektik (Logik) Hegels" darstellt, analysiert Lenin zunächst den gesamten theoretischen Rahmen der *Wissenschaft der Logik* (die Überschriften der *Kleinen Logik*) und schreibt

---

19 A.a.O., S. 304.
20 Lenin machte zu diesem Buch nur eine kleine Anzahl von Anmerkungen. Vgl. „Konspekt zu Noëls Buch ‚Die Logik Hegels'", in: *LW*, Bd. 38, S. 307-313.

dann in einem großen Kasten:

> „Der Begriff (die Erkenntnis) enthüllt im Sein (in den unmittelbaren Erscheinungen) das Wesen (Satz des Grundes, der Identität, des Unterschieds etc.) – dies ist wirklich der *allgemeine Gang* aller menschlichen Erkenntnis (aller Wissenschaft) überhaupt. Dies ist der Gang sowohl der *Naturwissenschaft* als auch der *politischen Ökonomie* und der Geschichte. *Insofern* ist die Dialektik Hegels eine Verallgemeinerung der Geschichte des Denkens. Es muss eine außerordentlich dankbare Aufgabe sein, dies konkreter, eingehender an der *Geschichte* der *einzelnen Wissenschaften* zu verfolgen. In der Logik *muss* **die Geschichte des Denkens im Großen und Ganzen mit den Gesetzen des Denkens zusammenfallen."**[21]

Hier vertritt Lenin zunächst die wichtige Idee, dass menschliche Erkenntnis ein auf das Subjekt orientierter Prozess sei, der kontinuierlich in „unmittelbaren Erscheinungen" das Wesen enthüllt. Es ist nicht schwierig zu sehen, dass Lenin nicht länger der Epistemologie des philosophischen Materialismus anhängt und annimmt, dass das Subjekt unmittelbar dem materiellen Sein gegenübersteht. Er definiert „Sein" als **unmittelbare Erscheinungen, die durch praktische Geschichte enthüllt** werden. Dies war ein völlig neues Verständnis Lenins in Bezug auf den allgemeinen Fortschritt menschlicher Erkenntnis und Wissenschaft. Nach diesem Punkt korreliert menschliche Erkenntnis (subjektive Dialektik) nicht länger einfach und unmittelbar mit dem Objekt, sondern ist vielmehr eine dialektische Bewegung voller Widerspruch. Lenin entdeckt, dass Hegels Dialektik der Ausdruck dieses Denkfortschritts ist, d.h. die Extraktion der wahren logische Struktur und der historischen Kette **aller** Geschichte des menschlichen Denkens. *Diese Sichtweise Lenins wurde nach der Lektüre von Hegels <u>Vorlesungen über die Geschichte der Philosophie</u> noch graduell verstärkt. Ich muss jedoch darauf hinweisen, dass die Grundlage von Hegels Geschichte des Denkens größtenteils die westliche <u>Geschichte der</u>*

---

21 W.I. Lenin, „Plan der Dialektik (Logik) Hegels", in: *LW*, Bd. 38, S. 314-319, hier: S. 315.

Philosophie, zentriert auf Europa war. Mit anderen Worten, die Struktur der subjektiven Dialektik wurde nicht unmittelbar mit der Struktur äußerer Objekte gleichgesetzt, sondern war vielmehr unmittelbar die **logische Struktur der Geschichte des Denkens**. Daher „muss die Geschichte des Denkens im Großen und Ganzen mit den Gesetzen des Denkens zusammenfallen". Dies war eine äußerst wichtige wissenschaftliche Bestätigung der gesamten Logik (Dialektik) Hegels durch Lenin: Hegels Dialektik (Logik) war nicht einfach Unsinn, sondern vielmehr objektivierte, mystifizierte und transformierte *menschliche kognitive Logik* in ein Ding an sich. Diese Sichtweise ist bereits völlig verschieden von den Ansichten, die auf seinem Anderen Rahmen in seiner früheren Lektüre basierten. Wir können sehen, dass dies eine Zusammenfassung und eine Neubewertung seiner Gedankensituierung (dies war der Gedankensprung in seiner ersten logischen Entwendung) im Hinblick auf die Hegelsche Philosophie war.

Als Nächstes fährt Lenin fort, zwei einander entgegengesetzte Orientierungen in der Bewegung von Hegels Philosophie zu analysieren: „Es springt ins Auge, dass Hegel zuweilen vom Abstrakten zum Konkreten geht (Sein (Abstraktes) – Dasein (Konkretes) – Fürsichsein -, zuweilen umgekehrt (subjektiver Begriff – Objekt – Wahrheit (absolute Idee))."[22] Tatsächlich sind diese logischen Figuren keine Gegensätze. *Sie sind beide Bewegungen vom Abstrakten zu Konkreten, nur das die Erste eine ontologische Konzeption des Seins ist, während Letztere eine logische Figur im allgemeinen logischen Fortschritt der absoluten Idee ist.* Lenin fragt zunächst, ob diese logische Inkonsistenz durch den Mangel an Gründlichkeit oder den Mystizismus von Hegels Idealismus verursacht ist. Aber er revidiert schnell seine Frage: „Oder gibt es tiefer Gründe?" *Wir können sehen, dass sich Lenin an diesem Punkt nicht einfach mit Hegel beschäftigt, er ist es bereits gewohnt, die Tiefe von Hegels Diskurs in seinem eigenen tiefen Denken zu erfahren.*

Wir können sehen, dass Lenin fortfährt, eine äußerst wichtige Linie der logischen Analyse und des zugrundeliegenden Diskurses zu konstruieren:

„**Zunächst tauchen Eindrücke auf, dann hebt sich Etwas ab – dann entwickeln sich die Begriffe der** *Qualität* **# (die Bestimmungen**

22 A.a.O., S. 315.

des Dinges oder der Erscheinung) und der *Quantität*. Dann lenken Studium und Überlegung des Denkens auf die Erkenntnis der Identität – des Unterschieds – des Grundes – des Wesens versus Erscheinung,–der Kausalität etc. Alle diese Momente (Schritte, Stufen, Prozesse) der Erkenntnis bewegen sich in der Richtung vom Subjekt zum Objekt, wobei sie an Hand der Praxis überprüft werden und durch diese Überprüfung zur Wahrheit (= absolute Idee) gelangen."[23]

Dies ist eine offensichtliche Vertiefung der Gedankensituierung. Lenin vertieft das wahre Wesen kognitiver Dialektik, indem er die **gesamte logische Struktur** von Hegels Logik synthetisiert.

Unter diesen Denkbedingungen erkennt Lenin, dass die Welt, der wir gegenüberstehen, kein unmittelbar beobachtbares, statisches Objekt ist, wie es durch den philosophischen Materialismus beschrieben wird, sondern vielmehr die Einheit von Sein und Nichtsein in praktischen Beziehungen. Diese Einheit ist auch der Entwicklungsprozess der dialektischen Beziehung der objektiven Welt. Dies war ein Punkt, der ihn sehr verwirrte, als er begann, Hegels *Wissenschaft der Logik* zu lesen. Dies ist das Objekt der menschlichen Erkenntnis, und zu Anfang sind alle Objekte abstrakt. An diesem Punkt verwendet Lenin große Klammern um die Worte: „abstraktes ‚Sein' nur als Moment im πάντα ῥεῖ." In der menschlichen Erkenntnis, die in der Praxis fortschreite, findet zuerst das „Auftauchen" der Eindrücke von verschiedenen Veränderungen statt. Diese sind Fragmente der menschlichen sinnlichen Erfahrung, die Zusammensetzung (Bewusstsein) dessen, was zur Entstehung von Etwas führt. Dieses besondere Ding ist konkretes bestimmtes Sein *(Dasein)*. *Es gibt keinen Texthinweis, der zeigt, dass Lenin Hegels Phänomenologie des Geistes gelesen hatte, aber die Brillanz von Lenins Denken hier konstruiert eine narrative Logik, die der von Hegels Phänomenologie des Geistes bemerkenswert ähnlich ist.* Wenn das menschliche Subjekt dieses Ding unter den beiden Aspekten von **Unterschied** und **Form** bestätigt, dann entstehen die Bestimmungen von Qualität und Quantität. Dieser Prozess, den Lenin hier beschreibt, ist ein abstrakter

---

23   A.a.O., S. 316.

Ausdruck des **Fortschritts des menschlichen (individuelle Erfahrung) kognitiven Objekts.**

Ein besonders wichtiges Textdetail ist, dass Lenin nach dem Wort „Qualität" ein „#"-Zeichen hinzufügte und dann auf dem linken Rand der Seite eine Erklärung des Worts „Qualität" schreibt: „Qualität und Empfindung sind ein und dasselbe, sagt Feuerbach. Das Erste und Ursprüngliche ist die Empfindung und in ihr zwangsläufig auch die Qualität..."[24] Feuerbach formuliert diese Ansicht ganz am Ende der zehnten Vorlesung der Vorlesungen über das Wesen der Religion. Hier erklärt er, menschliche Empfindung sei „das erste im Sinne des Unableitbaren". Er fährt fort zu argumentieren, dass es eben jene Empfindung ist, die konkrete Eigenschaften hat, die die menschliche Existenz und die verkehrte Natur Gottes bildet.[25] Interessanterweise exzerpiert und kommentiert Lenin in den exzerpierten Notizen zu Feuerbachs Vorlesungen, die wir bereits untersucht haben, hierzu nur als grundlegende **materialistische** Sichtweise[26], während sie hier als **grundlegende wissenschaftliche Erinnerung** aktiviert werden, die erneut in die Denkstruktur von Lenins praktischer dialektischer logischer Struktur eingehen. Lenin erinnert sich plötzlich an Feuerbachs Sichtweisen über das Zusammenfallen von Empfindung und Qualität und fährt dann fort zu erkennen, dass Empfindung der Beginn aller menschlichen Erkenntnis ist, während Qualität unweigerlich **zuerst** in Empfindung **entsteht**. Diese Sichtweise unterscheidet sich völlig von seiner Schwerpunktsetzung während seiner ersten Lektüre von Feuerbachs Vorlesungen, als er immer noch im Rahmen des philosophischen Materialismus operierte. Daher ist der logische Ort der Qualität in Hegels *Wissenschaft der Logik* identisch mit dem Fortschritt der menschlichen Erkenntnis und wird nicht einfach mit einer Eigenschaft des Objekts gleichgesetzt. In seiner Lektüre bis zu diesem Punkt erreicht Lenin eine neue Ebene der Gedankensituierung. Er erkennt

24   A.a.O.
25   Ludwig Feuerbach, Vorlesungen über das Wesen der Religion, in: *Gesammelte Werke*, Bd. 6, hg. von der Berlin-Brandenburgischen Akademie der Wissenschaften durch Werner Schuffenhauer, Berlin 1984, S. 100.
26   W.I. Lenin, „Konspekt zu Feuerbachs ‚Vorlesungen über das Wesen der Religion'", in: *LW*, Band 38, S. 39-62.

unmittelbar die Bewegung von der Identität (Qualität) eines Dinges zum Unterschied zwischen einem Ding und einem anderen und dann von den inneren Widersprüchen (Grund), die dieses Ding als Ausdruck seines Wesens durch Erscheinung bestätigen und die schließlich die Abkehr des Dings von der Verbindung zwischen sich selbst und der gesamten Welt beinhaltet („Kausalität etc.") – **die grundlegende logische Sequenz all dessen gehört nicht zu der vom philosophischen Materialismus angenommenen objektiven Struktur,** sondern besteht vielmehr aus Momenten der Erkenntnis (Schritte, Stufen, Prozesse) vom **Subjekt zum Objekt,** d.h. der kognitiven Struktur und des logischen Fortschritts des Menschen. Hegel objektiviert diese kognitive Logik lediglich willkürlich in das Wesen der materiellen Welt. Obwohl die logische Grundlage von Hegels Dialektik idealistisch ist, sind die logischen Strukturen seiner Dialektik kein „Unsinn", sondern reflektieren vielmehr wirklich den kognitiven Prozess und die logischen Strukturen des Menschen. Daher war Marx' Neustrukturierung Hegels keine einfache Umstülpung von Hegels dialektischer Terminologie, und sie sah auch Hegels idealistische Logik der Begriffe nicht unmittelbar als die objektive Struktur materialistischer Dialektik. Der Grund hierfür ist, dass ein einfaches Vorgehen in etwas resultieren wird, das materialistisch zu sein scheint, das jedoch tatsächlich latent idealistisch ist und daher **unmittelbar** Hegels Dialektik der Begriffe (deren Substanz die kognitive Struktur ist) als objektive Gesetze **etablieren** wird. Ich glaube, dass Lenin an dieser Stelle in der Lage war, die grundlegenden Probleme mit dem Anderen Rahmen, unter dem er zu Beginn seines Studiums gearbeitet hatte, zu erkennen. *In Deborins erster Einführung zu den* Berner Heften *scheint er klar Lenins allgemeine Durchdringung von Hegels philosophischen Strukturen in einer völlig neuen Situierung gelesen und verstanden hat. Er zeigt, dass die menschliche kognitive Aktivität (die Summe der menschlichen Erkenntnis und all des historischen Fortschritts der wissenschaftlichen Entwicklung) sich vom unmittelbaren Sein (Qualität, Quantität, Maß) zur Substanz, Begriff und absoluter Idee ändert, was Lenin als umfassende Wahrheit sieht. Dies erklärt, dass Lenins Sichtweise zum Fortschritt der menschlichen Erkenntnis mit der von Hegel identisch ist. An diesem Ort ist diese Sichtweise nicht falsch. Trotzdem verortet Deborin diese Sichtweise als den präkonditionellen kognitiven*

Rahmen von Lenins Hegellektüre, nicht als das Ergebnis vielfacher logischer Entwendungen und Erkenntniswendungen.[27]

Tatsächlich hatte Lenin sich selbst in seiner früheren Lektüre der *Vorlesungen über die Geschichte der Philosophie* selbst gewarnt: „Hegels Logik darf man in ihrer gegebenen Form nicht anwenden; man darf sie nicht als Gegebenes nehmen."[28] An diesem Punkt versteht er klar, dass Hegels dialektische Struktur die **logische Reflexion** menschlicher subjektiver kognitiver Strukturen ist; sein Fehler bestand darin, dass er diese **subjektive kognitive Struktur** des Subjekts als das grundlegende Wesen der Struktur der objektiven Existenz idealistisch bestätigt. Daher sollte unsere kritische Neustrukturierung Hegels diese subjektive kognitive Struktur nicht unmittelbar selbst eine objektive Struktur nennen, sondern die wirkliche Grundlage der subjektiven kognitiven Strukturen innerhalb des Subjekts erneut bestätigen. Diese Grundlage ist Praxis! Die subjektiven kognitiven Strukturen des Menschen werden durch die Struktur und Logik des Fortschritts seiner objektiven Praxis beschränkt. Daher ist die von Hegel beschriebene **progressive Sequenz der Logik** lediglich der **Fortschritt der Praxis** vom Subjekt zum Objekt. Nur durch das Medium der praktischen Strukturen können objektive Strukturen historisch ausgedrückt werden. Dies ist auch eine Zusammenfassung und Reflexion Lenins von seinem zweiten großen Verständnissprung.

Ich glaube, dass Lenins Gedankensituierung hier der **Höhepunkt** des Fortschritts war, den er im Laufe der Lektüre von Hegels philosophischen Werken machte. An diesem Punkt hat er die Substanz der marxistischen materialistischen Dialektik tiefgehend und umfassend begriffen. Er schreibt:

> **„Wenn Marx auch keine ‚Logik' (mit großem Anfangsbuchstaben) hinterlassen hat, so hat er doch die *Logik* des ‚*Kapitals*' hinterlassen, und das sollte für die zu behandelnde Frage weitestgehend ausgenutzt werden. Im ‚Kapital' werden auf eine Wissenschaft Logik, Dialektik und Erkenntnistheorie [man braucht keine 3**

---

27   Abram Deborin, Einleitung zu Band 9 der *„Lenin-Schriften"*, Sowjetische Nationalpresse (1923), S. 3 (chinesisch).
28   W.I. Lenin, „Konspekt zu Hegels' Vorlesungen über die Geschichte der Philosophie", in: *LW*, Bd. 38, S. 253.

Worte: das ist ein und dasselbe] des Materialismus angewendet, der alles Wertvolle von Hegel übernommen und dieses Wertvolle weiterentwickelt hat."[29]

Hier vertieft Lenin tatsächlich die Gedanken, die er sich in seinen früheren Verständnissprüngen angeeignet hat. Wir finden hier das Zusammenfallen von Lenins Denken über Hegels Erkenntnis, Marx Dialektik und die Dreifachidentität von Epistemologie, Dialektik und Logik. Ebenfalls an diesem Punkt verstand Lenin wirklich Marx' und Engels' Diskussion, als sie über den ersten Band des *Kapital* korrespondierten, d.h., warum Marx und Engels eine so positive Einschätzung von Hegels *Wissenschaft der Logik* hatten. Lenin kann auch tiefgreifend sehen, dass die logische Struktur von Marx' *Kapital* in gewissem Sinne der von Hegels *Wissenschaft der Logik* ähnelte. „Der Anfang – das einfachste, gewöhnlichste, massenhafteste, unmittelbare ‚Sein': die einzelne Ware (‚Sein' in der politischen Ökonomie)."[30] Dies beschreibt die Existenz von „Qualität", die Hegel zuerst aufdeckte; dies ist auch die sinnliche Erscheinung der Marktökonomie. Allerdings wurde dieses Konkrete in Marx' theoretischer Logik als eine **abstrakte Null** gesetzt. Waren sind keine Dinge, sondern vielmehr eine Art unsichtbare („null") spezielle sozialökonomische Beziehung. Dies führt dazu, dass Waren die Mystik materieller Erscheinungen besitzen. Dies ist auch deshalb so, weil Waren „als gesellschaftliche Beziehungen" die „einfachste **Zusammenfassung**" kapitalistischer Produktionsverhältnisse sind. Daher können wir ausgehend von diesem Punkt und basierend auf dem vereinigten Strang von Logik und Geschichte stufenweise all die wesentlichen Widersprüche aufdecken, die im Kapitalismus nicht entfaltet worden sind. Eben in dieser Logiksituierung „kopiert" Marx Hegels *Wissenschaft der Logik*. Im Unterschied zu Hegel jedoch beweist Marx im gesamten logischen Fortschritt des *Kapital* jeden Schritt, indem er Falten, Praxis verwendet. All dies war zu jener Zeit von Lenin neu erworbenes Wissen.

In seinen Exzerpten zu Lassalles Buch *Die Philosophie Herakleitos des Dunklen von Ephesos* verzeichnet Lenin seine zweite Zusammenfassung

---

29 W.I. Lenin, „Plan der Dialektik (Logik) Hegels, in *LW*, Bd. 38, S. 314-319, hier: S. 316.
30 A.a.O., S. 319.

dessen, was er gelernt hat.[31] Verglichen mit seinen früheren Gedanken und Zusammenfassungen ist dieser Text etwas einfacher, geschrieben aus der **Perspektive der Geschichte des Denkens.** Lenin schreibt: „...bei Marx eine Unmenge *Neues*, und interessant ist für ihn nur die Vorwärtsbewegung *von* Hegel und *von* Feuerbach *weiter, von* der idealistischen Dialektik zur materialistischen."[32] In Lenins Sicht zu jener Zeit enthält dieses „Neue" die wirkliche Bedeutung der marxistischen philosophischen Revolution, eine Idee, die nicht nur auf Hegel zielt, sondern auch auf Feuerbach. „Marx ging in den Jahren 1844-1847 von Hegel weg zu Feuerbach und über Feuerbach hinaus zum historischen (und dialektischen) Materialismus."[33] *Wir können sehen, dass Lenin sein Verständnis der marxistischen Geschichte der Philosophie seit der Zeit, als er den Artikel „Karl Marx" schrieb, stark vorangetrieben hat. Seine Aufteilung der Geschichte der Philosophie in verschiedene Epochen ist hier genauer. Wichtig ist, dass Lenin nicht länger mit Dietzgen und Plechanow die historische Entwicklung des Marxismus als „zuerst die Begründung des dialektischen Materialismus, dann seine Anwendung auf das Feld der Gesellschaftsgeschichte, um den historischen Materialismus zu bilden" beschrieb. An diesem Punkt benennt Lenin Marx' Überwindung Feuerbachs und seine darauffolgende Bewegung hin zum „historischen (dialektischen Materialismus". Hier sind historischer Materialismus und dialektischer Materialismus das Gleiche! Wie überwand Marx Feuerbach? In der Vergangenheit argumentierten Wissenschaftler, dass er die Summe aus Hegels Dialektik und Feuerbachs sei, woraus sie schlussfolgerten,* dass Marx nicht mehr als ein „+"-Zeichen lieferte; das ist grundlegend falsch. Lenin erkennt, dass der zentrale Punkt in Marx' Verwirklichung seiner philosophischen Revolution die Begründung der Bestimmung von **Praxis** war.

Aus diesem Grund kritisiert Lenin Lassalle für sein grundlegendes Unverständnis der Dialektik, wobei er zeigt, dass Lassalle im Vergleich zu

---

31   Lenin las dieses Buch, weil es wiederholt im Briefwechsel von Marx und Engels erwähnt wurde. Vgl. W.I. Lenin, Konspekt zu Lassalles Buch „Die Philosophie Herakleitos des Dunklen von Ephesos", in. *LW*, Bd. 38, S. 321- 337.
32   A.a.O., S. 323.
33   A.a.O., S. 324.

„Marx 1845 in den Thesen über Feuerbach" „reaktionär" ist.[34] *Erinnern wir uns an diesem Punkt daran, dass einige chinesische Wissenschaftler den Spuren westlicher Marxologen gefolgt sind, als sie Marx' <u>Thesen über Feuerbach</u> lediglich als eine Ausweitung seiner Heiligen Familie von 1844 herunterspielten, womit sie die Bedeutung dieses wichtigen revolutionären Gedankenexperiments beseitigten. Um Lenins Worte hier zu verwenden, das ist extrem „reaktionär".* Tatsächlich ist die **neue marxistische Weltanschauung** („**Neues**"), die in diesen *Thesen* aufgedeckt wird, als genialer Samen der neuen Weltanschauung **praktischer** Materialismus und **praktische** Dialektik im Kontext der Geschichte. Hier bildet er die wissenschaftliche Sicht der Natur, die wissenschaftliche Konzeption der Geschichte und die wissenschaftliche Epistemologie der marxistischen Philosophie. In diesem Sinne überwindet Marx alle alte materialistische Philosophie. Wissenschaftliche Epistemologie und dialektische Theorie entsprechen nicht unmittelbar objektiven Objekten, sondern bilden vielmehr den Bereich vollständiger Erkenntnis über dem Fortschritt der **menschlichen Praxis**. Die Geschichte der Philosophie der Geschichte basiert auf der „Geschichte der einzelnen Wissenschaften",darunter die Geschichte der geistigen Entwicklung des Kindes, die geistige Entwicklung der Tiere, Sprache, Psychologie und die Physiologie der Sinnesorgane... die „Geschichte der Erkenntnis überhaupt."[35] Freilich, weil Lenin nicht die *Deutsche Ideologie* las, die Marx und Engels zwischen 1845 und 1846 schrieben, konnte er natürlich nicht die theoretische Verschiebung von Marx und Engels von der Praxis zum „unmittelbaren Leben des Menschen und Produktion und Reproduktion" verstehen. Er konnte auch nicht die weitere Vertiefung und Entwicklung des gesamten historischen Materialismus in Marx' späterer ökonomischer Forschung verstehen (**Grundrisse** und **Kapital**).

Daher können wir sehen, wie lachhaft und oberflächlich Dunajewskajas Behauptung war, dass Lenins Veränderung des Denkens in den *Berner Heften* eine Zustimmung zu Hegels idealistischen Begriffen war.

---

34   A.a.O., S. 333.
35   A.a.O., S. 335.

3. „Zur Frage der Dialektik": Haupternte in Lenins Studie zur Dialektik

Die dritte Zusammenfassung, die Lenin zu jener Zeit schrieb, ist das unvollendete Manuskript „Zur Frage der Dialektik". Dies ist ein Dokument, dem viele Forscher große Aufmerksamkeit gewidmet haben. In diesem Artikel scheint Lenin aus der Falle ausbrechen zu wollen, die darin besteht, in seiner Lektüre den Spuren anderer zu folgen, und versucht, unabhängig die Hauptleistungen seines Studiums der Dialektik zu organisieren. *Dunajewskaja glaubt, dass dies streng genommen die letzte Schlussfolgerung der philosophischen Analysen ist, die Lenin zwischen 1914 und 1915 schrieb.*[36] *Ich habe auch bemerkt, dass der zweite Teil in Deborins „Revolutionärer Dialektiker Lenin" von 1924 spezifisch Lenins „Zur Frage der Dialektik" diskutiert. In diesem Essay ist seine Kritik etwas zurückhaltend und wiederholt im Wesentlichen Lenins Argumente ohne etwas von wirklichem wissenschaftlichem Wert. In unserer früheren Diskussion haben wir gesehen, dass dieser Abschnitt aus* Philosophie und Politik *vollständig gestrichen wurde.*[37]

Als Erstes hebt Lenin die wichtigen Fragen hervor, die er entdeckt hatte, als er seine „Sechzehn Elemente" der Dialektik und Epistemologie schrieb, d.h., dass Gegensatz und Einheit die Substanz und das Zentrum materialistischer dialektischer Theorie sind. *Lenin legte auch seine Sichtweise in seinen früheren Notizen zu Hegels* Vorlesungen über die Geschichte der Philosophie *dar, den er in der Diskussion von Zenos Paradox erklärte: „Gerade dieses Wesen wird auch durch die Formel ausgedrückt: Einheit, Identität der Gegensätze."*[38] An diesem Punkt schreibt Lenin erneut: „Spaltung des Einheitlichen und Erkenntnis seiner widersprechenden Bestandteile ist das Wesen (eine der ‚Wesenheiten', eine der grundlegenden, wenn nicht die grundlegende Besonderheit oder Seite) der Dialektik."[39] Lenin weist darauf

---

36 Raja Dunajewskaja, *Philosophie und Revolution*, Liaoning Education Press 2000, S. 96 (ch.).
37 Abram Deborin, *Philosophie und Politik*, Beijing Sanlian Press 1965, Bd. 2, S. 819-828 (ch.).
38 W.I. Lenin, „Konspekt zu Hegels' Vorlesungen über die Geschichte der Philosophie", in: *LW*, Bd. 38, S. 246.
39 W.I. Lenin, Zur Frage der Dialektik, in: *LW*, Bd. 38, S. 338-344, hier: S. 338.

hin, dass dieser Punkt unmittelbar mit einem Abschnitt von Lassalle über Philo im dritten Teil des Buchs über Heraklit korrespondiert. Im ursprünglichen Text erklärt Philo: „Denn das Eine ist das aus zweien Gegenteilen Bestehende, so dass, wenn es entzweigeschnitten wird, die Gegenteile erkennbar werden." Um sein Argument zu illustrieren, diskutiert Philo das Eine in der Natur als aus Gegensätzen bestehend, erwähnt die Berge und die Ebene, Winter und Sommer und Süßwasser und Salzwasser.[40] Lenin zeigt, dass die Richtigkeit der widersprüchlichen Bestimmung von Gegensatz-Einheit als Wesen der Dialektik nur „an Hand der Geschichte der Wissenschaft geprüft" werden kann.[41] Er glaubte, dass frühere Marxisten zu viele Beispiele verwendeten, um dieses Argument zu belegen, was den Eindruck vermittelte, das Gesetz des Widerspruchs sei die „Summe von **Beispielen**". Bei der Lektüre des *Briefwechsels* von Marx und Engels sah Lenin Marx' Kritik an Lassalle: „Hegel hat nie die Subsumtion einer Masse von ‚Fällen' under a general principle Dialektik genannt."[42] Lenin identifiziert unmittelbar seine alten Lehrer Plechanow und Engels. Eines der Beispiele, die er bringt, ist von Engels übernommen, die „Negation der Negation", die im Wachstum des „Samens" erscheint. Lenin kritisiert ihn, weil er die Erscheinung des Widerspruchs nicht als ein „**Gesetz der Erkenntnis (und** Gesetz der objektiven Welt)" nimmt. *Dies ist ein sehr interessantes Phänomen. Sowohl Engels wie auch Plechanow waren wichtige theoretische spiegelbildliche Unterstützungspunkte im Anderen Lektürerahmen von Lenins erster Lektüre, und jetzt sind sie zu Gegenständen seiner Kritik geworden.*

Nach Lenins Ansicht kann das Studium der Identität von Gegensätzen folgendermaßen zusammengefasst werden:

> „**Anerkennung (Aufdeckung) widersprechender, einander ausschließender, gegensätzlicher Tendenzen in allen Erscheinungen und Vorgängen der Natur (darunter auch des Geistes und der Gesellschaft). Bedingung der Erkenntnis aller Vorgänge in der**

---

40 W.I. Lenin, Konspekt zu Lassalles Buch „Die Philosophie Herakleitos des Dunklen von Ephesos", in. *LW*, Bd. 38, S. 332.
41 W.I. Lenin, Zur Frage der Dialektik, in: *LW*, Bd. 38, S. 338.
42 W.I. Lenin, „Konspekt zum *Briefwechsel zwischen Karl Marx und Friedrich Engels*" 1844-1883", Berlin 1963, S. 326.

Welt in ihrer ‚Selbstbewegung', in ihrer spontanen Entwicklung, in ihrem lebendigen Leben ist die Erkenntnis derselben als Einheit von Gegensätzen."[43]

Dieser Text ist auch eine wissenschaftliche Zusammenfassung. In den unterschiedlichen Textzusammenhängen, die Lenin im Laufe seiner Lektüre kennenlernte, begegnete Lenin Hegels widersprüchlichen Strukturen von unterschiedlichen Begriffen. Der Grund dafür ist, dass Hegels gesamter logischer Rahmen auf der synchronen Struktur oder diachronen Beziehungen der Triade der Identität von Gegensätzen des **Selbstwiderspruchs** des Begriffs basierte. Lenin scheint Hegels wichtigen dialektischen Sichtweisen hier besondere Aufmerksamkeit zukommen zu lassen, und nachdem er sie materialistisch neu strukturiert hat, identifiziert er sie unmittelbar als das Wesen und das Zentrum materialistischer Dialektik.

As Nächstes verändert Lenin den Blickwinkel seiner Untersuchung und betrachtet das Problem vom Entwicklungsprozess des Dings. Er zeigt dann, „Entwicklung ist ‚Kampf' der Gegensätze". Mit anderen Worten, die Widersprüche, die bereits als das Wesen der Dialektik identifiziert worden waren, sind die **Quelle** und die **Antriebskraft** der Bewegung der Dinge selbst. Weil weiterhin alle Erscheinungen und Prozesse einen immanenten Widerspruch aufweisen, wird die Bewegung der Dinge durch die Widersprüche in ihnen selbst angetrieben. Lenin schreibt, dass es historisch zwei gebräuchliche Sichtweisen von Entwicklung gibt. Die erste glaubt, dass Entwicklung Addition und Subtraktion sei, Wiederholung, wobei die Quelle und die Kraft der Entwicklung außerhalb des Menschen verlegt, zu Gott, dem Subjekt usw. Lenin nennt sie eine „tote, farblose und trockene" Konzeption der Entwicklung. *Diese Definitionen unterschiedlicher Konzeptionen von Entwicklung wurde in Lenins Lektüre von Zenos Diskussion der Dialektik in Hegels <u>Vorlesungen über die Geschichte der Philosophie</u> dargelegt; seine Zusammenfassung zu jener Zeit war „einfaches, allgemeines und ewiges Wachsen, Zunahme (resp. Abnahme)".*[44] Die zweite Sichtweise der Entwicklung behauptet, dass Entwicklung die Identität von

---

43 W.I. Lenin, Zur Frage der Dialektik, in: *LW*, Bd. 38, S. 338-339.
44 W.I. Lenin, „Konspekt zu Hegels' Vorlesungen über die Geschichte der Philosophie", in: *LW*, Bd. 38, S. 242.

Gegensätzen sei. Bei ihr „richtet sich ihre Hauptaufmerksamkeit gerade auf die Erkenntnis der Quelle der ‚Selbst'bewegung." Tatsächlich ist diese sogenannte „Selbst"bewegung als Quelle und Entwicklungskraft der Bewegung der Dinge der Widerspruch innerhalb der Dinge. „Die Einheit (Kongruenz, Identität, Wirkungsgleichheit) der Gegensätze ist bedingt, zeitweilig, vergänglich, relativ. Der Kampf der einander ausschließenden Gegensätze ist absolut, wie die Entwicklung, die Bewegung absolut ist…Nur die zweite liefert den Schlüssel zu der ‚Selbstbewegung' alles Seienden; nur sie liefert den Schlüssel zu den ‚Sprüngen', zum ‚Abbrechen der Allmählichkeit', zum ‚Umschlagen in das Gegenteil', zum Vergehen des Alten und zum Entstehen des Neuen."[45] *In seinen Anmerkungen in den* <u>Vorlesungen über die Geschichte der Philosophie</u> *ist dieser Gedanke zusammengefasst als die Konzeption der Entwicklung, die auf „Entstehen und Vergehen von allem, als wechselseitiges Ineinanderübergehen" basiert.* [46]

Lenin erkannte natürlich, dass der Selbstwiderspruch des Geistes den logischen Fortschritt des Selbstwiderspruchs der Idee antreibt; in der objektiven Welt ist es der Selbstwiderspruch objektiver Dinge, der alle Bewegungen, Veränderungen und Entwicklungen antreibt. Hier denkt Lenin plötzlich an das Gedankenexperiment, das er gerade durchgeführt hatte, denn im *Kapital* deckte Marx tiefgreifend das Wesen kapitalistischer Produktionsweisen auf, indem er die immanenten Widersprüche der kapitalistischen Gesellschaft aufdeckte.

> „Marx analysiert im ‚Kapital' zunächst das einfachste, gewöhnlichste, grundlegendste, massenhafteste, alltäglichste, milliardenfach zu beobachtende *Verhältnis* der bürgerlichen (Waren-) Gesellschaft: den Warenaustausch. Die Analyse deckt sich in dieser einfachsten Erscheinung (in dieser ‚Zelle' der bürgerlichen Gesellschaft) *alle* Widersprüche (resp. die Keime *aller* Widersprüche) der modernen Gesellschaft auf. Die weitere Darstellung zeigt uns die Entwicklung (*sowohl* das Wachstum als auch die Bewegung) dieser Widersprüche und dieser

---

45 W.I. Lenin, Zur Frage der Dialektik, in: *LW*, Bd. 38, S. 339.
46 W.I. Lenin, „Konspekt zu Hegels' Vorlesungen über die Geschichte der Philosophie", in: *LW*, Bd. 38, S. 242.

Gesellschaft im Σ ihrer einzelnen Teile, von ihrem Anfang bis zu ihrem Ende."⁴⁷

Hier ist klar, dass Lenin sich im Prozess der Vertiefung seiner früheren Gedankensituierung befindet. Seine konkrete Analyse identifiziert eine neue Ebene des Problems, das der menschlichen Erkenntnis. Lenin erklärt, dass wesentliche und gesetzmäßige Erkenntnis die komplexen, widersprüchlichen Beziehungen innerhalb von Objekten aufdecken.

Drittens erklärt Lenin, indem er das Beispiel von Marx' Kapital verwendet, dass „die Methode der Darstellung (resp. Erforschung) der Dialektik überhaupt mit dem Einfachsten, Gewöhnlichsten, Massenhaftesten etc., mit einem beliebigen Satz" beginnen sollte. ⁴⁸ Dies scheint ein abstraktes Allgemeines zu sein, aber dieses „Allgemeine" kann nur durch das Individuelle existieren. Daher ist jedes Individuelle allgemein. Das Individuelle lässt den Zufall durch unzählige Veränderungen hinter sich und bewegt sich in Richtung des Notwendigen und Wesentlichen. Dies ist die **Epistemologie der Dialektik.** Lenin schreibt, dass „der gesamten menschlichen Erkenntnis überhaupt die Dialektik eigen ist... Die Dialektik ist eben die Erkenntnistheorie (Hegels und) des Marxismus."⁴⁹ Allerdings, „gerade diese ,Seite' der Sache (es ist nicht eine ,Seite', sondern das ,Wesen' der Sache) ließ Plechanow, von anderen Marxisten ganz zu schweigen, unbeachtet."

Viertens entdeckt Lenin, dass diese Erkenntnistheorie, die mit der Dialektik identisch ist, eine „Reihe von Kreisen" in der Geschichte der Erkenntnis ist:

> „Die Dialektik als *lebendige*, vielseitige (wobei die Anzahl der Seiten ewig zunimmt) Erkenntnis mit einer Unzahl von Schattierungen jedes Herangehens, jeder Annäherung an die Wirklichkeit (mit einem philosophischen System, das aus jeder Schattierung zu einem Ganzen erwächst) – das ist der Inhalt, unermesslich reich im Vergleich zum ,metaphysischen' Materialismus, dessen Hauptübel in der Unfähigkeit besteht,

---

47 W.I. Lenin, Zur Frage der Dialektik, in: *LW*, Bd. 38, S. 340.
48 A.a.O.
49 A.a.O., S. 343.

die Dialektik auf die Bildertheorie, auf den Prozess und die Entwicklung der Erkenntnis anzuwenden."[50]

Hier verwendet Lenin korrekt den Begriff „metaphysischer Materialismus" (in der Vergangenheit verwendete er „Vulgärmaterialismus"), indem er aufzeigt, „der philosophische Materialismus ist nur Unsinn vom Standpunkt des groben, einfachen, metaphysischen Materialismus." *Wir wollen nicht vergessen, dass es Lenin in seiner frühen Lektüre für die <u>Berner Hefte</u> war, der Hegels Philosophie als „Unsinn" bezeichnete.* Aus diesem Grund schrieb Vranicki, als er diesen Punkt kritisierte, „hier korrigiert Lenin also seinen früheren Standpunkt und bietet zugleich eine außerordentliche Deutung der ‚erkenntnistheoretischen Wurzeln' des Idealismus, der nicht irgendeine Klassenideologie, sondern, wenn auch einseitiges, geradliniges usw., so doch bestimmtes Resultat der Erkenntnis ist."[51] Im Gegenteil, „dagegen ist der philosophische Idealismus vom Standpunkt des dialektischen Materialismus eine einseitige, übertriebene, überschwängliche (Dietzgen) Entwicklung (Aufbauschen, Aufblähen) eines der Züge, einer der Seiten, der Grenzen der Erkenntnis zu einem von der Materie, der Natur losgelösten, vergotteten Absolutum."

„Die menschliche Erkenntnis ist nicht (resp. beschreibt nicht) eine gerade Linie, sondern eine Kurve, die sich einer Reihe von Kreisen, einer Spirale unendlich annähert. Jedes Bruchstück, Teilchen, Stückchen dieser Kurve kann verwandelt (einseitig verwandelt) werden in eine selbstständige, ganze, gerade Linie, die (wenn man vor lauter Bäumen den Wald nicht sieht) dann in den Sumpf... führt."[52]

Die Idee, dass der allgemeine Erkenntnisprozess des Menschen ein aus mehreren Kreisen bestehender Kreis ist, war offensichtlich von ähnlichen Ideen Hegels beeinflusst. Am Schluss seiner Wissenschaft der Logik verglich Hegel die Entwicklung der Wissenschaft mit einem Kreis: „Vermöge

---

50 A.a.O., S. 344.
51 Predrag Vranicki, *Geschichte des Marxismus*, Bd. 1, Frankfurt/M. 1983, S. 433, Fn. 18.
52 W.I. Lenin, Zur Frage der Dialektik, in: *LW*, Bd. 38, S. 344.

der aufgezeigten Natur der Methode stellt sich die Wissenschaft als ein in sich geschlungener Kreis dar, in dessen Anfang, den einfachen Grund, die Vermittlung das Ende zurückschlingt; dabei ist dieser Kreis ein Kreis von Kreisen; denn jedes einzelne Glied, als Beseeltes der Methode, ist die Reflexion-in-sich, die, indem sie in den Anfang zurückkehrt, zugleich der Anfang eines neuen Gliedes ist."[53] Lenin exzerpiert diesen gesamten Abschnitt und notiert am Rand: „Die Wissenschaft ist ein Kreis von Kreisen."[54] Als er die Einleitung zu den *Vorlesungen über die Geschichte der Philosophie* las, begegnete Lenin einer ähnlichen Idee: Hegel vergleicht die Geschichte der Philosophie mit einem großen Kreis, an dessen Rändern weitere Kreise sind. In einem Kasten am Rand schreibt Lenin zustimmend, „jede Nuance des Denkens = ein Kreis auf dem großen Kreis (der Spirale) der Entwicklung und des menschlichen Denkens überhaupt." Für ihn ist dies „ein sehr tiefer, richtiger Vergleich!!"[55] Für Lenin sind die epistemologischen Wurzeln des Idealismus „Geradlinigkeit und Einseitigkeit, Erstarrung und Verknöcherung, Subjektivismus und subjektive Blindheit."[56] Idealismus ist nicht ohne Boden: „es ist zwar unstreitig eine taube Blüte, aber eine taube Blüte, die wächst am lebendigen Baum der lebendigen, fruchtbaren, wahren, machtvollen, allgewaltigen, absoluten menschlichen Erkenntnis." Dies war Lenins abschließende Bewertung der Hegelschen Philosophie. *Levine schreibt, dass Lenin, als er 1915 „Zur Frage der Dialektik" schrieb, ein hegelianisierter Leninist wurde.*[57] *Dies ist offensichtlich eine übermäßig vereinfachte, falsche Erklärung.*

An dieser Stelle möchte ich eine andere Frage aufwerfen: warum vermied Lenin in diesem kurzen Aufsatz über Dialektik wie auch in den „sechzehn Elementen" die Diskussion der **praktischen Dialektik**, die er im Laufe seiner Forschung entdeckt hatte? Professor Cong Dachuan hat diese Frage

---

53 Georg Wilhelm Friedrich Hegel, *Wissenschaft der Logik*, Bd. II, Frankfurt/M. 1986 (Werke, Bd. 6, S. 570-571).
54 W.I. Lenin, Konspekt zur „Wissenschaft der Logik", in: *LW*, Bd. 38, S. 225.
55 W.I. Lenin, „Konspekt zu Hegels' Vorlesungen über die Geschichte der Philosophie", in: *LW*, Bd. 38, S. 233.
56 W.I. Lenin, Zur Frage der Dialektik, in: *LW*, Bd. 38, S. 344.
57 Vgl. Levine, *Dialogue within the Dialectic*, S. 382 (ch.).

ebenfalls aufgeworfen.⁵⁸ Weiterhin hatte diese neue Erkenntnis in der kurzen Zusammenfassung, die Lenin gerade eben geschrieben hatte, neue theoretische Höhen erreicht. Dies ist eine theoretische Frage, die mich lange Zeit wirklich verwirrt hat. Erst als ich mich mit Lenins späteren Notizen beschäftigte, wurden meine Zweifel allmählich klarer.

Ich glaube, dass Lenins Art und Weise des Denkens über Probleme sich sehr veränderte, nachdem er seine Lektüre und seine philosophische Forschung abgeschlossen hatte. Er wollte die Früchte seines Lernens nicht nur auf die Praxis der tatsächlichen Revolution anwenden, sondern konzentrierte sich notwendigerweise auf eine andere Frage, nämlich wie man dem russischen Proletariat helfen könnte, allmählich das wissenschaftliche Denken, das er erworben hatte, zu verstehen. In „Zur Frage der Dialektik" sind die vier Punkte, die er sich entschied zu diskutieren, alle gemeinverständliche und lapidare Gedanken; er verwendet keine „Figuren der Logik und Praxis", „Logik" oder irgendwelche anderen Hegelschen spekulativen philosophischen Begriffe. *Lenin war immer gegen Pedanterie.*⁵⁹ Das ist der Grund, warum Lenin die Revolution des Denkens, die er in den *Berner Heften* vollzog, nicht diskutierte. Nach dem Sieg der Oktoberrevolution glaubte er nicht nur, dass er „alle philosophischen Werke" Plechanows studieren müsse, sondern er veröffentlichte auch erneut *Materialismus und Empiriokritizismus. Dunajewskaja bemerkt diesen Punkt ebenfalls.⁶⁰ Andere Forscher haben geschrieben, dass Lenin mutig und öffentlich erkannte, dass er bereits einige der wichtigen Aspekte seiner Philosophie von 1908 als nutzlos abgelehnt hatte.⁶¹* Nach meiner Meinung wandte sich Lenin nicht von dem bedeutenden Denken ab, das er in den *Berner Heften* entwickelt hatte, sondern er denkt darüber nach, wie er den Marxismus weiter verbreiten und für das russische Proletariat genießbarer machen kann.

---

58 Cong Dachuan, On the Theoretical Thought of Lenin's „Philosophical Notebooks", in: *Yanbian University* Journal (1997), Bd. 4.
59 Dunajewskaja, Raja, *Philosophie und Revolution*, Liaoning Education Press, S.105 (chinesisch).
60 A.a.O.
61 Nikolai Wanlentinow, Begegnungen mit Lenin, zit. nach: Raja Dunajewskaja, *Philosophie und Revolution*, Liaoning Education Press 2000, S. 105 (chinesische Ausgabe).

Nach der Oktoberrevolution hatte Lenin nicht die Zeit, zur philosophischen Forschung zurückzukehren, aber der Eindruck, den die Hegelsche Philosophie auf ihn gemacht hatte, war zu tief. In seinem letzten Aufsatz, der sich unmittelbar mit Dialektik beschäftigte, geschrieben im Jahr 1922, können wir sein letztes Testament lesen. Im Januar 1922 begann die Sowjetunion, *Unter dem Banner des Marxismus* zu veröffentlichen, um Materialismus und Atheismus zu verbreiten. *Deborin war der leitende Herausgeber dieser Zeitschrift.* Im März 1922 schloss Lenin „Über die Bedeutung des streitbaren Materialismus" ab. In diesem Artikel vertritt Lenin primär den Materialismus und wendet sich gegen religiöse Theologie. Er drängt darauf, dass die Leser Philosophie verstehen, wenn er schreibt, ein

„**bewusster Anhänger des von Marx vertretenen Materialismus [...] muss dialektischer Materialist sein. Um dieses Ziel zu erreichen, müssen die Mitarbeiter der Zeitschrift Pod Snamenem Marxisma das systematische Studium der Dialektik Hegels vom materialistischen Standpunkt aus organisieren, d. h. jener Dialektik, die Marx sowohl in seinem Kapital wie auch in seinen historischen und politischen Schriften praktisch angewandt hat.**" [62]

Lenin ruft andere Forscher auf, „in der Zeitschrift Auszüge aus den Hauptwerken Hegels [zu] veröffentlichen und sie materialistisch auslegen." Er geht sogar so weit zu erklären, dass die Herausgeber und Autoren von *Unter dem Banner des Marxismus* „eine Art ‚Gesellschaft materialistischer Freunde der Hegelschen Dialektik' sein sollten.[63] *Dunajewskaja sagt weiter, dass Lenins „Konspekt zur ,Wissenschaft der Logik'" die philosophische Grundlage all seiner späteren ernsthaften Werke wurde. Von Der Imperialismus bis zu Staat und Revolution, geschrieben am Vorabend der Oktoberrevolution von 1917, von all seinen während der Revolution geschriebenen Werken bis zu seinem Testament.*[64] Offensichtlich wollte Lenin sein theoretisches Denken in den *Berner Heften* fortsetzen, aber der Fluss der Geschichte unterbrach mitleidlos diesen angenehmen Wunsch. Es ist

---

62   W.I. Lenin, Über die Bedeutung des streitbaren Materialismus, in: *LW*, Bd. 33, S. 213-223, hier: S. 219.
63   A.a.O., S. 220.
64   Raja Dunajewskaja, *Philosophie und Revolution*, Liaoning Education Press 2000, S. 89 (chinesische Ausgabe).

noch unglücklicher, dass Stalin Lenins philosophische Forschung in eine Art falsche Situierung innerhalb eines äußeren politisch-ideologischen Rahmens transformierte. Bis heute hat sie, obwohl wir zugeben, dass es eine gewisse Unvermeidlichkeit der Entwicklung und Existenz dieser Art von Ideologie gab, entscheidend den tatsächlich existierenden profunden Inhalt von Lenins philosophischem Denken verschleiert; wir können nur schlussfolgern, dass die eine große Tragödie ist.

Literaturverzeichnis

Monografien

Adoratskij, W.W.: *Ausgewählte Werke von W. A. Adoratskij*. Peking Sanlian Buchladen, 1964;

Agger, B.: *Western Marxism, an Introduction: Classical and Contemporary Sources*. Santa Monica Goodyear Pub. Co., 1979;

Althusser, L.: *Lenin und die Philosophie. Über die Beziehung von Marx zu Hegel*. Lenins Hegel-Lektüre. Reinbek Rowohlt-Verlag, 1974;

Anderson, P.: *Über den westlichen Marxismus*. Frankfurt a.M. Syndikat, 1978;

Aristoteles: *Metaphysik*, E. Dietrichs Jena, 1907;

Aron, R.: *Die heiligen Familien des Marxismus*. Hamburg Wegner Verlag, 1970;

Bian Min: *'Philosophical Notebooks' and the Growing Point of Marxist Philosophy*. Zhengzhou Henan Volksverlag, 1992;

Bochenski, J.M.: *Der sowjetrussische dialektische Materialismus*. Bern-München Francke, 1962;

Dietzgen, J.: *Gesammelte Schriften*. Berlin Dietz, 1930;

Deborin, A.: *Filosofia i Politika (Philosophie und Politik)*. Peking Sanlian Buchladen, 1965;

Ausgewählte Werke der Deborin-Schule. Jilin-Volksverlag, 1982;

Dunajewskaja, R.: *Marxism and Freedom*. New Jersey Humanities Press, 1982;

—*Philosophy and Revolution. From Hegel to Sartre and from Marx to Mao.* New Jersey Humanities Press, 1982;

Dutt, C.: *Hermeneutik - Ästhetik - Praktische Philosophie: Hans-Georg Gadamer im Gespräch.* Heidelberg Universitätsverlag Winter GmbH, 2000;

Dynnik, M.A. (Hrsg.), u.a.: *Istorija filosofii (Geschichte der Philosophie).* Bd. 5, Berlin Deutscher Verlag der Wissenschaften, 1967;

Efgrafov, W. (Hrsg.): *Istorija filosofii v SSSR (Geschichte der Philosophie in der UdSSR),* 5 Bde.. Moskau Staatsverlag, 1968;

Feuerbach, L.: *Gesammelte Werke.* Akademie Berlin, 1999;

—*Darstellung, Entwicklung und Kritik der Leibniz'schen Philosophie,* Sämtliche Werke, Band 4.I.. Stuttgart Frommann Holzboog, 1959;

Fischer, L.: *Das Leben Lenins.* München Deutscher Taschenbuch Verlag, 1970;

Gao Qinghai, Zhang Shuyi: *Essence and Core of Materialistic Dialectics.* Shanghai Shanghai Volksverlag, 1959;

Hegel, G.W.F.: *Phänomenologie des Geistes, Werke,* Band 3, Suhrkamp Frankfurt a.M., 1986;

—*Wissenschaft der Logik, Werke,* Band 5, Band 6, Suhrkamp Frankfurt a.M., 1986;

—*Die Wissenschaft der Logik, Werke,* Band 8, 1986;

—*Vorlesungen über die Geschichte der Philosophie, Werke,* Band 18-20, Suhrkamp Frankfurt a.M., 1986;

—*Vorlesungen über die Philosophie der Geschichte, Werke,* Band 12, Suhrkamp Frankfurt a.M., 1986;

Hoffman: *Marxism and the Theory of Praxis,* London Lawrence & Wishart, 1975;

Huang Nansen: *Kommentare zu den ‚Philosophischen Heften',* Peking Peking University Press, 1981;

—*'Die Philosophischen Hefte und Dialektik,* Peking Peking-Verlag, 1984;

Institut für Philosophie der Weißrussischen Staatsuniversität und Fachbereich Philosophie der Lenin-Universität: *Eine Studie zu Lenins ‚Philosophischen Heften'*. Peking Sanlian Buchladen, 1964;

Karatani, K.: *Marx: Towards the Centre of Possibility*. London Verso, 2020;

Kedrow, B.M.: *Eine Forschung zu Lenins „Philosophischen Heften"*. Peking Qiushi Verlag, 1984;

—*Zur dialektischen Darstellungsmethode*, Peking Chinesischer Verlag für Sozialwissenschaft, 1986;

Kisseljow, S.S.: *Über Lenins „Philosophische Hefte"*. Peking Volksverlag, 1959;

Korsch, K.: *Marxismus und Philosophie*. Frankfurt a. M. Europäische Verlagsanstalt, 1966;

Krupskaja: *Erinnerungen an Lenin*, Verlag für Literatur und Politik Wien-Berlin, 1929;

Lenin, W.I.: *Kopie des Originalmanuskripts von „Konspekt zu Hegels ‚Wissenschaft der Logik'"*;

—*Gesammelte Werke von Lenin (1. ch. Aufl.)*, Band 38. Peking Volksverlag, 1959;

—*Gesammelte Werke von Lenin (2. ch. Aufl.)*, Band 1-29, Band 55, Band 58. Peking Volksverlag, 1984-90;

—*Lenin-Manuskripte*, Band 9. Moskau Staatsverlag, 1929;

—*Lenin-Manuskripte*, Band 12. Moskau Staatsverlag, 1930;

—*Lenin-Werke (4. Aufl.)*, Band 38. Moskau Staatsverlag, 1958;

—*Lenin-Werke (5. Aufl.)*, Band 29. Moskau Staatsverlag, 1963;

—*Philosophische Hefte*. Peking Volksverlag, 1956;

—*Philosophische Hefte*. Peking Volksverlag, 1962;

—*Philosophische Hefte*. Peking Volksverlag, 1990;

Levine, N.: *Dialogue Within the Dialectic*. Boston Allen & Unwin, 1984;

Lukács, G.: *Geschichte und Klassenbewusstsein.* Darmstadt Luchterhand, 1986;

—*Der junge Hegel und die Probleme der kapitalistischen Gesellschaft.* Berlin Aufbau, 1954;

Marx, K.: *Das Kapital* (Band 1-3). Berlin Dietz 7, 1957;

Marx-Engels-Werke, Band 2. Berlin Dietz, 1959;

Marx-Engels-Werke, Band 3. Berlin Dietz, 1959;

Marx-Engels-Werke, Band 27 bis 39 (Briefe von Karl Marx und Friedrich Engels von 1844 bis 1895), Berlin Dietz;

McLellan, D.: *Marxism after Marx.* London Palgrave Macmillan, 2007;

Mills, C.W.: *The Marxists.* New York Dell, 1962;

Plechanow, G.W.: *Zur Frage der Entwicklung der monistischen Geschichtsauffassung.* Dietz Berlin, 1956;

—*Auseinandersetzung mit dem philosophischen Revisionismus.* Peking Volksverlag, 1957;

—*Die Grundprobleme des Marxismus,* Berlin Dietz, 1958;

Spivak, G.C.: *The Spivak Reader. Selected Works of Gayatri Chakravorty Spivak.* London Routledge, 1996;

Stalin, J.: *Resolution der Parteizelle der Roten Professur für Philosophie Naturwissenschaften,* Reihe Philosophische Übersetzungen, 1999(2);

Vranicki, P.: *Historija marksizma (Geschichte des Marxismus),* Zagreb 1961. Dt. Ausgabe: Geschichte des Marxismus, 2 Bde.. Frankfurt a.M. Suhrkamp, 1974.;

Wang Dong: *‚Lenin-Konzeption' des wissenschaftlichen Systems der Dialektik.* Peking Chinesischer Verlag für Sozialwissenschaften, 1989;

Wetter, G.A.: *Der dialektische Materialismus.* Wien Herder, 1958;

Zhang Maoze: *Commentary on Conspectus of Hegel's book 'The Science of Logic',* Peking Volksverlag, 1982;

Zhang Yibing: *Althusser Revisited. Problematic, Symptomatic Reading, ISA and History of Marxism: A Textological Reading.* Berlin-London Canut Intl., 2014;

—*Die Unmöglichkeit des Seins. Spiegelbild der Lacanschen Philosophie.* Peking Commercial Press, 2006;

—Zurück zu Marx: Der philosophische Diskurs im Kontext der Ökonomie. Berlin-London Canut Intl., 2019.

Materialsammlungen

Ausgewählte Materialen zur Geschichte der Marxistischen Philosophie, Bd. 2. Peking Universitätsverlag, 1984;

Enzyklopädie der sowjetischen Philosophie, Bd. 1. Shanghai Shanghaier Verlag für Übersetzungen, 1984;

Forschungsmaterialien zum Marxismus-Leninismus, Bd. 1. Peking Volksverlag, 1982;

Forschungsmaterialien zum Marxismus-Leninismus, Bd. 5. Peking Volksverlag, 1984;

Gesammelte Werke der Jugoslawischen Philosophie, Peking Sanlian Buchladen, 1979;

Lenin-Studien, Bd. 1, Das Zentrale Zusammenstellungs- und Übersetzungsbüro der KPCh, 1993;

Lenin-Studien, Bd. 3, Das Zentrale Zusammenstellungs- und Übersetzungsbüro der KPCh, 1994;

Lenin-Studien, Bd. 5, Das Zentrale Zusammenstellungs- und Übersetzungsbüro der KPCh, 1995;

Zusammengestellte- und Übersetzte Materialien zum Marxismus-Leninismus, Bd. 14. Peking Volksverlag, 1981;

Zusammengestellte- und Übersetzte Materialien zum Marxismus-Leninismus, Bd. 17. Peking Volksverlag, 1981.

Chinesische Zeitschriften

Bian Min: *A Prototype of System of Dialectics*, Peking Chinesischer Verlag für Sozialwissenschaften, 1981(4);

Cong Dachuan: *System of Dialectics: Marx and Lenin*, Yunnan Social Sciences, 1995(2);

Cong Dachuan: *Theoretical Thinking on Lenin's Philosophical Notes*, Journal of Yanbian University, 1997(4);

Ding Changchun: *Lenin's Theory on the Content and Structure of Elements of Dialectics*, Teaching and Research, 1982(5);

Dou Ailan: *Does 'Lenin think that' the unity of opposites is the negation of negation?*, Journal of Jiamusi Teachers College, 1995(1);

Fan Dongguang: *On Hegel's View of Truth*, Changbai Academic Journal, 2002(3);

Fu Guoqiang: *On Lenin's Thought of Concrete Truth and Its Significance*, Journal of Inner Mongolia Normal University, 2002(6);

Fu Ruliang: *On the Identity of Dialectics and Epistemology*, Hunan Social Sciences, 2001(1);

Hu Shicai: *An Analysis of Lenin's "Circle Theory" of Philosophical Development*, Qiqihar Social Sciences, 1998(5);

Li Fulin: *A New Understanding of the Essence of Dialectics by Lenin*, Theoretical Study and Exploration, 2003(4);

Liu Kai: *Rethinking the Basic Theory of Materialist Dialectics*, Journal of Liaoning Normal University, 2003(3);

Lu Guochen: *The Great Change of Lenin's Outlook of Subject and Object*, Theoretical Discussion, 2004(1).

Shang Yingwei, Su Zhenfu: *On the Conception of System of Dialectics in 'Philosophical Notebooks'*, Philosophical Research, 1982(2);

Shi Baohua: *Lenin's Research on the Laws of Development of Truth*, Inner Mongolia Social Sciences, 1994(5);

Tang Jun: *Lenin's Scientific Attitude toward Hegel's Philosophy,* seeking truth, 2001(11);

Wan Bingce: *A New Interpretation of "Most materialist",* Journal of Zhoukou Teachers College, 1997(3);

Wang Yilin: *A New Exploration of the Law Structure of Unity of Opposites,* Theory and Modernization, 1996(11);

Wu Kaiming, u.a.: *On Lenin's Revelation of the Relationship between Cognitive Structure and Cognitive Activities",* Journal of Jimei Institute of Navigation, 1995(1);

Wu Wei, u.a.: *Analysis of the Word 'Reflection' Used By Lenin,* Journal of Jishou University, 1995 (1);

Xiao Kuntao: *Exploration on the Scientific Form of Dialectics,* Peking Chinesischer Verlag für Sozialwissenschaften, 1980(1);

Yang Haifeng: *Three Historical Stages of Development of Lenin's Philosophy,* Nanjing Social Sciences, 1999(10);

Yan Hongbin: *On Lenin's Dialectic Thought in His 'Philosophical Notebooks',* Journal of Zhiyang Teachers College, 1999(3);

Yu Liangzao: *On the Emergence of 'Oriental Leninism',* Journal of Hubei University, 1999(6);

Yu Xianfeng, u.a.: *Opinion on the Issue of the Nature of Steps of the Essence of Cognition,* Journal of Jilin Normal University, 1996(4);

Zhang Kuilang: *On Textual Research and Evaluation of Sixteen Elements of Dialectics,* Jianghuai Forum, 1982(4);

Zhang Yibing: *A New Exploration of Lenin's "Sixteen Elements",* Exploration, 1992(3);

—*Die Einheit von Erkenntnistheorie, Logik und Dialektik in der Praxis,* Journal of Nanjing University, 1993(2);

—*Die Endgültige Ausbildung der Leninschen praktischen Dialektik,* Nanjing Social Sciences, 1993(2);

—*The True Logic of Lenin's Deeping of Materialist Dialectics,* Philosophical Research, 1992(5);

Zhao Guiying: *Hegel's Idealism in My Opinion,* Journal of Daqing University, 1997(2).

www.ingramcontent.com/pod-product-compliance
Lightning Source LLC
LaVergne TN
LVHW040034080526
838202LV00045B/3339